D1687571

Vry

Die Prüfung der Fachkaufleute für Marketing

... weil auf chlor- und säurefrei gefertigtem Recyclingpapier gedruckt

Sie finden uns im Internet unter: http://www.kiehl.de

Prüfungsbücher für Fachwirte
und Fachkaufleute

Die Prüfung der Fachkaufleute für Marketing

Von Diplom-Volkswirt Wolfgang Vry

3., völlig neue Auflage

Kiehl

Zur Herstellung dieses Buches wurde chlor- und säurefrei gefertigtes Recyclingpapier, zur Umschlagkaschierung eine Folie verwendet, die bei der Entsorgung keine Schadstoffe entstehen lässt. Auf diese Weise wollen wir einen aktiven Beitrag zum Schutz unserer Umwelt leisten.

Die Deutsche Bibliothek - CIP-Einheitsaufnahme

Ein Titeldatensatz für diese Publikation ist bei Der Deutschen Bibliothek erhältlich

ISBN 3 470 **46483**-9 · 3., völlig neue Auflage 2001
© Friedrich Kiehl Verlag GmbH, Ludwigshafen (Rhein), 1994.
Alle Rechte vorbehalten. Ohne Genehmigung des Verlages ist es nicht gestattet, das Buch oder Teile daraus nachzudrucken oder auf fotomechanischem Weg zu vervielfältigen, auch nicht für Unterrichtszwecke.
Herstellung: Druckhaus BELTZ, Hemsbach – wa

Vorwort

Dieses Buch wendet sich in erster Linie an angehende **Fachkaufleute für Marketing**. Es soll sie während des Lehrgangs begleiten und ihnen schließlich helfen, sich auf die schriftliche und die mündliche Prüfung angemessen vorzubereiten. Es kann jedoch wegen seiner systematischen Zusammenfassung des umfangreichen Stoffgebietes und der besonderen methodischen Aufbereitung auch den **Studierenden an Berufsakademien** und ähnlichen Einrichtungen, den **Studenten der Betriebswirtschaftslehre an Fachhochschulen und Hochschulen** während des Grundstudiums zur Einarbeitung, zur Wiederholung, zur Vorbereitung auf Klausuren und andere Prüfungen empfohlen werden.

Inhalt und Aufbau des Buches werden wesentlich bestimmt durch

- die Besonderen Rechtsvorschriften für die Fortbildungsprüfung zum „Fachkaufmann für Marketing" und

- den aktuellen Rahmenstoffplan Fachkaufmann/Fachkauffrau für Marketing des Deutschen Industrie- und Handelstages (DIHT).

Das Buch weist als **Grobgliederung** die folgende Dreiteilung auf:

- In einem **allgemeinen Teil** werden die einführenden und grundlegenden Fächer bzw. Themenbereiche zusammengefasst; dazu zählen Grundlagen der Volks- und Betriebswirtschaftslehre (einschl. Rechnungswesen), statistische und rechtliche Grundlagen und eine kurze Einführung in Marketing.

- Ein **fachspezifischer Teil** behandelt die Aspekte des Marketing, das sind der Informationsaspekt, der Aktionsaspekt (mit Produkt-, Kontrahierungs-, Kommunikations- und Distributionspolitik) und der Organisationsaspekt.

- In einem **Klausurteil** werden Beispielaufgaben für die schriftliche Prüfung mit Hinweisen zur Lösung vorgestellt.

Das Buch soll die folgenden **Aufgaben** erfüllen:

- Benutzer des Buches können alle Themenbereiche, die der Rahmenstoffplan vorsieht, **wiederholen**.

- Teilnehmer an Vorbereitungskursen und Lehrgängen können einzelne Themenbereiche vor- bzw. nachbereiten, selbst **erarbeiten**, zur Anfertigung von Hausaufgaben nutzen usw. Das Buch kann die in den Kursen genutzten Lehrbücher ergänzen, gelegentlich auch ersetzen.

- Die Leser können sich mithilfe eines umfangreichen Stichwortverzeichnisses die ausführlich behandelten Themen und Themenbereiche erschließen. So kann das Buch auch zum **Nachschlagen** benutzt werden.

- Prüflinge haben die Möglichkeit, anhand von Beispielaufgaben die Anfertigung von Klausuraufgaben zu **üben**. Dazu werden ihnen in einem besonderen Klausurteil eine Reihe von Situationsaufgaben (Fallstudien) mit umfangreichen Hinweisen zur Lösung angeboten.

Die Themenbereiche sind in **Fragen und Antworten** aufbereitet. Dieses Konzept hat sich zur Wiederholung und zur Erarbeitung als nützlich erwiesen. Die unterschiedlichen Anforderungsbereiche, die der Rahmenstoffplan vorsieht, werden angemessen durch die Formulierungen von Fragen und Antworten und durch die Anzahl von Fragen mit Antworten zum gleichen Themenkomplex berücksichtigt.

Der Neuauflage liegen die Regeln der neuen Rechtschreibung zu Grunde. Der Hauptteil wurde gründlich überarbeitet, aktualisiert und um einige Fragen und Antworten ergänzt. Der klausurtypische Teil wurde wesentlich erweitert. Er enthält mehr als 80 Aufgaben und Fallstudien einschließlich deren Lösung.

Bad Oldesloe, im Sommer 2001 *Wolfgang Vry*

Inhaltsverzeichnis

Vorwort 5
Inhaltsverzeichnis 7
Einleitung 13

A. Grundlagen

1. **Volkswirtschaftslehre** 19
   - 1.1 Grundbegriffe 19
   - 1.2 Wirtschaftssysteme und Wirtschaftsordnungen 27
   - 1.3 Wirtschaftskreislauf und volkswirtschaftliche Gesamtrechnung ... 30
   - 1.4 Märkte und Preisbildung 38
   - 1.5 Geld und Kredit 43
   - 1.6 Währung und Außenwirtschaft 56
   - 1.7 Konjunktur 68
   - 1.8 Wirtschaftspolitik 69

2. **Betriebswirtschaftslehre** 73
   - 2.1 Grundbegriffe und Problemstellungen 73
   - 2.2 Rechtsformen der Unternehmung 77
     - 2.2.1 Einzelunternehmen und Personengesellschaften 77
     - 2.2.2 Kapitalgesellschaften 82
     - 2.2.3 Gemischte Rechtsformen 87
     - 2.2.4 Zusammensetzung der Aufsichtsräte 88
     - 2.2.5 Publizitätspflicht 89
   - 2.3 Kooperation und Konzentration 89
   - 2.4 Betriebliche Produktionsfaktoren 91
     - 2.4.1 Allgemeine Kennzeichnung 91
     - 2.4.2 Der Produktionsfaktor Arbeit 94
       - 2.4.2.1 Angestellte und Arbeiter 94
       - 2.4.2.2 Personalbedarf und Personalbeschaffung 94
       - 2.4.2.3 Betriebsvereinbarungen und Tarifverträge 98
       - 2.4.2.4 Entlohnung 99
       - 2.4.2.5 Kündigung 103
       - 2.4.2.6 Mitbestimmung 104
   - 2.5 Betriebliche Funktionen 105
     - 2.5.1 Beschaffung 107
     - 2.5.2 Lagerhaltung 116
     - 2.5.3 Produktion 125
     - 2.5.4 Finanzierung 136

3. Rechnungswesen ... 149
   3.1 Aufbau und Ziele des Rechnungswesens ... 149
   3.2 Grundbegriffe des Rechnungswesens ... 151
   3.3 Betriebliche Leistungskennziffern ... 163

4. Statistik ... 167
   4.1 Grundlagen ... 167
     4.1.1 Aufgaben der Statistik ... 167
     4.1.2 Grundgesamtheiten ... 168
     4.1.3 Merkmale ... 169
   4.2 Häufigkeiten ... 170
   4.3 Maßzahlen zur Analyse von Verteilungen ... 172
   4.4 Verhältniszahlen ... 176
   4.5 Zeitreihenanalyse ... 177
   4.6 Darstellung statistischer Befunde ... 185

5. Recht ... 187
   5.1 Einführung ... 187
   5.2 Erwerb von Rechten ... 191
   5.3 Schuldrechtliche Grundlagen ... 195
     5.3.1 Grundbegriffe ... 195
     5.3.2 Wichtige Verträge im Marketing ... 196
     5.3.3 Leistungsstörungen ... 201
     5.3.4 Einreden gegen die Leistungspflicht ... 205
   5.4 Modernes Kaufrecht ... 208
     5.4.1 Das AGB-Gesetz ... 208
     5.4.2 Das Gesetz über den Widerruf von Haustürgeschäften ... 209
     5.4.3 Handelsklauseln und Handelsbräuche ... 210
   5.5 Grundbegriffe des Sachenrechts ... 211
   5.6 Grundbegriffe des Wettbewerbsrechts ... 214
   5.7 Gewerbliche Schutzrechte ... 216
   5.8 Arbeitsrechtliche Grundbegriffe ... 218
   5.9 Handelsrechtliche Grundbegriffe ... 221

6. Marketing - Grundbegriffe, Zusammenhänge, Voraussetzungen ... 225
   6.1 Marketing und seine Rolle innerhalb des volkswirtschaftlichen Kreislaufs ... 225
   6.2 Marketing-Definitionen ... 227
   6.3 Marketing-Denken ... 229
   6.4 Sozialer und ökologischer Aspekt des Marketing (Marketing und Umwelt) ... 231

B. Marketingforschung

1. Einführung 233
2. Begriff des Marktes 237
3. Sekundäre und primäre Datenerhebungen 241
4. Befragung 243
   - 4.1 Befragung: Bedeutung und Formen 243
   - 4.2 Arten von Interviewfragen 251
   - 4.3 Befragung nach Befragungstiefe 252
   - 4.4 Der Fragebogen 253
   - 4.5 Probleme bei der praktischen Abwicklung primärer Datensammlung 255
5. Beobachtung 257
6. Panelforschung 259
7. Experimente in der Marktforschung 263
8. Stichproben in der Marketingforschung 269
   - 8.1 Stichprobenartige Datenerhebung und Repräsentativität 269
   - 8.2 Auswahlmethoden 272
9. Das Kaufverhalten 275
10. Käufersegmentierung 283
11. Prognosen 285
12. Besonderheiten der Marktforschung für Investitions- und Produktionsgüter 289
13. Institutionen und Arbeitsabläufe der Marketingforschung 293

C. Der Aktionsaspekt des Marketing

1. Produktpolitik (Produkt-, Programm- und Sortimentspolitik) 295
   - 1.1 Grundbegriffe 295
   - 1.2 Analysen als Grundlagen der Produktpolitik 297
   - 1.3 Entwicklung und Vermarktung neuer Produkte . 306
     - 1.3.1 Ideensuche 306
     - 1.3.2 Ideenbewertung 309

     1.3.3 Produktentwicklung 317
     1.3.4 Produkttests, Markttests, Testmärkte 317
     1.3.5 Markteinführung 319
1.4 Instrumente der Produkt- und Programmpolitik 319
     1.4.1 Produktgestaltung 319
     1.4.2 Verpackung 321
     1.4.3 Service als Teil der Produktleistung 323
     1.4.4 Programmgestaltung und Sortimentsgestaltung 324
1.5 Markenartikel und Markenstrategie 331
1.6 Marktsegmentierung und Marktbearbeitung 336

2. Kontrahierungspolitik (insbesondere Preispolitik) 337
2.1 Grundlagen 337
2.2 Preisbildung in der mikroökonomischen Theorie 338
2.3 Einflussfaktoren der Preisbildung 348
     2.3.1 Kostenorientierte Preisbildung 348
     2.3.2 Konkurrenzorientierte Preisfestsetzung 357
2.4 Strategische und taktische Preisgestaltung 358
     2.4.1 Preisstrategien 358
     2.4.2 Preisdifferenzierungen 362
     2.4.3 Rabatte und Rabattpolitik 367
2.5 Besonderheiten der Preispolitik 369
     2.5.1 Preispolitik bei Investitionsgütern 369
     2.5.2 Preisfindung bei öffentlichen Aufträgen 371
     2.5.3 Besonderheiten der Preisbildung im Handel 372
2.6 Lieferungs- und Zahlungsbedingungen 375
2.7 Kreditpolitik 377

3. Kommunikationspolitik 381
3.1 Allgemeine Grundlagen 381
3.2 Werbung 386
     3.2.1 Prozess der Werbeplanung 386
     3.2.2 Werbeziele 388
     3.2.3 Zielgruppen und Segmentierung 390
     3.2.4 Werbebotschaft 392
     3.2.5 Inter-Media-Auswahl 393
     3.2.6 Werbeetat (Werbebudget) 395
     3.2.7 Briefing 397
     3.2.8 Besonderheiten der Markenwerbung 398
3.3 Mediaplanung 399
     3.3.1 Kontakterfolg 399
     3.3.2 Intra-Media-Auswahl 403
3.4 Verkaufsförderung (Sales Promotion) 405
3.5 Öffentlichkeitsarbeit (Public Relations) 408
3.6 Corporate-Identity-Politik 409
3.7 Event-Marketing 411
3.8 Product-Placement 412
3.9 Sponsoring 414

Inhaltsverzeichnis

    3.10 Direktwerbung 416
    3.11 Persönlicher Verkauf 418
    3.12 Organisatorische Strukturen und Rahmenbedingungen der
         Kommunikationsbranche 419
    3.13 Kommunikationspolitik und Internet 421

4. Distributionspolitik 425
    4.1 Grundlagen 425
         4.1.1 Distribution als gesamtwirtschaftliche Aufgabe 425
         4.1.2 Distribution als Marketing-Instrument 425
    4.2 Wahl der Absatzwege (Channel Policy) 426
         4.2.1 Interessen der Hersteller und des stationären Einzelhandels ... 426
         4.2.2 Management der Zusammenarbeit zwischen Hersteller und
              Einzelhandel 428
         4.2.3 Die Alternative direkter – indirekter Absatz 431
    4.3 Arten von Absatzmittlern 434
         4.3.1 Stationärer Großhandel 434
         4.3.2 Stationärer Einzelhandel 436
         4.3.3 Situation des Handels und Entwicklungstendenzen im Handel 445
         4.3.4 Versandhandel und Katalogschauräume 446
         4.3.5 Handelsvertretungen 447
         4.3.6 Verkauf im Internet (elektronischer Handel) 451
         4.3.7 Marktveranstaltungen 455
         4.3.8 Andere Absatzmittler 458
         4.3.9 Formen des Direktverkaufs (-absatzes) 458
         4.3.10 Kooperations- und Konzentrationsformen im Handel 459
    4.4 Strategische Wahl der Absatzwege 463
    4.5 Laufendes Management der Absatzwege 464
         4.5.1 Management des stationären Handels 464
         4.5.2 Vertikale Abnehmerbindung 465
         4.5.3 Management des Verkaufsaußendienstes 468
              4.5.3.1 Organisation 468
              4.5.3.2 Verkaufsgebiet und -bezirk 469
              4.5.3.3 Anzahl der Außendienstmitarbeiter 470
              4.5.3.4 Die Außendienstmitarbeiter – Anforderung Training,
                      Kontrolle 471
              4.5.3.5 Entlohnung 474
    4.6 Logistik und Physische Distribution 476

D. Der Organisationsaspekt des Marketing

1. Der Prozess des Marketingmanagement 485

2. Die Marketingplanung 487
    2.1 Der Zusammenhang der Marketingplanung mit der Unter-
         nehmensplanung 487

	2.2 Situationsanalyse	488
	2.3 Bestimmung des Marketingziels	490
	2.4 Absatzplanung	492
3.	**Entwicklung von Marketingstrategien**	495
	3.1 Hilfsmittel und Methoden der Strategieentwicklung	495
	3.2 Produkt-Markt-Strategien	497
	3.3 Kundenorientierte Strategien	498
4.	**Marketing-Mix**	501
5.	**Marketingorganisation**	503
	5.1 Grundlagen der Organisationsgestaltung	503
	5.1.1 Aufbau- und Ablauforganisation	503
	5.1.2 Marketingorganisation	509
	5.2 Managementprinzipien	511
	5.3 Organisationsformen	513
6.	**Marketingkontrolle**	525

E. Klausurtypischer Teil

1. **Klausuraufgaben mit Lösungshinweisen** ... 531

2. **Lösungen** ... 623

Stichwortverzeichnis ... 733

Einleitung

Das Berufsprofil der Fachkaufleute für Marketing

Das Berufsprofil der Fachkaufleute lässt sich folgendermaßen umschreiben.[1] Fachkaufleute für Marketing erhalten ihre Qualifikation durch eine mehrjährige einschlägige berufliche Tätigkeit im Vertrieb und in anderen Funktionsbereichen des Marketing und durch eine umfangreiche Weiterbildungsmaßnahme, mit der sie ihre Kenntnisse in Marketing erweitert und vertieft haben.

Die grundlegende berufliche Erfahrung und die zusätzliche theoretische Weiterbildung befähigen sie

- zur Zusammenarbeit mit internen und externen Experten,
- zur Vorbereitung von Marketingentscheidungen durch Erfassung, Analyse und problemorientierte Aufbereitung von internen und externen Daten,
- zur selbstständigen Erarbeitung von Konzepten in Teilbereichen,
- zur Wahrnehmung von Organisations- und Koordinationsaufgaben.

Die Prüfung [2]

Wer an der Prüfung teilnehmen will, muss über einschlägige berufliche Erfahrungen verfügen. Die berufliche Praxis wird von der Prüfungsordnung (PO) als Zulassungsvoraussetzung zwingend vorgeschrieben. Diese Zulassungsbedingung kann erworben werden

- **entweder** durch den erfolgreichen Abschluss einer Ausbildung in einem anerkannten Ausbildungsberuf *und* die berufliche Praxis von mindestens drei Jahren in absatzwirtschaftlichen Tätigkeiten (d.h. Ausbildung + 3 Jahre absatzwirtschaftliche Tätigkeit),

- **oder** durch die einschlägige berufliche Praxis von mindestens sechsjähriger Dauer, *einschließlich* einer beruflichen Praxis in absatzwirtschaftlichen Tätigkeiten von mindestens dreijähriger Dauer (d.h. 6 Jahre berufliche Tätigkeit, davon 3 Jahre absatzwirtschaftliche Tätigkeit).

Die *Betonung der beruflichen Praxis als Zulassungsvoraussetzung* zwingt zu einer angemessenen Berücksichtigung in der Prüfung. Es kann davon ausgegangen

---

[1] Vgl. Deutscher Industrie- und Handelstag (Hg.): Wegweiser zur Weiterbildung, Bonn 1991, S. 67 ff.
[2] Rechtsgrundlagen: Besondere Rechtsvorschriften für die Fortbildungsprüfung zum Fachkaufmann für Marketing (Stand: 1. März 1978), Rahmenstoffplan Fachkaufmann, -frau für Marketing, Deutscher Industrie- und Handelstag (DIHT), Bonn 1992

werden, dass in der Prüfung nicht – wenigstens nicht ausschließlich – die im Vorbereitungskurs erlernten theoretischen Kenntnisse oder Begriffe abgefragt werden. Die Prüflinge sollen vielmehr nachweisen, dass ihre umfangreichen theoretischen Kenntnisse in der Praxis verankert sind.

Die Prüfung besteht aus einem schriftlichen und einem mündlichen Teil. In der schriftlichen Prüfung wird in vier Prüfungsfächern jeweils eine Klausurarbeit vorgeschrieben (PO § 2). Die schriftliche Prüfung muss nicht zeitlich konzentriert stattfinden, einzelne Klausuren können vorgezogen werden. Die mündliche Prüfung bezieht sich im Allgemeinen auf drei Prüfungsfächer.

Klausuren werden in den folgenden Prüfungsfächern geschrieben.[3]

1. Das Instrumentarium des Marketing (Bearbeitungsdauer: in der Regel 5 Stunden),
2. Organisation und Planung des Marketing (Bearbeitungsdauer: 1 Stunde),
3. Informationsquellen des Marketing (Bearbeitungsdauer: 2 Stunden),
4. Planungs- und Kontrolltechniken (Bearbeitungsdauer: 2 Stunden).

Die Prüfungsordnung sieht für das Prüfungsfach „Das Instrumentarium des Marketing" die Bearbeitung einer Fallstudie vor, bei den anderen lediglich eine sog. Aufsichtsarbeit. Diese sehr allgemeine Vorschrift lässt sich dahingehend interpretieren, dass bei der Aufgabenstellung für das Prüfungsfach „Instrumentarium" der Praxisbezug stärker als bei den anderen Prüfungsfächern zu betonen ist und dass – vor allem in den anderen Prüfungsfächern – auch reine Kenntnisfragen gestellt werden können.

Die *mündliche Prüfung* findet nach den Klausuren statt. Wer in zwei oder mehr Prüfungsfächern der schriftlichen Prüfung keine ausreichenden Leistungen erzielt hat, wird zur mündlichen Prüfung nicht zugelassen. Die mündliche Prüfung soll als freies Prüfungsgespräch von etwa 30-minütiger Dauer je Prüfungsteilnehmer durchgeführt werden.

Die mündliche Prüfung bezieht sich auf die folgenden Prüfungsfächer:

1. Volkswirtschaftliche Grundlagen, nach den Vorgaben der Prüfungsordnung sind darin nicht nur volkswirtschaftliche, sondern auch betriebswirtschaftliche Themenbereiche enthalten,

2. Rechtskunde,

3. schriftliches Prüfungsfach, der Prüfungsausschuss entscheidet, in welchem der schriftlichen Prüfungsfächer der einzelne Prüfungsteilnehmer auch mündlich geprüft wird.

---

[3] Vgl. dazu die Einführung in Kapitel E. *(Klausuraufgaben mit Lösungshinweisen)*

Einleitung 15

Die Prüfung zum Fachkaufmann bzw. zur Fachkauffrau für Marketing ist bestanden, wenn in dem Prüfungsfach „Das Instrumentarium des Marketing" mindestens ausreichende Leistungen erzielt wurden und in den übrigen Prüfungsfächern höchstens ein Fach als nicht ausreichend bewertet wurde.

Die Anlage des Prüfungsbuches

Dieses Buch verfolgt den Zweck, angehende Kaufleute für Marketing während und am Ende eines Lehrgangs auf die schriftliche und die mündliche Prüfung vorzubereiten. Darum muss es gleichzeitig mehrere Funktionen erfüllen: *Wiederholung, Übung, Lernen und Nachschlagen.*

1. Wiederholen: Der Prüfling kann anhand des Buchs nahezu alle Themenbereiche, die der Rahmenstoffplan vorsieht, wiederholen.[4]

2. Üben: Der Prüfling kann anhand von Beispielaufgaben die Anfertigung von Klausurarbeiten üben.

3. Lernen: Die Teilnehmer an einem Vorbereitungskurs können die einzelnen Themeneinheiten vor- bzw. nachbereiten, selbst erarbeiten, zur Anfertigung von Hausaufgaben nutzen, den im Unterricht behandelten Stoff ergänzen usw. Dieses Buch kann die im Kurs genutzten Lehrbücher ergänzen, in einigen Themenbereichen evtl. sogar ersetzen.

4. Nachschlagen: Das Buch behandelt nahezu alle Themenbereiche des Marketing; der Stoff wird durch ein umfangreiches Stichwortverzeichnis erschlossen. So kann es auch als Nachschlagebuch genutzt werden.

Der *Rahmenstoffplan des DIHT bestimmt Inhalt und Aufbau des Buches.* Nahezu alle Themen des RP werden erfasst, der im RP benutzte Begriffsapparat wird den Ausführungen zu Grunde gelegt und die Überschriften einzelner Themenbereiche (mit geringen Ausnahmen) wörtlich übernommen.

Die Gliederung lehnt sich an den RP an. Wegen der besseren Übersichtlichkeit wird von einer identischen Übernahme abgewichen. Es erwies sich als zweckmäßig, einige Fächer bzw. Themenbereiche als Grundlagen zusammenzufassen und im Übrigen das traditionelle Gliederungsprinzip nach den vier Marketingaspekten (Informations-, Aktions-, Organisations- u. Sozialaspekt) zu nutzen.

So ergibt sich für die Grobgliederung eine *Dreiteilung des Buches*:

- *Allgemeiner Teil* als Zusammenfassung der einführenden und grundlegenden Fächer bzw. Themenbereiche,

---

[4] Der Themenbereich „Arbeitsmethodik" wurde in das Prüfungsbuch nicht aufgenommen.

- *Fachspezifischer Teil*, der die verschiedenen Aspekte des Marketing behandelt, und

- *Klausurteil* mit Beispielaufgaben.

Aus der Grobgliederung wurde die folgende Feingliederung in Kapiteln abgeleitet (vgl. Inhaltsverzeichnis).

A. Grundlagen mit den Fächern Volkswirtschaftslehre, Betriebswirtschaftslehre, Rechnungswesen, Statistik und Recht; außerdem wird kurz in Grundbegriffe, Zusammenhänge und Voraussetzungen des Faches Marketing eingeführt; in diesem Abschnitt wird auch auf den Sozialaspekt des Marketing eingegangen,

B. Marketingforschung,

C. Aktionsaspekt des Marketing mit der Produkt- und Sortimentspolitik, der Kontrahierungspolitik, der Kommunikationspolitik und der Distributionspolitik,

D. der Organisationsaspekt mit der Marketingplanung, der Entwicklung von Marketingstrategien, der Marketingorganisation und der Marketingkontrolle,

E. Klausuraufgaben, Beispielaufgaben mit Lösungshinweisen.

Der RP unterscheidet die *Anforderungsbereiche* Erkennen, Können und Wissen und gibt dafür unterschiedliche Anforderungsstufen vor. Diese Anforderungsstufen werden nach Möglichkeit durch entsprechende Formulierungen von Fragen und Antworten und durch die Anzahl von Fragen zum gleichen Komplex angemessen berücksichtigt.

Zur Nutzung des Buches

Die Themenbereiche sind in *Fragen mit Antworten* aufbereitet. Dieses Konzept hat sich zur Wiederholung und zur Erarbeitung als nützlich erwiesen; es soll allerdings dem Benutzer und der Benutzerin des Buches nicht nahelegen, die Antworten auswendig zu lernen. Es empfiehlt sich vielmehr, folgendermaßen vorzugehen.[5]

Bei Wiederholung: Der Benutzer bzw. die Benutzerin sollte die Frage sorgfältig, d.h. unter Beachtung des in der Frage enthaltenen Hinweises, lesen und versuchen, mit eigenen Worten die Antwort zu formulieren; anschließend kann er bzw. sie die Antwort durch die Lektüre der vorformulierten Antwort überprüfen und evtl. korrigieren.

Bei Erarbeitung: Der Benutzer bzw. die Benutzerin soll sich durch die Frage den

---

[5] zur Nutzung des Übungsteils vgl. Einführung zu Kapitel E.

Einleitung

Problembereich erschließen und anhand der Antwort die entsprechenden Kenntnisse aneignen.

Den Antworten werden nach Möglichkeit *Beispiele* beigefügt, die die Ausführungen veranschaulichen sollen bzw. dem Leser die Möglichkeit geben, die Ausführungen nachzuvollziehen. Der Veranschaulichung sollen auch die im Text eingefügten Tabellen und Zeichnungen dienen. Außerdem werden Tabellen genutzt, um Sachverhalte übersichtlich darzustellen (vgl. z.B. die Ausführungen über die Betriebsformen des Handels).

Wenn Antworten oder Teilantworten in einer *Aufzählung* von Begriffen bestehen, werden diese wegen der besseren Übersichtlichkeit untereinander angeordnet. Bei vollständiger Angabe der Begriffe wird die Aufzählung durch Nummerierung kenntlich gemacht, bei einer Auswahl von Begriffen wird ein allgemeines Aufzählungszeichen (Punkt) benutzt. Es hat sich gezeigt, dass diese Art der Textstrukturierung das Lernen erleichtern kann.

Der Erleichterung von Lernvorgängen soll auch die *Hervorhebung* von Textteilen *durch Kursivdruck* dienen, z.B. als Erinnerungshilfen beim Überfliegen des Textes. Die Hervorhebung kann einzelne Begriffe, einzelne Gedankengänge innerhalb eines Satzes oder – in Ausnahmefällen – auch ganze Sätze betreffen. Die Hervorhebung trägt auch zur Übersichtlichkeit des Textes bei.

A. Grundlagen

1. Volkswirtschaftslehre

1.1 Grundbegriffe

1. Was sind Wirtschaftssubjekte?

Wirtschaftssubjekte sind Personen oder Personengruppen, die *wirtschaftliche Entscheidungen treffen*. Diese Entscheidungen können sich beziehen auf Konsum, Sparen, Produktion, Investition, Einnahmen, Ausgaben, Anbieten, Nachfragen usw. Wirtschaftssubjekte sind z.B. *private Haushalte, Unternehmen, öffentliche Haushalte (der Staat)* und Banken. Die Zusammenfassung aller Wirtschaftssubjekte ist die Volkswirtschaft.

2. Welcher Zusammenhang besteht zwischen den Wirtschaftssubjekten in einer Volkswirtschaft?

Zwischen den Wirtschaftssubjekten in einer Volkswirtschaft bestehen Abhängigkeiten und Zusammenhänge. Diese lassen sich exemplarisch folgendermaßen umschreiben. „Innerhalb einer staatlich regulierten Ordnung produzieren Unternehmen Güter und Dienstleistungen, weil sie auf der Grundlage entsprechender Informationen die Nachfrage von anderen Unternehmen, von privaten und öffentlichen Haushalten einschließlich des Auslandes dafür erwarten. Für die Produktion verwenden sie Faktoren, die sie kaufen müssen, für die sie also Ausgaben haben. Diese fließen den Verkäufern der Faktoren als Einkommen zu. Die Einkommensbezieher können dadurch die Güter und Dienstleistungen kaufen, die Unternehmen produziert haben."[1]

3. Wie lässt sich der Begriff Produktion definieren?

Produktion ist die planmäßige Kombination von Produktionsfaktoren zur Erstellung von Gütern und Leistungen in den Produktionsunternehmen für den Gebrauch bzw. Verbrauch in anderen Unternehmen und in privaten Haushalten (aber auch beim Staat und im Ausland).

---

[1] Vry, Wolfgang, Volkswirtschaftslehre, Ludwigshafen (Kiehl-Verlag)

4. Wie lässt sich der Begriff Konsum definieren?

Konsum ist der *Verbrauch und der Gebrauch von Gütern und Leistungen*, der *letztlich* in Haushalten stattfindet (in privaten, aber auch in öffentlichen Haushalten, auch des Auslands). Der Konsum der privaten Haushalte ist abhängig von verschiedenen Faktoren, z.B. von den Preisen, von der Höhe der Zinsen, vom Vermögen, vom Einkommen. Das Einkommen ist der wichtigste Faktor. Die Konsumfunktion gibt an, wie der Konsum von der Einkommenshöhe abhängt.

5. Wie werden „Bedürfnisse" definiert?

Grundlage des Konsums der privaten Haushalte sind die Bedürfnisse. Bedürfnisse sind *subjektiv empfundene Gefühle des Mangels*, mit dem Streben, diese Mangelgefühle zu beseitigen. Bedürfnisse dieser Art können z.B. Hunger, Durst, Kommunikation, Anerkennung, Selbstverwirklichung sein.

6. Nach welchen Kriterien lassen sich Bedürfnisse systematisch einteilen?

Bedürfnisse können u.a. nach folgenden Gesichtspunkten systematisch erfasst werden: Dringlichkeit, Erwerb, Befriedigung, Rangordnung. In der folgenden Übersicht werden zu den Kriterien die entsprechenden Begriffe angegeben und kurz gekennzeichnet.

Kriterien	Begriffe	Beispiele
Dringlichkeit	*Primärbedürfnisse* (Existenzbedürfnisse)	Hunger, Durst
	Sekundärbedürfnisse (Kultur- und Luxusbedürfnisse)	Theater-, Kirchenbesuch
Erwerb	*naturgegebene Bedürfnisse* (entstehen durch natürliche Bedingungen menschlicher Existenz)	Hunger, Durst
	manipulierte Bedürfnisse (werden im Verlauf des Sozialisationsprozesses erworben und/oder verändert)	Literatur, Kunst

Kriterien	Begriffe	Beispiele
Befriedigung	*Individualbedürfnisse* (Befriedigung erfolgt durch das Individuum)	Hunger, Durst
	Kollektivbedürfnisse (Befriedigung erfolgt durch die Gesellschaft)	Straßenbeleuchtung, Sicherheit (öffentliche Güter)
Dringlichkeit und Rangordnung (Bedürfnispyramide nach Maslow)	Einteilung in fünf Schichten: nach oben abnehmende Dringlichkeit und Bedeutung	
	1. Grundbedürfnisse	Existenzbedürfnisse
	2. Sicherheitsbedürfnisse	Sicherung der Grundbedürfnisse
	3. soziale Bedürfnisse	Bedürfnisse nach Kontakten
	4. Wertschätzungs-bedürfnisse	Anerkennung
	5. Entwicklungsbedürfnisse	Selbstverwirklichung

7. Welche wirtschaftliche Bedeutung haben Bedürfnisse?

Die Bedürfnisse der Menschen sind unbegrenzt. Wegen der Knappheit der zur Verfügung stehenden Mittel kann nur ein Teil der Bedürfnisse befriedigt werden. Mit Bedarf bezeichnet man die Summe der Bedürfnisse, die mit Kaufkraft ausgestattet sind. Sie sind die Grundlage der Nachfrage nach Gütern, Dienstleistungen und Rechten.

8. Wie lässt sich der Begriff Ersparnis definieren?

Wenn Wirtschaftssubjekte darauf verzichten, Teile der ihnen zur Verfügung stehenden Einkommen zu verbrauchen, bilden sie Ersparnisse. Ersparnisse sind also die *Differenz zwischen dem verfügbaren Einkommen und dem Verbrauch*. Private Haushalte leisten Konsumverzicht, Unternehmer (hier: Eigentümer von Unternehmen ohne eigene Rechtspersönlichkeit) entnehmen nur einen Teil des Gewinns. Der Staat verwendet einen Teil der laufenden Einnahmen nicht für die laufenden Ausgaben. (Die Ersparnisse der Unternehmen mit eigener Rechtspersönlichkeit sind identisch mit ihren verfügbaren Einkommen.) Ersparnisse erhöhen das Reinvermögen.

9. Wie lässt sich der Begriff Investition definieren?

Investition ist die *langfristige Sachanlage von Kapital* (Sachkapital) zur Erwirtschaftung von Erträgen. Zu den Investitionen zählen Anschaffungen von Maschinen, maschinelle Anlagen, Produktionsstätten, Lkw usw. Investiert wird u.a.

- zur Rationalisierung der Produktionsprozesse (*Rationalisierungsinvestitionen*),
- zur Erweiterung des Produktionsapparates (Erweiterungs- oder *Neuinvestitionen*),
- zum Ersatz abgeschriebener Anlagegüter (Ersatz- oder *Reinvestitionen*).

10. Nach welchen Kriterien lassen sich Güter einteilen?

Im Folgenden werden in einer Übersicht Einteilungskriterien dargestellt. Sie werden mit den folgenden Fragen erläutert.

Fragestellung (Kriterien)	Güterarten
Beschaffenheit	materielle und immaterielle Güter
Existenz von Preisen	knappe und freie Güter
Ort der Verwendung	Haushalts- und Unternehmensgüter
Art der Verwendung	Konsum- und Produktionsgüter
Beziehung zueinander	substitutionale, komplementäre, limitationale Güter
Abhängigkeit von der Einkommenshöhe	superiore und inferiore Güter
Anbieter	öffentliche und private Güter

11. Wie lassen sich Güter nach ihrer Beschaffenheit einteilen?

Nach ihrer Beschaffenheit unterscheidet man materielle und immaterielle Güter. *Materielle Güter* sind Sachgüter (stoffliche Güter). *Immaterielle Güter* sind nichtstoffliche Güter, dazu zählen z.B. Dienstleistungen, die Leistungen des Handels, Informationen usw.

12. Wie lassen sich Güter nach der Existenz von Preisen einteilen?

Zu unterscheiden sind *knappe Güter* und *freie Güter*. Ein knappes Gut hat einen Preis, knapp ist es in Bezug auf die Bedürfnisse der Wirtschaftssubjekte; das gilt für alle produzierten Güter und Leistungen: Sie sind in Bezug auf die Wünsche der Wirtschaftssubjekte immer mehr oder weniger knapp. Die Preise der Güter drücken ihre relative Knappheit aus. („Der Preis ist ein Phänomen der Knappheit.") - Ein freies Gut ist nicht knapp, es ist in ausreichendem Maße vorhanden, um die Bedürfnisse von Wirtschaftssubjekten zu befriedigen, das gilt z.B. für die Luft.

13. Wie lassen sich Güter nach ihrer Verwendung einteilen?

Güter werden von Haushalten und von Unternehmen verwandt, entsprechend werden *Konsumgüter* und *Produktionsgüter* unterschieden. Konsumgüter sind z.B. Lebensmittel, Kleidung usw., Produktionsgüter sind z.B. Maschinen, Materialien usw. Konsum- und Produktionsgüter werden weiter unterteilt in Gebrauchs- und Verbrauchsgüter.

14. Wodurch unterscheiden sich Gebrauchs- und Verbrauchsgüter?

Gebrauchsgüter dienen dem längerfristigen Gebrauch. Verbrauchsgüter gehen beim Verbrauch unter. Im Konsumgüterbereich sind z.B. Küchenmaschinen Gebrauchsgüter und Lebensmittel Verbrauchsgüter. Im Produktionsgüterbereich sind z.B. Maschinen, Lkw u.dgl. Gebrauchsgüter und z.B. Roh-, Hilfs-, Betriebsstoffe und andere Faktoren Verbrauchsgüter.

15. Wie lassen sich Güter nach ihrer Beziehung zueinander einteilen?

Zu unterscheiden sind komplementäre, substitutionale und limitationale Güter.

Wenn ein Gut für seine Nutzung die Verwendung eines anderen Gutes erfordert, wenn es also *ergänzt* werden muss, damit es genutzt werden kann, spricht man von komplementären Gütern, *komplementäre Güter* sind z.B. Füllhalter und Tintenpatrone, Briefpapier und -umschläge. Wenn die Nachfrage nach dem einen Gut steigt, steigt auch die Nachfrage nach dem anderen und umgekehrt. Güter, die sich gegenseitig *ersetzen* – substituieren – können, sind substitutionale Güter. Ein Haushalt substituiert z.B. Bohnenkaffee durch Tee, Butter durch Margarine usw. Ein Unternehmen substituiert z.B. den Produktionsfaktor Arbeit durch den Produktionsfaktor Kapital. Steigt der Preis für ein Gut und nimmt deshalb die Nachfrage nach ihm ab, so steigt die Nachfrage nach dem Substitut.

Wenn für eine bestimmte Ausbringungsmenge die Produktionsfaktoren in einem durch die Technik vorgegebenen Mengenverhältnis stehen müssen, limitieren (begrenzen) sie sich gegenseitig (*limitationale* Einsatz*güter*). Die Ausdehnung der Einsatzmenge des einen Faktors kann nicht zu einer Erhöhung der Ausbringungsmenge führen, wenn nicht auch der andere Produktionsfaktor (bzw. die anderen Produktionsfaktoren) in dem vorgegeben Mengenverhältnis vermehrt eingesetzt wird (bzw. werden). So stellt z.B. eine Zigarettenfabrik mit einer Maschine, zu deren Bedienung drei Arbeiter erforderlich sind, am Tag 1,5 Mio Stück her; sie kann die Ausbringungsmenge nur erhöhen, wenn sie eine neue Maschine beschafft und gleichzeitig drei Arbeiter anstellt.

16. Wie lassen sich Produkte hinsichtlich ihres Reifegrades einteilen?

Der Abstand zur ökonomischen Fertigstellung eines Produkts gibt seinen Reifegrad an. Entsprechende Einteilungskategorien sind: *Rohstoff*, *Halbfabrikat*, *Endprodukt*.

17. Zu welchen Gruppen lassen sich Güter zusammenfassen, deren mengenmäßige Nachfrage von der Höhe des Einkommens der Nachfragenden abhängig ist?

Güter, die bei steigendenden Einkommen vermehrt nachgefragt werden, sind *superiore Güter*. Güter, deren Nachfrage zurückgeht, wenn das Einkommen steigt, nennt man *inferiore Güter*. Zu den superioren Gütern können z.B. hochwertige Fleischsorten, hochwertige (Marken-)Kleidung, Mittelklassewagen u.dgl., zu den inferioren Gütern z.B. geringwertiges Schweinefleisch, Kleinwagen u.dgl. gezählt werden.

18. Wodurch unterscheiden sich öffentliche Güter von privaten Gütern?

Private Güter (auch Individualgüter genannt) werden von privaten Anbietern aufgrund ihrer eigenen, individuellen Entscheidung auf entsprechenden Märkten angeboten. *Öffentliche Güter* (auch Kollektivgüter genannt) werden von der öffentlichen Hand aufgrund einer Kollektiventscheidung zur Verfügung gestellt. Ihre Nutzung ist nicht abhängig von der Zahlung eines entsprechenden Entgelts.

19. Was versteht man unter dem Phänomen der Knappheit?

Die Mittel zur Befriedigung der unbegrenzt vorhandenen Bedürfnisse der Wirtschaftssubjekte sind knapp, sie werden es auch wahrscheinlich bleiben. Für die Erstellung von Konsumgütern stehen jederzeit nur eine begrenzte Anzahl von Produktionsmöglichkeiten (Betriebe, Energie, Rohstoffe und andere Faktoren) zur Verfügung. Alle Bemühungen um Verbesserung der Produktivität werden das nicht ändern können. „Wir müssen damit rechnen, dass das Leben der Menschen auf der Erde stets unter dem kalten Stern der Knappheit stehen wird." (Erich Schneider) Der Preis eines Gutes zeigt seine Knappheit an: Je knapper ein Gut ist im Verhältnis zu den Wünschen der Wirtschaftssubjekte, es zu besitzen, desto höher ist der Preis.

20. Was versteht man unter „wirtschaften"?

Wirtschaftssubjekte sind gezwungen, ihre *Bedürfnisse mit der Knappheit der Güter in Einklang* zu *bringen*. Sie müssen darüber entscheiden, wie die ihnen zur Verfügung stehenden knappen Mittel eingesetzt werden sollen, damit die Bedürfnisse mehr oder weniger, ganz oder gar nicht befriedigt werden. D.h. sie müssen wirtschaften, damit ihre Bedürfnisse optimal befriedigt werden.

21. Welche Bedeutung haben Wirtschaftspläne?

Wirtschaften ist rationales Handeln nach Plänen. Das planvolle Handeln aller Wirtschaftssubjekte bezieht sich auf zwei Bereiche, einmal auf den Erwerb der Mittel, zum anderen auf den Verbrauch der Mittel, entsprechend kann man zwischen Erwerbs- und Verbrauchswirtschaftsplänen unterscheiden. Den Erwerbswirtschaftsplänen privater Haushalte liegen Entscheidungen über Verkäufe von Produktionsfaktoren (Arbeit, Boden und Kapital) zu Grunde; in ihren Verbrauchswirtschaftsplänen legen sie fest, in welcher Rangordnung die Bedürfnisse mit den verfügbaren, grundsätzlich begrenzten Mitteln befriedigt werden sollen, damit ein bestimmtes Ziel erreicht wird.

22. Wie lautet das ökonomische Prinzip?

Wirtschaftliches Handeln ist Handeln nach dem ökonomischen Prinzip (Wirtschaftlichkeitsprinzip). Zu unterscheiden sind Maximalprinzip und Minimalprinzip.

Das ökonomische Prinzip als *Maximalprinzip* lautet: Mit vorgegebenen Mitteln einen möglichst hohen Ertrag erzielen.

Das ökonomische Prinzip als *Minimalprinzip* lautet: Ein bestimmtes Ziel mit möglichst geringen Mitteln erreichen.

23. Welche allgemeinen bzw. volkswirtschaftlichen Produktionsfaktoren gibt es?

Die volkswirtschaftlichen Produktionsfaktoren sind *Arbeit, Boden und Kapital*. Arbeit: alle Formen menschlicher Arbeit, also z.B. die ausführenden Arbeiten in der Werkstatt, in der Fabrik, im Geschäft, auf der Baustelle, die leitenden

Arbeiten, also z.B. alle planerischen, organisatorischen, kontrollierenden Tätigkeiten, aber auch die Arbeiten des Erfinders, des Ingenieurs u.dgl. (sog. Knowhow).

Boden: die naturgegebenen Voraussetzungen der Produktion.

Kapital: die produzierten Voraussetzungen der Produktion, also z.b. die Maschinen, Kraftwagen, Hallen, sonstige Anlagen usw.

Arbeit und Boden sind originäre (ursprüngliche) Produktionsfaktoren, Kapital ist ein derivativer (abgeleiteter) Produktionsfaktor.

24. Welche Bedeutung haben die volkswirtschaftlichen Grundfunktionen Produktion, Konsum und Verteilung?

Die Grundfunktionen der Wirtschaft sind *Produktion, Konsumtion und Verteilung*. Unternehmen produzieren, wenn sie Nachfrage nach ihren Produkten erwarten, wenn also auch konsumiert wird. Für die Produktion benötigen sie Produktionsfaktoren, z.B. Arbeit, die ihnen die Haushalte „verkaufen". Unternehmen haben also Ausgaben, die den Haushalten als Einnahmen zufließen, sodass sie konsumieren können. Die Höhe der Einnahmen, die einzelnen Haushalten so zufließen, der Umfang ihrer Konsumtionsmöglichkeiten und damit schließlich ihre Teilhabe am Ergebnis des Produktionsprozesses hängen davon ab, in welchem Umfang sie Produktionsfaktoren für den Produktionsprozess zur Verfügung stellen wollen oder können.

Durch alle Produktionsleistungen entsteht das gesamte Produkt, das sog. Sozialprodukt. Alle Einkommen, die dabei verdient werden, werden begrifflich im sog. Volkseinkommen zusammengefasst. (Vgl. A. 1.3)

25. Welcher Unterschied besteht zwischen Mikro- und Makroökonomik?

Mikro- und Makroökonomik sind Teilgebiete der Wirtschaftstheorie. Die Mikroökonomik befasst sich mit dem wirtschaftlichen *Verhalten der einzelnen Wirtschaftssubjekte* und den wirtschaftlichen Beziehungen zwischen ihnen. Grundlagen ihrer Betrachtung sind dabei die Wirtschaftspläne von Haushalten und Unternehmen. Die Makroökonomik dagegen befasst sich mit dem gesamtwirtschaftlichen *Verhalten der Sektoren* und den zwischen ihnen bestehenden Beziehungen. Als Wirtschaftssektoren bezeichnet man die Zusammenfassung der Einzelwirtschaften zu Aggregaten, z.B. die privaten Haushalte zum Sektor Haushalte. Grundlagen der Betrachtung sind gesamtwirtschaftliche Größen (z.B. Volkseinkommen), die sich aus den Zusammenfassungen der entsprechenden einzelwirtschaftlichen Größen (z.B. Einkommen eines Haushalts) ergeben. (Vgl. volkswirtschaftl. Gesamtrechnung A. 1.3)

Volkswirtschaftslehre 27

1.2 Wirtschaftssysteme und Wirtschaftsordnungen

1. **Worin besteht der Unterschied zwischen Wirtschaftssystemen und Wirtschaftsordnungen?**

   Die Wirtschaftsordnung definiert in Abhängigkeit von zeittypischen Besonderheiten den Bedingungsrahmen, in dem das Wirtschaftsgeschehen tatsächlich abläuft. Sie gibt damit auch an, wie die Pläne von Haushalten und Unternehmen aufeinander abgestimmt werden. Sie gibt vor, wie die grundsätzlichen Probleme einer arbeitsteiligen Volkswirtschaft geregelt werden. Wirtschaftsordnungen regulieren reales wirtschaftliches Geschehen. Sie sind sog. *Realtypen*. Wirtschaftssysteme sind theoretische, in sich logische Gebilde. Sie geben Wirtschaftsordnungen in reiner Form an. Deswegen bezeichnet man sie als *Idealtypen*.

2. **Wie lauten die Grundfragen (Grundprobleme) jeder arbeitsteiligen Volkswirtschaft, auf die die Wirtschaftsordnung Antworten geben muss (für die sie Lösungen finden muss)?**

   Die Grundfragen jeder arbeitsteiligen Volkswirtschaft, die die jeweilige Wirtschaftsordnung zu beantworten hat, lauten

   1. Was und wie viel soll produziert werden? (*Bestimmung des Produktionsziels*),

   2. Mit welchen Produktionsfaktoren, mit welcher Kombination von Produktionsfaktoren soll produziert werden? (*Allokation der Ressourcen*),

   3. Wer soll was und wie viel vom Produktionsergebnis erhalten? (*Verteilung* des Produktionsergebnisses).

3. **Durch welchen Koordinationsmechanismus werden diese Probleme im System der Zentralverwaltungswirtschaft (Planwirtschaft) gelöst?**

   Im System der Zentralverwaltungswirtschaft, der reinen Planwirtschaft, koordiniert ein *zentraler Plan* die einzelwirtschaftlichen Pläne. Der Plan bestimmt das Produktionsziel, gibt an, wie und womit produziert werden soll und verteilt schließlich das Produktionsergebnis. In diesem System gibt es kein privates Eigentum an Produktionsmitteln.

4. **Durch welchen Koordinationsmechanismus werden die Probleme im System der reinen Marktwirtschaft gelöst?**

   Im System der reinen Marktwirtschaft, der freien Verkehrswirtschaft, werden die einzelwirtschaftlichen Pläne durch den *Markt* koordiniert. Die Nachfrager entscheiden letztlich, was und wie viel die Unternehmen produzieren, der Markt bestimmt, mit welchen Produktionsfaktoren produziert wird, der Markt entscheidet schließlich auch, wer wie viel vom Produktionsprozess erhalten soll. Die selbstverantwortliche Tätigkeit des Einzelnen, die freie Verfügungsgewalt über die Produktionsmittel und die Konsumfreiheit stehen im Vordergrund dieses Konzepts. Der Staat soll nicht bzw. nicht wesentlich in das Marktgeschehen eingreifen.

Es besteht *Konsumentensouveränität.* Weiten z.B. auf einem Markt für ein Konsumgut die privaten Haushalte die Nachfrage aus, erhöhen die Unternehmer infolge der zusätzlichen Gewinnmöglichkeiten das Angebot, neue Unternehmen kommen auf den Markt. Die gestiegene Nachfrage führt also zu einer Verbesserung der mengenmäßigen Versorgung. Die Wahl der Produktionsfaktoren ist von der Situation auf den Faktormärkten abhängig. Die Höhe von Löhnen und Zinsen entscheidet u.a. darüber, ob ein Unternehmen den Produktionsfaktor Arbeit durch den Faktor Kapital ersetzt.

Produkte kann nur kaufen, wer aus dem Verkauf von Produktionsfaktoren Einkommen bezieht. Wer den Produktionsfaktor durch marktgerechte Qualifikation gegen entsprechend höheres Entgelt verkaufen kann, kann mehr und bessere Produkte kaufen. Wer nicht arbeitet und auch keine anderen Produktionsfaktoren verkaufen kann, bezieht kein Einkommen, erhält somit auch keinen Anspruch an das Produktionsergebnis.

Die freie Entscheidung der Unternehmen setzt das private Eigentum an Produktionsmitteln voraus.

5. Wodurch unterscheiden sich die Wirtschaftsordnungen verschiedener Volkswirtschaften?

Wirtschaftsordnungen sind Mischformen, sie enthalten in mehr oder weniger ausgeprägter Form Elemente der plan- und marktwirtschaftlichen Systeme. Grundsätzlich zu unterscheiden sind Wirtschaftsordnungen, die mehr oder weniger planwirtschaftlich orientiert sind, von denen, die mehr marktwirtschaftlich orientiert sind. Entsprechend kann man von planwirtschaftlichen Ordnungen mit relativ geringem privaten Eigentum an den Produktionsmitteln und von marktwirtschaftlichen Ordnungen sprechen, die das private Eigentum an Produktionsmitteln in hohem Maße voraussetzen. Innerhalb dieser beiden Gruppen von Wirtschaftsordnungen unterscheiden sich die Ordnungen hinsichtlich der Betonung der Merkmale.

6. Welche besondere (auch historische) Bedeutung hat die Soziale Marktwirtschaft?

Die Soziale Marktwirtschaft ist die Wirtschaftsordnung der Bundesrepublik Deutschland. Sie wurde nach dem 2. Weltkrieg durch den damaligen Wirtschaftsminister Ludwig Erhard eingeführt. Sie beruht auf der Kritik an der klassischen Auffassung einer freien Marktwirtschaft (s.o.) und auf der Ablehnung dirigistischer Planwirtschaft. Sie geht von der Überlegenheit marktwirtschaftlicher Ordnungen aus. Die Aspekte der Sozialen Marktwirtschaft lassen sich folgendermaßen zusammenfassen.

Marktwirtschaften versorgen die Verbraucher optimal.

Marktwirtschaften sind so leistungsfähig, dass sie auch die Mittel für die soziale Sicherheit zur Verfügung stellen können.

Der Wettbewerb als Grundlage der Marktwirtschaft ist nicht naturgegeben. Er muss durch den Staat gefördert und geschützt werden.

Der Markt kann bestimmte - vor allem soziale - Probleme nicht lösen. Der Staat muss deshalb in das Marktgeschehen eingreifen.

7. Welche Bedeutung hat der Wettbewerb in der Sozialen Marktwirtschaft?

Der Wettbewerb zwingt die Unternehmen zu Produkt- und Prozessinnovationen. Die Marktversorgung wird dadurch besser. Der sich auf einem Markt bei Wettbewerb ergebende Preis lenkt die Produktionsfaktoren nachfrage- und kostengerecht. Dadurch leistet der Wettbewerb einen Beitrag zur Preisniveaustabilität, zur Beschäftigung und zum Wachstum. Bei Wettbewerb kann ein Unternehmen kaum langfristig wirtschaftliche Macht aufbauen, da Nachahmer auf den Markt drängen.

8. Welche Bedeutung hat die soziale Komponente der Sozialen Marktwirtschaft?

Die soziale Komponente hat zwei wesentliche Aspekte. Eine Marktwirtschaft, die auf Wachstum angelegt ist, schafft *Arbeitsplätze*. Sie versorgt Arbeitnehmer mit Einkommen und ermöglicht damit ihre Teilhabe am Produktionsergebnis. Eine Marktwirtschaft kann wegen ihrer Leistungsfähigkeit die *Mittel für die soziale Sicherung* bereit stellen.

9. Wann sind staatliche Eingriffe in das Wirtschaftsgeschehen einer Sozialen Marktwirtschaft erforderlich?

Es lassen sich im Wesentlichen drei Problembereiche, die staatliche Eingriffe erforderlich machen, erkennen.

1. *Schutz des Wettbewerbs*, damit die Vorteile des Wettbewerbs erhalten bleiben; Wettbewerb ist nicht naturgegeben, er wird ständig gefährdet durch Abspra-

chen, Konzentration und Kooperation. Hier muss der Staat eingreifen. Grundlage dafür ist das GWB.

2. *Soziale Sicherung*, damit auch die bei der Verteilung des Produktionsergebnisses berücksichtigt werden, die nicht am Produktionsprozess (z.B. durch Arbeit) beteiligt waren. Der Staat muss für eine Verteilungskorrektur sorgen (Umverteilung). Transferzahlungen, Subventionen, Sozialversicherungen, Steuergesetzgebung u.a. sind die Mittel dazu.

3. *Vermeidung konjunktureller Schwankungen.* Konjunkturelle Schwankungen deuten auf gesamtwirtschaftliche Ungleichgewichte hin. Sie bedeuten u.a. Arbeitslosigkeit, Inflation u.dgl. Der Staat muss durch entsprechende antizyklische Eingriffe für Stabilität und Stetigkeit des Wachstums sorgen, so muss er z.B. als Nachfrager auftreten, wenn die private Nachfrage nachlässt usw.

1.3 Wirtschaftskreislauf und volkswirtschaftliche Gesamtrechnung

1. **Was wird mit dem Kreislauf für das Modell einer geschlossenen Volkswirtschaft ohne staatliche Aktivität dargestellt?**

Das Modell beschreibt eine Volkswirtschaft, für die es keinen Außenhandel gibt und in der der Staat nicht tätig ist. In der folgenden Abbildung wird für dieses Modell ein Kreislauf dargestellt. Er zeigt den Sektor Haushalte, d.i. die Zusammenfassung aller privaten Haushalte, den Sektor Unternehmen, d.i. die Zusammenfassung aller privaten Unternehmen, und die zwischen diesen Sektoren bestehenden Beziehungen: Die Haushalte stellen den Unternehmen Produktionsfaktoren zur Verfügung und erhalten dafür Güter und Dienstleistungen; in einer als Geldwirtschaft organisierten Tauschwirtschaft treten an die Stelle der direkten Tauschvorgänge Zahlungsvorgänge, die Produktionsfaktoren werden entgolten durch z.B. Lohn, die Haushalte erhalten also Einnahmen, mit denen sie die Güter bezahlen.

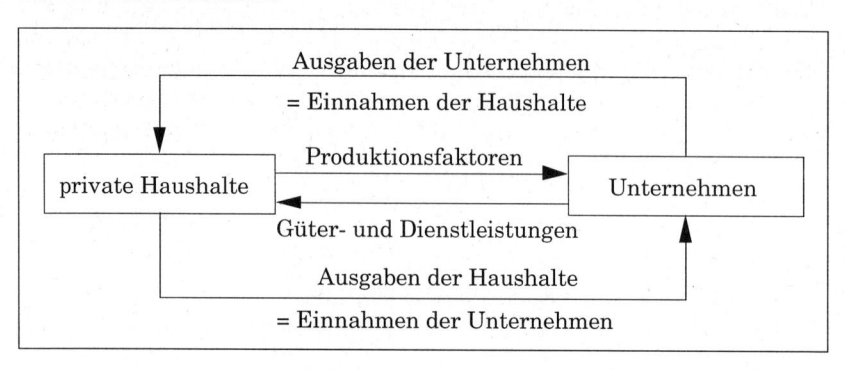

```
                  Ausgaben der Unternehmen
                  = Einnahmen der Haushalte
                     Produktionsfaktoren
   private Haushalte  ──────────────►  Unternehmen
                     Güter- und Dienstleistungen
                    Ausgaben der Haushalte
                   = Einnahmen der Unternehmen
```

In der folgenden Abbildung werden nur die Geldströme dargestellt, außerdem wird von der Annahme ausgegangen, dass die Haushalte einen Teil ihres Einkommens sparen. So zeigt das Bild neben den Sektoren Haushalte (H) und Unternehmen (U) auch den Sektor Kapitalvermittlung (K). Bei ihm werden die Ersparnisse für die Investitionsgüternachfrage vermittelt.

Die Zeichnung gibt einen wichtigen Zusammenhang wieder. Weil Unternehmen Nachfrage der Haushalte nach Konsumgütern und anderer Unternehmen nach Investitionsgütern erwarten, produzieren sie; dazu benötigen sie Produktionsfaktoren, die sie von den Haushalten gegen Entgelt (Faktoreinkommen der Haushalte) erhalten. Wenn sie also produzieren entstehen gleichzeitig Produkt und Einkommen.

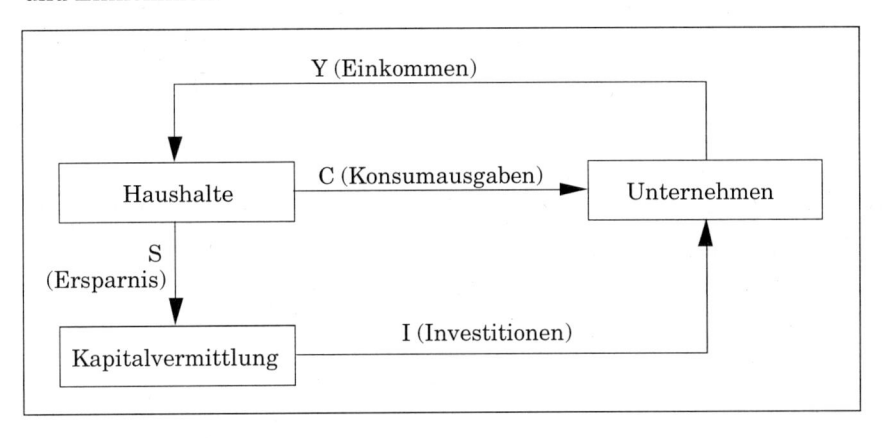

2. Was wird mit dem Kreislauf für das Modell einer offenen Volkswirtschaft mit staatlicher Aktivität dargestellt?

Im Modell der offenen Volkswirtschaft werden die bisherigen Annahmen vernachlässigt. Es findet Außenhandel statt, der Staat greift mit Steuererhebungen, mit Transferzahlungen an die Haushalte, mit Subventionszahlungen an die Unternehmen und mit Aufträgen an Unternehmen in das Geschehen ein. Auch muss der Staat Kredite aufnehmen zur Deckung der Finanzierungslücken in den öffentlichen Haushalten. Dargestellt werden im Kreislaufbild die Sektoren Haushalte, Unternehmen, Staat, Ausland und Kapitalvermittlung und die zwischen ihnen bestehenden Beziehungen. Unter diesen erweiterten Bedingungen erklärt das Modell, wie Einkommen und Produkt entstehen. Nachfrage der Haushalte nach Konsumgütern, der Unternehmen nach Investitionsgütern, des Staates nach Konsum- und Investitionsgütern und des Auslandes nach Investitions- und Konsumgütern führt zu deren Produktion und zur Einfuhr. Güter und Leistungen werden erstellt vor allem von den Unternehmen, aber auch (wenn auch in geringerem Umfang) vom Staat und den Haushalten (und im Ausland).

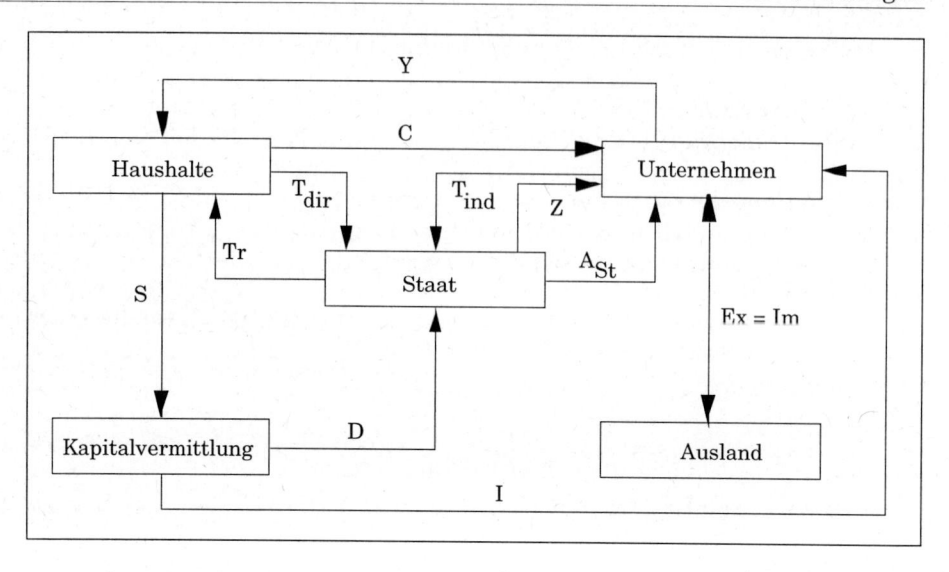

```
                            Y
        ┌──────────────────────────────────────────┐
        │         ┌──────────┐    C    ┌──────────┐│
        │         │ Haushalte│────────▶│Unternehmen│◀─┐
        │         └──────────┘ T_dir  T_ind  Z    └──────────┘  │
        │           │  Tr  │         │         │         │      │
        │         S │      ▼         ▼   A_St  │         │      │
        │           │     ┌──────────────┐─────┘         │      │
        │           │     │    Staat     │               │ Ex=Im│
        │           │     └──────────────┘               │      │
        │           ▼              ▲                     ▼      │
        │   ┌──────────────┐   D   │            ┌──────────┐   │
        │   │Kapitalvermittlung│───┘            │ Ausland  │   │
        │   └──────────────┘                    └──────────┘   │
        │                          I                            │
        └──────────────────────────────────────────────────────┘
```

3. Wie werden in den volkswirtschaftlichen Gesamtrechnungen die Sektoren definiert?

Die Beschreibung der Zusammenhänge zwischen den Sektoren ist auch Grundlage der VGR.

Die VGR fasst die Wirtschaftssubjekte zu folgenden Sektoren zusammen:

- Private Haushalte, darin sind neben den privaten Haushalten (d. h. Ein- und Mehrpersonenhaushalte) auch Einzelunternehmer, Freiberufler usw. enthalten,
- Private Organisationen ohne Erwerbszweck, dazu gehören u. a. Kirchen, Gewerkschaften, Parteien, Vereine, Wohlfahrtsverbände,
- Nichtfinanzielle Kapitalgesellschaften, z. B. Personen- und Kapitalgesellschaften, rechtlich unselbstständige Eigenbetriebe des Staates,
- Finanzielle Kapitalgesellschaften, z. B. Banken, Versicherungen,
- Staat, das sind der Bund, die Länder, die Gemeinden und die Sozialversicherung,
- Übrige Welt.

4. Was wird mit der Volkswirtschaftlichen Gesamtrechnung erfasst?

Die Volkswirtschaftliche Gesamtrechnung ist die Statistik aller wirtschaftlichen Vorgänge in einem Jahr in einer Volkswirtschaft. Sie arbeitet mit einem System doppelter Verbuchung.

Die Volkswirtschaftliche Gesamtrechnung gibt Auskunft über

- *Produktionsleistungen* der Unternehmen, des Staates und der privaten Haushalte, *Entstehung*,

- *Verteilung* der Erwerbs- und Vermögenseinkommen,

- Umverteilung und *Verwendung* der Einkommen,

- *Vermögensbildung* und Veränderungen der Forderungen und Verbindlichkeiten,

- die *wirtschaftlichen Vorgänge zwischen Inland und Ausland.*

5. Was wird mit der Bruttowertschöpfung einer Volkswirtschaft angegeben?

Die in den Sektoren hergestellten Güter und Dienstleistungen sind die Produktionswerte dieser Sektoren. Der Produktionswert im Sektor Unternehmen ergibt sich aus dem Wert der Verkäufe, die Produktionswerte der Sektoren Haushalte und Staat ergeben sich aus der Addition der Kosten. Bei der Produktion werden Vorleistungen verbraucht. Die Bruttowertschöpfung ergibt sich, wenn von dem Gesamtwert aller Produktionswerte der Wert aller Vorleistungen abgezogen wird.

$$\boxed{\text{Bruttowertschöpfung} = \text{Produktionswerte} - \text{Vorleistungen}}$$

6. Wie ergibt sich das Bruttoinlandsprodukt zu Marktpreisen?

Das Bruttoinlandsprodukt zu Marktpreisen (BIP_{Mp}) ergibt sich rechnerisch, wenn zur Bruttowertschöpfung die indirekten Steuern (T_{ind}) hinzugezählt und die Subventionen (Z) davon abgezogen werden.

$$\boxed{BIP_{Mp} = BWSt T_{ind} - Z}$$

7. Welche Bedeutung hat das Bruttoinlandsprodukt zu Marktpreisen?

Das Bruttoinlandsprodukt zu Marktpreisen gibt den Wert der Produktion von Gütern und Leistungen im Inland für ein Jahr an; er ist also der *Indikator für die inländische Produktion.*

In der folgenden Tabelle wird für das Jahr 1998 das Bruttoinlandsprodukt, das Bruttonationaleinkommen und das Volkseinkommen (in Marktpreisen) angegeben (Quelle: Statistisches Jahrbuch für die Bundesrepublik Deutschland, 1999).

	Mrd. DM
Bruttonationaleinkommen	3.799,4
Bruttonationaleinkommen	3.694,0
Volkseinkommen	2.848,3

8. Wie ergibt sich das Bruttonationaleinkommen zu Marktpreisen?

Das Bruttonationaleinkommen zu Marktpreisen ergibt sich rechnerisch, wenn zum Bruttoinlandsprodukt zu Marktpreisen die Erwerbs- und Vermögenseinkommen aus der übrigen Welt hinzugezählt und davon die Erwerbs- und Vermögenseinkommen an die übrige Welt abgezogen werden.

$$BNE_{Mp} = BIP_{Mp} + \text{Erwerbs- u. Vermögenseink.v.Ausland} - \text{Erwerbs- u. Vermögenseink. a.Ausland}$$

9. Welche Bedeutung hat das Bruttonationaleinkommen zu Marktpreisen?

Das Bruttonationaleinkommen zu Marktpreisen gibt den Wert der *Einkommen* an, die Inländer durch den „Verkauf" von Produktionsfaktoren im Inland und im Ausland in einem Jahr erzielt haben. Bruttonationaleinkommen zu Marktpreisen ist also der Indikator für das inländische Einkommen und ersetzt das Bruttosozialprodukt zu Marktpreisen.

10. Wie ergibt sich das Nettonationaleinkommen zu Marktpreisen?

Das Nettonationaleinkommen ergibt sich durch Abzug der Abschreibungen vom Bruttonationaleinkommen.

$$NNE_{Mp} = BNE_{Mp} - Ab.$$

11. Wie ergibt sich das Nettonationaleinkommen zu Faktorkosten?

Das Nettonationaleinkommen zu Faktorkosten ergibt sich, wenn vom Nettonationaleinkommen zu Marktpreisen die indirekten Steuern abgezogen und zu dieser Differenz die Subventionen hinzugezählt werden.

$$NNE_{FK} = NNE_{Mp} - T_{ind} + Z$$

12. Welche Bedeutung hat das Nettonationaleinkommen zu Faktorkosten?

Das Nettonationaleinkommen zu Faktorkosten ist das Volkseinkommen (früher: Nettosozialprodukt zu Faktorkosten). Es ist die Summe aller Erwerbs- und Vermögenseinkommen, die die inländischen Wirtschaftssubjekte letztlich erhalten haben. Es setzt sich zusammen aus dem Arbeitnehmerentgelt sowie dem Unternehmens- und Vermögenseinkommen.

13. Wie ergibt sich das verfügbare Einkommen?

Das verfügbare Einkommen der Volkswirtschaft ergibt sich aus dem Nettonationaleinkommen zu Faktorkosten durch Abzug der Salden aus geleisteten und empfangenen Einkommen- und Vermögenssteuern (direkte Steuern), aus geleisteten und empfangenen Sozialleistungen und sonstigen laufenden Transfers (Transferleistungen).

$$E_{verf} = NNE_{FK} + Tr - T_{dir}$$

14. Welche Bedeutung hat das verfügbare Einkommen?

Das verfügbare Einkommen ist das Einkommen der Wirtschaftssubjekte nach Verteilung und Umverteilung.

15. Wie wird das verfügbare Einkommen verwendet?

Die privaten Haushalte verwenden das ihnen zur Verfügung stehende Einkommen für Konsumausgaben (C) und Ersparnis (S).

$$E_{verf} = C + S$$

16. Wofür wird das Bruttoinlandsprodukt verwendet?

Das Bruttoinlandsprodukt wird verwendet

- für den Verbrauch der privaten Haushalte (einschließlich der privaten Organisationen ohne Erwerbszweck),
- für die Bruttoinvestitionen,
- für den staatlichen Verbrauch und
- für den Außenbeitrag.

$$BIP = C + I_{br} + A_{St} + [Ex - Im]$$

17. Welche Ausgaben gelten als privater Verbrauch?

Der private Verbrauch erfasst die tatsächlichen Ausgaben der privaten Haushalte für den Kauf von Waren und Dienstleistungen und die unterstellten Ausgaben, dazu zählt z.B. der Wert der eigengenutzten Wohnung. Der private Verbrauch umfasst auch den Eigenverbrauch der privaten Organisationen ohne Erwerbszweck.

18. Was sind private Haushalte?

Private Haushalte sind alle Ein- und Mehrpersonenhaushalte. Sie beziehen ihr Einkommen vorwiegend aus Erwerbstätigkeit und Vermögen sowie aus Transferleistungen.

19. Was sind private Organisationen ohne Erwerbszweck?

Private Organisationen ohne Erwerbszweck sind Einrichtungen, die ihre Leistungen im Allgemeinen ohne spezielles Entgelt den privaten Haushalten zur Verfügung stellen. Sie werden im Allgemeinen durch Beiträge von den privaten Haushalten finanziert. Zu diesen Organisationen zählen z.B. die Kirchen, die Parteien, die Gewerkschaften.

20. Was wird als staatlicher Verbrauch bezeichnet?

Als staatlichen Verbrauch bezeichnet man die Dienstleistungen der staatlichen Institutionen, die der Allgemeinheit unentgeltlich zur Verfügung gestellt werden. Dazu zählen z.B. die Leistungen der Polizei, der Schulen, der Allgemeinen Verwaltung.

21. Was wird als Bruttoinvestition bezeichnet?

Die Bruttoinvestitionen umfassen die Bruttoanlageninvestitionen und die Vorratsinvestitionen. *Bruttoanlageninvestitionen* sind vor allem die Käufe neuer Anlagen (einschließlich eingeführter Anlagen) und die selbst erstellten Anlagen; daneben werden auch die Käufe von gebrauchten Anlagen und Land nach Abzug der Verkäufe von gebrauchten Anlagen und Land erfasst. Anlagen sind hier alle dauerhaften reproduzierbaren Produktionsmittel. Diese Produktionsmittel sind *dauerhaft*, d. h. länger als ein Jahr, nutzbar und werden von den Unternehmen aktiviert. Mit den *Vorratsveränderungen* erfasst man die Differenz zwischen Anfangs- und Endbeständen von Vorräten (Mehr- oder Minderbestand. Zu den Vorratsveränderungen zählt hier auch der Nettozugang von Wertsachen; er besteht aus den Käufen der privaten Haushalte von Goldbarren u. Ä. und den Verkäufen.

22. Was wird mit dem Außenbeitrag angegeben?

Der Außenbeitrag ist die Differenz zwischen Exporten und Importen.

23. Welcher Unterschied besteht zwischen primärer und sekundärer Verteilung des Einkommens?

Primäre Verteilung ist die Verteilung aller in einer Periode neu geschaffenen Einkommen

- auf die an der Entstehung der Einkommen beteiligten Produktionsfaktoren (funktionelle Verteilung) und
- auf die beteiligten Personen (personelle Verteilung).

Als *sekundäre Verteilung* bezeichnet man die Korrektur der Primärverteilung durch Umverteilung.

24. Was wird als funktionelle Verteilung bezeichnet?

Als funktionelle Verteilung bezeichnet man die Verteilung des Volkseinkommens auf die Produktionsfaktoren Arbeit, Boden und Kapital entsprechend ihrer Funktionen, d.h. entsprechend ihrem Anteil an der Entstehung der Einkommen. Danach kann man die Einkommen einteilen in

- Einkommen aus unselbstständiger Arbeit (Arbeitnehmerentgelt) und
- Einkommen aus Unternehmertätigkeit und Vermögen.

Die folgende Tabelle gibt die funktionelle Verteilung für 1999 an *(Quelle: Deutsche Bundesbank, Monatsbericht, November 2000, Verteilung des Volkseinkommens in Preisen von 1999).*

	Mrd. €	Anteil in %
Einkommen aus unselbstständiger Arbeit (Arbeitnehmerentgelt)	1.053,4	71,8
Einkommen aus Unternehmertätigkeit und Vermögen	414,6	28,2
Volkseinkommen	1.468,0	100,0

25. Was gibt die Lohnquote, was die Kapitalquote an?

Die *Lohnquote* gibt den prozentualen Anteil des Einkommens aus unselbstständiger Arbeit am gesamten Einkommen (Volkseinkommen) an.

Die *Kapitalquote* gibt den prozentualen Anteil des Einkommens aus Unternehmertätigkeit und Vermögen am gesamten Einkommen (Volkseinkommen) an. (Vgl. Tabelle zu Frage 24.)

26. Was wird als personelle Verteilung bezeichnet?

Als personelle Verteilung bezeichnet man die Verteilung des Volkseinkommens auf Personen bzw. Personengruppen.

27. Welche Bedeutung hat die sekundäre Verteilung?

Die sekundäre Verteilung ist die Umverteilung durch entsprechende staatliche Maßnahmen. Durch die Umverteilung wird die primäre Verteilung mit korrigiert. Ziel der Korrektur ist im Allgemeinen eine gerechtere Verteilung des Volkseinkommen. Staatliche Maßnahmen zur Umverteilung sind z.B. der progressive Einkommensteuertarif mit Freibeträgen, Transferzahlungen wie Sozialhilfe u.Ä.

1.4 Märkte und Preisbildung

1. Was ist ein Markt?

Als Markt wird das *Zusammentreffen von Angebot und Nachfrage für ein Gut* bezeichnet. Auf dem Markt ergibt sich der Preis für das Gut.

2. Wie wird der Markt grafisch dargestellt?

In einem Koordinatensystem werden auf der senkrechten Achse der Preis und auf der waagerechten Achse die Menge abgetragen.

Die Nachfragekurve gibt den Zusammenhang zwischen dem Preis einer Ware und der nachgefragten Menge dieser Ware wieder. Sie fällt von oben links nach rechts unten: Bei sinkendem Preis nimmt die Nachfragemenge zu.

Die Angebotskurve gibt den Zusammenhang zwischen dem Preis einer Ware und der angebotenen Menge dieser Ware wieder. Sie steigt von links unten nach rechts oben: Bei steigendem Preis nimmt die Angebotsmenge zu.

Volkswirtschaftslehre

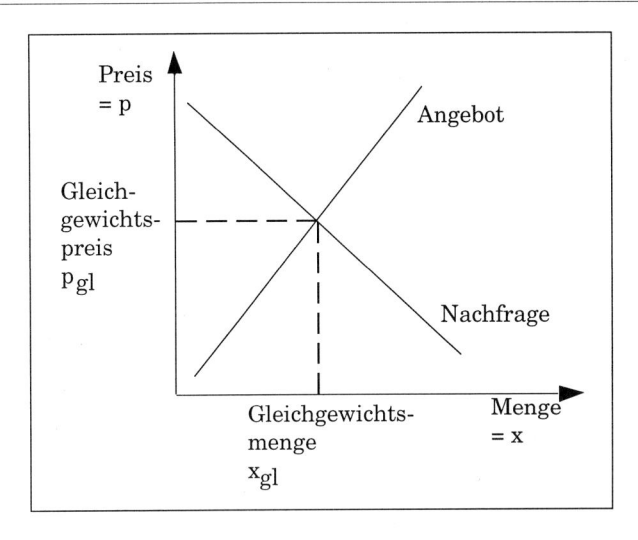

[Diagramm: Preis-Mengen-Diagramm mit Angebots- und Nachfragekurve, die sich im Gleichgewichtspreis p_{gl} und der Gleichgewichtsmenge x_{gl} schneiden.]

3. Wodurch kommt es zum Gleichgewicht auf einem Markt?

Der Markt ist im Gleichgewicht, wenn Angebotsmenge und Nachfragemenge übereinstimmen. Der sich bei der Gleichgewichtsmenge ergebende Preis bringt die Übereinstimmung zu Stande: Bei diesem Preis können die Anbieter die Menge anbieten, die die Nachfrager bei diesen Preis kaufen wollen. Die Pläne von Anbietern und Nachfragern sind in Übereinstimmung.

4. Welche Bedeutung haben Ungleichgewichte?

Bei einem Preis, der unter dem Gleichgewichtspreis liegt, fragen die Käufer mehr nach, als die Verkäufer anbieten. Es kommt zu einem *Nachfragemengenüberschuss*. Der Preis müsste steigen. Bei einem Preis, der über dem Gleichgewichtspreis liegt, bieten die Verkäufer mehr an, als die Käufer nachfragen. Es kommt zu einem *Angebotsmengenüberschuss*. Der Preis müsste sinken.

5. Welche Marktformen gibt es?

Folgende Marktformen werden unterschieden: *Monopol, Oligopol und Polypol.*

6. Wie lassen sich Marktformen nach der Zahl der Marktteilnehmer beschreiben?

In der folgenden Tabelle werden die Marktformen definiert.

Anzahl der Marktteilnehmer	ein Anbieter	relativ wenige, relativ starke Anbieter	viele Anbieter
ein Nachfrager	zweiseitiges Monopol	beschränktes Nachfragemonopol	Nachfragemonopol
relativ wenige, relativ starke Nachfrager	beschränktes Angebotsmonopol	zweiseitiges Oligopol	beschränktes Nachfrageoligopol
viele Nachfrager	Angebotsmonopol	Angebotsoligopol	Polypol

7. Wie lassen sich die typischen Marktverhaltensweisen in den einzelnen Marktformen charakterisieren?

Die typischen Marktverhaltensweisen (Preissetzungen) lassen sich für das Angebotsmonopol, das Angebotsoligopol und das Polypol folgendermaßen kennzeichnen.

Der Angebots*monopolist* kann seinen *Preis setzen*. Er braucht keine Reaktionen von Konkurrenten zu befürchten. Allerdings muss er bei seinen Preissetzungen die möglichen Reaktionen der Nachfrager berücksichtigen.

Der Angebots*oligopolist* kann zwar seinen Preis setzen, muss aber die *Reaktionen der Konkurrenz und der Nachfrager* berücksichtigen.

Der Polypolist kann seinen Preis kaum selbst setzen. Er muss den Marktpreis akzeptieren und seine Angebotsmenge diesem Preis anpassen (*Mengenanpasserverhalten*).

8. Durch welche Merkmale wird der sog. vollkommene Markt gekennzeichnet?

Es ist üblich, den vollkommenen Markt u.a. anhand folgender Merkmale zu beschreiben.

Die Anbieter wollen den *Gewinn* und die Verbraucher den *Nutzen maximieren*. Die Marktteilnehmer kennen alle Bedingungen der Preisbildung, d.h. es herrscht *Markttransparenz*.

Es bestehen *keine sachlichen Präferenzen*. d.h. keine Präferenzen für bestimmte Güter, die Güter sind völlig substituierbar (homogene Güter).

Es bestehen ebenfalls *keine persönlichen Präferenzen*.

Die Marktteilnehmer können sich veränderten Marktdaten (unendlich) schnell anpassen.

Besteht bei einem Polypol ein vollkommener Markt, herrscht atomistische Konkurrenz. Besteht bei einem Angebotsoligopol ein vollkommener Markt, liegt ein homogenes Oligopol vor. Besteht bei einem Angebotsmonopol ein vollkommener Markt, spricht man von einem reinen Monopol.

9. **Aus welchen Gründen ist der sog. vollkommene Markt in der Realität sehr selten vorzufinden?**

Die Merkmale des vollkommenen Marktes sind in der Realität selten anzutreffen. Z.B. haben Verbraucher Präferenzen für Markengüter; die Güter sind also nicht homogen; oder es fehlt an der erforderlichen Markttransparenz. *Sobald eine der in Aufgabe 8 angegebenen Merkmale nicht zutrifft, liegt kein vollkommener Markt vor.*

Besteht bei einem Polypol ein unvollkommener Markt, herrscht monopolistische Konkurrenz. Besteht bei einem Angebotsoligopol ein unvollkommener Markt, ist das Oligopol inhomogen. Besteht bei einem Angebotsmonopol ein vollkommener Markt, spricht man von einem unvollkommenen Monopol (monopolistische Preisdifferenzierung).

10. **Warum hat in der grafischen Darstellung des Marktes die Nachfragekurve einen fallenden, die Angebotskurve steigenden Verlauf?**

Angebots- und Nachfragekurven geben den Zusammenhang zwischen dem Preis und den Mengen an. Bei steigendem Preis nimmt die nachgefragte Menge ab, bei sinkendem Preis nimmt sie zu; deshalb fällt die Nachfragekurve i.d.R. von links oben nach rechts unten. Bei steigendem Preis bieten die bisher auf dem Markt befindlichen Unternehmer mehr an, bei höherem Preis können neue Anbieter auch anbieten – die angebotene Menge wird erhöht. Deshalb steigt die Angebotskurve i.d.R. von links unten nach rechts oben.

11. **Welche Bedeutung hat der Wettbewerb in einer marktwirtschaftlich orientierten Wirtschaftsordnung?**

In einer marktwirtschaftlichen Ordnung trägt der Wettbewerb zur *Leistungssteigerung* und zur optimalen *Marktversorgung* bei.

Im Einzelnen erfüllt der Wettbewerb folgende Funktionen.

- *Produkt- und Prozessinnovationen,* d.h. der Wettbewerb sorgt dafür, dass Unternehmen neue oder verbesserte Produkte auf den Markt bringen und Produktionsprozesse verbessern bzw. Produktionsvorgänge rationalisieren,

- *Allokation der Ressourcen*, d.h. der Wettbewerb lenkt die Produktionsfaktoren dorthin, wo sie gebraucht werden,

- *Abbau wirtschaftlicher Macht*, d.h. Wettbewerb sorgt dafür, dass Unternehmen Marktstellungen nicht zum Nachteil der Verbraucher ausnutzen können.

12. Wodurch ist der Wettbewerb gefährdet?[2]

Der Wettbewerb kann gefährdet werden u.a. durch die folgenden Formen der Wettbewerbsbeschränkungen.

- *Kartelle*, das sind Absprachen von Unternehmen meistens der gleichen Stufe, die durch ihre Absprache, z.B. über Preise, Preisbedingungen, Produktionsmengen usw., den Wettbewerb untereinander ausschalten wollen. Die Unternehmen bleiben rechtlich selbstständig.

- *Fusionen*, das sind Verschmelzungen von Unternehmen der gleichen Stufe (horizontale Verschmelzung) oder unterschiedlicher Stufen (vertikale Verschmelzung). Eine Fusion kann eine Neubildung oder eine Aufnahme sein. Bei einer Neubildung übertragen die beteiligten Gesellschaften ihre Vermögen auf eine neue Gesellschaft, bei einer Aufnahme übernimmt eine Gesellschaft das Vermögen einer anderen.

- *Missbrauch einer Marktbeherrschung*. Marktbeherrschung kann entstehen durch Fusionen, durch internes und externes Wachstum. Marktbeherrschung kann vermutet werden bei einem Monopol, bei überragender Marktstellung und bei einem marktbeherrschenden Oligopol. Missbrauch kann sich ausdrücken in der Behinderung, z.B. am Marktzugang (Behinderungsmissbrauch), oder in der Ausbeutung, z.B. durch die Forderung und Durchsetzung überhöhter Preise (Ausbeutungsmissbrauch).

- *Ausschließlichkeitsbindungen*. Es handelt sich dabei um Verträge, durch die die Partner daran gehindert werden, Waren und Leistungen von Dritten zu beziehen oder an Dritte zu liefern, oder um Verträge, durch die die Partner dazu verpflichtet werden, sachlich oder handelsüblich nicht zusammengehörige Waren oder gewerbliche Leistungen abzunehmen.

Das Gesetz gegen Wettbewerbsbeschränkungen (GWB), auch Kartellgesetz genannt, sichert den Wettbewerb u.a. durch die folgenden Vorschriften.

- Grundsätzliches Kartellverbot,
- Anmeldepflicht von Fusionen,
- Untersagung der missbräulichen Nutzung von Marktbeherrrschung,
- Aufhebung von Ausschließlichkeitsbindungen.

---

[2] *Vgl. A, Grundlagen, 5. Recht, 5.6 Grundbegriffe des Sachenrechts.*

1.5 Geld und Kredit

1. **Welche Funktionen hat das Geld in einer modernen arbeitsteiligen Volkswirtschaft?**

    In einer arbeitsteiligen Volkswirtschaft hat das Geld die folgenden wichtigen Funktionen.

    1. *Tauschmittel.* Zur Regulierung der Tauschvorgänge muss es ein allgemein anerkanntes Mittel zur Wertübertragung geben.
    2. *Recheneinheit.* Die Werte von Waren, Leistungen und Faktoren werden mit Geld angegeben. Güter werden mithilfe der Wertangaben vergleichbar gemacht.
    3. *Wertaufbewahrung.* Mithilfe des Geldes kann heute erworbene Kaufkraft in die Zukunft verlagert werden.
    4. *Liquiditätsreserve.* Wirtschaftssubjekte halten Geld, um ständig liquide zu sein.
    5. *Kreditübertragung und Schuldentilgung.*
    6. *Mittel der Wirtschaftspolitik,* genauer der Geldpolitik.

2. **In welchen Formen erscheint Geld?**

    Erscheinungsformen des Geldes:

    Bargeld, das sind Münzen und Noten,

    Buchgeld (Giralgeld), das ist das Geld, das auf dem Konto bei einer Bank liegt.

    Die im Nichtbankensektor befindliche Zahlungsmittelmenge, Bar- und Buchgeld, wird als Geldvolumen bezeichnet.

3. **Wie entsteht das Geld (Geldschöpfung)?**

    Die *Banken schaffen Geld*, indem sie Vermögensteile, die keine Zahlungsmittel darstellen, monetisieren. Solche Vermögensteile können z.B. Wechsel und Forderungen sein.

4. **Wodurch erhält das Geld seinen Wert?**

    Der Binnenwert des Geldes ist seine *Kaufkraft*. Der Wert einer Geldeinheit wird also bestimmt durch die Gütermenge, die man dafür kaufen kann.

5. Wodurch ist der Geldwert gefährdet?

Der Geldwert wird durch *Inflation* gefährdet. Als Inflation bezeichnet man den Anstieg des Preisniveaus für Güter und Dienstleistungen über einen längeren Zeitraum. Indikatoren, die die Instabilität des Preisniveaus anzeigen, sind sog. Preisindizes, u.a. der Preisindex für die Lebenshaltung. Er gibt, bezogen auf ein Basisjahr die Veränderungen der Preise für einen fiktiven Warenkorb an. Bei geringen Preisanstiegsraten wird von einer schleichenden Inflation gesprochen, eine Inflation mit hohen Preisanstiegsraten wird als Hyperinflation bezeichnet.

6. Welche Probleme entstehen durch Inflation?

Verteilungsprobleme. Bezieher von Residualeinkommen sind gegenüber Beziehern fester Einkommen im Vorteil. Umsatzerlöse und damit die Gewinne steigen mit den Preisen, Tarifeinkommen sind für die Dauer des Tarifvertrags gebunden. Besonders benachteiligt sind die Bezieher fester Renten- und Zinseinkommen. Die Möglichkeiten zur Vermögensbildung nehmen für die Bezieher fester Einkommen ab, zumal die Flucht in die Sachwerte, z.B. Immobilien, die Preise für diese Anlagemöglichkeiten weiter ansteigen lassen.

Umverteilungsprobleme zwischen Schuldnern und Gläubigern, die dadurch entstehen, dass die Kaufkraft einer Forderung inflationsbedingt abnimmt. Ein Gläubiger erhält nach Ablauf des Kreditvertrages vom Schuldner zwar den nominal gewährten Betrag zurück, dieser entspricht aber nicht mehr dem Wert der Forderung bei Vertragsabschluss.

Vertrauensschwund. Das Vertrauen in die Währung verschwindet. Es wird weniger oder gar nicht gespart, die Umlaufgeschwindigkeit des Geldes erhöht sich. Das heizt die Inflation zusätzlich an.

7. Welche Ursachen können Inflationen haben?

Anstöße für die Entstehung einer Inflation können von der Nachfrage, vom Angebot oder von der Geldmenge ausgehen.

- Wenn der erste Impuls für die Inflation von der Nachfrage ausgeht, spricht man von einer nachfrageinduzierten Inflation oder *Nachfrageinflation*.

- Wenn der erste Impuls für die Inflation vom Angebot ausgeht, spricht man von einer angebotsinduzierten Inflation oder *Angebotsinflation*.

- Wenn der erste Impuls für die Inflation von der Erhöhung der Geldmenge ausgeht, spricht man von einer *monetaristisch verursachten Inflation*.

8. Was ist eine Nachfrageinflation?

Bei einer Nachfrageinflation ist die *gesamtwirtschaftliche Nachfrage größer als das gesamtwirtschaftliche Angebot*. Die Preise müssen steigen, wenn die Angebotsmenge nicht ausgedehnt wird.

9. Was ist eine Angebotsinflation?

Bei einer Angebotsinflation verursacht der *Kostendruck* den Preisanstieg. Kostendruck entsteht durch Verteuerung der Produktionsfaktoren; wenn importierte Rohstoffe teurer werden, wenn Löhne steigen, wenn Zinsen und Steuern erhöht werden, müssen Unternehmen diese zusätzlichen Kosten in den Verkaufspreisen weiter geben. Entspricht z.B. eine Lohnerhöhung nicht dem Anstieg der Produktivität, müssen Preise steigen.

10. Was ist eine monetaristisch verursachte Inflation?

Bei einer monetaristisch verursachten Inflation gehen die Preissteigerungen von der Erhöhung der Geldmenge aus. Das kann durch die sog. *Quantitätsgleichung* verdeutlicht werden.

$$H \cdot P = M \cdot U$$

In dieser Gleichung ist H das Handelsvolumen (das reale Inlandsprodukt), P ist das Preisniveau, M die Geldmenge und U steht für die Umlaufsgeschwindigkeit des Geldes. Wenn bei Konstanz von H und U die Geldmenge erhöht wird, steigt das Preisniveau.

11. Mit welchen Indikatoren wird die Entwicklung des Preisniveaus gemessen?

Da Inflation sich im Anstieg des Preisniveaus über einen Zeitraum ausdrückt, benötigen die Träger der Geldpolitik Indikatoren, die diese Entwicklung anzeigen. Indikatoren, die die Entwicklung des Preisniveaus anzeigen, sind die *Preisindizes* (Einzahl: *Preisindex*).

12. Was ist ein Preisindex?

Ein Preisindex ist die Zusammenfassung vieler Preise eines bestimmten Güterbereichs bzw. Nachfragebereichs. Das können z.B. die Preise für die Güter zur Lebenshaltung privater Haushalte, für Exportgüter, für Industriegüter u.Ä. sein. Die Preise werden gewichtet und in einer Messzahlenreihe erfasst.

13. Welche Preisindizes kennen Sie?

Beispiele für Preisindizes:

- Preisindex für die Lebenshaltung der privaten Haushalte,
- Großhandelspreisindex,
- Preisindex der Erzeugerpreise,
- Preisindex für Bauleistungen.

14. Was wird mit dem Preisindex für die Lebenshaltung aller Haushalte angegeben?

Der Preisindex für die Lebenshaltung aller privaten Haushalte ist ein wichtiger Konjunkturindikator; er dient der Analyse der Preisentwicklung.

Das Statistische Bundesamt befragt eine Anzahl von privaten Haushalten nach ihrem Ausgabeverhalten. Die Haushalte werden mithilfe von Stichproben zufällig ausgewählt; sie stellen eine Repräsentation aller Haushalte dar. Die ausgewählten Haushalte (Indexhaushalte) halten in Haushaltsbüchern Art, Mengen und Preise der in einem Berichtszeitraum (z.B. Monat) gekauften Güter und Leistungen fest. Das Statistische Bundesamt wertet die Haushaltsbücher aus; es ermittelt Durchschnittswerte und gewichtet einzelne Ausgabearten entsprechend ihrer Bedeutung.

Durch Vergleich mit den folgenden Berichtszeiträumen kann ermittelt werden, ob und wie sich die Lebenshaltung verteuert hat.

15. Wie wird der Preisindex für die Lebenshaltung aller Haushalte dargestellt?

Der Wert der Güter und Leistungen in einem Jahr, dem sog. Basisjahr, wird gleich 100 gesetzt. Wenn sich die Lebenshaltung im folgenden Jahr z.B. um 2 % verteuert, steigt der Index auf 102; wenn sich im nächsten Jahr der Index auf 104 erhöht, hat sich die Lebenshaltung gegenüber dem Basisjahr um 4 %, gegenüber dem Vorjahr um 2 Prozentpunkte verteuert. Der Preisindex muss wegen veränderter Verbrauchsgewohnheiten nach einigen Jahren neu berechnet werden. Die letzte Neuberechnung wurde im Jahr 1999 mit der Festlegung des Basisjahres 1995 vorgenommen.

Die folgende Tabelle stellt den Preisindex aller privaten Haushalte von 1995 bis 1999 dar (Quelle: Deutsche Bundesbank, Monatsbericht, November 2000).

	Preisindex der Lebenshaltung aller privaten Haushalte
1995	100,0
1996	101,4
1997	103,3
1998	104,3
1999	104,9

16. Wie wird der Preisindex berechnet?

Der Preisindex wird nach der Lapeyres-Indexformel berechnet. Bei dieser Berechnung werden die Preise eines Berichtsjahres mit den gleichen Wichtefaktoren wie die Preise im Basisjahr gewichtet. In der folgenden Formel bedeuten: p_0 – Preise des Basisjahrs, p_1 – Preise des Berichtsjahres 1, q_0 – Gewichtungsfaktor des Basisjahres.

$$\text{Index} = \frac{\sum p_1 \cdot q_0}{\sum p_0 \cdot q_0} \cdot 100$$

Zur Veranschaulichung soll folgendes Beispiel dienen.

Gut	q_0	p_0	p_1	$p_0 \cdot q_0$	$p_1 \cdot q_0$
A	1	6	11	6	11
B	5	2	3	10	15
C	2	4	5	8	10
D	3	2	3	6	9
Summe				30	45
Index				100	150

$$\text{Index} = \frac{150}{100} \cdot 100 = 150$$

17. Wer ist Träger der Geldpolitik in Europa und damit auch in Deutschland?

Träger der Geldpolitik in Europa ist das *Europäische System der Zentralbanken (ESZB)*. Am 1. 1. 1999 ging die Zuständigkeit für die Geldpolitik von elf nationalen europäischen Zentralbanken, darunter auch die Deutsche Bundesbank, auf das ESZB über.

18. Was bezeichnet der EZB-Rat mit dem Begriff Eurosystem?

Als Eurosystem wird das System von Einrichtungen, Instanzen und Zuständigkeiten bezeichnet, in dem das ESZB seine Aufgaben erfüllt.

19. Welche Institutionen umfasst das ESZB?

Die Institutionen des ESZB sind

- die beteiligten nationalen Zentralbanken,
- die Europäische Zentralbank (EZB).

20. Von welchen Beschlussorganen der EZB wird das ESZB geleitet?

Folgende Beschlussorgane des EZB leiten das ESZB.

- Der Europäische Zentralbankrat,
- das Direktorium,
- der erweiterte Zentralbankrat.

21. Wie setzt sich der EZB-Rat zusammen und welche Aufgaben hat er?

Der EZB-Rat ist das oberste Beschlussorgan des ESZB. Ihm gehören die Mitglieder des EZB-Direktoriums und die Präsidenten der nationalen Zentralbanken derjenigen Staaten an, in denen der Euro eingeführt ist. Ihre wichtigsten Aufgaben sind u.a.

- Festlegung der Geldpolitik im Euro-Währungsgebiet,
- Erlass von Leitlinien für die Geldpolitik,
- Entscheidung über die erforderlichen Maßnahmen der Geldpolitik.

22. Wie setzt sich das EZB-Direktorium zusammen und welche Aufgaben hat es?

Das EZB-Direktorium ist das ausführende Beschlussorgan des ESZB. Ihm gehören an

- der Präsident und der Vizepräsident der EZB,
- vier weitere Mitglieder (in Währungs- und Bankfragen anerkannte Persönlichkeiten).

Die wichtigste Aufgabe des EZB-Direktoriums ist die Ausführung der Geldpolitik gemäß den Vorgaben des EZB-Rates vor allem durch Weisungen an die nationalen Zentralbanken.

23. Welche Bedeutung hat der erweiterte EZB-Rat?

Der erweiterte EZB-Rat ist ein Übergangsorgan; ihm gehören zzt. an

- der Präsident und der Vizepräsident der EZB,

- die Präsidenten der 12 nationalen Zentralbanken der Staaten, die den Euro bereits eingeführt haben, und

- die Präsidenten der 3 nationalen Zentralbanken der Staaten, die den Euro noch nicht eingeführt haben.

Seine *wichtigste Aufgabe* ist die Festlegung des Wechselkurses zwischen dem Euro und den Währungen der Staaten, die den Euro noch nicht eingeführt haben.

24. Welche Ziele verfolgt das ESZB?

Das *vorrangige Ziel* des ESZB ist die *Preisstabilität* im Euro-Währungsgebiet. Außerdem soll das ESZB die allgemeine Wirtschaftspolitik unterstützen, aber nur, wenn dadurch die Preisstabilität nicht gefährdet wird.

25. Welche sonstigen Aufgaben verfolgt das ESZB?

Sonstige Aufgaben des ESZB sind u.a.
- Festlegung und Ausführung der Geldpolitik,
- Durchführung von Devisengeschäften,
- Verwaltung der Währungsreserven der Gemeinschaft,
- Förderung des reibungslosen Funktionierens der Zahlungssysteme,
- Ausgabe von Banknoten,
- Genehmigung der Ausgabe von Münzen durch die Mitgliedstaaten.

26. Wie definiert der EZB-Rat Preisstabilität?

Der EZB-Rat definiert Preisstabilität als einen jährlichen Preisanstieg von weniger als zwei Prozent. Nach dieser Definition ist das Preisniveau stabil, wenn sich die Lebenshaltung der Verbraucher im Jahr um höchstens *zwei Prozent* verteuert.

27. Welcher Indikator dient der EZB zur Analyse der Preisentwicklung?

Zur Analyse der Preisentwicklung nutzt die EZB den *Harmonisierten Verbraucherpreisindex (HVPI)*. Mit dem HVPI wird die Entwicklung der Verbraucherpreise in Europa vergleichbar gemacht.

28. Welche Bedeutung hat die Analyse der Geldmengenentwicklung für die geldpolitische Strategie des ESZB?

Die EZB beobachtet die Entwicklung der Geldmenge, weil starke Preissteigerungen meistens mit einer übermäßigen Ausweitung der Geldmenge einhergehen. Für das Wachstum der Geldmenge gibt der EZB-Rat zzt. eine Rate von 4,5 % im Jahr als Referenzwert vor. Wenn die Geldmenge stärker wächst, greift das ESZB mit den Mitteln der Geldpolitik restriktiv ein. Bezugsgröße für die Geldmengenpolitik ist die Geldmenge M 3.

29. Warum ist die Geldmenge M 3 Bezugsgröße für die Geldmengenpolitik?

M 3 ist Bezugsgröße für die Geldmengenpolitik; sie fasst alle Geldmengen zusammen, Veränderungen zwischen den Geldmengen werden dadurch aufgefangen.

30. Welche Geldmengendefinitionen können unterschieden werden?

Das Eurosystem definiert drei Geldmengen (monetäre Aggregate). Sie unterscheiden sich hinsichtlich der Liquidität der enthaltenen Komponenten.

- Die Geldmenge **M 1** ist eng gefasst; M 1 fasst den Bargeldumlauf und die täglich fälligen Einlagen (Sichtguthaben) zusammen.

- Die Geldmenge **M 2** setzt sich zusammen aus M 1 und den sonstigen kurzfristigen Anlagen, das sind Einlagen mit vereinbarter Laufzeit von bis zu zwei Jahren und Einlagen mit vereinbarter Kündigungsfrist von bis zu drei Monaten.

- Die Geldmenge **M 3** ist ein weit gefasstes Aggregat; M 3 ergibt sich als Summe aus M 2 und marktfähigen Instrumenten; marktfähige Instrumente sind Repo-Geschäfte (Wertpapierpensionsgeschäfte), Geldmarktfondsanteile und geldmarktfähige Papiere sowie Schuldverschreibungen bis zu zwei Jahren einschließlich.

30. Was wird im Euro-System als die beiden Säulen der Geldpolitik bezeichnet?

Der EZB-Rat benötigt für die Geldpolitik umfangreiche Informationen. Außer der Geldmenge und der Geldmengenentwicklung analysiert er weitere Wirtschafts- und Finanzindikatoren, die von Bedeutung für die Preisstabilität sind und Preisinstabilität verursachen können. Diese beiden Informationsbereiche werden als die *zwei Säulen der geldpolitischen Strategie* bezeichnet.

31. Was sind Offenmarktgeschäfte der EZB und welche Bedeutung haben sie?

Bei Offenmarktgeschäften kauft und verkauft das ESZB Wertpapiere auf dem „offenen Markt"; ihre Geschäftspartner sind dabei Geschäftsbanken. Die Geschäftsbanken erhalten Liquidität, wenn sie Papiere verkaufen, und sie geben Liquidität auf, wenn sie Papiere kaufen. Die Banken können sich auf diesem Weg Liquidität verschaffen, d.h. sie refinanzieren sich für die Geschäfte mit ihren Kunden, z.B. für Auszahlungen, für Kreditvergabe u.Ä.

32. Was sind Wertpapierpensionsgeschäfte?

Die Offenmarktgeschäfte werden besonders häufig als Wertpapierpensionsgeschäfte durchgeführt. Bei Pensionsgeschäften wird vereinbart, dass die Geschäftspartner nach Ablauf der Transaktionen die Papiere zurückkaufen.

33. Welche Bedeutung haben bei Offenmarktgeschäften Pfandkredite?

Offenmarktgeschäfte können auch als Pfandkredite abgewickelt werden. Dabei werden die Papiere an das ESZB als Sicherheit verpfändet, sie bleiben also im Eigentum der Geschäftsbank. Nach Ablauf der Transaktion wird das Pfand eingelöst.

34. Welche Bedeutung haben die kurzfristigen Transaktionen?

Das Hauptrefinanzierungsinstrument sind die *kurzfristigen Transaktionen*; die Geschäftsbanken decken damit den größten Teil ihres Refinanzierungsbedarfs. Sie finden in wöchentlichem Abstand statt, sie haben eine Laufzeit von zwei Wochen.

35. Welche Bedeutung haben die langfristigen Refinanzierungsgeschäfte?

Längerfristige Refinanzierungsgeschäfte dienen der Liquiditätszuführung auf mittlerer Sicht. Die Transaktionen finden in monatlichem Abstand statt, sie haben eine Laufzeit von zwei Monaten.

36. Wie kann das ESZB die Marktliquidität von Fall zu Fall regulieren?

Das ESZB kann mit der Feinsteuerung die Marktliquidität von Fall zu Fall regulieren.

37. Wie werden die Transaktionen abgewickelt?

Die Transaktionen werden im sog. *Tenderverfahren* abgewickelt. Ein Tenderverfahren funktioniert wie eine Auktion. Die EZB legt intern den Betrag an Zentralbankgeld fest, der den Geschäftsbanken als Liquidität zufließen soll. Sie löst dann das Verfahren mit einer Ausschreibung aus. Die Ausschreibung enthält nähere Angaben zum Verfahren, so wird z.B. angegeben, ob es sich um einen Mengen- oder um einen Zinstender handelt. Auf die Ausschreibung reagieren die Geschäftspartner mit Geboten.

38. Wie funktioniert der Mengentender?

Bei einem Mengentender *gibt die EZB den Zinssatz bekannt*, zu dem sie Zentralbankgeld zuteilen wird. Die Geschäftspartner geben Gebote ab; darin nennen sie die Beträge, für die sie Wertpapiere an die Zentralbank zu dem vorgegebenen Zinssatz verkaufen wollen. Der gesamte Bietungsbetrag der Geschäftspartner ist im Allgemeinen größer als der Zuteilungsbetrag der Zentralbank. Der Zuteilungsbetrag wird dann mithilfe von Prozentsätzen, die das ESZB auf der Grundlage der abgegebenen Gebote festlegt, an die Geschäftspartner verteilt.

39. Welchen Nachteil hat der Mengentender?

Wenn die Geschäftsbanken sich auf diesem Wege mit ausreichender Liquidität versorgen wollen, müssen sie relativ hohe Gebote abgeben, um in den Genuss von Zuteilungsbeträgen zu kommen. Die Gebote entsprechen dann nicht dem tatsächlichen Bedarf; sie spiegeln die tatsächlichen Marktverhältnisse nicht ausreichend wider.

40. Welche Bedeutung hat die Bekanntgabe des Zinssatzes beim Mengentender?

Die kurzfristigen Transaktionen, die besonders häufig stattfinden, wurden bisher meistens als Mengentender durchgeführt. Mit der Bekanntgabe des Zinssatzes signalisiert die Zentralbank die Richtung ihrer Zinspolitik (Signalpolitik des ESZB).

41. Wie funktioniert der Zinstender?

Bei einem Zinstender gibt die *Zentralbank keinen Zinssatz bekannt*. Die Geschäftspartner geben (in verschlossenen Umschlägen) ihre Gebote ab, in denen sie angeben, welche Beträge sie zu welchen Zinssätzen übernehmen wollen. Jede Geschäftsbank kann bis zu zehn Geboten einreichen. Die Zentralbank legt schließlich einen Zinssatz, den marginalen Zinssatz, fest. Die Gebote mit einem höheren Zinssatz werden bei der Zuteilung voll berücksichtigt. Wenn die Mittel ausreichen, werden auch die Gebote zum marginalen Zinssatz voll berücksichtigt; wenn die Mittel nicht ausreichen, werden die Restmittel im Verhältnis der Betragsangaben zugeteilt.

Das folgende einfache Zahlenbeispiel soll diese Ausführungen verdeutlichen. Angenommen wird, dass die Zentralbank intern den Gesamtbetrag mit 1.095 Mio. € festgelegt hat und dass vier Geschäftsbanken jeweils vier Gebote mit Zins- und Betragsangaben einreichen. Aus den Geboten ergibt sich ein marginaler Zinssatz von 4,8 %. Alle Gebote zu diesem und höheren Zinssätzen können berücksichtigt werden, das sind bei GB I alle, bei GB II und III die beiden ersten Gebote. GB IV geht in diesem Fall leer aus.

GB I erhält einen Gesamtbetrag von 670 Mio. €; aus den einzelnen Beträgen und Zinssätzen ergibt sich dafür ein durchschnittlicher Zinssatz von 4,92 %; GB II erhält insgesamt 165 Mio. € zu einem durchschnittlichen Zinssatz von 4,9 % und GB III 260 Mio. € (4,85 %).

Geschäftsbanken							
I		II		III		IV	
Mio. €	Zins in %	Mio. €	Zins in %	Mio. €	Zins in %	Mio. €	Zins in %
100	5,1	80	5,0	120	4,9	55	4,75
150	5,0	85	4,8	140	4,8	60	4,7
200	4,9	90	4,75	160	4,75	65	4,65
220	4,8	92	4,5	180	4,5	70	4,5
670		165		260			
durchschnittlicher Zinssatz							
4,92		4,90		4,85			

42. Welchen Vorteil hat der Zinstender gegenüber dem Mengentender?

Bei dem Mengentender mit vorgegebenem festen Zinssatz geben die Geschäftsbanken im Allgemeinen sehr viel höhere Gebote ab als ihrem Bedarf entspricht. Das wird beim Zinstender weitgehend vermieden. Denn die Geschäftsbank, die hoch bietet, kauft Liquidität teuer ein; sie erhält evtl. eine hohe Zuteilung an Liquidität, für die möglicherweise nicht in vollem Umfang Bedarf vorliegt. Die

Geschäftsbank, die zu wenig bietet, erhält keine Liquidität und muss sie sich im Bedarfsfall zu ungünstigen Bedingungen beschaffen (vgl. Beispiel bei Aufg. 38). Die Geschäftsbanken sind deshalb vorsichtig mit ihren Geboten. Die Gebote berücksichtigen die Marktsituation für Liquidität.

43. Geht vom Zinstender auch eine Signalwirkung aus?

Die EZB gibt beim Zinstender einen Mindestzinssatz für die Gebote vor. Die Gebote müssen mindestens diesem Zinssatz entsprechen oder darüber liegen. Die EZB erhofft sich von dieser Zinsvorgabe eine ähnliche *Signalwirkung* wie vom Festzins beim Mengentender.

44. Was sind ständige Fazilitäten?

Ständige Fazilitäten sind *ständige Möglichkeiten* der Geschäftspartnerbanken, sich bei Bedarf („über Nacht") Liquidität bei der nationalen Zentralbank zu beschaffen und überschüssige Liquidität bei ihr anzulegen.

45. Was ist Spitzenrefinanzierungsfazilität?

Die Spitzenrefinanzierungsfazilität erlaubt den Geschäftspartnern, Übernachtliquidität von der zuständigen nationalen Zentralbank zu einem vorgegebenen Zinssatz abzurufen. Die Geschäftsbank muss der Zentralbank dafür refinanzierungsfähige Sicherheiten überlassen.

46. Was ist Einlagenfazilität?

Die Einlagenfazilität erlaubt den Geschäftspartnerbanken, überschüssige Liquidität „über Nacht" bei der zuständigen Zentralbank verzinslich anzulegen.

47. Welche Bedeutung haben die ständigen Fazilitäten?

Die Initiative zu diesen Geschäften gehen von den Geschäftspartnern aus; sie können sie bei Bedarf in Anspruch nehmen. Die Zinssätze sind von der ZB vorgegeben. Der Zinssatz für die Spitzenrefinanzierungsfazilität stellt im Allgemeinen die Obergrenze für den Tagesgeldsatz dar; der Zinssatz für die Einlagenfazilität bildet im Allgemeinen die Untergrenze für den Tagesgeldsatz.

48. Was sind Mindestreserven?

Das ESZB kann von den Geschäftspartnern verlangen, dass sie einen Teil ihrer Verbindlichkeiten auf Girokonten bei der zuständigen nationalen Zentralbank hinterlegen. Dieser hinterlegte Betrag wird als Mindestreserve bezeichnet. Nur mit dem um die Mindestreserve verminderten Betrag, die sog. *Überschussreserve*, kann die Bank arbeiten, d.h. Kredite vergeben.

49. Was versteht man unter dem Mindestreservesoll?

Als Mindestreservesoll bezeichnet man den Betrag, den das betreffende Kreditinstitut hinterlegen muss. Er ergibt sich durch Multiplikation der reservepflichtigen Verbindlichkeiten (vermindert um einen Freibetrag) mit dem Reservesatz.

50. Welche Bedeutung hat die Mindestreservepolitik?

Mit der Mindestreservepolitik nimmt das ESZB Einfluss auf die Liquidität der Geschäftspartner. Eine Erhöhung des Reservesatzes führt zu einer Verringerung der Überschussreserve, die Banken können weniger Kredite vergeben. Das Geld wird knapper und evtl. teurer, d.h. der Zins kann steigen. Eine Senkung des Reservesatzes hat die umgekehrte Wirkung.

51. Wie hoch sind zzt. die Reservesätze?

Der Reservesatz beträgt zzt. 2 % für die folgenden reservepflichtigen Verbindlichkeiten:

- täglich fällige Einlagen,
- Einlagen mit vereinbarter Laufzeit und Kündigungsfrist von bis zu zwei Jahren,
- Schuldverschreibungen mit vereinbarter Laufzeit von bis zu zwei Jahren,
- Geldmarktpapiere.

Der Reservesatz beträgt zzt. 0 % für folgende reservepflichtigen Verbindlichkeiten:

- Einlagen mit vereinbarter Laufzeit und Kündigungsfrist von mehr als zwei Jahren,
- Repo-Geschäfte,
- Schuldverschreibungen mit vereinbarter Laufzeit von mehr als zwei Jahren.

1.6 Währung und Außenwirtschaft

1. **Warum findet internationaler Güteraustausch statt?**

   Der internationale Güteraustausch kommt durch Preisvorteile zu Stande, die ein Land gegenüber einem anderen hat. Man unterscheidet absolute und relative Preisvorteile.

2. **Welche Gründe haben Preisvorteile im internationalen Vergleich?**

   Gründe für (absolute) Preisvorteile können sich u.a. ergeben aus

   - naturgegebenen Voraussetzungen (z.B. Bodenschätze, klimatische Bedingungen),
   - Faktorvoraussetzungen (z.B. relativ niedrige Löhne, technisches Wissen bestimmter Art),
   - anderen wirtschaftlichen Voraussetzungen (z.B. Produktivität, Marktsituation)
   - wirtschaftspolitischen Bedingungen (z.B. Stabilitätspolitik),
   - der Wechselkurssituation (durch Unterbewertung der Währung eines Landes erscheinen die Güter in diesem Land billiger gegenüber dem Land mit der überbewerteten Währung).

3. **Was sind relative Preisvorteile?**

   Häufig kommt es zum Güteraustausch zwischen zwei Ländern, obwohl das eine Land über die absoluten Preisvorteile verfügt. Es ist unter Umständen sinnvoller, dass das Land mit den absoluten Preisvorteilen auf die Produktion eines Gutes verzichtet und es aus einem Land importiert, dass es – im Vergleich – kostengünstiger herstellen kann. Die Produktionsmittel stehen dann für die Produktion von Gütern zur Verfügung, die im eigenen Land günstiger zu produzieren sind. Diese können exportiert werden.

4. **Welche Bedeutung hat der Außenhandel für die deutsche Volkswirtschaft?**

   Die deutschen Ausfuhren haben traditionell einen hohen Anteil am Bruttoinlandsprodukt (rd. 30 %). Sie hatten im Jahr 1999 einen Wert von 583,7 Mrd. €, das sind 29,4 % des Bruttoinlandsproduktes in jeweiligen Preisen. Dieser hohe Anteil weist auf die starke Abhängigkeit der Produktion und des Einkommens von ausländischer Nachfrage hin.

In der Rangordnung der wichtigsten Ausfuhrländer steht Deutschland im Allgemeinen an zweiter Stelle.

Deutschland benötigt in erheblichem Umfang Güter aus dem Ausland. Die Importe hatten 1999 einen Wert von 564,5 Mrd. € (das sind 28,5 % des BIP). Traditionell hat Deutschland einen Exportüberschuss.

5. Mit welchen Ländern wickelt Deutschland hauptsächlich seinen Außenhandel ab?

Der Güteraustausch findet überwiegend mit hoch entwickelten Industrieländern statt. Ausfuhren in die Reform- und Entwicklungsländer sowie die Einfuhren aus diesen Ländergruppen sind quantitativ von untergeordneter Bedeutung.

6. Welche Güter werden vor allem aus Deutschland ausgeführt und welche nach Deutschland eingeführt?

Der deutsche Außenhandel konzentriert sich auf Produkte der gewerblichen Wirtschaft. Hauptsächlich werden Investitionsgüter, Straßenfahrzeuge und bestimmte Grundstoffe exportiert und importiert.

Die folgende Tabelle gibt einen Überblick über den deutschen Außenhandel nach Warengruppen, angegeben sind die Anteile an der Ausfuhr und der Einfuhr in v. H., die Angaben basieren auf vorläufigen Ergebnissen *(Quelle: Institut der Deutschen Wirtschaft, Hg.: Zahlen zur wirtschaftlichen Entwicklung der Bundesrepublik Deutschland 2000)*

	Warengruppen	Ausfuhr	Einfuhr
1	Agrarprodukte, Nahrungs- und Genussmittel	4,0	7,2
2	Mineralische Brennstoffe	1,0	5,5
3	übrige Rohstoffe	1,7	3,6
4	chemische Erzeugnisse	13,0	9,0
5	Eisen, Stahl, Metalle, Metallwaren	6,9	6,4
6	Maschinen, Anlagen	16,8	9,0
7	Büromaschinen, Datenverarbeitungsgeräte	2,5	5,7
8	elektrotechnische Erzeugnisse	10,4	9,9
9	Straßenfahrzeuge	18,2	9,9
10	Textilien, Bekleidung	9,3	6,7
11	feinmechanische und optische Erzeugnisse	2,7	2,6

7. Was versteht man unter Außenhandelspolitik im engeren Sinne?

Als Außenhandelspolitik i.e.S. bezeichnet man alle wirtschaftspolitischen Maßnahmen zur Sicherung der Preisvorteile.

8. Mit welchen wirtschaftspolitischen Mitteln kann der Außenhandel beeinflusst werden?

1. Außenhandelspolitische Maßnahmen
   - Zölle,
   - Kontingente, ein Kontingent ist eine mengenmäßige Beschränkung von Einfuhren,
   - Embargo, das ist das Ausfuhrverbot bestimmter Güter,
   - Subventionen, Ausfuhrgüter werden subventioniert,
   - Qualitätsvorschriften, diese Vorschriften für Einfuhrgüter erschweren die Einfuhr,
   - bilaterale Handelsverträge,
   - multilaterale Handelsverträge,
   - Dumpingpreise, das sind Preise für Ausfuhrgüter, die unter den Selbstkosten liegen,
   - internationale Abkommen, z.B. Mitgliedschaft in Zollabkommen, in der EU, Beteiligung am Welthandelsabkommen usw.

2. Wirtschaftspolitische Maßnahmen zur Sicherung des Stabilitätsvorsprungs, z.B. Antiinflationspolitik.

3. Staatliche Maßnahmen zur Sicherung der absoluten Preisvorteile, z.B. Förderung der Forschung, der Bildung, der Ausbildung usw.

4. Währungspolitische Maßnahmen, z.B. Veränderungen des Wechselkurses.

9. Welche Aufgaben erfüllt die Zahlungsbilanz?

Die Zahlungsbilanz ist die Statistik aller wirtschaftlichen Transaktionen zwischen Inländern und Ausländern in einem Zeitraum. Die Transaktionen werden mit ihren Werten systematisch in den Teilbilanzen erfasst.

Teilbilanzen der Zahlungsbilanz sind

- die Leistungsbilanz mit den Unterbilanzen
  Handelsbilanz,
  Dienstleistungsbilanz,
  Bilanz der Erwerbs- und Vermögenseinkommen,
  Bilanz der laufenden Übertragungen,
- die Bilanz der Vermögensübertragungen,
- die Kapitalbilanz,
- die Veränderungen der Währungsreserven.

Volkswirtschaftslehre

Die Zahlungsbilanz liefert *Orientierungsdaten* für die verschiedenen Bereiche der Wirtschaftspolitik, insbesondere für die Geld- und Währungspolitik; sie informiert über Art und Umfang von Ungleichgewichten

Im Folgenden wird eine schematische Darstellung der Zahlungsbilanz wiedergegeben.

Zahlungsbilanz	
Aktiva	**Passiva**
I. Leistungsbilanz	
1. Handelsbilanz	
Ausfuhr von Waren	Einfuhr von Waren
2. Dienstleistungsbilanz	
Ausfuhr von Dienstleistungen (z.B. Einnahmen für Reiseverkehr)	Einfuhr von Dienstleistungen (z.B. Ausgaben für Reiseverkehr)
3. Bilanz der Erwerbs- und Vermögenseinkommen	
empfangene Faktoreinkommen (Einkommen aus unselbständiger Arbeit und Kapitalerträge)	gezahlte Faktoreinkommen
4. Bilanz der laufenden Übertragungen	
empfangene laufende Übertragungen	geleistete laufende Übertragungen
II. Bilanz der Vermögensübertragungen	
empfangene Vermögensübertragungen (z.B. Erbschaften)	geleistete Vermögensübertragungen (z.B. Schuldenerlasse)
III. Kapitalverkehrsbilanz	
Kapitalimport empfangene Kredite Zunahme der Verbindlichkeiten Abnahme der Forderungen	Kapitalexport gegebene Kredite Zunahme der Forderungen Abnahme der Verbindlichkeiten
IV. Währungsreserven	
Abgänge von Sorten und Devisen (evtl. Gold) Abnahme von Ziehungs- und Sonderziehungsrechten	Zugänge von Sorten und Devisen (evtl. Gold) Zunahme von Ziehungs- und Sonderziehungsrechten

10. Welche Institutionen erstellen die Zahlungsbilanz?

Die Zahlungsbilanz für die Bundesrepublik Deutschland wird von der Deutschen Bundesbank mit dem Statistischen Bundesamt monatlich erstellt. (Für die Zahlungsbilanz der EU ist die EZB zuständig.).

Im Folgenden wird die deutsche Zahlungsbilanz für 1999 wiedergegeben *(Quelle: Monatsbericht der Deutschen Bundesbank September 2000)*

	in Mio. Euro
Außenhandelsbilanz	65.437
Ergänzungen zum Warenverkehr[1]	− 5.121
Dienstleistungsbilanz	− 40.784
Bilanz der Erwerbs- u. Vermögenseinkommen	− 11.940
Bilanz der laufenden Übertragungen	− 25.725
Leistungsbilanz	**− 18.134**
Vermögensübertragungen	− 129
Kapitalbilanz[2]	− 29.190
Veränderungen der Währungsreserven zu Transaktionswert[3]	12.535
Saldo der statistisch nicht aufgliederbaren Transaktionen	34.917

[1] Lagerverkehr auf inländische Rechnung u. Ä.
[2] Minus bedeutet Kapitalexport
[3] Minus bedeutet Zunahme

11. Welche Vorgänge werden in der Leistungsbilanz erfasst?

In der Leistungsbilanz werden auf den entsprechenden Teilbilanzen die Exporte und die Importe von Waren und Dienstleistungen, die Faktoreinkommen vom und an das Ausland und die laufenden Übertragungen erfasst. Die Leistungsbilanz fasst die Handelsbilanz, die Dienstleistungsbilanz, die Bilanz der Erwerbs- und Vermögenseinkommen und die Bilanz der laufenden Übertragungen zusammen.

12. Welche Vorgänge werden in der Handelsbilanz erfasst?

Die Handelsbilanz erfasst den sog. Spezialhandel; als Spezialhandel bezeichnet man den Außenhandel aus der Sicht des Zollinlands. Sie enthält auf der Aktivseite die Exporte, auf der Passivseite die Importe von Waren.

13. Welche Vorgänge werden in der Dienstleistungsbilanz erfasst?

In der Dienstleistungsbilanz werden auf der Aktivseite die Ausfuhr und auf der Passivseite die Einfuhr von Dienstleistungen angegeben. Zu den erfassten Dienstleistungen zählen u.a. die im Folgenden angegebenen Bereiche:
- **Reiseverkehr:** Inländer reisen ins Ausland, sie kaufen (importieren) ausländische Dienstleistungen, sie haben Ausgaben für die Inanspruchnahme des ausländischen Gaststättengewerbes u. dgl., für den Einkauf von Waren; umgekehrt kommen ausländische Reisende ins Inland, sodass auch Dienstleistungen im Zusammenhang mit dem Reiseverkehr exportiert werden.

- **Transport:** Ausländer nehmen für den Transport von Gütern die entsprechenden Leistungen inländischer Frachtführer, Spediteure, Reeder u. dgl. in Anspruch, und umgekehrt.
- **Transithandel**, das ist der Warenhandel, der lediglich durch ein Land hindurchgelenkt wird.
- **Finanzdienstleistungen** sind Dienstleistungen von Banken, Versicherungen und ähnlichen Instituten, die in die Dienstleistungsbilanz eingehen, wenn sie ins Ausland verkauft oder vom Ausland verkauft werden.
- **Patente und Lizenzen.** Dieser Bereich der Dienstleistungsbilanz umfasst vor allem die Gebühren für Nutzungen von Lizenzen.
- **Entgelte für selbständige Tätigkeit**, das sind z.B. Entgelte für Ingenieur- und sonstige technische Dienstleistungen, für kaufmännische Dienstleistungen, für Forschung und Entwicklung.

14. Welche Vorgänge werden in der Bilanz der Erwerbs- und Vermögenseinkommen erfasst?

In der Bilanz der Erwerbs- und Vermögenseinkommen werden die Faktoreinkommen vom und an das Ausland erfasst.

15. Welche Vorgänge werden in der Bilanz der laufenden Übertragungen erfasst?

In der Bilanz der laufenden Übertragungen werden alle Übertragungen vom und an das Ausland erfasst, die Einkommen und Verbrauch der betroffenen Länder beeinflussen. Vermögensübertragungen sind nicht enthalten. Öffentliche und private laufende Übertragungen werden danach unterschieden, welchem Sektor die inländische Stelle zuzuordnen ist. Zu den öffentlichen laufenden Übertragungen gehören die Zahlungen an Internationale Organisationen, z.B. an die Europäischen Gemeinschaften, und die Zuwendungen an Entwicklungsländer, Renten und Pensionen usw. Ein Beispiel für private laufende Übertragungen sind die Überweisungen der Gastarbeiter.

16. Welche Vorgänge werden in der Bilanz der Vermögensübertragungen erfasst?

Die Bilanz der Vermögensübertragungen enthält alle öffentlichen und privaten einmaligen Übertragungen, die die Vermögen der betroffenen Länder beeinflussen. Beispiele für öffentliche und private Vermögensübertragungen sind Schuldenerlasse, Erbschaften, Schenkungen, Vermögensmitnahmen von Aus- bzw. Einwanderern, bestimmte Zahlungen der Europäischen Gemeinschaften an ein Land.

17. Welche Vorgänge werden in der Kapitalbilanz erfasst?

In der Kapitalbilanz werden *Vorgänge des langfristigen und des kurzfristigen Kapitalverkehrs* erfasst. Die Kapitalbilanz spiegelt also alle Kapitaltransaktionen zwischen Inland und Ausland wider.

Auf der Aktivseite stehen

- die Kapitaleinfuhr vom Ausland ins Inland,
- die von ausländischen Kreditgebern empfangenen Kredite,
- die Zunahme der Verbindlichkeiten und
- die Abnahme der Forderungen.

Auf der Passivseite stehen

- die inländische Kapitalausfuhr ins Ausland,
- die den ausländischen Kreditnehmern gegebenen Kredite,
- die Zunahme der Forderungen und
- die Abnahme der Verbindlichkeiten.

18. Was enthält die Teilbilanz Währungsreserven?

Die Teilbilanz Währungsreserven enthält die Veränderungen der Währungsreserven, die sich aus den Transaktionen ergeben.

19. Was zählt zu den Währungsreserven?

Zu den Währungsreserven zählen vor allem

- die Sorten und Devisen,
- die Reserveposition im Internationalen Währungsfonds (Ziehungsrechte) und die Sonderziehungsrechte,
- der Goldbestand.

20. Wie werden die Transaktionen erfasst?

Die Zahlungsbilanz stellt ein in sich geschlossenes System doppelter Verbuchung dar. Jede Transaktion wird gebucht und gegengebucht. Z.B. führt ein Warenexport auf Ziel zu einer Buchung auf der Aktivseite in der Handelsbilanz (Ausfuhr von Waren) und zu einer Gegenbuchung auf der Passivseite der Kapitalbilanz (Zunahme der Forderungen).

Im buchhalterischen Sinn ist die Zahlungsbilanz immer ausgeglichen. (Im Unterschied zur kaufmännischen Buchführung enthält die Zahlungsbilanz keine Bestands-, sondern nur Stromgrößen.)

Die Ausführungen lassen sich durch folgendes Beispiel veranschaulichen. Zu verbuchen sind die folgenden Vorfälle:

1. Warenexport gegen Barzahlung (150 ZE),
2. Warenimport auf Ziel (70 ZE),
3. Einmalige unentgeltliche Lieferung von Waren an Entwicklungsländer (20 ZE),
4. Urlaubsreisen ins Ausland (40 ZE),
5. Kauf von ausländischen Lizenzen gegen Barzahlung (20 ZE),
6. Einkommen ausländischer Grenzgänger bar (5 ZE),
7. Kapitalerträge aus dem Ausland (15 ZE),
8. Überweisungen von Gastarbeitern in ihre Heimatländer (10 ZE),
9. Überweisung der Beiträge an die EG (8 ZE),
10. Finanzhilfe der EG für strukturpolitische Maßnahmen (2 ZE).

Zahlungsbilanz		
Aktiv	Passiv	Salden
1. Handelsbilanz		
1) 150 3) 20	2) 70	100
2. Dienstleistungsbilanz		
	4) 40 5) 20	– 60
3. Bilanz der Erwerbs- und Vermögenseinkommen		
7) 15	6) 5	10
4. Bilanz der Laufenden Übertragungen		
	8) 10 9) 8	– 18
5. Bilanz der Vermögensübertragungen		
10) 2	3) 20	– 18
6. Kapitalverkehrsbilanz		
2) 70		70
7. Währungsreserven		
4) 40 5) 20 6) 5 8) 10 9) 8	1) 150 7) 15 10) 2	– 84
		0

21. Was heißt „die Zahlungsbilanz ist nicht ausgeglichen"?

Zahlungsbilanzen sind im buchhalterischen Sinne immer ausgeglichen. Teilbilanzen oder Zusammenfassungen von Teilbilanzen (z.B. die Leistungsbilanz) können unausgeglichen sein. Eine aktive Handelsbilanz bedeutet z.B. einen Exportüberschuss im Warenverkehr; eine aktive Leistungsbilanz kann z.B. bedeuten, dass der Exportüberschuss negative Dienstleistungs- und Übertragungsbilanzen mehr als ausgeglichen hat.

22. Welche Ziele verfolgt der Internationale Währungsfonds (IWF)?

Der IWF leistet den Mitgliedstaaten finanziellen Beistand bei Zahlungsbilanzschwierigkeiten (z.B. bei negativer Leistungsbilanz).

23. Welche Bedeutung haben die Ziehungsrechte?

Ziehungsrechte stellen Ansprüche auf Ziehung von Krediten in ausländischer Währung aus dem Vermögen des IWF dar. Mitgliedstaaten können diese Kredite zum Ausgleich von Zahlungsbilanzungleichgewichten erhalten.

24. Welche Bedeutung haben die Sonderziehungsrechte?

Sonderziehungsrechte sind weitere Ziehungsrechte. Länder, die am SZR-System teilnehmen, können auf Antrag Kredite als Sonderziehungsrechte erhalten. Jedes Land, das am SZR-System teilnimmt, muss auf Verlangen des IWF konvertible Währungen gegen SZR zur Verfügung stellen.

25. Welche Länder gehören der Europäischen Währungs- und Wirtschaftsunion an?

Folgende Länder gehören der EWWU an

1. Belgien,
2. Dänemark,
3. Deutschland,
4. Finnland,
5. Frankreich,
6. Griechenland,
7. Großbritannien,
8. Irland,
9. Italien,
10. Luxemburg
11. Niederlande,
12. Österreich,
13. Portugal,
14. Schweden,
15. Spanien.

26. Welche Ziele verfolgt die EWWU?

Die Ziele der EWWU sind u.a.

- Schaffung eines einheitlichen Währungsraums mit eigener Währung und einer gemeinsamen Währungspolitik,
- freier Austausch von Gütern und Dienstleistungen in einem gemeinsamen Binnenmarkt,
- Stärkung der europäischen Position gegenüber anderen Währungsgebieten,
- Stabilisierung der Währung,
- Förderung des Wirtschaftswachstums und Verbesserung der Beschäftigungssituation durch wirtschaftspolitische Zusammenarbeit.

27. Wann begann die dritte Stufe der EWWU?

Die dritte Stufe begann am 1. Januar 1999. An diesem Tag wurden die Umrechnungskurse der Währungen der beteiligten Staaten in Euro unwiderruflich festgelegt. Damit war der Euro als Währung eingeführt. Die Einführung als einheitliches europäisches Zahlungsmittel wird am 1.1.2002 erfolgen.

28. Wie wurden die nationalen Währungen umgerechnet?

Grundlage der Umrechnung war der Wert eines ECU (Europäische Währungseinheit) am 31.12.98. Dabei galt – wie vereinbart – *1 Euro = 1 ECU*.

Die Umrechnungskurse der Währungen, die an diesem Tag bereits am Euro-System beteiligt waren, werden in der folgenden Tabelle wiedergegeben. Der Tabelle kann man z. B. entnehmen, dass 1 € gleich 1,95583 DM ist.

	beteiligte Mitgliedstaaten	1 Euro =	
1	Belgien	40,3399	BEF
2	Deutschland	1,95583	DEM
3	Finnland	5,9473	FIM
4	Frankreich	6,55957	FRF
5	Irland	0,787564	IEP
6	Italien	1.936,27	ITL
7	Luxemburg	40,3399	LUF
8	Niederlande	2,20371	NLG
9	Österreich	13,7603	ATS
10	Portugal	200,482	PTE
11	Spanien	166,386	ESP
12	Griechenland	496,965	GRD

29. Welche Bedeutung hatte der Beginn der dritten Stufe für die Geldpolitik?

Am 1. Januar 1999 ging auch die Zuständigkeit für die Geldpolitik von elf nationalen Zentralbanken auf das ESZB (Europäisches System der Zentralbanken) über.[1] Dadurch ist ein Währungsgebiet, das *Euro-Währungsgebiet*, entstanden, in dem ein Zentralbanksystem für eine einheitliche Währung, den Euro, zuständig ist.

30. Welche Bedeutung hat der Wechselkursmechanismus II?

Mit dem Wechselkursmechanismus II sollen die EU-Länder, die noch nicht am Eurosystem teilnehmen, an den Euro gebunden werden. Es werden folgende *Ziele* angestrebt:

- die wirtschaftliche und wirtschaftspolitische Konvergenz, insbesondere im Hinblick auf die Preisstabilität,
- die wechselkurspolitische Zusammenarbeit,
- die Vorbereitung dieser Länder auf die künftige Teilnahme am Euro-System.

31. Wie funktioniert der Wechselkursmechanismus II?

Der Wechselkursmechanismus funktioniert folgendermaßen. Für die betreffende Währung wird ein *Leitkurs zum Euro* festgelegt. Um diesen Leitkurs kann der tatsächliche Kurs schwanken; die Standardschwankungsbreite beträgt ± 15 %. Allerdings kann die tatsächliche Schwankungsbreite geringer sein; sie ist abhängig von den Konvergenzfortschritten, z. B. vom Maß der Preisstabilität. Bei Abweichungen sind die betroffenen Länder zu *Interventionen* auf dem Devisenmarkt verpflichtet.

Der WKM II trat zu Beginn der dritten Stufe in Kraft. Die Teilnahme ist freiwillig.

32. Welche Aufgabe hat der ECOFIN-Rat?

Die Haushaltspolitik der Mitgliedstaaten ist eine Angelegenheit von gemeinsamem Interesse. Deshalb haben die an der Gemeinschaft beteiligten Staaten im Jahr 1997 den *Stabilitäts- und Wachstumspakt* beschlossen. Danach soll ein gemeinsames Gremium, der ECOFIN-Rat, der sich aus den Wirtschafts- und Finanzministern der Mitgliedstaaten zusammensetzt, *die Haushalts- bzw. die Finanzpolitik der Mitgliedstaaten koordinieren.*

---

[1] *Vgl. dazu 1.5 Geld und Kredit.*

33. Welche Ziele verfolgt der Stabilitäts- und Wachstumspakt?

Ziele des Stabilitäts- und Wachstumspaktes sind

- die Sicherung der dauerhaften Übereinstimmung der Finanzpolitik mit den Anforderungen eines soliden Haushalts,

- die Überwachung der finanzpolitischen Entwicklungen, um im Falle budgetärer Fehlentwicklungen frühzeitig Warnsignale zu erhalten.[2]

34. Wozu sind die Mitgliedstaaten nach dem Stabilitäts- und Wachstumspakt verpflichtet?

Mit dem Pakt verpflichten sich die Mitgliedstaaten, mittelfristig Haushalte anzustreben, die entweder nahezu ausgeglichen sind oder einen Überschuss aufweisen. Dadurch soll erreicht werden, dass die Defizite unterhalb des Referenzwerts von 3 % des BIP bleiben. Defizite, die über dem Referenzwert liegen, werden im Allgemeinen als übermäßig angesehen.

35. Welche Elemente enthält der Stabilitäts- und Wachstumspakt?

Der Stabilitäts- und Wachstumspakt enthält folgende Elemente.

- *Empfehlungen* von Maßnahmen an betroffene Mitgliedstaaten zur Beseitigung eines übermäßigen Defizits,

- Erlass von *Sanktionen*, wenn die Maßnahmen nicht ergriffen werden; sie bestehen in unverzinslichen Einlagen, die in Geldbußen umgewandelt werden können,

- *Frühwarnsystem* zur Überwachung der Haushalte in den Mitgliedsländern

---

[2] Vgl. *EZB-Monatsbericht Mai 1999*.

1.7 Konjunktur

1. Wie kann der Konjunkturverlauf beschrieben werden?

Die gesamtwirtschaftliche Nachfrage schwankt um die gesamtwirtschaftlichen Angebotsmöglichkeiten. Die Schwankungen werden als konjunkturelle Schwankungen, als *Konjunkturzyklen*, bezeichnet. Konjunkturzyklen werden häufig typisiert dargestellt als Schwankungen der Nachfrage um einen Wachstumspfad. Der Wachstumspfad gibt den langfristigen Wachstumstrend des Sozialprodukts an.

Ein Konjunkturzyklus besteht aus vier Phasen:

1. *Krise* (untere Wende), die als Rezession oder – bei besonders starkem Nachfragerückgang – auch als Depression bezeichnet wird,
2. *Aufschwung*,
3. *Hochkonjunktur* oder Boom (obere Wende) und
4. *Abschwung*.

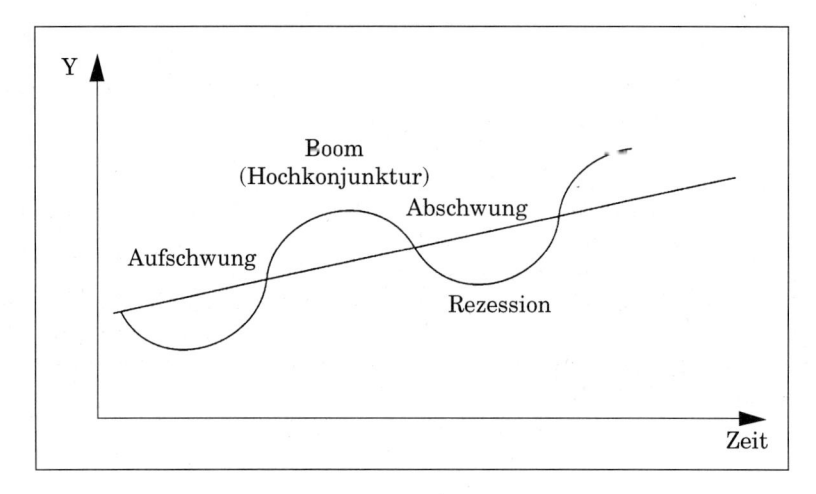

2. Welche Bedeutung haben Konjunkturindikatoren?

Die Träger der Konjunkturpolitik benötigen Indikatoren, die die jeweilige *Stellung im Konjunkturzyklus* rechtzeitig und eindeutig *angeben* und nach Möglichkeit auch die Richtung der weiteren Entwicklung andeuten. Als Indikatoren werden einige der vielen Faktoren benutzt, die den Konjunkturverlauf bestimmen oder sich aus ihm ergeben. Zu unterscheiden sind Frühindikatoren, wie z.B. die Produktion, Umsätze im Handel, und Spätindikatoren, wie z.B. der Preisindex der Lebenshaltung, die Beschäftigtenzahlen.

3. Wie verhalten sich die Indikatoren für Beschäftigung und Preisniveau im Verlauf eines Konjunkturzyklusses?

Die Indikatoren Preisniveau und Beschäftigungsgrad haben für die Diagnose den Nachteil, dass sie als Spätindikatoren den Konjunkturverlauf verspätet anzeigen.

Ihre *Vorteile* sind:

Sie geben in der Regel die Bewegungsrichtung der wirtschaftlichen Aktivitäten genau an,

sie stehen in stabiler Beziehung zum konjunkturellen Verlauf,

sie nennen die wichtigen Ziele der Konjunkturpolitik.

In der Aufschwungsphase steigen die Preise und die Beschäftigtenzahl, Preise und Beschäftigtenzahl sind im Boom sehr hoch, nehmen im Abschwung ab. In der Rezession ist die Beschäftigung sehr gering, das Preisniveau ist relativ niedrig.

4. Welcher Zusammenhang besteht zwischen dem Konjunkturverlauf und dem Verhalten der Sozialpartner?

Im Aufschwung wird der Produktionsfaktor Arbeit allmählich knapp, die Beschäftigung wird sicherer. Gewerkschaften drücken Lohnforderungen durch, mit denen sie zunächst den Gewinnvorsprung der Unternehmen einholen. Die Lohnforderungen orientieren sich an den Gewinnzuwachsraten. Der Druck der Lohnkosten schlägt sich in weiteren Preissteigerungen nieder. Wenn höhere Lohnkosten nicht mehr über Preissteigerungen abgewälzt werden können, beeinträchtigen sie die Gewinne: Im beginnenden Abschwung gehen die Gewinnraten und damit die Investitionen zurück.

1.8 Wirtschaftspolitik

1. Was versteht man unter Wirtschaftspolitik?

Wirtschaftspolitik ist die zusammenfassende Bezeichnung für die Maßnahmen zur *Steuerung, Beeinflussung und Ordnung der wirtschaftlichen Aktivitäten der inländischen Wirtschaftssubjekte* durch die Träger der Wirtschaftspolitik.

2. Wer sind die Träger der Wirtschaftspolitik?

Träger der Wirtschaftspolitik sind Bund, Länder, Gemeinden, EZB-System, internationale Organisationen (primäre oder formelle Träger) und Gewerkschaften, Arbeitgeberverbände, Verbraucherverbände, Parteien, Kirchen u.a. (sekundäre oder informelle Träger).

3. Welche Ziele verfolgt die Wirtschaftspolitik?

In Anlehnung an das sog. Stabilitätsgesetz können folgende Ziele der Wirtschaftspolitik formuliert werden.

1. Stetiges und angemessenes Wachstum,
2. hohe Beschäftigung,
3. Preisniveaustabilität,
4. außenwirtschaftliches Gleichgewicht.

Weitere Ziele können sein:

5. Umweltschutz,
6. soziale Gerechtigkeit u.Ä.

4. Was versteht man im Zusammenhang mit den wirtschaftspolitischen Zielen unter dem sog. „magischen Viereck"?

Die Formulierung „magisches Viereck" umschreibt den Tatbestand, dass sich die Wirtschaftspolitik mit einem Bündel von Zielen (hier: vier Ziele, vgl. Frage 3) gleichzeitig zu befassen hat, die miteinander in einem Zusammenhang stehen. Es besteht zwischen den Zielen z.B. Konformität oder Konflikt. So besteht zwischen dem Wachstumsziel und dem Ziel „hohe Beschäftigung" Konformität, d.h. mit Wachstumspolitik kann auch Beschäftigung erreicht werden, zwischen Wachstumsziel und Preiniveaustabilität besteht ein Konflikt, d.h. bei Wachstumspolitik kann die Preisniveaustabilität gefährdet sein. Das zeigt, dass die Einzelziele nie gleichzeitig vollständig erfüllt werden können. Es ist deshalb erforderlich, sie in ihrer Abhängigkeit voneinander zu definieren bzw. zu quantifizieren.

5. Welche wirtschaftspolitischen Mittel setzt der Staat ein bei der Verfolgung des Ziels „Wachstum"?

Wachstum ist die *Zunahme des realen Sozialprodukts* durch verbesserten oder vermehrten Einsatz der Produktionsfaktoren. Produktion ist abhängig von Nachfrage. Der Staat tritt als Förderer der privaten Nachfrage oder als Nachfrager auf. Im Folgenden werden in einer Übersicht Beispiele für entsprechende Mittel angegeben.

Volkswirtschaftslehre

Finanzpolitik	Geldpolitik
Subventionen, z. B. Investitionsprämien, Zinssubventionen, Bürgschaften	Senkung des Zinssatzes zur Verbilligung von Krediten
Steuern, z. B. Ermäßigung der Einkommen- und Körperschaftsteuern durch z. B. Förderung unverteilter Gewinne, zusätzliche Abschreibungsmöglichkeiten	
Ausgaben, z. B. Ausbau der Infrastruktur, Förderung der Produktivität des Arbeitseinsatzes	

6. **Welche wirtschaftspolitischen Mittel setzt der Staat ein bei der Verfolgung des Ziels hohe Beschäftigung?**

Wachstums- und Beschäftigungspolitik stehen in engem Zusammenhang. In der Regel fördert Wachstumspolitik auch die Beschäftigung. Die Mittel sind deshalb identisch. Es lassen sich aber einige politische Mittel schwerpunktmäßig dem einen oder dem anderen Bereich zuordnen. Produktion bedeutet u.a. sowohl vermehrten als auch verbesserten Einsatz des Produktionsfaktors Arbeit. In der folgenden Übersicht werden beispielhaft einige wirtschaftspolitische Mittel genannt, die sich insbesondere auf den Produktionsfaktor Arbeit beziehen lassen.

Finanzpolitik	Geldpolitik
Subventionen, z. B. Qualifizierung des Produktionsfaktors Arbeit, Umschulung	Senkung des Zinssatzes zur Verbilligung von Krediten
Steuern, z. B. Lohnsteuerermäßigungen über erhöhte Werbungskosten (Fahrtkosten, Weiterbildung u. dgl.)	
Ausgaben, z. B. staatliche Aufträge, Berücksichtigung von Erwerbspersonen, die sonst schwer zu vermitteln sind, u. dgl.	

7. **Welche wirtschaftspolitischen Mittel setzt der Staat ein bei der Verfolgung des Ziels Preisniveaustabilität?**

Die Preisniveaustabilität wird gefährdet durch Inflation, die nachfrage- oder angebotsinduziert sein kann. Entsprechend muss eine Antiinflationspolitik bei der Nachfrageseite und der Angebotsseite einsetzen. Eine Nachfrageinflation wird bekämpft durch die Einschränkung der gesamtwirtschaftlichen Nachfrage durch restriktive Finanz- und Geldpolitik. Eine Angebotsinflation wird bekämpft durch eine Verminderung des sie verursachenden Kostendrucks. Die Verfolgung des Ziels Preisniveaustabilität steht mit den Zielen Wachstum und Beschäftigung im Konflikt. Die in der folgenden Übersicht beispielhaft genannten wirtschaftspolitischen Mittel können deshalb den anderen Zielen u.U. widersprechen. Im Vordergrund der Antiinflationspolitik stehen die geldpolitischen Mittel der (unabhängigen) Bundesbank.

Finanzpolitik	Geldpolitik
Subventionen, z. B. Abbau von Subventionen	Erhöhung des Zinssatzes, Verringerung der Geldmenge zur Verringerung der Kreditnachfrage
Steuern, z. B. Steuererhöhung zur Verminderung der Konsum- und Investitionsnachfrage, Verringerung der Abschreibungsmöglichkeiten, Begünstigung von Ersparnisbildung	
Ausgaben, z. B. Verringerung der Aufträge u. Ä.	

8. Was versteht man unter einer dirigistischen Wirtschaftspolitik?

Mit einer dirigistischen Wirtschaftspolitik greift der Staat so weit in den Markt ein, dass die Koordination der einzelwirtschaftlichen Pläne durch den *Marktwettbewerb teilweise oder vollständig außer Kraft* gesetzt wird. Ziele dirigistischer Politik in Marktwirtschaften können z.B. sein: Schutz bestimmter Wirtschaftszweige, Schutz der Versorgung aus inländischer Produktion, Bekämpfung einer Hyperinflation. Beispiele für dirigistische Wirtschaftspolitik: Lohnstopp, Preisstopp, zentrale Investitionslenkungen, Mengenvorgaben für die Produktion, Handelsbeschränkungen z.B. durch Kontingente usw.

Dirigistische Maßnahmen erfordern häufig weitergehende Eingriffe des Staates, wenn private Wirtschaftssubjekte die Vorschriften usw. zu umgehen versuchen.

2. Betriebswirtschaftslehre

2.1 Grundbegriffe und Problemstellungen

1. **Was ist eine Unternehmung?**

   Eine Unternehmung (bzw. ein Unternehmen) ist eine Institution, die nach wirtschaftlichen und rechtlichen Gesichtspunkten organisiert ist; ihr Ziel ist *ertragbringende Leistung*. Sie richtet sich entweder nach dem Prinzip der Gewinnmaximierung oder dem Prinzip der Angemessenheit. Ein Unternehmen kann aus einem Betrieb oder aus mehreren Betrieben (i.S. von Betriebsstätten) bestehen. Das Unternehmen ist in dieser Definition dem Betrieb übergeordnet. Unternehmen lassen sich folgendermaßen kurz kennzeichnen.

   - Ein Unternehmen ist *keine an einen Ort gebundene Einheit* (die Betriebe eines Unternehmens können an verschiedenen Orten angesiedelt sein).
   - Ein Unternehmen ist eine *wirtschaftlich-finanzielle Einheit*.
   - Ein Unternehmen ist eine *rechtliche Einheit*.

2. **Was ist ein Betrieb?**

   Der Betrieb wird in der Betriebswirtschaftslehre als übergeordneter Begriff angesehen. So können auch Betriebe der öffentlichen Verwaltung, die im strengen Sinne der Definition keine Unternehmen sind, erfasst werden.

   Der Betrieb wird definiert als eine örtlich, technische und organisatorische Institution, die den Zweck hat, Güter und Dienstleistungen herzustellen.

3. **Wie lassen sich Betriebe hinsichtlich des vorherrschenden Produktionsfaktors unterscheiden?**

   Man kann Betriebe nach den in ihrer Fertigung vorherrschenden Faktoren kennzeichnen. Der Kennzeichnung liegen die Faktoren Arbeit, Material, Energie und Kapital zu Grunde. Entsprechend sind zu unterscheiden

   - *Betriebe mit arbeitskostenintensiver Produktion*, das sind in der Regel Betriebe mit geringer Mechanisierung, Maschinisierung, Automatisierung, z.B. optische Industrie,

   - *Betriebe mit stoffkostenintensiver Produktion*, das sind Betriebe, die bei Produktion große Materialmengen mit geringem Einzelwert verbrauchen und/oder Einzelobjekte mit hohem Materialwert herstellen, z.B. Textil-, Lederwarenindustrie, Schmuckwarenindustrie,

- *Betriebe mit energiekostenintensiver Produktion*, das sind Betriebe, die bei Produktion relativ große Mengen an Energie verbrauchen, z.B. Aluminiumerzeugung,

- *Betriebe mit anlagenkostenintensiver Produktion*, das sind Betriebe, die mit einem großen und wertvollen Maschinenpark ausgestattet sind, bei denen also in hohem Maße Abschreibungen und andere Kapitalkosten anfallen, z.B. chemische Industrie, energieerzeugende Industrie.

4. Was sind gemeinwirtschaftliche Betriebe?

Von den privatwirtschaftlichen Betrieben sind die gemeinwirtschaftlichen Betriebe zu unterscheiden, in ihnen herrscht das Prinzip der Gemeinwirtschaftlichkeit vor; ihre wirtschaftlichen Aktivitäten sind auf das *Gemeinwohl* ausgerichtet. In der herrschenden Wirtschaftsordnung bestehen gemeinwirtschaftliche Betriebe neben privatwirtschaftlichen (z.T. im Wettbewerb mit ihnen), sie haben regulierende, ergänzende u.a. Aufgaben. Träger gemeinwirtschaftlicher Betriebe sind z.B. die Kommunen, Kirchen, Gewerkschaften.

5. Wie lassen sich Betriebe hinsichtlich der von ihnen angewandten Fertigungsarten (Fertigungsprinzipien) unterscheiden?

Mit dem Begriff Fertigungsarten wird die Häufigkeit der *Wiederholung von Fertigungsvorgängen* gekennzeichnet, er gibt also an, wie viel Produkte der gleichen Art gleichzeitig oder unmittelbar nacheinander in einem Betrieb hergestellt werden. Entsprechend können *Betriebe mit Einzelfertigung* und *mit Mehrfachfertigung* (Serien-, Sorten- und Massenfertigung) unterschieden werden. (Die Unterschiede sind fließend.)

- *Betriebe mit Einzelfertigung* sind z.B. Werften: Von einem Produkt wird i.d.R. nur ein Stück hergestellt.

- *Betriebe mit Serienherstellung* finden sich z.B. in der Automobilherstellung: Neben oder nacheinander werden mehrere gleichartige Produkte in begrenzter Anzahl (Serie) hergestellt, dann Umstellung auf neue Serie.

- *Betriebe mit Sortenfertigung* finden sich z.B. in der Seifenproduktion: Aus dem gleichen Ausgangsrohstoff und/oder mit gleicher Prozessfolge werden Produkte in begrenzter Menge (Sorte) hergestellt, dann Umstellung auf andere Sorte.

- *Betriebe mit Massenfertigung*: Produkte werden in unbegrenzter Wiederholung des Produktionsvorganges hergestellt, i.d.R wird auf Lager produziert.

6. Wie lassen sich Betriebe hinsichtlich der organisatorischen Gestaltung des Fertigungsablaufs (Fertigungsweisen) unterscheiden?

Mit dem Begriff Fertigungsweisen wird die organisatorische Gestaltung des Fertigungsablaufs umschrieben. Wichtiges Unterscheidungsmerkmal ist die *Anordnung der Betriebsmittel*. Dabei können Werkstättenfertigung, Gruppenfertigung, Reihenfertigung u.a. unterschieden werden. Betriebe können demnach danach gekennzeichnet werden, welche Fertigungsweisen in ihnen vorherrschen. (Die eindeutige Zuordnung ist schon deshalb schwierig, weil in vielen Betrieben verschiedene Fertigungsweisen nebeneinander bestehen.)

- *Betriebe mit Werkstättenfertigung*: Maschinen und Arbeitsplätze mit gleichen Arbeitsverrichtungen (z.B. Drehen oder Fräsen oder Bohren) sind in Werkstätten zusammengefasst.

- *Betriebe mit Gruppenfertigung*: Verschiedene Arbeitsverrichtungen (z.B. Drehen und Fräsen und Bohren) sind in Gruppen (Werkstätten) zusammengefasst.

- *Betriebe mit Reihenfertigung*: Anordnung der Betriebsmittel nach dem Produktionsablauf.

7. Wie wird durch die Leistungserstellung die Umwelt belastet?

Die Leistungserstellung belastet die Umwelt

- durch die Entnahme von Ressourcen aus der natürlichen Umwelt und
- durch die Emission von Rückständen in die natürliche Umwelt.

8. Was versteht man unter inputorientiertem Umweltschutz?

Inputorientierter Umweltschutz bezieht sich auf den Verbrauch bei Leistungserstellung. Inputorientierter Umweltschutz bedeutet also Verringerung des Einsatzes nicht reproduzierbarer Ressourcen und Vermeidung giftiger Rohstoffe usw.

9. Was versteht man unter outputorientiertem Umweltschutz?

Outputorientierter Umweltschutz bezieht sich auf die Beeinflussung von Art und Menge unerwünschter Rückstände. Er soll u.a. erreicht werden durch Vermeidung, Minderung, Umwandlung und Nutzung von Rückständen.

10. Mit welchen Maßnahmen können Unternehmen zum Umweltschutz beitragen?

Unternehmen können zum Umweltschutz beitragen u.a. durch

- Herstellung umweltfreundliche Produkte,
- Verwendung umweltschonender Produktionsverfahren,
- umweltschonende Entsorgung von Abfällen und Rückständen.

11. Welche Ziele verfolgen Unternehmen?

Unternehmen verfolgen u.a. die folgenden Ziele:

- Gewinn bzw. Gewinnmaximierung,
- Shareholder Value,
- Sicherungsziele, das sind Substanzsicherung (-erhaltung), Liquiditätssicherung, Marktsicherung,
- Unabhängigkeit,
- Vereinigung,
- soziale Ziele,
- ökologische Ziele.

12. Welche Aspekte enthält die Definition von Unternehmenszielen?

Die Definition von Unternehmenszielen umfasst drei Aspekte:

1. Angabe des Zielinhalts, d.h. die Benennung des Ziels, z.B. Gewinnsteigerung,

2. Quantifizierung des Ziels, d.h. Angabe in welchem Umfang das Ziel erreicht werden soll, z.B. Gewinnsteigerung um 20 %,

3. Bestimmung des zeitlichen Rahmens, d.h. die Angabe des Zeitpunkts, bis zu dem das Ziel erreicht werden soll.

13. Welche Beziehungen bestehen zwischen den Zielen eines Unternehmens?

Die Ziele eines Unternehmens stehen miteinander in Beziehung.

1. Die Ziele können sich entsprechen, d.h. mit dem einen Ziel wird auch das andere erreicht (z.B. Gewinnsteigerung und Kostensenkung); es besteht *Zielkonformität* oder *Zielkomplementarität*.

2. Die Ziele können sich widersprechen, d.h. die Verfolgung eines Ziels führt dazu, dass ein anderes nicht erreicht werden kann; es besteht ein *Zielkonflikt*.

Ein Zielkonflikt liegt z.B. vor, wenn ein Unternehmen zur Vergrößerung seines Marktanteils für ein Produkt oder eine Produktgruppe zumindest zeitweilig auf Gewinnsteigerung bei diesem Produkten verzichten muss.

3. Die Ziele können unabhängig von einander erreicht werden; es besteht *Zielindifferenz*.

14. Wie hängen die Ziele der Unternehmensbereiche von den Unternehmenszielen ab?

Die Bereichsziele leiten sich von den Gesamtzielen entsprechend der Unternehmenshierarchie ab. Man spricht deshalb auch von der *Zielhierarchie*. Die Hierarchieebene bestimmt den Geltungsbereich der abgeleiteten Ziele, der sog. Subziele.

1. *Gesamtziele*, oberste Ziele, gelten für das ganze Unternehmen.

2. *Bereichsziele*, Oberziele, gelten für Unternehmensbereiche, z.B. für Funktionsbereiche, z.B. für Marketing, Beschaffung usw.

3. *Zwischenziele* gelten für bestimmte Bereiche eines Oberziels, z.B. im Bereich Marketing für die einzelnen Produktgruppen A, B, C.

4. *Unterziele* gelten für bestimmte Bereiche der Zwischenziele, z.B. im Bereich der Produktgruppe A für die einzelnen Politikbereiche wie Distributions-, Kommunikations-, Produkt- und Kontrahierungspolitik.

2.2 Rechtsformen der Unternehmung

2.2.1 Einzelunternehmen und Personengesellschaften

1. Wie kann man eine Einzelunternehmung kennzeichnen?

Eine Einzelunternehmung lässt sich folgendermaßen kennzeichnen:

- Ein Kaufmann betreibt als Alleininhaber ein Handelsgewerbe.
- Die Firma besteht aus dem Namen und einem ausgeschriebenen Vornamen des Inhabers und dem Zusatz e. K. (eingetragener Kaufmann).
- Der Inhaber bringt das Kapital auf; eine Mindesthöhe für das aufzubringende Kapital ist nicht vorgeschrieben.
- Der Inhaber führt die Geschäfte.
- Der Inhaber vertritt das Unternehmen nach außen.
- Der Inhaber haftet mit seinem gesamten Vermögen.

2. Wie lässt sich die Personengesellschaft charakterisieren?

Die Personengesellschaft lässt sich u.a. anhand der folgenden Merkmale charakterisieren.

- Im Vordergrund der Personengesellschaft steht die *Person* der Gesellschafter; das zeigt sich z.B.

  in der *Haftung* der Gesellschafter; sie haften im Allgemeinen persönlich und mit ihrem gesamten Vermögen, in der *Mitarbeit* der Gesellschafter; sie führen die Geschäfte,

  in der *Abstimmung*; die Gesellschafter stimmen „nach Köpfen" und nicht nach der Höhe der Kapitalbeteiligung ab.

- Eine Kapitalbeteiligung ist nicht vorgeschrieben, sie ist allerdings üblich.

Beispiele für Personengesellschaften: Offene Handelsgesellschaft (OHG), Kommanditgesellschaft (KG), Gesellschaft bürgerlichen Rechts (GbR).

3. Was ist eine Offene Handelsgesellschaft (OHG)?

Eine OHG ist eine Personengesellschaft; zwei oder mehr Kaufleute schließen sich zusammen, um gemeinsam ein Handelsgewerbe zu betreiben. Die OHG ist eine Gemeinschaft zur gesamten Hand; sie ist nicht rechtsfähig, kann aber im Rechtsverkehr unter ihrer Firma als Einheit auftreten.

4. Ist eine Kapitaleinlage vorgeschrieben?

Das Gesetz schreibt keine Kapitaleinlage für die Gesellschafter vor. Kapitaleinlagen sind allerdings üblich und werden vertraglich vereinbart. Die Gesellschafter sind verpflichtet, die vertraglich vereinbarte Beteiligung einzubringen. Die Einlage kann als Bareinlage oder als Sacheinlage erfolgen.

5. Wie lautet die Firma einer OHG?

Die Firma der OHG muss die Bezeichnung „offene Handelsgesellschaft" oder eine allgemein verständliche Abkürzung dieser Bezeichnung enthalten. Die Firma kann also aus dem Namen eines Gesellschafters mit dem Zusatz OHG bestehen (z.B. Fischer OHG). (Wenn in einer offenen Handelsgesellschaft keine natürliche Person persönlich haftet, muss die Firma eine Bezeichnung enthalten, welche die Haftungsbeschränkungen kennzeichnet.)

Betriebswirtschaftslehre

6. Wer führt in der OHG die Geschäfte?

Zur Geschäftsführung sind alle Gesellschafter berechtigt und verpflichtet. Im Allgemeinen besteht Einzelgeschäftsführung; der Gesellschaftsvertrag kann allerdings Ausnahmen vorsehen.

7. Wer vertritt die Gesellschaft nach außen?

Für die Vertretung nach außen besteht Einzelvertretungsbefugnis; der Gesellschaftsvertrag kann allerdings Ausnahmen vorsehen.

8. Wie wird in der OHG der Gewinn verteilt?

Im Allgemeinen wird die Gewinnverteilung vertraglich geregelt. Fehlt eine vertragliche Vereinbarung wird die Gewinnverteilung nach den Vorschriften des HGB vorgenommen.

Das HGB sieht folgende Gewinnverteilung vor:

Zunächst erhält jeder Gesellschafter einen Anteil am Gewinn in Höhe von 4 % seiner Einlage; reicht der Gewinn für einen Vorwegabzug in dieser Höhe nicht aus, ist die Verteilung nach einem entsprechend niedrigeren Satz vorzunehmen. Der Überschuss, das ist der Betrag, der über den Vorwegabzug hinausgeht, wird nach Köpfen verteilt.

Mit dem folgenden Beispiel werden die Ausführungen zur Gewinnverteilung veranschaulicht.

An der Antonio OHG sind Antonio mit 1.000.000 Euro, Bertrand mit 500.000 €, Clement mit 100.000 € beteiligt. Ein Jahresgewinn von 450.000 € ist nach den Vorschriften des HGB zu verteilen.

	Beteiligungen (€)	Vorwegabzug (4 % der Einlage)	Restverteilung (nach Köpfen)	Gewinnanteil
A	1.000.000	40.000,00	128.666,67	168.666,67
B	500.000	20.000,00	128.666,67	148.666,67
C	100.000	4.000,00	128.666,67	132.666,67
	1.600.000	64.000,00	386.000,00	450.000,00

In Fortführung des Beispiels wird angenommen, ein Jahresgewinn von 48.000 € soll verteilt werden. Da der Gewinn für einen Vorwegabzug von 4 % nicht ausreicht, muss ein entsprechend niedriger Satz ermittelt werden. Der Gewinn beläuft sich auf 3 % des Gesamtkapitals. Er ist entsprechend auf die Gesellschafter zu verteilen.

	Beteiligungen (€)	Gewinnverteilung 3 % der Anteile
A	1.000.000	30.000,00
B	500.000	15.000,00
C	100.000	3.000,00
	1.600.000	48.000,00

9. Wie wird in der OHG der Verlust verteilt?

Der Verlust einer OHG wird nach Köpfen verteilt.

10. Wie haften die Gesellschafter der OHG gegenüber Gläubigern?

Die Gesellschafter der OHG haften gegenüber den Gläubigern der OHG als Gesamtschuldner persönlich. D.h.

- jeder Gesellschafter haftet gegenüber den Gläubigern solidarisch: er kann alleie für die Schulden der OHG von den Gläubigern in Anspruch genommen werden,

- jeder Gesellschafter haftet gegenüber den Gläubigern direkt: die Gläubiger können sich mit ihren Forderungen an jeden Gesellschafter direkt werden,

- jeder Gesellschafter haftet gegenüber den Gläubigern unbeschränkt: der Gesellschafter haftet nicht nur mit dem eingebrachten Kapitalanteil, sondern auch mit seinem Privatvermögen.

11. Können die Gesellschafter einer OHG ihre Beteiligung kündigen?

Die Beteiligung kann mit einer sechsmonatigen Kündigungsfrist zum Jahresende gekündigt werden.

12. Was ist eine Kommanditgesellschaft (KG)?

Die KG ist eine Personengesellschaft; unter gemeinschaftlicher Firma betreiben mehrere Kaufleute ein Handelsgewerbe.

Die KG besteht aus mindestens einem Gesellschafter, der persönlich haftet (*Komplementär*) und mindestens einem Gesellschafter, dessen Haftung auf seine Einlage beschränkt ist (*Kommanditist*).

Die Rechtsstellung mehrerer Komplementäre einer KG ist der der OHG-Gesellschafter vergleichbar.

13. Ist eine Kapitaleinlage vorgeschrieben?

Der Gesetzgeber schreibt weder die Höhe des Gesamtkapitals, noch die Höhe der einzelnen Einlage in einer KG vor. Die Gesellschafter sind zu der vereinbarten Kapitaleinlage verpflichtet. Die Höhe der Haftsumme der Teilhafter (Kommanditisten) wird in das Handelsregister eingetragen.

14. Wie lautet die Firma einer KG?

Die Firma der KG muss die Bezeichnung „Kommanditgesellschaft" oder eine allgemein verständliche Abkürzung dieser Bezeichnung enthalten. Die Firma kann also aus dem Namen eines Komplementärs mit dem Zusatz KG bestehen. (Wenn in einer Kommanditgesellschaft keine natürliche Person persönlich haftet, muss die Firma eine Bezeichnung enthalten, welche die Haftungsbeschränkungen kennzeichnet.)

Die Firma enthält den Namen eines Komplementärs mit einem Zusatz, der die Gesellschaft andeutet, z.B. KG.

15. Wer führt in der KG die Geschäfte?

In der KG führen die Komplementäre die Geschäfte.

16. Können die Kommanditisten Einfluss auf die Geschäftsführung nehmen?

Die Kommanditisten haben ein *Widerspruchsrecht* bei außergewöhnlichen Geschäften. Außerdem haben sie das Recht auf Kontrolle der Bücher im Zusammenhang mit der Jahresbilanz.

17. Wer vertritt die Gesellschaft nach außen?

Die Komplementäre vertreten die Gesellschaft nach außen.

18. Wie wird in der KG der Gewinn verteilt?

Im Allgemeinen wird die Gewinnverteilung vertraglich geregelt. Fehlt eine vertragliche Vereinbarung wird die Gewinnverteilung nach den Vorschriften des HGB vorgenommen.

Das HGB sieht folgende Gewinnverteilung vor:

Zunächst 4 % der Einlage; reicht der Gewinn dafür nicht aus, ist ein entsprechend niedriger Satz zu nehmen, ein über den Vorwegabzug hinausgehender Überschuss ist angemessen zu verteilen.

Auch ein Verlust ist angemessen zu verteilen.

19. Wie haften die Gesellschafter der KG gegenüber Gläubigern?

Der Komplementär haftet persönlich. Mehrere Komplementäre haften wie die OHG-Gesellschafter: voll (also auch mit dem Privatvermögen), gesamtschuldnerisch und direkt. Die Komplementäre werden auch als *Vollhafter* bezeichnet. Die Kommanditisten haften nur bis zur Höhe der Einlage; sie werden deshalb auch als *Teilhafter* bezeichnet.

20. Können die Gesellschafter einer KG ihre Beteiligung kündigen?

Die Beteiligung kann mit einer sechsmonatigen Kündigungsfrist zum Jahresende gekündigt werden.

2.2.2 Kapitalgesellschaften

1. Wie lässt sich die Kapitalgesellschaft charakterisieren?

Die Kapitalgesellschaft lässt sich u.a. anhand der folgenden Merkmale charakterisieren.

- Im Vordergrund der Kapitalgesellschaft steht die *Kapitalbeteiligung* der Gesellschafter; eine Teilhaberschaft an einer Kapitalgesellschaft ohne Kapitaleinlage ist nicht möglich. Die Mindesthöhe des Gesellschaftskapitals und die Mindesthöhe der einzelnen Beteiligung ist vorgeschrieben.

- Die Kapitalanteile sind übertragbar.

- Die Kapitalgesellschaft ist als *juristische Person* rechtsfähig; die Geschäftsführung und Vertretung nach außen wird von besonderen (gewählten) Organen wahrgenommen. Die *Mitarbeit* der Gesellschafter ist nicht vorgeschrieben; Geschäftsführer müssen also nicht Gesellschafter sein.

- Die Gesellschafter *stimmen nach* der Höhe der *Kapitalbeteiligung ab*.

- Die Gesellschaft *haftet* gegenüber ihren Gläubigern *mit ihrem Vermögen*.

Beispiele für Personengesellschaften: Gesellschaft mit beschränkter Haftung (GmbH), Aktiengesellschaft (AG).

Betriebswirtschaftslehre

2. Wie entsteht eine GmbH?

Die GmbH ist eine Kapitalgesellschaft mit eigener *Rechtspersönlichkeit*. Sie kann zu jedem Zweck durch eine oder mehrere Personen errichtet werden; sie stellen den Gesellschaftsvertrag auf, der u.a. enthält Firma und Sitz der Gesellschaft, Art der Unternehmung, Höhe des Stammkapitals und der Stammeinlagen. - Die GmbH entsteht durch die *Eintragung* ins Handelsregister.

3. Wie firmiert eine GmbH?

Die Firma einer GmbH besteht meistens aus einer Sachfirma oder dem Namen eines Gesellschafters, sie muss aber den Zusatz GmbH enthalten.

4. Wie hoch müssen das Stammkapital und die Stammeinlagen mindestens sein?

Das von den Gesellschaftern aufzubringende Gesellschaftskapital, das sog. *Stammkapital*, muss mindestens 25.000 Euro betragen. Die *Stammeinlage*, das ist die einzelne Einlage der Gesellschafter, muss mindestens 100 € betragen. Es ist zulässig, dass die Beträge für die Stammeinlagen für die Gesellschafter unterschiedlich hoch sind; sie müssen jedoch in Euro durch 50 teilbar sein. Das Kapital kann als Geld- oder Sachkapital eingebracht werden.

Die Kapitalanteile sind übertragbar.

5. Wie haftet eine GmbH gegenüber ihren Gläubigern?

Die GmbH *haftet* gegenüber ihren Gläubigern *mit* ihrem *Vermögen*. Die Gesellschafter haften gegenüber der GmbH. Die Gesellschafter können durch den Gesellschaftsvertrag zum Nachschuss verpflichtet sein. Die Höhe der Nachschusspflicht kann beschränkt oder unbeschränkt sein.

6. Wert führt die Geschäfte der GmbH?

Die Geschäfte der GmbH werden von einem angestellten Geschäftsführer geführt; er muss nicht Gesellschafter sein. Es können mehrere Geschäftsführer bestellt sein, sie führen die Geschäfte gemeinsam (Ausnahmen sind möglich).

7. Welche Funktion hat die Gesellschafterversammlung?

Die Gesellschafterversammlung ist Beschluss- und Kontrollorgan. Wichtige Aufgaben sind z.B. Bestellung, Abberufung, Prüfung und Entlastung der Geschäftsführer, Feststellung des Jahresabschlusses und Festlegung der Gewinnverwendung, Satzungsänderungen.

8. Wie wird der Gewinn der GmbH auf die Gesellschafter verteilt?

Der Gewinn wird im Verhältnis der Anteile verteilt. Im Gesellschaftsvertrag kann ein anderer Maßstab zur Verteilung festgesetzt werden.

9. Wie entsteht eine AG?

Die AG ist eine Kapitalgesellschaft mit eigener *Rechtspersönlichkeit*. Sie kann zu jedem Zweck durch eine oder mehrere Personen errichtet werden; sie stellen die Satzung auf.

Die AG entsteht durch die *Eintragung* ins Handelsregister.

10. Wer bringt das Grundkapital auf?

Das *Grundkapital* der AG in Höhe von mindestens *50.000 Euro* wird von den Gesellschaftern aufgebracht. Die Einlagen können in Geld oder – unter Berücksichtigung besonderer Vorschriften – in Sachen eingebracht werden.

Für ihre Einlagen erhalten die Gesellschafter *Aktien*. Die Aktien können als Stück- und Nennbetragsaktien ausgegeben werden.

Die Aktien sind Urkunden, die entweder auf den Namen oder den Inhaber lauten (Namens- und Inhaberaktien). Ihre Übertragung ist relativ einfach.

11. Welche Rechte verleiht eine Aktie?

Die Anteilseigner (Aktionäre) haben einen Anspruch auf Gewinnanteil (Dividende) gemäß ihren Anteilen. Im Allgemeinen haben sie bei einer Kapitalerhöhung auch einen Anspruch auf Bezug neuer Aktien.

12. Wovon ist die Höhe der Dividende abhängig?

Die Höhe der Dividende ist abhängig von der Gewinnverwendung, die die Hauptversammlung auf Vorschlag des Vorstands beschließt. – Gewinnverwendung:

- Reingewinn

  - abzüglich von Gewinnanteilen, die der gesetzlichen Rücklage zuzuführen sind, das sind 5 % des Gewinns bis 10 % des Grundkapitals erreicht sind,

  - abzüglich von Gewinnanteilen, die auf Vorschlag des Vorstands den freien Rücklagen zugeführt werden sollen,

- abzüglich von Gewinnanteilen, die evtl. einem Gewinnvortrag zugeführt werden,

- ergibt des Restgewinn (Dividende).

13. Wie haftet die AG gegenüber ihren Gläubigern?

Die Gesellschaft haftet gegenüber ihren Gläubigern mit dem Gesellschaftsvermögen. Die Haftung der Gesellschafter ist völlig ausgeschlossen.

14. Wodurch unterscheiden sich Nennbetragsaktien von Stückaktien?

Die Aktien können als *Nennbetragsaktien* oder als *Stückaktien* ausgegeben werden.

Die Summe der Nennbetragsaktien entspricht dem Betrag des Grundkapitals. Der *Mindestbetrag* einer Nennbetragsaktie ist *ein Euro*. Höhere Nennbeträge sind möglich, sie müssen auf volle Euro lauten.

Stückaktien haben keinen Nennbetrag. Sie sind am Grundkapital in gleichem Umfang beteiligt; die Gesamtzahl aller Stücke, d.h. aller Anteile, entsprechen dem Grundkapital. Der auf die einzelnen Stückaktien entfallende Anteil am Grundkapital darf einen Euro nicht unterschreiten.

15. Welche Bestimmungen enthält die Satzung einer AG?

Die Satzung der AG bestimmt u.a.

- Firma und Sitz der Gesellschaft,

- Gegenstand der Unternehmung,

- Höhe des Grundkapitals,

- die Zerlegung des Grundkapitals in Aktien entweder in Nennbetragsaktien oder in Stückaktien, bei Nennbetragsaktien deren Nennbeträge und die Zahl der Aktien jedes Nennbetrags, bei Stückaktien deren Anzahl,

- die Gattung der Aktien und die Anzahl der Aktien jeder Gattung (Aktien können mit unterschiedlichen Rechten ausgestattet sein, Aktien mit gleichen Rechten bilden jeweils eine Gattung),

- Form der Bekanntmachungen der Gesellschaft.

16. Wie firmiert eine AG?

Die Firma einer AG ist meistens eine Sachfirma mit dem Zusatz AG.

17. Welche Organe hat die AG?

Die AG hat folgende Organe.

- Vorstand: Er wird vom Aufsichtsrat auf höchstens fünf Jahre bestellt. Er besteht aus einer oder aus mehreren Personen; bei Gesellschaften mit mindestens drei Mio. Euro Grundkapital muss er aus mindestens zwei Personen bestehen (wenn die Satzung nichts anderes vorsieht). Bei Unternehmen, in denen paritätische Mitbestimmung besteht, gehört auch ein Arbeitsdirektor zum Vorstand.
- Aufsichtsrat: Er setzt sich aus Vertretern der Aktionäre und der Arbeitnehmer zusammen. Der Aufsichtsrat wählt mit einer Mehrheit von mindestens zwei Dritteln seiner Mitglieder den Vorsitzenden und dessen Vertreter.
- Hauptversammlung: Sie ist die Versammlung der Aktionäre. Sie tritt regelmäßig gem. Gesetz oder Satzung oder wenn das Wohl der Gesellschaft es erfordert zusammen.

18. Welche Aufgaben hat der Vorstand der AG?

Der Vorstand hat u.a. folgende Aufgaben:

- Leitung der Geschäfte gemeinschaftlich unter eigener Verantwortung,
- Vertretung der Gesellschaft gerichtlich und außergerichtlich,
- Bericht an den Aufsichtsrat (vierteljährlich),
- Einberufung der Hauptversammlung,
- Vorschlag zur Gewinnverteilung,
- Aufstellung des Jahresabschlusses und des Geschäftsberichts,
- Vorlage von Abschluss und Bericht bei den Prüfern,
- Bekanntgabe des Jahresabschlusses.

19. Welche Aufgaben hat der Aufsichtsrat der AG?

Der Aufsichtsrat hat u.a. folgende Aufgaben:

- Bestellung des Vorstands,
- Überwachung des Vorstands (vor allem auf der Grundlage des vierteljährlichen Berichts),
- Prüfung des Jahresabschlusses,
- Prüfung des Vorschlags zur Gewinnverwendung,
- Berichterstattung an die Hauptversammlung.

20. Welche Aufgaben hat die Hauptversammlung der AG?

Die Hauptversammlung hat u.a. folgende Aufgaben:

- Wahl der Aktionärsvertreter in den Aufsichtsrat,
- Beschlussfassung über Gewinnverwendung,
- Beschlussfassung über Satzungsänderungen (z.B. Kapitalerhöhungen),
- Wahl der Abschlussprüfer,
- Entlastung des Vorstands und des Aufsichtsrats.

2.2.3 Gemischte Rechtsformen

1. Was sind gemischte Rechtsformen der Unternehmen?

Gemischte Rechtsformen setzen sich aus den Merkmalen von Personen- und Kapitalgesellschaften zusammen.

Gemischte Rechtsformen sind z.B. GmbH & Co. KG, KGaA.

2. Welche typischen Kennzeichen weist die GmbH & Co. KG auf?

Die GmbH & Co. KG ist eine gemischte Rechtsform. Sie weist Merkmale der GmbH und der KG (und damit Elemente von Personen- und Kapitalgesellschaften) auf. (Es überwiegen die Merkmale der Personengesellschaft.)

Erkennbar ist die Konstruktion der KG mit Vollhafter (Komplementär) und Teilhafter (Kommanditisten). Vollhafter ist eine GmbH mit ihrem Stammkapital, Teilhafter können die Gesellschafter der GmbH sein. Die Haftung wird beschränkt auf das Vermögen der GmbH (Stammkapital) und die Einlagen der Kommanditisten.

Die Geschäfte werden von den Geschäftsführern der GmbH geführt. Gewählt wird diese Rechtsform wegen der Haftungsbeschränkung und wegen steuerlicher Vorteile.

3. Welche typischen Kennzeichen weist die Kommanditgesellschaft auf Aktien (KGaA) auf?

Die KGaA stellt eine Kombination von Merkmalen der Kapitalgesellschaft AG und der Personengesellschaft KG dar. (Es überwiegen die Merkmale der AG.) Die KGaA ist eine Gesellschaft mit eigener Rechtspersönlichkeit, bei der mindestens ein Gesellschafter den Gläubigern der Gesellschaft gegenüber persönlich haftet; die übrigen Gesellschafter können als Teilhafter (Kommanditaktionäre) zur persönlichen Haftung nicht herangezogen werden. Die persönlich haftenden Gesellschafter führen die Gesellschafter; die Kommanditaktionäre nehmen ihre Rechte über die Hauptversammlung wahr.

4. Was ist eine Doppelgesellschaft?

Eine Doppelgesellschaft liegt vor, wenn sich ein bisher selbstständiges Unternehmen in zwei Unternehmen aufspaltet, die sachlich und personell miteinander verflochten sind. Das eine Unternehmen wird im Allgemeinen als Personen-, das andere als Kapitalgesellschaft organisiert. Der Personengesellschaft wird das Vermögen übertragen, sie wird dadurch *Besitzgesellschaft*; die Kapitalgesellschaft wird *Betriebsgesellschaft*.

2.2.4 Zusammensetzung der Aufsichtsräte

1. Wie setzen sich die Aufsichtsräte nach dem Betriebsverfassungsgesetz von 1952 zusammen?

Das BVerfG gilt für kleine *Kapitalgesellschaften mit 500 bis unter 1.000 Arbeitnehmern*.

- Bei einem Grundkapital bis 1,5 Mio. €:
  höchstens 9 AR-Mitglieder (6 Aktionärsvertreter, 3 AN-Vertreter).

- Bei einem Grundkapital von mehr als 1,5 Mio. bis unter 10 Mio. €:
  höchstens 9 AR-Mitglieder (6 Aktionärsvertreter, 3 AN-Vertreter).

- Bei einem Grundkapital von mehr als 10 Mio. €:
  höchstens 21 AR-Mitglieder (14 Aktionärsvertreter, 7 AN-Vertreter).

2. Wie setzen sich die Aufsichtsräte nach dem Mitbestimmungsgesetz von 1976 zusammen?

Das MitbestG sieht die *paritätische Mitbestimmung* vor. Es gilt für große Kapitalgesellschaften mit mehr als 2.000 Arbeitnehmern.

- Bei Kapitalgesellschaften mit bis zu 10.000 Arbeitnehmern:
  12 AR-Mitglieder (6 Aktionärsvertreter, 6 AN-Vertreter).

- Bei Kapitalgesellschaften mit 10.000 bis 20.000 Arbeitnehmern:
  16 AR-Mitglieder (8 Aktionärsvertreter, 8 AN-Vertreter).

- Bei Kapitalgesellschaften mit mehr als 20.000 Arbeitnehmern:
  20 AR-Mitglieder (10 Aktionärsvertreter, 10 AN-Vertreter).

3. Wie setzen sich die Aufsichtsräte nach dem Montanmitbestimmungsgesetz von 1951 zusammen?

Das Montanmitbestimmungsgesetz gilt für Unternehmen der Montanindustrie mit mehr als 1.000 Arbeitnehmern.

Die Aufsichtsräte bestehen aus 11 Mitgliedern: 5 Aktionärsvertreter, 5 AN-Vertreter, 1 neutrales Mitglied.

2.2.5 Publizitätspflicht

1. Welche Bedeutung hat die Publizitätspflicht der Unternehmen?

GmbH und AG unterliegen der Publizitätspflicht nach § 325 HGB. Sie müssen den Jahresabschluss aufstellen und veröffentlichen, d.h. beim zuständigen Handelsregister einreichen und im Bundesanzeiger veröffentlichen. Art und Umfang der Rechnungslegung hängt von der Größe des Unternehmens ab.

2. Unterliegen auch Einzelunternehmen und Personengesellschaften der Publizitätspflicht?

Nach dem Publizitätsgesetz unterliegen auch große Einzelunternehmen und Personengesellschaften der Pflicht zur öffentlichen Rechnungslegung. Sie müssen ihren Jahresabschluss veröffentlichen, wenn sie zwei der folgenden Kriterien erfüllen.

- Die Bilanzsumme für das abgeschlossene Geschäftsjahr übersteigt 65.000.000 €.
- Die Umsatzerlöse im abgeschlossenen Geschäftsjahr übersteigen 130.000.000 €.
- Beschäftigung von mehr als 500 Arbeitnehmern im Monatsdurchschnitt des abgelaufenen Geschäftsjahres.

2.3 Kooperation und Konzentration

1. Warum kooperieren Unternehmen miteinander?

Kooperation von Unternehmen bezieht sich in der Regel auf eine *Koordinierung und / oder Zusammenlegung der betrieblichen Aktivitäten*; die Zusammenarbeit ist freiwillig, die beteiligten Unternehmen bleiben selbstständig. Das Ziel der Kooperation ist die Verbesserung der gemeinsamen Wettbewerbsfähigkeit.

2. Welche Kooperationsbereiche gibt es?

Unternehmen können z.B. in folgenden Bereichen zusammenarbeiten.

- Gemeinschaftlicher Einkauf,
- gemeinschaftliche Unterhaltung von Lägern,
- gemeinschaftliche Unterhaltung eines Fuhrparks,

- einheitliche Sortimentsbildung,
- Informationsaustausch,
- Durchsetzung bestimmter Qualitätsnormen gegenüber Lieferanten,
- Durchsetzung bestimmter politischer Maßnahmen, Einflussnahme auf Gesetzgebung,
- einheitliche Preispolitik,
- Entwicklung gemeinsamer Marken (im Handel: Handelsmarken),
- Auf- und Ausbau gemeinsamer Vertriebssysteme.

3. Welche Formen der Kooperation gibt es?

Es gibt u.a. die folgenden Formen der Kooperation.

1. Einkaufsgenossenschaften, Einkaufsgemeinschaften,
2. freiwillige Ketten,
3. Kommissions- und Kommissionierungsgeschäfte,
4. Depotsysteme,
5. Rack-Jobbing-Systeme,
6. Franchisesysteme.

4. Was sind Kartelle?

Kartelle sind *vertragliche Vereinbarungen* zwischen Unternehmen zu einem gemeinsamen Zweck; sie *beeinträchtigen den Wettbewerb* so, dass die Erzeugung oder die Marktverhältnisse für den Verkehr mit Waren oder gewerblichen Leistungen beeinflusst werden (vgl. GWB § 1). Die Vereinbarungen können sich u.a. beziehen auf Preisgestaltung (Preiskartell), auf den Vertrieb durch Verteilung von Aufträgen (Syndikat), auf die Produktion durch Verteilung von Kontingenten (Quotenkartell), auf Krisenbewältigung (Strukturkrisenkartell), auf Rationalisierung (Rationalisierungskartell), auf Konditionen (Konditionenkartell) und Rabatte (Rabattkartell).

Kartelle sind grundsätzlich verboten. Vom grundsätzlichen Kartellverbot gibt es Ausnahmen.

5. Was ist eine Fusion?

Eine Fusion ist der *Zusammenschluss* mehrerer Unternehmen (Verschmelzung): eine AG übernimmt das Vermögen eines anderen Unternehmens (*Aufnahme*) oder die beteiligten Unternehmen bringen ihre Vermögen in eine neue AG ein (*Neubildung*). Zu unterscheiden sind Fusionen auf gleicher Stufe (horizontale Verschmelzung) und auf unterschiedlichen Stufen (vertikale Verschmelzung). Ziele von Fusionen können u.a. sein: Marktbeeinflussung, Erweiterung der Produktionsbasis, Rationalisierung, Erhöhung der Kreditwürdigkeit, Sanierung.

6. Was ist ein Konzern?

Ein Konzern ist die *Zusammenfassung von Unternehmen unter einheitlicher Leitung*.

Zwischen den Unternehmen kann ein Abhängigkeitsverhältnis bestehen: Die Leitung hat ein herrschendes Unternehmen, die anderen beteiligten Unternehmen sind von ihm abhängig. Die Unternehmen bleiben i.d.R. weitgehend selbstständig. Allerdings wird durch Abhängigkeitsverhältnisse die wirtschaftliche Selbstständigkeit mehr oder weniger eingeschränkt.

Zu unterscheiden sind horizontale und vertikale Zusammenfassungen; vorrangiges Ziel der horizontalen Zusammenfassung ist die Rationalisierung der Produktionsvorgänge, vorrangiges Ziel der vertikalen Zusammenfassung kann die Sicherung von Beschaffung und Absatz sein.

7. Was ist ein Trust?

Ein Trust ist ein *Zusammenschluss von Unternehmen unter gemeinsamer Leitung*, die eine Unternehmung, gelegentlich eine Holding-Gesellschaft, übernimmt. Die beteiligten Unternehmen werden weitgehend *unselbstständig*. Vorrangiges Ziel der Trustbildung ist die *Marktbeherrschung*.

Zu unterscheiden sind horizontale und vertikale Trusts. In einem horizontalen Trust sind Unternehmen der gleichen Produktionsstufe zusammengefasst; in einem vertikalen Trust sind Unternehmen unterschiedlicher Produktionsstufen zusammengefasst.

2.4 Betriebliche Produktionsfaktoren

2.4.1 Allgemeine Kennzeichnung

1. Welche betrieblichen Produktionsfaktoren gibt es?

Es gibt folgende betriebliche Produktionsfaktoren:

1. *Dispositive Arbeit*,
   (die folgenden Faktoren werden als *Elementarfaktoren* bezeichnet)
2. *objektbezogene* (ausführende) Arbeit,
3. *Betriebsmittel*,
4. *Werkstoffe*.

2. Welche grundsätzliche Bedeutung hat der dispositive Faktor?

Der dispositive Faktor *leitet, plant, organisiert und kontrolliert* den Betriebsprozess. Seine grundsätzliche Aufgabe besteht darin, Führungsentscheidungen vorzubereiten und zu treffen, die sich letztlich auf die planmäßige Kombination der Elementarfaktoren beziehen. Diese Entscheidungen sind von grundsätzlicher Bedeutung, betreffen das Unternehmen als Ganzes und können (oder sollen) nicht delegiert werden. Beispiele für diese Entscheidungen:[3]

- Festlegung der langfristigen Unternehmenspolitik,
- Koordination der betrieblichen Teilbereiche,
- Besetzung der Führungsstellen.

3. Welche Einzelfunktionen entfallen auf den dispositiven Faktor?

Betriebsführung (Management) ist die eigentliche Aufgabe des dispositiven Faktors. Im Einzelnen enthält der dispositive Faktor die folgenden Aufgaben:

1. *Formulierung der grundlegenden Ziele,*
2. *Planung,* das ist der Entwurf einer Ordnung, es handelt sich dabei um Entscheidungen, die in die Zukunft gerichtet sind, Planung bezieht sich auf das Fertigungsprogramm, auf die Finanzierung, auf die Beschaffung, auf die Produktion, auf den Absatz usw.
3. *Organisation,* das ist der Vollzug einer Ordnung zur Realisierung der Planung,
4. *Kontrolle,* das ist die Überwachung der Zielrealisation mithilfe von Buchführung, Kostenrechnung, Statistik usw.

4. Wodurch unterscheiden sich die originären und derivativen Aspekte des dispositiven Faktors?

Planung, Organisation und Kontrolle werden gelegentlich als derivative (abgeleitete) Faktoren bezeichnet, da sich ihre Kompetenz und die Grenzen ihrer Kompetenz von Weisungen der Betriebsführung mehr oder weniger ableitet. Die Betriebsführung ist nach dieser Definition ein originärer Faktor. Ihre Kompetenz ergibt sich letztlich aus dem Privateigentum an den Produktionsmitteln.

5. Was versteht man unter dem betrieblichen Produktionsfaktor Arbeit?

Der betriebliche Produktionsfaktor menschliche Arbeit ist der *Einsatz der körperlichen und geistigen Fähigkeiten* eines Menschen im Produktionsprozess zur Realisierung betrieblicher Zielsetzungen.

---

[3] Vgl. Wöhe, Günter: Einführung in die Allgemeine Betriebswirtschaftslehre, München

6. Wovon hängt die Leistungsfähigkeit des Produktionsfaktors Arbeit ab?

Die folgenden Faktoren bestimmen die Leistungsfähigkeit des betrieblichen Produktionsfaktors menschliche Arbeit:

1. Körperliche und geistige *Leistungsfähigkeit*, die u.a. von den Faktoren beeinflusst werden: körperliche Konstitution, Begabungsniveau, Lebensalter (mit unterschiedlicher Bedeutung für geistige und körperliche Tätigkeiten),

2. *Eignung*, die u.a. beeinflusst wird von der Arbeitserfahrung, einer Fachausbildung, der Förderung von Begabungen,

3. *Leistungswille*, der wesentlich bestimmt wird von der Personalauswahl („richtiger Mann an den richtigen Platz"), den Arbeitsbedingungen (dem Verhältnis zu Vorgesetzten und Mitarbeitern, der Arbeitsplatzgestaltung u.Ä.), dem Arbeitsentgelt, den freiwilligen sozialen Leistungen.

7. Was sind Betriebsmittel?

Betriebsmittel sind *materielle Güter, die bei der Produktion eingesetzt werden*; sie werden dabei nicht verbraucht, gehen also nicht als wesentliche Bestandteile in das Produkt ein. Allerdings werden Betriebsmittel im Laufe ihrer Nutzungsdauer abgenutzt; die Abschreibung ist der buchhalterische Gegenwert dieser Abnutzung, sie geht über die Kalkulation in das Produkt (= Kostenträger) ein. Zu den Betriebsmitteln zählen Maschinen, maschinelle Anlagen, Grundstücke, Gebäude, Fuhrpark, Büroeinrichtungen usw.

8. Wovon hängt die Leistungsfähigkeit des Produktionsfaktors Betriebsmittel ab?

Die Leistungsfähigkeit der Betriebsmittel hängt u.a. ab vom Grad der Abnutzung, vom Zustand der Betriebsfähigkeit, vom Grad ihrer Eignung für die anstehende Produktion, von der Modernität.

9. Was sind Werkstoffe?

Werkstoffe ist der zusammenfassende Begriff für Güter, die bei der Produktion verbraucht werden. Sie wurden i.d.R. von anderen Betrieben hergestellt, gewonnen oder bearbeitet. Im Einzelnen zählen zu den Werkstoffen

1. die *Rohstoffe*, sie gehen als Hauptbestandteil in das Produkt ein,

2. die *Hilfsstoffe*, sie gehen auch in das Produkt ein, sind aber mengen- und wertmäßig von untergeordneter Bedeutung, eine einzelne Erfassung lohnt

sich deshalb nicht, Hilfsstoffe sind z.B. Schrauben, Nägel u.dgl. bei der Möbelherstellung,

3. die *Betriebsstoffe*, sie werden bei der Produktion eingesetzt, werden aber nicht Bestandteil des Produkts, Betriebsstoffe sind z.B. Strom, Kohle, Dieselkraftstoff u.dgl.,

4. *Fertigteile*,

5. *Ersatzteile*.

2.4.2 Der Produktionsfaktor Arbeit

2.4.2.1 Angestellte und Arbeiter

1. **Wie werden Angestellte von Arbeitern unterschieden?**

Es bestehen grundsätzlich keine Unterschiede bei den Rechten und Pflichten gegenüber dem Arbeitgeber. Die Unterschiede spielen nur noch in wenigen Bereichen eine Rolle, z.B. in der Betriebsverfassung. Hier wird die Tätigkeit des Angestellten als überwiegend geistige, die Tätigkeit des Arbeiters als überwiegend körperliche Tätigkeit definiert. Die Bürotätigkeit ist deshalb Angestellten-, die Fabrikarbeit Arbeitertätigkeit, obwohl auch im Büro manuelle, mechanische Tätigkeiten anfallen, und an Facharbeiter häufig erhebliche geistige Anforderungen gestellt werden.

2. **Welche besondere Bedeutung haben leitende Angestellte?**

Die leitenden Angestellten nehmen eine Sonderstellung ein. Leitender Angestellter ist u.a., wer selbstständig und verantwortlich einen Betrieb, einen Betriebsteil oder einen wesentlichen Aufgabenbereich leitet. Die Nähe der leitenden Angestellten zur Unternehmensleitung begründen einen erheblichen Interessengegensatz zu den anderen Angestellten.

2.4.2.2 Personalbedarf und Personalbeschaffung

1. **Wie entsteht Personalbedarf?**

Personalbedarf kann *qualitativer Personalbedarf*, das ist Bedarf an Personal mit bestimmten Qualifikationen, oder *quantitativer Personalbedarf*, das mengenmäßiger Personalbedarf, sein.

Betriebswirtschaftslehre 95

Personalbedarf kann u.a. entstehen durch

- Kapazitätsausweitung, der Mehrbedarf an Personal wird als *Neubedarf* bezeichnet,
- Ersatz ausscheidender Mitarbeiter, das ist der sog. *Ersatzbedarf*,
- Ersatz von Mitarbeitern, die vorübergehend nicht zur Verfügung stehen (z.B. Mutterschaft, Elternzeit, Bundeswehr), das ist der sog. *Zusatzbedarf*.

Ein *Minderbedarf* entsteht durch Produktionseinschränkung.

2. Wie kann kurzfristiger Personalbedarf ausgeglichen werden?

Die *Personalwirtschaft* hat verschiedene Möglichkeiten, kurzfristigen Personalbedarf auszugleichen.

- *Leiharbeit* – Von einem Leiharbeitsverhältnis spricht man, wenn ein selbstständiger Unternehmer einen Arbeitnehmer, der bei ihm unter Vertrag steht, an einen anderen Unternehmer gegen Entgelt ausleiht; der Arbeitnehmer ist verpflichtet, nach den Anweisungen des Entleihers zu arbeiten.
- *Mehrarbeit* – Von Mehrarbeit spricht man, wenn die tatsächliche Arbeitszeit über die vertragliche bzw. betriebsübliche Arbeitszeit hinausgeht. Allerdings kann Mehrarbeit nur angeordnet werden, wenn dies vorher zwischen Arbeitgeber und Arbeitnehmer vereinbart wurde, wenn Mehrarbeit betriebsüblich ist oder wenn eine kollektivvertragliche Regelung (Betriebsvereinbarung oder Tarifvertrag) vorliegt.
- *Akkordarbeit* – Durch den Akkordlohn sollen die Arbeitnehmer zur Mehrleistung angeregt werden. Die Einführung setzt allerdings voraus, dass die Arbeit akkordfähig ist.
- *Änderung des Urlaubsplans* – z.B. Urlaubsstopp.

3. Welche Anpassungsmöglichkeiten bestehen bei qualifiziertem Personalbedarf?

Dem Bedarf an Personal mit einer bestimmten Qualifikation kann ein Betrieb durch Fortbildungsmaßnahmen begegnen. Im Personalplan wird der Fortbildungsbedarf ermittelt und geeignete Maßnahmen für die interne oder externe Fortbildung angegeben.

4. Was ist unter externer Personalbeschaffung zu verstehen?

Von externer Personalbeschaffung spricht man, wenn das *Personal aus externen Quellen* (d.h. außerhalb des Betriebes) beschafft wird, z.B. durch Vermittlung des Arbeitsamtes, durch Head Hunter, durch Stellenanzeigen in Zeitungen usw.

5. Was muss eine Stellenanzeige berücksichtigen?

Eine *Stellenanzeige sollte folgende Punkte* enthalten:

- Angaben über das Unternehmen, z.B. Name, Branche, Standort, evtl. auch Hinweis auf Bedeutung, Größe u.Ä.,
- Kurze Beschreibung der Stelle, die besetzt werden soll,
- Darstellung der Anforderungen, Angabe von Voraussetzungen, die der Bewerber erfüllen muss, z.B. bestimmte durch Ausbildung oder Erfahrung erworbene Qualifikationen, Alter,
- Aufzählung der Leistungen des Unternehmens, z.B. Entgelt, Prämien, sonstige Leistungen, Pkw usw.,
- Auflistung der gewünschten Bewerbungsunterlagen, z.B. Bewerbungsschreiben, handschriftlicher Lebenslauf, Referenzen, evtl. Arbeitsproben,
- Angabe des zuständigen Sachbearbeiters (Name, Telefonnummer), der für Rückfragen zur Verfügung steht und an den die Bewerbung evtl. zu richten ist.

Es kommt darauf an, dass die Anzeige nicht nur *zielgruppengerecht formuliert* wird, sondern dass auch die Zeitung, in der sie erscheinen soll, *zielgruppenorientiert ausgewählt* wird.

6. Welche Vorteile und Nachteile hat die externe Stellenausschreibung?

Die externe Personalbeschaffung hat eindeutige *Vorteile*. Sie liegen u.a. in der relativ breiten *Auswahlmöglichkeit*; außerdem bringen Mitarbeiter, die aus anderen Betrieben kommen, evtl. *neue Ideen* ein, die sich auf Produkte, Strukturen, Mitarbeiterführung usw. beziehen können. Das kann zu seiner Anerkennung im Betrieb erheblich beitragen.

Die externe Personalbeschaffung hat aber auch einige Nachteile. Sie kann z.B. das *Betriebsklima negativ beeinflussen*; die Mitarbeiter haben evtl. den Eindruck, im eigenen Betrieb nicht aufsteigen zu können, das fördert evtl. die Kündigungsabsichten gerader leistungswilliger und ehrgeiziger Mitarbeiter. Weil der neue Mitarbeiter den Betrieb noch nicht kennt, benötigt er eine *Einarbeitungszeit*. Aber auch der Betrieb bzw. die Geschäftsleitung muss den neuen Mitarbeiter kennen lernen; es besteht das erhebliche *Risiko*, dass die Einstellungsentscheidung rückgängig gemacht werden muss.

7. Was ist eine interne Stellenausschreibung?

Durch eine innerbetriebliche Stellenausschreibung werden Mitarbeiter aufgefordert, sich um die Stelle zu bewerben. Die interne Personalbeschaffung wird

Betriebswirtschaftslehre 97

der externen häufig vorgezogen, zumal der Betriebsrat eine interne Stellenausschreibung nach § 93 des Betriebsverfassungsgesetzes (BVerfG) erzwingen kann. Allerdings kann die interne Stellenausschreibung nicht verlangt werden, wenn Führungskräfte gesucht werden oder wenn für die Stelle kein Mitarbeiter im Betrieb nachweislich infrage kommt.

Eine interne Stellenausschreibung ist ähnlich formuliert wie eine Stellenanzeige. Sie enthält Angaben über die zu besetzende Stelle, Erwartungen an die Bewerber usw. Außerdem wird der Termin, bis zu dem die Bewerbung abgegeben werden muss, angegeben. (Die Frist beträgt im Allgemeinen zwei Wochen.) Die Ausschreibung wird den Betriebsangehörigen durch Aushang am schwarzen Brett, durch Rundschreiben u.Ä. bekannt gemacht.

8. Welche Vorteile und Nachteile hat die interne Stellenausschreibung?

Die *Vorteile* der internen Personalbeschaffung liegen vor allem darin, dass geeignete Mitarbeiter *Aufstiegschancen* erhalten; der Betrieb fördert den Nachwuchs für Führungspositionen. Außerdem kann die Geschäftsleitung davon ausgehen, dass der Bewerber den Betrieb und die Mitarbeiter *kennt*, also keine Einarbeitung benötigt. Aber der *Betrieb kennt auch den Bewerber*, kann seine Persönlichkeit und sein Können und damit seine Fähigkeiten für die zu besetzende Stelle beurteilen. Schließlich kann durch eine interne Stellenausschreibung eine frei gewordene Stelle schneller wieder besetzt werden als durch eine externe.

Die interne Personalbeschaffung hat aber auch *Nachteile*. So sind z.B. die *Auswahlmöglichkeiten* für den Betrieb *relativ gering*. Der Bewerber sieht möglicherweise betriebliche Probleme nicht und kann sie deshalb nicht lösen. Die Mitarbeiter kennen den Bewerber der auf eine leitende Position befördert werden soll, sind ihm evtl. kollegial verbunden; das kann die für die Position erforderliche Anerkennung evtl. sehr behindern. Evtl. fallen für den Betrieb *Fortbildungskosten* in erheblichem Umfang an.

9. Welche Stationen durchläuft eine Bewerbung?

Stationen der Personalauswahl:

1. Eingang der Bewerbung
2. Analyse der Bewerbungsunterlagen,
3. Auswertung des Personalfragebogens,
4. Vorstellungsgespräch,
5. Testverfahren,
6. Einstellungsentscheidung,
7. Zustimmung des Betriebsrates.

2.4.2.3 Betriebsvereinbarungen und Tarifverträge

1. Was sind Betriebsvereinbarungen?

Betriebsvereinbarungen sind Vereinbarungen auf Betriebsebene zwischen Arbeitgeber und Betriebsrat, sie betreffen soziale Einrichtungen, Arbeitszeitregelungen usw.

2. Welche Parteien schließen Tarifverträge ab?

Tarifvertragsparteien sind *Gewerkschaft und Arbeitgeber* (Verband, evtl. auch einzelner Arbeitgeber). Für die Tarifverträge sind die Tarifvertragsparteien allein zuständig, der Staat kann nicht eingreifen (*Tarifautonomie*).

Durch den Tarifvertrag verpflichten sich die Vertragsparteien zur Einhaltung des Arbeitsfriedens während der Laufzeit des Tarifvertrages (*Friedenspflicht*).

Durch den Abschluss des Tarifvertrages sind die Mitglieder der Tarifvertrags-Parteien an die normativen Bedingungen des Tarifvertrages gebunden (*Tarifbindung*).

3. Welche Funktionen haben Tarifverträge?

Funktionen der Tarifverträge sind

- Schutzfunktion: Schutz des Arbeitnehmers vor dem Arbeitgeber,
- Ordnungsfunktion: Ordnung des Arbeitslebens durch Vereinheitlichung,
- Friedensfunktion: Verzicht auf Arbeitskämpfe während der Laufzeit.

4. Welche Bedeutung hat das Günstigkeitsprinzips?

Das Günstigkeitsprinzip besagt, dass der mit einem Arbeitnehmer vereinbarte Lohn nicht unter der entsprechenden Tarifvereinbarung liegen darf, wohl aber darüber.

5. Welche Bedeutung hat die Allgemeinverbindlichkeitserklärung von Tarifverträgen?

Auf Antrag einer Tarifvertrags-Partei kann der Bundesarbeitsminister unter bestimmten Voraussetzungen die Tarifvertrags-Bedingungen für allgemein verbindlich erklären; sie gelten dann auch für Arbeitnehmer und -geber, die nicht tarifgebunden sind.

Für die Allgemeinverbindlichkeitserklärung gibt es folgende *Voraussetzungen*.

- Sie muss im öffentlichen Interesse sein. Öffentliches Interesse liegt z.B. vor, wenn die Erklärung verhindert, dass die Arbeitsbedingungen unter das sozial angemessene Niveau sinken.

- Wenigstens 50 % der von einem tarifgebundenen Arbeitgeber beschäftigten Arbeitnehmer müssen unter den Geltungsbereich des Tarifvertrages fallen.

2.4.2.4 Entlohnung

1. Was ist Zeitlohn?

Zeitlohn ist der Lohn für die geleistete *Arbeitszeit*.

Nach Zeitlohn wird eine Arbeit bzw. Verrichtung u.a. dann entlohnt,

- wenn die Ermittlung einer Vorgabezeit zu aufwändig oder nicht möglich ist,
- wenn die Arbeiten uneinheitlich und unregelmäßig anfallen,
- wenn die Leistung schwer erfasst werden kann,
- wenn der Arbeitnehmer das Arbeitstempo nicht selbst bestimmen kann,
- wenn die Arbeit in besonderem Maße die Beachtung von Qualität erfordert.

2. Welche Vorteile und welche Nachteile hat der Zeitlohn?

Der Zeitlohn bietet die Möglichkeit zur Steigerung der Qualität bei gleichbleibender Leistung auf längere Dauer, das ist sein besonderer *Vorteil*. Sein *Nachteil* besteht darin, dass er keine besonderen Anreize zur Mehrleistung enthält; deswegen wird er gelegentlich mit Leistungszulagen verbunden.

3. Was ist Akkordlohn?

Akkordlohn ist der Lohn für die mengenmäßige Leistung;

Arbeiten bzw. Verrichtungen können nach Akkordlohn entlohnt werden, wenn u.a. folgende Bedingungen vorliegen.

- Die Arbeiten bzw. Verrichtungen wiederholen sich gleichartig und gleichtaktig.
- Es handelt sich um überwiegend körperliche Tätigkeiten.
- Die Arbeiten sind relativ leicht erfassbar.
- Vorgabezeiten lassen sich gut ermitteln.
- Die Arbeitnehmer können das Arbeitstempo selbst bestimmen.

4. Welche Vorteile und welche Nachteile hat der Akkordlohn?

Die *Vorteile* des Akkordlohns liegen u.a. darin, dass er in besonderem Maße *Anreize zur Mehrleistung* bietet. Mit dem Akkordlohn besteht die Möglichkeit zu mehr *Leistungsgerechtigkeit* in der Entlohnung. Für den Betrieb ist der Akkordlohn eine gute *Kalkulationsgrundlage*, da er als Stücklohn dem Kostenträger relativ einfach zugerechnet werden kann.

Aber der Akkordlohn hat auch *Nachteile*. Bei Akkordentlohnung arbeiten Arbeitnehmer im Allgemeinen schnell und unter erheblichem *Leistungsdruck*. Dadurch entsteht die Gefahr der *Qualitätsminderung*, sodass vermehrt *Kontrollen* erforderlich werden; Kontrollen bedeuten aber nicht nur Kosten, sondern evtl. auch eine *Beeinträchtigung des Betriebsklimas*. *Betriebsmittel verschleißen schneller*. Roh-, Hilfs- und Betriebsstoffe werden verschwendet.

5. Was ist ein Prämienlohn?

Der Prämienlohn ist eine Kombination aus einem Grundlohn und einer *Prämie für eine besondere quantitative oder qualitative Leistung*. Der Grundlohn ist meistens ein Zeitlohn. Die Prämie wird im Allgemeinen als ein prozentualer Aufschlag auf den Grundlohn gewährt. Über die Höhe der Prämie entscheidet der Betriebsrat mit.

Seine besondere Bedeutung erhält der Prämienlohn als Anreiz zur Mehrleistung, wenn es schwierig oder unmöglich ist, für eine Arbeit oder Verrichtung eine Vorgabezeit zu ermitteln. Neben der quantitativen Leistung können auch qualitative Leistungen durch zusätzliche Prämien belohnt werden, z.B. Qualität des Produkts, Einsparungen von Material und Energie, Einhaltung von Terminen usw.

6. Welches Ziel verfolgt die Arbeitsbewertung?

Ziel der Arbeitsbewertung ist die *Festlegung der Anforderungen* einer Arbeit nach Art und Umfang. Der Arbeitswert gibt die relative Schwierigkeit einer Arbeit (in Punkten) an.

7. Wodurch sind die summarischen Methoden der Arbeitsbewertung gekennzeichnet?

Bei den summarischen Methoden der Arbeitsbewertung wird *global* vorgegangen. Die zu bewertenden Verrichtungen werden als Ganzes erfasst und beurteilt, d.h. es wird nicht auf die einzelnen Anforderungsarten eingegangen. Das *Lohngruppenverfahren* ist ein Beispiel für die summarische Methoden.

Lohngruppen werden wegen ihrer großen Bedeutung im Allgemeinen durch Rahmentarifverträge vereinbart.

Der Lohngruppenkatalog enthält die Definitionen der Lohngruppen. Eine Lohngruppe ist die Zusammenfassung gleich schwerer Verrichtungen; der Katalog ordnet die Gruppen nach Schwierigkeitsgrad (z.B. von leicht – Lohngruppe 1 – bis schwer – Lohngruppe 10). Wenn der Lohngruppenkatalog zur Grundlage der Entlohnung in den Betrieben gemacht wird, werden die Verrichtungen im Betrieb den Lohngruppen des Katalogs entsprechend den Definitionen zugeordnet. Die Entlohnung eines Arbeitnehmers ergibt sich aus der Lohngruppe, in der die von ihm ausgeführte Verrichtung enthalten ist.

Der Lohn (meistens der Ecklohn) wird für eine bestimmte Lohngruppe mit 100 % angegeben, die Löhne für die darunter und darüber liegenden Lohngruppen werden entsprechend differenziert.

8. Welche Methoden der Arbeitsbewertung werden als analytische bezeichnet?

Verfahren, die bei der Bewertung analytisch vorgehen, d.h. die Verrichtungen in die Anforderungsarten zerlegen, werden als *analytische Methoden der Arbeitsbewertung* bezeichnet. Ein Beispiel für die analytischen Methoden ist das *Rangreihenverfahren*.

Die zu bewertenden Verrichtungen werden in einzelne Anforderungsarten zerlegt; die einzelnen Anforderungsarten in einer Verrichtung werden (nach Punkten) bewertet.

Bei der Auswahl der Anforderungsarten, die der Bewertung zu Grunde gelegt werden sollen, richtet man sich im Allgemeinen nach dem sog. Genfer Schema[1] und den Ergänzungen durch REFA. Danach können die der folgenden Anforderungsarten unterschieden werden.

- *Geistige Anforderungen im Sinne von Können*, gemeint sind damit die Kenntnisse, die für die jeweilige Verrichtung erforderlich sind und die durch Ausbildung, berufliche Erfahrung usw. erworben werden,

- *geistige Anforderungen im Sinne von Belastung*, gemeint ist die geistige Belastung, die die jeweilige Verrichtung mit sich bringt, das ist die geistige Tätigkeit i.e.S.,

- *körperliche Anforderungen im Sinne von Können*, gemeint ist die Geschicklichkeit, die für die jeweilige Tätigkeit vorauszusetzen ist, dazu zählt z.B. die

---

[1] 1951 wurden auf einer internationalen Konferenz die Anforderungsarten festgelegt; die Zusammenstellung der vier Hauptanforderungsarten mit den Untergliederungen bei den geistigen und körperlichen Anforderungen wird als Genfer Schema bezeichnet.

körperliche Gewandtheit, die entweder durch Übung erworben wird oder auf Veranlagung beruht,

- *körperliche Anforderungen im Sinne von Belastung*, gemeint ist die muskelmäßige Belastung durch eine Verrichtung,

- *Verantwortung*, gemeint ist die Zuverlässigkeit und die Sorgfalt im Umgang mit Mitarbeitern, bei der Anwendung von Betriebsmitteln und der Verwendung von Materialien,

- *Arbeitsbedingungen*, dazu zählen die Umgebungseinflüsse wie z.B. Temperaturschwankungen während einer Arbeit bzw. Verrichtung, arbeitsbehindernde und gesundheitsschädigende Belästigungen durch Öl, Wasser, Schmutz, Wasser, Säure u.Ä., Unfallgefährdung usw.

Wenn ein Betrieb seiner *Lohnfindung* Rangreihen zu Grunde legt, geht er im Allgemeinen von den Vorgaben eines Lohnrahmentarifvertrages aus. Für einzelne Anforderungsarten bestehen Rangreihen, die überbetriebliche Schlüsselbeispiele enthalten; die Schlüsselbeispiele sind bewertet. Im Betrieb werden die Verrichtungen erfasst und mithilfe der Schlüsselbeispiele bewertet und evtl. gewichtet. Die Summe der (gewichteten) Wertzahlen aus den einzelnen Rangreihen ergibt den Arbeitswert.

9. Was ist eine Vorgabezeit?

Die Vorgabezeit ist die *Sollzeit*, in der ein Auftrag ordnungsgemäß ausgeführt werden soll und kann. Sie wird mithilfe der Zeitaufnahme ermittelt.

Man unterscheidet die Vorgabezeit für die menschliche Arbeit, die Auftragszeit, von der Vorgabezeit für die Betriebsmittel, die Belegungszeit.

Die Auftragszeit, Vorgabezeit i.e.S., setzt sich zusammen aus *Grundzeit*, *Erholzeit* und *Verteilzeit*.

- Die Grundzeit ist eine Ist-Zeit; sie wird durch die Zeitaufnahme (im Allgemeinen nach REFA) mit Stoppuhr o. Ä. ermittelt und in einem Zeitaufnahmebogen dokumentiert.

- Die Erholungszeit ist die Zeit zur Erholung nach einer Anstrengung, die sich aus der Tätigkeit ergibt. Die Verteilzeit ist die Zeit, die sich durch zusätzliche Tätigkeiten und Unterbrechungen ergibt.

Erholungs- und Verteilzeit werden in Prozent der Grundzeit angegeben; aus der Grundzeit ergibt sich durch Hinzuzählung von Erholungs- und Verteilzeit die Vorgabezeit.

10. Was sind Systeme vorbestimmter Zeit?

Vorgabezeiten können auch durch Systeme vorbestimmter Zeiten berechnet werden. Für alle möglichen Bewegungselemente, z.B. Greifen, Loslassen, die bei den verschiedenen Verrichtungen anfallen können, werden durch Zeit- und Bewegungsstudien sog. Elementarzeiten ermittelt. Elementarzeiten berücksichtigen alle Faktoren, die die Bewegungsabläufe beeinflussen, z.B. Kraftaufwand. Die Summe aller Elementarzeiten für eine Verrichtung ergibt die Vorgabezeit.

Systeme vorbestimmter Zeiten sind Work-Factor-Verfahren, Methods-Times-Measurement-Verfahren.

2.4.2.5 Kündigung

1. Welche Arten von Kündigungen können nach dem Kündigungsgrund unterschieden werden?

Folgende Kündigungen können nach ihren Gründen unterschieden werden.

- *Personenbedingte Kündigung*: Gründe für die Kündigung liegen in der Person des Arbeitnehmers, z.B. mangelnde Eignung, nachlassende Leistungsfähigkeit.

- *Verhaltensbedingte Kündigung*: Kündigung wird mit dem Verhalten des Arbeitnehmers begründet, z.B. Verstöße gegen den Vertrag.

- *Betriebsbedingte Kündigung*: Kündigung wird mit den besonderen (veränderten) Bedingungen des Betriebs begründet, z.B. Produktionseinschränkung, geringerer Personalbedarf.

2. Welche Bedeutung hat eine Abmahnung?

Eine Abmahnung ist die nachdrückliche Verwarnung bei Vertragsverstößen mit der Androhung der Kündigung im Wiederholungsfall. Einer verhaltensbedingten Kündigung muss immer eine Abmahnung vorausgehen (wenn keine Gründe für eine fristlose Kündigung vorliegen).

3. Welche Kündigungsfristen sieht das BGB vor?

Kündigungsfristen nach § 622 BGB:

grundsätzlich gilt für Arbeitgeber und Arbeitnehmer folgende Kündigungsfrist: vier Wochen zum 15. oder zum Ende eines Monats, die Kündigungsfrist für Arbeitgeber verlängert sich in Abhängigkeit von der Dauer der Betriebszugehörigkeit des Arbeitnehmers (die Dauer der Betriebszugehörigkeit vor Vollendung des 25. Lebensjahres wird nicht mitgezählt),

- ab 2 Jahre Betriebszugehörigkeit - 1 Monat zum Ende des Kalendermonats,
- ab 5 Jahre Betriebszugehörigkeit - 2 Monate zum Ende des Kalendermonats
- ab 8 Jahre Betriebszugehörigkeit - 3 Monate zum Ende des Kalendermonats,
- ab 10 Jahre Betriebszugehörigkeit - 4 Monate zum Ende des Kalendermonats,
- ab 12 Jahre Betriebszugehörigkeit - 5 Monate zum Ende des Kalendermonats,
- ab 15 Jahre Betriebszugehörigkeit - 6 Monate zum Ende des Kalendermonats,
- ab 20 Jahre Betriebszugehörigkeit - 7 Monate zum Ende des Kalendermonats.

4. Wann spricht man von einer Massenentlassung?

Von Massenentlassungen spricht man, wenn Betriebe

mit 21 bis 59 Arbeitnehmern mehr als 5 Arbeitnehmer entlassen,

mit 60 bis 499 Arbeitnehmern 10 % der Arbeitnehmer oder mehr als 25 Arbeitnehmer entlassen,

mit mehr als 500 Arbeitnehmern mindestens 30 Arbeitnehmer entlassen.

5. Unter welchen Voraussetzungen kann der Betriebsrat einer Kündigung widersprechen?

Der Betriebsrat kann einer Kündigung durch den Arbeitgeber widersprechen, wenn soziale Gründe nicht ausreichend berücksichtigt wurden, der Arbeitnehmer an einem anderen Arbeitsplatz (evtl. nach entsprechenden Fortbildungsmaßnahmen) weiter beschäftigt wird, die Kündigung gegen Vereinbarungen mit dem Betriebsrat verstößt.

2.4.2.6 Mitbestimmung

1. Wer wählt den Betriebsrat?

Der Betriebsrat wird von der Belegschaft gewählt; wahlberechtigt sind alle Mitarbeiter über 18 Jahre, leitende Angestellte können nicht mit wählen.

2. Wer kann außer der Belegschaft an einer Betriebsversammlung teilnehmen?

Außer der Belegschaft können leitende Angestellte (Management) und Funktionäre von Gewerkschaften, die im Betrieb vertreten sind, teilnehmen.

3. Welche Aufgaben hat der Betriebsrat?

Der Betriebsrat hat folgende Aufgaben.

- *Allgemeine Aufgaben*:
  Der Betriebsrat überwacht, dass der Betrieb die Gesetze, Vorschriften und kollektivvertraglichen Regelungen, die zu Gunsten der Arbeitnehmer erlassen wurden, ordnungsgemäß anwendet und durchführt.
  Der Betriebsrat hat ein grundsätzliches Initiativrecht u.a.

- *Mitwirkungsaufgaben*:
  Der Betriebsrat wirkt bei bestimmten Maßnahmen des Arbeitgebers lediglich mit, er kann ihnen nicht widersprechen.
  Der Betriebsrat kann dem Arbeitgeber Vorschläge unterbreiten, z.B. im Bereich der Ausbildung.
  Der Betriebsrat muss bei bestimmten Maßnahmen angehört werden, z.B. bei Personalplanung.

- *Mitbestimmungsaufgaben*:
  Der Betriebsrat kann Maßnahmen des Arbeitgebers widersprechen oder seine Zustimmung verweigern, wenn durch sie der Betriebsfrieden gestört wird, Arbeitgeber benachteiligt oder bevorzugt werden, gegen Vorschriften verstoßen wird.

4. Wie unterscheidet sich die gleichberechtigte Mitbestimmung von der eingeschränkten?

Eingeschränkte Mitbestimmung liegt vor, wenn die fehlende Zustimmung des Betriebsrates durch eine Entscheidung des Arbeitsgerichts ersetzt werden kann. Eingeschränkte Mitbestimmung besteht u.a. bei Einstellungen, Ein- und Umgruppierungen, Versetzungen.

Gleichberechtigte Mitbestimmung liegt vor, wenn die Entscheidung des Arbeitgebers nur wirksam wird, wenn der Betriebsrat seine Zustimmung gegeben hat. Gleichberechtigte Mitbestimmung besteht u.a. bei Aufstellung des Urlaubsplans, Einrichtung und Verwaltung von Sozialeinrichtungen, Ausgestaltung von Personalfragebögen.

2.5 Betriebliche Funktionen

1. Welche betrieblichen Funktionen gibt es?

Betriebliche Funktionen sind Beschaffung, Lagerhaltung, Produktion, Absatz, Finanzierung, Leitung.

2. Welche Aufgaben hat die Beschaffungsfunktion?

Für die *Aufrechterhaltung der Produktionsbereitschaft und der Lieferbereitschaft* müssen in ausreichendem Maße sog. Inputfaktoren beschafft werden. Die Beschaffung stellt also die Verbindung her zwischen dem Betrieb und den Beschaffungsmärkten. Im Rahmen der Gesamtaufgabe des Unternehmens bestimmen Vorgaben der Produktion, vor allem aber die Ziele der Absatzwirtschaft die Ziele und Aufgaben der Beschaffung.

Objekte der Beschaffung sind u.a.

- Sachgüter, z.B. Rohstoffe und andere Materialien, im Handel insbesondere Waren,
- Anlagegüter, z.B. Maschinen, Gebäude, Ladenräume, Fahrzeuge, Einrichtungen,
- Personal,
- Finanzierungsmittel,
- Informationen.

Im Rahmen der innerbetrieblichen funktionalen Arbeitsteilung sind verschiedene Institutionen für die Beschaffungen zuständig. So z.B. für die Beschaffung von Rohstoffen und anderen Materialien und Waren die Beschaffungsabteilung (Einkaufsabteilung).

3. Welche Aufgaben hat die Lagerhaltungsfunktion?

Die wichtigste Aufgabe der Lagerfunktion ist die *Bereitstellung* von Rohstoffen und anderen Materialien und Waren für die Aufrechterhaltung der Produktions- bzw. Lieferbereitschaft. Insofern hängen Beschaffungs- und Lagerhaltungsfunktion zusammen.

4. Wie lässt sich die Produktionsfunktion umschreiben?

Produktion kann als Kombination der Produktionsfaktoren umschrieben werden. In diesem sehr weiten Sinne umfasst Produktion dann alle anderen Grundfunktionen.

In einem engeren Sinn kann Produktion als *betriebliche Leistungserstellung* definiert werden. Betriebliche Leistungserstellung ist die Gewinnung von Rohstoffen, die Produktion von Gütern in Fertigungsbetrieben, die Bearbeitung in Veredelungsbetrieben, die Erstellung von Dienstleistungen. Bei dieser Begriffsbestimmung umfasst der Begriff Produktion auch die Funktionen Beschaffung und Lagerhaltung.

5. Welche Aufgaben hat die Absatzfunktion?

Absatz ist die letzte Phase des betrieblichen Kreislaufs: Aufgabe des Absatzes ist die *Distribution der produzierten Güter und Leistungen auf Absatzmärkten*. Der Verkauf auf diesen Märkten wird zunehmend schwieriger, Marktwiderstände müssen überwunden werden. Dadurch erhält die Absatzfunktion neue Inhalte bzw. Aspekte. Diese werden zweckmäßigerweise durch eine Begriffsbestimmung des „Marketing" umschrieben. Danach geht es nicht nur um die physische Distribution, sondern auch um die umfassende, systematische Beeinflussung des Nachfrageverhaltens. (Vgl. dazu die Ausführungen im Abschnitt C!)

6. Welche Bedeutung hat die Finanzierungsfunktion?

Der Begriff Finanzierung umschreibt alle Maßnahmen im Zusammenhang mit der *Beschaffung von Mitteln zur Finanzierung von Investitionen* im weitesten Sinne und deren Rückzahlung.

7. Welche Bedeutung hat die Leitungsfunktion?

Die Leitungsfunktion bezeichnet die Verwaltung des Betriebes als eine betriebliche Funktion. Sie dient mittelbar den anderen Funktionen – Beschaffung, Fertigung, Absatz – durch die Organisation des reibungslosen Betriebsablaufs.

2.5.1 Beschaffung

1. Welche Ziele verfolgt die Beschaffung?

Die Beschaffung verfolgt Kosten-, Qualitäts- und Logistikziele.

- Kostenziele: Minimierung der Beschaffungskosten,
- Qualitätsziele: Festlegung der Qualitätsanforderungen für die zu beschaffenden Materialien usw.,
- Logistikziele: Beschaffung zur Aufrechterhaltung von Produktions- und Lieferbereitschaft.

2. Was versteht man unter programmorientierter Bedarfsermittlung?

Von programmorientierter Bedarfsermittlung spricht man, wenn die Grundlage des Bedarfs das Produktionsprogramm ist; der Bedarf wird vor allem über die Stücklisten ermittelt.

3. Was versteht man unter verbrauchsorientierter Bedarfsermittlung?

Von verbrauchsorientierter Bedarfsermittlung spricht man, wenn der Bedarf mithilfe von Vergangenheitswerten, d.h. auf der Grundlage des Verbrauchs in der Vergangenheit, prognostiziert wird.

4. Welche Bedeutung hat die Entscheidung für Eigenproduktion oder Fremdbezug für die Bedarfsermittlung?

Eine Entscheidung für oder gegen Eigenproduktion bzw. Fremdbezug ist von Kosten, Qualität und ähnlichen Gründen abhängig. Sie beeinflusst den Bedarf. Bei der Entscheidung für Eigenproduktion entsteht Bedarf an Material, Rohstoffen usw., bei Entscheidung für Fremdbezug entsteht Bedarf an Bauteilen.

5. Welche Bedeutung hat die Produktakquisition für die Bedarfsermittlung?

Produktakquisition wird erforderlich, wenn ein Unternehmen sein Sortiment mit Produkten erweitern will, die es nicht selbst herstellen kann oder will. Es ergibt sich dadurch ein Bedarf an bestimmten fertigen Produkten, auch an Handelswaren.

6. Was versteht man unter Beschaffungspolitik?

Die Beschaffungspolitik eines Unternehmens befasst sich mit der Festlegung der Beschaffungsziele und der Bestimmung der Mittel, mit denen die Ziele erreicht werden sollen.

Es gibt folgende Bereiche der Beschaffungspolitik: Produkt-(Sortiments-), Kontrahierungs-, Kommunikations- und Bezugspolitik.

Die *Produkt- und Sortimentspolitik* befasst sich mit Art und Qualität der Waren bzw. der Materialien, mit Beschaffungsmengen usw.; auch die Entscheidung make or buy gehört in diesen Politikbereich.

Die *Kontrahierungspolitik* befasst sich mit der Gestaltung des Kaufvertrags, dazu zählen z.B. die Aushandlung des Einstandspreises und der Zahlungs- und Lieferungsbedingungen.

Die *Kommunikationspolitik* befasst sich mit der Lieferantenpflege u. Ä.
Die *Bezugspolitik* befasst sich mit allen Fragen der Beschaffungslogistik.

7. Was versteht man unter fertigungssynchroner Anlieferung?

Wenn im Kaufvertrag fertigungssynchrone Anlieferung von Materialien, Rohstoffen, Teilen usw. vereinbart wurde, wird *just in time* geliefert, z.B. zum Produktionsbeginn, bei Erreichen einer Produktionsstufe.

8. Was bedeuten
a) global sourcing,
b) single und double sourcing,
c) modular sourcing?

a) Global sourcing bedeutet weltweite Beschaffung.

b) Single sourcing bedeutet Versorgung aus einer Quelle, double sourcing bedeutet Versorgung aus mehreren Quellen.

c) Modular sourcing (system sourcing) bedeutet Beschaffung von Baugruppen von gleichen (zuverlässigen) Lieferanten (Systemlieferanten).

9. Unterscheiden Sie interne und externe Bezugsquelleninformation!

Bei interner Bezugsquelleninformation liegen Informationen bereits vor, sie sind in Karteien erfasst (Warenkartei, Lieferantenkartei); bei externer Bezugsquelleninformation werden Informationen eingeholt durch Anfragen, Vertreterbesuche usw.

10. Welche Informationen liefern die Warenkartei und die Lieferantenkartei?

Warenkartei informiert über Lieferanten gleicher Waren, Ordnung nach Waren (Artikeln). *Lieferantenkartei* informiert über Lieferanten und deren Produkte, Ordnung nach Lieferanten.

11. Welche Aufgaben hat die Beschaffungsmarktforschung?

Die Beschaffungsmarktforschung befasst sich mit Lieferanten, Mitbewerbern, Preisen. Ihre Aufgaben bestehen vor allem darin,

- die Beschaffungsmärkte überschaubar zu machen,
- Informationen über die Beschaffungsmärkte zu gewinnen und auszuwerten,
- die Entwicklung der Beschaffungsmärkte zu beobachten,
- günstige Bezugsquellen zu entwickeln.

12. Welche Aufgaben hat die Lieferantenforschung?

Aufgaben der Lieferantenforschung sind u.a.

- *Erfassung* der möglichen *Lieferanten* in sinnvoller Beschaffungsreichweite,

- *Ermittlung* relevanter Eigenschaften zur Beurteilung der wirtschaftlichen und technischen *Leistungsfähigkeit*,

- Beobachtung und Analyse der *Marketingaktivitäten*.

13. Welche Bereiche umfasst die Lieferantenforschung?

Bereiche der Lieferantenforschung: 1. wirtschaftliche Leistungsfähigkeit, 2. technische Leistungsfähigkeit, 3. Marketingaktivitäten.

Dabei interessieren u.a. folgende Aspekte:
Struktur und Strukturentwicklung von Umsatz, Gewinn, Kosten; Personalpolitik, -qualifikation, -entwicklung; Verkaufsprogramm, Sortiment, Marktanteile, Finanzen, Eigentumsverhältnisse, Umfang des Fertigungsprogramms, Fertigungsmethoden, Kapazitäten, Vorlieferanten, Preisverhalten, Verkaufsförderung, Außendienst.

14. Welche Aufgabe hat die Konkurrenzforschung?

Aufgabe der Konkurrenzforschung ist vor allem die Erfassung der relevanten Mitbewerber, das sind z.B. Unternehmen mit gleichen oder ähnlichen Sortimenten, die sich um gleiche Segmente bemühen. Dabei wird u.a. gefragt nach

- der Zahl der relevanten Konkurrenten,
- Größe der Betriebe,
- Marktstellung,
- Image,
- Marketingaktivitäten.

15. Welche Bedeutung hat der Meldebestand?

Der Lagerbestand eines Rohstoffes o.dgl. wird durch Entnahmen verringert. Wenn schließlich der Meldebestand erreicht ist, muss der Lagerbestand ergänzt werden. Der Meldebestand löst also die Bestellung aus. Der Meldebestand ist der Bestellpunkt; das sich daran anschließende Bestellverfahren wird als *Bestellpunktverfahren* bezeichnet.

Der Meldebestand (die Bestellpunktmenge) wird ermittelt unter Berücksichtigung des täglichen Bedarfs, der Beschaffungszeit und des Mindestbestandes nach folgender Formel:

Bestellpunktmente (Meldebestand)
= täglicher Bedarf · Beschaffungszeit in Tagen + Mindestbestand.

Beispiel: Täglicher Bedarf 15 Stück, Beschaffungszeit 8 Tage, Mindestbestand 40 Stück – Meldebestand (Bestellpunktmenge): 160 = 8 · 15 + 40.

16. Wodurch unterscheiden sich Bestellpunkt- und Bestellrhythmusverfahren?

Beim Bestellpunktverfahren wird zu einem bestimmten Zeitpunkt bestellt; das ist der Zeitpunkt, an dem der Meldebestand erreicht wird. Bestellt wird also bei Bedarf.

Beim Bestellrhythmusverfahren wiederholen sich die Bestelltermine periodisch. Der Bedarf, der sich z.B. aus unerwartet hoher Nachfrage oder hohem Bedarf ergibt wird nicht berücksichtigt; dadurch können Lücken in der Versorgung entstehen; Nachbestellungen werden erforderlich.

17. Welche Aufgaben hat die Preisplanung?

Die Preisplanung hat u.a. folgende Aufgaben

- Beurteilung, ob Einstandspreis angemessen ist,
- Vergleich mehrerer Einstandspreise zur Ermittlung des günstigsten,
- Beeinflussung des Einstandspreises (Beschaffungspreises).

18. Welches Schema liegt der Ermittlung des Einstandspreises (Beschaffungspreises) zu Grunde?

Ermittlung des Einstandspreises (Schema):
Angebotspreis − Rabatt + Mindermengenzuschlag
= Zieleinkaufspreis − Skonto
= Bareinkaufspreis + Bezugskosten
= Einstandspreis

Zur Veranschaulichung soll folgendes Beispiel dienen.

Angebotspreis eines Artikels:	5,- € pro Stück
Verpackung:	3,- €/100 Stück
Mengenrabatt:	20 % bei Abnahme von mind. 1000 Stück
Zahlungsbedingung:	Zahlungsziel 30 Tage, 3 % Skonto bei Zahlung innerhalb 10 Tagen
Lieferung:	frei Haus
Bestellmenge:	1.200

Angebotspreis	6.000,00 €
– Rabatt	1.200,00 €
Zieleinkaufspreis	4.800,00 €
– Skonto	144,00 €
Bareinkaufspreis	4.656,00 €
+ Verpackung	36,00 €
Beschaffungskosten	4.692,00 €

19. Was sind Rabatte? In welcher Form können sie gewährt werden?

Rabatte sind Preisnachlässe[1]; sie mindern den Angebotspreis (Listenpreis); ihre Höhe hat Einfluss auf die Höhe des Einstandspreises. Lieferanten sind u.a. bereit, Nachlässe zu gewähren

- bei Abnahme großer Mengen (Mengenrabatt), weil sie dadurch von Kosten der Lagerhaltung entlastet werden,
- bei besonderer Präsentation ihrer Produkte im stationären Einzelhandel (Präsentationsrabatt),
- bei Bestellung unmittelbar nach Erscheinen neuer Preislisten usw. (Frühbezugsrabatt).

Form: prozentualer Preisnachlass, unberechnete Menge oder Stück.

20. Was sind Bezugskosten?

Bezugskosten sind die Kosten, die beim Bezug der Waren anfallen, dazu zählen z.B. Rollgeld, Fracht, Versicherungen, Verladekosten.

---

[1] Das Rabattgesetz, das die Vergabe von Rabatten bisher regelte, wird im Laufe des Jahres 2001 außer Kraft gesetzt werden. Die Höhe von Rabattsätzen können jetzt ohne Einschränkungen durch gesetzliche Vorschriften zwischen den Vertragsparteien frei ausgehandelt werden.

21. Was sind Lieferungsbedingungen?

Lieferungsbedingungen regeln, wer – Lieferer oder Kunde – welche Bezugskosten in welchem Umfang übernimmt. Zu den Lieferungsbedingungen zählen z.B. die Bedingungen frei Haus, frei Werk, ab hier, ab Werk.

22. Welche Ziele konkurrieren bei der Planung wirtschaftlicher Mengen miteinander?

Bei der Planung wirtschaftlicher Mengen bestehen folgende konkurrierende Ziele.

- Hohe Bestellmengen bedeuten

    einerseits Preisvorteile, günstige Lieferungsbedingungen, hohe Lieferbereitschaft und geringe Fehlmengenkosten,

    andererseits aber hohe Beschaffungskosten, hohe Finanzierungs- und Lagerhaltungskosten.

- Geringe Bestellmengen bedeuten

    einerseits geringe Beschaffungskosten, geringe Finanzierungs- und Lagerhaltungskosten,

    andererseits aber geringen Grad der Lieferbereitschaft u.U. Fehlmengenkosten.

Die Planung muss den *Ausgleich zwischen angemessenem Grad der Lieferbereitschaft und den anfallenden Fehlmengenkosten* schaffen.

23. Was sind Bestellkosten?

Bestellkosten fallen bei Abwicklung der Bestellung an; zu den Bestellkosten zählen z.B. Porti, Formulare, Personalkosten, Scheckgebühren, Bankspesen. Die Bestellkosten sind relativ gering, wenn der Jahresbedarf in einer Bestellung beschafft wird. Sie steigen, wenn häufiger bestellt wird, d.h. wenn der Jahresbedarf in mehreren Teilmengen beschafft wird.

24. Welche Bedeutung hat die optimale Bestellmenge?

Die optimale Bestellmenge ist die Menge bei der die Summe aus den Kosten der Lagerhaltung und Bestellung am geringsten ist.

Bei geringer Lagerhaltung sind die Lagerhaltungskosten gering; geringe Lagerhaltung bedeutet aber relativ häufige Bestellung, also hohe Bestellkosten. - Es geht darum, die Bestellkosten und die Lagerhaltungskosten über die Bestellmenge so miteinander zu verbinden, dass ihre Summe möglichst gering ist.

Die Ausführungen zur optimalen Bestellmenge lassen sich durch folgendes Beispiel veranschaulichen. Die optimale Bestellmenge ergibt sich bei n = 7; hier ist die Summe aus Bestell- und Lagerhaltungskosten am geringsten.

Jahresbedarf (Jb): 1.200 Stück,
Einstandspreis (EPr): 10 €/Stück,
Bestellkosten je Bestellung (k_{best}): 20 €,
Kostensatz der Lagerhaltung (q_{Lh}): 15 % des durchschnittlichen Lagerbestandes.

(In der folgenden Tabelle bedeuten: n - Anzahl der Bestellungen, B - Bestellmenge, K_{Best} – Kosten der Bestellung, K_{lh} – Kosten der Lagerhaltung.)

n	B	B · EPr	$\frac{B \cdot EPr}{2}$	K_{Best}	K_{Lh}	K = K_{Best} + K_{Lh}
1	1.200,00	12.000,00	6.000,00	20,00	900,00	920,00
2	600,00	6.000,00	3.000,00	40,00	450,00	490,00
3	400,00	4.000,00	2.000,00	60,00	300,00	360,00
4	300,00	3.000,00	1.500,00	70,00	225,00	305,00
5	240,00	2.400,00	1.200,00	100,00	180,00	380,00
6	200,00	2.000,00	1.000,00	120,00	150,00	270,00
7	171,40	1.714,28	857,14	140,00	128,57	**268,57**
8	150,00	1.500,00	750,00	160,00	112,50	272,50
9	133,30	1.333,33	666,66	180,00	100,00	280,00
10	120,00	1.200,00	600,00	200,00	90,00	290,00

25. Wodurch unterscheiden sich Einzelbeschaffung und Vorratsbeschaffung?

Bei Einzelbeschaffung werden Waren oder Material zum Zeitpunkt des Bedarfs beschafft, also nicht auf Lager genommen.

Das bedeutet einerseits geringe Lagerhaltung, geringe Lagerhaltungskosten, geringes Absatzrisiko, andererseits aber mögliche Verzögerungen bei Lieferung (oder Beschaffung) und Gefährdung der Lieferbereitschaft.

Bei Vorratsbeschaffung wird beschaffte Ware bzw. beschafftes Material auf Lager genommen.

Es entstehen hohe Lagerhaltungskosten, außerdem besteht das Risiko des Preisrückgangs. Auf der anderen Seite ist die Lieferbereitschaft hoch.

26. Was versteht man unter einem direkten Beschaffungsweg?

Direkte Beschaffung verzichtet auf branchenübliche Vermittlung durch Großhandel o. Ä. Dadurch werden die Handelsspannen der Vermittler umgangen, die Beschaffungskosten können dadurch niedriger sein.

27. Was versteht man unter einem indirekten Beschaffungsweg?

Die Beschaffung wird vermittelt, z.B. durch Handel (Groß- und Einzelhandel), Vertreter u.Ä.

28. Wodurch unterscheiden sich Absatzmittler und -helfer?

Absatzmittler setzen bei der Verteilung des Produkts eigene absatzpolitische Instrumente ein, Helfer tun das nicht.

Absatzmittler sind z.B. Handel, Agenturen, Absatzhelfer sind z.B. Spediteure, Frachtführer.

29. Was ist ein Streckengeschäft?

Bei einem Streckengeschäft ist ein Großhändler Vermittler der Lieferung, er wird also bei Lieferung umgangen, nicht jedoch bei Bestellung und Zahlungsvorgang. Der Großhändler unterhält also kein Lager, umgeht so die entsprechenden Kosten. Häufig bei Massengütern.

30. Was versteht man unter zentraler Beschaffung?

Zentrale Beschaffung bedeutet, dass zentral beschafft wird, während der Verkauf und evtl. auch die Lagerung dezentral organisiert sind.

Vorteile der zentralen Beschaffung sind u.a. Kostenersparnis durch große Beschaffungsmengen, durch bessere Ausnutzung des technischen und personellen Apparats, durch Spezialisierung bei Beschaffungsaktivitäten, zentrale Speicherung von Daten, die einen raschen Datenzugriff ermöglicht, Einheitlichkeit der Willensbildung.

Nachteile der zentralen Beschaffung sind u.a. geringere Elastizität bei Anpassung an Nachfrageänderungen, evtl. Fehlmengenkosten.

31. Was versteht man unter dezentraler Beschaffung?

Bei dezentraler Beschaffung werden Beschaffungsaufgaben an Lager, Abteilungen oder Filialen delegiert.

Die Vorteile liegen in der größeren Elastizität bei Anpassungen, Förderung von Initiativen von Mitarbeitern, Möglichkeiten zur schnellen Ausnutzung günstiger Bezugsquellen, Berücksichtigung lokal bedingter Besonderheiten der Nachfrage.

2.5.2 Lagerhaltung

1. Welche Prüfungen werden bei Waren- bzw. Materialeingang vorgenommen?

Beim Eingang von Waren bzw. Material finden im Allgemeinen folgende Prüfungen statt.

- *Belegprüfung*: Vergleich Begleitpapiere mit Bestellkopien (evtl. Bildschirm),

- *Sachprufung*: 1. Zahl der Versandstücke, 2. äußerlich erkennbare Schäden, 3. Identifikation der Waren bzw. Materialien,

- *Mengenprüfung*: Vergleich gelieferte Menge – Mengen in Begleitpapieren und Mengen im Bestellsatz,

- *Zeitprüfung*: Vergleich tatsächlicher Liefertermin – Termin in Bestellsatz.

2. Wodurch unterscheiden sich Freiplatz- und Festplatzsystem bei der Lagerung?

Die Lagerung von Waren u.dgl. ist grundsätzlich sowohl im Freiplatz- als auch im Festplatzsystem möglich.

Beim *Freiplatzsystem* wird die Ware auf derzeitig freien Lagerplätzen untergebracht. Diese Lagerung wird als chaotische Lagerhaltung bezeichnet. Der Lagerplatz ist durch eine Lagerplatznummer zu kennzeichnen. Das *Lagerplatznummernsystem* soll eindeutig Auskunft über den Lagerplatz geben und das Auffinden des Lagergutes erleichtern. Die Ziffernfolge einer Lagerplatznummer gibt das Lager, Regal, Regalebene und Lagerfach an.

(Die Lagernummer 01 02 03 04 bedeutet z.B. Erstes Lager, zweites Regal, dritte Regalebene, viertes Lagerfach.)

Betriebswirtschaftslehre 117

Beim *Festplatzsystem* hat jede Ware (oder Warengruppe oder Artikel) ihren festen Lagerplatz, der auch auf Dauer für sie reserviert bleibt.

3. Welche Vorteile und Nachteile hat das Freiplatzsystem?

Vorteile des Freiplatzsystems: Die Lagerkapazität wird besser ausgenutzt; schnellere Einlagerung wird ermöglicht.

Nachteile des Freiplatzsystems: Gleiche Ware bzw. gleiches Material wird evtl. auf getrennten Lagerplätzen untergebracht, dadurch können Verzögerungen bei Entnahme entstehen.

4. Welche Vorteile und Nachteile hat das Festplatzsystem?

Vorteile des Festplatzsystems: Lagerplatzordnung berücksichtigt Entnahmehäufigkeiten und Transportwegeoptimierung.

Nachteile des Festplatzsystems: Es besteht die Möglichkeit, dass Lagerraum frei bleibt, dass bei höherem Bedarf der reservierte Lagerraum nicht ausreicht, sodass eine neue Lagerplatzordnung erforderlich wird.

5. Welche Funktionen hat die Lagerhaltung?

Die Lagerhaltung hat folgende Funktionen:

- *Überbrückungsfunktion*: Durch die Lagerhaltung werden die Diskrepanzen zwischen Produktion bzw. Beschaffung und Absatz überbrückt. Im Einzelnen werden folgende Überbrückungen unterschieden: Zeitliche, mengenmäßige, preisliche Überbrückung.

- *Sortimentsgestaltung*: Mit der Lagerhaltung wird die Kontinuität im Sortiment gewährleistet.

- *Manipulation*: Durch die Behandlung von Waren im Lager werden marktgängige Qualitäten und Quantitäten gebildet; Warenmanipulation ist Warenveredlung i.w.S. (Sortieren, Reinigen, Mischen, Umpacken).

6. Was versteht man unter zentraler Lagerung?

Zentrale Lagerung bedeutet räumliche *Zusammenfassung der Lager* gleicher Art.

Die *Vorteile* der zentralen Lagerung sind u.a.

- große Übersichtlichkeit,
- geringe Raum- und Verwaltungskosten,
- einfache Bestands- und Bewegungskontrollen,
- schneller (zentraler) Datenzugriff.

Die *Nachteile* der zentralen Lagerung sind u.a.

- höhere Transportkosten,
- längere Transportwege,
- evtl. Störungen bei Lieferungen (bei längeren Transportwegen).

7. Was versteht man unter dezentraler Lagerung?

Dezentrale Lagerung ist die *räumliche Trennung der Lager* gleicher Art.

Die *Vorteile* dezentraler Lagerung sind u.a.

- Kundennähe,
- kürzere Transportwege,
- geringere Transportkosten,
- evtl. geringere Störungen bei Lieferungen.

Die *Nachteile* dezentraler Lagerung sind u.a.

- geringe Übersichtlichkeit,
- hohe Raum- und Verwaltungskosten,
- schwierigere Bestands- und Bewegungskontrollen.

8. Was ist ein Lagerhalter?

Der Lagerhalter ist ein selbstständiger Kaufmann, der gewerbsmäßig die Lagerung und Aufbewahrung von Gütern für andere übernimmt.

9. Welche Gründe bestehen für die Inanspruchnahme eines Fremdlagers?

Die Inanspruchnahme eines Fremdlagers soll vor allem der *Minimierung von Kosten* und der Verminderung von Risiken dienen. Im Einzelnen können u.a. folgende Gründe für die Inanspruchnahme eines Fremdlagers bestehen.

- Ein Eigenlager wird zu teuer.
- Der Lagerbedarf ist nur vorübergehend.
- Das Fremdlager verfügt über Einrichtungen zur speziellen Lagerung.
- Das Fremdlager bietet besondere Dienste an, z.B. Pflege des Lagerguts, Verpackung, Versand.

10. Was ist ein Konsignationslager?

Bei einem Konsignationslager gehört das Lagergut dem Lieferer, es wird allerdings beim Abnehmer (z.B. Händler) gelagert. Der Abnehmer kann bei Bedarf entnehmen; abgerechnet wird i.d.R. monatlich. Der Abnehmer bindet kein Kapital und verfügt schnell über die Ware. Der Lieferer bindet einen Kunden und spart evtl. Auftragsabwicklungskosten.

11. Wie können Lager nach Funktionsschwerpunkten typisiert werden?

Lager können nach Funktionsschwerpunkten typisiert werden. Bei den folgenden Lagertypen bestehen die angegebenen Funktionsschwerpunkte.

1. Reservelager – Verkauf- und Lieferfähigkeit,
2. Sammellager – Ausgleich starker Beschaffungsschwankungen,
3. Verteilungslager – Ausgleich starker Absatzschwankungen,
4. Manipulationslager – Veredelung des Produkts,
5. Umschlagslager – kurzfristige Lagerung vor Weitertransport,
6. Spekulationslager – Spekulation.

12. Wie können Lager nach warenspezifischen Anforderungen eingeteilt werden?

Die Lager müssen warenspezifischen Anforderungen genügen. Die folgenden Lagerarten erfüllen die angegebenen warenspezifischen Anforderungen.

- Kühlhäuser für Kühllagerung,
- geschlossene Lager für Lebensmittel,
- offene Lager für Baumaterialien,
- halboffene Lager für Leergut, Gasflaschen, Behälter für Flüssigkeiten.

13. Was sind Stufenlager?

Stufenlager sind Lager im Zusammenhang mit den Produktionsstufen; es werden Materialien (Rohstoffe, Hilfsstoffe, Teile usw.), gelagert, die auf den jeweiligen Produktionsstufen benötigt werden. Sie werden auch als Werkstattlager bezeichnet.

14. Welche Arbeiten fallen im Lager an?

In einem Lager fallen im Allgemeinen folgende Arbeiten an.

- Pflege des Lagerguts, dazu gehören u.a. Staub wischen, Ölen, Umschichten.

- Prüfung des Lagerbestands, dazu zählen Bestandsermittlungen mithilfe von Stichproben, Vergleich mit Lagerfachkarten usw.

- Kommissionieren, das ist das Sammeln der Ware und Bereitstellung für den Versand usw.

- Materialausgabe und -rücknahme auf der Grundlage von Materialentnahmescheinen und Materialrücknahmescheinen.

15. Wie lässt sich das Holsystem charakterisieren?

Von *Holsystem* spricht man, wenn der Arbeiter das Material vom Lager an seinen Arbeitsplatz holt.

Die Vorteile des Holsystems sind u.a.
- Entlastung der Lagerverwaltung,
- bessere Bedarfsanpassung der Materialbestände am Arbeitsplatz,
- Möglichkeit zur Verringerung der Bestände am Arbeitsplatz.

Nachteil des Holsystems ist u.a.

- Verlust von Arbeitszeit.

16. Wie lässt sich das Bringsystem charakterisieren?

Das *Bringsystem* liegt vor, wenn das Material vom Lager an den Arbeitsplatz gebracht wird. Die Vorteile (Nachteile) des Holsystems sind die Nachteile (Vorteile) des Bringsystems.

17. Gelegentlich müssen Lagerbestände nach einem sehr differenzierten Nummernsystem gekennzeichnet werden. Wie ist das Nummernsystem aufgebaut?

Nummernsystem: differenziertes System zur Kennzeichnung von Materialien (bei Lagerung von vielen einzelnen Materialien), in verschlüsselter Form werden angegeben Lagerort (s.o.), Art, Form und Bauart, Abmessungen, Mengen, Bezugsart.

18. Welche Arbeiten fallen bei der Entsorgung an?

Folgende Arbeiten fallen bei der Entsorgung von Rückständen, Abfällen usw. an.

- Einteilen,

- Sammeln, Ordnen,
- Aufbereiten, Vernichten,
- Verwerten, Verkaufen,
- Abtransportieren.

19. Was sind Lagerhaltungskosten?

Lagerhaltungskosten sind alle Kosten, die bei Lagerhaltung anfallen; dazu zählen die Lagerkosten und die Zinskosten.

Lagerkosten sind die Kosten der Lagerung; dazu zählen Raumkosten, Personalkosten, Energiekosten usw.

Zinskosten sind die Kosten durch die Kapitalbindung.

20. Warum sind Lagerbestandsplanungen erforderlich?

Mithilfe von Lagerbestandsplanungen soll erreicht werden,

dass der Warenfluss vom Lager zum Verkauf bzw. zum Versand,

der Materialfluss vom Materiallager zur Produktionsstätte und

der Fluss der fertigen Produkte vom Lager zum Versand reibungslos vonstatten gehen kann und

dass die Kostenbedingungen für die Lagerhaltung verbessert werden.

21. Welche Besonderheiten des Handels sind bei Bestandsplanungen zu berücksichtigen?

Probleme für den Handel ergeben sich insbesondere aus Fehleinschätzungen der Absatzchancen; das kann zu Bestandsüberhängen führen, z.B. zu Sonderaktionen, aus beschaffungs- und absatzpolitischen Abhängigkeiten.

Probleme können sich auch dadurch ergeben, dass der Lagerbestand nicht dem Buchbestand entspricht (Schwund).

Der ermittelte Bedarf ist eine wichtige Grundlage für die Bestandsplanung. Die Ergebnisse sind zumindest im Handel mit Vorsicht zu interpretieren, da Lagerentnahmen im Handel absatzorientiert (und nicht programmorientiert) und deshalb gelegentlich – entgegen der geschätzten Entwicklung – unregelmäßig sind.

22. Wozu dient die Festlegung des Höchstbestandes?

Die Festlegung des Höchstbestandes soll dafür sorgen, dass überhöhte Lagervorräte vermieden werden.

23. Welche Bedeutung hat der Mindestbestand?

Der Mindestbestand ist der Buchbestand einer Ware bzw. eines Materials, der in etwa gleicher Menge und Qualität ständig am Lager sein sollte. Er soll die Lieferbereitschaft bzw. die Aufrechterhaltung des Produktionsablaufs bei Schwierigkeiten der Lagerergänzung garantieren. Der Mindestbestand wird auch als eiserner Bestand bezeichnet.

24. Welche Bedeutung hat der Meldebestand?

Der Meldebestand ist der Bestand, der die Meldung an den Einkauf bewirkt; die Meldung löst Bestellung aus. (Vgl. Frage 15 auf S. 110)

25. Wie ergibt sich der verfügbare Bestand?

Der verfügbare Bestand ergibt sich, wenn man zum tatsächlich vorhandenen Bestand die offenen Bestellungen (d. s. bestellte, noch nicht eingegangene Mengen) hinzuzählt und den reservierten Bestand (d. s. die Mengen, die bereits für die Produktion festgelegt, aber vom Lager noch nicht entnommen sind) abzieht.

26. Welche Bedeutung hat der optimale Lagerbestand?

Der optimale Lagerbestand ist der Bestand, bei dem die Summe aus Lagerhaltungs-, Bestell- und Fehlmengenkosten ihr Minimum hat.

27. Was wird mit dem Grad der Lieferbereitschaft angegeben?

Der Grad der Lieferbereitschaft ist eine statistische Kennziffer, die angibt, in welchem Umfang das Lager im Durchschnitt lieferbereit war.

Der Grad der Lieferbereitschaft kann nach zwei Berechnungsmethoden ermittelt werden.

- L_1 - Verhältnis der ausgeführten zur Gesamtzahl der Aufträge,
- L_2 - Verhältnis der verfügbaren zu den insgesamt nachgefragten Mengen.

Beispiele:
L_1 = 85 % besagt: 85 % der Aufträge wurden ausgeführt.
L_2 = 90 % besagt: 90 % der nachgefragten Mengen waren lieferbar.

28. Was sind Fehlmengenkosten?

Fehlmengenkosten sind Kosten, die durch Fehlmengen, d.h. durch zu geringen Lagerbestand, entstehen. Man unterscheidet echte Fehlmengenkosten und Opportunitätskosten.

Echte Fehlmengenkosten sind z.B. Vertragsstrafen, Opportunitätskosten sind z.B. entgangener Gewinn.

29. Welche Möglichkeiten zur Verringerung von Lagerbeständen gibt es?

Mit folgenden Maßnahmen lassen sich Lagerbestände verringern:

- Kauf auf Abruf: Die Ware bleibt auf Lager des Lieferers bis zum Abruf durch den Käufer.

- fertigungssynchrone Lieferung: Materialien werden fertigungssynchron angeliefert, d.h. meistens abgerufen oder zu geplanten und vereinbarten Terminen geliefert, damit Fertigung nicht stockt; ähnlich wie Kauf auf Abruf.

- Rabattpolitik: Durch angemessene Rabattgewährung (Mengenrabatt) wird Käufer veranlasst, die Lagerhaltung zu übernehmen.

- Mindestmengenpolitik: Der Käufer wird durch entsprechende Preise veranlasst, mindestens eine bestimmte Menge abzunehmen (geringe Mengen werden teurer).

- Streckengeschäft: Händler (Zwischenhändler) nimmt Ware bzw. Material nicht auf Lager, Hersteller liefert direkt an (End-)Käufer.

30. Welcher Zusammenhang besteht zwischen der Höhe des durchschnittlichen Lagerbestandes und der Höhe der Bestellmenge (Häufigkeit der Bestellungen)?

Die Höhe der Bestellmenge ist abhängig von der Häufigkeit der Bestellungen (Jahresbedarf kann in einer Menge, in zwei, mehreren oder vielen Teilmengen bestellt werden): Bestellmenge nimmt ab bei zunehmender Häufigkeit der Bestellungen.

31. Wie wird der durchschnittliche Lagerbestand ermittelt?

Die Berechnungsmethoden zur Ermittlung des durchschnittlichen Lagerbestandes unterscheiden sich durch die Anzahl der Bestände, die in die Berechnung einbezogen werden.

- Der durchschnittliche Lagerbestand kann (mengen- und wertmäßig) aus den begrenzenden Beständen ermittelt werden.

$$dLb = \frac{AB + EB}{2}$$

- Der durchschnittliche Lagerbestand kann (mengen- und wertmäßig) aus den Quartalsendbeständen ermittelt werden.

$$dLb = \frac{AB + 4\,QEB}{5}$$

- Der durchschnittliche Lagerbestand kann (mengen- und wertmäßig) aus den Monatsendbeständen ermittelt werden.

$$dLb = \frac{AB + 12\,MEB}{13}$$

32. Was wird mit der Kennzahl durchschnittlicher Lagerbestand angegeben?

Der dLb gibt an, wie viel Ware (mengen- oder wertmäßig) im Durchschnitt am Lager war.

Die Angabe wird genauer, je mehr Bestände in die Berechnung einbezogen werden.

33. Was wird mit der Kennzahl Umschlagshäufigkeit angegeben?

Die Umschlagshäufigkeit gibt an, wie oft der durchschnittliche Lagerbestand im Jahr umgeschlagen wurde. Die Kennziffer kann für einzelne Artikel, Warenarten usw. errechnet werden; sie ermöglicht Vergleiche (z.B. mit den entsprechenden Kennziffern der Vorjahre, mit Branchen usw.).

$$Uh_1 = \frac{\text{Jahresabsatz/Stück}}{dLb}$$

$$Uh_2 = \frac{\text{Wareneinsatz zu Einstandspreisen}}{dLb}$$

34. Was wird mit der Kennzahl durchschnittliche Lagerdauer angegeben?

Die durchschnittliche Lagerdauer gibt an, wie viel Tage eine Ware im Durchschnitt (des Jahres) auf Lager war.

$$dLd = \frac{360}{Uh}$$

Bei hoher Uh ist die dLd gering und umgekehrt.

35. Welche Bedeutung haben die Lagerkennziffern Umschlaghäufigkeit und Lagerdauer für die Lagerplanung?

Wenn die Umschlaghäufigkeit durch eine aktive Absatzpolitik erhöht wird, wird der dLb bei gleichem Wareneinsatz häufiger umgeschlagen. Die Erhöhung der Uh führt zu einer Verringerung der dLd und damit zu einer Verringerung der entsprechenden Lagerhaltungskosten.

2.5.3 Produktion

1. Was versteht man unter einem Produktionsprogramm?

Das Produktionsprogramm legt fest, welche Güter produziert werden sollen; es legt fest: Art der Güter, Menge der Güter, Zeitraum für die Produktion. Das Produktionsprogramm hängt vom Absatzprogramm ab; es ist der Teil des Absatzprogramms, der sich auf die eigenen Produkte bezieht.

Das Produktionsprogramm umfasst zwei Bereiche: interne Leistungen und Produktion auf Lager (für einen Auftrag).

Produktionsprogramme können nach ihrer Dauer unterschieden werden. Ein kurzfristiges Produktionsprogramm dauert bis zu einem Jahr, ein mittelfristiges länger als ein Jahr und ein langfristiges etwa 10 Jahre. Das Produktionsprogramm wird u.a. von den folgenden Faktoren beeinflusst.

- Absatz,
- Kapazität,
- Finanzierung,
- Mitarbeiter, Materialien,
- Kosten,
- Vorschriften.

2. Wodurch wird der Programmumfang bestimmt?

Der Programmumfang wird bestimmt durch die *Breite* und die *Tiefe des Produktionsprogramms*. Veränderungen der Programmbreite ergeben sich vor allem durch Produktinnovation, durch Produktvaration und durch Produkteliminierung; die Programmtiefe wird vor allem beeinflusst durch den Fremdbezug oder die Eigenfertigung von Vorprodukten (Halbfabrikaten).

3. Was versteht man unter Programmbreite?

Die *Anzahl der verschiedenen Arten von Produkten und der unterschiedlichen Arten von Ausführungen* dieser Produkte wird als *Programmbreite* bezeichnet.

Die Produktausführungen können sich nach Größe, Länge, Form, Leistung, Farbe usw. unterscheiden.

Die geringste Programmbreite liegt vor, wenn ein Betrieb nur ein Produkt in einer Ausführung herstellt; das ist wahrscheinlich nur bei einem Kraftwerk möglich. Häufiger sind Betriebe, die ein Produkt in mehreren oder vielen Ausführungen herstellen; dieser Fall liegt z.B. bei einer Mühle vor, die Weizenmehl verschiedener Typen herstellt.

Im Allgemeinen stellen die Betriebe allerdings mehrere Arten von Gütern in jeweils mehreren oder vielen unterschiedlichen Ausführungen her. So sind z.B. bei einem Betrieb der Fahrzeuganhänger herstellt, Treckeranhänger und Pkw-Anhänger die verschiedenen Arten von Gütern des Programms; die Ausführungen sind z.B. Treckeranhänger für unterschiedliche Transportleistungen, unterschiedliche Größen der Anhänger u. Ä., geschlossene und offene Aufbauten der Pkw-Anhänger.

4. Was versteht man unter Programmtiefe?

Es ist üblich, die *Tiefe* eines Produktionsprogramms mit der *Anzahl der Fertigungsstufen* zu bestimmen. Fertigungsstufen sind die aufeinander folgenden Bearbeitungsschritte bis zur Fertigstellung des Erzeugnisses, eines Gutes, eines Teils usw. Fertigungsstufen sind

- Teilefertigung,

- Bauelementefertigung, bei der Teile zu größeren Elementen, zu Halbfabrikaten, zusammengefügt werden,

- Montage von fremdbezogenen Teilen zu Bauelementen zur Weiterverwendung auf der nächsten Stufe,

- Montage, d.h. die Fertigstellung des Endprodukts durch Zusammenfügung der Teile und der Bauelemente.

Die Beschreibung der Programmtiefe gibt Auskunft darüber, in welchem Umfang ein Betrieb die für ein Erzeugnis benötigten Teile und Bauelemente selbst fertigt oder aus fremder Produktion bezieht. Das tiefste Programm hat demnach ein Betrieb, der alle benötigten Teile und Bauelemente selbst fertigt.

Betriebswirtschaftslehre

5. Welche gewerblichen Schutzrechte gibt es?

Die vier gewerblichen Schutzrechte werden in der folgenden Tabelle aufgelistet.

Begriffe	Begriffsbestimmung	Eintragung	Schutzdauer
Geschmacksmuster	Modell oder Muster für Massenwaren	Geschmackmusterregister (Amtsgericht)	1 bis 15 Jahre
Gebrauchsmuster	Arbeitsgeräte u.dgl. für gewerbliche Anwendung	Gebrauchsmusterrolle beim Patentamt	3 Jahre (Verlängerungen möglich, maxim. 8 Jahre)
Patent	Arbeitsgeräte u.dgl. für gewerbliche Anwendung	Patentrolle beim Patentamt	20 Jahre
Warenzeichen	Wort- oder Bildzeichen zur Markierung eines Produkts	Warenzeichenrolle beim Patentamt	10 Jahre (Verlängerungen möglich)

6. Welche Gesichtspunkte werden bei der Gestaltung von Produkten berücksichtigt?

Gesichtspunkte für die Gestaltung von Produkten sind u.a.

- optimale äußere Gestaltung,
- ästhetische Aspekte,
- optimale Funktionsfähigkeit,
- optimale Werkstoffauswahl, Verwendung von Normteilen,
- Verwendung von fremdbezogenen Teilen.

7. Welche Bedeutung hat das sog. CAD für die Produktgestaltung?

Zur Unterstützung bei den Konstruktionsaufgaben wird meistens ein Computer herangezogen: *Computer Aided Design (CAD)*. Am Bildschirm wird ein Werkstück detailgetreu – häufig dreidimensional – dargestellt. Der Konstrukteur kann Elemente der Zeichnung, wie z.B. Flächen, Linien, Teilzeichnungen, Gesamtzeichnungen mit anderen Abmessungen usw., aus dem Speicher abrufen und für die aktuelle Darstellung nutzen.

Die fertige Darstellung des Werkstücks wird eingespeichert und kann für die weitere Konstruktionsarbeit, für die Erstellung der Listen, evtl. sogar für die Steuerung von Maschinen verwendet werden.

8. Welche Bedeutung haben Konstruktionszeichnungen?

Die anschauliche Darstellung eines Erzeugnisses erfordert mehrere Zeichnungen, die in einem Zeichnungssatz zusammengefasst sind. Ein Zeichnungssatz enthält im Allgemeinen die folgenden Zeichnungen.

In einer *Gesamtzeichnung* wird in übersichtlicher Form die Lage von Baugruppen dargestellt, sodass erkennbar wird, wie sie zusammenwirken. Auch ihre Größenordnungen werden so ersichtlich.

In einer *Gruppenzeichnung* wird eine Baugruppe dargestellt. Als Baugruppe bezeichnet man eine Zusammenfassung von Einzelteilen, die funktionsmäßig eng verbunden sind und als Montagegruppen in das Endprodukt eingehen können. Die Gruppenzeichnung stellt in übersichtlicher Form die Lage der Einzelteile dar. Häufig reicht eine Zeichnung dazu nicht aus, sodass Ergänzungszeichnungen erforderlich werden.

Die *Einzelteilzeichnungen* stellen die einzelnen Teile dar, die zu Baugruppen zusammengefasst werden. Dazu werden Formen, Abmessungen, Oberflächenbeschaffenheit u.dgl. angegeben. Für Normteile werden keine Zeichnungen erstellt.

9. Wozu dienen Stücklisten?

In einer Stückliste werden alle für die Herstellung eines Produkts erforderlichen Einzelstücke, Zutaten u.dgl. aufgelistet. Zu unterscheiden sind Mengen-, Struktur- und Baukastenstücklisten.

Mengenstücklisten: Liste aller für das Endprodukt erforderlichne Teile ohne Berücksichtigung der Fertigungsstruktur,

Strukturstücklisten: Auflistung mit Berücksichtigung der Fertigungsstruktur,

Baukastenstücklisten: Auflistung der Einzelteile und Baugruppen der folgenden Stufe.

10. Was ist ein Verwendungsnachweis? Wie unterscheidet sich ein Verwendungsnachweis von einer Stückliste?

Ein Verwendungsnachweis gibt an, welcher Teil (Rohstoff usw.) in welcher Menge in den einzelnen Erzeugnissen enthalten ist. Er beantwortet also die Frage „*In welchen Produkten ist ein bestimmtes Teil in welchem Umfang enthalten?*"

Die Stückliste beschreibt das Produkt durch die Auflistung der Bestandteile (Teile, Baugruppen usw.) und beantwortet damit die Frage „*Welche Teile enthält ein bestimmtes Produkt?*".

11. Wie lassen sich Verrichtungs- und Objektprinzip in der Fertigung kennzeichnen?

Verrichtungs- und Objektprinzip sind Grundtypen der Fertigungsweisen (Prozesstypen der Fertigung). Sie lassen sich folgendermaßen kennzeichnen.

- *Verrichtungsprinzip*: Arbeitsplätze sind zentral z.B. in Werkstätten angeordnet, das Werkstück wird von Arbeitsplatz zur Arbeitsplatz bzw. von Werkstatt zu Werkstatt transportiert, z.B. Werkstattfertigung,

- *Objektprinzip*: Arbeitsplätze sind dezentral angeordnet gem. den Erfordernissen des Objekts, des Werkstücks, z.B. Reihenfertigung.

12. Welche Bedeutung hat die Werkstattfertigung?

Die Werkstattfertigung eignet sich in besonderem Maße für Einzelfertigung und für die Produktion von kleinen Serien. Ihre Vorteile liegen in ihrer Anpassungsfähigkeit; sie bietet die Möglichkeit, Besonderheiten bei Einzelaufträgen zu berücksichtigen; sie kann schneller auf Nachfrageänderungen reagieren; es können, wenn die Maschinenbelegung das zulässt, mehrere Aufträge gleichzeitig bearbeitet werden. Ihre besonderen Nachteile liegen in den langen Transportwegen, die zu relativ hohen Förderkosten führen. Gelegentlich werden Zwischenlagerungen erforderlich, wenn zwischen einzelnen Arbeitsgängen Wartezeiten anfallen.

13. Welche Bedeutung hat die Reihenfertigung?

Die Reihenfertigung bzw. die Fließfertigung eignet sich für größere Serien und in besonderem Maße für die Massenproduktion. Ihre Vorteile liegen u.a. darin, dass keine Wartezeiten zwischen den Arbeitsgängen anfallen, sodass im Allgemeinen keine Zwischenlagerungen erforderlich werden. Die Durchlaufzeiten sind sehr viel kürzer als bei der Werkstattfertigung. Ihre besonderen Nachteile liegen u.a. in dem relativ hohen Kapitalbedarf, das gilt insbesondere bei Fließfertigung mit automatisch gesteuerten Transportbändern, entsprechend hoch sind auch die Kapitalkosten, z.B. die Abschreibungen. Diese im Allgemeinen sehr hohen festen Kosten verlangen die Produktion großer Mengen, damit die Stückkosten möglichst niedrig sind. Dieser Zwang zu hohen Ausbringungsmengen ist die wesentliche Ursache für die geringe Anpassungsfähigkeit der Reihen- bzw. Fließfertigung an Nachfrageänderungen oder an Konjunkturschwankungen.

14. Wodurch wird die Gruppenfertigung gekennzeichnet?

Gruppenfertigung ist eine *Kombination aus Werkstatt- und Reihenfertigung*. Der besondere Nachteil der Werkstattfertigung (Zwischenlagerung und lange Transportwege) soll nach Möglichkeit vermieden werden.

15. Was ist das besondere Kennzeichen der Baustellenfertigung?

Bei der Baustellenfertigung werden die Betriebsmittel zum Produktionsort transportiert, wo das Werkstück entsteht.

16. Was sind Programmtypen der Produktion (Fertigungsarten)?

Mit dem Programmtyp der Fertigung, der Fertigungsart, wird angegeben, ob und wie oft sich der Fertigungsvorgang für Produkte der gleichen Art wiederholen: gar nicht - bei der Einzelfertigung, mehr oder weniger häufig – bei Serien- und Sortenfertigung, sehr häufig – bei der Massenfertigung.

17. Wann spricht man von Einzelfertigung?

Wenn von einem Produkt lediglich *eine Einheit hergestellt* wird, spricht man von *Einzelfertigung*. Sie findet sich z.B. im Schiffbau, im Großmaschinenbau u.dgl. Die Maschinen und Anlagen sind häufig universell verwendbar, so kann z.B. die Helling einer Werft für unterschiedliche Schiffsbauten, d.h. für unterschiedliche Größen, für Neubauten und Reparaturen, für Passagierschiffe, Militärschiffe, Frachter usw. genutzt werden. Die Betriebsmittel können für die Bedingungen eines neuen Auftrags mit relativ geringen Aufwendungen umgerüstet werden. Den Anforderungen bei Einzelfertigung entsprechend sind die Arbeitnehmer im Allgemeinen universell ausgebildete, qualifizierte Facharbeiter.

18. Welche besonderen Kennzeichen weist die Serienfertigung auf?

Bei der *Serienfertigung* wird der gleiche Produktionsvorgang für eine *begrenzte Anzahl gleicher Produkte bzw. Produkte des gleichen Typs*, d.h. für eine Serien, wiederholt; mit anderen Worten: Von einem Produkt bzw. einem Produkttyp wird eine genau bestimmte Menge in einem Auftrag hergestellt. Danach wird die Produktionsanlage für eine neue Serie umgestellt. Die Umstellung wirft Umrüstungskosten auf. Serienfertigung findet man in der Automobilindustrie, in der Phonogeräteherstellung u. Ä.

19. Welche besonderen Kennzeichen weist die Sortenfertigung auf?

Bei der *Sortenfertigung* wird der *gleiche Produktionsvorgang in einem begrenzten Umfang wiederholt*. Von einer Sorte eines Produktes wird eine genau bestimmte Produktionsmenge in einem Auftrag hergestellt, dann wird die Produktionsanlage umgestellt und – ausgehend vom gleichen Rohstoff – die Produktion einer anderen Sorte begonnen. Bei der Umstellung entstehen Umrüstungskosten, die sog. Sortenwechselkosten. Sortenfertigung findet man z.B. in der Schokoladenherstellung, der Bierherstellung, der Seifenproduktion.

Betriebswirtschaftslehre 131

20. Wodurch unterscheidet sich die Massenfertigung von der Serien-(Sorten-)Fertigung?

Der wesentliche Unterschied zwischen Serienfertigung (Sortenfertigung) und Massenfertigung besteht darin, dass sich bei Massenfertigung der Produktionsvorgang ohne Begrenzung wiederholt. Für die Produktion besteht im Allgemeinen keine Mengenfestlegung, d.h. es wird vorwiegend auf Lager produziert. Die Massenfertigung ist durch Spezialmaschinen (Automaten) gekennzeichnet. Sie erfordert intensive Arbeitsvorbereitungen und zwingt zu hoher Ausnutzung der Betriebsmittel. Das macht sie gegenüber Nachfrageänderungen und -rückgängen sehr empfindlich. Massenfertigung findet man bei Zementherstellung, bei Elektrizitätswerken u. Ä.

21. Welche Bedeutung haben CAM und CIM?

CAM und CIM sind Verfahren der Fertigungsautomation.

CAM heißt Computer aided Manufacturing, das bedeutet: Computer unterstützen die Fertigung, sie steuern Werkzeugmaschinen usw. CIM heißt Computer integrated Manufacturing, das bedeutet: alle Bereiche der Fertigung, Beschaffung, Lagerhaltung, Verwaltung usw. sind miteinander vernetzt; CIM stellt die höchste Form der Automation dar.

22. Was ist ein Fertigungslos?

Ein Los (Fertigungslos) gibt die Menge einer Produktart an, die auf einer Produktionsstufe ohne Unterbrechung durch Umrüstung nacheinander produziert werden kann, also z.B. eine Auflage, eine Serie oder eine Sorte.

23. Was sind Loswechselkosten?

Bei Loswechseln fallen Kosten, die sog. Loswechselkosten, an, z.B. Personalkosten, Werkzeugverschleiß. Diese Kosten sind unabhängig von der Losgröße, sie steigen aber mit der Häufigkeit der Loswechsel. Wenn die Anzahl der Loswechsel gering ist, fallen weniger Loswechselkosten an. Sie können also dadurch minimiert werden, dass die Häufigkeit der Loswechsel verringert wird. Das hat allerdings eine Erhöhung der Losgröße zur Folge. Es werden relativ große Mengen produziert, die auf Lager genommen werden müssen, also Lagerhaltungskosten[1] aufwerfen.

---

[1] Zu den Lagerhaltungskosten vgl. die Ausführungen in Frage 19 auf S. 121.

24. Welche Aufgabe erfüllt die Losgrößenplanung?

Bei der Losgrößenplanung geht es darum, die optimale Losgröße zu ermitteln. Die *optimale Losgröße* gibt die Menge an, bei der die *Summe aus Loswechsel- und Lagerhaltungskosten* ihr *Minimum* hat.

Bei geringer Anzahl von Umrüstungen sind die Rüstkosten niedrig, die Lagerhaltungskosten hoch (und umgekehrt).

Die Ausführungen lassen sich durch folgendes Beispiel veranschaulichen. Die optimale Losgröße ist zu ermitteln. Dabei wird von folgenden Annahmen ausgegangen:

Jahresbedarf	1.000 Stück
Loswechselkosten	100 Euro
Herstellkosten der Fertigung je Stück	300 Euro
Kostensatz der Lagerhaltung	15 %
	(= 0,15) des durchschnittlichen Lagerbestands

Bei einer Losgröße von 1 Stück, würden 1.000 Umrüstungen (Loswechsel) anfallen; bei einer Losgröße von 1.000 (gesamter Jahresbedarf) müsste keine Umrüstung stattfinden.

In der folgenden Tabelle wird die optimale Losgröße ermittelt. In der ersten Spalte wird die Losgröße angegeben (hier vereinfacht mit Werten von 10 bis 130 Stück), dann wird die Häufigkeit der Loswechsel ermittelt; aus der Multiplikation der Anzahl der Loswechsel mit den Kosten für den einzelnen Loswechsel ergeben sich die Kosten der Loswechsel (K_{Lw}); in der nächsten Spalte ist der durchschnittliche Lagerbestand angegeben, er ergibt bei gleichmäßige Lagerentnahme als Lagerbestand (Losgröße) dividiert durch 2; durch Multiplikation des durchschnittlichen Lagerbestands mit den Herstellkosten der Fertigung ergibt sich der Wert des durchschnittlichen Lagerbestands; die Kosten der Lagerhaltung (K_{Lh}) ergeben sich durch die Multiplikation des durchschnittlichen Lagerbestands mit dem Kostensatz der Lagerhaltung; die Summe aus Kosten der Lagerhaltung und Kosten der Loswechsel ergeben die Gesamtkosten.

Die Ausführung des Beispiels zeigt, dass die optimale Bestellmenge bei 70 Stück liegt. In der folgenden Zeichnung sind die Werte der Tabelle dargestellt, der Sachverhalt lässt sich leicht nachvollziehen.

Betriebswirtschaftslehre

Los-größe	Loswechsel		durchschnittlicher Lagerbestand		Kosten der Lagerhaltung	Gesamt-kosten
	Häufigkeit	Kosten	in Stück	in Euro		
L	n	K_{Lw}	dLb/Stück	dLb	K_{Lh}	$K_{Lw} + K_{Lh}$
10	100,0	10.000,00	5,0	1.500,00	225,00	10.225,00
20	50,0	5.000,00	10,0	3.000,00	450,00	5.450,00
30	33,3	3.333,33	15,0	4.500,00	675,00	4.008,33
40	25,0	2.500,00	20,0	6.000,00	900,00	3.400,00
50	20,0	2.000,00	25,0	7.500,00	1.125,00	3.125,00
60	16,7	1.666,67	30,0	9.000,00	1.350,00	3.016,67
70	**14,3**	**1.428,57**	**35,0**	**10.500,00**	**1.575,00**	**3.003,57**
80	12,5	1.250,00	40,0	12.000,00	1.800,00	3.050,00
90	11,1	1.111,11	45,0	13.500,00	2.025,00	3.136,11
100	10,0	1.000,00	50,0	15.000,00	2.250,00	3.250,00
110	9,1	909,09	55,0	16.500,00	2.475,00	3.384,09
120	8,3	833,33	60,0	18.000,00	2.700,00	3.533,33
130	7,7	769,23	65,0	19.500,00	2.925,00	3.694,23

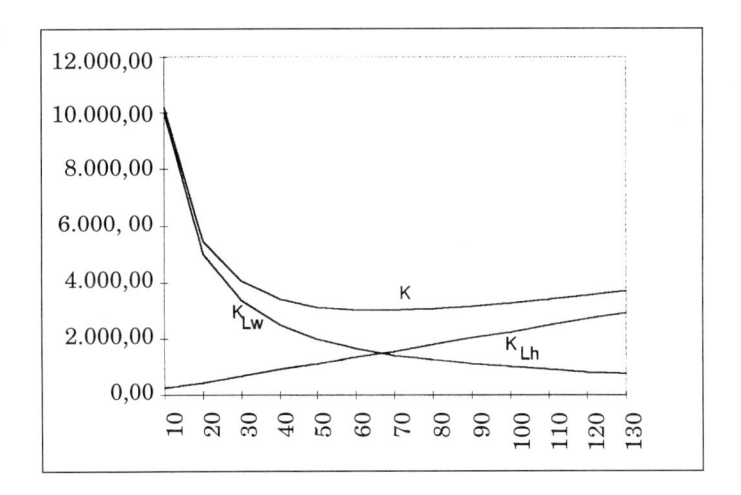

25. Womit befasst sich das Auftragswesen?

Das Auftragswesen befasst sich mit den Anweisungen (Aufträge) an betriebliche Instanzen, bestimmte Aufgaben auszuführen.

26. Welche Typen von Aufträgen gibt es?

Es können u.a. folgende Auftragstypen unterschieden werden.

- Innenauftrag: Ein betriebsinterner Auftrag (der Innenauftrag) löst die Fertigung aus; er dient im Allgemeinen der Lagerauffüllung.

- Kundenauftrag: Ein Kundenauftrag löst die Fertigung aus.

- Lagerauftrag: Der Lagerauftrag dient der Lagerauffüllung.

- Fertigungsauftrag: Auftrag zur Fertigung im eigenen Betrieb, d.h. zur Eigenfertigung.

- Fremdfertigungsauftrag: Der Fremdfertigungsauftrag ist ein Fertigungsauftrag an fremde Unternehmen.

- Betriebsauftrag: Der Betriebsauftrag ist ein vom Vertrieb ausgehender Auftrag zur Eigenfertigung.

- Innerbetrieblicher Auftrag: Der innerbetriebliche Auftrag ist auf innerbetriebliche Leistungen ausgerichtet.

27. Welche Bedeutung hat die Auftragsumwandlung?

Ein ursprünglicher Auftrag, z.B. ein Kundenauftrag, löst im Zusammenhang mit der Produktionsplanung und -steuerung weitere Aufträge, sog. *abgeleitete Aufträge*, aus. Man nennt diesen Vorgang *Aufragsumwandlung*. Abgeleitete Aufträge können sich z.B. an die Materialwirtschaft zur Bereitstellung von Roh-, Hilfs-, Betriebsstoffen, Teilen usw., an die Konstruktion, an die Personalwirtschaft zur Bereitstellung von Personal, an die Instandhaltung richten.

28. Wozu dient die Produktionsplanung?

Produktionsplanung ist die *vorbereitende Planung des Fertigungsprozesses*, sie umfasst die Ablauf- und die Bedarfsplanung. Die Ablaufplanung befasst sich mit dem Fertigungsplan, dem Arbeitsplan und dem Zeitplan. Der Bedarfsplan befasst sich mit den Betriebsmitteln, dem Personal und dem Material.

29. Welche Bedeutung hat die Produktionssteuerung?

Produktionssteuerung ist die Konkretisierung der Produktionsplanung. Sie umfasst die Terminplanung, Fertigungsveranlassung und die Fertigungsüberwachung.

30. Was versteht man unter Rationalisierung?

Mit Rationalisierung umschreibt man die *Anpassungsmaßnahmen* eines Betriebes an innerbetriebliche und außerbetriebliche Veränderung.

Vorgänge, auf die ein Betrieb durch Anpassung reagieren muss, sind z.B. Kostenentwicklung, Marktbedingungen, technische Entwicklungen usw. In diesem Sinne kann Rationalisierung alle Unternehmensbereiche betreffen, neben dem Produktionsbereich z.B. auch die Bereiche Absatz und Beschaffung, den Unternehmensaufbau (Verkürzung des Aufbaus), die Ausgliederung bestimmter Bereiche oder Aufgaben (Outsourcing). Im Allgemeinen wird Rationalisierung allerdings eingeengt auf Investitionen (Rationalisierungsinvestitionen).

31. Was versteht man unter Rationalisierung im engeren Sinne?

Als Rationalisierung i.e.S. bezeichnet man *Maßnahmen,* die zur *Erhöhung der Produktivität* und zur *Verbesserung der Wirtschaftlichkeit* beitragen. Maßnahmen zur Rationalisierung sind Normung, Typung und Spezialisierung.

32. Was heißt Normung?

Normung ist die einheitliche *Festlegung von allgemein anerkannten Normen* für Begriffe, Materialien usw. Die Vorteile für die Produktion sind eindeutig; sie liegen u.a. darin, dass genormte Teile vielseitig verwendet werden können; sie erleichtern Konstruktion und Entwicklung, Kalkulation und Bestellung, trägt zur Kostensenkung bei, erlaubt die Produktion großer Serien usw.

Man unterscheidet u.a. folgende *Normen*.

- Begriffsnormen für Begriffe, Formelzeichen, Symbole usw.,
- Stoffnormen für die Eigenschaften von Werkstoffen usw.,
- Teilenormen für Einzelteile,
- Gütenormen für Kraftstoffe, Mineralöle usw.,
- Konstruktionsnormen für Schrauben, Gewinde, Papierformate usw.

33. Wie werden Normen nach ihren Reichweiten unterschieden?

Normen haben *unterschiedliche Reichweiten*.

Werksnormen gelten nur für ein Unternehmen; so werden für einzelne Unternehmensbereiche Vordrucke normiert, z.B. für Materialentnahme, Bestellungen, Bestandsfortschreibungen.

Nationale Normen gelten für ein Land, z.B. die DIN-Normen, die vom Deutschen Institut für Normung festgelegt werden, für Deutschland; besonders bekannte DIN-Normen sind die einheitlichen Papierformate, z.B. DIN A 4.

Internationale Normen werden durch entsprechende Abkürzungen kenntlich gemacht. Die Abkürzung DIN EN weist auf die Übernahme einer europäischen Norm in das deutsche Normenwerk hin. ISO ist die Abkürzung für International Organization for Standardization, sie kennzeichnet eine internationale Standardnorm. ISO-Normen ersetzen im Allgemeinen nationale Normen.

34. Wann liegt Typung vor?

Typung liegt vor, wenn ein Unternehmen seine *Endprodukte vereinheitlicht durch Einschränkung* von Größen, Ausstattungen o. Ä. Im Gegensatz zur Normung ist Typung unternehmensindividuell und bezieht sich nicht auf Einzelteile, sondern auf das Endprodukt. Typung ist häufig in der Elektronikindustrie, in der Autoproduktion usw. Opel stellt u.a. die Typen Omega, Vectra, Corsa her; der Typ Vectra wird u.a. mit einem 2-l-Motor oder mit einem 1,8-l-Motor hergestellt usw.

35. Wann wird durch Spezialisierung rationalisiert?

Rationalisierung durch Spezialisierung liegt vor, wenn ein Unternehmen sich auf die Herstellung nur eines Produkts beschränkt (*Produktspezialisierung*). Die Vorteile der Spezialisierung liegen in der Kosteneinsparung durch die Einschränkung der Betriebsmittelausstattung und in der Steigerung der Qualität durch die Konzentration der Herstellung auf ein Produkt. Ein Nachteil könnte in dem Risiko liegen, dass bei Rückgang der Nachfrage die Produktion in anderen Bereichen Absatzverluste ausgleichen kann.

36. Was ist ein Baukastensystem?

Das sog. Baukastensystem stellt eine besondere Form der Normung dar. Bei der Produktion verschiedener Typen werden *gleiche Bausteine* verwandt. Das bedeutet, dass alle oder doch zumindest einige Typen aus den gleichen Grundelementen bestehen. Der besondere Vorteil liegt darin, dass die Bausteine in großen Serien und darum kostengünstig hergestellt werden können. Z.B. kann der Hersteller von Anhängern für verschiedene Anhängertypen gleiche Achsen mit Rädern und Aufhängung verwenden.

2.5.4 Finanzierung

1. Was wird mit dem Begriff Finanzierung umschrieben?

Mit dem Begriff Finanzierung umschreibt man alle Entscheidungen und Pläne im Zusammenhang mit der Mittelbeschaffung, der Mittelbereitstellung und dem Mittelabfluss.

Betriebswirtschaftslehre

2. Welches Ziel wird mit dem kurzfristigen Kapitalbedarfsplan verfolgt?

Der kurzfristige Kapitalbedarfsplan ermittelt für einen Monat Zahlungsmittelbedarf bzw. -überschuss: Bestand an Zahlungsmitteln + Einnahmen – Ausgaben = Zahlungsmittelbedarf bzw. -überschuss; unter Berücksichtigung von Ausgleichsmaßnahmen ergibt sich schließlich der Schlussbestand an Zahlungsmitteln am Ende des Monats, der den Anfangsbestand des folgenden Planungsmonats bildet.

3. Wie kann man Kredite nach ihrer Fristigkeit einteilen?

Die folgende Einteilung der Kredite nach Fristigkeit ist weit verbreitet. *kurzfristige* Kredite: Laufzeit bis zu einem Jahr, z.B. Kauf auf Ziel, *mittelfristige* Kredite: Laufzeit von einem bis zu vier Jahren, z.B. Bankdarlehen, *langfristige* Kredite: z.B. Laufzeit von mehr als vier Jahren, z.B. Baudarlehen.

4. Was ist ein Lieferantenkredit?

Ein Lieferantenkredit ist ein Kredit, den ein Verkäufer seinen Kunden gewährt, besonders häufig in der Form des Verkaufs auf Ziel. Der Lieferantenkredit dieser Art ist im Allgemeinen ein teurer Kredit. Das kann durch folgenden Beispiel veranschaulicht werden.

In einem Kaufvertrag wird ein Kauf auf Ziel vereinbart, Rechnungsbetrag 5.000 €, Zahlungsziel: 30 Tage, bei Zahlung innerhalb 10 Tagen 2 % Skonto! Skonto 100 € bei vorzeitiger Zahlung, d.h. bei Verzicht auf den „Kredit" des Verkäufers von 20 Tagen; das entspricht einem Zinssatz von 36 % (20 Tage – 2 %, 360 Tage – ? %).

5. Was ist ein Kontokorrentkredit?

Der Kontokorrentkredit ist ein typischer *kurzfristiger Kredit*, den eine Bank einem Kunden auf Antrag einräumt. Im Allgemeinen setzt die Bank für die Kreditgewährung voraus, dass der Kunde seinen Zahlungsverkehr wenigstens zu einem erheblichen Teil über das bei ihr geführte Kontokorrentkonto (Girokonto) abwickelt, weil dadurch die Überprüfung der Kreditwürdigkeit ermöglicht wird. Gelegentlich verlangt sie auch weitere Sicherheiten.

Kontokorrentkredite können als *Überziehungskredite* (Dispositionskredite) gewährt werden. Der Kreditnehmer kann bis zu einem Höchstbetrag, den die Bank festlegt, das Konto (für kurze Zeit) überziehen; regelmäßige Einzahlungen, z.B. monatliche Gehaltszahlungen, gleichen die Kontoüberziehung wieder aus, sodass der Kredit bis zur Höhe des Höchstbetrages ausreichend gesichert ist. Für den in Anspruch genommenen Kreditbetrag werden dem Kunden Zinsen berechnet.

Bei der unter Kaufleuten häufigeren Form des Kontokorrentkredits vereinbart die Bank mit dem Kunden eine sog. *Kreditlinie*, das ist der Höchstbetrag, bis zu dem der Kunde das Konto überziehen kann. Für den gewährten, aber nicht in Anspruch genommenen Kredit, wird dem Kunden eine sog. Bereitstellungsprovision berechnet; für den in Anspruch genommenen Kredit muss er Zinsen zahlen. Häufig kann der Kunde bei Bedarf sein Konto über die Kreditlinie hinaus überziehen; dafür werden allerdings höhere Zinsen berechnet.

6. Was ist ein Darlehen?

Als Darlehen wird ein Kredit bezeichnet, dessen Betrag dem Kunden in einer Summe zur Verfügung gestellt wird und der in festgelegten Raten oder in einer Summe am Ende der Laufzeit zurückgezahlt wird.[1] Ein weiteres Merkmal des Darlehns ist die Verzinsung; die Zinsen werden im Allgemeinen nachträglich am Ende eines Jahres fällig.

Darlehensgeber sind meistens Banken und ähnliche Institutionen. Darlehensnehmer können Kaufleute und Nicht-Kaufleute sein. Darlehensverträge zwischen Kaufleuten können mündlich abgeschlossen werden; sind Nicht-Kaufleute Vertragspartner ist die Schriftform vorgeschrieben.

Darlehensverträge werden mittel- bis langfristig abgeschlossen. Im Allgemeinen wird im Vertrag die Zeit für die Rückerstattung der Schuld bestimmt, ist das nicht der Fall, hängt die Fälligkeit davon ab, dass der Darlehensgeber oder -nehmer kündigt. Nach BGB beträgt für Darlehen von mehr als 200 € die Kündigungsfrist drei Monate, für Darlehen mit einem geringeren Betrag einen Monat.

Darlehen sind im Allgemeinen zu verzinsen. Die *Zinsen* können für die gesamte Laufzeit des Darlehens fest vereinbart werden, d.h. während der Laufzeit bleibt die Zinsbelastung gleich. Möglich ist aber auch die Vereinbarung von Zinsgleitklauseln, d.h. die Verzinsung wird den Änderungen des allgemeinen Zinsniveaus angepasst. Insbesondere bei langfristigen Darlehen werden die Zinsen im Allgemeinen für Teilabschnitte der Gesamtlaufzeit fest vereinbart, danach für den nächsten Abschnitt wieder neu vereinbart.

7. Was ist eine Annuität?

Die jährlichen Zahlungen für Zinsen und Tilgung werden als *Annuität* bezeichnet.

Gelegentlich wird die *Tilgung* des Darlehens am Ende der Laufzeit in einem Betrag vereinbart. Bei einem mittel- bis langfristigen Darlehen bestehen die Annuitäten dann lediglich aus den Zinszahlungen.

---

[1] Die rechtliche Regelung für Darlehen findet sich in BGB §§ 607 ff. § 607 definiert das Wesen des Darlehens folgendermaßen: Wer Geld oder eine andere vertretbare Sache als Darlehen empfangen hat, ist verpflichtet, dem Darleiher das Empfangene in Sachen von gleicher Art, Güte und Menge zurückzuerstatten.

Betriebswirtschaftslehre 139

Für die Tilgung können auch jährlich gleich bleibende Beträge vereinbart werden. Wegen der Darlehenstilgungen verringern sich die Zinsbelastungen; die Annuitäten nehmen ab.

Meistens werden - vor allem bei langfristigen Darlehen - *Zinsen und Tilgungsraten in gleich bleibenden Annuitäten* zusammengefasst (*Annuitätendarlehen*). Durch die Tilgungen nimmt die Schuld ab, das bedeutet, dass die Zinsbelastungen geringer werden; die eingesparten Zinsbeträge werden zur Tilgung genutzt.

8. **Welche Aspekte der persönlichen und der wirtschaftlichen Kreditwürdigkeit des Kreditnehmers werden vom Kreditgeber geprüft?**

Die Prüfung der persönlichen Kreditwürdigkeit eines Kreditnehmers erstreckt sich auf Zahlungsmoral, Zuverlässigkeit bei Zahlungen und anderen Vertragserfüllungen, berufliche Qualifikationen.

Die Prüfung der wirtschaftlichen Kreditwürdigkeit eines Kreditnehmers erstreckt sich auf Vermögen, Verschuldungsgrad, Finanzierung des Vermögens, Liquidität usw.

9. **Welche Bedeutung hat eine Bürgschaft in einem Kreditgeschäft?**

Gelegentlich muss ein Kreditnehmer zur Sicherung eines Kredits einen Bürgen stellen. Bei einer Bürgschaft wird der *Bürge* durch den Kreditgeber *in Anspruch genommen*, wenn der Kreditnehmer seinen Verpflichtungen aus dem Kreditvertrag nicht nachkommt.

Folgende Formen der Bürgschaft können unterschieden werden. Bei einer *selbstschuldnerischen Bürgschaft verzichtet* der Bürge *auf* die *Einrede der Vorausklage*, d.h. er haftet dem Kreditgeber, „als ob er selbst der Schuldner" wäre.

Bei einer *Ausfallbürgschaft verzichtet* der Bürge *nicht auf* die *Einrede der Vorausklage*; er tritt nur für den Schuldbetrag ein, für den der Hauptschuldner nachweislich ausfällt.

Bei einer *gesamtschuldnerischen Bürgschaft* haften *mehrere Bürgen* als Gesamtschuldner.

10. **Was sind dingliche Sicherheiten bei Kreditgewährung?**

Der Kreditgeber kann vom Kreditnehmer verlangen, dass er mit bestimmten Sachwerten den Kredit absichert. Wenn der Kreditnehmer seinen Verpflichtungen aus dem Kreditvertrag zur Leistung von Zins- und Rückzahlungen nicht nachkommt, kann der Kreditgeber diese Sachwerte zur Abdeckung der Außenstände heranziehen.

11. Wie wird durch eine Sicherungsübereignung ein Kredit gesichert?

Eine Form der dinglichen Sicherung ist die Sicherungsübereignung. Bei einer Sicherungsübereignung wird das *Eigentum an einer Sache dem Kreditgeber* überlassen; der *Kreditnehmer bleibt ihr Besitzer* und kann sie deshalb weiter nutzen. Übereignet werden *bewegliche Sachen*, z.B. Maschinen, Fahrzeuge, Lager u.Ä.; sie müssen genau bezeichnet werden, z.B. durch Angabe der Maschinennummer; im Allgemeinen handelt sich um Sachen, die für den Kreditnehmer unentbehrlich sind. Die Sicherungsübereignung erlischt, wenn der Kreditgeber den Kredit getilgt und alle damit zusammenhängenden Forderungen des Kreditgebers beglichen hat.

12. Wie wird durch ein Pfand ein Kredit gesichert?

Eine Form der dinglichen Sicherung ist die *Verpfändung*. Das Pfandrecht an einer Sache dient der Kreditsicherung. Bei einer Verpfändung übergibt der Kreditnehmer eine Sache als Pfand; der *Kreditgeber wird Besitzer* der Sache, der *Kreditnehmer bleibt* ihr *Eigentümer*. Verpfändet werden bewegliche, für den Kreditnehmer meistens entbehrliche Sachen, das können z.B. Wertpapiere, Maschinen, Waren u.Ä. sein. Die verpfändete Sache kann dem Kreditgeber direkt übergeben werden, er muss sie dann lagern; häufig genügt auch die Übergabe von bestimmten Papieren, die das Pfandrecht begründen, z.B. des Lagerscheins; schließlich kann die verpfändete Sache, z.B. ein Warenlager, so dem Zugriff des Kreditnehmers entzogen werden, dass der Kreditgeber sie mit verschließt (Mitverschluss). Das Pfand wird zurückgegeben, wenn der Kreditgeber den Kredit getilgt und alle damit zusammenhängenden Forderungen des Kreditgebers beglichen hat.

13. Was ist eine Zession?

Eine Zession ist eine *Forderungsabtretung* zur Sicherung eines Kredits. Bei einer *offenen Zession* gleichen die Kunden des Kreditnehmers die Forderungen durch Überweisungen direkt an den Kreditgeber aus. Bei einer *stillen Zession* überweisen die Kunden weiterhin an den Kreditnehmer, der leitet die Zahlungen an den Kreditgeber weiter.

14. Wie können durch Eigentumsvorbehalt Außenstände gesichert werden?

Auch der Eigentumsvorbehalt ist eine Form der dinglichen Kreditsicherung. In einem Kaufvertrag wird vereinbart, dass die (z.B.) auf Ziel verkaufte Ware Eigentum des Verkäufers bleibt. Bis zum Ablauf des Zahlungsziels gewährt der Verkäufer dem Käufer einen Kredit (vgl. Kauf auf Ziel); dieser Kredit wird durch den Eigentumsvorbehalt abgesichert. Der Käufer wird zwar Besitzer der Sache, der Verkäufer aber bleibt vorläufig Eigentümer. Wenn der Kunde die Ware nicht bezahlt, kann der Verkäufer vom Vertrag zurücktreten und die unter Eigentumsvorbehalt gelieferte Ware zurückverlangen.

Dieser sog. *einfache Eigentumsvorbehalt* geht allerdings verloren, wenn der Käufer die Sache weiter verarbeitet oder mit einer anderen verbindet, oder wenn ein Dritter die Sache in dem guten Glauben erwirbt, durch den Erwerb würde das Eigentum auf ihn übergehen. Diese Nachteile des einfachen Eigentumsvorbehalts können durch den verlängerten und durch den erweiterten Eigentumsvorbehalt beseitigt werden.

Bei dem *verlängerten Eigentumsvorbehalt* tritt der Käufer im Voraus die Forderungen, die bei einem Weiterverkauf der Sache entstehen, an seinen Lieferanten ab. Bei dem *erweiterten Eigentumsvorbehalt* wird vereinbart, dass das Eigentum an einer gekauften Sache erst dann auf den Käufer übergeht, wenn dieser auch alle anderen Forderungen dieses Lieferanten beglichen hat.

15. Welche Kredite werden durch Grundpfandrechte abgesichert?

Mit Grundpfandrechten werden Immobilien verpfändet. Im Allgemeinen dienen Grundpfandrechte der *Absicherung langfristiger Kredite*. Ein Grundpfandrecht muss in das Grundbuch eingetragen werden. Das Grundbuch, das vom Amtsgericht geführt wird, ist ein Verzeichnis aller Grundstücke in dem Amtsgerichtsbezirk. Man unterscheidet zwei Grundpfandrechte: die *Hypothek* und die *Grundschuld*.

Die *Hypothek* ist eine im Grundbuch eingetragene *Belastung eines Grundstücks* zur Sicherung der Forderung eines Gläubigers. Die *Haftung ist dinglich und persönlich*. Die Hypothek kommt zu Stande

- durch Einigung zwischen dem Kreditgeber und dem Grundstückseigentümer, dem Kreditnehmer,
- durch die Eintragung in das Grundbuch und
- durch die Übergabe des Hypothekenbriefs bei Briefhypotheken.

Die Hypothek erlischt mit der Forderung, mit der sie verbunden ist.

Die *Grundschuld* ist die im Grundbuch eingetragene Belastung eines Grundstücks mit einer Geldsumme. Sie setzt – im Gegensatz zur Hypothek – nicht das Bestehen einer Forderung voraus. Auch wenn das Darlehen abbezahlt ist, bleibt die Grundschuld bestehen und kann evtl. zur Sicherung eines neuen Kredits genutzt werden.

16. Wie können Einzelunternehmen ihr Eigenkapital erhöhen?

Wenn einem Einzelunternehmen von außen Eigenkapital zufließt, liegt eine *Einlagenfinanzierung* vor. Der Eigentümer entnimmt seinem Privatvermögen finanzielle Mittel, mit denen er das Eigenkapital seines Unternehmens erhöht.

Dieser Einlagenfinanzierung sind enge Grenzen gesetzt. Die Zuführung von Eigenkapital in größerem Umfang lässt sich lediglich durch *Beteiligung* eines stillen Gesellschafters oder durch *Umwandlung* in eine Gesellschaft, z.B. in eine OHG oder KG, erreichen.

17. Wie kann in einer OGH das Gesellschaftskapital erhöht werden?

Die Kapitalerhöhung in einer OHG ist dadurch möglich, dass die *Gesellschafter* ihre *Einlagen erhöhen*. Sie bringen Teile ihres Privatvermögens ein; außerdem könnten nicht entnommene Gewinnanteile den Einlagen zugerechnet werden. Eine weitere Möglichkeit besteht darin, *neue Gesellschafter* aufzunehmen, die zwar Kapital einbringen, aber auch gleichberechtigt an der Geschäftsführung teilnehmen. Dadurch sind der Kapitalerhöhung in einer OHG enge Grenzen gesetzt.

18. Wie kann in einer KG das Gesellschaftskapital erhöht werden?

In einer KG kann das Kapital durch *Aufnahme weiterer Kommanditisten* erhöht werden. Die Kapitalbeschaffung ist etwas einfacher als in der OHG, weil die Geschäftsführungsbefugnisse des bzw. der persönlich haftenden Gesellschafter durch die Aufnahme der Kommanditisten nicht eingeschränkt werden. Die Kommanditisten legen finanzielle Mittel in einer gut geführten KG lediglich wegen der Gewinnbeteiligung an; sie müssen und wollen an der Geschäftsführung nicht beteiligt werden, ihre Haftung bleibt auf ihre Einlagen beschränkt. Daneben besteht, wie in der OHG, selbstverständlich die Möglichkeit, dass die Gesellschafter, Komplementäre und Kommanditisten, ihre *Einlagen erhöhen*.

19. Wie kann in einer GmbH das Stammkapital erhöht werden?

Eine GmbH kann durch Beschluss der Gesellschafter das Stammkapital erhöhen.[2] Die Stammeinlagen können von den bisherigen Gesellschaftern oder von anderen Personen, die durch die Übernahme zu Gesellschaftern werden, übernommen werden. Das Stammkapital kann nominell auch durch Umwandlung von Rücklagen erhöht werden.

20. Welche Bedeutung hat in der GmbH die Nachschusspflicht?

Die GmbH kann Finanzierungsprobleme auch über die sog. Nachschusspflicht[3] lösen. Wenn der Gesellschaftsvertrag dies vorsieht, können die Gesellschafter weitere Einzahlungen beschließen, d.h. die Gesellschafter werden zu Nachschüssen verpflichtet. Die Höhe der Nachschüsse, die die einzelnen Gesellschafter zu leisten haben, richtet sich nach der Höhe ihrer Geschäftsanteile. Die Nachschusspflicht kann beschränkt oder unbeschränkt sein.

---

[2] Vgl. GmbH-Gesetz §§ 55 ff.

21. Welche Möglichkeiten bestehen in einer AG zur Kapitalerhöhung?

Für die Kapitalbeschaffung einer AG sieht das Aktiengesetz mehrere Maßnahmen vor. Sie müssen jeweils von der Hauptversammlung mit Drei-Viertel-Mehrheit des bei der Beschlussfassung vertretenen Kapitals beschlossen werden. Es bestehen folgende Möglichkeiten der Kapitalerhöhung.

- Kapitalerhöhung gegen Einlagen,
- genehmigtes Kapital,
- bedingte Kapitalerhöhung,
- Erhöhung aus Gesellschaftsmitteln.

Die Hauptversammlung kann eine *Kapitalerhöhung gegen Einlagen* beschließen.[4] Für die Kapitalerhöhung werden neue Aktien ausgegeben. Jedem Aktionär muss auf sein Verlangen ein Teil der neuen Aktien zugeteilt werden, der seinem Anteil am bisherigen Grundkapital entspricht.

Der Vorstand kann auch ohne Gesellschafterbeschluss das Grundkapital bis zu einer bestimmten Höhe durch Ausgabe neuer Aktien gegen Einlagen erhöhen (*genehmigtes Kapital*); das muss ausdrücklich durch die Satzung genehmigt werden, die Genehmigung kann aber nur für fünf Jahre nach der Eintragung (ins Handelsregister) erteilt werden.

Eine besondere Maßnahme ist die *bedingte Kapitalerhöhung*[5]. Bedingt heißt diese Kapitalerhöhung, weil sie nur für bestimmte Zwecke beschlossen wird; dazu zählen u.a. die Gewährung von Bezugsrechten an Arbeitnehmer, die Vorbereitung des Zusammenschlusses mehrerer Unternehmen u.Ä.

Schließlich kann das Grundkapital auch *aus Gesellschaftsmitteln* erhöht werden.[6] Durch diesen Vorgang fließt der Gesellschaft kein neues Kapital zu; es werden lediglich Kapital- und Gewinnrücklagen in Grundkapital umgewandelt. Die neuen Aktien stehen den Aktionären im Verhältnis ihrer Anteile am bisherigen Grundkapital zu.

22. Welche Art der Finanzierung wird als Selbstfinanzierung bezeichnet?

Als Selbstfinanzierung bezeichnet man die *Finanzierung aus zurückbehaltenen Gewinnen*. Gewinne bzw. Gewinnanteile werden nicht entnommen bzw. ausgeschüttet und erhöhen so das Eigenkapital. Wenn diese Rücklagen in der Bilanz als offene Rücklagen ausgewiesen werden, spricht man von *offener Selbstfinanzierung*. Wenn dagegen die Rücklagen aus der Bilanz nicht ersichtlich sind, d.h. sog. stille Rücklagen (stille Reserven) gebildet werden, liegt eine *stille Selbstfinanzierung* vor.

---

[3] Vgl. GmbH-Gesetz §§ 26 ff.
[4] Vgl. Aktiengesetz §§ 182 ff.
[5] Vgl. Aktiengesetz §§ 192 ff.
[6] Vgl. Aktiengesetz §§ 207 ff.

23. Was heißt: „Eine Maschine wird abgeschrieben"?

Eine Maschine wird abgeschrieben heißt, der Werteverzehr an einer Maschine wird buchhalterisch erfasst. Ein Maschine wird durch die Nutzung abgenutzt, sie verliert an Wert; mit der Abschreibung wird dieser Wert erfasst. Im einfachsten Fall ist die Abschreibung die Verteilung der Anschaffungskosten auf die Jahre der Nutzung.

24. Wie unterscheidet sich die lineare von der degressiven Abschreibung?

Die lineare und die degressive Abschreibung sind häufige Abschreibungsverfahren. Bei der degressiven Abschreibung wird mit gleichen Sätzen jeweils vom Restbuchwert abgeschrieben; dadurch *verringern* sich die *Abschreibungsbeträge*.

Bei der linearen Abschreibung dagegen bleiben die *Abschreibungsbeträge gleich*. Die Anfangsausgabe A wird auf die Jahre der geschätzten Nutzungsdauer n verteilt. Die Abschreibung wird folgendermaßen berechnet:

$$Ab = \frac{A}{n}$$

25. Warum hat die Abschreibung sowohl Aufwands- als auch Ertragscharakter?

Die Abschreibung hat Aufwandscharakter: Bei Produktion geht die Maschine im Laufe der Nutzung in die Kostenträger als Kosten ein.

Die Abschreibung hat Ertragscharakter: Wie andere Kosten wird die Abschreibung in die Ermittlung des Verkaufspreises einbezogen, über die Umsatzerlöse werden sie wieder hereingeholt.

26. Wie kann durch Abschreibungen Kapital frei gesetzt werden?

Die über die Umsatzerlöse hereingeholten Abschreibungsbeträge können zur Finanzierung der Reinvestition genutzt werden. Bis die Reinvestition anfällt, werden die Mittel freigesetzt. Der Kapitalfreisetzungseffekt tritt auch ein, wenn zur Finanzierung der Reinvestition nicht alle frei gesetzten Mittel genutzt werden. Dieser Kapitalfreisetzungseffekt wird nach seinen „Erfindern" auch als Lohmann-Ruchti-Effekt bezeichnet.

Das folgende modellhaft vereinfachte *Beispiel* kann die Problematik veranschaulichen. Bei diesem Beispiel wird von der linearen Abschreibung ausgegangen.

Ein Betrieb schafft in vier aufeinander folgenden Jahren jeweils eine neue Maschine an. Jede Maschine kostet 80.000 Geldeinheiten. Die Nutzungsdauer wird mit vier Jahren angenommen, sodass die Maschinen jährlich mit 20.000 GE abgeschrieben werden. Am Ende des ersten Jahres ergibt sich eine Abschreibungssumme von 20.000 GE, am Ende des zweiten Jahres von 40.000 GE usw. Da die Abschreibungsbeträge noch nicht für die Reinvestitionen benötigt werden, entstehen liquide Mittel, die sich bis zum Ende des vierten Jahres auf 200.000 GE auflaufen. Am Ende des vierten Jahres ist die erste Maschine abgeschrieben; zu Beginn des fünften Jahres wird sie ersetzt, die Anschaffung wird mit den Mitteln finanziert, die bis zum Ende des vierten Jahres angehäuft wurden (20.0000 GE). Da für die Reinvestition lediglich 80.000 GE benötigt werden, ergeben sich freigesetzte Mittel in Höhe von 120.000 GE; mit der Abschreibungssumme des fünften Jahres ergeben sie wieder liquide Mittel von 20.0000 GE, aus denen nun die Ersatzinvestition der zweiten Maschine zu Beginn des sechsten Jahres finanziert wird usw.

	Jahre							
Maschinen	1	2	3	4	5	6	7	8
1	20.000	20.000	20.000	20.000	20.000	20.000	20.000	20.000
2		20.000	20.000	20.000	20.000	20.000	20.000	20.000
3			20.000	20.000	20.000	20.000	20.000	20.000
4				20.000	20.000	20.000	20.000	20.000
jährliche Abschreibungen	20.000	40.000	60.000	80.000	80.000	80.000	80.000	80.000
liquide Mittel	20.000	60.000	120.000	200.000	200.000	200.000	200.000	200.000
abzüglich Reinvestition					80.000	80.000	80.000	80.000	80.000
freigesetzte Mittel	20.000	60.000	120.000	120.000	120.000	120.000	120.000	120.000

Das Beispiel zeigt die wesentlichen *Kennzeichen der Finanzierung durch Abschreibung*.

1. Durch die Abschreibungen werden Mittel freigesetzt. Bevor sie für die Finanzierung der Reinvestitionen verwandt werden müssen, stehen sie für andere Zwecke, z.B. für die Anlagenerweiterung, zur Verfügung.

2. Mit den frei gesetzten Mitteln können die Reinvestitionen finanziert werden.

3. Über die für die Finanzierung der Reinvestitionen verwandten Mittel hinaus können u.U. weitere Mittel freigesetzt werden, die wiederum für Erweiterungen genutzt werden können.

Im Beispiel funktionieren Kapitalfreisetzung, Finanzierung und Kapazitätserweiterung im dargestellten Umfang nur unter den folgenden Annahmen.

- Die Anschaffungskosten für die Maschinen bleiben gleich,
- Es können gleiche Maschinen wieder beschafft werden,
- Die Abschreibungsbeträge können tatsächlich über die Verkaufspreise wieder hereingeholt werden.

Die Realitätsferne dieser Voraussetzungen wird häufig kritisiert. Tatsächlich kann man kaum davon ausgehen, dass über die am Markt erzielten Verkaufspreise immer auch die Abschreibungen hereingeholt werden können; die Beschaffung gleicher Maschinen zum Ersatz der abgeschriebenen ist meistens nicht möglich und häufig auch nicht wünschenswert; die neuen Maschinen sind im Allgemeinen leistungsfähiger und vor allem teurer. Aber mit entsprechenden Modifikationen lässt sich das Modell an die Realität heranführen. So könnten z.B. Preiserhöhungen mit den freigesetzten Mitteln aufgefangen werden usw.

27. Wodurch unterscheiden sich bare, halbbare und bargeldlose Zahlungen?

Bei der *Barzahlung* nutzen weder Zahler noch Zahlungsempfänger ein Konto. Bei der halbbaren Zahlung nutzen entweder der Zahler oder der Zahlungsempfänger ein Konto, z.B. Einzahlung, Zahlung mit Zahlschein.

Bei der *bargeldlosen Zahlung nutzen sowohl der Zahler als auch der Zahlungsempfänger ein Konto*, z.B.

Überweisung: Zahler beauftragt die Bank; Konto des Zahlers wird belastet, der Betrag wird dem Konto des Zahlungsempfängers gutgeschrieben,

Dauerauftrag: Zahler beauftragt die Bank bei regelmäßig wiederkehrenden Zahlungen in gleicher Höhe an den gleichen Zahlungsempfänger einmal, Überweisungen regelmäßig sich wiederholend zu angegebenen Terminen.

Lastschriftverfahren: Der Zahlungsempfänger beauftragt seine Bank, fällige Forderungen bei der Bank des Zahlungspflichtigen einzuziehen.

28. Welche Bestandteile schreibt der Gesetzgeber für den Scheck vor?

Gesetzliche Bestandteile des Schecks:

- das Wort „Scheck",
- Name des Bezogenen,
- Zahlungsort,
- Tag und Ort der Ausstellung,
- Unterschrift des Ausstellers.

29. Wodurch unterscheidet sich der Barscheck vom Verrechnungsscheck?

Bei einem Barscheck ist die Bareinlösung bei der Bank möglich; bei einem Verrechnungsscheck wird der Betrag dem Konto des Einreichers gutgeschrieben.

30. Wodurch unterscheidet sich der Inhaberscheck vom Orderscheck?

Beim Inhaberscheck gilt der Einreicher auch als Berechtigter. Der Orderscheck kann dagegen nur von einer bestimmten (namentlich genannten) Person eingelöst werden.

31. Welche besondere Bedeutung hat der Euroscheck?

Der sog. Euroscheck (Eurocheque) garantiert dem Zahlungsempfänger eine erhebliche Sicherheit. Die Bank garantiert die Einlösung jedes Schecks bis zu einem bestimmten Höchstbetrag. Bei Ausstellung legt der Aussteller dem Zahlungsempfänger eine Scheckkarte vor.

32. Was ist ein Wechsel?

Der Wechsel ist:

- Kreditmittel,
- Kreditsicherungsmittel,
- Zahlungsmittel.

Der Veranschaulichung soll folgendes *Beispiel* dienen.

Ein Verkäufer (Gläubiger) vereinbart am 15.12.2000 mit seinem Kunden (Schuldner) zum Ausgleich einer Rechnung über 12.300 € die Ziehung eines Wechsels mit einer Laufzeit von drei Monaten. Der Verkäufer gewährt damit dem Kunden einen Kredit für die Dauer der Laufzeit und hilft ihm damit über einen aktuellen Liquiditätsengpass hinweg. Der Gläubiger (*Aussteller*) stellt das Wechselformular am 18.12. aus, d.h. er trägt in den Vordruck die Daten ein, z.B. die Wechselsumme, Ausstellungs- und Fälligkeitsdaten usw. Der Aussteller unterschreibt den Wechsel, dessen wesentlicher Inhalt in folgendem Satz besteht: „Gegen diesen Wechsel zahlen Sie am 15. März 2001 an eigene Order zwölftausenddreihundert €!" Der Aussteller fordert damit den Bezogenen auf, an ihn (eigene Order) am Fälligkeitstag den genannten Betrag zu zahlen. Der Schuldner (*Bezogener*) erhält den ausgefüllten Wechsel, die sog. Tratte; er unterschreibt ihn quer auf der linken Seite unter dem Wort „angenommen". Damit hat er den Wechsel akzeptiert. Das *Akzept* geht an den Aussteller zurück. Der Aussteller kann den Wechsel u.a. als *Zahlungsmittel* zum Ausgleich eigener Schulden verwenden oder an die Bank verkaufen.

Es soll angenommen werden, dass der Aussteller den Wechsel am 15.1. an seine Bank verkauft, um liquide zu sein. Die Bank gewährt dem Einreicher des Wechsels damit einen Kredit, da sie selbst erst am Verfalltag über die Wechselsumme in voller Höhe verfügen kann. Für den Kredit verlangt sie Zinsen, die sie neben den anderen Gebühren vom Nennwert abzieht; der sich so ergebende Barwert wird dem Konto des Einreichers gutgeschrieben. Die Zinsen ergeben sich nach folgender Formel:

$$\text{Zinsen} = \frac{\text{Wechselsummer} \cdot \text{Zinssatz} \cdot \text{Tage}}{100 \cdot 360} \ ; \ \text{Zinsen} = \frac{12.300 \cdot 6 \cdot 60}{100 \cdot 360} = 123$$

Unter Vernachlässigung weiterer Gebühren ergibt sich ein Barwert von 12.177 €.

Die Bank kann den Wechsel bis zum Verfalltag aufbewahren und ihn dem Bezogenen zur Einlösung vorlegen; sie kann ihn aber auch vor Verfall an die Landeszentralbank verkaufen, um sich mit Liquidität zu versorgen.

33. Welche Bestandteile schreibt der Gesetzgeber für den Wechsel vor?

Gesetzliche Bestandteile des Wechsels[1] sind

1. das Wort Wechsel im Text,
2. die unbedingte Anweisung, eine bestimmte Geldsumme zu zahlen,
3. der Name des Bezogenen,
4. die Angabe der Verfallzeit,
5. die Angabe des Zahlungsortes,
6. der Name dessen, an den oder an dessen Order gezahlt werden soll,
7. die Angabe des Ortes und des Tages der Ausstellung,
8. die Unterschrift des Ausstellers.

34. Was heißt „Der Wechsel ist ein Orderpapier"?

Der Wechsel ist ein Orderpapier, die Zahlung ist an eine bestimmte Person oder an dessen Order zu leisten.

35. Welche Funktionen hat ein Indossament?

Funktionen des Indossaments:

1. Transportfunktion: transportiert wird Besitz und Eigentum des Wechsels,

2. Haftungsfunktion: jeder Indossant haftet dem Nachfolgenden für die Einlösung,

3. Legitimationsfunktion: Indossamente legitimieren den Wechselberechtigten.

---
[1] Vgl. Wechselgesetz Art. 1

3. Rechnungswesen

3.1 Aufbau und Ziele des Rechnungswesens

1. **Welche Ziele verfolgt ein Unternehmen mit seinem Rechnungswesen?**

   Ein Unternehmen will mit den Verfahren des Rechnungswesens alle quantifizierbaren betrieblichen Vorgänge erfassen und auswerten zur *Kontrolle*, *Steuerung* und *Planung* des betrieblichen Geschehens.

2. **Welche Aufgaben hat das Rechnungswesen?**

   Den unternehmerischen Zielen entsprechen die Aufgaben des Rechnungswesens. Zu unterscheiden sind betriebs*interne und -externe Aufgabenbereiche*.

   Zu den internen Aufgaben des Rechnungswesens zählen:

   - mengen- und wertmäßige Erfassung, z.B. der Bestände, der Bestandsveränderungen,

   - Überwachung der betrieblichen Prozesse, z.B. durch Erfassung von Kosten und Leistungen,

   - Berechnung von Kennziffern, z.B. zur Berechnung von Wirtschaftlichkeit, Rentabilität, Liquidität.

   Zu den externen Aufgaben des Rechnungswesens zählen:

   - Erfüllung der Vorschriften über die Führung von Handelsbüchern gem. HGB §§ 238 ff. und zur Erfüllung der Vorschriften über Offenlegung und Veröffentlichung des Jahresabschlusses zur Information von Gesellschaftern, Gläubigern usw. gem. HGB §§ 325 ff.,

   - Information von Kapitalgebern, Teilhabern, interessierter Öffentlichkeit über Ertrags- und Finanzlage usw. ohne gesetzliche Vorschrift.

3. **Welche Bereiche umfasst das Rechnungswesen?**

   Traditionell wird das Rechnungswesen in die folgenden Bereiche eingeteilt: 1. Buchführung, 2. Kosten- und Leistungsrechnung, 3. Statistik, 4. Planungsrechnung.

4. Welche Aufgaben erfüllt die Buchführung?

Die Buchführung erfasst für einen Zeitraum die Bestände, alle Bestandsveränderungen, alle Aufwendungen und Erträge und zeichnet sie aufgrund von Belegen nach bestimmten Gesichtspunkten auf.

Sie ermittelt das Vermögen, die Schulden und das Reinvermögen des Unternehmens und stellt sie in einer *Bilanz* übersichtlich und nach vorgegebenen Gliederungsgesichtspunkten dar.

Sie ermittelt auf der Grundlage der aufgezeichneten Aufwendungen und Erträge den *Unternehmenserfolg*, d.h. den Gewinn oder den Verlust, in der *Gewinn- und Verlustrechnung*.

Sie liefert das Zahlenmaterial für die anderen Bereiche des Rechnungswesens, z.B. für die Kalkulation, für die Berechnung von Kennziffern und für die Veröffentlichungen.

5. Welche Aufgaben erfüllt die Kosten- und Leistungsrechnung?

Die Kosten- und Leistungsrechnung erfasst alle Vorgänge im Zusammenhang mit der betrieblichen Leistungserstellung und -verwertung. Sie erfasst also die Kosten (den Werteverzehr) bei der Produktion und die Leistungen (den Wertezuwachs) aus dem Absatz und ermittelt auf der Grundlage dieser Zahlen den *Betriebserfolg*. Ihre wichtigste Aufgabe ist damit die Kontrolle der Wirtschaftlichkeit.

6. Welche Aufgaben erfüllt die Statistik?

Mit den Methoden der Statistik werden die Zahlen der Buchführung und der Kosten- und Leistungsrechnung aufbereitet und ausgewertet und dadurch zur Grundlage für unternehmerische Planungen und von Vergleichsrechnungen (z.B. Zeitvergleich, Betriebsvergleich) gemacht.

7. Welche Aufgaben erfüllt die Planungsrechnung?

Buchführung, Kosten- und Leistungsrechnung und Statistik liefern die Unterlagen für weitergehende Planungen, für Prognosen usw.

3.2 Grundbegriffe des Rechnungswesens

1. Was sind Kosten?

Kosten sind der bewertete *Verzehr von Gütern und Leistungen im Produktionsprozess* in einer Abrechnungsperiode. Sie weisen einen Bezug zum Prozess der Leistungserstellung auf. Zu unterscheiden sind fixe und variable Kosten. Die Summe aus fixen und variablen Kosten sind die Gesamtkosten.

Den Kosten stehen die Leistungen gegenüber.

In der Kosten- und Leistungsrechnung wird aus der Gegenüberstellung von Kosten und Leistungen der Betriebserfolg ermittelt.

2. Wodurch unterscheiden sich Aufwendungen von den Kosten?

Aufwendungen sind der bewertete Verzehr von Gütern und Leistungen einer Unternehmung in einer Abrechnungsperiode. Die Aufwendungen eines Unternehmens teilen sich auf in betriebliche und neutrale Aufwendungen. Betriebliche Aufwendungen beziehen sich auf den Betriebszweck. Nur betriebliche Aufwendungen sind gleichzeitig Kosten (Grundkosten der Kosten- und Leistungsrechnung).

Den Aufwendungen stehen die Erträge gegenüber.

In der Gewinn- und Verlustrechnung wird aus der Gegenüberstellung von Aufwendungen und Erträgen der Unternehmenserfolg ermittelt.

3. Welcher Unterschied besteht zwischen fixen und variablen Kosten?

Variable (veränderliche) Kosten nehmen mit der Ausbringungsmenge zu oder ab. Z. B. Materialkosten: Wenn die Ausbringungsmenge steigt, nimmt der Materialbedarf, damit die entsprechenden Kosten, zu.

Fixe (feste) Kosten sind unabhängig von der Ausbringungsmenge, z. B. Abschreibungen.

Die Kennzeichnungen von fixen und variablen Kosten lassen sich anhand der folgenden Zeichnungen nachvollziehen (Annahme: linearer Kostenverlauf).

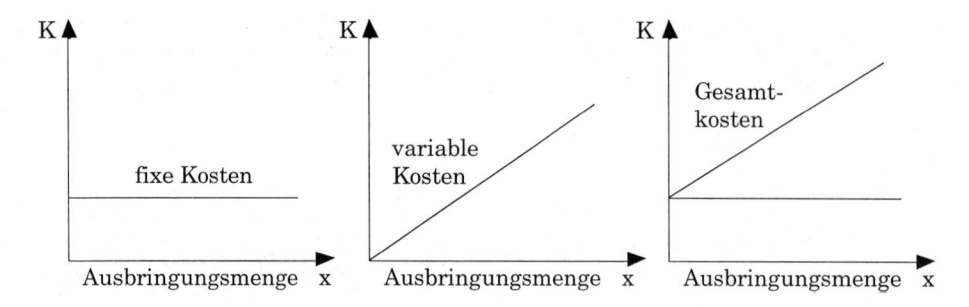

```
    K│                    K│                    K│
     │                     │                     │         Gesamt-
     │                     │                     │         kosten
     │                     │       variable      │
     │    fixe Kosten      │       Kosten        │
     │_____     │                     │_____
     │                     │                     │
     └──────────────────▶  └──────────────────▶  └──────────────────▶
      Ausbringungsmenge x   Ausbringungsmenge x   Ausbringungsmenge x
```

4. Welche typischen Kostenverläufe lassen sich unterscheiden?

Typische Verläufe von Gesamtkosten sind

1. *fixer* Verlauf: die Gesamtkosten steigen nicht, sie bleiben trotz steigender Ausbringungsmenge konstant.

2. *linearer Verlauf*: die Gesamtkosten steigen proportional, d.h. mit gleichbleibenden Zuwachsraten, zur Ausbringungsmenge,

3. *überproportionaler Verlauf*: die Gesamtkosten steigen überproportional, d.h. mit steigenden Zuwachsraten, zur Ausbringungsmenge,

4. *unterproportionaler Verlauf*: die Gesamtkosten steigen unterproportional, d.h. mit abnehmenden Zuwachsraten, zur Ausbringungsmenge.

Die Kennzeichnungen der Kostenverläufe lassen sich anhand der Zeichnungen bei Frage 6 und der ihnen zu Grunde liegenden Tabelle nachvollziehen.

5. Wie werden Stückkosten definiert?

Stückkosten sind die durchschnittlichen Kosten. Zu unterscheiden sind die durchschnittlichen Gesamtkosten und die durchschnittlichen variablen Kosten.

$$k = K / x \quad \text{bzw.} \quad vk = vK / x$$

6. Wie werden Grenzkosten definiert?

Grenzkosten sind die zusätzlichen Kosten, die dadurch entstehen, dass die Produktion um eine Einheit ausgedehnt wird. Sie geben die Steigung des Gesamtkostenverlaufs an. (Mathematisch werden sie durch die erste Ableitung der Kostenfunktion ermittelt.)

Rechnungswesen

Der **Zusammenhang zwischen Gesamtkosten, Durchschnittskosten und Grenzkosten** lässt sich anhand der folgenden Zeichnungen und der ihnen zu Grunde liegenden Tabelle nachvollziehen.

K = Gesamtkosten, k = Stück- bzw. Durchschnittskosten, GK = Grenzkosten

	1. fixe Gesamtkosten			2. proportionale Gesamtkosten			3. überproportionale Gesamtkosten			4. unterproportionale Gesamtkosten		
x	K	k	Gk	K	k	Gk	K	k	Gk	K	k	Gk
1	100	100,0		10	10		5	5,0		10	10	
2	100	50,0	0	20	10	10	15	7,5	10	19	9,5	9
3	100	33,3	0	30	10	10	30	10,0	15	27	9,0	8
4	100	25,0	0	40	10	10	50	12,5	20	34	8,5	7
5	100	20,0	0	50	10	10	75	15,0	25	40	8,0	6
6	100	16,7	0	60	10	10	105	17,5	30	45	7,5	5
7	100	14,3	0	70	10	10	140	20,0	35	49	7,0	4
8	100	12,5	0	80	10	10	180	22,5	40	52	6,5	3
9	100	11,1	0	90	10	10	225	25,0	45	54	6,0	2
10	100	10,0	0	100	10	10	275	27,5	50	55	5,5	1

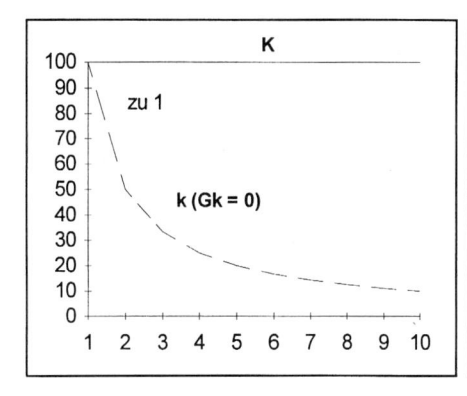

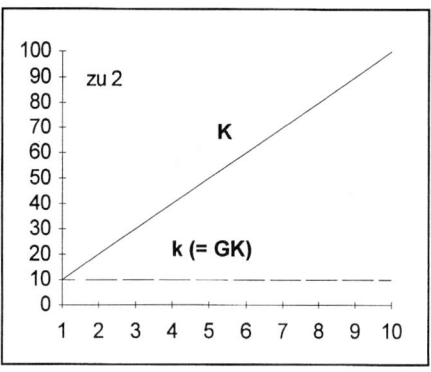

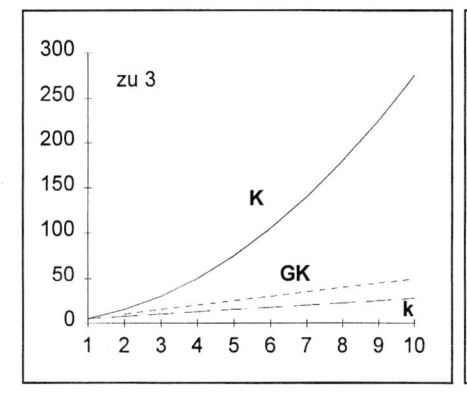

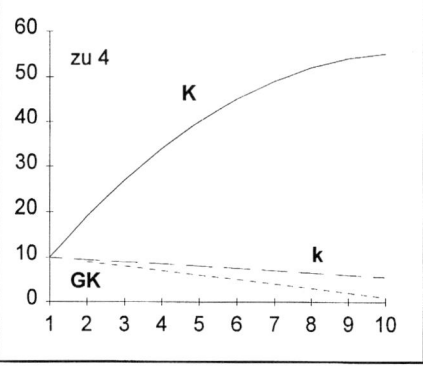

7. Welche Bedeutung haben die typischen Kostenverläufe?

In der Praxis sind *Mischformen* der Verläufe relativ häufig, z.B.

1. Kombination von linearem mit überproportionalem Verlauf, bei zunehmender Ausbringungsmenge steigen die Gesamtkosten zunächst linear, dann überproportional,

2. s-förmiger Verlauf: bei steigender Ausbringungsmenge steigen die Kosten zunächst unterproportional, dann überproportional (im mittleren Bereich ist ein linearer Verlauf denkbar), dieser Kostenverlauf wird auch ertragsgesetzlicher Kostenverlauf genannt.

Die Kennzeichnungen der Kostenverläufe lassen sich anhand der folgenden Zeichnungen nachvollziehen.

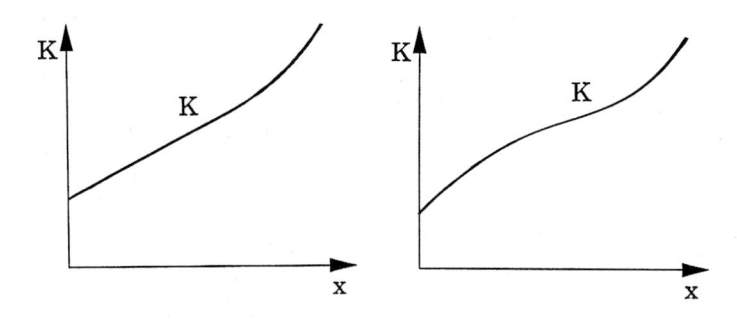

8. Was sind Kostenarten?

Mit dem Begriff Kostenarten bezeichnet man die Art der Güter und Leistungen, die im Produktionsprozess verbraucht werden, z.B. die Personalkosten, die Werkstoffkosten usw.

In der Kostenartenrechnung wird also danach gefragt, *was für Kosten* (nach Art und Höhe) entstanden sind.

9. Was sind Kostenträger?

Mit dem Begriff Kostenträger bezeichnet man das Stück, den Auftrag, die Charge usw., deren Produktion die Kosten verursacht hat. In der Kostenträgerrechnung wird also danach gefragt, *wofür die Kosten* (in welcher Höhe) entstanden sind.

10. Was sind Kostenstellen?

„Kostenstellen" bezeichnen die Orte, an denen die Kosten angefallen sind, z.B. in den einzelnen Abteilungen. In der Kostenstellenrechnung wird also danach gefragt, *wo die Kosten* (in welcher Höhe) entstanden sind.

11. Wie unterscheiden sich Periodenkosten von Stückkosten?

Kosten können als Perioden- und als Stückkosten erfasst werden. Periodenkosten sind die Kosten, die während eines Zeitraums anfallen. Stückkosten sind die Kosten pro Stück, Auftrag, Charge usw.

12. Wodurch unterscheiden sich Ist-Kosten von Normalkosten?

Als Ist-Kosten bezeichnet man *die tatsächlich angefallenen Kosten*. Als Normalkosten werden Durchschnittswerte aus den Ist-Werten der vergangenen Perioden bezeichnet, von denen angenommen werden kann, dass sie auch in Zukunft gelten könnten. Sie werden Vorausrechnungen (z.B. den Vorkalkulationen) zu Grunde gelegt.

13. Was sind Einzelkosten?

Einzelkosten sind die Kostenarten, die einem *Kostenträger direkt zugerechnet* werden können. Zu den Einzelkostenarten zählen Materialkosten und Fertigungslöhne. Es ist feststellbar, wie viel Material und Löhne bei der Produktion eines Stückes u.dgl. anfallen. Diese Kostenarten können deshalb dem Stück auch relativ leicht zugerechnet werden. (Im Handel sind die Wareneinstandskosten den Einzelkosten vergleichbar.)

Neben diesen Einzelkosten gibt es noch die sog. Sondereinzelkosten; dazu gehören
- Sondereinzelkosten der Fertigung, z.B. Entwicklungskosten für ein bestimmtes Produkt,
- Sondereinzelkosten des Vertriebs, z.B. Transportkosten, Verpackungskosten.

14. Was sind Gemeinkosten?

Gemeinkosten fallen *für mehrere Kostenträger* an, sie können deshalb einem einzelnen Kostenträger nicht direkt zugerechnet werden. Sie müssen mithilfe eines Verteilungsschlüssels indirekt auf die Kostenträger verteilt werden. Beispiele für Gemeinkosten: Gehälter für Meister, Löhne für Hilfsarbeiter, Hilfsstoffe (wenn sie nicht direkt zugerechnet werden können), Abschreibungen (wenn sie nicht direkt zugerechnet werden können), Zinsen, Versicherungen usw.

15. Welche Bedeutung hat eine Vollkostenrechnung?

Bei der Vollkostenrechnung werden sämtliche Kosten, Einzel- und Gemeinkosten, dem Kostenträger zugerechnet. Die sich daraus ergebenden Selbstkosten sind Grundlagen für Entscheidungen in der Marketingpolitik, z.B. langfristige Preisuntergrenze usw.

Bei der Ermittlung der Selbstkosten wird nach folgendem Schema vorgegangen.

Materialeinzelkosten + Materialgemeinkosten ⟶	= Materialkosten

+ Fertigungslöhne
   (Fertigungseinzelkosten)
+ Fertigungsgemeinkosten
+ Sondereinzelkosten der
   Fertigung ⟶
	+ Fertigungskosten

	= Herstellkosten

+ Verwaltungsgemeinkosten
+ Vertriebsgemeinkosten
+ Sondereinzelkosten des
   Vertriebs ⟶
	+ Verwaltungs- und
	   Vertriebskosten

	= Selbstkosten

16. Welche Bedeutung hat eine Teilkostenrechnung?

Bei der Teilkostenrechnung wird nur *ein Teil der Kosten auf die Kostenträger verrechnet*, nämlich die variablen Kosten bzw. die Einzelkosten. Dadurch entfällt die willkürliche Aufschlüsselung der fixen Kosten bzw. Gemeinkosten. Ziele der Teilkostenkalkulation sind

- Kostenkontrolle,
- Ermittlung der kurzfristigen Preisuntergrenze.

17. Wie ergibt sich in der Teilkostenrechnung das Betriebsergebnis?

Das Betriebsergebnis ergibt sich auf der Grundlage des folgenden Schemas.

Verkaufserlöse − variable Kosten
= Deckungsbeitrag − fixe Kosten
= Betriebsergebnis

Rechnungswesen

18. Welche Bedeutung hat der Deckungsbeitrag?

Der Deckungsbeitrag eines Produkts (auch innerhalb eines Produktionsprogramms) ist der *Beitrag der Verkaufserlöse* dieses Produkts *zur Deckung der (gesamten) fixen Kosten* und zum Betriebserfolg. Er wird ermittelt, indem man von den Verkaufserlösen für das Produkt die variablen Kosten dieses Produkts abzieht ($DB = VE - vK$).

Der Deckungsbeitrag ist eine wichtige Grundlage für marketingpolitische Entscheidungen und Maßnahmen, z.B. in der Preispolitik (Preissenkungen), in der Produktpolitik (Programmbereinigung).

Die aufgezeigte Problematik kann anhand des folgenden Beispiels nachvollzogen werden.

Vollkostenrechnung für Mai ... eines Unternehmen, das drei Produkte herstellt:

1. Vollkostenrechnung, Produkt 3 weist Verlust auf; soll Programm bereinigt werden?

	1	2	3	Insgesamt
Verkaufserlöse	920.000,-	850.000,-	520.000,-	2.290.000,-
Selbstkosten	810.000,-	705.000,-	537.000,-	2.052.000,-
Betriebsergebnis bei Vollkostenrechnung	110.000,-	145.000,-	– 17.000,-	238.000,-
variable Kosten	421.000,-	374.000,-	322.000,-	1.117.000,-
Fixe Kosten				935.000,-

2. Rechnung ohne Produkt 3

	1	2	Insgesamt
Verkaufserlöse variable Kosten	920.000,- 421.000,-	850.000,- 374.000,-	1.770.000,-
Deckungsbeitrag fixe Kosten	499.000,-	476.000,-	975.000,- 935.000,-
Betriebsgewinn			40.000,-

3. Rechnung mit Ermittlung des Kostendeckungsbeitrages; der Deckungsbeitrag von Produkt 3 spricht gegen die Programmbereinigung.

	1	2	3	Insgesamt
Verkaufserlöse	920.000,-	850.000,-	520.000,-	2.290.000,-
variable Kosten	421.000,-	374.000,-	322.000,-	1.117.000,-
Deckungsbeitrag	499.000,-	476.000,-	198.000,-	1.173.000,-
fixe Kosten				935.000,-
Betriebsgewinn				238.000,-

19. Welche Bedeutung hat die mehrstufige Deckungsbeitragsrechnung?

In der einstufigen Deckungsbeitragsrechnung (s.o.) werden die fixen Kosten zusammengefasst und von einem Deckungsbeitrag abgezogen. Wenn die fixen Kosten gleichbehandelt werden, gibt die Kostenrechnung u.U. keine ausreichenden Informationen. Es erscheint deshalb sinnvoll, die fixen Kosten aufzuschlüsseln.

Anhand der folgenden Übersicht kann die angerissene Problematik nachvollzogen werden.

Verkaufserlöse	
− variable Kosten	Einzelkosten
= Deckungsbeitrag I	
− erzeugnisfixe Kosten	fixe Kosten, die für ein Produkt anfallen, sie werden diesem Produkt direkt zugerechnet, z. B. Kosten für Produktwerbung
= Deckungsbeitrag II	Zusammenfassung der um die erzeugnisfixen Kosten verminderten Deckungsbeiträge I (Erzeugnisgruppen)
− erzeugnisgruppenfixe Kosten	fixe Kosten, die für eine Produktgruppe anfallen, sie werden dieser Gruppe direkt zugerechnet, z. B. Kosten der Werbung für mehrere Produkte
= Deckungsbeitrag III	Zusammenfassung der um die gruppenfixen Kosten verminderten Deckungsbeiträge II (Bereiche)
− bereichsfixe Kosten	fixe Kosten, die für einen Bereich (z. B. Fertigungsbereich) anfallen, sie werden diesem Bereich direkt zugerechnet
= Deckungsbeitrag IV	Zusammenfassung der um die bereichsfixen Kosten verminderten Deckungsbeiträge III
− unternehmensfixe Kosten	fixe Kosten, die für das Unternehmen insgesamt anfallen, z. B. Gehälter der Direktoren
Betriebserfolg	

20. Was wird mit dem Break-even-Point angegeben?

Der Break-even-Point bezeichnet die Absatzmenge, bei der die Umsatzerlöse die Kosten gerade decken; bei dieser Absatzmenge entstehen weder Gewinn noch Verlust. Steigt die Absatzmenge, entsteht Gewinn, sinkt sie, entsteht Verlust. (Der Break-even-Point wird auch als Gewinnschwelle bezeichnet.)

$$Gesamtkosten = Umsatzerlöse$$

Anders ausgedrückt: Die bei der BeP-Menge erzielten Deckungsbeiträge reichen aus, um die fixen Kosten zu decken; die Deckungsbeiträge leisten keinen Beitrag zum Gewinn.

Die angerissene Problematik lässt sich anhand der folgenden Zeichnung nachvollziehen.

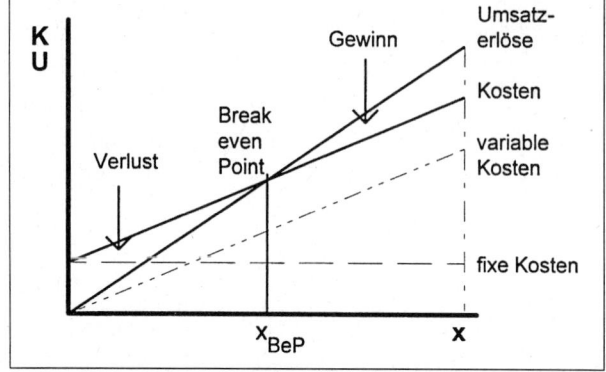

21. Welche Bedeutung hat die Break-even-Analyse?

Mithilfe der Break-even-Analyse wird der *Zusammenhang zwischen Absatzmenge, Umsatzerlösen, Kosten und Gewinn* untersucht. Sie ist Grundlage für marketingpolitische Entscheidungen, da sie z.B. die Auswirkungen marketingpolitischer Maßnahmen, wie z.B. Preisänderungen und Mengenänderungen auf die Gewinne zeigt.

Die Zusammenhänge lassen sich anhand des folgenden Beispiels nachvollziehen. Auf der Grundlage der angegebenen Vorgaben, werden die entsprechenden Werte tabellarisch erfasst und eine Zeichnung erstellt. Der Break-even-Point wird bei einer Menge von rd. 20 Stück erreicht (genau: 19,1).

Vorgaben	
VPr	10.000,00 €
variable Kosten	4.500,00 €
fixe Kosten	3.500,00 €
geplanter Gewinn	15 %
Zielmenge	30

Einheit		Periode	
VPr	10.000,00 €	Erlöse	300.000,00 €
variable Kosten	4.500,00 €	variable Kosten	135.000,00 €
Deckungsbeitrag	5.500,00 €	Deckungsbeitrag	165.000,00 €
fixe Kosten	3.500,00 €	fixe Kosten	105.000,00 €
Gewinn	2.000,00 €	Gewinn	60.000,00 €
=	20 %	=	20 %

Rechnungswesen

x	fixe Kosten	variable Kosten	Kosten	Umsatzerlöse	Gewinne/Verluste
0	105.000		105.000	0	− 105.000
1	105.000	4.500	109.500	10.000	− 99.500
2	105.000	9.000	114.000	20.000	− 94.000
3	105.000	13.500	118.500	30.000	− 88.500
4	105.000	18.000	123.000	40.000	− 83.000
5	105.000	22.500	127.500	50.000	− 77.500
6	105.000	27.000	132.000	60.000	− 72.000
7	105.000	31.500	136.500	70.000	− 66.500
8	105.000	36.000	141.000	80.000	− 61.000
9	105.000	40.500	145.500	90.000	− 55.500
10	105.000	45.000	150.000	100.000	− 50.000
11	105.000	49.500	154.500	110.000	− 44.500
12	105.000	54.000	159.000	120.000	− 39.000
13	105.000	58.500	163.500	130.000	− 33.500
14	105.000	63.000	168.000	140.000	− 28.000
15	105.000	67.500	172.500	150.000	− 22.500
16	105.000	72.000	177.000	160.000	− 17.000
17	105.000	76.500	181.500	170.000	− 11.500
18	105.000	81.000	186.000	180.000	− 6.000
19	105.000	85.500	190.500	190.000	− 500
19,1	105.000	86.000	191.000	191.000	0
20	105.000	90.000	195.000	200.000	5.000
21	105.000	94.500	199.500	210.000	10.500
22	105.000	99.000	204.000	220.000	16.000
23	105.000	103.500	208.500	230.000	21.500
24	105.000	108.000	213.000	240.000	27.000
25	105.000	112.500	217.500	250.000	32.500
26	105.000	117.000	222.000	260.000	38.000
27	105.000	121.500	226.500	270.000	43.500
28	105.000	126.000	231.000	280.000	49.000
29	105.000	130.500	235.500	290.000	54.500
30	105.000	135.000	240.000	300.000	60.000

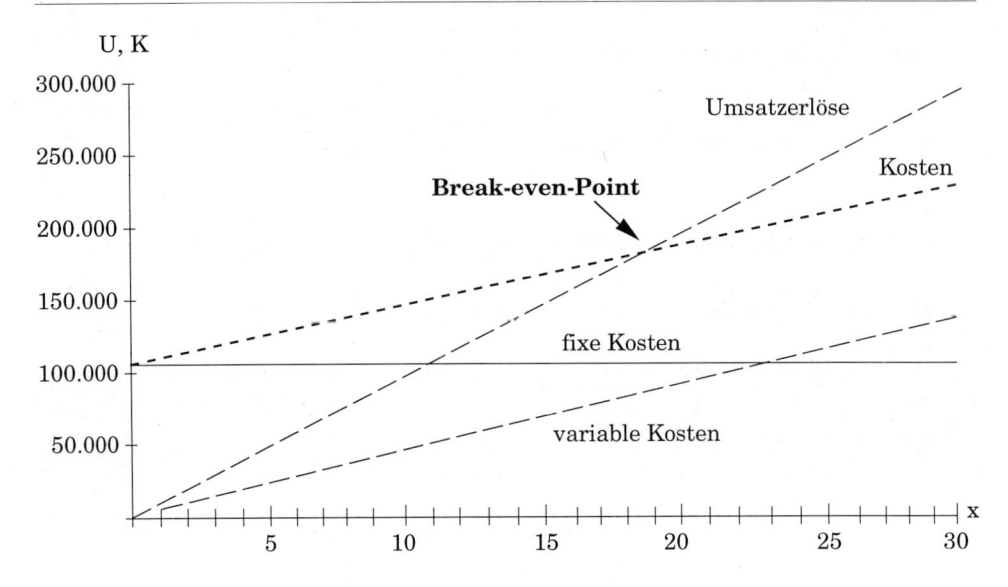

```
U, K
300.000
                                    Umsatzerlöse
250.000
                                    Kosten
         Break-even-Point
200.000
150.000
                  fixe Kosten
100.000
50.000            variable Kosten
                                                x
     5    10    15    20    25    30
```

22. Was wird mit dem Sicherheitskoeffizienten angegeben?

Der Abstand einer Absatzmenge im Gewinnbereich von der BeP-Menge (*Sicherheitsabstand*) wird mithilfe des sog. Sicherheitskoeffizienten gemessen. Der Sicherheitskoeffizient gibt an, um wie viel Prozent die Absatzmenge sinken darf, bis die BeP-Menge erreicht ist.

Der Sicherheitskoeffizient wird nach folgender Formel ermittelt.

$$SK = \frac{\text{Absatzmenge} - \text{BeP-Menge}}{\text{Absatzmenge}} \cdot 100$$

Auf der Grundlage des Zahlenbeispiels bei Frage 21 ergibt sich für den Sicherheitskoeffizient von 36,3 % nach folgender Berechnung:

$$SK = \frac{30 - 19{,}1}{30} = 36{,}3$$

23. Was wird mit dem Deckungsbedarf angegeben?

Der Deckungsbedarf gibt die Komponenten des Deckungsbeitrages an. Im Allgemeinen enthält der Deckungsbedarf die fixen Kosten und einen geplanten Gewinn.

24. Was wird als Deckungsziel bezeichnet?

Das Deckungsziel ist die Erwirtschaftung des Deckungsbedarfs, der die fixen Kosten und den geplanten Gewinn mindestens deckt.

3.3 Betriebliche Leistungskennziffern

1. Was besagt die Produktivität als Kennziffer?

Die Kennziffer *Produktivität* gibt an, wie ergiebig eine betriebliche Faktorkombination war. Sie gibt das Verhältnis eines Mengenergebnisses (Output) zum mengenmäßigen Einsatz von Faktoren (Input) wieder.

$$P = \frac{\text{Output in Mengen}}{\text{Input in Mengen}}$$

Wenn z.B. 20 Arbeiter 1.000 Stück herstellen, ergibt sich eine Arbeitsproduktivität von 50 (= 1.000 / 20).

2. Was wird mit der Kennziffer Wirtschaftlichkeit angegeben?

Die Kennziffer *Wirtschaftlichkeit* gibt in Form einer Verhältniszahl an, wie wirtschaftlich ein bestimmter Mitteleinsatz war. Sie stellt das Verhältnis zwischen dem wertmäßigen Ergebnis einer Handlung bzw. eines Vorgangs und dem dafür erforderlichen wertmäßigen Mitteleinsatz dar. Sie gibt also das Verhältnis von Umsatz zu den Kosten wieder.

$$W = \frac{U}{K}$$

Wenn z.B. Umsatz 1.500.000 € und Kosten 1.100.000 € betragen, ergibt sich eine Wirtschaftlichkeitskennziffer von 1,36 (= 15 / 11).

3. Was wird mit der Kennziffer Rentabilität angegeben?

Unterschieden wird zwischen der Rentabilität des Eigenkapitals und der Unternehmensrentabilität.

Die Kennziffer *Rentabilität des Eigenkapitals* spiegelt den Erfolg des eingesetzten Eigenkapitals wieder. Sie gibt an, mit welcher Rate sich in einer Periode das eingesetzte Eigenkapital verzinst hat. Sie stellt – als Prozentsatz – das Verhältnis des Reingewinns zum eingesetzten Eigenkapital dar.

$$R_{EK} = \frac{\text{Reingewinn}}{\text{Eigenkapital}} \cdot 100$$

Die Kennziffer *Unternehmensrentabilität* spiegelt den Erfolg des eingesetzten Unternehmenskapitals (Eigen- und Fremdkapital) wider. Sie stellt – als Prozentsatz – das Verhältnis der Summe aus Reingewinn und Fremdkapitalzinsen zum eingesetzten Unternehmenskapital dar.

$$R_{UK} = \frac{\text{Reingewinn + Fremdkapitalzinsen}}{\text{Unternehmenskapital}} \cdot 100$$

Wenn z.B. folgende Werte angenommen werden: Gewinn 54.000 €, Fremdkapitalzinsen 16.000 €, Fremdkapital 200.000 €, Eigenkapital 300.000 €, so ergibt sich als Eigenkapitalrentabilität 18 (= 54.000 / 300.000 · 100) und als Unternehmensrentabilität 14 (= 70.000 / 500.000 · 100).

4. Was wird mit der Kennziffer Liquidität angegeben?

Die Liquidität drückt die Fähigkeit eines Unternehmens aus, kurzfristigen Verpflichtungen auch kurzfristig nachkommen zu können. Unterschieden werden drei Liquiditätskennziffern.

Die Kennziffer *Liquidität I (Barliquidität)* drückt in einem Prozentsatz das Verhältnis von liquiden Mitteln zum kurzfristigen Fremdkapital aus.

$$L_I = \frac{\text{liquide Mittel}}{\text{kurzfristiges Fremdkapital}} \cdot 100$$

Die Kennziffer *Liquidität II* drückt in einem Prozentsatz das Verhältnis von liquiden Mitteln und Forderungen zum kurzfristigen Fremdkapital aus.

$$L_{II} = \frac{\text{liquide Mittel + Forderungen}}{\text{kurzfristiges Fremdkapital}} \cdot 100$$

Die Kennziffern *Liquidität III (Zahlungsbereitschaft)* drückt in einem Prozentsatz das Verhältnis von Umlaufvermögen zum kurzfristigen Fremdkapital aus.

$$L_{III} = \frac{\text{Umlaufvermögen}}{\text{kurzfristiges Fremdkapital}} \cdot 100$$

Beispiel:

Aktiva	Schlussbilanz		Passiva
	Tausend €		Tausend €
Bebaute Grundstücke	19.600	Eigenkapital	62.000
Maschinen	25.000	Hypotheken	8.000
Ausstattung	4.000	Darlehen (langfristig)	20.000
Vorräte	30.000	Verbindlichkeiten	10.000
Forderungen	15.000		
Kasse	400		
Bank	6.000		
	100.000		100.000

Aus den Werten der Bilanz lassen sich beispielhaft vereinfacht die folgenden Liquiditätskennziffern ermitteln.

Liquidität_I = 64 % (= 6400 / 10000)
Liquidität_{II} = 214 % (= 21400 / 10000)
Liquidität_{III} = 514 % (= 51400 / 10000)

4. Statistik

4.1 Grundlagen

4.1.1 Aufgaben der Statistik

1. Welche Aufgaben erfüllt die Statistik?

Die Statistik erfüllt die folgenden *Aufgaben*:

1. *Erfassung von Daten* aus einer Gesamtheit durch Zählen, Messen usw.

2. *Aufbereitung der Daten* durch Verdichtung, Straffung, Zusammenfassung,

3. *Darstellungen* des aufbereiteten Materials in Tabellen, Diagrammen u.ä., die Aussagen über die Struktur der Gesamtheit zulassen,

4. *Analyse* des aufbereiteten Materials durch Berechnung von Kennziffern, Anteilen, Mittelwerten usw.,

5. *Anwendung* in Schlussfolgerungen über Zusammenhänge, Entwicklungen usw. als Grundlage für Entscheidungen.

2. Welche besonderen Aufgaben erfüllt die Betriebsstatistik (betriebswirtschaftliche Statistik)?

Die *Betriebsstatistik* bzw. betriebswirtschaftliche Statistik ist Teil der Unternehmensleitung. Ihre *Aufgaben* lassen sich folgendermaßen umschreiben.

- *Für betriebswirtschaftlich vorgegebene Fragestellungen* sind *Daten* zu *sammeln*; diese Daten können im Unternehmen selbst anfallen, man spricht dann von einer internen Statistik, oder aus unternehmensfremden Quellen stammen, dann handelt es sich um eine sog. externe Statistik.

- Die erfassten Daten werden *entsprechend der Fragestellung* sinnvoll *aufbereitet*.

- Das aufbereitete Material wird mit statistischen Methoden *ausgewertet* und *analysiert* und kann dadurch als *Grundlage für Entscheidungen* genutzt werden.

3. Welche Bereiche der Betriebsstatistik gibt es?

Im Folgenden werden Bereiche der Betriebsstatistik aufgelistet; zu den Bereichen werden Beispiele für mögliche Fragestellungen angegeben.

Bereiche	Fragestellungen (Beispiele)
Personalwesen	Art der Tätigkeit, Altersgruppierungen, Lohngruppen, Geschlecht, Arbeitsausfälle (z. B. wegen Krankheit)
Beschaffung	Bestellmengen, Lieferungen, Reklamationen, Lieferfristen
Lager	Bestände, Bestandsveränderungen, Umschlagshäufigkeiten
Absatz	Umsatz, Kunden, Vertreter, Vertreterleistungen, Reklamationen, Auftragseingänge
Finanzwirtschaft	Einnahmen, Ausgaben, Liquidität, Forderungsausfälle
Gesamtwirtschaftliche Entwicklung	Nachfrage, Arbeitsmarkt, andere Märkte
Branchenentwicklung	Nachfrage, Konkurrenzsituation

4.1.2 Grundgesamtheiten

1. **Was bezeichnet man als statistische Masse?**

Als statistische Masse bezeichnet man die *Grundgesamtheit*. Die Grundgesamtheit ist die Gesamtheit der statistisch erfassten gleichartigen *Elemente*. Beispiel: Bei einer absatzwirtschaftlich relevanten Fragestellung („Leistungen der Vertreter") ist die Grundgesamtheit „alle Vertreter"; ihre Elemente sind die einzelnen Vertreter.

2. **Wodurch unterscheiden sich Bestands- und Ereignismassen?**

Als Bestandsmasse bezeichnet man eine Gesamtheit an einem bestimmten, festgelegten Zeitpunkt. Als Ereignismasse bezeichnet man die Bewegungen der Gesamtheit in einem Zeitraum.

Beispiel: Bestandmasse: Anzahl der Außendienstmitarbeiter am 31.12.20.. . Ereignismasse: Neueinstellungen oder Entlassungen von Außendienstmitarbeitern im Laufe des Jahres 20.. .

3. **Was sind zielorientierte Abgrenzungen der Grundgesamtheit?**

Entsprechend den Zielen der unternehmerischen Fragestellung sind Grundgesamtheiten abzugrenzen. Zu unterscheiden sind *sachliche, zeitliche und örtliche Abgrenzungen*.

Statistik

Beispiele: Sachliche Abgrenzungen: Wie viele der Außendienstmitarbeiter sind Vertreter, wie viele sind Reisende? Zeitliche Abgrenzung: Wie viele Außendienstmitarbeiter waren am 31.12., wie viele am 30.6. für das Unternehmen tätig? Örtliche Abgrenzung: Wie viele Außendienstmitarbeiter sind in den alten, wie viele in den neuen Bundesländern tätig?

4.1.3 Merkmale

1. Was versteht man unter Merkmalen?

Merkmale sind die Eigenschaften der Elemente einer Gesamtheit, nach der diese Elemente gleichartig sind. Ein Merkmal kann verschiedene Ausprägungen haben.

Beispiele: Merkmal: Außendienstmitarbeiter, Ausprägungen: Vertreter, Reisender. Merkmal: Alter der Mitarbeiter, Ausprägungen: 20, 21, 22, ... Jahre

2. Wodurch unterscheiden sich diskrete und stetige Merkmale?

Diskrete Merkmale können nur einzelne Zahlenwerte annehmen, stetige Merkmale können jeden Wert annehmen.

Beispiel: Die Zahl der Mitarbeiter kann nur mit 1, 2, 3 usw. angegeben werden, es handelt sich also um ein diskretes Merkmal. Das Merkmal „Alter" ist ein stetiges Merkmal, es kann – zwischen relevanten Extremwerten – jeden Wert annehmen. Ausprägungen diskreter Merkmale werden meistens durch Zählen, Ausprägungen stetiger Merkmale durch Messen und Wiegen ermittelt.

3. Was sind qualitative Merkmale?

Qualitative Merkmale sind Merkmale, deren Ausprägungen *Eigenschaften* oder Qualitäten der Merkmalsträger angeben.

Beispiele: Geschlecht der Mitarbeiter (männlich – weiblich), Leistungsbeurteilung der Mitarbeiter (gut – befriedigend – schlecht).

Bei den qualitativen Merkmalen lassen sich *zwei Gruppen* unterscheiden.

- In der einen Gruppe sind die unterschiedlichen Eigenschaften nicht Grundlage für eine Wertung bzw. Bewertung (vgl. Geschlecht der Mitarbeiter).

- Bei der anderen Gruppe gibt die Reihenfolge der Ausprägungen (gut – befriedigend – schlecht) eine Rangskala an.

4. Was sind quantitative Merkmale?

Merkmale, deren Ausprägungen keine besonderen Eigenschaften oder Qualitäten angeben, werden als quantitative Merkmale bezeichnet.

Beispiele: Anzahl der Mitarbeiter, Alter der Mitarbeiter.

4.2 Häufigkeiten

1. Was ist eine Häufigkeitsverteilung?

Der Umfang der Ausprägungen eines Merkmals wird als Häufigkeit bezeichnet. Die Häufigkeitsverteilung gibt also an, wie sich die Häufigkeiten auf die einzelnen Ausprägungen verteilen.

2. Was wird mit einer Häufigkeitstabelle dargestellt?

Häufigkeitsverteilungen werden in einer Häufigkeitstabelle entsprechend der Fragestellung erfasst und übersichtlich dargestellt. In der Tabelle werden zu den Ausprägungen die entsprechenden Häufigkeiten angegeben. Die Tabelle gibt in einer systematischen Ordnung an, wie häufig und in welcher Anzahl die erfassten Daten auftreten.

Vgl. dazu das Beispiel bei nachfolgender Frage.

3. Wie werden Häufigkeiten in der Häufigkeitstabelle erfasst?

Die einzelnen Häufigkeiten können in der Tabelle absolut, relativ und kumuliert angegeben werden.

- *Absolute Häufigkeit* heißt, die Häufigkeiten der einzelnen Merkmalsausprägungen werden in absoluten Zahlen, also nicht als prozentuale Anteile an der Gesamtheit angegeben.

- *Relative Häufigkeit* heißt, die Häufigkeiten der einzelnen Merkmalsausprägungen werden als prozentuale Anteile an der Gesamtheit angegeben.

- *Kumulation von Häufigkeiten* heißt, jede absolute oder relative Häufigkeit wird zur vorhergehenden Häufigkeit bzw. zur Summe der vorhergehenden – bereits kumulierten – Häufigkeiten addiert.

Anhand des folgenden Beispiels können die Ausführungen nachvollzogen werden. Ein Unternehmen hat 423 Mitarbeiter, ihre Häufigkeitsverteilung auf die Abteilungen ergibt die folgende Häufigkeitstabelle. In Sp. 2 werden die absoluten Häufigkeiten angegeben (Summe: Grundgesamtheit), in Sp. 3 werden die relativen Häufigkeiten angegeben (Summe: 100 %), in Sp. 4 werden die relativen Häufigkeiten kumuliert. Interpretation (z.B.): In der Einkaufsabteilung sind 52 Mitarbeiter, d.s. 12,29 % aller Mitarbeiter, beschäftigt; 18,20 % aller Mitarbeiter (Sp. 4, Zeile 4) sind in den Abteilungen Geschäftsleitung und Einkauf beschäftigt.

	1	2	3	4
1	Abteilungen	Anzahl der Mitarbeiter		
2		absol. H.	relat. H.	kum. rel. H.
3	Geschäftsleitung	25	5,91 %	5,91 %
4	Einkauf	52	12,29 %	18,20 %
5	Produktion	163	38,54 %	56,74 %
6	Allgemeine Verwaltung	63	14,89 %	71,63 %
7	Lager	45	10,64 %	82,27 %
8	Verkauf	75	17,73 %	100,00 %
9		423	100,00 %	

4. Wann werden Messwerte zu Klassen zusammengefasst?

Bei einer großen Anzahl von Ausprägungen ist es häufig sinnvoll, Ausprägungen zu Klassen zusammenzufassen, um die Darstellung in der Tabelle zu verkürzen und das Material überschaubarer zu machen.

5. Was ist bei der Klassenbildung von Merkmalen zu beachten?

Die Klassen sollen im Allgemeinen gleich breit sein, doch können unterschiedlich breite Klassen gelegentlich den Aussagewert der Tabelle verbessern. In einer statistischen Klasse werden benachbarte Ausprägungen zusammengefasst. Die Klassenbreite wird bestimmt durch die Klassenuntergrenze und die Klassenobergrenze. Gelegentlich bleiben die Untergrenze der ersten Klasse und die Obergrenze der letzten Klasse unbestimmt; für weitere Berechnungen ist die Bestimmung der Klassenmitte erforderlich. Sie ergibt sich, wenn die Summe der Werte für Klassenunter- und Klassenobergrenze durch zwei geteilt wird. Sind bei den Randklassen Unter- und Obergrenze nicht angegeben, muss die Klassenmitte geschätzt oder als Mittelwert errechnet werden.

4.3 Maßzahlen zur Analyse von Verteilungen

1. Welche Bedeutung haben Maßzahlen?

Häufigkeitsverteilungen und ihre Darstellung in Häufigkeitstabellen und Zeichnungen (s.u.) reichen meistens für die Auswertung des statistischen Materials nicht aus. Aus dem Material werden deshalb *charakteristische Werte*, sog. Maßzahlen, herausgearbeitet, die *weitergehende Interpretationen*, Vergleiche, Analysen usw. zulassen.

Wichtige Maßzahlen sind

- *Mittelwerte*, dazu zählen das einfache und das gewogene arithmetische Mittel, der häufigste Wert, der Median,

- *Streumaße*, dazu zählen mittlere lineare und mittlere quadratische Abweichungen und Standardabweichungen.

2. Was sagt das arithmetische Mittel aus?

Das arithmetische Mittel – auch Durchschnittswert – ist der gebräuchlichste Mittelwert. Das einfache arithmetische Mittel (der einfache Durchschnitt) wird ermittelt, indem man die Merkmalsausprägungen einer Reihe addiert und die sich ergebende Summe durch die Zahl der Ausprägungen dividiert.

Beispiel: Fünf Vertreter haben die in folgender Liste angegebenen Umsätze erzielt. Das arithmetische Mittel ergibt sich folgendermaßen:

arithmetisches Mittel = Gesamtumsatz / Anzahl Vertreter
arithmetisches Mittel = 188.000 / 5 = 37.600

Vertreter	Umsätze
A	25.000,00 €
B	30.000,00 €
C	31.000,00 €
D	50.000,00 €
E	52.000,00 €
	188.000,00 €
arithmetische Mittel	37.600,00 €

Statistik

3. Was ist ein gewogenes arithmetisches Mittel?

Wenn einzelne *Merkmalsausprägungen mehrfach* auftreten, ist es sinnvoll, das gewogene arithmetische Mittel (gaM) zu errechnen. Dazu werden die Merkmalsausprägungen mit ihren Häufigkeiten multipliziert, die gewichteten Ausprägungen werden addiert, die Summe wird durch die Gesamtheit der Ausprägungen dividiert.

Beispiel: Im Verkaufsbezirk des Vertreters A werden von ausgewählten Einzelhändlern die im Folgenden angegebenen Stückzahlen abgenommen. In Sp. 1 ist die Anzahl der Einzelhändler angegeben, die jeweils die in Sp. 2 angegebenen Stück abgenommen haben, Sp. 3 enthält die von dieser Gruppe Einzelhändler insgesamt abgenommenen Stück. Die im Einzelnen abgenommenen Stück werden mit der Zahl der Einzelhändler gewichtet. Das gewogene arithmetische Mittel ergibt sich folgendermaßen:

gaM = Summe der gewichteten Stückzahlen / Anzahl Einzelhändler
gaM = 279 / 27 = 10,33

	1	2	3
1	**Anzahl Einzelhändler**	**Stück Einzelhändler**	**Stück insgesamt**
2	3	5	15
3	5	7	35
4	8	9	72
5	9	13	117
6	2	20	40
7	27	–	279
8	gaM		10,33

4. Was wird mit dem häufigsten Wert angegeben?

Der häufigste Wert gibt die Merkmalsausprägung mit der größten Häufigkeit in einer statistischen Masse (oder in einer Häufigkeitsverteilung) an. Bei bestimmten qualitativen Merkmalen ist der häufigste Wert im Allgemeinen der sinnvollste Mittelwert.

5. Was gibt der Median an?

Der Median (zentraler Wert) ist in einer Reihe von Ausprägungen die Ausprägung, die in der Mitte dieser Reihe liegt. Er *teilt die Reihe in zwei Hälften*, beide Teile enthalten die gleiche Anzahl von Merkmalsausprägungen. (Beispiel: In dem Beispiel bei Frage 10 ist der Median 42.500.)

6. Was wird mit den Streumaßen angegeben?

Streumaße geben an, wie weit Häufigkeiten bzw. beobachtete Werte vom Mittelwert abweichen. Sie *messen, wie die Werte um den Mittelwert streuen*. Ein hoher Wert für das Streumaß besagt, dass die einzelnen Werte der Ausprägungen stark vom Mittelwert abweichen; ein niedriger Wert für das Streumaß besagt, dass die einzelnen Werte der Ausprägungen nahe beim Mittel der Gesamtheit liegen.

7. Was wird mit der Spannweite angegeben?

Die Spannweite ist das einfachste Maß zur Angabe einer Streuung. Sie gibt die Differenz zwischen dem größten und dem kleinsten Beobachtungswert an. Die Spannweite ist als Streumaß wenig aussagefähig; es berücksichtigt lediglich die beiden äußeren Werte, die dazwischenliegenden Werte werden vernachlässigt.

8. Was gibt die mittlere lineare Abweichung an?

Die mittlere lineare Abweichung (lineare Streuung) gibt an, wie die *Ausprägungen eines Merkmals von ihrem Mittelwert im Durchschnitt abweichen*. Für die Berechnung der mittleren linearen Abweichung ist also zunächst die Errechnung des Mittelwerts erforderlich; dann wird festgestellt, wie die einzelnen Werte von diesem Mittelwert abweichen; schließlich wird aus diesen einzelnen Abweichungen der Durchschnitt ermittelt.

Die Ausführungen können anhand des Beispiels bei Frage 10 nachvollzogen werden. Das arithmetische Mittel wird in Zeile 8/Spalte 2 angegeben; in Spalte 3 werden die einzelnen Abweichungen errechnet, in Spalte 4 werden die Werte „absolut" gesetzt, daraus die Summe gebildet (Zeile 7), daraus der Durchschnitt ermittelt (Zeile 9). Die mittlere lineare Abweichung ergibt sich folgendermaßen:

mlA = Summe der absolut gesetzten Abweichungen / Anzahl Vertreter
mlA = 15508 / 5 = 3101,60

Das bedeutet, im Durchschnitt weichen die Umsätze um 3101,60 € vom Mittelwert der Umsätze ab.

9. Was wird mit der mittleren quadratischen Abweichung angegeben?

Die mittlere quadratische Abweichung ist ein *häufig angewandtes Streumaß*; es wird auch als *Varianz* oder *Streuung* bezeichnet. Die mittlere quadratische Abweichung ist das arithmetische Mittel aus den zum Quadrat erhobenen Abweichungen der Merkmalsausprägungen von ihrem Mittelwert.

Die mittlere quadratische Abweichung (Varianz, Streuung) wird folgendermaßen errechnet: Zunächst wird das arithmetische Mittel, dann werden die Abweichungen davon berechnet, die Abweichungen werden zum Quadrat erhoben, die sich ergebenden Werte werden summiert, die Summe wird schließlich durch die Gesamthäufigkeit dividiert.

Die Ausführungen können anhand des Beispiels bei Frage 10 nachvollzogen werden. In Spalte 5 werden die Abweichungen zum Quadrat erhoben, die Werte werden addiert, die Summe (Zeile 10) durch die Anzahl der Vertreter dividiert. Die mittlere quadratische Abweichung (Streuung, Varianz) ergibt sich folgendermaßen:

mqA = Summe der zum Quadrat erhobenen Abweichungen / Anzahl Vertreter
mqA = 63.748.280 / 5 = 12.749.656

10. Was wird mit der Standardabweichung angegeben?

Die Standardabweichung ist *das gebräuchlichste Streumaß*. Sie ergibt sich, wenn aus der mittleren quadratischen Abweichung die Quadratwurzel gezogen wird.

Die Ermittlung der Standardabweichung lässt sich anhand des folgenden Bespiels nachvollziehen. Sie ergibt sich in Spalte 5/Zeile 11 als Quadratwurzel aus der mittleren quadratischen Abweichung in Zeile 10.

Die Standardabweichung wird folgendermaßen errechnet:

StA = Quadratwurzel aus der mittleren quadratischen Abweichung (Streuung, Varianz),

$StA = \sqrt{12.749.656} = 3.570{,}67$

	1	2	3	4	5
1	Vertreter	Umsätze	Abweichungen	Abweichungen (absolut)	Abweichungen (zum Quadrat erhoben)
2	A	42.500,00 €	288,00	288,00	82.944,00
3	B	39.350,00 €	– 2.862,00	2.862,00	8.191.044,00
4	C	37.320,00 €	– 4.892,00	4.892,00	23.931.664,00
5	D	44.590,00 €	2.378,00	2.378,00	5.654.884,00
6	E	47.300,00 €	5.088,00	5.088,00	25.887.744,00
7		211.060,00 €		15.508,00	63.748.280,00
8	arithmetisches Mittel	42.212,00 €			
9	mittlere lineare Abweichung			3.101,60	
10	mittlere quadratische Abweichung				12.749.656,00
11	Standardabweichung				3.570,67

4.4 Verhältniszahlen

1. **Was sind Verhältniszahlen?**

   Verhältniszahlen sind Maßzahlen, die das *Verhältnis zweier statistischer Werte zueinander* angeben. Verhältniszahlen werden als Quotienten angegeben. Zu unterscheiden sind Gliederungszahl, Beziehungszahl und Messzahl.

2. **Was wird mit einer Gliederungszahl angegeben?**

   Eine Gliederungszahl gibt (in einem Vom-Hundert-Satz) das Verhältnis einer Teilmasse zur umfassenden Gesamtmasse an.

   $$Gz = \frac{\text{Teilmasse}}{\text{Gesamtmasse}} \cdot 100$$

Statistik

Beispiel: In der Abteilung Verkauf arbeiten 75 Mitarbeiter von insgesamt 423 Mitarbeitern, das sind 17,7%.

$$Gz = \frac{75 \cdot 100}{423} = 17,7\,\%$$

3. Was wird mit einer Beziehungszahl angegeben?

Eine Beziehungszahl gibt das Verhältnis einer statistischen Größe zu einer anderen, andersartigen statistischen Größe an. Die statistischen Größen müssen in einem sinnvollen Zusammenhang miteinander stehen.

$$Bz = \frac{\text{statistische Größe A}}{\text{statistische Größe B}}$$

Beispiel: Aus dem Umsatz eines Unternehmens i.H. von 1,5 Mio € ergibt sich für die 12 Vertreter ein durchschnittlicher Umsatz von

$$Bz = \frac{1.500.000}{12} = 125.000$$

4. Was wird mit Messzahl angegeben?

Eine Messzahl setzt gleichartige statistische Größen zueinander in Beziehung. Sie unterscheiden sich jedoch in sachlicher, örtlicher oder zeitlicher Hinsicht.

$$Mz = \frac{\text{statistische Größe } A_1}{\text{statistische Größe } A_2} \cdot 100$$

Beispiel: Das Verhältnis des Umsatzes dieses Monats 630.000 € zum Umsatz des Vormonats (580.000 €). Die Messzahl gibt an, dass der Umsatz um 8,6% gestiegen ist.

$$Mz = \frac{630.000}{580.000} \cdot 100 = 108,6$$

4.5 Zeitreihenanalyse

1. Was ist eine Zeitreihe?

Eine Zeitreihe gibt eine *Reihe von Daten über den gleichen Sachverhalt* für eine Reihe von

1. Zeitpunkten oder
2. Zeiträumen an.

Beispiel zu 1.: Der Personalbestand jeweils am 31.12. über eine Reihe von Jahren.

Beispiel zu 2.: Der monatliche Absatz eines Produkts in den aufeinander folgenden Monaten eines Jahres.

2. Was wird mit einer Messzahlenreihe angegeben?

Mit einer Messzahlenreihe werden mehrere gleichartige statistische Größen zueinander in Beziehung gesetzt. In der Messzahlenreihe wird ein Wert gleich 100 gesetzt, die anderen Werte werden auf ihn bezogen.

Im folgenden Beispiel wird die Entwicklung des Umsatzes über mehrere Monate mithilfe einer Messzahlenreihe dargestellt. Der Umsatz des ersten Monats wird gleich 100 gesetzt. Der Wert für Dezember (148,28) gibt an, dass der Umsatz bezogen auf den Basismonat um 48,28 % gestiegen ist.

Monat	Umsätze	Messzahlen
Juli	580.000	100,00
August	630.000	108,62
September	640.000	110,34
Oktober	690.000	118,97
November	790.000	136,21
Dezember	860.000	148,28

3. Wie werden Indexzahlen errechnet?

Die Daten einer Zeitreihe werden in einer Tabelle erfasst; sie können in einem x-y-Koordinatensystem grafisch dargestellt werden.

Im folgenden Beispiel wird die Absatzentwicklung eines Unternehmens für die Monate eines bestimmten Jahres dargestellt.

Statistik

	Monat	Absatz in Stück
1	Januar	2.100
2	Februar	1.850
3	März	2.250
4	April	1.910
5	Mai	1.750
6	Juni	1.700
7	Juli	1.520
8	August	1.810
9	September	1.850
10	Oktober	1.890
11	November	2.500
12	Dezember	3.100

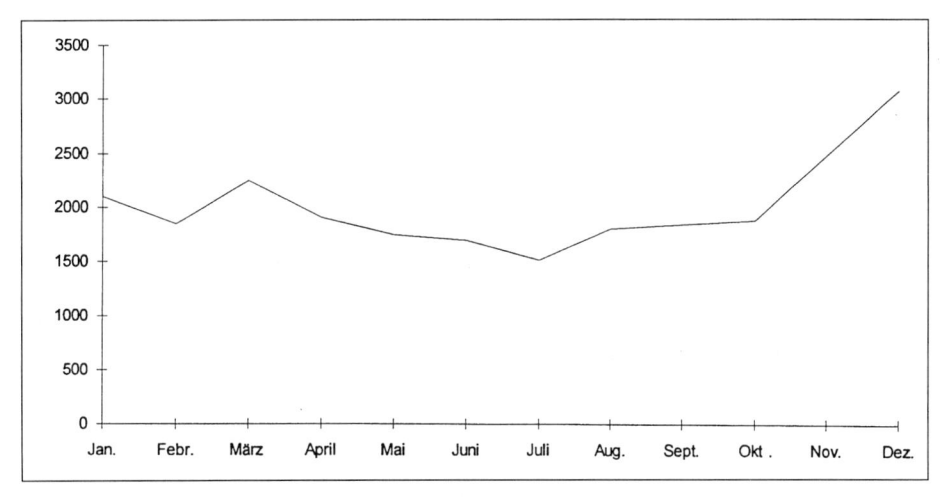

4. Welche Verläufe können bei Zeitreihen unterschieden werden?

Zeitreihen können Verläufe der folgenden Typen aufweisen.

1. *Konstanter Verlauf*, die dargestellten Werte schwanken nur geringfügig und gleichmäßig um den Mittelwert (vgl. Abb. 1), z.B. gleichmäßiger Absatz bei einem bestimmten Produkt.

2. *Saisonbedingter Verlauf*, die Darstellung der Daten weist zu einem bestimmten Zeitpunkt (oder für einen bestimmten Zeitraum) einen saisonbedingten

Ausschlag auf (vgl. Abb. 2), das könnte z.B. der Fall sein, wenn der Absatz eines bestimmten Produkts vor einem großen Feiertag überdurchschnittlich zunimmt.

3. *Verläufe mit Trend*, die Darstellung der Daten weist steigenden oder fallenden Trend auf (vgl. Abb. 3 und 4), die Nachfrage nach einem Produkt nimmt zu bzw. ab.

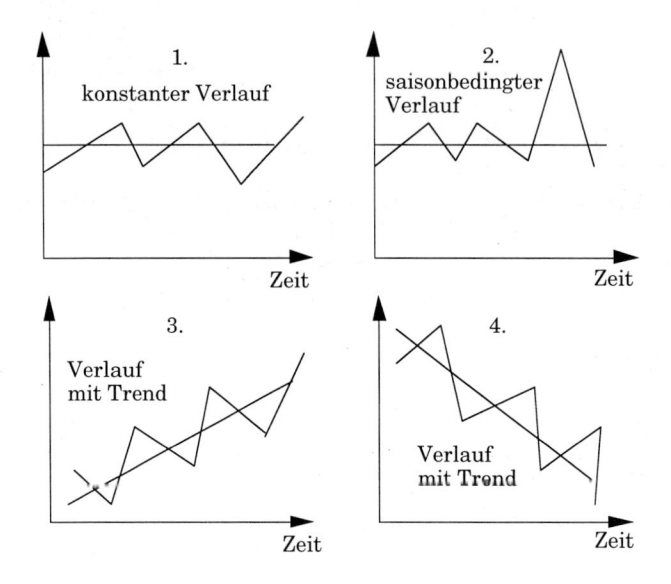

1. konstanter Verlauf
2. saisonbedingter Verlauf
3. Verlauf mit Trend
4. Verlauf mit Trend

5. Was ist eine Zeitreihenanalyse?

In der Zeitreihenanalyse wird eine Zeitreihe auf Gesetzmäßigkeiten und auf Besonderheiten des Verlaufs der beobachteten Werte beschrieben, untersucht und für Rückschlüsse genutzt. Von besonderer Bedeutung ist die Ermittlung des Trends, die Abweichungen vom Trend und die Prognose des weiteren Verlaufs.

6. Wie lässt sich der Trend einer Zeitreihe ermitteln?

Der Trend einer Zeitreihe ist die grundlegende Richtung des Verlaufs. Der Trend lässt sich u.a. mit der *Methode der gleitenden Durchschnitte ungerader Ordnung* ermitteln.

Gleitende Durchschnitte heißt, es wird eine Reihe von Durchschnitten aus jeweils benachbarten Werten einer Zeitreihe ermittelt. In der tabellarischen Darstellung wird der ermittelte Durchschittswert dem jeweils mittleren Wert der Datenreihe zugeordnet.

Ungerade Ordnung heißt, es wird eine ungerade Anzahl von Werten zur jeweiligen Durchschnittsbildung benutzt (z.B. 3, 5 usw.). Die Anzahl bestimmt

Statistik 181

die Ordnung, z.B. wird bei drei Werten von gleitenden Durchschnitten 3. Ordnung gesprochen.

Die Ausführungen lassen sich anhand des Beispiels bei Frage 8 nachvollziehen. Ermittelt werden in Sp. 3 gleitende Durchschnitte 3. Ordnung. Aus den Werten für Januar, Februar, März wird das arithmetische Mittel gebildet, der Durchschnittswert wird dem mittleren Wert zugeordnet. Dann wird das arithmetische Mittel aus den Werten für Februar, März und April gebildet und wiederum dem mittleren Wert zugeordnet usw.

7. Welche Bedeutung haben saisonale Schwankungen?

Saisonale Schwankungen sind *periodische Schwankungen* um den Trend, häufig mit fester Periode. Die Schwankungen können

1. in etwa gleich groß sein oder

2. im Zeitablauf größer werden.

Im ersten Fall ergibt sich der Zeitreihenwert durch die Addition des Trendwertes mit der Schwankungskomponente, im zweiten Fall durch die Multiplikation des Trendwerts mit der Schwankungskomponente.

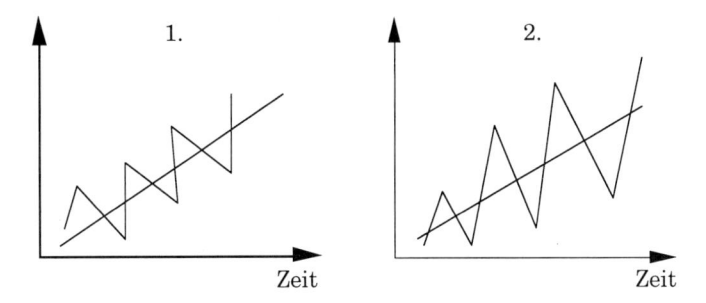

8. Wie werden saisonale Schwankungen in Zeitreihen berücksichtigt?

Die Schwankungskomponente in einer Zeitreihe wird ermittelt durch Subtraktion der Trendwerte von den Zeitreihenwerten.

Die Ausführungen lassen sich anhand des folgenden Beispiels nachvollziehen. Spalte 2 gibt den Absatz eines bestimmten Produkts in Stück an, der Verlauf der Zeitreihenwerte weist zyklische Schwankungen des Absatzes auf. Die Schwankungen werden in Spalte 4 ermittelt, bei Februar ergibt sich eine Schwankungskomponente von 6,7 (Zeitreihenwert − Trendwert). Auf der Grundlage der Tabellenwerte wurde die folgende Grafik erstellt.

	1	2	3	4
1	Perioden	Zeitreihenwerte	Trendwerte	Schwankungen
2	Monat	Absatz in Stück	gleitende Durchschnitte 3. Ordnung	ZtrW-TrW
3	Januar	560		
4	Februar	520	513,3	6,7
5	März	460	503,3	− 43,3
6	April	530	520,0	10,0
7	Mai	570	570,0	0,0
8	Juni	610	590,0	20,0
9	Juli	590	583,3	6,7
10	August	550	550,0	0,0
11	September	510	553,3	− 43,3
12	Oktober	600	870,0	− 270,0
13	November	1.500	1.633,3	133,3
14	Dezember	2.800	1.650,0	1.150,0
15	Januar	650	1.353,3	− 703,3
16	Februar	610	610,0	0,0
17	März	570	596,7	− 26,7
18	April	610	610,0	0,0
19	Mai	650	650,0	0,0
20	Juni	690	670,0	20,0
21	Juli	670	663,3	6,7
22	August	630	630,0	0,0
23	September	590	640,0	− 50,0
24	Oktober	700	963,3	− 263,3
25	November	1.600	1.766,7	− 166,7
26	Dezember	3.000		

Statistik 183

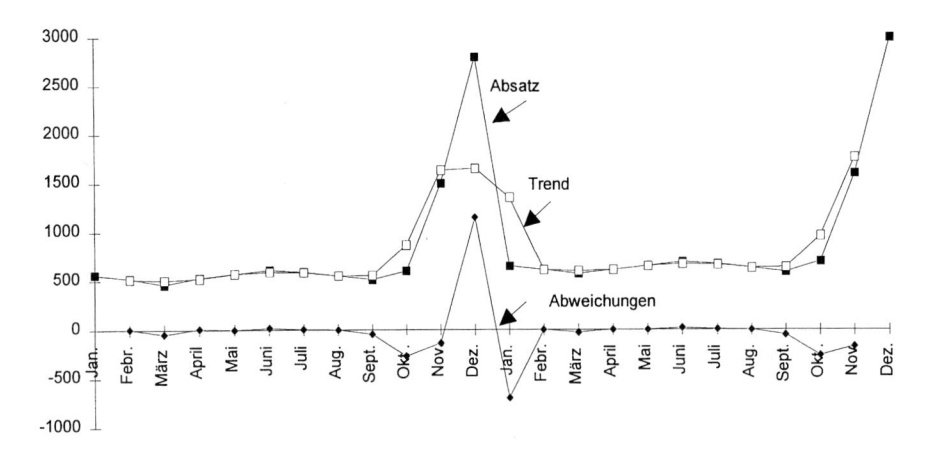

9. Wie lassen sich aus Zeitreihen Prognosen entwickeln?

Auf der Grundlage von Zeitreihen lassen sich künftige Entwicklungen prognostizieren. Die beobachteten Zeitreihenwerte können in die Zukunft fortgesetzt werden, wenn angenommen werden kann, dass die Bedingungen für die Beobachtungswerte auch in Zukunft gelten werden.

Die Voraussagen sind unzulänglich und deshalb nur bedingt verwendbar. Methoden zur Entwicklung von Prognosen sind u.a.

- die Methode der gleitenden Durchschnitte und
- die Methode der exponentiellen Glättung erster Ordnung.

10. Wie lässt sich mithilfe gleitender Durchschnitte die Entwicklung von Zeitreihenwerte prognostizieren?

Aus einer Reihe von beobachteten Zeitreihenwerten wird das arithmetische Mittel errechnet. Dieser Durchschnitt wird als wahrscheinlicher Wert für den ersten (folgenden) Prognosezeitraum angenommen. Der nächste Prognosewert wird wieder als Durchschnitt aus der gleichen Anzahl von beobachteten Zeitreihenwerten ermittelt, dazu wird die ursprüngliche Reihe um den ersten Wert gekürzt und mit dem inzwischen ermittelten tatsächlichen Wert des ersten Prognosezeitraums ergänzt. Für die Ermittlung der folgenden Prognosewerte wird die ursprüngliche Reihe entsprechend modifiziert (gleitende Durchschnitte).

Irreguläre Schwankungen können die Prognose erheblich verzerren.

Die Ausführungen lassen sich anhand des folgenden Beispiels nachvollziehen; für das Beispiel werden die Zahlen aus Frage 8 benutzt. Zur Durchschnittsberechnung werden die letzten sieben Zeitreihenwerte herangezogen. Der wahrscheinliche Wert für Januar ergibt sich folgendermaßen.

wW_{Jan} = (690 + 670 + 630 + 590 + 700 + 1.600 + 3.000) / 7 = 1.125,7

tatsächlicher Wert für Januar sind 740 Stück; der wahrscheinliche Wert für Februar ergibt sich folgendermaßen:

wW_{Feb} = (670 + 630 + 590 + 700 + 1.600 + 3.000 + 740) / 7 = 1.132,9

Das Rechenbeispiel zeigt die Problematik der Methode: Der Dezemberwert geht mit einem zu hohen Gewicht in die Berechnung ein, der tatsächliche Januarwert liegt erheblich unter dem vorhergesagten Wert.

11. Wie lässt sich mithilfe der exponentiellen Glättung erster Ordnung die Entwicklung von Zeitreihenwerte prognostizieren?

Bei der Methode der exponentiellen Glättung werden die Werte mit einem Glättungsfaktor (g) gewichtet (0<g<1). Ist der Faktor relativ klein, werden weiter zurückliegende Werte stärker berücksichtigt, die Zufallsschwankungen werden stärker geglättet, bei einem relativ hohen Faktorwert werden die neueren Werte stärker gewichtet. Der Prognosewert ergibt sich durch Addition des vorhergehenden Prognosewerts mit der geglätteten Differenz aus dem tatäschlichen Wert und dem Prognosewert des vorhergehenden Zeitraums.

Die Ausführungen lassen sich anhand des folgenden Beispiels nachvollziehen. Für das Beispiel werden die Zahlenwerte aus dem vorhergehenden Beispiel genutzt.

Für die Rechnungen wird ein Glättungsfaktor von g = 0,4 gewählt. Der wahrscheinliche Wert für Februar soll ermittelt werden, für Januar ergab sich ein tatsächlicher Wert von 740 Stück. Der wahrscheinliche Wert für Februar ergibt sich durch Addition des wahrscheinlichen Januarwerts mit der geglätteten Differenz aus tatsächlichem und wahrscheinlichem Januarwert.

wW_{Feb} = 1.125,7 + 0,4(740 − 1.125,7) = 1.125,7 + 0,4 · (− 385,7) = 971,4

Statistik

4.6 Darstellung statistischer Befunde

1. Welche Möglichkeiten grafischer Darstellungen gibt es?

Für die Darstellungen lassen sich folgende Grundformen unterscheiden.

1. *Strecken*, die Strecke stellt die Häufigkeit von Merkmalen dar, z.B. Stabdiagramm, Säulendiagramm,

2. *Fläche*, die Fläche (Flächeninhalt) stellt die Häufigkeit von Merkmalen dar, Kreisdiagramm, Histogramm,

3. *Bild*, Bilder symbolisieren Häufigkeiten.

2. Welche statistischen Befunde eignen sich besonders für eine Darstellung in Stab- oder Säulendiagramm?

Stab- und Säulendiagramme eignen sich für die Darstellung von Häufigkeiten zu einem bestimmten Zeitpunkt.

Unterschiedliche Häufigkeitsverteilungen lassen sich mithilfe von Säulendiagrammen gut vergleichen.

Die Entwicklung von Häufigkeiten lassen sich mit Stabdiagrammen und Säulendiagrammen gut darstellen (vgl. Abb.) Die Entwicklung von Häufigkeiten lässt sich auch durch ein Kurvendiagramm veranschaulichen (vgl. Abb. S. 184). Kurvendiagramme können sich aus Stabdiagrammen bzw. Säulendiagrammen ergeben.

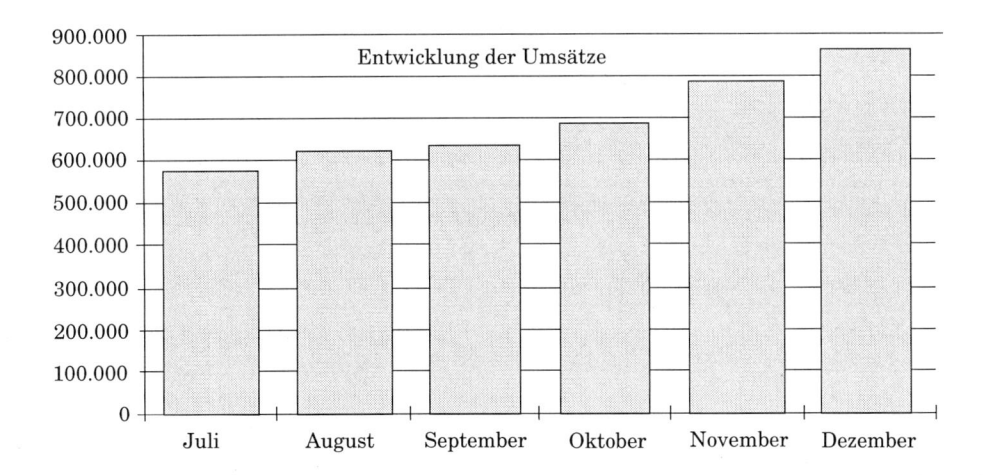

Entwicklung der Umsätze

Umsätze

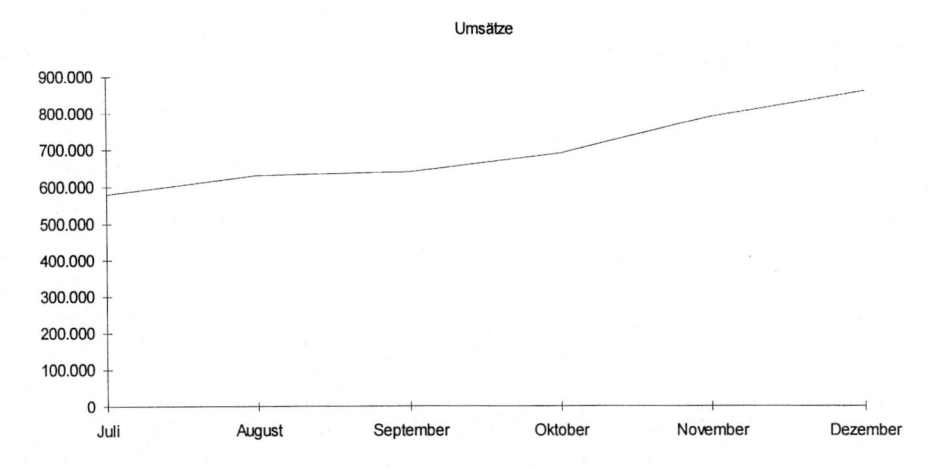

[Liniendiagramm: Umsätze von Juli bis Dezember, ansteigend von ca. 580.000 auf ca. 860.000]

3. **Welche statistischen Befunde eignen sich besonders für eine Darstellung in einem Flächendiagramm?**

Flächendiagramme, z.B. Kreisdiagramme, eignen sich gut für die Darstellungen von Häufigkeiten von Merkmalen bzw. Merkmalsausprägungen zu einem bestimmten Stichtag (vgl. Abb.), für Vergleiche von Häufigkeiten zu verschiedenen Stichtagen oder aus verschiedenen Bereichen usw.

Mitarbeit in den Abteilungen

[Kreisdiagramm mit Segmenten: Geschäftsleitung, Einkauf, Produktion, Allgem. Verw., Lager, Verkauf]

4. **Welche Bedeutung haben Pictogramme?**

In einem Pictogramm symbolisieren Bilder Häufigkeiten oder ergänzen zur bessseren Veranschaulichung andere Darstellungen. Die Anzahl oder die Größe des Bildsymbols geben unterschiedliche Häufigkeiten wieder.

5. Recht

5.1 Einführung

1. **Welche Rechtsgrundlagen gibt es?**

   Folgende Rechtsgrundlagen können unterschieden werden.

   - *Gesetze im formellen Sinn*, das sind Rechtsvorschriften, die durch ein förmliches Gesetzgebungsverfahren von einem Parlament erlassen werden,

   - *Rechtsverordnungen*, das sind Rechtsvorschriften, die nicht vom Gesetzgeber, sondern von Verwaltungsbehörden erlassen werden, die dazu durch ein Gesetz ermächtigt sein müssen, vgl. z.B. Lohnsteuer-Durchführungs-Verordnung,

   - *Satzungen*, autonome Satzungen, das sind Rechtsvorschriften, die von öffentlich-rechtlichen Körperschaften im Rahmen ihrer gesetzlich vorgegebenen Autonomie erlassen werden, vgl. z.B. die Festlegung der Hebesätze für bestimmte Steuern durch die Gemeinden,

   - *Gewohnheitsrecht*, das sind ungeschriebene Rechtsnormen, die sich durch Übung herausgebildet haben, sie beruhen auf dem allgemeinen Rechtsbewusstsein.

2. **Was wird durch das öffentliche Recht geregelt?**

   Die Rechtssätze des öffentlichen Rechts regeln die Beziehungen des Staats zu den Bürgern, die Beziehungen der Körperschaften öffentlichen Rechts und der öffentlichen Verbände zueinander. Typisches *Kennzeichen* des öffentlichen Rechts ist das *Über- bzw. Unterordnungsverhältnis*, das sich in den rechtlichen Beziehungen zwischen Staat und Bürger ausdrückt (vgl. z.B. Erlass eines Steuerbescheides).

   Zu den Bereichen des öffentlichen Rechts zählen u.a.

   - das Verwaltungsrecht, z.B. das Steuerrecht, das Sozialrecht,
   - das Strafrecht,
   - das Prozessrecht.

3. **Was wird durch das Privatrecht geregelt?**

   Die Rechtssätze des Privatrechts regeln die rechtlichen Beziehungen der Bürger zueinander. Typisches Kennzeichen des Privatrechts ist, dass die an den rechtlichen Beziehungen *beteiligten Privatpersonen gleichberechtigt* nebeneinander stehen (vgl. z.B. den Abschluss eines Kaufvertrages).

Zu den Bereichen des Privatrechts zählen u.a.

- das bürgerliche Recht,
- das Handelsrecht,
- das Gesellschaftsrecht.

4. Welche Regelungen enthält das BGB?

Das Bürgerliche Gesetzbuch ist das wichtigste Gesetz des Privatrechts. Die einzelnen Teile des BGB enthalten u.a. folgende Regelungen.

1. *Allgemeiner Teil.* Er enthält allgemeine Regeln, die *für das gesamte Privatrecht* gelten. Sie betreffen z.B. natürliche und juristische Personen, Rechts- und Geschäftsfähigkeit, Rechtsgeschäfte, Verjährungen.

2. Recht der *Schuldverhältnisse.* Es enthält allgemeine Vorschriften über den Inhalt, das Erlöschen von Schuldverhältnissen, über einzelne Schuldverhältnisse, wie z.B. Kauf, Tausch, Miete, Pacht usw.

3. *Sachenrecht.* Es regelt Besitz und Eigentum, die Rechte an Grundstücken usw.

4. *Familienrecht.* Die Regeln betreffen z.B. Eingehen und Scheidung einer Ehe, das eheliche Güterrecht, Verwandtschaft, Vormundschaft.

5. *Erbrecht.* Es enthält Vorschriften über die Erbfolge, die rechtliche Stellung des Erben, das Testament.

5. Welche Nebengesetze zum BGB gibt es?

Im Folgenden werden einige wichtige Nebengesetze aufgezählt.

- Gesetz betreffend die Abzahlungsgeschäfte,
- Haftpflichtgesetz,
- Gesetz zur Regelung des Rechts der Allgemeinen Geschäftsbedingungen (AGB-Gesetz),
- Gesetz über Wohnungseigentum.

6. Welche Regelungen enthält das HGB?

Die Regeln des bürgerlichen Rechts gelten im Allgemeinen auch für die Kaufleute. Das HGB enthält *ergänzende und abweichende Vorschriften.* Bestimmte

Vorschriften des HGB sind ohne Kenntnis des BGB nicht zu verstehen (vgl. z.B. die Vorschriften über den Kaufvertrag).

Die einzelnen Teile bzw. Bücher des HGB enthalten u.a. folgende Regelungen:

1. Vorschriften über den *Handelsstand*, z.B. über Kaufmannseigenschaften, Firma, Handelsregister usw.,

2. Vorschriften über *Handelsgesellschaften* und stille Gesellschaften,

3. Vorschriften über *Handelsbücher*, z.B. über Inventur, Bilanz, Bewertungen, Aufbewahrung, Abschlüsse, Prüfungen usw.

4. Vorschriften über *Handelsgeschäfte*, d.s. allgemeine Vorschriften und Vorschriften über Handelskauf, Kommissionsgeschäft usw.

7. Welche handelsrechtlichen Sondergesetze gibt es?

Das HGB wird ergänzt durch einige Sondergesetze. Zu den wichtigsten zählen

- Aktiengesetz,
- GmbH-Gesetz,
- Depotgesetz,
- Gesetz gegen den unlauteren Wettbewerb,
- Wechselgesetz.

8. Welche Bereiche umfasst das Wettbewerbsrecht im weiteren Sinne?

Das Wettbewerbsrecht i.w.S. umfasst

- das Gesetz gegen Wettbewerbsbeschränkungen, das sog. Kartellgesetz,
- das Gesetz gegen den unlauteren Wettbewerb,
- das Recht des gewerblichen Rechtsschutzes (Patent-, Warenzeichen-, Gebrauchsmusterrecht).

9. Welche Zweige der Gerichtsbarkeit gibt es in Deutschland?

In Deutschland umfasst die Gerichtsbarkeit die folgenden Zweige:

1. Ordentliche Gerichtsbarkeit (Zivil- und Strafgerichtsbarkeit),
2. Verwaltungsgerichtsbarkeit,
3. Arbeitsgerichtsbarkeit,
4. Sozialgerichtsbarkeit,
5. Finanzgerichtsbarkeit.

10. Wie sind die Zweige der Gerichtsbarkeit aufgebaut?

Zweig	1. Instanz		2. Instanz		3. Instanz
Ordentliche Gerichtsbarkeit	Amtsgericht	Berufung	Landgericht Oberlandesgericht	Revision	Bundesgerichtshof
	Landgericht	Berufung	Oberlandesgericht	Revision	Bundesgerichtshof
Verwaltungsgerichtsbarkeit	Verwaltungsgericht	Berufung	Oberverwaltungsgericht (Verwaltungsgerichtshof)	Revision	Bundesverwaltungsgericht
Arbeitsgerichtsbarkeit	Arbeitsgericht	Berufung	Landesarbeitsgericht	Revision	Bundesarbeitsgericht
Sozialgerichtsbarkeit	Sozialgericht	Berufung	Landessozialgericht	Revision	Bundessozialgericht
Finanzgerichtsbarkeit	Finanzgericht			Revision	Bundesfinanzhof

11. Wie sind die Zuständigkeiten in der Ordentlichen Gerichtsbarkeit geregelt?

Das *Amtsgericht* ist u.a. zuständig

- bei vermögensrechtlichen Streitigkeiten bis zu einem Streitwert von 5.000 €,
- bei Kindschafts- und Familiensachen usw.,
- bei Mahnverfahren, Beweissicherungsverfahren.

Das *Landgericht* (mit Zivil- und Handelskammern) ist u.a. zuständig

- bei vermögensrechtlichen Streitigkeiten mit einem Streitwert über 5.000 €,
- bei Verfahren im Zusammenhang mit Namens- und Standesrecht usw.,
- bei Nichtigkeitserklärung einer GmbH,
- bei Streitigkeiten in bestimmten Handelssachen (z.B. Wechsel, Firmenrecht, unlauterer Wettbewerb).
- Das Landgericht ist *Berufungsgericht* und damit in zweiter Instanz zuständig für Berufungen gegen Urteile des Amtsgerichts.

Das *Oberlandesgericht* ist u.a. zuständig

- für *Berufungen* gegen Urteile des Landgerichts,
- für Berufungen gegen Urteile des Amtsgerichts in Kindschaftssachen usw.

Der Bundesgerichtshof ist (als dritte Instanz) zuständig

- für die Revision gegen Urteile des Oberlandesgerichts,
- für die Revision gegen Urteile des Landgerichts bei sog. Sprungrevision.

5.2 Erwerb von Rechten

1. Welche Bedeutung haben Rechtsgeschäfte?

Rechtsgeschäfte begründen, verändern oder beenden Rechtsverhältnisse, d.h. die rechtlichen Beziehungen von Personen zu Personen und von Personen zu Sachen werden durch Rechtsgeschäfte geordnet und gestaltet. Rechtsgeschäfte kommen durch Willenserklärungen zu Stande. Zu unterscheiden sind einseitige und zweiseitige Rechtsgeschäfte.

Einseitige Rechtsgeschäfte enthalten nur eine Willenserklärung. Es gibt

- empfangsbedürftige einseitige Rechtsgeschäfte (z.B. Kündigung), sie müssen dem Erklärungsgegner zugehen, sonst werden sie nicht rechtswirksam, und
- nicht empfangsbedürftige einseitige Rechtsgeschäfte (z.B. Testament).

Zweiseitige Rechtsgeschäfte kommen durch zwei übereinstimmende Willenserklärungen zu Stande (z.B. Vertrag, vgl. Kaufvertrag).

2. Was sind Willenserklärungen?

Eine Willenserklärung ist die *Erklärung einer Person*, mit der sie eine bestimmte *Rechtsfolge* erreichen will. Eine Willenserklärung gibt z.B. ein Verkäufer ab, der einem Kunden eine Ware anbietet mit der Absicht, dass ein Kaufvertrag zu Stande kommt.

Beispiele: Angebot, Bestellung, Rücktritt vom Vertrag, Testament usw.

3. Was besagt der Grundsatz der Vertragsfreiheit?

Der Grundsatz der Vertragsfreiheit umfasst zwei Aspekte:

1. Jeder hat grundsätzlich die Freiheit, einen ihm angetragenen Vertrag anzunehmen.

2. Die Vertragsparteien sind grundsätzlich frei, den Inhalt des Vertrages zu bestimmen.

Ausnahmen von der grundsätzlichen Vertragsfreiheit sind u.a.:

- Verträge können nur von geschäftsfähigen Personen abgeschlossen werden;
- für bestimmte Verträge gibt es inhaltliche Vorgaben (vgl. z.B. den Berufsausbildungsvertrag).

4. Was heißt Formfreiheit von Verträgen?

Formfreiheit von Verträgen bedeutet, dass die äußere Form von Verträgen grundsätzlich nicht vorgeschrieben wird, die *Gültigkeit eines Rechtsgeschäfts ist nicht von der Form abhängig*; Verträge können schriftlich, mündlich oder durch konkludentes Handeln abgeschlossen werden.

Von der grundsätzlichen Formfreiheit gibt es Ausnahmen, z.B. bei Grundstückskäufen.

5. Was heißt Rechtsfähigkeit?

Rechtsfähigkeit ist die Fähigkeit, *Träger von Rechten und Pflichten* zu sein. Rechtsfähig sind alle natürlichen und juristischen Personen.

6. Was heißt Geschäftsfähigkeit?

Geschäftsfähigkeit ist die *Fähigkeit einer Person, Geschäfte rechtsgültig abzuschließen*. *Unbeschränkt geschäftsfähig* sind nur volljährige Personen, die nicht entmündigt oder unter vorläufige Vormundschaft gestellt wurden.

Von der unbeschränkten Geschäftsfähigkeit sind Geschäftsunfähigkeit und beschränkte Geschäftsfähigkeit zu unterscheiden.

Geschäftsunfähig sind Kinder unter sieben Jahren und Personen, deren Geistestätigkeit durch Krankheit dauerhaft gestört ist, sodass sie zu freien Willensentscheidungen nicht fähig sind; sie können keine Geschäfte abschließen (Geschäfte können nur durch den gesetzlichen Vertreter abgeschlossen werden).

Beschränkt geschäftsfähig sind Personen zwischen 7 und 18 Jahren; sie können Geschäfte grundsätzlich nur mit Zustimmung des gesetzlichen Vertreters abschließen. Ausnahmsweise können sie Geschäfte ohne Zustimmung des gesetzlichen Vertreters abschließen, wenn sie ihnen lediglich rechtlichen Vorteil bringen, wenn sie im Rahmen der als Taschengeld zur Verfügung stehenden Mittel abgewickelt werden können, wenn sie im Zusammenhang mit einem Erwerbsgeschäft stehen, zu dessen selbstständigen Betrieb sie ermächtigt wurden, u.a.

7. Wie kommt ein Vertrag zu Stande?

Ein Vertrag ist ein zweiseitiges Rechtsgeschäft. Es kommt durch zwei übereinstimmende Willenserklärungen zu Stande: Antrag und Annahme.

8. Wann ist ein Vertrag von vornherein nichtig?

Ein Vertrag ist von vornherein nichtig,

- wenn ein *Scheingeschäft* vorliegt,
- wenn ein *Scherzgeschäft* vorliegt,
- wenn ein Geschäft vorliegt, das *gegen die guten Sitten* verstößt,
- wenn ein Geschäft vorliegt, das *gegen bestehende Gesetze* verstößt,
- wenn ein Geschäft vorliegt, das *gegen eine Formvorschrift* verstößt,
- wenn ein Geschäft *mit geschäftsunfähigen Personen* vorliegt.

9. Wann kann ein Vertrag angefochten werden?

Ein Vertrag kann von einer Partei angefochten werden,

- wenn ihr bei Abgabe der Willenserklärung ein *Irrtum* unterlaufen ist,

- wenn sie zur Abgabe ihrer Willenserklärung durch eine *Drohung* gezwungen wurde,

- wenn sie zur Abgabe ihrer Willenserklärung durch eine *arglistige Täuschung* bestimmt wurde.

10. Was versteht man unter Handlungsvollmacht?

Eine Handlungsvollmacht ist die *handelsrechtliche Art der Vollmacht* (§ 54 HGB). Sie wird von einem Kaufmann erteilt; auch Prokuristen und Handlungsbevollmächtigte können Handlungsvollmacht erteilen.

Durch die Handlungsvollmacht kann der Bevollmächtigte ermächtigt werden, entweder alle Geschäfte des betreffenden Gewerbes, eine bestimmte Art von Geschäften oder einzelne Geschäfte vorzunehmen.

Für die folgenden Geschäfte muss der Handlungsbevollmächtigte durch eine *besondere Befugnis* ermächtigt werden: Verkauf und Belastung von Grundstücken, Aufnahme von Darlehen, das Eingehen einer Wechselverbindlichkeit und Prozessführung.

Der Umfang der Handlungsvollmacht kann nach außen hin beschränkt werden; sie ist Dritten gegenüber aber nur wirksam, wenn diese sie kennen oder kennen können.

Der Handlungsbevollbemächtigte unterzeichnet mit dem Zusatz „i.V.".

11. Welche Arten der Handlungsvollmacht gibt es?

Nach dem Umfang der Vollmacht sind folgende Arten der Vollmacht zu unterscheiden.

Generalvollmacht: Die Vollmacht erstreckt sich auf alle Geschäfte und Rechtshandlungen. Beispiel: Geschäftsleitung.

Artvollmacht: Die Vollmacht erstreckt sich auf eine bestimmte Art von Geschäften. Beispiel: Inkasso.

Einzelvollmacht: Die Vollmacht erstreckt sich lediglich auf ein einzelnes Geschäft. Beispiel: einmaliges Inkasso.

12. Was versteht man unter Prokura?

Prokura ist die *umfassendste Vertretungsmacht des Kaufmanns* (§§ 48 ff. HGB). Die Prokura ermächtigt zu allen Arten von gerichtlichen und außergerichtlichen Geschäften und Rechtshandlungen, die der Betrieb eines Handelsgewerbes mit sich bringt (§ 49 HGB). Grundstücke darf der Prokurist allerdings nur belasten und veräußern, wenn er dazu durch besondere Befugnis ermächtigt wurde.

Die folgenden Geschäfte darf der Prokurist nicht vornehmen: Konkursantrag, Veräußerung des Geschäfts, Unterzeichnung der Bilanz, Erteilung einer Prokura usw.

Die Prokura wird in das Handelsregister eingetragen. Der Prokurist unterzeichnet mit dem Zusatz „ppa.". Der Vertretungsumfang der Prokura kann nicht eingeschränkt werden.

13. Welche Formen der Prokura gibt es?

Zu unterscheiden sind folgende Formen der Prokura.

Einzelprokura: Die Prokura wird einer Einzelperson selbstständig erteilt, die dadurch allein die Vertretungsbefugnis erhält und auch allein zeichnet.

Filialprokura: Die Prokura ist nur für eine oder mehrere Niederlassungen eines Unternehmens gültig. Der Fillialprokurist hat Vertretungsbefugnis nur im Rahmen dieser Einschränkung.

Gesamtprokura: Die Erteilung der Prokura kann an mehrere Personen gemeinschaftlich erfolgen. Ein Gesamtprokurist kann nur zusammen mit einem anderen Gesamtprokuristen oder mit dem Geschäftsinhaber, mit einem vertretungsberechtigten Gesellschafter o.dgl. zeichnen.

5.3 Schuldrechtliche Grundlagen

5.3.1 Grundbegriffe

1. **Was ist ein Schuldverhältnis?**

Ein Schuldverhältnis ist ein Rechtsverhältnis zwischen (mindestens) zwei Personen: Gläubiger und Schuldner. Kraft des Schuldverhältnisses ist der Gläubiger berechtigt, von dem Schuldner eine Leistung zu fordern (§ 251 BGB). Die geforderte Leistung kann in einem Tun oder in einem Unterlassen bestehen. Schuldverhältnisse entstehen i.d.R. durch Vertrag (vgl. z.B. Kaufvertrag).

2. **Welche Bedeutung hat der Leistungsort (Erfüllungsort)?**

Der Leistungsort bzw. Erfüllungsort ist der *Ort, an dem der Schuldner eine geschuldete Leistung zu erbringen hat*. Der Erfüllungsort kann vertraglich vereinbart werden oder sich aus der Natur der Sache ergeben. Wird er nicht vereinbart und ergibt er sich auch nicht aus der Natur der Sache, so tritt die gesetzliche Regelung in Kraft.

Gesetzlicher Erfüllungsort ist der Ort, an dem der Schuldner zurzeit der Entstehung des Schuldverhältnisses seinen Wohnsitz bzw. sein Geschäftslokal hatte (§ 269 BGB).

Danach sind Schulden also immer *Holschulden*. Beispiel Kaufvertrag: Der gesetzliche Erfüllungsort für die Lieferung einer Ware ist der Wohnsitz bzw. das Geschäftslokal des Lieferers, für die Zahlung des Kaufpreises der Wohnsitz bzw. des Geschäftslokal des Käufers (vgl. Schickschulden).

Der Erfüllungsort bestimmt den Zeitpunkt des Gefahrübergangs und den Gerichtsstand.

Holschuld: Erfüllungsort ist der Wohnsitz bzw. das Geschäftslokal des Schuldners, wenn der Schuldner nicht zur Versendung verpflichtet ist.

Bringschuld: Erfüllungsort ist der Wohnsitz bzw. das Geschäftslokal des Gläubigers. Bringschulden beruhen im Allgemeinen auf einer entsprechenden Vereinbarung, gelegentlich auch auf Verkehrssitte.

Schickschuld: Erfüllungsort ist der Wohnort des Schuldners, der Schuldner ist aber verpflichtet, die Leistung an einen anderen Ort, den Bestimmungsort, zu senden. Beispiele für Schickschulden: Geldschulden, Leistung des Lieferers beim Versendungskauf.

3. Welche Bedeutung hat die Leistungszeit?

Die Leistungszeit kann vertraglich vereinbart werden. Vor Ablauf der Leistungszeit kann der Gläubiger die Leistung nicht verlangen, der Schuldner kann sie aber im Zweifel bewirken. Beispiel: Der Schuldner kann vor Ablauf des Zahlungsziels zahlen, der Gläubiger aber kann die vorzeitige Zahlung nicht verlangen. Wenn keine Leistungszeit vereinbart wurde, kann der Schuldner die Leistung sofort bewirken und der Gläubiger sie verlangen.

4. Was ist ein Fixgeschäft?

Ein Fixgeschäft liegt vor, wenn in einem gegenseitigen Vertrag vereinbart wurde, dass die eine Seite ihre Leistung zu einem fest bestimmten Zeitpunkt oder innerhalb einer fest bestimmten Frist erbringen soll.

5. Wann bzw. wodurch erlischt ein Schuldverhältnis?

Ein Schuldverhältnis erlischt, wenn der Schuldner dem Gläubiger die geschuldete Leistung erbracht hat (§ 362 BGB). Beispiele: Der Käufer hat eine Lieferrechnung ausgeglichen, der Verkäufer hat die Ware geliefert.

Ein Schuldverhältnis kann auch durch Aufrechnung beendet werden: Eine Vertragspartei rechnet Forderungen gegen die andere mit gleichartigen Forderungen der anderen Partei auf (§ 389 BGB).

Ein Schuldverhältnis erlischt auch, wenn der Gläubiger dem Schuldner die Leistung durch Vertrag erlässt (§ 397 BGB).

5.3.2 Wichtige Verträge im Marketing

1. Was ist ein Kaufvertrag?

Ein Kaufvertrag ist ein zweiseitiges Rechtsgeschäft. Er kommt zu Stande durch zwei übereinstimmende Willenserklärungen: Antrag und Annahme.

2. Wie kommt ein Kaufvertrag zu Stande?

Im Einzelnen kann ein Kaufvertrag zu Stande kommen

1. durch das *Angebot* eines Verkäufers an einen bestimmten Käufer, der das Angebot annimmt und bestellt,
2. durch die *Bestellung* eines Käufers, die vom Verkäufer angenommen wird, die Annahme erfolgt entweder durch eine Bestellungsannahme oder durch die Lieferung,
3. durch eine *Lieferung* an einen Käufer, der die gelieferte Ware annimmt.

3. Ist die Anfrage ein Antrag?

Die Anfrage ist kein Antrag, also z.B. keine Bestellung. Der anfragende Kunde geht durch die Anfrage keine Verpflichtungen ein, z.B. muss er eine Ware, die aufgrund der Anfrage geliefert wird, nicht annehmen.

4. Was ist Inhalt eines Kaufvertrages?

Die Vereinbarungen im Kaufvertrag berücksichtigen u.a. die folgenden Aspekte.

- Die genau bezeichnete Ware,
- Lieferungsbedingungen, d.h. Art und Weise der Lieferung, Zeitpunkt der Lieferung u.Ä.
- Zahlungsbedingungen, d.h. Art der Zahlung, Zeitpunkt der Zahlung, Zahlungsnachlässe u.Ä.
- Erfüllungsort, das ist der Ort, an dem der Vertrag zu erfüllen ist,
- Gerichtsstand, das ist das Gericht, das bei Streitigkeiten aus dem Vertrag zuständig sein soll.

5. Welche Pflichten geht der Verkäufer durch den Kaufvertrag ein?

Die Pflichten des Verkäufers sind

Lieferung, und zwar

- in der richtigen Art und Weise,
- an den richtigen Ort,
- zur richtigen Zeit;

Übereignung der Ware.

6. Welche Pflichten geht der Käufer durch den Kaufvertrag ein?

Pflichten des Käufers sind

Annahme der ordnungsgemäß gelieferten Ware,

Prüfung der gelieferten Ware,

Bezahlung.

7. Welche besonderen Formen von Kaufverträgen gibt es?

Es gibt u.a. die im Folgenden aufgelisteten besonderen Formen von Kaufverträgen.

- *Kauf nach Probe*: Der Käufer bezieht sich bei Bestellung auf ein Muster.
- *Kauf zur Probe:* Der Käufer kauft zunächst eine Probemenge.
- *Kauf auf Probe*: Der Käufer kauft zur Ansicht, Rückgaberecht und -frist werden dabei vereinbart.
- *Kauf nach Besicht*: Der Käufer besichtigt vor Vertragsabschluss die Ware und kauft sie „wie besehen".
- *Kauf in Bausch und Bogen* (Ramschkauf): Der Käufer kauft die Ware en bloc zu einem Pauschalpreis.
- *Kauf auf Abruf*: Beim Verkauf einer Ware wird vereinbart, dass der Käufer sie innerhalb einer angemessenen Frist vom Lager des Verkäufers abruft.
- *Spezifikationskauf*: Beim Verkauf einer Ware wird vereinbart, dass der Käufer sie später genauer spezifiziert.
- *Fixgeschäft*: Beim Verkauf einer Ware wird vereinbart, dass der Verkäufer sie zu einem bestimmten Zeitpunkt oder innerhalb einer fest bestimmten Frist liefern soll. Wenn nichts anderes vereinbart, ist der Kunde bei Fristüberschreitung zum Rücktritt vom Kaufvertrag berechtigt.

8. Was ist ein Werkvertrag?

Bei einem Werkvertrag verpflichtet sich der *Auftragnehmer* zur *Erstellung eines Werks*, der *Auftraggeber* zur *Zahlung einer Vergütung*. Unwesentlich ist, wer von den beiden Vertragspartnern die Stoffe liefert, die zur Erstellung des Werks erforderlich sind. Wesentlich dagegen ist, dass der Auftragnehmer für den Erfolg seiner Leistung Garantien übernimmt.

Das Werk kann z.B. Herstellung oder Reparatur einer Sache oder die Erstellung einer sonstigen Leistung sein (z.B. Rechtsberatung).

9. Was ist ein Werklieferungsvertrag?

Bei einem Werklieferungsvertrag verpflichtet sich der *Auftragnehmer* zur *Erstellung eines Werks*, der *Auftraggeber* zur *Zahlung einer Vergütung*. Wesentlich ist, dass der Auftragnehmer verpflichtet ist, das Werk aus Stoffen herzustellen, die er selbst beschafft.

10. Wodurch unterscheiden sich Miete und Pacht?

Als Miete bezeichnet man die vertragliche Überlassung einer Sache *zum Gebrauch*, vgl. z.B. die Miete einer Wohnung.

Als Pacht bezeichnet man die vertragliche Überlassung einer Sache *zum Gebrauch und zum Genuss der Früchte* aus der Sache, vgl. z.B. die Pacht einer Ackerfläche.

11. Was ist ein Dienstvertrag?

Der Dienstvertrag ist ein Vertrag zwischen einem Dienstnehmer und einem Dienstberechtigten. Durch den Vertrag verpflichtet sich der *Dienstnehmer* zur *Leistung von Diensten*; Gegenstand des Vertrages können Dienstleistungen jeglicher Art sein. Der *Dienstberechtigte* verpflichtet sich zur *Zahlung einer Vergütung*.

Der Dienstnehmer stellt dem Dienstberechtigten seine Arbeitskraft für die vertraglich festgesetzte Dauer zur Verfügung; dadurch unterscheidet sich der Dienstvertrag vom Werkvertrag, bei dem es auf die Ablieferung eines Werkes, d.h. auf den Erfolg, ankommt.

Dienstnehmer können unselbstständig oder selbstständig tätig sein.

Der Dienstvertrag mit unselbstständig Tätigen ist mit dem Arbeitsvertrag identisch. Sog. freie Dienstverträge, das sind Dienstverträge mit selbstständig Tätigen, werden z.B. mit Rechtsanwälten, Ärzten o.Ä. abgeschlossen.

Dienstverträge werden im Allgemeinen auf kurze Dauer abgeschlossen.

12. Was ist ein Geschäftsbesorgungsvertrag?

Der Geschäftsbesorgungsvertrag ist ein Vertrag zwischen einem Auftragnehmer und einem Auftraggeber, durch den sich der Auftragnehmer zur *Besorgung eines Geschäfts* und der Auftragnehmer zur Zahlung einer Vergütung verpflichten. Geschäfte dieser Art sind Tätigkeiten eines Rechtsanwalts u.dgl.

13. Was ist ein Leasingvertrag?

Der Leasingvertrag ist eine *besondere Form des Mietvertrages* zwischen einem Leasingnehmer und einem Leasinggeber. Leasingobjekte sind vor allem Investitionsgüter, aber auch Konsumgüter werden geleast. Der Leasingnehmer kann die von ihm gemietete Sache gebrauchen und zahlt dafür die vereinbarten Leasingraten, der Leasinggeber bleibt Eigentümer der Sache.

Im Leasingvertrag werden u.a. vereinbart:

- Höhe der Leasingraten,
- Dauer einer Grundmietzeit,
- Möglichkeiten zur Verlängerung der Grundmietzeit,
- Kaufoptionen,
- Übernahme des Investitionsrisikos,
- Wartungsdienste.

14. Wodurch unterscheiden sich indirektes und direktes Leasing?

Beim indirekten Leasing ist der Leasinggeber eine Leasinggesellschaft, die das Objekt vom Hersteller kauft und dem Leasingnehmer übergibt. Beim direkten Leasing ist der Hersteller des Objektes Leasinggeber.

15. Wodurch unterscheiden sich Operate Leasing und Finanzierungsleasing?

Operate-Leasing-Verträge sind Mietverträge, die vom Leasinggeber oder -nehmer jederzeit (evtl. unter Berücksichtigung geringer Kündigungsfristen) gekündigt werden können. Dadurch übernimmt der Leasinggeber das Investitionsrisiko. Finanzierungsleasing-Verträge sind während der Dauer der vereinbarten Grundmietzeit unkündbar. Diese Verträge haben häufig den Charakter von Teilzahlungsverträgen.

16. Was ist Mietkauf?

Dem Mietkauf liegt ein Mietvertrag zu Grunde, in dem vereinbart ist, dass der Mieter die gemietete Sache zu einer bestimmten Zeit kaufen kann, dabei wird die bis dahin gezahlte Miete auf den Kaufpreis angerechnet.

17. Was ist ein Franchisevertrag?

Der Franchisevertrag ist ein Vertrag zwischen einem selbstständigen Franchisenehmer und einem Franchisegeber, der im Allgemeinen Grundlage einer längerfristigen Zusammenarbeit ist. Der Franchisegeber bietet dem Franchisenehmer z.B. Produkte (Sortiment), Dienste, Markennutzung und einen Vollservice für die Vorbereitung, den Start und den laufenden Betrieb des Vertriebs von Waren oder Dienstleistungen. Der Franchisenehmer ist zur Leistung eines Entgelts verpflichtet.

5.3.3 Leistungsstörungen

1. **Was sind Leistungsstörungen?**

Leistungsstörungen sind Umstände, die die Leistung aus einem Schuldverhältnis, z.B. aus einem Kaufvertrag[5], behindern oder verhindern. Leistungsstörungen können z.B. sein

- *Unmöglichkeit*, d.h. dem Schuldner ist es (objektiv oder subjektiv) unmöglich, die Leistung zu erbringen.

- *Schuldnerverzug*, d.h. ein Schuldner leistet trotz Fälligkeit und Mahnung nicht.

- *Annahmeverzug*, d.h. ein Gläubiger verweigert die Annahme einer angebotenen Leistung.

- *positive Forderungsverletzung*, d.h. Nebenpflichten aus einem Vertrag werden verletzt.

Aus Leistungsstörungen ergeben sich für Schuldner und Gläubiger bestimmte Rechtsfolgen. Sie verlangen z.B. ein bestimmtes Verhalten, begründen Rechte u.dgl.

2. **Was ist unter der „Unmöglichkeit einer Leistung" zu verstehen?**

Unmöglichkeit der Leistung heißt, der Schuldner wird durch einen Umstand daran gehindert, die geschuldete Leistung zu erbringen. Zu unterscheiden sind *objektive Unmöglichkeit*, die im Allgemeinen als Unmöglichkeit bezeichnet wird, und *subjektive Unmöglichkeit*, die im Allgemeinen auch als Unvermögen bezeichnet wird.

Unmöglichkeit liegt vor, wenn eine Leistung *objektiv unmöglich* ist oder wird, d.h. sie kann weder vom Schuldner noch von anderen erbracht werden, z.B. eine verkaufte Sache verbrennt vor Übereignung.

---

[5] Die folgenden Fragen und Antworten beziehen sich im Wesentlichen exemplarisch auf den Kaufvertrag bzw. auf Störungen bei Erfüllung des Kaufvertrages.

Unvermögen liegt vor, wenn eine Leistung *subjektiv unmöglich* ist oder wird, d.h. sie kann lediglich vom Schuldner nicht erbracht werden, sie könnte aber von anderen erbracht werden, z.B. der Verkäufer kann eine Ware nicht übereignen, weil er selber noch nicht Eigentümer ist.

3. Wie wird bei Unmöglichkeit der Leistung gehaftet?

Ein Vertrag, der auf eine unmögliche Leistung gerichtet ist, ist grundsätzlich nichtig (§ 306 BGB).

Haftung bei Unmöglichkeit: Der Schuldner haftet, wenn er die Unmöglichkeit (nach Vertragsabschluss) vorsätzlich oder fahrlässig verursacht hat. Er ist dann zum Schadenersatz wegen Nichterfüllung verpflichtet.

Haftung bei Unvermögen: Der Schuldner haftet, wenn das Unvermögen bereits bei Entstehung des Schuldverhältnisses vorlag. Er ist dann zum Schadenersatz wegen Nichterfüllung verpflichtet. Der Schuldner haftet auch, wenn das Unvermögen später eintritt und er es vorsätzlich oder fahrlässig verschuldet hat. Bei Gattungsschulden haftet der Schuldner so lange, wie die Leistung aus der Gattung möglich ist, auch wenn er das Unvermögen nicht verschuldet hat.

4. Wann tritt Lieferungsverzug ein?

Der Eintritt des Lieferungsverzuges setzt voraus:

1. die Lieferung muss fällig sein (*Fälligkeit*),

2. der Lieferer muss schuld an der Verzögerung sein (*Verschulden des Lieferers*),

3. der Käufer muss den Lieferer ohne Erfolg gemahnt haben (*fruchtlose Mahnung*).

Die Mahnung entfällt, wenn vertragsgemäß zu einem kalendermäßig festgelegten Termin geliefert werden sollte (Fixkauf).

5. Welche Rechte hat der Käufer bei Lieferungsverzug?

Bei Lieferungsverzug kann der Käufer entweder auf Leistung und Schadensersatz bestehen oder vom Vertrag zurücktreten und Schadenersatz wegen Nichterfüllung verlangen.

6. Wann tritt der Annahmeverzug ein?

Annahmeverzug liegt vor, wenn der Käufer die vertragsgemäß gelieferte Ware nicht annimmt.

7. **Welche Möglichkeiten hat der Verkäufer bei Annahmeverzug gegen den Käufer vorzugehen?**

Der Verkäufer hat die Möglichkeit,

- die Ware zurückzunehmen,

- die Ware zurückzunehmen und den Kunden auf rechtlichem Wege zu zwingen, den Kaufvertrag zu erfüllen,

- die Ware in einem öffentlichen Lagerhaus oder sonst in sicherer Weise (also z.B. auch im eigenen Lager) zu *hinterlegen* (die Kosten der Hinterlegung und der Aufbewahrung trägt der Käufer, er haftet auch weitgehend für die hinterlegte Sache),

- die Ware nach einer Androhung gegenüber dem Käufer in einem sog. *Selbsthilfeverkauf* öffentlich versteigern oder aus freier Hand verkaufen zu lassen. (Ort und Zeitpunkt der Versteigerung sind dem Käufer mitzuteilen. Bei der öffentlichen Versteigerung können Käufer und Verkäufer mitbieten. Der Selbsthilfeverkauf erfolgt auf Rechnung des Käufers, das hat z.B. zur Folge, dass ihm ein eventueller Mehrerlös zusteht. Durch die Leistung an den neuen Käufer (Ersteigerer) gilt der Kaufvertrag mit dem ersten Käufer als erfüllt.)

8. **Wann gerät der Käufer in Zahlungsverzug?**

Der Käufer gerät in Zahlungsverzug, wenn er

- nach Ablauf des Zahlungsziels (*Fälligkeit* der Leistung) und
- nach der Mahnung des Verkäufers (*erfolglose Mahnung*)

nicht zahlt.

9. **Welche rechtlichen Möglichkeiten hat der Verkäufer bei Zahlungsverzug?**

Der Verkäufer hat bei Zahlungsverzug folgende rechtlichen Möglichkeiten, gegen den säumigen Käufer vorzugehen.

Er beantragt im sog. Mahnverfahren die *Zustellung eines Mahnbescheides*. Darin wird der Schuldner aufgefordert, entweder die Schuld mit den angefallenen Nebenkosten zu zahlen oder Widerspruch zu erheben.

Er beantragt den *Erlass eines Vollstreckungsbescheides*, wenn nicht gezahlt und auch nicht widersprochen wird.

10. Welche Arten von Sachmängeln können gelieferte Güter aufweisen?

Es gibt folgende Arten von Mängeln:

1. *Falschlieferungen*, dazu zählen Mängel in der Menge und Mängel in der Art.
   Ein *Mangel in der Menge* liegt vor, wenn der Verkäufer weniger als vereinbart liefert.

   Ein *Mangel in der Art* liegt vor, wenn der Verkäufer eine andere als die bestellt Ware liefert.

2. *Sachmängel*, dazu zählen Mängel in der Beschaffenheit und Mängel in der Güte.

   Ein *Mangel in der Beschaffenheit* liegt vor, wenn die Ware verdorben oder beschädigt ist.

   Ein *Mangel in der Güte* liegt vor, wenn eine andere als die bestellte Qualität geliefert wird.

11. Wodurch unterscheiden sich offene und versteckte Mängel?

Offene Mängel sind bei angemessen sorgfältiger Eingangsprüfung sofort erkennbar. Versteckte Mängel sind Mängel, die bei der Prüfung nicht erkennbar sind.

12. Welche Pflichten hat der Käufer im Zusammenhang mit der Mängelrüge?

Der Käufer muss die Ware bei Eingang prüfen. Mängel sind unverzüglich zu rügen, d.h. offene Mängel sofort; versteckte Mängel unverzüglich nach Entdeckung, aber wegen der Verjährung: vor Ablauf von sechs Monaten.

13. Welche Rechte hat der Käufer bei mangelhafter Lieferung?

Wenn eine Ware mit Mängeln behaftet ist oder wenn ihr eine zugesicherte Eigenschaft fehlt, hat der Käufer folgende Rechte:

Wandlung (Rücktritt),
Minderung (Preisnachlass),
Ersatzlieferung (Umtausch),
Schadenersatz wegen Nichterfüllung.

14. Welche Sachmängelhaftung besteht beim Werkvertrag?

Wenn ein Werk, das aufgrund eines Werkvertrages erstellt wurde, mangelhaft ist, haftet der Hersteller (Auftragnehmer) dem Auftraggeber. Der Auftraggeber hat zunächst das Recht auf *Nachbesserung*. Weigert sich der Auftragnehmer, die Nachbesserung auszuführen, hat der Auftraggeber das Recht auf *Minderung* oder *Wandlung*. Das gleiche Recht hat er, wenn die Nachbesserung nicht innerhalb einer vorgegebenen angemessenen Frist ausgeführt wird.

15. Wann tritt eine positive Forderungsverletzung ein?

Als positive Forderungsverletzung bezeichnet man ein Verhalten des Schuldners aus einem Vertrag, durch das ein *Schaden* entsteht, *der über den Schaden aus der Nichterfüllung des Vertrages hinausgeht*. Der Schaden muss im Zusammenhang mit der Erfüllung eines Vertrages, z.B. eines Kaufvertrages, stehen und vom Schuldner oder seinem Erfüllungsgehilfen schuldhaft verursacht worden sein.

Der Geschädigte hat durch die positive Forderungsverletzung einen Anspruch auf Schadenersatz; unter bestimmten Bedingungen kann er auch vom Vertrag zurücktreten.

16. Welche Bedeutung hat die Produzentenhaftung?

Der Hersteller kann für *Folgeschäden* aus der Benutzung seines Produkts haftbar gemacht werden, wenn diese durch die fehlerhafte Beschaffenheit des Produkts verursacht wurden. Der Hersteller haftet nur dann, wenn er die Mängel verschuldet hat; den Nachweis, dass ihn kein Verschulden trifft, muss er selbst führen.

5.3.4 Einreden gegen die Leistungspflicht

1. Welche Bedeutung hat eine Verjährung?

Das Recht, von einem andern ein Tun oder ein Unterlassen zu verlangen (Anspruch), unterliegt der Verjährung (§ 194 BGB). Verjährung eines Anspruchs bedeutet, dass der Schuldner die Leistung verweigern kann (*Einrede der Verjährung*).

2. Wann verjähren Ansprüche?

Die regelmäßige Verjährungsfrist beträgt 30 Jahre (§ 195 BGB). Daneben sehen BGB und HGB für bestimmte Ansprüche auch kürzere Verjährungsfristen vor.

Die Verjährungsfristen beginnen grundsätzlich mit der Entstehung und Fälligkeit des Anspruchs. Zwei- und vierjährige Verjährungsfristen beginnen im Allgemeinen am Ende des Jahres, in dem die Ansprüche entstanden und fällig geworden sind.

Im Folgenden werden beispielhaft einige Verjährungsfristen aufgelistet.

Verjährungsfristen	Ansprüche
30 Jahre	regelmäßige Verjährung eines Anspruchs (z. B. Forderung eines privaten Haushalts gegenüber einem anderen)
2 Jahre	Ansprüche der Kaufleute, Fabrikanten, Handwerker usw. für Lieferung von Waren, Ausführung von Arbeiten usw. (z. B. Forderung eines Kaufmanns gegenüber einem privaten Haushalt)
4 Jahre	Ansprüche der Kaufleute, Fabrikanten, Handwerker usw. für die Lieferung von Waren, Ausführung von Arbeiten usw., wenn die Leistung für den Gewerbebetrieb des Schuldners erfolgt (z. B. Forderung eines Kaufmanns gegenüber einem anderen)
4 Jahre	Ansprüche aus Rückständen von Zinsen und Tilgungsraten, Mieten usw.
2 Jahre	Ansprüche aus Gehalt, Lohn usw.
6 Monate	Ansprüche auf Wandlung, Minderung, Schadenersatz beim Kaufvertrag bei beweglichen Sachen (von der Ablieferung an)
1 Jahr	Ansprüche auf Wandlung, Minderung, Schadenersatz beim Kaufvertrag bei Immobilien (von der Übergabe an)
6 Monate	Ansprüche des Bestellers auf Nachbesserung, Wandlung, Minderung und Schadenersatz beim Werkvertrag (seit Abnahme des Werks)
3 Jahre	Ansprüche an den Bezogenen (Wechsel) (vom Verfalltag an)
1 Jahr	Ansprüche des Inhabers eines Wechsels an die Indossanten und den Aussteller (vom Tage des Wechselprotests an)
6 Monate	Ansprüche des in Anspruch genommenen Indossanten (Wechsel) an die anderen Indossanten und den Aussteller
5 Jahre	Schuldenhaftung des Veräußerers bei Veräußerung seines Unternehmens
4 Jahre	Ansprüche des Handelsvertreters an das Unternehmen und des Unternehmens an den Handelsvertreter (vom Schluss des Jahres an, in dem sie fällig geworden sind)
1 Jahr	Ansprüche an die Deutsche Post AG auf Ersatz bei Postsendungen (vom Tag der Einlieferung an)
5 Jahre	Ansprüche aus dem Steuerschuldverhältnis (Zahlungsverjährung) (vom Ablauf des Kalenderjahres an, in dem die Schuld erstmals fällig geworden ist)

Recht

3. Welche Bedeutung hat die Unterbrechung einer Verjährungsfrist?

Der Ablauf einer Verjährungsfrist kann unterbrochen werden. *Bei Unterbrechung beginnt die Verjährungsfrist von neuem.* Die Verjährungsfrist wird u.a. unterbrochen,

- wenn der Schuldner die Schuld anerkennt, z.B. durch eine Abschlagszahlung, durch Zinszahlung, durch Sicherheitsleistung, durch eine Erklärung,
- wenn der Gläubiger Klage erhebt,
- wenn der Gläubiger die Zustellung eines Mahnbescheides beantragt,
- wenn der Gläubiger seinen Anspruch im Konkurs anmeldet.

Beispiel: Der Kaufmann A liefert an den Kaufmann B Teile für die Herstellung von Getriebemotoren, die Rechnung über 10.000 € ist am 2.2.2001 fällig. Die vierjährige Verjährungsfrist begann am 31.12.2001, 0 Uhr, sie würde am 31.12.2005 ablaufen. Wenn A am 29.8.2002 die Zustellung eines Mahnbescheides beantragen würde, begönne an diesen Tag die Verjährungsfrist von neuem, d.h. die Forderung würde jetzt am 29.8.2006 verjähren.

4. Welche Bedeutung hat die Hemmung einer Verjährungsfrist?

Der Ablauf einer Verjährungsfrist kann gehemmt werden. *Bei Hemmung wird der Ablauf der Verjährung vorübergehend ausgesetzt,* danach läuft die begonnene Verjährungsfrist weiter. Der Zeitraum, während dessen die Verjährung gehemmt ist, wird in die Verjährungsfrist nicht eingerechnet (§ 205 BGB). Die Verjährungsfrist wird u.a. gehemmt,

- wenn der Gläubiger dem Schuldner die Forderung stundet,
- wenn der Schuldner vorübergehend zur Verweigerung der Leistung berechtigt ist,
- wenn der Gläubiger während der letzten sechs Monate der Verjährungsfrist durch Stillstand der Rechtspflege oder durch höhere Gewalt an der Verfolgung seines Anspruchs gehindert wird.

Beispiel: Der Bäcker A liefert dem B für eine private Feier Torten und anderes Gebäck, die Rechnung über 200 € ist am 23.5.2001 fällig. Die zweijährige Verjährungsfrist beginnt am 31.12.2001, 0 Uhr, sie würde am 31.12.2003 ablaufen. Es sei angenommen, A würde dem B die Forderung am 4.6.2002 für sechs Monate stunden; diese sechs Monate würden in die Verjährungsfrist nicht eingerechnet; die Forderung würde unter Berücksichtigung der Stundung am 30.6.2004 verjähren.

5. Welche Bedeutung hat die Verwirkung eines Leistungsanspruchs?

Verwirkung eines Leistungsanspruchs bedeutet, dass jemand, z.B. ein Gläubiger, einen Anspruch nicht mehr geltend machen kann. Im Allgemeinen verwirkt ein Anspruch, wenn er verspätet geltend gemacht und als Verstoß gegen Treu und Glauben empfunden wird.

6. Welche Bedeutung hat der Wegfall der Geschäftsgrundlage?

Wegfall der Geschäftsgrundlage bedeutet, dass bestimmte Umstände, die bei Vertragsabschluss bestanden, weggefallen sind, sodass den Vertragspartnern (bei Berücksichtigung des Grundsatzes von Treu und Glauben) die Durchführung des Vertrages in der ursprünglichen Form nicht zugemutet werden kann. Als Geschäftsgrundlage werden bestimmte Umstände bezeichnet, die zwar nicht Bestandteil des Vertrages sind, denen die Vertragspartner aber beim Vertragsabschluss maßgebende Bedeutung beigemessen haben.

5.4 Modernes Kaufrecht

5.4.1 Das AGB-Gesetz

1. Was sind nach dem AGB-Gesetz „Allgemeine Geschäftsbedingungen"?

Das sog. AGB-Gesetz ist das Gesetz zur *Regelung des Rechts der allgemeinen Geschäftsbedingungen*. Nach dem AGB-Gesetz sind allgemeine Geschäftsbedingungen vorformulierte Vertragsbedingungen, die für eine Vielzahl von Verträgen gelten; sie werden zwischen den Partnern nicht im Einzelnen ausgehandelt (§ 1 AGBG).

2. Wann werden Allgemeine Geschäftsbedingungen Bestandteil eines Vertrages?

Die AGB werden Bestandteil des Vertrages und damit rechtswirksam,

- wenn der Verwender der AGB den Vertragspartner ausdrücklich oder durch einen Aushang darauf *hinweist*, dass die AGB Bestandteil des Vertrages werden sollen,

- wenn er ihm die Möglichkeit verschafft hat, den Inhalt der AGB zur *Kenntnis zu nehmen*,

- wenn der Vertragspartner damit *einverstanden* ist, dass die AGB Bestandteil des Vertrages werden.

Wenn der Verwender der AGB und die andere Vertragspartei *Kaufleute* sind, werden die AGB nur dann Vertragsbestandteil, wenn die andere Vertragspartei wusste oder wissen musste, dass der Verwender dem Vertrag AGB zu Grunde legt.

3. Welche Bedeutung hat das AGB-Gesetz?

Mit dem AGB-Gesetz soll der Missbrauch der Allgemeinen Geschäftsbedingungen verhindert und wirtschaftlich schwächere Vertragspartner vor Übervorteilungen geschützt werden. Deswegen schreibt das Gesetz in einer Generalklausel (§ 9) vor, dass allgemeine Geschäftsbedingungen dann ungültig sind, wenn sie den Vertragspartner des Verwenders der AGB unangemessen benachteiligen.

4. Welche Bedeutung haben die Klauselverbote des AGB-Gesetzes?

Die Verwendung bestimmter Klauseln ist verboten. Es werden zwei Gruppen von Klauselverboten unterschieden.

1. *Klauselverbote mit Wertungsmöglichkeiten* (§ 10 AGBG). Die Unwirksamkeit von Klauseln mit Wertungsmöglichkeiten ist abhängig von der richterlichen Wertung. In diese Gruppe fallen u.a. die Verbote der folgenden Klauseln:

   - eine Bestimmung, die dem Verwender unangemessen lange Fristen für Annahme und Leistung einräumt,
   - die Vereinbarung des Rechts des Verwenders, ohne sachlich gerechtfertigten Grund vom Vertrag zurücktreten zu können,
   - die Vereinbarung des Rechts des Verwenders, von einer versprochenen Leistung abzuweichen, wenn das für den anderen Teil unzumutbar ist.

2. *Klauselverbote ohne Wertungsmöglichkeiten* (§ 11 AGBG). Die Klauseln sind absolut verboten. In diese Gruppe fallen u.a. die Verbote der folgenden Klauseln:

   - eine Bestimmung, die dem Verwender das Recht zur kurzfristigen Preiserhöhung einräumt,
   - eine Bestimmung, durch die dem Vertragspartner die Aufrechnung von Schulden gegenüber dem Verwender mit Forderungen an den Verwender verboten wird,
   - eine Bestimmung, die den Verwender von der Pflicht zur Mahnung freistellt.

5.4.2 Das Gesetz über den Widerruf von Haustürgeschäften

1. Was sind Haustürgeschäfte?

Mit dem Begriff „Haustürgeschäft" werden bestimmte Formen des direkten Vertriebs umschrieben. Haustürgeschäfte i.e.S. sind gebräuchlich beim Vertrieb von Limonade, Bier, Tiefkühlkost, Eiern. Meistens werden die gekauften Produkte sofort bezahlt, das Entgelt ist im Allgemeinen gering.

Den Haustürgeschäften ähnlich sind Geschäfte, die durch Verhandlungen am Arbeitsplatz oder bei bestimmten Freizeitveranstaltungen oder nach einem überraschenden Ansprechen auf öffentlich zugänglichen Verkehrswegen zu Stande kommen usw.

2. Welches Recht hat der Käufer bei Haustürgeschäften?

Der Käufer hat das Recht, seine Willenserklärung, durch die Haustür- und ähnliche Geschäfte zu Stande gekommen sind, zu *widerrufen*; der Widerruf muss schriftlich innerhalb einer Woche erfolgen. Rechtsgrundlage ist das Gesetz über den Widerruf von Haustürgeschäften und ähnlichen Geschäften (HausTWG).

3. Welche Geschäfte sind vom Widerruf ausgeschlossen?

Zu den Geschäften, die nicht widerrufen werden können, zählen z.B.

- Geschäfte mit geringem Entgelt, bei denen der Verkäufer die Leistung sofort erbringt und der Käufer sofort zahlt,
- Geschäfte auf der Grundlage von Verhandlungen in der Wohnung bzw. am Arbeitsplatz des Käufers, wenn die Verhandlungen durch eine Bestellung des Käufers zu Stande gekommen sind.

5.4.3 Handelsklauseln und Handelsbräuche

1. Was sind Handelsklauseln?

Handelsklauseln sind *Kurzformeln, die im Handelsverkehr zur Kennzeichnung bestimmter Abreden* in einem Vertrag angewandt werden. Bei Anwendung der Klauseln entfällt die umfangreiche Beschreibung bestimmter Sachverhalte. Der Inhalt der Klauseln ist durch Handelsbrauch festgelegt, sodass sich Kaufleute auf ihre Bedeutung verlassen können.

Handelsklauseln können sich auf die Beschaffenheit der Ware, auf Lieferungs- und Zahlungsbedingungen usw. beziehen.

Beispiele:[6]

- *Abruf*: Der Käufer muss die Ware nach einer angemessenen Zeit abrufen.
- *Kauf wie besichtigt*: Beim Kauf wird die Haftung für offene Mängel ausgeschlossen.

---

[6] Vgl. Bandach, Georg: HGB - Kommentar zum Handesgesetzbuch, 2. Aufl., S. 480 ff.

- *Ramschkauf*: Die Ware wird verkauft „wie sie steht und liegt".
- *Kasse*: Die Ware ist nach Empfang zu bezahlen.
- *Freibleibend*: Das Angebot des Verkäufers ist unverbindlich.
- *Frachtfrei* (mit Angabe des Bestimmungsortes): Der Verkäufer trägt die Frachtkosten (bis zum Bestimmungsort). (Vgl. andere Lieferungsbedingungen bei C. 2 Kontrahierungspolitik!)

2. Was ist ein Handelsbrauch?

Als Handelsbräuche werden *die im Handelsverkehr geltenden Gewohnheiten und Gebräuche* bezeichnet. Sie gelten für Kaufleute im Zusammenhang mit Verträgen u.dgl. Sie bieten Auslegungsregeln für Handlungen von Kaufleuten. Maßgeblich ist der am Erfüllungsort geltende Handelsbrauch.

Beispiele:

- Ein Kaufmann muss dafür sorgen, dass ihn Postsendungen auch während seiner Abwesenheit erreichen können.
- Der Kaufpreis wird beim Versendungskauf erst fällig, wenn die Ware beim Kunden eingetroffen ist.
- Wenn ein Kaufmann eine gelieferte Ware, die er nicht bestellt hat, annimmt, verbraucht usw., nimmt er das Angebot, das sich in der Lieferung ausdrückt, an.
- Wenn ein Kaufmann offene Mängel nicht unverzüglich rügt, gilt die gekaufte Ware als genehmigt.

3. Was sind INCOTERMS?

INCOTERMS ist die Abkürzung für International Commercial Terms. Incoterms sind *im internationalen Handel übliche Handelsklauseln*. Sie regeln die Übernahme der Versandkosten und den Gefahrübergang. (Vgl. Liste bei C.2 Kontrahierungspolitik!)

5.5 Grundbegriffe des Sachenrechts

1. Wodurch unterscheiden sich Eigentum und Besitz?

Besitz ist die (vom Verkehr anerkannte) *tatsächliche Herrschaft* über eine Sache (vgl. Palandt, BGB-Kommentar).

Eigentum ist das *umfassendste Recht* an einer Sache; der Eigentümer einer Sache kann die Sache benutzen, verbrauchen, belasten und veräußern.

2. Wie wird Eigentum an beweglichen Sachen erworben?

Das Eigentum an beweglichen Sachen kann erworben werden durch

1. *Übertragung* (§§ 929 ff. BGB). Die Übertragung des Eigentums setzt voraus, dass der Eigentümer dem Erwerber die Sache übergibt (*Übergabe*), dass Eigentümer und Erwerber darüber einig sind, dass das Eigentum übergehen soll (*Einigung*).

2. *Ersitzung* (§§ 937 ff. BGB). Das Eigentum geht an den Besitzer über, wenn er die Sache zehn Jahre lang in Eigenbesitz hatte.

3. *Verbindung und Vermischung* (§§ 946 ff. BGB). Bei Verbindung oder Vermischung beweglicher Sachen zu einer neuen Sache geht das Alleineigentum auf den Eigentümer der Hauptsache über; ist keine der verbundenen oder vermischten Sachen Hauptsache, werden die bisherigen Eigentümer der Sachen Miteigentümer an der neuen Sache.

4. *Verarbeitung* (§ 950 BGB). Bei Verarbeitung von Stoffen bzw. Materialien zu einer neuen beweglichen Sache wird der Hersteller Eigentümer des Produkts, wenn der Wert der Verarbeitung höher ist als der Wert des Materials.

5. *Aneignung herrenloser Sachen* (§§ 958 ff. BGB). Das Eigentum an einer herrenlosen Sache wird erworben, wenn es in Eigenbesitz genommen wird.

6. *Fund* (965 ff. BGB). Der Finder einer Sache erwirbt sechs Monate nach der Fundanzeige bei der Behörde das Eigentum, wenn sich der Verlierer nicht meldet oder seine Rechte bei der Behörde angemeldet hat.

3. Wie wird Eigentum an unbeweglichen Sachen erworben?

Der Erwerb von Eigentum an unbeweglichen Sachen setzt voraus,

- *Einigung* des bisherigen Eigentümers und des Erwerbers, dass das Eigentum übergehen soll (§ 873 BGB),

- *Eintragung* des Eigentumübergangs in das Grundbuch (§ 873 BGB),

- *notarielle Beurkundung* des Vertrages (§ 313 BGB),

- Erklärung der Auflassung vor einem Notar, wobei bisheriger Eigentümer und Erwerber anwesend sein müssen (§ 925 BGB).

4. Welche Bedeutung hat ein Eigentumsvorbehalt?

Ein Eigentumsvorbehalt ist eine *Abrede beim Kaufvertrag über bewegliche Sachen*; der Verkäufer behält sich das Eigentum bis zur vollständigen Bezahlung des Kaufpreises vor. Das *Eigentum wird unter der aufschiebenden Bedingung vollständiger Bezahlung übertragen*. Der Verkäufer kann vom Vertrag zurücktreten, wenn der Käufer mit der Zahlung im Verzug ist. Wenn der Käufer die ihm unter Eigentumsvorbehalt gelieferte Sache an einen gutgläubigen Dritten weiterverkauft oder verarbeitet, geht das Eigentum des Verkäufers unter.

5. Was ist ein verlängerter Eigentumsvorbehalt?

Der verlängerte Eigentumsvorbehalt ist eine *Abrede beim Kaufvertrag*, durch die der Verkäufer einer beweglichen Sache weitergehend geschützt wird als durch den einfachen Eigentumsvorbehalt, da das Eigentum des Verkäufers untergeht, wenn der Käufer die ihm unter Eigentumsvorbehalt gelieferte Sache an einen gutgläubigen Dritten weiterverkauft oder verarbeitet.

Die Verlängerung des Eigentumsvorbehalts geschieht

- durch die *Abtretung der Forderungen*, die aus dem Weiterverkauf entstehen, oder

- durch die vorweggenommene *Übereignung* der durch die Verarbeitung entstandenen neuen Sache.

6. Was ist ein erweiterter Eigentumsvorbehalt?

Bei dem erweiterten Eigentumsvorbehalt wird vereinbart, dass das Eigentum an einer gekauften Sache erst dann auf den Käufer übergeht, wenn dieser auch alle anderen Forderungen dieses Lieferanten beglichen hat.

7. Was ist eine Sicherungsübereignung?

Die Sicherungsübereignung ist ein Vertrag, durch den ein Schuldner einem Gläubiger das Eigentum an einer beweglichen Sache (oder an einer Sachgesamtheit) zur Sicherung von Forderungen überträgt. Die Sicherungsübereignung geschieht durch ein Besitzkonstitut. Der Gläubiger wird zwar Eigentümer, der Schuldner bleibt Besitzer der Sache. (Vgl. z.B. die Sicherungsübereignung eines Kfz mittels Kfz-Brief zur Sicherung eines Kredits.)

5.6 Grundbegriffe des Wettbewerbsrechts

1. Warum muss der Wettbewerb durch die Rechtsordnung geschützt werden?[7]

In einer marktwirtschaftlichen Ordnung trägt der Wettbewerb zur Leistungssteigerung und zur optimalen Marktversorgung bei. Wegen dieser Bedeutung ist er vor möglichen Einschränkungen zu schützen.

2. Wodurch wird der Wettbewerb eingeschränkt?

Der Wettbewerb wird u.a. eingeschränkt durch

- Kartelle, d.s. Verträge zwischen Unternehmen mit dem Ziel, den Wettbewerb zwischen den Partnern zu beschränken,

- missbräuchliche Nutzung der Marktmacht, dazu zählen der Behinderungsmissbrauch, der Ausbeutungsmissbrauch und die sachlich nicht gerechtfertigte Beeinträchtigung von Konkurrenten,

- Zusammenschlüsse, d.s. Konzernbildung, Verschmelzung, Anteilserwerb, personelle Verflechtung,

- Preisbindungen und -empfehlungen,

- Ausschließlichkeitsempfehlungen,

- abgestimmtes Verhalten.

3. Welchen Zweck verfolgt das Gesetz gegen Wettbewerbsbeschränkungen?

Mit dem Gesetz gegen Wettbewerbsbeschränkungen (GWB), das sog. Kartellgesetz, soll der Wettbewerb geschützt werden. Dazu sind folgende Mittel vorgesehen:

- Grundsätzliches *Kartellverbot* (§§ 1 ff. GWB). Wettbewerbsbeschränkende Vereinbarungen sind unwirksam. Ausnahmen vom grundsätzlichen Verbot:

    - *Anmeldepflichtige Kartelle*, sie gelten nach Anmeldung als erlaubt, z.B. Normen- und Typenkartelle,

    - *Erlaubnisbedürftige Kartelle*, sie gelten nach Anmeldung als erlaubt, wenn ihnen das Kartellamt innerhalb einer angemessenen Frist nicht widerspricht, z.B. Rabattkartelle,

---
[7] Vgl. A Grundlagen, 1. Volkswirtschaftslehre, 1.4 Märkte und Preisbildung

- *Missbrauchsaufsicht* über marktbeherrschende Unternehmen (§ 22 GWB). Das Kartellamt beaufsichtigt marktbeherrschende Unternehmen und untersagt ggfs. die missbräuchliche Ausnutzung der Marktmacht.

- *Fusionskontrolle* (§ 24 GWB). Das Kartellamt kann Zusammenschlüsse von Unternehmen untersagen, wenn zu befürchten ist, dass durch die Fusion ein marktbeherrschendes Unternehmen entsteht. Wenn die Unternehmen allerdings nachweisen, dass durch die Fusion die Wettbewerbsbedingungen verbessert werden und die Nachteile des Zusammenschlusses dadurch aufgewogen werden, kann die Fusion erlaubt werden.

- *Diskriminierungsverbot* (§ 26 GWB). Marktbeherrschende Unternehmen dürfen ein anderes Unternehmen in einem Geschäftsverkehr, der gleichartigen Unternehmen üblicherweise zugänglich ist, weder mittelbar noch unmittelbar behindern oder durch Liefer- oder Bezugssperren diskriminieren.

- *Verbot der Preisbindung* (§§ 15 ff. GWB). Die Preisbindung ist grundsätzlich verboten, sie ist lediglich bei Verlagserzeugnissen zulässig.

4. Welches Ziel wird mit dem Gesetz gegen den unlauteren Wettbewerb angestrebt?

Das Gesetz gegen den unlauteren Wettbewerb (UWG) verbietet den unlauteren Wettbewerb, um einen fairen Wettbewerb zu sichern.

5. Was versteht das UWG unter unlauterem Wettbewerb?

Unlauterer Wettbewerb liegt nach dem UWG u.a. in folgenden Fällen vor.

- Handlungen zu Zwecken des Wettbewerbs im geschäftlichen Verkehr, die gegen die guten Sitten verstoßen (§ 1 UWG), dazu zählen z.B.

  - die unzumutbare Beeinflussung eines Kunden durch Täuschung usw.,
  - die Behinderung des Mitbewerbers, sodass er seine Leistung nicht anbieten kann,
  - die Ausbeutung eines fremden Arbeitsergebnisses in verwerflicher Weise,
  - der Rechtsbruch, der einen ungehörigen Vorsprung im Wettbewerb verschafft.[8]

- Irreführende Angaben (§ 3 UWG), das sind Angaben z.B. über die Beschaffenheit, den Ursprung, den Preis einer Ware, durch die die Kunden zu falschen Vorstellungen über das Angebot veranlasst werden.

---

[8] Vgl. Einführung zu Wettbewerbsrecht und Kartellrecht, Beck-Texte im dtv, 11. Aufl. S. 11 ff.

- Hinweise eines Herstellers an Letztverbraucher auf seine Eigenschaft als Hersteller sind unter bestimmten Bedingungen unlauter (§ 6 a UWG).

- Werbung mit mengenmäßig beschränkten Angeboten (§ 6 d UWG).

- Geschäftliche Verleumdung (§ 15 UWG).

6. Welchen Zweck verfolgt die Preisangaben-Verordnung?

Preisangaben ermöglichen dem Käufer den Vergleich von Preisen für Waren und Leistungen. Sie machen den Markt transparent und dienen so dem Wettbewerb. Voraussetzung dafür ist, dass die Angaben nicht irreführend sind und den Grundsätzen von Preiswahrheit und Preisklarheit nicht widersprechen. Die Preisangabenverordnung (PAngVO) enthält deshalb u.a. folgende Vorschriften.

- Bei Werbung gegenüber Letztverbrauchern mit Preisangaben müssen *Endpreise* (Preise einschließlich Umsatzsteuer und anderer Preisbestandteile) angegeben werden; im Allgemeinen sind dazu auch die Verkaufs- oder Leistungseinheiten und Gütebezeichnungen anzugeben, auf die sich der angegebene Preis bezieht (§ 1 PAngVO).

- Im *Handel* sind ausgestellte Waren durch *Preisauszeichnungen* zu kennzeichnen (§ 2 PAngVO).

- Bei *Krediten* ist neben dem nominalen auch der *effektive Zinssatz* anzugeben (§ 4 PAngVO).

5.7 Gewerbliche Schutzrechte

1. Was ist gewerblicher Rechtsschutz?

Gewerblicher Rechtsschutz ist der *Schutz der Rechte an der Verwertung einer gewerblich-technischen Leistung*. Der Rechtsschutz beginnt mit der Eintragung, die Schutzdauer ist zeitlich begrenzt. Der gewerbliche Rechtsschutz umfasst u.a. folgende Bereiche.

- Geschmacksmusterrecht,
- Gebrauchsmusterrecht,
- Patentrecht,
- Warenzeichenrecht.

2. Welche Bedeutung hat das Geschmacksmusterrecht?

Ein Geschmacksmuster ist ein Muster oder ein Modell, das als *Vorlage für Massenwaren* verwendet werden kann. Das Geschmackmusterrecht regelt das alleinige Rechs des Urhebers, das Geschmacksmuster anzuwenden oder zu verbreiten; Rechtsgrundlage ist das Geschmacksmustergesetz.

Das Geschmacksmuster wird beim Amtsgericht (Geschmacksmusterregister) angemeldet und im Register eingetragen. Durch die Eintragung wird das Geschmacksmusterrecht begründet. Die Schutzdauer beträgt 1 bis 15 Jahre.

3. Welche Bedeutung hat das Gebrauchsmusterrecht?

Gebrauchsmuster sind Arbeitsgerätschaften, Gebrauchsgegenstände u.dgl., die *gewerblich anwendbar* sind, eine *Neuartigkeit* aufweisen und auf einer *Erfindung* beruhen. Das Gebrauchsmusterrecht regelt das alleinige Benutzungsrecht an diesen Erfindungen; Rechtsgrundlage ist das Gebrauchsmustergesetz. Das Gebrauchsmuster wird beim Patentamt angemeldet und in die Gebrauchsmusterrolle eingetragen. Durch die Eintragung wird das Gebrauchsmusterrecht begründet. Die Schutzdauer beträgt drei Jahre mit Verlängerungsmöglichkeiten (maximal acht Jahre).

4. Welche Bedeutung hat das Patentrecht?

Das Patentrecht regelt das Recht des Erfinders an seinen Erfindungen. Rechtsgrundlage ist das Patentgesetz (PatG). Patentfähig sind *Erfindungen*, wenn sie *neu* sind, auf einer erfinderischen Tätigkeit beruhen und *gewerblich angewendet* werden können (§ 1 PatG). Die Erfindung wird beim Patentamt angemeldet, das die Patentfähigkeit prüft. Wenn die Voraussetzungen erfüllt sind, wird die Erfindung in die Patentrolle eingetragen. Das Schutzrecht beginnt mit der Aushändigung der Urkunde. Die Schutzdauer beträgt 20 Jahre.

5. Welche Bedeutung hat das Warenzeichenrecht?

Ein Warenzeichen (Marke) ist ein Wort- oder Bildzeichen oder ein Zeichen, das Wort und Bild kombiniert, mit dem ein Unternehmen seine *Produkte markiert*, um sie von den Produkten anderer Unternehmen zu *unterscheiden*. Das Warenzeichenrecht regelt das alleinige Recht des Unternehmens zur Verwendung des Zeichens. Rechtsgrundlage ist das Warenzeichengesetz.

Das Warenzeichen wird beim Patentamt angemeldet und in die Warenzeichenrolle eingetragen. Durch die Eintragung wird das Schutzrecht begründet. Die Schutzdauer beträgt 10 Jahre, kann aber verlängert werden.

5.8 Arbeitsrechtliche Grundbegriffe[9]

1. Welche Bedeutung hat die Probezeit im Arbeitsvertrag?

Eine Probezeit wird in einem Arbeitsvertrag vereinbart, damit die Vertragspartner sich gegenseitig erproben können. Die Probezeit dauert i.d.R. sechs Monate, durch Tarifverträge können Probezeiten verkürzt werden. Das *Arbeitsverhältnis* auf Probe ist wie andere Arbeitsverhältnisse *an die gesetzlichen und tariflichen Vorgaben gebunden*. So gelten z.B. auch für Arbeitsverhältnisse auf Probe gesetzliche Kündigungsfristen. Diese können allerdings durch Tarifvertrag gekürzt worden sein.

2. Welche Bedeutung hat ein befristetes Arbeitsverhältnis?

Ein befristetes Arbeitsverhältnis liegt vor, wenn im Vertrag das Ende des Arbeitsverhältnisses kalendermäßig festgelegt oder durch ein Ereignis (z.B. Beendigung einer Aushilfe im Krankheitsfall) bestimmt wird. Es endet ohne besondere Kündigung. Befristete Verträge sind zulässig (vgl. § 620 BGB), doch dürfen sie nicht zur Umgehung des Kündigungsschutzes ausgenutzt werden. Wenn ein befristetes Arbeitsverhältnis mit Wissen und ohne Widerspruch des Arbeitgebers über die vereinbarte Frist hinaus fortgesetzt wird, gilt es als unbefristet verlängert (vgl. § 625 BGB).

3. Wie haftet der Arbeitnehmer?

Der Arbeitnehmer haftet gegenüber seinem Arbeitgeber grundsätzlich für jeden Schaden, den er ihm im Zusammenhang mit der Erfüllung des Arbeitsvertrages schuldhaft zufügt. Allerdings wird bei gefahrgeneigter Arbeit die Haftung eingeschränkt.

4. Welche Bedeutung hat das Wettbewerbsverbot für den Arbeitnehmer?

Wettbewerbsverbot heißt, dass ein *Arbeitnehmer seinem Arbeitgeber keine Konkurrenz* machen darf. Ein Arbeitnehmer darf ohne Einwilligung seines Arbeitgebers kein Handelsgewerbe betreiben, er darf auch nicht in dem Gewerbezweig seines Arbeitgebers für eigene oder fremde Rechnung Geschäfte machen (vgl. § 60 HGB, die Vorschrift galt ursprünglich nur für kaufmännische Angestellte, wurde aber durch das Bundesarbeitsgericht auf alle Arbeitnehmer ausgedehnt).

---

[9] Vgl. Halbach, Günter u.a.: Übersicht über das Recht der Arbeit, 4. Aufl., Bonn 1991

Recht

5. Welche arbeitsvertraglichen Pflichten können durch den Arbeitnehmer verletzt werden?

Die arbeitsvertraglichen Pflichten, die durch den Arbeitnehmer verletzt werden können, lassen sich in folgende Bereiche einteilen.

1. Pflichtverletzungen im *Leistungsbereich*, z.B. schlechte Arbeitsleistung, Zuspätkommen,

2. Pflichtverletzungen im *betrieblichen Bereich*, z.B. Störungen des Arbeitsablaufs,

3. Pflichtverletzungen im *Vertrauensbereich*, z.B. Diebstahl.

Pflichtverletzungen können Abmahnungen oder Kündigungen zur Folge haben.

6. Welchen Zweck verfolgt ein Arbeitgeber mit einer Abmahnung?

Mit einer Abmahnung rügt ein Arbeitgeber eine Pflichtverletzung des Arbeitnehmers und droht ihm die Kündigung für den Wiederholungsfall an.

Zweck der Abmahnung:

- Abmahnung als Voraussetzung für eine Kündigung: Bei Kündigungen wegen Pflichtverletzungen muss eine Abmahnung vorausgehen.

- Abmahnung mit Verzicht des Arbeitgebers auf Kündigung: Eine Abmahnung enthält eine Warnung (Hinweis auf Gefährdung des Arbeitsverhältnisses), und sie ist wegen der enthaltenen Rüge eine Form der Sanktion.

7. Wodurch ist eine ordentliche Kündigung gekennzeichnet?

Eine ordentliche Kündigung weist die folgenden Kennzeichen auf:

1. Eine ordentliche Kündigung benötigt, damit sie rechtswirksam wird, grundsätzlich *keinen sachlichen Grund*. Allerdings sind die Rechte des Arbeitgebers durch das Kündigungsschutzgesetz (KündSchG) eingeschränkt; die Kündigung eines Arbeitsverhältnisses, das länger als sechs Monate bestanden hat, ist rechtsunwirksam, wenn sie sozial ungerechtfertigt ist (§ 1 KündSchG). Eine Kündigung durch den Arbeitgeber ist u.a. gerechtfertigt (vgl. § 1, Abs. 2 KündSchG)

    - durch Gründe, die in der Person des Arbeitnehmers liegen,
    - durch Gründe, die im Verhalten des Arbeitnehmers liegen,
    - durch dringende betriebliche Erfordernisse.

2. Eine ordentliche Kündigung ist nur *bei unbefristeten Arbeitsverhältnissen* möglich.

3. Eine ordentliche Kündigung beendet ein Arbeitsverhältnis immer erst nach einer bestimmten Frist (gesetzliche Kündigungsfrist) und meistens zu einem bestimmten Termin.

8. Wodurch ist eine außerordentliche Kündigung gekennzeichnet?

Eine außerordentliche Kündigung weist die folgenden Kennzeichen auf:

1. Eine außerordentliche Kündigung beendet ein Arbeitsverhältnis *vorzeitig*, d.h. ohne Berücksichtigung der sonst geltenden gesetzlichen Kündigungsfristen. Die außerordentliche Kündigung beendet das Arbeitsverhältnis i.d.R. nach zwei Wochen (die übliche Bezeichnung „fristlose Kündigung" ist deshalb nicht ganz zutreffend).

2. Für eine fristlose Kündigung muss ein *wichtiger Grund* vorliegen, z.B. beharrliche Arbeitsverweigerung, Verstöße gegen das Wettbewerbsverbot.

3. *Beteiligung des Betriebsrates.*

9. Welche Anforderungen sind an ein Zeugnis zu stellen?

Der ausscheidende Arbeitnehmer hat Anspruch auf ein Zeugnis. Inhalt und Form des Zeugnisses müssen bestimmten Anforderungen entsprechen.

- Inhalt des einfachen Zeugnisses: Angaben zur Person des Arbeitnehmers, Angabe der Beschäftigungsdauer, ausreichende Beschreibung der Tätigkeit.

- Inhalt des qualifizierten Zeugnisses, das nur auf Verlangen des Arbeitnehmers ausgestellt wird: Angaben zur Person, Dauer und Art der Beschäftigung (wie bei einem einfachen Zeugnis), Angaben über Führung und Leistung.

- Die Angaben im Zeugnis müssen wahr sein und eindeutig sein, d.h. Formulierungen, die Mehrdeutigkeiten zulassen, sind zu vermeiden.

- Das Zeugnis ist schriftlich zu erteilen, der Arbeitgeber hat es zu unterschreiben.

5.9 Handelsrechtliche Grundbegriffe

1. **Was ist ein Istkaufmann?**

   Im Ersten Abschnitt des ersten Buches des HGB wird der Kaufmannsbegriff definiert. Ein Kaufmann im Sinne des Gesetzes ist, wer ein Handelsgewerbe betreibt. Als Handelsgewerbe gilt jeder Gewerbebetrieb, es sei denn, dass das Unternehmen nach Art und Umfang keinen Geschäftsbetrieb erfordert, der in kaufmännischer Weise eingerichtet ist. Der Kaufmann in diesem Sinne wird als *Istkaufmann* bezeichnet.

2. **Was ist ein Kannkaufmann?**

   Ein gewerbliches Unternehmen, dessen Gewerbebetrieb kein Handelsgewerbe nach § 1 HGB (vgl. Frage 1) ist, gilt als Handelsgewerbe im Sinne des Gesetzes, wenn die Firma in das Handelsregister eingetragen ist. Die Eintragung ist allerdings freiwillig. Der Unternehmer *kann* die Firma eintragen lassen; durch die Eintragung wird das Unternehmen zum *Kannkaufmann*.

   Diese Vorschriften gelten auch für land- und forstwirtschaftliche Unternehmen, die nach Art und Umfang einen in kaufmännischer Weise eingerichteten Geschäftsbetrieb erfordern. Sie werden durch die (freiwillige) Eintragung zu Kannkaufleuten.

3. **Was ist ein Formkaufmann?**

   Eine Handelsgesellschaft (GmbH, AG u.Ä.) wird durch die Eintragung zum Kaufmann (Kaufmann kraft Rechtsform). Dieser Kaufmann wird als *Formkaufmann* bezeichnet.

4. **Was ist eine Firma?**

   Die Firma ist der *Name eines Vollkaufmanns*, unter dem er seine Geschäfte betreibt und seine Unterschrift abgibt. Die Firma besteht aus einem Firmenkern und evtl. aus einem Firmenzusatz. Zu unterscheiden sind u.a. Personen-, Sachfirmen. Bei Personenfirmen besteht der Firmenname aus einem oder mehreren Personennamen, bei Sachfirmen ist der Firmenname aus der Sache abgeleitet, die Gegenstand des Unternehmens ist. Durch die Eintragung in das Handelsregister wird die Firma vor missbräuchlicher Nutzung geschützt.

5. **Welcher Zusammenhang besteht zwischen Rechtsformen und Firma?**

   Einzelkaufmann: Die Firma muss die Bezeichnung *eingetragener Kaufmann* bzw. *eingetragene Kauffrau* oder eine allgemein verständliche Abkürzung dieser Bezeichnung (z.B. e.K.) enthalten; die Firma könnte also lauten: Günter Schnmidt e.V.

   Offene Handelsgesellschaft: Die Firma muss die Bezeichnung *offene Handelsgesellschaft* oder eine allgemein verständliche Abkürzung dieser Bezeichnung (z.B. OHG) enthalten; die Firma könnte also lauten: Anton Fischer OHG.

   Kommanditgesellschaft: Die Firma muss die Bezeichnung *Kommanditgesellschaft* oder eine allgemein verständliche Abkürzung dieser Bezeichnung (z.B. KG) enthalten; die Firm könnte also lauten: Albert Meier KG.

   GmbH: Die Firma kann eine Sachbezeichnung (Sachfirma) oder den Namen eines Gesellschafters und einen Zusatz, der auf das Vorhandensein einer Gesellschaft hinweist, enthalten, die Firma muss in jedem Fall die Bezeichnung „mit beschränkter Haftung" enthalten.

   Aktiengesellschaft: Die Firma ist i.d.R. eine Sachfirma, sie muss den Zusatz *AG* enthalten.

6. **Welche Bedeutung haben Firmengrundsätze?**

   Firmengrundsätze stellen besondere Anforderungen an die Firma. Es gibt u.a. die folgenden Fimengrundsätze.

   - *Firmenwahrheit*: Bei Personengesellschaften muss die Firma mit dem Personennamen übereinstimmen, bei Sachfirmen muss die Firma den Gegenstand des Unternehmens anzeigen.

   - *Firmenklarheit*: Der Firmenzusatz darf z.B. keine Täuschung über die Art und den Umfang des Geschäfts herbeiführen.

   - *Firmenbeständigkeit*: Eine Firma kann fortgeführt werden bei Veräußerung oder Übernahme des Unternehmens usw.

   - *Firmenunterscheidbarkeit*: Jede Firma muss sich von den Firmen am gleichen Ort eindeutig unterscheiden.

7. Was ist das Handelsregister?

Das Handelsregister ist ein *Verzeichnis der Kaufleute und der Handelsgesellschaften*, das bei den Amtsgerichten geführt wird. Im Handelsregister werden Firma und einige mit der Firma zusammenhängende Rechtsvorgänge (z.B. Ernennung eines Prokuristen) erfasst. Das Handelsregister besteht aus zwei Abteilungen: in Abt. A werden die Einzelunternehmen und die Personengesellschaften, in Abt. B die Kapitalgesellschaften aufgenommen. Die Eintragungen werden öffentlich bekannt gemacht, u.z. durch den Bundesanzeiger und (mindestens) ein weiteres Blatt, z.B. örtliche Tageszeitung (vgl. § 10 HGB); außerdem kann jeder Bürger das Register einsehen (§ 9 HGB).

8. Was sind Handelsgeschäfte?

Handelsgeschäfte sind alle *Geschäfte eines Kaufmanns, die zum Betrieb seines Gewerbes gehören* (§ 343 HGB). Darunter fallen alle Rechtsgeschäfte des Kaufmanns, wie z.B. Angebot, Annahme, Einstellung von Personal, Kündigung, Zahlungen u.Ä.

Für Handelsgeschäfte gelten nach HGB besondere Regelungen.

Zu unterscheiden sind die *Handelsgrundgeschäfte* und die *Hilfsgrundgeschäfte*. Handelsgrundgeschäfte stehen im Zusammenhang mit dem eigentlichen Betriebszweck, z.B. ist der Einkauf von Stahl einer Werkzeugfabrik zur Verarbeitung ein Grundhandelsgeschäft. Hilfsgrundgeschäfte stehen im Zusammenhang mit bestimmten Rahmenbedingungen, unter denen der Betrieb abläuft, z.B. Einkauf einer Maschine zur Herstellung von Werkzeugen, Einstellung von Arbeitern, Verkauf abgeschriebener Anlagegüter u.Ä.

6. Marketing - Grundbegriffe, Zusammenhänge, Voraussetzungen[10]

6.1 Marketing und seine Rolle innerhalb des volkswirtschaftlichen Kreislaufs

1. **Welche Bedeutung haben Märkte im volkswirtschaftlichen Kreislauf?**

Der volkswirtschaftliche Kreislauf gibt die *Beziehungen zwischen den Wirtschaftssubjekten* an. Die Beziehungen zwischen den Wirtschaftssubjekten sind Ausdruck von Einkauf, Verkauf, Vermögensbildung usw. Private Wirtschaftssubjekte kaufen bei Unternehmen Güter und Leistungen ein, sie verkaufen Produktionsfaktoren; Unternehmen kaufen Güter und Leistungen (Produktionsfaktoren, Investitionsgüter usw.) bei privaten Haushalten und anderen Unternehmen, sie verkaufen Güter und Leistungen (Produkte, Investitionsgüter usw.) an private Haushalte und andere Unternehmen. Dadurch fließen den Verkäufern der Güter und Leistungen Geldströme, den Käufern entsprechende Güterströme zu.

Dieser durch Geld vermittelte Austausch von Gütern und Leistungen geschieht *auf Märkten*. Auf Märkten kommen das Angebot von und die Nachfrage nach Gütern und Leistungen zusammen. Auf Märkten ergeben sich auch auf der Grundlage von Angebot und Nachfrage die Preise.

Entsprechend gibt es Märkte für Produktionsfaktoren, Konsumgüter, Investitionsgüter, Kapital usw.

Die aufgezeigten Zusammenhänge können an folgender Grafik nachvollzogen werden (es handelt sich dabei um die bereits bekannte Darstellung des einfachen Kreislaufs mit entsprechender Modifikation).

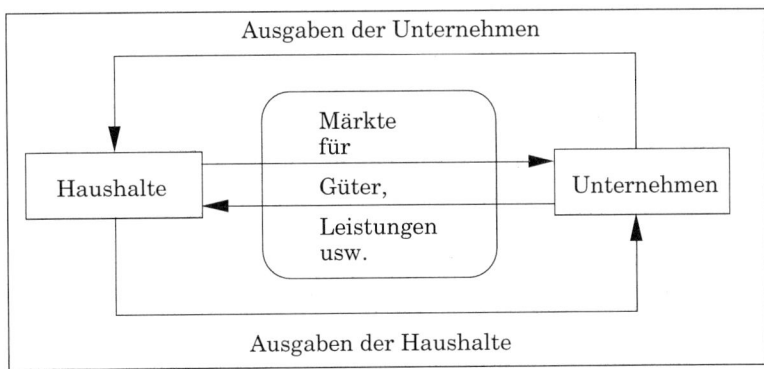

---

[10] Von der im Rahmenlehrplan vorgesehenen Überschrift „Marktorientiertes Denken und Handeln" wird aus praktischen Gründen abgewichen. Dieser Abschnitt des Kapitels „Grundlagen" führt in die folgenden Kapitel auf einer allgemeinen Grundlage ein.

2. Welche etymologische Bedeutung hat der Begriff „Marketing"?

Verkauf und Kauf eines Gutes, einer Leistung usw. finden auf einem Markt statt. Das englische Wort für Markt ist „market". Marketing ist eine Ableitung des Verbs „to market", das sowohl auf den Markt bringen, auf dem Markt verkaufen, als auch einkaufen, auf dem Markt handeln, Märkte besuchen bedeuten kann.

Die etymologische Bedeutung des Begriffs Marketing lässt sich auch bei Beantwortung folgender Fragen heranziehen, wenn man „Markt" als den Ort des Austauschs und „Marketing" als den Vorgang des Austauschs nutzt.

3. Welche gesamtwirtschaftliche Bedeutung haben Markt und Marketing?

Auf Märkten erhalten Anbieter und Nachfrager die für „Marketing" erforderlichen Informationen. Z.B. kann auf eine bestimmte Nachfrage, auf eine Nachfrageänderung mit einem entsprechenden Angebot reagiert werden. So findet – vereinfacht ausgedrückt – *in einer Marktwirtschaft die Versorgung der Menschen über Märkte mithilfe von Marketing* statt.

In einer freien Marktwirtschaft ohne wesentliche Einschränkungen des Wettbewerbs trägt das Marketing erheblich zur Lösung der folgenden Aufgaben bei.

- *Mengenmäßige Versorgung*, z.B. der Anbieter bietet Gütermengen an, die er bei den sich auf dem Markt ergebenden Preisen mindestens kostendeckend verkaufen kann,

- *qualitative Versorgung*, z.B. der Anbieter bietet die Art von Gütern an, die wahrscheinlich nachgefragt wird, die besser sind als die der Konkurrenz,

- *preisgünstige und preiswürdige Versorgung*, z.B. der Nachfrager kann verschiedene Anbieter und verschiedene Güter vergleichen,

- *räumliche Versorgung*, z.B. der Anbieter bietet Güter und Leistungen dort an, wo er mit Nachfrage rechnen kann,

- *zeitliche Versorgung*, z.B. der Anbieter bietet Güter und Leistungen dann an, wenn er mit Nachfrage rechnen kann.

So leisten Markt und Marketing einen Beitrag zur Lösung gesamtwirtschaftlicher Aufgaben:

- Innovation von Produkten und Produktionsprozessen,
- Allokation der Ressourcen.

6.2 Marketing-Definitionen

1. **Was ist Marketing?**

   Zur Kennzeichnung des Begriffs und der Bedeutung von Marketing werden zwei Definitionen bekannter Autoren[11] herangezogen.

   1. Heribert *Meffert*:

      Marketing ist die bewusst marktorientierte Führung des gesamten Unternehmens oder marktorientiertes Entscheidungsverhalten in der Unternehmung. - Marketing bedeutet ... Planung, Koordination und Kontrolle aller auf die aktuellen und potenziellen Märkte ausgerichteten Unternehmensaktivitäten. Durch die dauerhafte Befriedigung der Kundenbedürfnisse sollen die Unternehmensziele im gesamtwirtschaftlichen Güterversorgungsprozess verwirklicht werden.

   2. Bruno *Tietz*:

      Marketing ist die Erschließung, Erhaltung, Entwicklung und Schaffung von Märkten im Rahmen und mithilfe einer marktorientierten Führungskonzeption, die auch als Marketingphilosophie bezeichnet wird.

2. **Welches Ziel verfolgt das Marketing?**

   Das Ziel des Marketing lässt sich folgendermaßen umschreiben: Umfassende systematische Beeinflussung des Nachfrageverhaltens, die einsetzt, bevor die Produktion beginnt.

   Marketing versucht mit dem absatzpolitischen Instrumentarium auf die Verbrauchswirtschaftspläne der Haushalte einzuwirken. Das setzt Kenntnisse der Märkte, des Verbraucherverhaltens und des Konkurrenzverhaltens voraus.

3. **Welche Aspekte[12] umfasst das Marketing?**

   Das Marketing umfasst die folgenden Aspekte:

---

[11] Meffert, Heribert: Marketing, Wiesbaden (Gabler), 1982 (6. Aufl.), S. 33 ff., und Tietz, Bruno: Der Handelsbetrieb, München (Vahlen), 1985, S. 6

[12] Der hier gewählte Begriffsapparat lehnt sich an die übliche Terminologie an (vgl. z.B. Meffert, a.a.O.), der Begriff Sozialaspekt wurde ergänzt, damit seine inhaltliche Bestimmung angemessen erweitert werden konnte. Die Reihenfolge der aufgezählten Aspekte bestimmen die Gliederung dieses Buches und die Bezeichnungen der Kapitel: der Sozialaspekt (bzw. der ökologische Aspekt) wird im letzten Abschnitt dieses Kapitels behandelt, dann folgen das Kapitel „Informationsaspekt", das wegen der Aktionsbereiche sehr umfangreiche Kapitel „Aktionsaspekt" und abschließend das Kapitel „Organisationsaspekt".

1. *Sozialer und ökologischer Aspekt*: Mit Einbeziehung dieses Aspekts wird der wichtigen Einsicht Rechnung getragen, dass Marketingaktivitäten in einem sozialen Umfeld ablaufen; sie werden einerseits von gesellschaftlichen Zielen beeinflusst, andererseits beeinflussen sie diese.

2. *Informationsaspekt*: Dazu gehören die Marktforschung, die Analysen der Käufer-, Konkurrenz- und Absatzmittlersituation sowie Prognosen über Markt- und Absatzentwicklungen.

3. *Aktionsaspekt*: Er umfasst die grundsätzlichen Entscheidungen im Zusammenhang mit dem Einsatz der Marketinginstrumente.

4. *Organisationsaspekt*: Er befasst sich mit der Institutionalisierung des Marketing in der Unternehmensorganisation und der Koordination des Bereiches Absatz mit anderen Unternehmensbereichen und der Definition von Aufgaben, Weisungsbefugnissen usw. des Marketingmanagements.

4. Welche Bereiche umfasst der Aktionsaspekt?

Der Aktionsaspekt enthält das Instrumentarium des Marketing. Im Folgenden werden die Bereiche aufgezählt:

1. *Produktpolitik*. Sie befasst sich mit dem Produkt, mit seiner Aufmachung, Verpackung, Markierung usw., mit Produktinnovation, mit dem Sortiment, seiner Ergänzung und Bereinigung usw., mit der Segmentierung des Marktes.

2. *Kontrahierungspolitik*. Die Thematik Preispolitik ist der wichtigste Teil dieses Bereichs. Außerdem befasst sich die Kontrahierungspolitik mit sonstigen Vertragsbedingungen.

3. *Kommunikationspolitik*. Sie umfasst nicht nur Werbung, Sales Promotion und Public Relations, sondern auch den Persönlichen Verkauf, das Sponsoring und das Direktmarketing.

4. *Distributionspolitik*. Sie befasst sich mit der Frage, auf welchen Wegen die Ware abgesetzt werden soll.

5. Was wird als Marketingmix bezeichnet?

Als Marketingmix bezeichnet man den gleichzeitgen *Einsatz mehrerer Marketinginstrumente*.

6.3 Marketing-Denken

1. **Welche Konsequenz hat die Entwicklung von Verkäufer- zu Käufermärkten für das Marketing?**

   Seit Jahren ist eine *Entwicklung von Verkäufer- zu Käufermärkten* zu erkennen. Käufermärkte herrschen heute vor. Der Verkauf auf diesen Märkten wird zunehmend schwieriger, erhebliche Marktwiderstände müssen überwunden werden. Käufermärkte verlangen zur Bewältigung dieser Aufgaben die Entwicklung einer *Managementkonzeption* auf der Grundlage einer Unternehmensphilosophie, die sich als spezifisches Marketing-Denken umschreiben lässt.

2. **Welche Merkmale weist das spezifische Marketing-Denken auf?**

   Das Marketing-Denken kann anhand folgender Aspekte umschrieben werden:

   - *Ausrichtung der* gesamten *Unternehmenspolitik auf den Absatzmarkt*, d.h. auf die manifesten und latenten Bedürfnisse von Abnehmern,

   - systematische *Erforschung des Absatzmarktes* mit den Methoden der Marktforschung, d.h. Gewinnung von Informationen über tatsächliche und potenzielle Abnehmer, über Bedürfnisse, Bedürfnisänderungen, Bedürfnislücken usw.,

   - kreativer Einsatz des absatzpolitischen Instrumentariums zur *Bearbeitung des Absatzmarktes*, d.h. zur systematischen Beeinflussung der Abnehmer durch die Mittel der Produkt-, Kontrahierungs-, Kommunikations- und Distributionspolitik,

   - *Organisation* von Planung, Vorbereitung, Abwicklung und Kontrolle der Marketingmaßnahmen durch ein in die Unternehmensleitung integriertes *Marketing-Management*.

3. **Welche Kennzeichen weist der Verkäufermarkt auf?**

   Kennzeichen von Verkäufermärkten sind u.a.

   - Preissteigerungen,

   - gelegentlich erhebliche Nachfragemengenüberhänge,

- geringe Marktwiderstände, die angebotene Ware wird im Allgemeinen auch abgesetzt,

- Distribution (Verteilung) ist die nahezu ausschließliche Aufgabe des Bereichs Absatz, besondere Bemühungen um Käufer sind im Allgemeinen nicht erforderlich.

4. Welche Kennzeichen weist der Käufermarkt auf?

Kennzeichen von Käufermärkten sind u.a.

- Preissenkungen,
- häufig Angebotsmengenüberhänge,
- erhebliche Marktwiderstände,
- große Anzahl von Mitbewerbern,
- Substitutionskonkurrenz,
- besondere Bemühungen um Käufer mit den Mitteln des Marketing sind erforderlich.

5. Was ist spezielles Marketing?

Das Marketing-Denken hat nicht nur Bedeutung in der Konsumgüterindustrie und im Handel, sondern auch in anderen Bereichen. So gibt es neben dem Konsumgütermarketing auch Marketing für Investitionsgüter, für Dienstleistungen, im Zusammenhang mit öffentlichen Aufträgen usw. Die speziellen Marketingbereiche unterscheiden sich in der unterschiedlichen Bedeutung einzelner Instrumente. Unterschiede gibt es z.B. in der Preisfindung, Vertragsgestaltung, Werbung, Öffentlichkeitsarbeit usw.

Marketing-Denken spielt auch auf der Beschaffungsseite (Beschaffungsmarketing) eine Rolle.

6.4 Sozialer und ökologischer Aspekt des Marketing (Marketing und Umwelt)

1. Was versteht man unter dem Sozialaspekt des Marketing?

In erster Linie bedeutet der Sozialaspekt des Marketing, dass Art, Richtung und Umfang der Marketingaktivitäten von gesellschaftlichen Zielen und Werthaltungen und ihren Veränderungen beeinflusst werden. (Daneben umfasst der Sozialaspekt auch den Gedanken, dass Marketingaktivitäten gesellschaftliche Werthaltungen tragen, stärken und verändern können.)

Sicherheit und Gesundheit sind erkennbare Ziele, die aus der Konsumerismus- und Ökologiebewegung hervorgegangen sind. Sie haben die Konsumgewohnheiten verändert, die die Marketingkonzepte der Unternehmen berücksichtigen sollten, z.B. bei der Marktsegmentierung, Produktpolitik, Werbung usw.

2. Auf welchen Verbrauchertyp muss sich die Marketingpolitik einstellen?

Unternehmen müssen sich auf einen neuen Verbrauchertyp einstellen, den *aktiven Verbraucher*. Er trifft seine Entscheidungen auf der Grundlage relativ guter Information und eines erheblich gewandelten Qualitätsbewusstseins. Die Informationen, die er für marktgerechte Entscheidungen benötigt, kann er im Rahmen der offiziellen Verbraucherpolitik von Organisationen wie z.B. Verbraucherzentralen, Stiftung Warentest u.Ä. erhalten.

3. Was ist ökologisches Marketing[13] ?

Bei einem ökologischen Marketing wird bei Entwicklung neuer Produkte, bei Produktion und Absatz auf Waren- und Umweltqualität besonderen Wert gelegt. Die Marketingpolitik muss die Forderungen, die aus der Konsumerismus- und Ökologiebewegung kommen, berücksichtigen. Da Tests und Testergebnisse für den Verbraucher zunehmend an Bedeutung gewinnen, sind sie bei Werbung und Produktentwicklung zu berücksichtigen.

---

[13] Der Begriff „ökologisches Marketing" stammt von Bruno Tietz (a.a.O.).

B. Marketingforschung

1. Einführung

1. **Welche Bedeutung hat die Marketingforschung für ein Unternehmen?**

   Ein Unternehmen benötigt als Grundlage für alle marketingpolitischen Entscheidungen umfangreiche Informationen, sog. *Marketinginformationen*. Die systematische Gewinnung von Marketinginformationen ist Gegenstand der Marketingforschung. Die benötigten Marketinginformationen beziehen sich u.a. auf die folgenden Bereiche:

   - Rahmenbedingungen des Marketing, das sind z.B. die rechtlichen, sozialen, ökologischen, technischen Bedingungen,
   - Marktteilnehmer, das sind z.B. Käufer und Mitbewerber,
   - Wirkungen der Marketingpolitik.

2. **Welche Aufgaben erfüllt die Marketingforschung?**

   Die Aufgaben der Marktforschung lassen sich folgendermaßen umschreiben:

   Die Marketingforschung liefert u.a. *Informationen* über

   - Absatzchancen,
   - Probleme des Marktes,
   - erforderliche Marketingaktivitäten
   - und deren Wirkungen.

   Die Informationen sind notwendige *Voraussetzungen für die Absatzwirtschaft*, um

   - Chancen aufgreifen und
   - Risiken begegnen zu können.

   Die von der Marketingforschung gesammelten Daten *beeinflussen auch die anderen Unternehmensbereiche*:

   - Unternehmensleitung bei der Entscheidungsfindung und Zielformulierung,
   - Produktion,
   - Beschaffung und Lagerhaltung.

Die von der Marketingforschung gesammelten Daten ermöglichen der Marketingleitung,

- die weitere Entwicklung des Absatzes eines Produktes abzuschätzen (Absatzprognose),

- das Lebensalter eines Produkts zu beurteilen (Produktlebenszyklus),

- den Markt für den differenzierten Einsatz der Marketinginstrumente zu segmentieren (Marktsegmentierung).

3. Welche Bereiche umfasst die Marketingforschung?

Die Marketingforschung umfasst u.a. die folgenden Bereiche:

- demoskopische *Marktforschung*,
- ökoskopische *Marktforschung*,
- *Konkurrenzforschung*.

4. Welche Bedeutung hat die demoskopische Marktforschung?

Die demoskopische Marktforschung liefert *Informationen über das Käuferverhalten*. Sie untersucht empirisch für eine konkrete Fragestellung relevante spezifische Merkmale von Subjekten. Die Merkmale müssen auf mehrere oder viele Subjekte zutreffen, damit sich im Ergebnis die Subjekte zu *Gruppen von Trägern gleicher Merkmale* zusammenfassen lassen. Diese Gruppen sind wichtige Grundlagen für die Segmentierung der Nachfrage in *Zielgruppen* und für die Möglichkeiten, absatzpolitische Instrumente differenziert einzusetzen.

5. Welche Merkmale können Gegenstand der demoskopischen Marktforschung sein?

Zu unterscheiden sind objektive und subjektive Merkmale.

Objektive Merkmale sind objektiv wahrnehmbar, dazu zählen u.a.

- Kaufhandlungen (Aktionen),
- Alter, Geschlecht, Familienstand (biologisch-demografische Merkmale),
- Beruf, Zugehörigkeit zu einer sozialen Schicht,
- Einkommen, Wohnverhältnisse (soziografische Merkmale).

Subjektive Merkmale sind innere oder psychische Merkmale, dazu zählen u.a.

- Kenntnisse, z.B. Kenntnis einer Marke,
- Wahrnehmungen, z.B. Wahrnehmung einer Werbebotschaft,
- Vorstellungen, Meinungen, z.B. Meinung über ein Produkt,
- Werthaltungen, z.B. langfristige Wertorientierungen.

6. Womit befasst sich die ökoskopische Marktforschung?

Die ökoskopische Marktforschung befasst sich mit objektiven Marktgrößen, z.B. mit Preisen, Mengen u.dgl.

7. Womit befasst sich die Konkurrenzforschung?

Die Konkurrenzforschung befasst sich mit folgenden Bereichen:

- Anzahl, Größe, Leistungsfähigkeit, Standorte der Mitbewerber,
- Schwerpunkte, die die Mitbewerber bei bestimmten Produkten bzw. Produktgruppen setzen,
- Marktanteile der Konkurrenz,
- wichtige Absatzgebiete der Konkurrenz,
- Marketingpolitik der Konkurrenz.

8. Welcher Unterschied besteht zwischen Marktanalyse und Marktbeobachtung?

Eine Marktanalyse ist die *einmalige Untersuchung* des Marktes.

Marktbeobachtungen sind *mehrmalige Untersuchungen* des Marktes; eine Marktbeobachtung wird in regelmäßigen Abständen wiederholt.

2. Begriff des Marktes

1. **Was ist ein Markt?**

   Als Markt wird das Zusammentreffen des Angebots eines Gutes und der Nachfrage nach diesem Gut bezeichnet.

   Märkte können nach verschiedenen Kriterien eingeteilt werden, z.B.

   - nach der Zahl der Marktteilnehmer:
     Monopol, Oligopol, Polypol,[1]

   - nach den Voraussetzungen für vollkommene Konkurrenz:
     vollkommene und unvollkommene Märkte,[2]

   - nach der Bedeutung der Käufer bzw. Verkäufer:
     Verkäufer- und Käufermärkte,[3]

   - nach dem Umfang der Marktsättigung:
     wachsende und gesättigte Märkte.

2. **Welche Bedeutung hat die Marketingforschung für den Käufermarkt?**

   Der Käufermarkt ist u.a. gekennzeichnet durch die große Anzahl von Mitbewerbern, durch umfangreiche Substitutionskonkurrenz, durch erhebliche Marktwiderstände. Die Marketingforschung liefert Informationen über Art und Umfang der Konkurrenz, liefert Daten als Grundlage für gezielte und differenzierte Bemühungen um den Käufer, d.h. für den differenzierten, zielgruppengerechten Einsatz der Marketinginstrumente.

3. **Was wird als Marktpotenzial bezeichnet?**

   Als Marktpotenzial bezeichnet man die Aufnahmefähigkeit des Marktes für das Produkt.

   Das folgende *Beispiel* soll die Ausführungen bei Frage 3 ff. veranschaulichen. Die Ostholmer Mühlenwerke GmbH stellen Mehlprodukte her und vertreiben sie in Deutschland. Zum Sortiment gehören auch Backmischungen. Im abgeschlossenen Geschäftsjahr konnte bei der Produktgruppe Backmischungen ein Umsatz von 125 Mio. € erzielt werden. Es kann davon ausgegangen werden,

---

[1] Vgl. dazu die Ausführungen in A 1. (Volkswirtschaftslehre)
[2] Ebenda
[3] Vgl. dazu die Ausführungen in A 6. (Grundbegriffe)

dass die Mitbewerber im gleichen Jahr Backmischungen im Werte von 875 Mio. € umgesetzt haben. – Es wird geschätzt, dass die Branche höchstens Umsätze von rd. 1.100 Mio. € pro Jahr erzielen kann.

Das Marktpotenzial beträgt 1.100 Mio. €.

4. Was wird als Absatzpotenzial bezeichnet?

Als Absatzpotenzial bezeichnet das Unternehmen den Anteil des eigenen Produkts am Marktpotenzial, der maximal erreicht werden kann.

5. Was wird als Marktvolumen bezeichnet?

Als Marktvolumen bezeichnet man den tatsächlichen Absatz (mengen- oder wertmäßig) der Branche.

Fortführung des Beispiels bei Frage 3:
Das Marktvolumen beträgt 1.000 Mio. €.

6. Was wird als Absatzvolumen bezeichnet?

Als Absatzvolumen bezeichnet das Unternehmen seinen tatsächlichen Absatz (mengen- oder wertmäßig).

Fortführung des Beispiels bei Frage 3:
Das Umsatzvolumen (Absatzvolumen wertmäßig) hat einen Umfang 125 Mio. €.

7. Wie ergibt sich der Markanteil für ein Produkt?

Der Marktanteil eines Unternehmens für ein Produkt (bzw. eine Produktgruppe) ergibt sich als Anteil des Absatzvolumens am Marktvolumen:

$$\boxed{\text{Marktanteil} = \frac{\text{Absatzvolumen}}{\text{Marktvolumen}} \cdot 100}$$

Fortführung des Beispiels bei Frage 3:
Der Marktanteil der Ostholmer Mühlenwerke beträgt 12,5 %

(Marktanteil = $\frac{125}{1.000} \cdot 100 = 12,5\ \%$)

Begriff des Marktes 239

8. Wie wird der Umfang der Marktsättigung angegeben?

Der Umfang der Marktsättigung wird angegeben durch den *Anteil des Marktvolumens am Marktpotenzial*. Bei wachsenden Märkten ist der Anteil des Marktvolumens am Marktpotenzial relativ gering und nimmt allmählich zu. Bei gesättigten Märkten ist der Anteil hoch und kann kaum noch gesteigert werden.

$$\text{Marktsättigung} = \frac{\text{Absatzvolumen}}{\text{Marktpotenzial}} \cdot 100$$

Fortführung des Beispiels bei Aufgabe 3:
Die Marktsättigung beträgt rd. 91 %,

(Marktsättigung = $\frac{1.000}{1.100} \cdot 100 = 90{,}9\ \%$)

3. Sekundäre und primäre Datenerhebungen

1. **Was ist sekundäres Datenmaterial?**

   Sekundäre Daten sind vorhandene Daten, die nicht für eine konkrete marketingpolitische Fragestellung erhoben wurden; sie sind vielmehr primär in Zusammenhängen mit anderen Fragestellungen oder für andere Zwecke entstanden. Sie werden „sekundär" für eine konkrete marketingpolitische Fragestellung herangezogen und aufbereitet. Wenn *vorhandenes Material für eine konkrete Fragestellung* aufgearbeitet und zu weiteren Informationen herangezogen wird, spricht man von *Sekundärforschung*. Das sekundäre Material kann aus internen oder externen Quellen stammen.

2. **Welche Vorteile und Nachteile hat sekundäres Material?**

   Vorteile: Das Material ist leicht zugänglich, der Aufwand zur Gewinnung der erforderlichen Informationen ist gering.

   Nachteile: Das Material ist nicht aktuell; es kann Fehler enthalten, die sich in der Aufarbeitung fortsetzen und zu falschen Rückschlüssen führen; es reicht eventuell zur Beantwortung der anstehenden Fragen nicht aus.

3. **Was sind externe Datenquellen?**

   Externe Datenquellen sind *unternehmensfremde Datenquellen*. Dazu zählen u.a.

   - Veröffentlichungen von Behörden, z.B. Statistiken,
   - Veröffentlichungen von Kammern, z.B. Berichte,
   - Veröffentlichungen von anderen Unternehmen, z.B. Geschäftsberichte, Kataloge,
   - Veröffentlichungen in Zeitungen und Zeitschriften, z.B. Aufsätze, Berichte, Anzeigen,
   - Veröffentlichungen von wirtschaftswissenschaftlichen Instituten.

4. **Was ist internes Datenmaterial?**

   Internes Datenmaterial entstammt *unternehmenseigenen Datenquellen*. Internes Datenmaterial sind u.a.

   - Unterlagen der Buchhaltung, z.B. über Kosten-, Umsatz-, Gewinnentwicklung,

- Unterlagen der Marketingabteilung, z.B. über Absatzentwicklungen, über Reklamationen,
- Vertreterberichte mit Angaben über Tätigkeiten u.dgl.,
- Kundenmitteilungen.

5. Was sind primäre Datenerhebungen?

Primärerhebungen in der Marketingforschung weisen zwei Kennzeichen auf:

1. Die Daten werden primär für die konkrete marketingpolitische Fragestellung erhoben.
2. Die Daten werden im Allgemeinen am Orte ihrer Entstehung erhoben. Primärerhebungen werden erforderlich, wenn das sekundäre Material nicht ausreicht, die konkrete marketingpolitische Fragestellung zu beantworten. Methoden der primären Datenerhebung sind Befragung, Beobachtung und Experiment.

6. Welche Vorteile und Nachteile haben Primärerhebungen?

Vorteile: Primäres Material ist gegenüber dem sekundären Material gekennzeichnet durch seine Aktualität und durch seinen konkreten Bezug auf die Fragestellung.

Nachteil: Primärerhebungen sind sehr aufwändig.

7. Aus welchen sekundären Quellen erhält ein Unternehmen Informationen über Konsumgütermärkte?

Einige der für die Marktforschung im Konsumgüterbereich erforderlichen Informationen lassen sich auch aus externen sekundären Informationsquellen gewinnen. So findet man z.B. in Veröffentlichungen des Statistischen Bundesamts, der Großbanken, der Kammern, der Branchenverbände, der Lebensmittel-Zeitung u.a. auch Angaben über

- Produkte und Produktentwicklungen im Konsumgüterbereich,
- Modetrends, Veränderungen der Verbraucherwünsche,
- Haushaltseinkommen, Verbrauchsverhalten,
- Preise und Preisentwicklungen in einzelnen Wirtschaftsbereichen,
- Beschäftigung insgesamt und in einzelnen Wirtschaftsbereichen,
- Einstellungen zu Produkten, Produktgruppen, Vertriebssystemen,
- Nachfrageelastizitäten.

4. Befragung

4.1 Befragung: Bedeutung und Formen

1. **Welche Informationen will ein Unternehmen durch eine Befragung gewinnen?**

   Ein Unternehmen will durch Befragungen vor allem Informationen zu den folgenden Fragekomplexen erhalten.

   - Das *bisherige Kaufverhalten* der Befragten, gefragt wird u.a. danach, welche Ware in welchen Mengen wo gekauft wurde.
   - Das *zukünftige Kaufverhalten* der Befragten, gefragt wird u.a. nach Kaufabsichten, nach Plänen für Anschaffungen.
   - Die *Motive* der Befragten, gefragt wird u.a. nach den Gründen für den Kauf eines Produkts, z.B. als Reaktion auf bestimmte Werbemaßnahmen.
   - Die *Einstellungen* der Befragten, gefragt wird u.a. nach wertorientierten Gründen für den Kauf eines Produkts, für die Kaufenthaltung bei bestimmten Produkten, für bestimmte Präferenzen, für Reaktionen auf Werbung, Produktaufmachung u.dgl.

2. **Wie können Befragungen nach dem befragten Personenkreis eingeteilt werden?**

   Befragungen können sich an Experten und an Abnehmer (Händler, Verbraucher) richten. Entsprechend werden unterschieden

   - Expertenbefragungen,
   - Abnehmerbefragungen.

3. **Wie können Befragungen nach der Anzahl der Befragungsthemen eingeteilt werden?**

   Befragungen können sich auf ein Thema oder auf mehrere Themen beziehen. Entsprechend werden unterschieden

   - Einthemenbefragungen (*Spezialbefragungen*), dabei werden Informationen zu einem Spezialthema erfragt; Auftraggeber kann ein Unternehmen, können aber auch mehrere Unternehmen mit dem gleichen speziellen Informationsbedarf sein,

- Mehrthemenbefragungen (*Omnibusbefragungen*), dabei werden Informationen zu mehreren Themenkomplexen erfragt; Auftraggeber sind mehrere Unternehmen mit unterschiedlichem Informationsbedarf.

Omnibusbefragungen sind für die beteiligten Unternehmen kostengünstiger als Spezialbefragungen.

4. **Wie können Befragungen nach der Form des Kontaktes zwischen Frager und Befragtem eingeteilt werden?**

Formen des Kontakts:

- Persönliche Befragung, mündliche Befragung, persönliches Interview,
- telefonische Befragung,
- schriftliche Befragung,
- Gruppendiskussion.

(Gelegentlich werden auch Kombinationen dieser Formen eingesetzt.)

5. **Welche Bedeutung haben persönliche Befragungen?**

Bei persönlichen Befragungen haben Interviewer und Interviewter sog. *Face-to-Face-Kontakt*. Den Befragungen liegt ein *Fragebogen* zu Grunde. Persönliche Befragungen eignen sich u.a. besonders,

- wenn die Befragungen sehr umfangreich und sehr tief gehend sind,
- wenn in die Befragungen bildliche Darstellungen einbezogen werden,
- wenn sich die Befragungen flexibel dem Gesprächsverlauf anpassen sollen,
- wenn die Erläuterung bestimmter Fragen durch den Interviewer erforderlich wird.

Befragungen werden häufig von Befragungs*instituten* (Marktforschungsinstituten) im Auftrag der informationsbedürftigen Unternehmen durchgeführt. Die Unternehmen können Befragungen auch in eigener Regie durchführen, z.B. bei Befragungen von Kunden, von Experten u.Ä.

Die persönliche Befragung ist die häufigste Form der Befragung (man schätzt, dass rd. 50 % aller Befragungen persönliche Befragungen sind).

6. **Wo finden Face-to-Face-Befragungen (persönliche Befragungen) statt?**

Die Wahl des Ortes für die Befragung ist im Allgemeinen abhängig von Art und Umfang des Informationsbedarfs (Befragungsumfang und Befragungstiefe) und von der Zielgruppe der Befragten. Orte der Befragung können u.a. sein

- die Wohnung der Befragten,
- die Straße (Passantenbefragung),

Befragung

- das „Labor" bzw. Studio des mit der Befragung beauftragten Unternehmens,
- der Laden, das Geschäft des Unternehmens,
- im Betrieb (Mitarbeiterbefragung),
- in Betrieben, Verwaltungen u.Ä. (Experten, Kunden).

7. Von welchen Voraussetzungen ist der Erfolg einer Befragung abhängig?

Wenn eine Befragung erfolgreich sein soll, muss der Befragte grundsätzlich zu sachgemäßen Auskünften fähig und bereit sein; das setzt u.a. voraus:

- Der Befragte muss zum Thema etwas zu sagen haben.
- Er muss wahrheitsgemäß auf Fragen antworten.
- Er darf sich auch eventuell anfallenden Intimfragen oder Tabufragen nicht verweigern.

8. Welche Vorteile haben persönliche Befragungen?

Persönliche Befragungen haben u.a. folgende *Vorteile*:

- Die Rücklaufquote ist hoch.
- Die Repräsentanz ist hoch.
- Der Interviewer kann Fragen erläutern.
- Die Beeinflussung durch Dritte ist relativ gering.

9. Welche Nachteile haben persönliche Befragungen?

Persönliche Befragungen können *Nachteile* haben. Diese lassen sich folgendermaßen umschreiben:

- Persönliche Befragungen müssen häufig langfristig und sehr sorgfältig vorbereitet werden (Gestaltung des Fragebogens, Vorbereitung der Interviewer, Auswahl der Stichprobe).

- Die Befragung und ihre Auswertung kann u.U. sehr langfristig sein; die Ergebnisse sind nicht sofort zugänglich.

- Der Interviewer kann die Befragten beeinflussen.

- Vorbereitung, Durchführung und Auswertung der persönlichen Befragung sind meistens sehr aufwändig und mit erheblichen Kosten verbunden.

10. Für welche Befragung eignet sich die persönliche Befragung in besonderem Maße?

Die persönliche Befragung eignet sich in besonderem Maße bei folgenden Voraussetzungen.

- Mit der Befragung sollen bestimmte Zielpersonen erreicht werden.
- Der Befragte soll durch Dritte nicht beeinflusst werden können.
- Die Ansprüche an die Repräsentanz sind hoch.
- Die Befragung ist relativ umfangreich.
- Die Ansprüche an die Genauigkeit sind relativ hoch.
- Der Interviewer muss dem Befragten evtl. Fragen erklären können.

11. Eignen sich persönliche Befragungen auch für kleinere (mittelständische) Unternehmen?

Persönliche Befragungen sind auch für kleinere Unternehmen geeignet, wenn sie mit geringem Aufwand durchgeführt werden können. Das gilt z.B. für Kunden- und Expertenbefragungen durch Mitarbeiter (z.B. Außendienstmitarbeiter). Allerdings dürfen die Ansprüche an die Repräsentanz, Genauigkeit und den Umfang der erzielten Informationen nicht besonders hoch sein.

12. Welche Bedeutung haben telefonische Befragungen?

Wegen der Telefondichte in Deutschland haben telefonische Befragungen erheblich an Bedeutung gewonnen (man schätzt, dass rd. 20 % aller Befragungen telefonische Befragungen sind). Ihre besondere Bedeutung liegt darin, dass mit ihrer Hilfe sehr schnell Informationen gewonnen werden können (Blitzumfrage) und dass sie häufig von eigenen Mitarbeitern durchgeführt werden können. Im Allgemeinen liegen auch telefonischen Befragungen Fragebogen, häufig in Form von Checklisten, zu Grunde.

13. Für welchen Informationsbedarf eignen sich telefonische Befragungen in besonderem Maße?

Telefonische Befragungen eignen sich besonders dann, wenn der Informationsbedarf nicht sehr umfangreich ist und die Informationen schnell vorliegen sollen. Sie können deshalb z.B. eingesetzt werden bei

- Fragen nach der Akzeptanz von laufenden oder abgeschlossenen Werbemaßnahmen (z.B. eines TV-Werbespots, Anzeigen in Zeitungen oder Zeitschriften),

- Fragen nach dem Informationsstand über Sortimentserweiterungen, Produktinnovationen u.dgl.,

- Fragen im Zusammenhang mit der Vorbereitung einer Werbemaßnahme oder mit der geplanten Einführung eines neuen Produkts.

14. Ist es sinnvoll, telefonische Befragungen mit Verkaufsgesprächen zu verbinden?

Erfahrungsgemäß nimmt die Informationsbereitschaft des angerufenen Gesprächspartners ab, wenn er den Eindruck gewinnt, dass er als Kunde gewonnen werden soll. Es ist deshalb nicht sinnvoll, eine telefonische Befragung mit einem Verkaufsgespräch zu verbinden.

15. Wer kann die telefonischen Befragungen ausführen?

Telefonische Befragungen können von den eigenen Mitarbeitern durchgeführt werden (vor allem bei Befragungen von Kunden und Experten). Allerdings werden häufig sog. Call-Centers mit der Durchführung beauftragt.

16. Welche Tageszeiten sind für telefonische Befragungen günstig?

Für die Befragungen werden folgende Tageszeiten empfohlen.

- Bei Anrufen in der Wohnung: zwischen 18 und 20 Uhr und am späten Vormittag des (arbeitsfreien) Samstags.
- Bei Anrufen im Betrieb: zweite Hälfte des Vormittags und des Nachmittags.

17. Welche Vorteile haben telefonische Befragungen?

Telefonische Befragungen haben u.a. folgende Vorteile:

- Sie lassen sich relativ schnell durchführen.
- Die Kosten sind relativ gering.
- Die Rücklaufquote ist hoch.
- Die Beeinflussung des Befragten durch Dritte ist relativ gering.
- Der Frager kann Fragen erklären.

18. Welche Nachteile haben telefonische Befragungen?

Telefonische Befragungen können folgende Nachteile haben:

- Der Umfang der Befragung ist relativ gering.
- Die Befragung muss von kurzer Dauer sein (etwa 10 Min.).
- Die Repräsentanz ist relativ gering.
- Der Frager kann den Gesprächspartner beeinflussen.

19. Welche Bedeutung haben schriftliche Befragungen?

Schriftliche Befragungen sind Befragungen mithilfe eines Fragebogens. Der Umfang des Fragebogens hängt u.a. vom Verteilungsweg, von der Zielgruppe, vom Informationsbedarf ab. Fragebogen für die schriftliche Befragung können z.B. Coupons in Zeitungen, Anhängekarten an Produkten, in Geschäften ausgelegte Postkarten oder mehrseitige Fragebogen sein. Fragebogenaktionen können von den informationsbedürftigen Unternehmen auch in eigener Regie durchgeführt werden. (Man schätzt, dass etwa 25 % bis 30 % aller Befragungen schriftliche Befragungen sind.)

20. Wie können bei einer schriftlichen Befragung die Fragebogen verteilt werden?

Für die Fragebogen gibt es u.a. die folgenden Verteilungsmöglichkeiten:

- Versand durch die Post,
- Verteilung durch Mitarbeiter (oder durch ein Spezialunternehmen),
- in Verbindung mit einem gekauften Produkt,
- Auslage in Geschäften oder Aushändigung in Geschäften,
- in Verbindung mit einer Zeitungsanzeige,
- als Beilage zu einer Zeitschrift.

21. Wodurch wird die Art der Verteilung bestimmt?

Die Art der Verteilung wird bestimmt durch den Umfang und die Tiefe der Befragung sowie durch die Zielgruppe.

22. Wie beschafft sich ein Unternehmen die Adressen von Empfängern seiner Frageboten bei postalischer Zustellung?

Unternehmen können die Anschriften für den Versand von Fragebogen u.a. erhalten

- aus Telefon- und Adressbüchern,
- durch den Rücklauf von Coupons (in Anzeigen, bei Preisausschreiben u.Ä.) und
- durch Kauf bei Adressenverlagen.

23. Welche Vorteile hat die schriftliche Befragung?

Die schriftliche Befragung hat u.a. folgende Vorteile:

- Die Kosten sind relativ gering, insbesondere durch Wegfall der Ausgaben für die Interviewer.

- Wegen der Vielzahl von Verteilungsmöglichkeiten kann die schriftliche Befragung vielseitig eingesetzt werden.

- Daraus ergibt sich, dass auch kleinere Unternehmen schriftliche Befragungen durchführen können.

- Die Durchführung der schriftlichen Befragung ist relativ kurzfristig (kurzfristiger als die mündliche Befragung, allerdings langfristiger als die persönliche Befragung).

- Die Mitwirkung von Dritten, z.B. von Familienangehörigen, beim Ausfüllen des Fragebogens kann gelegentlich von Vorteil sein.

24. Welche Nachteile hat die schriftliche Befragung?

Die schriftliche Befragung hat u.a. folgende Nachteile.

- Die Rücklaufquote ist meistens niedrig.

- Die Repräsentanz ist relativ gering. (Häufig werden die Fragebogen von Personen ausgefüllt, die dazu in besonderem Maße Zeit haben; das sind aber meistens nicht die Zielpersonen.)

- Eine Erklärung der Fragen durch Interviewer ist nicht möglich; deshalb müssen die Fragen allgemein verständlich sein. Komplizierte Fragen behindern die Bereitschaft zum vollständigen Ausfüllen des Fragebogens.

- Daraus ergibt sich, dass die schriftliche Befragung nicht sehr umfangreich und nicht sehr tief gehend sein darf.

25. Wie kann die Rücklaufquote der Fragebogen erhöht werden?

Die Rücklaufquote ausgefüllter Fragebogen kann erhöht werden, wenn die folgenden Punkte beachtet werden:

- *Gestaltung des Fragebogens*: z.B. klare Formulierungen, Vermeidung von Fremdwörtern, Fragen, die lediglich kurze Antworten erfordern (also z.B. eher geschlossene als offene Fragen), Übersichtlichkeit, Hervorhebungen, Farbgebungen, kurzer Fragebogen: die Zeit zum Ausfüllen sollte eine halbe Stunde nicht überschreiten,

- *zielgruppengerechte Verteilung des Fragebogens*: z.B. an Kunden des eigenen Hauses, an Leute mit Spezialinteressen, z.B. bestimmten Hobbys, an Leser bestimmter Zeitschriften (Fachzeitschriften),

- *telefonische Anfrage* nach Bereitschaft zum Ausfüllen des Fragebogens mit Ankündigung des Fragebogens,

- *Belohnung für Rücksendung*: z.B. Teilnahme an Verlosung, an Preisausschreiben, Übersendung eines Geschenks,
- *Begleitschreiben*, das durch ansprechende Gestaltung zum Lesen motiviert, kurz und prägnant in den Fragebogen einführt, den Informationsbedarf darstellt, auf Belohnung hinweist usw.

26. Welche Bedeutung haben Befragungen im Internet?

Mithilfe seiner *Homepage* kann ein Unternehmen auch Internetuser befragen. Die dadurch erhaltenen Informationen sind im Allgemeinen nur bedingt brauchbar, da die Beantwortung der Fragen eher zufällig und die Repräsentanz relativ gering ist.

27. Welche Unterstützung können Computer bei Befragungen liefern?

Befragungsinstitute wenden bei Informationsgewinnung und -auswertung häufig Computer bzw. Datenverarbeitungssysteme an, z.B. das *Computer aided Personal Interviewing* und das *Computer aided Telephone Interviewing*. Die ermittelten Daten werden sofort, z.B. bei Befragung, in den Computer eingegeben; die Verarbeitung der Daten erfolgt sofort, sodass nach Abschluss des letzten Interviews die gewünschten Informationen sehr schnell vorliegen.

28. Welche Bedeutung haben Gruppendiskussionen für die Informationsgewinnung?

Die Gruppendiskussion ist ein *Instrument der qualitativen Marketingforschung*; sie liefert vor allem Informationen über Kaufmotive, Einstellungen zu Produkten und Marken, Vorstellungen über Produkte und ihre Preise usw.

Die Gruppendiskussion ist eine *Gesprächsrunde* mit etwa zehn Teilnehmern unter der *Leitung eines Moderators*. Der Moderator gibt die Thematik des Gesprächs vor, regt Diskussionsbeiträge an und verbindet sie.

Ihre besondere Bedeutung hat die Gruppendiskussion bei der Vorbereitung von Produktinnovationen (Sammlung von Produktideen), bei der Vorbereitung von Marketingmaßnahmen (z.B. Werbung) und evtl. auch bei der Vorbereitung von Marketingforschung (quantitative Marketingforschung).

29. Was ist eine Exploration?

Die Exploration ist – wie die Gruppendiskussion – ein *Instrument der qualitativen Marketingforschung*. Sie findet im Allgemeinen als unstrukturiertes Interview (meistens als Einzelgespräch) statt, bei dem sich der Interviewer weitgehend zurückhält. Der Befragte erhält Gelegenheit, sich ausführlich zu einer Frage bzw. zu einer bestimmten Thematik zu äußern.

4.2 Arten von Interviewfragen

1. Was sind offene Fragen?

Auf offene Fragen kann der Befragte die Antworten frei formulieren. Beispiel: Frage: Wo haben Sie im letzten Jahr Ihren Urlaub verbracht? Antwort: Angabe des Urlaubslandes, des Urlaubsortes usw.

2. Was sind geschlossene Fragen?

Geschlossene Fragen lassen nur bestimmte, *vorgegebene Antworten* zu. Häufig sind geschlossene Fragen *Alternativfragen*, auf die es nur zwei Antworten, z.B. ja oder nein, gibt.

Beispiel: Frage: Haben Sie Ihren Urlaub im letzten Jahr in Deutschland verbracht?

Sind mehr als zwei Antworten möglich, spricht man von *Selektivfragen*.

Beispiel: Frage: Haben Sie Ihren Urlaub im letzten Jahr in Deutschland, im europäischen oder im außereuropäischen Ausland verbracht?

3. Was sind Fragen mit Listenvorgaben?

Dem Interviewten kann im Zusammenhang mit einer *geschlossenen Fragestellung* eine *Liste mit Begriffen*, z.B. Markennamen, Produktnamen, Zeichen, Titeln von Zeitschriften vorgelegt werden, auf die sich die Frage bezieht. Z.B. bei der Frage: Welche der auf der vorliegenden Liste angegebenen Tabakmarken ist Ihnen bekannt? wird dem Probanden eine Liste mit entsprechenden Begriffen vorgelegt.

4. Was sind skalierte Fragen?

Eine skalierte Frage ist eine geschlossene Frage, bei der dem Probanden abgestufte Möglichkeiten zur Antwort gegeben werden. Die Antwort enthält eine Skala, mit deren Hilfe der Proband eine Wertung vornimmt. Die Werteskala kann auf Begriffen, z.B. gut, weniger gut, schlecht, oder auf Punkten, z.B. 3, 2, 1 Punkt für gut, weniger gut, schlecht, beruhen.

Beispiel: Frage: Gefallen Ihnen Backmischungen gut, weniger gut, schlecht?

5. Was sind direkte Fragen?

Die direkte Frage zielt unmittelbar auf den Gegenstand der Befragung. Z.B. Wie hoch ist Ihr Einkommen? Kennen Sie die Marke ...?

Direkte Fragen werden von den Befragten häufig falsch oder gar nicht beantwortet.

6. Was sind indirekte Fragen?

Die indirekte Frage zielt mittelbar auf den Gegenstand der Befragung. Die Nachteile der direkten Befragung sollen vermieden werden. Unter Berücksichtigung psychologischer Erkenntnisse wird der Gegenstand der Befragung so umschrieben, dass die Antworten brauchbar werden. Indirekte Fragen sind deshalb direkten vorzuziehen, z.B. statt der direkten Frage: Besitzen Sie ein Auto? die indirekte Frage: Welches Verkehrsmittel benutzen Sie am häufigsten?[4]

7. Was ist eine projektive Frage?

Die projektive Frage ist eine besondere Form der indirekten Frage. Die Probanden sollen nach ihren Einstellungen, Motiven u.dgl. gefragt werden, die sie bei einer direkten Befragung nicht preisgeben würden. Die Frage wird so formuliert, dass die Befragten in ihren Antworten Einstellungen, Motive usw. auf die Umwelt, z.B. auf andere Personen, projizieren können.

4.3 Befragung nach Befragungstiefe

1. Was ist eine standardisierte Befragung?

Eine standardisierte Befragung liegt vor, wenn dem Interviewer mit einem Fragebogen die Fragen in Formulierung und Reihenfolge vorgegeben sind. Von diesen Fragen kann er nicht abweichen.

Vorteile: Die Möglichkeiten des Interviewers zur Beeinflussung des Befragten werden minimiert. Der Fragebogen wird im Allgemeinen vor dem Interview getestet.

Nachteile: Der Interviewer kann sich nicht auf den Befragten einstellen und ihm z.B. die Fragen erklären. Er kann aber auch nicht mit zusätzlichen Fragen die Befragung vertiefen; dadurch können wichtige Informationen verloren gehen.

---

[4] Nach Meffert, H.: a.a.O. S. 166

2. Welche Bedeutung hat ein freies Interview für die Informationsgewinnung?

Bei einem freien Interview werden dem Interviewer die Thematik und das Ziel der Befragung vorgegeben. Er hat die *Freiheit, Form, Inhalt und Reihenfolge der Fragen zu bestimmen*. Er kann dadurch auf den Verlauf und das Ergebnis des Interviews Einfluss nehmen. Die Befragung kann dadurch die Bedeutung eines Tiefeninterviews gewinnen.

Vorteil: Der Interviewer kann auf den Befragten in hohem Maße eingehen; er kann z.B. durch zusätzliche Fragen die Befragung vertiefen, um so die tatsächlichen Motive aufzudecken, ursächliche Zusammenhänge zu erkennen u.dgl.

Nachteil: Die Beeinflussung durch den Interviewer kann problematisch für den Aussagewert der Antworten sein. Freie Interviews sind schwer vergleichbar, dadurch werden Auswertungen bzw. Verallgemeinerungen erschwert.

4.4 Der Fragebogen

1. Wovon ist die Gestaltung des Fragebogens grundsätzlich abhängig?

Folgende Aspekte bestimmen die Gestaltung des Fragebogens, die *Fragebogenstruktur*. Die einzelnen Aspekte sind häufig miteinander verbunden.

- Informationsbedarf (Befragungsumfang),
- Zielgruppe der Befragung (z.B. Verbraucherhaushalte, Experten),
- Art der Befragung (z.B. persönliches Interview, schriftliche oder telefonische Befragung),
- Art der Verteilung (z.B. postalischer Versand, Produktbeilage, Coupons).

2. Was ist bei der Gestaltung eines Fragebogens zu berücksichtigen?

Ziel einer Fragebogenaktion ist die Beschaffung von Informationen. Der Fragebogen soll durch die Beantwortung von Sachfragen dem Unternehmen die Informationen liefern, die es für Marketingmaßnahmen benötigt. Das setzt bei den Befragten voraus, dass sie bereit sind, die Fragen angemessen und wahrheitsgemäß zu beantworten, dass sie fähig sind, die Fragen zu verstehen und dass ihr Interesse während der Befragung nicht erlahmt.

Der Aufbau des Fragebogens muss deshalb u.a. die folgenden Aspekte berücksichtigen.

- Auf die *äußere Gestaltung* des Fragebogens ist besondere Sorgfalt zu verwenden; die Gestaltung soll dazu beitragen, das Interesse der Befragten zu wecken.

- Die *Anrede* und bestimmte *Einstiegsfragen* können die Befragten veranlassen, sich auf den Interviewer bzw. auf den Fragebogen einzulassen.

- An *Formulierung, Auswahl, Art und Reihenfolge der Sachfragen* (Kernfragen) sind besondere Anforderungen zu stellen.

- Schließlich müssen Möglichkeiten zur *Kontrolle* der Antworten berücksichtigt werden.

3. Welche Funktion haben Einstiegsfragen?

Einstiegsfragen dienen zunächst der *Einleitung in die Befragung*. Mit ihrer Hilfe soll der Kontakt zu den Befragten aufgenommen werden. Sie sollen möglichst einfach und neutral sein und das Interesse an der Befragung wecken. *Überleitungsfragen* dienen dem Einstieg in den Kern der Befragung.

Zur Erläuterung wird folgendes einfaches *Beispiel* herangezogen: Die Ostholmer Mühlenwerke benötigen vor der Aufnahme von Backmischungen in ihr Sortiment, das sie unter der Marke "Back-Gold" vertreibt, Informationen u.a. über den Bekanntheitsgrad ihrer Produkte. Befragt werden Hausfrauen in Hamburg und Schleswig-Holstein.

Beispiel für eine *Einstiegsfrage*: Backen Sie anläßlich von Sonn- und Feiertagen Kuchen, Torten oder sonstiges Gebäck?

Beispiel für eine *Überleitungsfrage*: Was halten Sie von Backmischungen zur Herstellung von Gebäck, Torten und Kuchen?

4. Welche Aufgaben erfüllen Sachfragen?

Sachfragen beziehen sich auf den Kern der Befragung, sie werden deshalb auch als Kernfragen bezeichnet. Sachfragen oder Kernfragen sind z.B. (bei Berücksichtigung des Beispiels aus Frage 3)

- Fragen nach *Kenntnissen* bzw. Wissen (z.B. Bekanntheit der Marke Backgold),
- Fragen nach *Einstellungen* (z.B. Einstellung zu den Produkten der Marke Backgold),
- Fragen nach dem *Verhalten* (z.B. Häufigkeit des Kaufs von Produkten dieser Marke),
- Fragen nach *Motiven* (z.B. Motive für den Kauf),
- Fragen nach dem *Urteil* (z.B. Beurteilung der Produkte, des Produkts),
- Fragen nach *künftigem Verhalten* (z.B. künftiger Kauf von Backmischungen).

5. Welche Bedeutung haben Kontrollfragen?

Mithilfe von Kontrollfragen soll die wahrheitsgemäße Beantwortung von Sachfragen überprüft werden.

So kann z.B. die Kontrollfrage auf die Frage nach der Häufigkeit des Kaufs von Mehl des Typs 405 lauten: Wie häufig backen Sie Kuchen aus Weizenmehl?

6. Welche Bedeutung haben Fragen zur Person des Befragten?

Fragen zur Person sind u.a. Fragen nach Geschlecht, Alter, Vorbildung, beruflicher Stellung, Einkommenshöhe, Familienstand, Anzahl der Kinder. Sie dienen einerseits der Statistik, andererseits lassen sie aber auch Rückschlüsse im Zusammenhang mit anderen Fragen zu.

4.5 Probleme bei der praktischen Abwicklung primärer Datensammlung

1. Welche Anforderungen sind an einen Interviewer zu stellen?

Bei der Rekrutierung von Interviewern werden *Anforderungen* berücksichtigt, die sich u.a. mit folgenden Begriffen umschreiben lassen:

Der Interviewer sollte *kontaktfreudig* sein.

Der Interviewer sollte *Vertrauen erwecken*.

Der Interviewer sollte *nicht verschlossen* sein.

Der Interviewer sollte *angemessen auftreten* können.

2. Wie werden Interviewer unterwiesen?

Die Unterweisung der Interviewer vor dem Einsatz umfasst u.a. die folgenden Bereiche.

- *Ausbildung*: Einführung in Grundlagen der Marketingforschung, in Interview- bzw. Fragetechniken, in Methoden der Auswahl von Interviewpartnern u.dgl.,

- *Unterweisung*: die Information über die anstehende bestimmte Befragung, über ihre Ziele, über besondere Schwierigkeiten u.dgl.,

- *schriftliche Instruktion*: Erläuterung der anstehenden Befragung, Erklärungen zu Fragen usw.

3. Wie wird der Interviewer bei seinem Einsatz gelenkt?

Für seinen Einsatz erhält der Interviewer neben dem Fragebogen die Instruktionen, die er genau zu befolgen hat; diese Vorschriften betreffen einerseits die Durchführung des Interviews und andererseits die Auswahl der Zielpersonen.

Für die Interviews werden dem Interviewer die *Zielpersonen vorgegeben*. Er erhält entweder die Adresse der genau angegebenen Zielpersonen oder eine Quote mit der Anzahl der zu befragenden Personen.

Bei einer sog. *Adressenstichprobe* kann der Interviewer die vorgegebenen Zielpersonen nicht durch andere ersetzen. Wenn er einen Interviewpartner nicht antrifft, muss er den Versuch zur Kontaktaufnahme wiederholen. Im Allgemeinen sind drei bis vier Versuche zur Kontaktaufnahme vorgesehen, bevor auf das Interview verzichtet wird. Der Ausfall von Interviews bei Adressenstichproben liegt i.d.R. bei etwa 25 %.

Bei einer sog. *Quotenstichprobe* kann der Interviewer die Partner innerhalb der vorgegebenen Bedingungen der Quote selbst auswählen. Dadurch gibt es keine Ausfälle, vorgesehene Zielpersonen, die der Interviewer nicht antrifft, die das Interview verweigern usw., können durch andere ersetzt werden.

4. Wie werden Interviewer kontrolliert?

Die Arbeit der Interviewer, die sog. Feldarbeit, muss ständig – zumindest durch Stichproben – kontrolliert werden. Für die Kontrollen der Feldarbeit bestehen die folgenden Möglichkeiten:

- *Nachbesuche*: Der Kontrolleur besucht Interviewpartner und befragt sie nach Einzelheiten des durchgeführten Interviews. Das Verfahren ist sehr teuer.

- *Briefliche Kontrolle*: Interviewpartner werden schriftlich befragt, ob, wann und wie das Interview stattgefunden hat. Wegen des geringen Rücklaufs muss diese Kontrollbefragung sehr umfangreich sein.

- *Telefonische Kontrolle*: Diese Kontrolle ist wegen ihrer Vorteile am weitesten verbreitet. Der Kontrolleur ruft Interviewpartner an und befragt sie, ob, wann und wie das Interview stattgefunden hat; er kann bei dem Telefongespräch ergänzende Fragen stellen, Zusammenhänge erklären usw. Im Allgemeinen werden etwa 10 % aller befragten Personen zur Überprüfung der Interviews und zur Kontrolle des Interviewers angerufen.

5. Beobachtung

1. Welche Bedeutung hat die Beobachtung zur Gewinnung von Informationen für marketingpolitische Entscheidungen?

Eine Beobachtung ist die planmäßige und systematische Wahrnehmung und Registrierung von Vorgängen an Gegenständen oder Personen in Abhängigkeit von bestimmten Situationen; die beobachteten *Personen werden nicht befragt.* Die Daten werden am Ort ihrer Entstehung und zum Zeitpunkt ihrer Entstehung erfasst. Als Methode der Marktforschung ist die Beobachtung von untergeordneter Bedeutung.

Beispiele: Beobachtung des Kaufverhaltens von Kunden, Kundenlaufstudien, Zählen von Kunden oder Passanten, Beobachtungen von Reaktionen bei Wahrnehmung bestimmter Werbemaßnahmen, Blickregistrierung, Beobachtung von Produktplatzierungen usw.

2. Welche Arten der Beobachtung kann man unterscheiden?

Zu unterscheiden sind *teilnehmende und nichtteilnehmende Beobachtungen.* Bei der teilnehmenden Beobachtung tritt der Beobachter als Teilnehmer der Interaktion auf, z.B. als Testkäufer. Dabei wirkt sich als besonderer Nachteil die Beeinflussung der Testperson durch den Beobachter und sein Verhalten aus. Bei der nichtteilnehmenden Beobachtung tritt kein Beobachter als Handelnder auf, das Verhalten von Personen u.dgl. wird aus der Distanz beobachtet oder maschinell erfasst (vgl. Kundenlaufstudie).

3. Welche Bereiche der Beobachtung kann man unterscheiden?

Zu unterscheiden sind *Feldbeobachtungen* und *Laboratoriumsbeobachtungen.* Eine Feldbeobachtung ist eine Beobachtung unter normalen bzw. üblichen (alltäglichen) Umfeldbedingungen (z.B. Kundenlaufstudie). Eine Laboratoriumsbeobachtung ist eine Beobachtung, für die Bedingungen der Situation künstlich geschaffen werden (z.B. Greiftest zur Prüfung der Produktaufmachung).

4. Welche Vorteile und welche Nachteile hat die Beobachtung?

Vorteile der Beobachtung sind u.a.

- tatsächliches Verhalten wird beobachtet,
- es besteht keine Abhängigkeit von der Auskunftsbereitschaft der beobachteten Personen,
- die Durchführung ist im Allgemeinen verdeckt.

Nachteile der Beobachtung sind u.a.

- geringe Repräsentanz,
- Motive für das konkrete Handeln können nicht erfasst werden,
- Bedingungen für das konkrete Handeln, z.B. Haushaltseinkommen, Schichtzugehörigkeit u.dgl. können nicht beobachtet werden.

5. Welche apparativen Verfahren zur Datenerfassung gibt es?

Bestimmte Informationen lassen sich auch durch apparative Verfahren gewinnen. Maschinelle Datenerfassung ist u.a. möglich mit folgenden Verfahren:

- *Zählwerke* an Einlassschranken werden zur Kundenzählung im Einzelhandel eingesetzt,

- *Lichtschranken* können darüber hinaus zur Beobachtung von Kundenwegen im Geschäft genutzt werden,

- *Scanning*-Technik, mithilfe des Beleglesers an einer Scanner-Kasse können auch Informationen über die Art des Einkaufs, über die Zusammensetzung des eingekauften Warenkorbs u. dgl. erfasst werden,

- *Audimeter*, mit ihm werden Zuschauer- bzw. Zuhörerbeteiligungen an Fernseh- bzw. Hörfunksendungen gemessen,

- Filmische Aufzeichnungen (*Video*), z.B. des Kaufverhaltens, der visuellen Informationsaufnahme (Blickregistrierung),

- *Elektroden* zur Messung des Hautwiderstandes als Reaktion auf bestimmte Werbemaßnahmen.

6. Panelforschung

1. Was versteht man unter einem Panel?

Ein Panel kann als eine permanente Stichprobe bezeichnet werden. Der für eine Beobachtung oder Befragung erfasste repräsentative Kreis von Personen oder Betrieben bleibt für längere Zeit erhalten. Dadurch wird *Panelforschung* ermöglicht. Als Panelforschung bezeichnet man die *Datenerhebung bei den gleichen Personen oder Betrieben zum gleichen Gegenstand über einen längeren Zeitraum*.

2. Welche Vorteile und welche Nachteile hat die Panelforschung?

Vorteile der Panelforschung sind u.a.:

- Entwicklungen von Daten werden sichtbar,
- die Rekrutierung des Kreises von Personen oder Betrieben, der für die Erhebung erforderlich ist, entfällt während der Dauer des Panels.

Nachteile der Panelforschung sind u.a.:

- Overreporting: Die beobachteten Personen entwickeln durch die Teilnahme am Panel besondere Verhaltensweisen, z.B. ausgeprägtes Preisbewusstsein,
- Ermüdungen: Die beobachteten Personen werden im Verlauf der Panelerhebungen nachlässig bei der Berichterstattung,
- Panelsterblichkeit: Die Teilnehmerzahl eines Panels verringert sich, z.B. durch Tod, durch Haushaltsauflösung usw.

3. Welche Panels sind in Deutschland von besonderer Bedeutung?

In Deutschland gibt es eine Reihe von Verbraucher- und Handelspanels. Verbraucherpanels können Haushalts- oder Individualpanels sein.

Handelspanels können Einzelhandels- und Großhandelspanels sein.

Verbraucherpanels werden vor allem durchgeführt von der GfK (Gesellschaft für Konsumforschung) und von der GfM (Gesellschaft für Marktforschung).

Handelspanels werden vor allem von der Nielsen-GmbH durchgeführt. Diese Panels sollen Einzelhandelsunternehmen oder Herstellern von Konsumgütern Informationen über Nachfrageverhalten, Marktsituationen usw. liefern.

Verbraucher- und Handelspanels informieren im Allgemeinen über die gleichen Tatbestände, aber aus unterschiedlicher Sicht: Verbraucherpanels z.B. aus der Sicht von privaten Haushalten, Handelspanels z.B. aus der Sicht von Einzelhandelsunternehmen.

Beispielhaft können für die Bundesrepublik Deutschland die folgenden Panels genannt werden:

- Einzelhandelspanels: Nielsen-Panel für den Nahrungs- und Genussmitteleinzelhandel, Elektrogerätepanel, Apothekenpanel,

- Verbraucherpanels: Verbrauchsgüterpanels, Individualpanels.

4. Welche Bedeutung hat der Einzelhandelspanel von Nielsen?

In den Nielsengebieten werden in einer zufällig ausgewählten Anzahl von Einzelhandelsgeschäften Verkaufsdaten erfasst. Die Einzelhandelsgeschäfte sind nach Geschäftstypen und Organisationsformen unterteilt. Berichtet wird jeweils für einen Zeitraum von zwei Monaten. Grundlagen der Datenermittlungen sind Einkaufsbelege, die die Nielsenmitarbeiter einsehen können, und die Bestände im Laden und im Lager, die die Nielsenmitarbeiter ermitteln.

Die Verkäufe werden aus dem Anfangs- und Endbestand eines Berichtszeitraums und den Einkäufen in dem Berichtszeitraum ermittelt. Die Ausführungen lassen sich an folgendem einfachen Beispiel nachvollziehen. Dem Nielsenmitarbeiter liegt als Anfangsbestand der Endbestand des letzten Berichtszeitraums vor, den Endbestand ermittelt er. Aus den ihm vorliegenden Rechnungen oder Lieferscheinen kann er den Umfang der Einkäufe feststellen.

Geschäft Nr.	333
Produkt	Weizenmehl, Typ 405, 1.000 g, Preis: 0,90 €
Bestand am 1.11.2000	75 Beutel
Bestand am 31.12.2000	23 Beutel
	52 Beutel
Einkäufe	
2.11.	50 Beutel
11.11.	50 Beutel
1.12.	100 Beutel
Verkäufe	252 Beutel
Verkaufswert	226,80 €

5. Welche Informationen liefert der Nielsen-Panel?

Der Nielsen-Panel liefert u.a. folgende Informationen über Gesamtmarkt und einzelne Nielsengebiete und für bestimmte Organisationsformen:

- *Produktinformationen*: z.B.

  Endverbraucherumsatz,
  Endverbraucherabsatz, Einkäufe,
  Lagerbestände,
  durchschnittlicher Absatz,
  durchschnittliche Bestände,

- *Distributionsinformationen*: z.B.

  Anteil der Geschäfte, die eine bestimmte Ware auf Vorrat halten,

  Anteil der Geschäfte, die diese Ware im Berichtszeitraum nicht auf Vorrat hatten, aber im Allgemeinen führen,

  Anteil der Geschäfte, die diese Ware direkt beim Hersteller beschafften.

6. Welche Nielsengebiete gibt es in Deutschland?

Nielsengebiete in Deutschland:

1. Hamburg, Schleswig-Holstein, Bremen, Niedersachsen,
2. Nordrhein-Westfalen,
3. a) Hessen, Rheinland-Pfalz, Saarland,
3. b) Baden-Württemberg,
4. Bayern,
5. Berlin,
6. Mecklenburg-Vorpommern, Sachsen-Anhalt,
7. Thüringen, Sachsen.

7. Wie werden im Nielsen-Panel die befragten Unternehmen unterschieden?

Die befragten Einzelhandelsunternehmen werden nach *Organisationsformen* und *Geschäftstypen* unterschieden.

Bei den *Organisationsformen* werden u.a. unterschieden:

- Verbrauchermärkte,
- Discountgeschäfte,
- Filialgeschäfte,
- EDEKA-Geschäfte,

- REWE-Geschäfte,
- SPAR-Geschäfte,
- Geschäfte, die einer Handelskette angehören....

Bei den *Geschäftstypen* werden u.a. unterschieden:

- Verbrauchermärkte,
- Discountgeschäfte,
- sehr große SB-Geschäfte,
- große SB-Geschäfte,
- mittlere SB-Geschäfte....

8. Welche Bedeutung haben Haushaltspanels?

Ein Haushaltspanel ist ein Verbraucherpanel. Das Institut (z.B. die GfK) befragt eine bestimmte Anzahl zufällig ausgewählter Haushalte nach ihren Einkäufen. Die Haushalte tragen die Einkäufe in ein Berichtsheft bzw. in Berichtsbögen ein und senden diese wöchentlich an das Institut, wo sie ausgewertet werden.

9. Welche Informationen liefern die Haushaltspanels?

Haushaltspanels liefern u.a. die folgenden Informationen:

- Ausgaben je Haushalt für die Einkäufe im Berichtszeitraum,
- nachgefragte Marken, Sorten, Artikel,
- bevorzugte Geschmacksrichtungen,
- Verpackungen, Mengenabpackungen der eingekauften Waren,
- Marktanteile einzelner Marken,
- bevorzugte Geschäftstypen,
- allgemeine Informationen über das Kaufverhalten (z.B. Abhängigkeiten von Haushaltsgröße, Alter, Wohnort),
- spezielle Informationen über das Kaufverhalten (z.B. Markentreue, Werbewirkungen).

7. Experimente in der Marktforschung

1. Was versteht man unter einem Experiment in der Marktforschung?

Ein Experiment ist ein Instrument der Marktforschung. Mit ihm sollen *Zusammenhänge zwischen Ursache und Wirkung getestet* werden. In einer kontrollierten Versuchsanordnung verändert der Marktforscher mindestens eine Marketingvariable und beobachtet die Wirkung auf andere, z.B. die Wirkung einer Preisänderung auf die Nachfrage, die Wirkung einer Produktaufmachung auf das Kaufinteresse u.Ä. Die Testergebnisse sind Grundlage für marketingpolitische Entscheidungen.

2. Welche Bedeutung haben Experimente in der Marketingforschung?

Experimente können zur Überprüfung aller Marketingaktivitäten eingesetzt werden. Einige Experimente zur Überprüfung des marketingpolitischen Instrumentariums werden im Folgenden beispielhaft genannt.

- *Werbemitteltest:* Getestet wird z.B., ob die Aussage eines Werbemittels von den Probanden verstanden wird, ob Probanden sich an Werbeaussagen erinnern können,

- *Produkttest:* Getestet wird z.B., ob ein neues Produkt den Bedürfnissen der Probanden entspricht, ob die Handhabung und die Gestaltung des Produkts den Bedürfnissen entsprechen,

- *Verpackungstest:* Getestet wird z.B., wie die Probanden auf Verpackungsänderungen reagieren, ob sich Verkaufschancen eines Produkts durch Veränderungen der Abpackungen, der Verpackungsgestaltung verbessern,

- *Markierungstest:* Getestet wird z.B., ob sich Probanden an Markennamen erinnern, ob sie mit einer Marke bestimmte Produkte assoziieren.

3. Was ist ein Projektionstest?

Der Projektionstest dient der Erforschung unterdrückter oder unbewusst empfundener Meinungen, Einstellungen, Wünsche und Erwartungen. Die *Probanden werden angeregt,* ihre *Meinungen* usw. *auf andere Personen zu* übertragen *(projizieren).* Dazu werden ihnen Bilder vorgelegt, die Personen in bestimmten Situationen darstellen; diese Darstellungen sollen sie mit sinnvollen Texten versehen.

4. Was ist ein Assoziationstest?

Der Assoziationstest dient der Erforschung auch unbewusst empfundener Meinungen, Einstellungen und Erwartungen. Die Probanden werden aufgefordert, *auf Reiz- oder Stimulanswörter spontan* zu *reagieren*. Den Testpersonen werden Begriffe vorgelegt, denen sie spontan andere Begriffe oder Merkmale zuordnen (assoziieren) sollen. Diese Begriffe oder Merkmale können sie entweder frei wählen oder aus einer vorgegebenen Liste aussuchen. Der Assoziationstest wird häufig für Image-Analysen eingesetzt.

5. Welche Bedeutung hat das Polaritätsprofil?

Das Polaritätsprofil dient der Ermittlung und anschaulichen Darstellung von Einstellungen und Werthaltungen gegenüber Produkten, Marken, Produktaufmachungen, Einzelhandelsgeschäften usw. Es ist eine besondere Form des Zuordnungstests. Für die befragte Sache werden in einer Tabelle Merkmale in ihren jeweils extremen Ausprägungen gegenübergestellt (z.B. schön – hässlich bzw. nicht schön). Die Tabelle enthält für die Ausprägungen des Merkmals Punktwerte, im Allgemeinen von 1 bis 7. Die Probanden können sich mehr oder weniger für das Merkmal entscheiden, indem sie einen Punktwert ankreuzen. Sie ordnen damit dem jeweiligen Merkmal spontan Werte zu, die über die Punkte quantifizierbar werden. Aus den Einzelwertungen aller Testpersonen für alle Merkmale lassen sich Durchschnittswerte ermitteln, deren grafische Darstellung das Polaritätsprofil ergeben. Bei einer Wiederholung des Tests zu einem späteren Zeitpunkt können Einstellungsänderungen überprüft und dargestellt werden.

An dem folgenden gekürzten Beispiel eines Polaritätsprofils lassen sich die Ausführungen nachvollziehen.

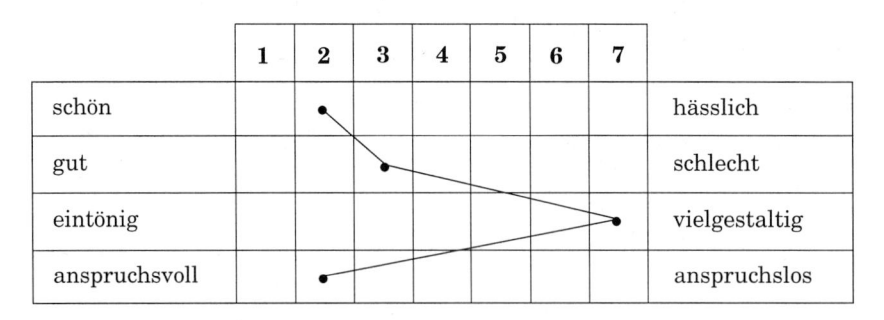

	1	2	3	4	5	6	7	
schön		•						hässlich
gut			•					schlecht
eintönig						•		vielgestaltig
anspruchsvoll		•						anspruchslos

6. Was ist ein Laborexperiment?

Ein Laborexperiment ist ein Experiment, das unter *künstlich geschaffenen Rahmenbedingungen* abläuft. Die Rahmenbedingungen werden durch die Zielvorgaben für das Experiment definiert.

Vorteil: Einflüsse von außen können weitgehend ausgeschaltet werden.

Nachteil: Probanden verändern häufig ihr Verhalten in der „Laboratoriums"-atmosphäre.

7. Was ist ein Feldexperiment?

Ein Feldexperiment ist ein Experiment, das unter *natürlichen*, alltäglichen, üblichen *Rahmenbedingungen* abläuft.

Vorteil: Realitätsnähe mit ihrer besonderen Bedeutung für das Verhalten der Probanden wird besonders berücksichtigt.

Nachteil: Einflüsse können nicht ausgeschaltet werden.

Der *Markttest* ist ein Beispiel für ein Feldexperiment.

8. Nach welchen Kriterien lassen sich Experimente typisieren?

Experimente lassen sich danach typisieren,

- ob neben der *Experimentiergruppe* noch eine weitere, anders zusammengesetzte Gruppe, die sog. *Kontrollgruppe*, teilnimmt, die im Allgemeinen von der Veränderung der Testvariablen nicht berührt wird,

- ob Daten nicht nur *nach*, sondern auch *vor* der *Veränderung* der Testvariablen erhoben werden.

Zur Kennzeichnung der Typen werden die Anfangsbuchstaben der englischen Bezeichnungen genutzt:

Experimentiergruppe = experimental group, E,

Kontrollgruppe = control group, C,

vor der Veränderung der Marketingvariablen (before), B,

nach der Veränderung der Marketingvariablen (after), A.

9. Welche Typen von Experimenten können unterschieden werden?

Die Informationen, die das Experiment liefern soll, ergeben sich durch den Vergleich des Endwertes (A) mit einem Bezugswert (B). End- und Bezugswert können gleichzeitig (simultan) oder nacheinander (sukzessiv) ermittelt werden. Danach können die folgenden *vier Typen* von Experimenten unterschieden werden.

1. EBA

   Die Wirkung des Testfaktors wird vor und nach seiner Veränderung in der gleichen Gruppe getestet. Es wird sukzessiv getestet, die Experimentiergruppe liefert den End- und den Bezugswert.

2. CB-EA

   Die Wirkung des Testfaktors wird vor seiner Veränderung in der Kontrollgruppe und nach der Veränderung in der Experimentiergruppe getestet. Es wird sukzessiv getestet, die Kontrollgruppe liefert den Bezugswert, die Experimentiergruppe liefert den Endwert.

3. EBA-CBA

   Die Wirkung des Testfaktors wird vor und nach seiner Veränderung in beiden Gruppen getestet. Es wird simultan getestet, die Gruppe C liefert den Bezugswert, die Gruppe E den Endwert.

4. EA-CA

   Die Wirkung des Testfaktors wird nach seiner Veränderung in beiden Gruppen getestet. Es wird simultan getestet.

10. Was ist ein Markttest?[5]

Der Markttest ist ein *Beispiel für ein Feldexperiment*. Er ist also ein Verfahren zur Prüfung der Marktchancen eines Produkts. Unter realistischen Bedingungen soll ein neues Produkt probeweise auf einem begrenzten Markt, dem Testmarkt, verkauft werden; dabei werden Marketinginstrumente eingesetzt, die auch auf dem späteren Gesamtmarkt genutzt werden sollen bzw. können.

11. Welche Probleme ergeben sich beim Markttest?

Die Realitätsnähe ist der besondere Vorteil des Markttests gegenüber anderen Testverfahren. Aber der Markttest wirft einige Probleme auf. Im Folgenden werden einige Problembereiche aufgelistet.

- Wegen seiner Dauer und seines Umfangs ist die Durchführung des Markttests sehr teuer.

- Der Markttest setzt die Mitarbeit des Handels voraus.

- Das Unternehmen riskiert für den Fall eines sog. Flops einen Imageverlust beim Handel und bei den Verbrauchern.

---

[5] Vgl. C 1. Produktpolitik.

Experimente in der Marktforschung

- Die Mitbewerber werden informiert und können angemessen reagieren.

- Die Testergebnisse werden im Allgemeinen auch von Marketingmaßnahmen der Mitbewerber beeinflusst.

12. Welche Folgerungen für das Testmarketing sind aus den Problemen zu ziehen?

Die Probleme des Markttests können u.a. die folgenden Verfahren des Testmarketing umgehen.

- *Minitestmarkt*-Panel; der Minitestmarkt-Panel verbindet den Store-Test mit einem Haushaltspanel.

- *Testmarktsimulation*; dazu wird der Markttest im Labor simuliert (Laborexperiment).

8. Stichproben in der Marketingforschung

8.1 Stichprobenartige Datenerhebung und Repräsentativität

1. **Was ist eine Stichprobe?**

   Eine Stichprobe ist eine *Repräsentativerhebung*. Im Allgemeinen werden die erforderlichen Informationen nicht von der Gesamtheit eingeholt; der Gesamtheit wird vielmehr eine Stichprobe entnommen, d.h. es wird eine Teilgesamtheit ermittelt. Die erforderlichen Daten werden von der Teilgesamtheit erhoben, die erhobenen Daten lassen Rückschlüsse auf die Gesamtheit zu.

2. **Welche Vorteile und welche Nachteile haben Teilerhebungen gegenüber Gesamterhebungen?**

   Vorteile der Teil- gegenüber Gesamterhebungen sind z.B.

   - der *Arbeitsaufwand* für Datenerhebung und -auswertung ist bei einer Teilerhebung *geringer*,
   - bei einer Teilerhebung fallen *weniger Kosten* an,
   - eine Teilerhebung kann *schneller* durchgeführt werden,
   - bei einer Teilerhebung können die Daten im Allgemeinen *gründlicher* aufbereitet werden.

   Nachteile der Teil- gegenüber Gesamterhebungen sind z.B.

   - der Rückschluss von der Teilgesamtheit auf die Gesamtheit ist mit Unsicherheiten behaftet,
   - die Aussage einer Stichprobe ist ungenau, die Genauigkeit einer Stichprobe nimmt mit ihrem Umfang ab,
   - die Aussage einer Stichprobe ist nicht eindeutig.

3. **Mit welchen Unsicherheitsfaktoren ist der Rückschluss von einer Stichprobe auf die Gesamtheit behaftet?**

   Die Aussage aus einer Stichprobe kann nur bedingt auf die Gesamtheit übertragen werden. Der Rückschluss von der Teilgesamtheit auf die Gesamtheit ist mit zwei Unsicherheitsfaktoren behaftet.

1. Die Aussage kann nicht mit 100-prozentiger Sicherheit, sondern nur mit einem geringeren *Sicherheitsgrad* übertragen werden. Ein Sicherheitsgrad von 90 % besagt z.B., dass die Aussage aus der Teilgesamtheit mit einer Wahrscheinlichkeit von 90 % auch auf die Gesamtheit zutrifft. Anders ausgedrückt: Bei 100 Stichproben würden 90 die Aussage der Gesamtheit ungefähr wiedergeben; 10 Stichproben würden die Aussage der Gesamtheit nicht wiedergeben.

2. Die Aussage kann nicht mit einer bestimmten Zahl, sondern nur mit einem Zahlenbereich, dem sog. Vertrauensbereich, angegeben werden. Eine Angabe von z.B. 30 % mit der zusätzlichen Angabe +/– 2 % besagt, dass die Aussage aus der Teilgesamtheit nur mit einer *Fehlertoleranz* von 2 % für die Gesamtheit zutrifft, dass der entsprechende Wert in der Gesamtheit also zwischen 28 % und 32 % liegt.

Die Ausführungen lassen sich an folgendem Beispiel nachvollziehen. Auf die Frage „Kennen Sie die Marke XYX" antworten 60 % der befragten Haushalte mit „ja", die Fehlertoleranz wird mit +/– 2 % und die Wahrscheinlichkeit mit 99 % angegeben. Das Ergebnis ist folgendermaßen zu interpretieren: 58 % bis 62 % aller Hauhalte kennen mit an Sicherheit grenzender Wahrscheinlichkeit (Wahrscheinlichkeit von 99 %) die Marke.

4. Von welchen Faktoren ist der Umfang einer Stichprobe abhängig?

Die folgenden Fragestellungen bestimmen den Umfang einer Stichprobe.

1. Wie hoch soll der Sicherheitsgrad der Aussage mindestens sein? Mit welcher Wahrscheinlichkeit soll die Aussage aus der Teilgesamtheit auch auf die Gesamtheit zutreffen? Z.B. 90 %, 95 % o.Ä.,

2. Wie hoch darf die Fehlertoleranz sein? Z.B. +/– 2 %, +/– 10 % o.Ä.,

3. Wie hoch sind die relativen Anteile der Merkmalsausprägungen, die in die Berechnung eingehen? Z.B. 40 % und 60 %, 30 % und 70 % o.Ä.

5. Wie lautet die Formel zur Ermittlung des Stichprobenumfangs?

Die Formel für die Ermittlung des Stichprobenumfangs lautet:

$$n = (t^2 \cdot p \cdot q) / e^2$$

Die verwendeten Zeichen bedeuten

n = Stichprobenumfang,

t = Faktor, der für den Grad der Sicherheit bzw. der Wahrscheinlichkeit steht, p = Anteil der Ausprägungen des Merkmals p,

q = Anteil der Ausprägungen des Merkmals q,

e = Fehlertoleranz

6. Wie wird die Wahrscheinlichkeit in der Regel berücksichtigt?

Der Grad der Wahrscheinlichkeit kann in einem v.-H.-Satz angegeben werden. Im Allgemeinen wird der Grad der Wahrscheinlichkeit mit dem sog. *Sicherheitsfaktor* angegeben. Den Zusammenhang zwischen dem Sicherheitsfaktor t und der Wahrscheinlichkeit gibt die folgende Tabelle beispielhaft wieder:

Sicherheitsfaktor t	Wahrscheinlichkeit
t = 1	99,7
t = 2	95,5
t = 3	68,3

In der Praxis sind t = 1 und t = 2 von besonderer Bedeutung.

7. Wie werden die Merkmalsanteile in der Regel berücksichtigt?

Die Merkmalsausprägungen werden bei der Ermittlung des Stichprobenumfangs mit ihren relativen Anteilen berücksichtigt. Die Summe der beiden Anteile ist 100 (bzw. 1). Die Kenntnis der Anteile ergibt sich aus Erfahrung oder aus früheren Berechnungen und aus Abschätzungen bisheriger Entwicklungen usw. Können die Anteile nicht geschätzt werden, werden sie mit jeweils 50 % angenommen.

8. Was wird mit der sog. Fehlertoleranz angegeben?

Die Fehlertoleranz gibt an, welche Fehlerspanne toleriert werden kann. Die Aussage aus der Teilgesamtheit kann nur mit einer Fehlertoleranz für die Gesamtheit gelten.

Die Ausführungen lassen sich an folgendem Beispiel nachvollziehen. Die Mühlenwerke in O. wollen wissen, wie bekannt ihre Marke „Back-Gold" in Norddeutschland ist und lassen deshalb Haushalte in Schleswig-Holstein, Hamburg, Niedersachen und Mecklenburg-Vorpommern befragen. Wie groß muss die Stichprobe sein, d.h. wie viele Haushalte müssen befragt werden? Voraussetzungen: Sicherheitsgrad 95,5 % (d.h. t = 2), Fehlertoleranz ± 3 %; bei einer Befragung, die vor 10 Jahren stattfand, ergab sich ein Bekanntheitsgrad von 55 %, es kann aber angenommen werden, dass der Bekanntheitsgrad heute bei etwa 60 % liegt.

Ermittlung des Stichprobenumfangs (gem. o.a. Formel)

n = (4 · 60 · 40) / 9 = 1067,

d.h. 1067 Haushalte sind zu befragen.

9. Welche Bedeutung hat ein Nomogramm?

Ein Nomogramm ist eine Tabelle, mit deren Hilfe man für eine bestimmte Wahrscheinlichkeit (95,5 %) die Fehlertoleranz bestimmen bzw. (bei gegebener Fehlertoleranz) den Umfang der Stichprobe ablesen kann. Berechnungen mithilfe der Formel können dann entfallen.

8.2 Auswahlmethoden

1. Wie können Teilgesamtheiten ausgewählt werden?

Teilgesamtheiten können mithilfe von zufallsgesteuerten oder mit bewussten Auswahlverfahren bestimmt werden.

Bei der *Zufallsauswahl* haben alle Elemente der Grundgesamtheit die gleichen Chancen, für die Stichprobe ausgewählt zu werden. Es bleibt dem Zufall überlassen, welche Elemente tatsächlich in die Stichprobe gelangen. Zu den Zufallsverfahren zählen die einfache (uneingeschränkte) Zufallsauswahl und die höheren Verfahren wie z.B. das geschichtete und das Klumpenverfahren. Bei den *bewussten Auswahlverfahren* bleibt die Auswahl der Elemente aus der Grundgesamtheit für die Stichprobe nicht dem Zufall überlassen. Interviewer z.B. erhalten bestimmte Vorgaben. Zu den bewussten Auswahlverfahren zählen z.B. das Quotenverfahren und das Auswahlverfahren nach dem Konzentrationsprinzip.

In der Praxis der Marktforschung werden zufallsgesteuerte und bewusste Auswahlverfahren häufig kombiniert angewandt.

2. Welche Auswahlmethoden gibt es bei der reinen Zufallsauswahl?

Bei der reinen Zufallsauswahl gibt es u.a. die folgenden Auswahlmethoden:

- Auswahl mithilfe einer *Zufallszahlentabelle*: Der Auswahl liegt eine Tabelle mit zufällig ausgelosten Zahlen zu Grunde. Beispiel: Für eine Kundebefragung soll eine Stichprobe im erforderlichen Umfang aus der durchnummerierten Kundenliste genommen werden; es werden die Kunden ausgewählt, deren Listennummern sich aus der Reihenfolge der Zufallszahlen ergibt.

Stichproben in der Marketingforschung 273

- *Systematische Auswahl*: Der Auswahl liegt ein System zu Grunde, das sich aus dem Umfang der Stichprobe und der Grundgesamtheit ergibt. Beispiel: Für eine Befragung sollen die insgesamt 10.000 Kunden durch eine Stichprobe von 1.000 Kunden repräsentiert werden; aus der durchnummerierten Kundenliste wird jeder 10. Kunde für die Stichprobe ausgewählt.

- Auswahl anhand von *Endziffern*: Der Auswahl liegt eine zufällig gewählte Endziffer zu Grunde, deren Größe vom Umfang der Stichprobe abhängig ist. Beispiel: Bei 10.000 Kunden und einem Stichprobenumfang von 1.000 wird aus der durchnummerierten Kundenliste jeder Kunde entnommen, dessen Listennummer auf 7 (bzw. eine andere zufällig gewählte einstellige Ziffer) endet; bei einem Stichprobenumfang von 2.000 wird aus der durchnummerierten Kundenliste jeder Kunde entnommen, dessen Listennummer auf 3 oder 7 (o.Ä.) endet.

- Auswahl anhand von *Buchstaben*: Der Auswahl liegt ein zufällig gewählter Buchstabe zu Grunde. Beispiel: Für die Stichprobe werden die Kunden ausgewählt, deren Nachname auf e (o.Ä.) endet.

3. Was ist eine geschichtete Stichprobe?

Eine geschichtete Stichprobe liegt vor, wenn die Grundgesamtheit in Schichten zerlegt wurde. Kriterien für die Schichtenbildung sind Merkmale bzw. Merkmalsausprägungen. Schichten sind also Teilgesamtheiten, die *hinsichtlich eines Merkmals*, z.B. Beruf, Geschlecht, Alter, *homogen* sind. Aus den Schichten werden mithilfe von zufallsgesteuerten Verfahren Stichproben entnommen.

4. Was ist eine Klumpenstichprobe?

Eine Klumpenstichprobe liegt vor, wenn aus der Grundgesamtheit *nach regionalen Gesichtspunkten* Teilgesamtheiten ausgewählt wurden. Diese Teilgesamtheiten werden als Klumpen bezeichnet, ein Klumpen kann z.B. eine Gemeinde sein. Die Auswahl der Klumpen kann zufallsgesteuert sein. Klumpen sind in Bezug auf die Merkmale heterogen und repräsentieren so die Gesamtheit. Die Befragung kann sich auf alle Mitglieder eines Klumpens beziehen, im Allgemeinen werden jedoch aus den Klumpen Stichproben mit zufallsgesteuerten Auswahlverfahren genommen.

5. Welche Bedeutung hat das sog. Quotenverfahren bei der Festlegung einer Stichprobe?

Das Quotenverfahren ist ein bewusstes (gezieltes) Auswahlverfahren. Den Interviewern werden in Quoten die relativen Anteile von Merkmalsträgern an einer Stichprobe vorgegeben. Dadurch soll erreicht werden, dass diese Anteile den Anteilen an der Gesamtheit entsprechen.

6. Welche Bedeutung hat die Auswahl nach dem Konzentrationsprinzip?

Auswahl nach dem Konzentrationsprinzip bedeutet, dass sich die Auswahl auf solche *Merkmalsträger* bezieht, die in der Gesamtheit *von besonderer Bedeutung* sind, d.h. bei denen sich die Merkmalsausprägungen konzentrieren. Die anderen Merkmalsträger bleiben unberücksichtigt. Problematisch ist dabei die Abgrenzung bedeutender von unbedeutenden Merkmalsträgern. Beispiel: Für eine Befragung von Produktionsunternehmen in einem Bundesland werden für die Stichprobe nur die absatzstärksten Unternehmen berücksichtigt.

9. Das Kaufverhalten

1. Was versteht man unter Kaufverhalten?

Unter Kaufverhalten versteht man das Verhalten in der konkreten Kaufsituation, die Entscheidung für den Kauf eines bestimmten Produkts. Die *Kaufentscheidung* wird durch endogene und exogene Faktoren bestimmt.

Endogene Faktoren werden von dem Träger bzw. den Trägern der Kaufentscheidung in den Entscheidungsprozess eingebracht, sie sind im Allgemeinen mit der Person des Entscheidungsträgers verbunden; exogene Faktoren werden von außen in den Entscheidungsprozess eingebracht.

Zu den endogenen Faktoren zählen u.a.

- ökonomische Faktoren,
- soziologische Faktoren,

zu den exogenen Faktoren zählen u.a.

- Marketingmaßnahmen der eigenen Unternehmung,
- Marketingmaßnahmen fremder Unternehmungen.

2. Nach welchen Gesichtspunkten kann Kaufverhalten unterschieden werden?

Das Kaufverhalten kann *nach zwei Gesichtspunkten* unterschieden werden:

1. *Anzahl* der Entscheidungsträger

- ein *Einzelner* entscheidet über den Kauf,
- eine *Gruppe* entscheidet über den Kauf.

2. Käufergruppen

- das Kaufverhalten der privaten *Haushalte*, das sog. *Konsumentenverhalten*,
- das Kaufverhalten der *Unternehmen* (und der öffentlichen Haushalte), das sog. *organisationale Verhalten*.

Die Ausführungen lassen sich anhand der folgenden Tabelle veranschaulichen.

		Käufergruppe	
		Konsumentenverhalten	organisationales Verhalten
Anzahl der Entscheidungsträger	ein Einzelner	ein Haushaltsmitglied, z. B. die Mutter	der Einkäufer
	Kollektiv	mehrere oder alle Mitglieder des Haushalts	Buying-Center

3. Wie lässt sich Kaufverhalten modellhaft beschreiben?

Mithilfe der Marktforschung kann der Entscheidungsvorgang nicht beobachtet werden, er bleibt im Dunkeln, in einer *Black Box*. Die Grundlagen und das Ergebnis der Entscheidungsfindung können beobachtet werden. Grundlagen der Entscheidungsfindung sind endogene und exogene Faktoren. Das Ergebnis ist die eigentliche Kaufhandlung.

Bei einem Black-Box-Modell wird darauf verzichtet, die Entscheidungsfindung weiter gehend zu erklären bzw. zu analysieren.

Die Ausführungen lassen sich an folgender schematischen Darstellung nachvollziehen.

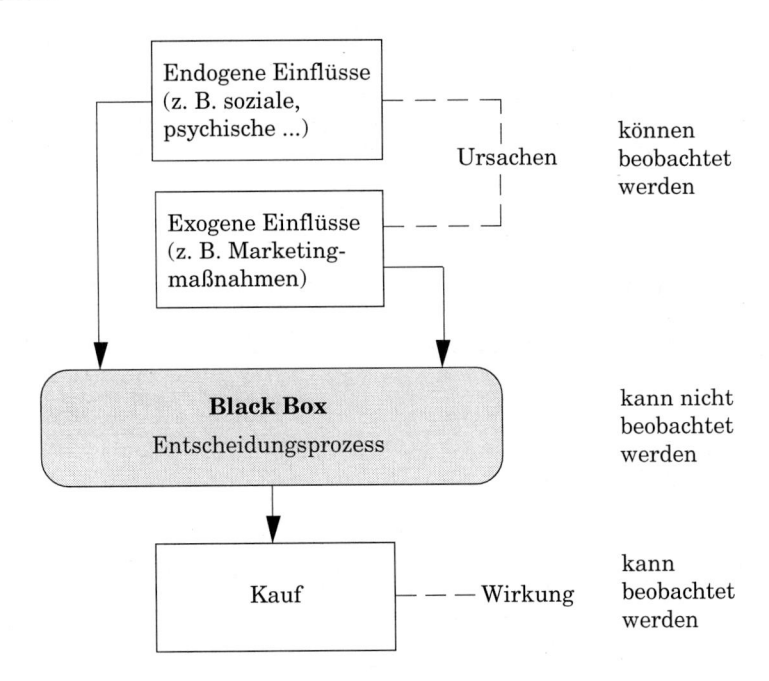

```
        ┌─────────────────────┐
        │ Endogene Einflüsse  │
        │ (z. B. soziale,     │─ ─ ─ ┐
        │ psychische ...)     │      │           können
        └─────────────────────┘      │ Ursachen  beobachtet
        ┌─────────────────────┐      │           werden
        │ Exogene Einflüsse   │─ ─ ─ ┘
        │ (z. B. Marketing-   │
        │ maßnahmen)          │
        └─────────────────────┘
                 │
        ╭────────▼────────────╮
        │    Black Box        │           kann nicht
        │  Entscheidungsprozess│          beobachtet
        ╰─────────┬───────────╯           werden
                  ▼
        ┌─────────────────────┐                      kann
        │       Kauf          │─ ─ ─ Wirkung         beobachtet
        └─────────────────────┘                      werden
```

Das Kaufverhalten

4. Wodurch unterscheiden sich echte Verhaltensmodelle von dem Black-Box-Modell?

Ein Black-Box-Modell ist ein sog. *Stimulus-Response-Modell* (S-R-Modell). Es werden lediglich die Faktoren, die als Variablen in den Entscheidungsprozess eingehen, und das Ergebnis der Entscheidung, der realisierte Kauf, beobachtet und beschrieben. Eine Analyse des Entscheidungsvorganges findet nicht statt. Dadurch unterscheidet es sich von den echten Verhaltensmodellen. Echte Verhaltensmodelle sind sog. *Stimulus-Organismus-Response-Modelle* (S-O-R-Modelle). Sie beobachten und beschreiben ebenfalls die Grundlagen und das Ergebnis der Entscheidungsfindung. Außerdem versuchen sie zu erklären, was in der Black Box vor sich geht. Dazu nutzen sie psychologische Kategorien, wie z.B. Einstellungen, Gefühle, Stimmungen und Annahmen über ihre Bedeutung für die Verhaltenssteuerung.

5. Welche ökonomischen Faktoren beeinflussen die Kaufentscheidung?

Der Käufer entscheidet nach dem ökonomischen Prinzip der *Nutzenmaximierung*, er berücksichtigt die Rangordnung der Ziele bei der Realisierung seines Wirtschaftsplans, er vergleicht Preise und versucht, mit den ihm vorgegebenen Mitteln ein möglichst gutes Ergebnis zu erzielen.

6. Welche psychologischen Faktoren beeinflussen die Kaufentscheidung?

Zu den psychologischen Faktoren, die die Kaufentscheidung beeinflussen, zählen u.a.

- *Gefühle und Stimmungen:* sie bestimmen Art und Umfang der Neigung eines Käufers, auf Werbung, auf das Produkt, auf Produktgestaltung und auf den Partner im Verkaufsgespräch einzugehen,

- *Bedürfnisse*: Bedürfnisse sind subjektiv empfundene Gefühle des Mangels, die der Betroffene beseitigen will; sie motivieren den Käufer auf ein Ziel hin,

- *Einstellungen*: Einstellungen sind durch Lernvorgänge erworbene Bereitschaften, auf Reize zu reagieren, die von Produkten, von Produktaufmachungen, von Marken, von Werbungen, Menschen, von Themen usw. ausgehen.

7. Welche soziologischen Faktoren beeinflussen die Kaufentscheidung?

Zu den soziologischen Faktoren, die die Kaufentscheidung beeinflussen, zählen u.a.

- allgemeine gesellschaftliche *Werte*, Normen, Verhaltensregeln und Vorschriften,

- Zugehörigkeit zu einer sozialen *Schicht*, Einkommen, Ausbildung,
- Zugehörigkeit zu einer Gruppe, Stellung in der Familie,
- *Rollen*erwartungen und -entsprechungen.

8. **Nach welchen Verhaltensgrundformen kann eine Typologie des Kaufverhaltens konstruiert werden?**

    Eine Typologie des Kaufverhaltens kann gebildet werden, wenn die vier Grundformen zu Grunde gelegt werden. Danach können folgende *Typen des Kaufverhaltens* unterschieden werden:

    - rationales Kaufverhalten,
    - impulsives Kaufverhalten,
    - gewohnheitsmäßiges Kaufverhalten und
    - sozial abhängiges Kaufverhalten.

    Diese Typen sind sog. *Idealtypen*, sie kommen in reiner Form nicht vor. Im Allgemeinen vermischen sich die Typen in der konkreten Kaufsituation. Insbesondere ist das Verhalten in der konkreten Kaufsituation abhängig von dem einzukaufenden Produkt.

    Beispiel: Der Käufer A kann sich bei dem Kauf von Lebensmitteln rational, beim Kauf einer Krawatte impulsiv, beim Kauf seiner Blue-Jeans gewohnheitsmäßig und beim Kauf eines Anzugs sozial abhängig verhalten.

9. **Wie kann rationales Kaufverhalten gekennzeichnet werden?**

    Käufer verhalten sich rational, wenn sie ein Produkt nach Preisvergleich und weiteren Informationen kaufen und wenn sie sicher sind, dass es ihre Bedürfnisse optimal befriedigt.

10. **Wie kann impulsives Kaufverhalten gekennzeichnet werden?**

    Käufer verhalten sich impulsiv, wenn sie beim Einkauf einer plötzlichen Weckung ihres Interesses folgen.

11. **Wie kann gewohnheitsmäßiges Kaufverhalten gekennzeichnet werden?**

    Käufer verhalten sich gewohnheitsmäßig, wenn sie beim Einkauf bestimmten Präferenzen, die sie aufgrund guter Erfahrungen für bestimmte Produkte und ihre Aufmachungen entwickelt haben, folgen; sie verzichten darauf zu prüfen, ob ihre Bedürfnisse nicht durch billigere Konkurrenzprodukte oder Substitute auch befriedigt werden können.

Das Kaufverhalten

12. Wie kann sozial abhängiges Kaufverhalten gekennzeichnet werden?

Käufer verhalten sich sozial abhängig, wenn sie beim Einkauf von Bedingungen beeinflusst werden, die die soziale Umwelt (z.B. im Zusammenhang mit bestimmten Rollenerwartungen) vorgibt.

13. Wie lassen sich unter besonderer Berücksichtigung von Produktarten Typen des Kaufverhaltens konstruieren?

Zur Konstruktion realistischer Typen des Kaufverhaltens müssen verschiedene Merkmale und ihre Ausprägungen und weitere Orientierungsgesichtspunkte herangezogen werden.

Grundlage der Typenbildung ist die Art der zu kaufenden Güter. Dazu werden die folgenden Produktkategorien herangezogen:

- Convenience Goods,
- Speciality Goods,
- Shopping Goods.

14. Welche Orientierungsgesichtspunkte sind bei der Typenbildung von Bedeutung?

Bei der Typenbildung sind folgende Orientierungsgesichtspunkte von Bedeutung.

- *Beteiligung* von Mitverwendern bzw. Mitbenutzern und von weiteren Entscheidungsträgern *an der Kaufentscheidung*; die Beteiligung ist gering bei Convenience Goods und hoch bei Speciality Goods,

- *Orientierung an einem Kaufprogramm*; diese Orientierung ist hoch bei Convenience Goods und gering bei Speciality Goods.

15. Welche Merkmale und ihre Ausprägungen sind bei der Typenbildung von Bedeutung?

Merkmale sind u.a.

- *Mittelbildung*, Finanzierung: bei Convenience Goods gering, bei Speciality Goods hoch,
- *Informationsbedarf*: bei Convenience Goods gering, bei Speciality Goods hoch,
- *Neuartigkeit*: bei Convenience Goods gering, bei Speciality Goods hoch,
- *Betroffenheit von Mitverwendern und -benutzern*: bei Convenience Goods gering, bei Speciality Goods hoch.

16. Was sind Convenience Goods?

Convenience Goods sind im Allgemeinen übliche Lebensmittel, Zigaretten, einfache kosmetische Artikel und ähnliche Güter. Diese Güter können u.a. folgendermaßen gekennzeichnet werden:

- Sie werden häufig gekauft, ihre Bedeutung im Konsumsystem ist gering.

- Für ihren Einkauf ist keine langfristige und planmäßige Mittelbildung (Rücklagen) erforderlich.

- Die Erfahrung mit ihnen ist groß, entsprechend gering ist der Informationsbedarf.

- Im sozialen Bezugssystem haben sie keine Bedeutung.

17. Was sind *Speciality Goods*?

Speciality Goods sind im Allgemeinen Möbel, Klavier, Auto, Urlaub und ähnliche Güter. Diese Güter können u.a. folgendermaßen gekennzeichnet werden: Sie werden selten gekauft, ihre Bedeutung im Konsumsystem ist hoch. Ihre Anschaffung erfordert langfristige, planmäßige Mittelbildung (Ersparnisse, Finanzierung), der Informationsbedarf ist hoch. Im sozialen Bezugssystem haben sie erhebliche Bedeutung.

18. Was sind Shopping Goods?

Shopping Goods sind Güter, die nicht mehr Convenience Goods und noch nicht Speciality Goods sind, dazu können Textilien, Schuhe und ähnliche Güter gezählt werden.

19. Wie wirken die Einflussfaktoren in einer konkreten Kaufsituation?

Für eine konkrete Kaufsituation kann die Wirkung von Einflussfaktoren folgendermaßen umschrieben werden.[6]

---

[6] Nach Meffert, H.: a.a.O., S. 135, vgl. Vry, W.: a.a.O., S. 124

Das Kaufverhalten

1. Der Konsument ist durch Erbanlagen, Charakter, Sozialisation geprägt. Seine individuelle *Persönlichkeitsstruktur*

   steuert ▼

2. sein *Verhalten* in den ihm vorgegebenen sozialen Rollen. (Seine Rollen ergeben sich z.B. altersgemäß, aus Beziehungen zu anderen Personen, aus Mitgliedschaften in Organisationen; Rollen werden definiert durch Rollenerwartungen.) Das *Rollenverhalten*

   formt ▼

3. *allgemeine Einstellungen*, z.B. zum Beruf, zur Familie. Diese Einstellungen

   prägen ▼

4. die *Einstellungen zu einem Produktbereich* nachhaltig bzw. auf Dauer. Diese

   lenken ▼

5. die *besonderen Einstellungen zu Marken*. Diese Einstellungen

   führen ▼

6. nach Korrekturen, die soziodemographisch oder durch eine besondere Situation bedingt sein können,

   zum ▼

7. *Kaufverhalten* des Konsumenten.

10. Käufersegmentierung

1. Was versteht man unter Käufersegmentierung?

Wenn ein Unternehmen aus marketingstrategischen Gründen den *Markt* für sein Produkt (bzw. seine Produkte) *in Gruppen von Käufern einteilt*, betreibt er Marktsegmentierung. Die Gruppen von Käufern, die nach bestimmten Kriterien gleichartig sind, bezeichnet man als *Segmente*.

2. Was ist ein Segment?

Ein Segment lässt sich dadurch kennzeichnen, dass die in ihm zusammengefassten Käufer beschreibbare Erwartungen gegenüber dem Produkt haben. In einem Segment sind die Käufer zusammengefasst, deren Erwartungen in etwa gleichartig sind.

Für ein Produkt wie z.B. Waschmittel lassen sich exemplarisch folgende Segmente feststellen: Käufer mit bestimmten Ansprüchen an die Waschleistung, traditionsbewusste Käufer, fortschrittliche Käufer, preisbewusste Käufer, umweltbewusste Käufer, Großverbraucher, Kleinverbraucher ...

3. Welche Ziele verfolgt ein Unternehmen mit der Marktsegmentierung?

Es gibt eine Vielzahl von unterschiedlichen Erwartungen gegenüber einem Produkt (bzw. einer Produktgruppe). Für ein Produkt (bzw. eine Produktgruppe) bestehen deshalb in der Regel mehrere, häufig viele Segmente. Der Anbieter muss *relevante Segmente* erfassen; sie sind für ihn die *Zielgruppen*, auf die er sein Leistungsangebot ausrichtet.

Das Ziel des Unternehmens besteht darin, diese Zielgruppen als homogene Käufergruppen zu kennen, um mit seiner Marketingpolitik angemessen auf sie eingehen zu können durch Produktdifferenzierung, Preisdifferenzierung, Differenzierung der Absatzwege und Differenzierung der Werbung.

4. Welche Anforderungen sind an ein Segment zu stellen?

Segmente können nur dann ihren Zweck als Zielgruppen sinnvoll erfüllen, wenn sie den folgenden Anforderungen genügen.

1. Die Aussagefähigkeit eines Segments muss über längere Zeit bestehen bleiben, damit sich der Einsatz der marketingpolitischen Mittel lohnen kann (*Dauerhaftigkeit des Segments*).

2. Die in einem Segment erfassten Erwartungen und Einstellungen müssen eindeutig definiert werden können und von hinlänglicher Marktbedeutung sein, sodass sich marketingpolitische Maßnahmen sinnvoll auf sie beziehen lassen (*Verwertbarkeit des Segments*).

3. Ein Segment muss ausreichend groß sein, damit der differenzierte Maßnahmenkatalog wirtschaftlich eingesetzt werden kann (*Wirtschaftlichkeit des Segments*).

4. Das Segment muss mit den vorhandenen Mitteln ermittelt werden können (*Messbarkeit des Segments*).

5. Was ist eine demographische Marktsegmentierung?

Unter einer demographischen Marktsegmentierung versteht man die Zusammenfassung von Individuen zu Gruppen nach ökonomischen, soziologischen, geographischen und ähnlichen Kriterien.

Beispiele für demographische Segmentierungskriterien:

- Geschlecht,
- Alter,
- Haushaltsgröße,
- Haushaltseinkommen,
- Schichtzugehörigkeit,
- Wohnort.

6. Was ist eine psychographische Marktsegmentierung?

Unter einer psychographischen Marktsegmentierung versteht man die Zusammenfassung von Individuen zu Gruppen nach psychologischen Kriterien.

Beispiele für psychographische Segmentierungskriterien:

- Einstellungen und Erwartungen gegenüber einem Produkt bzw. einer Produktgruppe,
- Persönlichkeitsmerkmale,
- Verhaltensmerkmale.

7. Welche Bedeutung hat die Marktsegmentierung für die Marketingpolitik?

Grundlage der Marketingpolitik ist die Segmentierung des Marktes.[7]

---

[7] Weitere Ausführungen zum Begriff und zur Bedeutung von „Segmentierung": C 1.7, C 3.2.3, D 3.3

11. Prognosen

1. Was ist eine Prognose in der Absatzwirtschaft?

Eine Prognose ist eine *Vorausschätzung* von Marktgegebenheiten in naher oder ferner Zukunft. Die *Prognose beruht auf Daten*, die die Marketingforschung liefert, und/oder auf Erfahrungen des Management, der Außendienstmitarbeiter usw. Die Prognose kann sich lediglich auf die *Entwicklung* von Marktgegebenheiten, aber auch auf die *Wirkung* von Marketingmaßnahmen beziehen.

2. Welche Bedeutung hat die Absatzprognose?

Die Vorausschätzung des eigenen Absatzes hat für ein Unternehmen die größte Bedeutung. Die Absatzprognose wird im Allgemeinen definiert als die *Vorhersage des wahrscheinlichen Absatzes* in der Zukunft an bestimmte Abnehmer in einem bestimmten Zeitabschnitt mit bestimmten Marketingaktivitäten. Die Prognose soll die folgenden Fragen beantworten.

1. Wie wird sich das *Marktpotenzial* entwickeln?
2. Wie wird sich das *Absatzpotenzial* entwickeln?
3. Wie wird sich das *Marktvolumen* entwickeln?
4. Wie wird sich das *Absatzvolumen* entwickeln?
5. Wie wird sich der *Marktanteil* entwickeln?

3. Nach welchen Gesichtspunkten können Prognosen unterschieden werden?

Prognosen können u.a. unterschieden werden

- nach dem Zeitraum, auf den sich die Vorhersage bezieht,
- nach Art und Weise, wie vorgegangen wird,
- nach der Existenz eines Wirkungszusammenhangs.

4. Wie werden Prognosen nach dem Kriterium „Prognosezeitraum" unterschieden?

Wird der Zeitraum, auf den sich die Vorhersage bezieht, zu Grunde gelegt, können die folgenden Prognosen unterschieden werden.

Kurzfristige Prognosen, sie beziehen sich im Allgemeinen auf einen Zeitraum von einem Jahr,

mittelfristige Prognosen, sie beziehen sich im Allgemeinen auf einen Zeitraum von einem Jahr bis drei Jahren, *langfristige Prognosen*, sie beziehen sich im Allgemeinen auf einen Zeitraum von mehr als drei Jahren.

5. Wie werden Prognosen nach dem Kriterium „Vorgehensweise" unterschieden?

Wird die Art und Weise, wie bei der Prognose vorgegangen wird, zu Grunde gelegt, können die folgenden Prognosen unterschieden werden.

Exakte Prognosen, sie werden mithilfe mathematischer Verfahren erstellt, *intuitive Prognosen*, sie werden auf der Grundlage von Erfahrungen, Kenntnissen usw. erstellt; intuitive Prognosen werden erstellt, wenn eine Quantifizierung nicht möglich oder nicht erforderlich ist; häufig dienen intuitive Methoden der Ergänzung exakter Prognosen.

6. Wie werden Prognosen nach dem Kriterium „Existenz eines Wirkungszusammenhangs" unterschieden?

Werden die Prognosen danach unterschieden, ob ein Wirkungszusammenhang besteht oder nicht, können die folgenden Prognosearten genannt werden.

Wirkungsprognosen: Sie prognostizieren die Entwicklung bzw. den künftigen Zustand einer Größe in Abhängigkeit von einer Variablen, die die Unternehmen einsetzen, z.B. die Entwicklung des Absatzes bei Veränderung bestimmter Marketingmaßnahmen, sie versuchen vorauszusagen, wie die Veränderung einer Größe auf eine andere wirkt.

Entwicklungsprognosen: Sie prognostizieren die Entwicklung bzw. den künftigen Zustand einer Größe in Abhängigkeit von Variablen, die die Unternehmen nicht beeinflussen können, z.B. die Entwicklung des Umsatzes in Abhängigkeit von der konjunkturellen Entwicklung.

7. In welchen Stufen wird eine Prognose durchgeführt?

Bei der Durchführung einer exakten Prognose lassen sich die folgenden Stufen erkennen.

1. Datenermittlung,

2. Datenanalyse,
    - Ermittlung von Gesetzmäßigkeiten im Verlauf der Daten,
    - Ermittlung von Zusammenhängen zwischen den Daten und anderen Faktoren,

3. Übertragung der Ergebnisse aus der Analyse auf die weitere Entwicklung bzw. auf einen künftigen Zustand,
4. Formulierung der Prognose.

8. Welche Prognoseverfahren gibt es (Überblick)?

Die Prognoseverfahren kann man unterteilen in quantitative und qualitative Verfahren. Bei den quantitativen Verfahren wird die Prognose mathematisch erstellt. Bei den qualitativen Verfahren wird die Prognose aus Erfahrungen, Kenntnissen usw. abgeleitet.

Zu den quantitativen Verfahren zählen u.a.

- Methode der gleitenden Durchschnitte,
- die exponentielle Glättung.

Zu den qualitativen Verfahren zählen u.a.

- Expertenbefragung,
- Abnehmerbefragung.

9. Wie lassen sich aus Zeitreihen Prognosen entwickeln?

Auf der Grundlage von Zeitreihen lassen sich künftige Entwicklungen prognostizieren. Die beobachteten Zeitreihenwerte können in die Zukunft fortgesetzt werden, wenn angenommen werden kann, dass die Bedingungen für die Beobachtungswerte auch in Zukunft gelten werden.

Die Voraussagen sind unzulänglich und deshalb nur bedingt verwendbar. Methoden zur Entwicklung von Prognosen sind u.a.

- die Methode der gleitenden Durchschnitte und
- die Methode der exponentiellen Glättung erster Ordnung.

10. Welche Bedeutung haben Expertenschätzungen für Marketingprognosen?

Zur Prognose einer Entwicklung bzw. eines künftigen Zustands werden Experten befragt. Die Experten können Mitarbeiter des eigenen Betriebes, freie Mitarbeiter, unabhängige Wissenschaftler usw. sein. Dabei wird von der Annahme ausgegangen, dass Experten z.B. die Absatzentwicklung eines Produkts besser abschätzen können als andere und dass die Schätzungen von mehreren Experten besser ist als die eines einzelnen. Bei der Befragung der Experten wird häufig die sog. Delphi-Technik angewandt.

11. Welche Bedeutung haben Außendienstprognosen?

Häufig wird bei der Erstellung einer qualitativen Analyse auf die Mitarbeiter im Außendienst zurückgegriffen. Es wird davon ausgegangen, dass sie besondere Marktkenntnisse haben und deshalb Entwicklungen, z.B. die künftigen Absatzchancen eines Produkts, gut voraussagen können. Da die Prognosewerte auch die Sollvorgaben für den Außendienst bestimmen, besteht die Gefahr, dass sie zu niedrig angegeben werden.

12. Welche Prognosewerte lassen sich aus Abnehmerbefragungen ableiten?

Abnehmerbefragungen können sich an Abnehmer von Konsumgütern – Händler und Konsumenten – und an Abnehmer von Investitionsgütern richten. Es ist häufig problematisch, die Ergebnisse der Befragungen zu Grundlagen von mittel- oder langfristigen Voraussagen zu machen.

Befragungen von Händlern sind nur sinnvoll, wenn die Prognosen sich auf die Geschäftspolitik dieser Händler richten. Absatzchancen eines Produkts können kaum aufgrund von Händlerbefragungen prognostiziert werden.

Befragungen von Abnehmern im Konsumgüterbereich als Grundlage für Prognosen berühren drei Problembereiche:

1. Auswahl einer repräsentativen Stichprobe,
2. Methode der Befragung,
3. Wert einer Aussage über eine Produktart für die Voraussage einer Kaufentscheidung einer bestimmten Marke bzw. eines bestimmten Produkts.

Befragungen von Abnehmern im Investitionsgüterbereich können als Grundlage für Prognosen dienen,

- wenn die Zahl der Abnehmer überschaubar ist und eine Stichprobenauswahl entfallen kann,
- wenn die Investitionsvorhaben und entsprechende Beschaffungsvorhaben spezifiziert sind,
- wenn Einkäufer oder Buying-Centers zu Auskünften bereit sind.

12. Besonderheiten der Marktforschung für Investitions- und Produktionsgüter

1. **Was versteht man unter Marktforschung im Investitionsgüterbereich?**

   Marktforschung im Investitionsgüterbereich umfasst alle Untersuchungen über maschinelle Anlagen u.dgl., über Rohstoffe, Hilfsstoffe, Betriebsstoffe u.dgl. in Industrieunternehmen, im Handwerk, evtl. auch im einschlägigen Zwischenhandel. Die Untersuchungen beziehen sich

   - auf Bestände,
   - auf Investitionsvorhaben,
   - auf die Beurteilung des Markts,
   - auf die Beurteilung der Branchenentwicklung,
   - auf das Image von Produkten und evtl. Marken,
   - auf die Bedeutung der Konkurrenz,
   - auf die Einkaufsgewohnheiten,
   - auf Ermittlung der Träger von Kaufentscheidungen, des Gate-Keepers, evtl. anderer Teilnehmer am Buying-Center.

2. **Welche Besonderheiten bestimmen das Einkaufsverhalten von Unternehmen?**

   Das Einkaufsverhalten im Zusammenhang mit der Beschaffung von Investitions- und Produktionsgütern weist u.a. die folgenden Besonderheiten auf.

   - Dem Einkauf geht im Allgemeinen ein *rationaler Entscheidungsprozess* voraus.
   - Das Einkaufsverhalten ist im Allgemeinen *organisationales Verhalten*, mehrere Personen, die im sog. Buying-Center zusammengefasst sind, tragen bzw. beeinflussen die Einkaufsentscheidung.
   - Der *Informationsbedarf* im Zusammenhang mit Beschaffung ist in Abhängigkeit von der Kaufhäufigkeit unterschiedlich groß.

   Diese Besonderheiten bestimmen auch die Marktforschung im Zusammenhang mit dem Absatz von Produktions- und Investitionsgütern.

3. Was ist ein Buying-Center?

Der Begriff Buying-Center umschreibt ein *theoretisches Konstrukt zur Erklärung des Einkaufsverhaltens von Unternehmen*. Das Einkaufsverhalten ist organisational, d.h. gruppenorientiert. Im Buying-Center sind die Funktionen zusammengefasst, die im weiteren Sinne von Beschaffungen im Investitions- und Produktionsgüterbereich betroffen sind und die entsprechenden Entscheidungen, Beschaffungsvorgänge, Informationen usw. beeinflussen.

Die Marktforschung ermittelt Informationen darüber, welche Personen Träger dieser Funktionen sind. Bestimmte Funktionen können an eine Person gebunden sein, so ist z.B. der Einkäufer häufig auch Gate-Keeper.

Zu den *Funktionen im Buying-Center* zählen

- *Einkaufen*, gemeint ist die Tätigkeit des Einkäufers,

- *Entscheiden*, gemeint ist die Funktion desjenigen bzw. derjenigen, von dessen bzw. von deren Entscheidung die Beschaffung letztlich abhängt, Entscheidungsträger können z.B. der Eigentümer, ein Geschäftsführer, ein oder mehrere Gesellschafter sein,

- *Verwenden bzw. Benutzen*, Verwender bzw. Benutzer können z.B. die Arbeiter sein, die die zu beschaffende Maschine benutzen müssen,

- *Beeinflussen*, die Entscheidung wird von verschiedenen Faktoren beeinflusst, z.B. von Umweltbedingungen, von Mode, von Einsichten in technologische Entwicklungen. Beeinflusser können z.B. Presseorgane, Berater usw. sein,

- *Gate-Keeping*, gemeint ist die Funktion des sog. Gate-Keepers, der die Informationen in das Buying-Center und innerhalb des Buying-Centers organisiert, filtert und lenkt.

4. Wie können Entscheidungen beim Kauf von Investitionsgütern typisiert werden?

Kaufentscheidungen bei Investitionsgütern können nach dem *Informationsbedarf* typisiert werden. Der Informationsbedarf ist u.a. abhängig von den spezifischen Problemen des Betriebs im Zusammenhang mit Investitionsvorhaben, von der Neuartigkeit des Produkts, von der Häufigkeit des Kaufs usw. Danach können folgende Typen von Kaufentscheidungen gebildet werden.

1. *Erstkauf*: Das Problem ist neuartig. Es bestehen keine Erfahrungen mit dem Produkt. Der Informationsbedarf ist sehr hoch.

2. *Modifizierter Wiederholungskauf*: Das anstehende Problem ist nicht neuartig (z.B. Reinvestition). Erfahrungen mit dem Produkt sind vorhanden und

können in die Entscheidungsfindung eingebracht werden. Es besteht aber neuer oder zusätzlicher Bedarf an Informationen wegen der technischen Entwicklung und für die Ermittlung günstiger Bezugsquellen.

3. *Reiner Wiederholungskauf*: Das anstehende Problem ist nicht neuartig. Erfahrungen mit dem Produkt sind vorhanden, auf weitergehende Informationen kann verzichtet werden.

5. Welche sekundären Informationsquellen hat die Marktforschung für Investitions- und Produktionsgüter?

Einige der für die Marktforschung im Investitionsgüterbereich erforderlichen Informationen lassen sich auch aus sekundären Informationsquellen gewinnen. So findet man z.B. in Veröffentlichungen des Statistischen Bundesamts, der Großbanken, der Kammern, der Branchenverbände u.a. auch Angaben über

- geplante und gebaute Industrieanlagen,
- die industrielle Produktion,
- Preise und Preisentwicklungen in einzelnen Wirtschaftsbereichen,
- Beschäftigung insgesamt und in einzelnen Wirtschaftsbereichen,
- Aufwendungen für Bauten,
- Bauvorhaben.

13. Institutionen und Arbeitsabläufe der Marketingforschung

1. Welche Aufgaben nehmen Marktforschungsinstitute wahr?

Wenn ein Unternehmen primäre Marktdaten benötigt, die es nicht selbst erheben kann oder will, beauftragt es ein Marktforschungsinstitut. Das Institut liefert die Daten, das Unternehmen kann sie als Entscheidungshilfen nutzen.

Marktforschungsinstitute sind selbstständige Unternehmen.[8] Ihr Tätigkeitsbereich kann folgendermaßen umrissen werden.

- Vorgespräch mit dem Auftraggeber zur Feststellung des spezifischen Informationsbedarfs,
- Erarbeitung eines Lösungsvorschlags, bei Annahme durch den Auftraggeber,
- Durchführung der Marktuntersuchung, z.B. durch Befragungen,
- Aufbereitung und Auswertung der ermittelten Daten,
- Interpretation der aufbereiteten und ausgewerteten Daten,
- Vorlage des Materials beim Auftraggeber.

2. Was ist Inhalt des Briefings des Auftraggebers an das Institut?

Das auftraggebende Unternehmen muss dem Marktforschungsinstitut als Grundlage für seine Arbeit Informationen, Instruktionen, Wünsche und Anregungen mitteilen. Das *Briefing* sollte u.a. folgende Angaben enthalten:

- Formulierung des Ziels der Marktuntersuchung mit einer allgemeinen *Beschreibung* des grundsätzlichen Problems und *des Informationsbedarfs*,
- *Konkretisierung* des Problems durch Auflistung einzelner Fragenkomplexe,
- Mitteilung bereits vorliegender Informationen, wenn diese für die anstehende Untersuchung von Bedeutung sind,
- Festlegung der *Genauigkeit* des Ergebnisses,
- Festlegung der *Zielgruppe*,
- Festlegung von *Terminen*.

---

[8] Von Hochschulinstituten wird hier abgesehen.

3. Welche bekannten Marktforschungsinstitute gibt es in Deutschland?

Bekannte Marktforschungsinstitute in Deutschland sind z.B.

- EMNID GmbH & Co. KG, Bielefeld,
- GfK, Gesellschaft für Konsumforschung, Nürnberg,
- G & I, Forschungsgemeinschaft für Marketing GmbH & Co. KG, Nürnberg,
- Infas, Institut für angewandte Sozialwissenschaft GmbH, Bonn,
- Ive - Research International GmbH, Hamburg,
- Link Marketing Services und Partner, Frankfurt,
- Reimund Müller Marketing und Marktforschung GmbH, Hamburg,
- Sample Institut, Mölln.

4. Welche Ziele verfolgt der Arbeitskreis deutscher Marktforschungsinstitute (ADM)?

Die meisten deutschen Marktforschungsinstitute sind Mitglieder im Arbeitskreis deutscher Marktforschungsinstitute e.V. mit Sitz in Nürnberg (ADM). Der ADM verfolgt u.a. die folgenden Ziele:

- Förderung des Gedankens der Marktforschung,
- Wahrung des Ansehens der Marktforschung,
- Unterbindung unlauteren Wettbewerbs,
- Schutz der Öffentlichkeit vor unzulänglichen Untersuchungen,
- Förderung der wissenschaftlichen Grundlagenforschung,
- Förderung des Nachwuchses.

C. Der Aktionsaspekt des Marketing

1. Produktpolitik (Produkt-, Programm- und Sortimentspolitik)

1.1 Grundbegriffe

1. **Welche Politikbereiche umfasst der Aktionsaspekt Produktpolitik?**

   Der Aktionsaspekt des Marketing, den man im Allgemeinen als Produktpolitik bezeichnet, umfasst die eigentliche Produktpolitik (Produktpolitik i.e.S.), die Programmpolitik und die Sortimentspolitik.

   Es bietet sich deshalb an diesen Aktionsaspekt des Marketing als *Produktpolitik i.w.S.* zu bezeichnen.

2. **Welche Güter und Leistungen werden im Absatzprogramm eines Unternehmens erfasst?**

   Das Absatzprogramm (Verkaufsprogramm) umfasst alle Produkte, die ein Industrieunternehmen anbietet. Es enthält sowohl die im eigenen Betrieb hergestellten als auch die Handelswaren, das sind Güter, die von fremden Unternehmen hergestellt werden.

   Das Absatzprogramm ist also die *Angebotspalette eines Fertigungsbetriebes.*

3. **Wodurch unterscheidet sich das Absatzprogramm vom Produktionsprogramm?**

   Das Produktionsprogramm umfasst alle Güter, die im eigenen Unternehmen hergestellt werden. Das sind einerseits interne Leistungen, andererseits aber die Güter, die in das Absatzprogramm eingehen.

   Das Produktionsprogramm ist also das Absatzprogramm ohne Handelswaren.

4. Was wird als Sortiment bezeichnet?

Als Sortiment wird üblicherweise die *Angebotspalette des Handelsunternehmens* bezeichnet. Es umfasst alle angebotenen Artikel eines Handelsunternehmens.

5. Was versteht man unter Produktpolitik im engeren Sinne?

Als Produktpolitik i. e. S. bezeichnet man alle Entscheidung des Unternehmens im Zusammenhang mit der Gestaltung des Produkts.

Zur Produktpolitik zählen vor allem die Veränderung von Produkteigenschaften hinsichtlich der Qualität, der Art, des Materials, der Form, der Farbe, der Markierung usw.

6. Was versteht man unter Programmpolitik?

Als Programmpolitik bezeichnet man alle Entscheidungen des Fertigungsunternehmens im Zusammenhang mit der Zusammensetzung des Absatzprogramms (Verkaufsprogramms).

Zur Programmpolitik zählen

- die Ausweitung des Leistungsangebots (Diversifikation),
- die Aufnahme neuer Produkte in das Programm (Produktinnovation),
- die Bereinigung des Programms (Produkteliminierung).

7. Was versteht man unter Sortimentspolitik?

Als Sortimentspolitik bezeichnet man alle Entscheidungen des Handelsunternehmens im Zusammenhang mit der Gestaltung seines Gesamtangebots. Zur Sortimentspolitik zählen u.a.

- die Ausweitung des Leistungsangebots, z.B. die Einrichtung einer neuen Fachabteilung (ein Textilkaufhaus richtet eine Schuhabteilung ein u.Ä.),
- die Aufnahme neuer Produkte in das Sortiment, z.B.: ein Warenhaus nimmt in die Textilabteilung Designermode auf,
- die Bereinigung des Sortiments, z.B.: ein SB-Markt nimmt in seiner Non-Food-Abteilung bestimmte Gartengeräte aus dem Angebot.

8. Welche Ziele verfolgen Unternehmen mit ihrer Produktpolitik im weiteren Sinne?

Unternehmen verfolgen u.a. folgende Ziele mit der Produktpolitik.

- Verbesserung der Programmstruktur,
- attraktive Gestaltung des Sortiments,
- Steigerung von Umsatz und Gewinn,
- Verminderung der Kosten,
- Verbesserung der Wettbewerbssituation,
- Verbesserung des Good Will,
- Streuung des Risikos,
- Verbesserung der Auslastung,
- Rationalisierung der Produktion und der Lagerhaltung.

1.2 Analysen als Grundlagen der Produktpolitik

1. **Welche Aufgaben haben Analysen für die Produktpolitik?**

   Durch Analysen erhalten Unternehmen *Informationen* darüber,

   - in welcher Phase seines Lebensalterszyklusses sich ein Produkt befindet, d.h. wie „alt" es ist,

   - wie alt das Produktprogramm (Absatzprogramm) bzw. Sortiment ist,

   - welche Produkte aus dem Produktprogramm (Absatzprogramm) bzw. aus dem Sortiment genommen werden müssen,

   - welche Produkte verändert, d.h. dem Kundenbedarf angepasst werden sollten, wie das Sortiment bzw. Programm erweitert werden sollte.

   Die Analysen haben letztlich die Aufgabe, Informationen darüber zu liefern, wann, wie und warum ein Programm bzw. Sortiment bereinigt und erweitert werden muss, damit es den Zielen des Unternehmens, nämlich langfristige Sicherung von Umsatz und Gewinn, entsprechen kann.

2. **Welche Analysebereiche sind in der Produktpolitik von besonderer Bedeutung?**

   Folgende Analysebereiche sind in der Produktpolitik i.w.S. von Bedeutung.

   - Lebensalter eines Produkts,
   - Altersstruktur des Programms bzw. des Sortiments,
   - Umsatzstruktur des Programms bzw. des Sortiments,
   - Kundenstruktur,
   - Deckungsbeiträge.

3. Haben Produkte einen Lebenszyklus?

Ja, *Produkte unterliegen einem Alterungsprozess*, sie haben einen Lebenslauf: Sie sind „jung", d.h. neu auf dem Markt, sie haben eine Reifezeit, sie veralten, d.h. sie können nicht mehr oder nur mit Überwindung erheblicher Marktwiderstände verkauft werden.

Der Alterungsprozess hängt u.a. ab von Veränderungen der Nachfrage, der Mode, der Technik, von Veränderungen in den Einstellungen und Auffassungen sowie nachlassender Kaufkraft der Käufer. Von Bedeutung für die Alterung können auch zunehmende Möglichkeiten zur Substitution und die zunehmende Marktsättigung sein.

4. Wie lässt sich der Lebenslauf eines Produkts beschreiben bzw. grafisch darstellen?

Der Lebenslauf eines Produkts lässt sich anhand der Kriterien Umsatz und Gewinn darstellen bzw. beschreiben.

In der *idealtypischen Darstellung* steigt der Umsatz bei erfolgreicher Markteinführung zunächst mit zunehmenden, dann mit abnehmenden Zuwachsraten und nimmt schließlich ab. Der Gewinn nimmt nach einer Verlustphase zunächst relativ rasch zu und dann allmählich ab.

Von diesem idealtypischen Verlauf können realtypische Verläufe stark abweichen. Die tatsächlichen Verläufe von Umsatz und Gewinn sowie die Länge der einzelnen Phasen unterscheiden sich je nach Produkttyp von der Verallgemeinerung in der Darstellung.

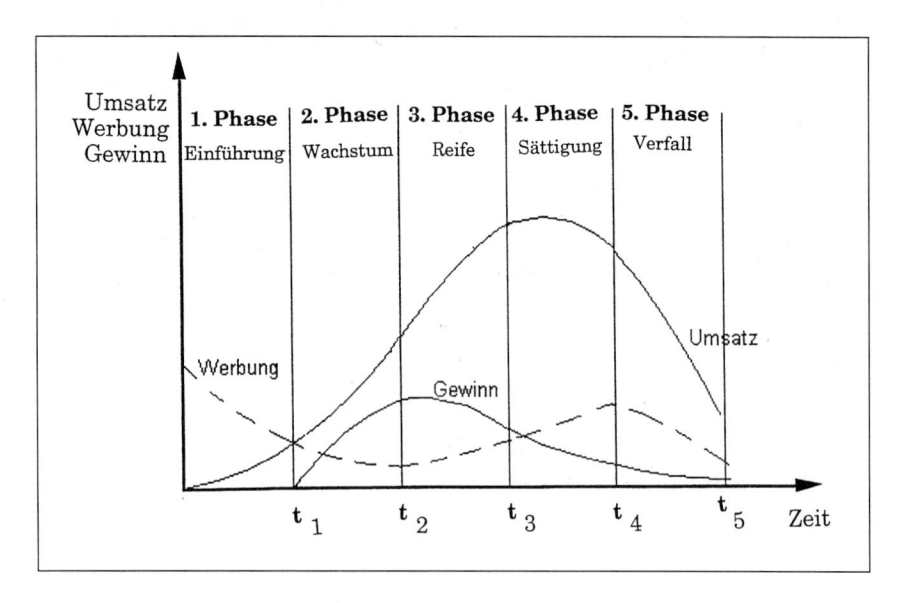

Produktpolitik (Produkt-, Programm- und Sortimentspolitik) 299

5. Welche Phasen weist ein Produktlebenszyklus auf?

Der Produktlebenszyklus weist im Allgemeinen die folgenden *fünf Phasen* auf:

1. *Einführungsphase*, sie reicht von der Produkteinführung bis zum Beginn der Gewinnphase (Gewinnschwelle),

2. *Wachstumsphase*, sie beginnt bei der Gewinnschwelle und endet beim Wendepunkt der Umsatzkurve, das ist der Übergang von wachsenden zu abnehmenden Zuwachsraten des Umsatzes,

3. *Reifephase*, sie beginnt beim Wendepunkt der Umsatzkurve, sie hat ihr Ende ungefähr beim Umsatzmaximum erreicht,

4. *Sättigungsphase*, sie beginnt ungefähr – beim Maximum des Umsatzes und endet meistens bei der Gewinnschwelle,

5. *Verfallphase*, sie beginnt mit dem Anstieg der negativen Wachstumsraten des Umsatzes (der Umsatz geht sehr stark mit wachsenden Raten zurück), an ihrem Ende wird das Produkt meistens vom Markt genommen.

6. Wie lässt sich die Einführungsphase kennzeichnen?

Zur *Markteinführung* eines neuen Produkts sind aufwändige Marketingaktivitäten in erheblichem Umfang erforderlich. Dazu zählt insbesondere die *Einführungswerbung*. Außerdem ist das Verteilungssystem zu erschließen oder angemessen auszubauen. Da für die erwartete Nachfrage Produktionskapazitäten zur Verfügung gehalten werden müssen, fallen weitere Kosten an. Diese *Kosten führen zu Verlusten*. Sie nehmen wegen des allmählichen Anstiegs des Umsatzes allerdings ab.

Die Höhe der Verluste hängt auch von der Preisstrategie ab.

Die *Einführungswerbung* soll das Produkt bei den Nachfragern bekannt machen und sie von der Vorteilhaftigkeit des neuen Produkts überzeugen; außerdem soll sie Bedürfnisse wecken und die Nachfrager überzeugen, dass das neue Produkt bei der Befriedigung dieser Bedürfnisse von besonderem Nutzen ist, sodass schließlich die Nachfrage angeregt wird.

7. Wie lässt sich die Wachstumsphase kennzeichnen?

In der Wachstumsphase fallen die höchsten Gewinnzuwächse an, der Umsatz steigt mit wachsenden Zuwachsraten. Der Gewinn erreicht im Allgemeinen am Ende der Phase seinen Höhepunkt.

Das Produkt wird bekannt. Nachahmer kommen mit ähnlichen Produkten auf den Markt. Damit sich das Produkt von denen der Mitbewerber abhebt, kommt jetzt als *produktpolitische Maßnahme Produktvariation*, z.B. die Weiterentwicklung des Produkts, in Betracht.

Die Aufwendungen für Werbung sind in dieser Phase im Allgemeinen relativ gering. Die Werbemaßnahmen zielen auf die weitergehende Erhöhung des Umsatzes ab (*Expansionswerbung*). Bei den Nachfragern sollen sich Präferenzen für das Produkt aufbauen, deshalb spielt in den Werbemaßnahmen die sog. *Nutzenbotschaft* weiterhin eine erhebliche Rolle.

8. Wie lässt sich die Reifephase kennzeichnen?

In der Reifephase nimmt der Umsatz weiter zu, allerdings mit abnehmenden Zuwachsraten; am Ende ist die Zuwachsrate gleich Null. Der Gewinn nimmt allmählich ab. Die Zahl der Mitbewerber nimmt zu, allerdings auch die Zahl der Nachfrager.

Als produkt- bzw. programmpolitische Maßnahme kommt eine *Differenzierung des Produktionsprogramms* in Betracht. Es kommt dem Unternehmen darauf an, sich eindeutig von den Mitbewerbern abzuheben.

Da die Nachfrage auf Preisänderungen in dieser Phase im Allgemeinen relativ elastisch reagieren, sollen *Preissenkungen* die Nachfrage verstärken.

Die Werbung soll dafür sorgen, dass die *Präferenzen* für das Produkt *erhalten* bleiben und sich Präferenzen bei weiteren Nachfragern bilden (*Erhaltungswerbung und Expanisonswerbung*). Die Kunden werden durch die Werbung an das Produkt und an seine Nützlichkeit zur Befriedigung ihrer Bedürfnisse erinnert (*Erinnerungswerbung*).

9. Wie lässt sich die Sättigungsphase kennzeichnen?

In der Sättigungsphase erreicht der Umsatz sein Maximum und nimmt allmählich ab. Umsatzzuwächse sind nicht mehr zu erwarten. Neue Kunden für das Produkt können kaum noch gefunden werden. Der Gewinn nimmt allmählich ab. Mitbewerber treten vermehrt auf; das Angebot von Substituten nimmt zu. Die Aufwendungen für Werbung nehmen im Allgemeinen wieder zu. Die Werbemaßnahmen beziehen sich vor allem auf *Erhaltungs- und Erinnerungswerbung*.

Die Produktpolitik gewinnt an Bedeutung; durch Produktvariation und Qualität soll der Substitutionskonkurrenz begegnet werden.

10. Wie lässt sich die Verfallphase kennzeichnen?

Der Umsatzrückgang verstetigt zu; die Abnahmeraten nehmen zu. Der Gewinn nimmt weiterhin ab. Am Ende der Phase wird das Produkt vom Markt genommen (*Produkteliminierung*).

11. Lassen sich aus den allgemeinen Kenntnissen über Produktlebenszyklen Voraussagen über die Marktentwicklung eines Produkts machen?

Nein, die Phasen sind im Allgemeinen nur schwer voneinander abzugrenzen, die Dauer der einzelnen Phasen ist nicht bestimmbar, Voraussagen über Lebensdauer, Gewinnhöhe und Umsatz sind kaum möglich. Einige Produkte veralten relativ schnell in Abhängigkeit von Nachfrageänderungen aufgrund modischer oder technischer Entwicklungen, andere halten sich relativ lange auf dem Markt, häufig als Ergebnis der Produktpolitik. Dafür lassen sich viele Beispiele anführen.

12. Wie bestimmen die Phasen des Produktlebenszyklusses die Marketingpolitik eines Unternehmens?

In den verschiedenen Lebensphasen eines Produkts muss eine Unternehmung angemessene, d.h. *phasengerechte Marketingpolitik* betreiben; die einzelnen Phasen erfordern besondere Maßnahmen der Werbung sowie der Preis- und Produktpolitik, gelegentlich auch der Distributionspolitik.

1. Einführungsphase: Einführungswerbung, besondere Preisstrategie zur Einführung (Penetrations- oder Promotionspreisstrategie), Ausbau oder Aufbau des Distributionssystems,
2. Wachstumsphase: Expansionswerbung (in relativ geringem Umfang), evtl. erste Maßnahmen zur Produktvariation,
3. Reifephase: Expansionswerbung, Erhaltungs- und Erinnerungswerbung (in geringem Umfang), Preissenkungen,
4. Sättigungsphase: Erhaltungs- und Erinnerungswerbung, Produktvariation.
5. Verfallphase: Produkteliminierung.

13. Was ist eine Altersstrukturanalyse?

Mit der Altersstrukturanalyse soll der *Altersaufbau eines Sortiments* bzw. eines Programms ermittelt werden. Dazu werden die Lebenszyklen einzelner Produkte miteinander verglichen und so die Anteile von jungen und alten Produkte am Sortiment festgestellt.

14. Bei welcher Altersstruktur lassen sich die Ziele des Unternehmens am besten erreichen?

Ziele eines Unternehmens sind z.B. langfristige Umsatz- und Gewinnsicherung. Sie lassen sich am besten erreichen, wenn das Programm bzw. das Sortiment jung ist, d.h. wenn im Programm (Sortiment) junge Produkte überwiegen. Durch ein altes Sortiment, in dem Produkte mit geringer Lebenserwartung überwiegen, sind die Ziele gefährdet. Das Unternehmen erkennt durch die Analyse, ob und in welchem Umfang das Programm bzw. Sortiment ergänzt und erweitert werden muss.

15. Wie wird eine Umsatzstrukturanalyse durchgeführt?

Die Umsatzstruktur kann mithilfe einer *ABC-Analyse* ermittelt werden. Dazu werden in einer Tabelle die Produkte eines Programms bzw. Artikels eines Sortiments sowohl mengen- als auch wertmäßig erfasst, nach der Höhe der Umsatzanteile geordnet und den Kategorien A, B und C zugeordnet. Als A-Umsätze werden relativ hohe Umsätze bezeichnet, die mit einem relativ geringen Mengenanteil erzielt werden. Als C-Umsätze werden relativ geringe Umsätze bezeichnet, die mit einem relativ hohen Mengenanteil erzielt werden. Die Ergebnisse der Berechnung können in einer sog. *Konzentrationskurve* (Lorenzkurve) dargestellt werden.

Zur Veranschaulichung der Ausführung soll das folgende vereinfachte Beispiel dienen. Dazu werden zehn Artikel eines Sortimentes angenommen. Sie werden mengen- und wertmäßig, d.h. mit ihren Absatzmengen und mit ihren Umsätzen, erfasst. Nach Umsatzhöhe werden die Rangplätze ermittelt (vgl. Tab. 1).

Art.-Nr.	Absatz (Stück)	Preise je Stück	Umsatz	Rangplatz
101	100	400	40.000,00	1
102	10.500	1,5	15.750,00	4
103	1.000	30	30.000,00	2
104	600	7	4.200,00	6
105	600	5	3.000,00	7
106	300	9	2.700,00	8
107	210	10	2.100,00	9
108	40	462,5	18.500,00	3
109	15.000	0,75	11.250,00	5
110	1.000	1	1.000,00	10

Tab. 1

Produktpolitik (Produkt-, Programm- und Sortimentspolitik)

In Tab. 2 werden Absatzmengen und Umsätze nach den Rangplätzen erfasst, die jeweiligen Anteile in % ermittelt und die Prozentsätze kumuliert. Diese liefert u.a. folgende Informationen: Die Menge des Artikels Nr. 103 macht 3,41 % des gesamten Absatzes aus, der Umsatzanteil dieses Artikels mach 23,35 % aus; die Artikel 101 und 103 erzielen mit 3,75 % des Absatzes 54,47 % des Umsatzes.

Rangplatz	Art.-Nr.	Absatz in %	Absatz in % kumuliert	Umsatz in %	Umsatz in % kumuliert
1	101	0,34	0,34	31,13	31,13
2	103	3,41	3,75	23,35	54,47
3	108	0,14	3,88	14,40	68,87
4	102	35,78	39,66	12,26	81,13
5	109	51,11	90,77	8,75	89,88
6	104	2,04	92,81	3,27	93,15
7	105	2,04	94,86	2,33	95,49
8	106	1,02	95,88	2,10	97,59
9	107	0,72	96,59	1,63	99,22
10	110	3,41	100,00	0,78	100,00
		100,00		100,00	

Tab. 2

In Tab. 3 werden die Wertgruppen angegeben. Die Abbildung gibt die Angaben in Tab. 3 wieder (durchgezogene Linien und Angabe der Wertgruppen). Die Abbildung mit den gestrichelten Linien lässt zusätzlich folgende Aussagen zu: Mit 20 % (50 %) der Absatzmenge werden ungefähr 70 % (85 %) des Umsatzes erzielt.

		Mengenanteile	Umsatzanteile
A	101, 103	3,75 %	54,48 %
B	108, 102	35,91 %	26,66 %
C	109, 104, 105, 106, 107, 110	60,34 %	18,86 %

Tab. 3

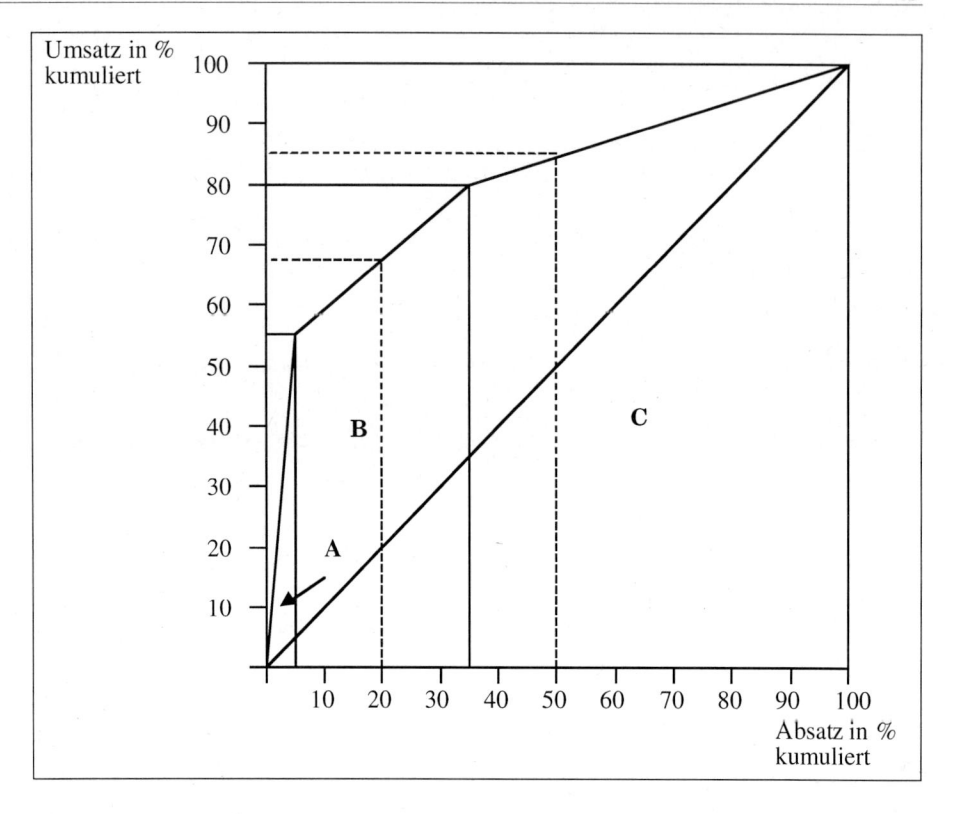

Abb. zu den Tabellen

16. Was ist eine Kundenstrukturanalyse?

Die Kundenstruktur gibt an, welche *Sortimentsteile auf* welche *Kunden* bzw. Kundengruppen entfallen. Die Analyse zeigt, auf welche Sortimentsteile sich Kundenaufträge konzentrieren, für welche sich Kunden nicht oder nicht mehr interessieren. Sie ergänzt die Umsatzstrukturanalyse.

Die Kundenstrukturanalyse wird im Allgemeinen ebenfalls als A-B-C-Analyse ausgeführt.

17. Was ist eine Deckungsbeitragsanalyse?

Der Deckungsbeitrag gibt den Überschuss der Erlöse aus dem Verkauf eines Produkts über dessen Einzelkosten an, das sind die Kosten, die ihm eindeutig zugerechnet werden können. Der Deckungsbeitrag ist also der Beitrag eines Produkts zur Deckung der Gemeinkosten und damit zum Gesamterfolg. Er gibt den *Erfolg des einzelnen Produkts* an. Rechnerisch ergibt sich der Deckungsbeitrag durch Subtraktion der variablen Kosten von den Verkaufserlösen.

Produktpolitik (Produkt-, Programm- und Sortimentspolitik)

> Deckungsbeitrag = Verkaufserlöse – variable Kosten

Die Analyse zeigt, wie hoch die Deckungsbeiträge der einzelnen Programmteile sind.

18. Wie wird eine Deckungsbeitragsanalyse durchgeführt?

Für die Deckungsbeitragsanalyse werden die Verkaufserlöse der einzelnen Produkte eines Programms ermittelt, von den Verkaufserlösen werden die für jedes Produkt anfallenden variablen Kosten abgezogen. So ergeben sich die Deckungsbeiträge der einzelnen Produkte.

Die Summe der einzelnen Deckungsbeiträge ergibt den *Gesamtdeckungsbeitrag*. Der *Betriebsgewinn* ergibt sich, wenn vom Gesamtdeckungsbeitrag die fixen Kosten abgezogen werden.

Das folgende einfache *Beispiel* kann die Ausführungen veranschaulichen. Angenommen wird ein Produktionsprogramm mit vier Produkten, deren Produktion die angegebenen einzelnen zurechenbaren variablen Kosten und die insgesamt angegebenen (nicht einzeln zurechenbaren) fixen Kosten aufwirft. Die Tabelle weist die einzelnen Deckungsbeiträge auf und macht sie vergleichbar.

	A	B	C	D	insges.
Verkaufserlöse	1.000.000	900.000	800.000	500.000	3.200.000
variable Kosten	500.000	550.000	600.000	490.000	2.140.000
Deckungsbeitrag	500.000	350.000	200.000	10.000	1.060.000
fixe Kosten					700.000
Betriebsgewinn					360.000

19. Welche Bedeutung hat die Deckungsbeitragsanalyse?

Die Deckungsbeitragsanalyse gibt an, welche Produkte erfolgreich, welche weniger erfolgreich waren. Sortimente bzw. Programme werden i.d.R. um die Produkte bereinigt, die nur noch niedrige Beiträge oder keine Beiträge mehr liefern.

1.3 Entwicklung und Vermarktung neuer Produkte

1.3.1 Ideensuche

1. **Welche Bedeutung hat die Entwicklung und Vermarktung neuer Produkte für die Unternehmen?**

   Produktinnovation ist *der wichtigste Bereich der Produktpolitik*. Wachstum und Bestand eines Unternehmens sind wesentlich von Produktinnovationen abhängig. Zuwächse bei Umsatz und Gewinn werden überwiegend durch neue Produkte gewonnen.

   Aber die Einführung neuer Produkte hat erhebliche Risiken, z.B.

   - Neue Produkte bringen häufig nicht den gewünschten Erfolg bei Gewinn und Deckungsbeiträgen,

   - Entwicklung und Einführung neuer Produkte ist sehr aufwändig.

   An die Neuproduktplanung sind deshalb besondere Anforderungen zu stellen.

2. **In welchen Stufen läuft Produktinnovation ab?**

   Produktinnovation läuft in den folgenden Stufen ab. Die einzelnen Stufen weisen auch auf die besonderen Problembereiche der Neuproduktplanung hin.

   1. *Gewinnung von Produktideen*, d.h. Sammeln und Produzieren von Ideen für neue Produkte,

   2. *Prüfung der Produktideen*, d.h. Bewertung der gesammelten und produzierten Ideen und Entscheidung für oder gegen ihre Verwirklichung,

   3. *Verwirklichung der Ideen*, d.h. die Entwicklung des Produkts, die Durchführung von Tests zur Prüfung seiner Markttauglichkeit, schließlich die Markteinführung.

3. **Wie gewinnt ein Unternehmen Ideen für neue Produkte?**

   Neue Produktideen sind besonders wichtig für ein Unternehmen, das ständig zur Produktinnovation gezwungen ist. Die meisten Produktideen erweisen sich als untauglich für den Markt. Unternehmen sind deshalb gezwungen, Produktideen zu *sammeln und* zu *produzieren*. Produktideen können aus unternehmensinternen und -externen Quellen stammen.

Produktpolitik (Produkt-, Programm- und Sortimentspolitik)

4. Welche Quellen für neue Produktideen gibt es innerhalb des Unternehmens?

Neue Produktideen können z.B. stammen

- aus der *Marketingabteilung*, Berichte der Außendienstmitarbeiter über Kundenwünsche, über Konkurrenzprodukte usw., Marktforschung usw.
- aus dem betrieblichen *Vorschlagswesen*,
- aus der *Forschungs- und Entwicklungsabteilung*,
- aus der *Produktionsabteilung*.

5. Welche externen Ideenquellen für Neuprodukte kann ein Unternehmen nutzen?

Der *Markt* ist wahrscheinlich *der wichtigste Ideenlieferant*. Die Produktideen können z.B. ausgehen

- von Verbrauchern,
- von Lieferern,
- von Kunden,
- von Marktbeobachtungen,
- von Messebesuchen, von Konkurrenzbeobachtungen,
- von Erfindern,
- von Verbänden usw.

6. Welche Verfahren der Ideenproduktion gibt es?

Die Verfahren zur Ideenproduktion lassen sich in *zwei Gruppen* zusammenfassen:

1. *diskursive* Verfahren, ihre Grundlage ist der Diskurs, d.h. die logische Ableitung bzw. systematische Übertragung; zu den diskursiven Verfahren zählen z.B. Funktionsanalyse und morphologische Analyse,

2. *intuitive* Verfahren, ihre Grundlage ist die Intuition, d.h. die phantasievolle, kreative Eingebung; zu den intuitiven Verfahren zählen z.B. Brainstorming, Methode 635, Synektik.

In der folgenden Übersicht werden die genannten Verfahren aufgelistet und kurz gekennzeichnet.

Gruppen	Grundlagen	Bezeichnung	Kennzeichnung
diskursive Verfahren	Logik, Kombinatorik, Systematik	*Funktionsanalyse*	Eigenschaften (Attribute) eines Produkts werden schriftlich aufgelistet, durch Veränderungen der Eigenschaften sollen neue Produktideen entwickelt werden.
		morphologische Analyse	Das Problem wird definiert; das Problem wird in Teilprobleme zerlegt, fur diese werden alternative Lösungen gesucht; optimale Lösungen werden zu einer neuen Gesamtlösung kombiniert = neue Produktidee.
intuitive Verfahren	Spontaneität, Kreativität, Intuition	*Brainstorming* (ist das am häufigsten angewandte Verfahren)	Sitzung der Gruppe zur Findung von Produktideen einige Zeit nach Themenbekanntgabe. Gruppen bestehen i.d.R. aus rd. 10 Teilnehmern, die frei und ungezwungen Ideen äußern und einander nicht kritisieren. Die Sitzung dauert i.d.R. höchstens 30 Minuten. Bei der Ideenproduktion geht Quantität vor Qualität. Die Ideen werden protokolliert oder auf Tonträger aufgezeichnet.
		Methode 635 (Brainwriting)	6 Teilnehmer der Gruppe schreiben jeweils 3 Ideen für eine Problemlösung nacheinander unter Zeitdruck (in jeweils etwa 5 Minuten) in eine Liste; das Verfahren dauert im Allgemeinen 30 Minuten, sodass jeder Teilnehmer insgesamt 18 Ideen eingebracht hat.
		Synektik (besonders anspruchsvolles Verfahren)	Neuproduktideen entstehen durch Bildung von Analogien. Zunächst werden die Teilnehmer der Gruppe mit dem Problem vertraut gemacht. Dann wird das Problem verfremdet durch Analogien (Übertragungen z. B. in einen anderen Bereich, Bildung von Assoziationen usw.). Sodann wird versucht, die Analogieschlüsse auf das anstehende Problem zu übertragen, umso eine Lösung des Problems zu finden.

Produktpolitik (Produkt-, Programm- und Sortimentspolitik)

1.3.2 Ideenbewertung

1. **Nach welchen Kriterien kann die Vorauswahl der Ideen getroffen werden?**

Aus einer großen Anzahl von Produktideen sind in einer Vorauswahl diejenigen auszuwählen, die sich wahrscheinlich verwirklichen lassen, deren Weiterentwicklung sich lohnen könnte. Bei der Vorauswahl können u.a. die folgenden Kriterien von Bedeutung sein:

- Produktionsmöglichkeiten, Notwendigkeit neuer Investitionen,
- Möglichkeiten der Finanzierung,
- Beschaffungsmöglichkeiten,
- Absatzmöglichkeiten, Möglichkeiten der Vermarktung,
- Bezug zum eingeführten Sortiment bzw. Produktprogramm,
- Einflüsse auf Firmen- und Markenimage,
- Erwartungen von Kunden,
- Konkurrenzsituation, manifeste und latente Konkurrenz,
- Marktsituation, Marktsättigung, wachsender Markt,
- Aussichten für Gewinn und Deckungsbeitrag,
- ökologische Gesichtspunkte.

Für die Auswahl müssen die Produktideen bewertet werden. Dazu werden in der Regel relevante *Kriterien ausgewählt* und *gewichtet*, sodass sie vergleichbar werden. Sie werden dann meistens mit Punkten *bewertet*. Produktideen, die bei dieser Bewertung nicht die erforderlichen Punkte erhalten, werden bei der weiteren Entwicklung nicht berücksichtigt.

Fehlentscheidungen haben ihre Ursachen häufig darin, dass subjektive Einflüsse bei Auswahl und Gewichtung der Kriterien häufig nicht ausgeschaltet werden können und dass die herangezogenen Kriterien in ihrer Bedeutung für die Zukunft unter- oder überschätzt werden.[1]

2. **Mit welchen Bewertungsmethoden kann die Vorauswahl getroffen werden?**

In der Praxis werden für die Bewertung der Produktideen Bewertungsmethoden herangezogen. Einige werden im Folgenden kurz vorgestellt:[2]

---

[1] Vgl. Hüttel, Klaus: Produktpolitik, Ludwigshafen (Kiehl-Verl.), 1992 (2. Auf.) S. 116 ff.
[2] In Anlehnung an Weis, Hans Christian: a.a.O., S. 179 ff., und Meffert, Heribert: a.a.O., S. 356 ff.

Methode	Kennzeichnung
Wertskalamethode	Kriterien werden ausgewählt und aufgelistet, sie werden dann bewertet mithilfe einer Wertskala, Wertungen der Kriterien von +2 über +1, 0, –1 bis –2. Für die einzelnen Produktideen ergeben sich so grafische Profile.
Bewertungsmatrix	Kriterien werden ausgewählt und gewichtet, in einer Matrixtabelle werden die gewichteten Kriterien mit einem Koeffizienten bewertet, sodass sich für jedes Kriterium eine Wertzahl ergibt. Die Summe der Wertzahlen für eine Produktidee entscheidet über ihre Verwirklichung.
Bewertung (nach Hart)	12 Kriterien sind festgelegt, Produktideen werden auf sie bezogen und mit Punkten bewertet. Die Punktsumme entscheidet über ihre Verwirklichung.
Punktbewertungsmodell (nach O'Meara)	Vorgegeben sind die Faktoren Markttragfähigkeit, Lebensdauer, Produktionsmöglichkeiten, Wachstumspotenzial und die sie erläuternden Subfaktoren (Kriterien). Die möglichen sechs Ausprägungen der Subfaktoren von sehr gut bis sehr schlecht sind mit Punkten bewertet (von 10 über 8, 6, 4 bis 2). Die Produktideen werden zunächst je Subfaktor bewertet, das Ergebnis wird gewichtet. Die Summe der gewichteten Einzelpunkte ergibt den Gesamtwert, der evtl. noch einmal gewichtet wird. Das Ergebnis wird für die Entscheidung über die Produktidee herangezogen.
Fragebogen (Checklisten)	Kriterien werden möglichst vollständig in einem Fragebogen erfasst (z. B. das Kriterium Kundenwünsche als Frage „entspricht die Produktidee den Kundenwünschen" o.Ä.). Da es keine Punktbewertungen gibt, kann das Fragebogenergebnis nur Grundlage einer weitergehenden Diskussion sein.

3. **Welche Bedeutung haben Wirtschaftlichkeitsanalysen für die Ideenbewertung?**

Von besonderer Bedeutung für die Prüfung von Produktideen sind Wirtschaftlichkeitsanalysen, da das planende Unternehmen *Informationen über Gewinnaussichten und vermutliche Höhe der Deckungsbeiträge* haben muss. Bei diesen Analysen werden die voraussichtlichen Aufwendungen für das neue Produkt mit den geschätzten Umsatzerlösen für dieses Produkt in Beziehung gesetzt. Die Ergebnisse der Analyse entscheiden, ob die Produktidee weiter verfolgt wird, d.h. in die Entwicklung geht. Bei völlig neuen Produktideen, für die keine Markterfahrungen (bzw. keine vergleichbaren Markterfahrungen) vorliegen, können die Schätzungen nur oberflächliche Ergebnisse liefern. Häufig werden diese Analysen deshalb erst dann durchgeführt, wenn Testergebnisse vorliegen. Die Wirtschaftlichkeitsanalyse entscheidet dann über die Markteinführung. Es gibt verschiedene Verfahren zur Berechnung der Wirtschaftlichkeit, z.B. die Kapitalwertmethode und die Break-even-Analyse. Die Break-even-Analyse wird wahrscheinlich in der Praxis besonders häufig angewandt.

Produktpolitik (Produkt-, Programm- und Sortimentspolitik)

4. Welche Bedeutung hat das Kapitalwertverfahren für die Wirtschaftlichkeitsprüfung einer Produktidee?

Mithilfe des Kapitalwertverfahrens kann abgeschätzt werden, ob sich die Verwirklichung einer Produktidee, d. h. die Produkteinführung, lohnen könnte. Dazu werden die künftigen Einnahmen und Ausgaben im Zusammenhang mit dem Verkauf und der Produktion des neuen Produkts geschätzt und berechnet und die Differenz aus den künftigen Einnahmen und Ausgaben, die Nettoeinnahmen, mit den Anfangsausgaben bei Produkteinführung verglichen. Für diesen Vergleich müssen die Nettoeinnahmen auf den Zeitpunkt der Anfangsausgaben abgezinst werden; es wird danach gefragt, welchen Wert die Nettoeinnahmen wahrscheinlich zu dem Zeitpunkt der Produkteinführung haben. *Wenn die Summe der abgezinsten Nettoeinnahmen höher ist als die Summe der Anfangsausgaben, könnte sich die Einführung des neuen Produkts lohnen.*

5. Was versteht man unter dem Kapitalwertverfahren?

Mit dem Kapitalwertverfahren wird der Barwert eines Zeitwerts ermittelt. Der Barwert ist der Gegenwartswert einer in der Zukunft liegenden Einnahme, der Zeitwert ist der Wert dieser Einnahme zum Zeitpunkt ihrer Fälligkeit.

Der Barwert ist geringer als der Zeitwert; er ergibt sich, wenn der Zeitwert auf den gegenwärtigen Zeitpunkt abgezinst wird.

Der Veranschaulichung kann das folgende einfache Beispiel dienen.

A. hat dem B. am 10. Januar 2004 als Entgelt für eine bestimmte Leistung 3.000 € zu zahlen. Welchen Wert hat dieser Betrag heute, am 10. Januar 2002? Oder anders gefragt: Wie viel müsste A. dem B., der mit der vorzeitigen Zahlung einverstanden ist, heute unter Berücksichtigung eines angemessenen Zinsabschlags (hier z. B. 6 %) zahlen?

Der Zeitwert, das sind 3.000 € 10 Januar 2004, ist auf den Zeitpunkt 10. Januar 2002 abzuzinsen (hier mit 6 %), dazu wird er mit dem sog. *Abzinsungsfaktor* multipliziert.

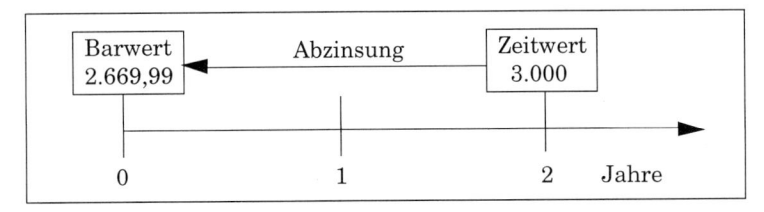

Barwert 2.669,99	← Abzinsung	Zeitwert 3.000
0	1	2 Jahre

6. Wie wird der Barwert ermittelt?

Der Barwert einer in der Zukunft fälligen Einnahme wird mit dem sog. *Abzinsungsfaktor* ermittelt. Der Abzinsungsfaktor berücksichtigt die Zeit und den vereinbarten Zinssatz. Mit dem Abzinsungsfaktor wird die künftige Einnahme bzw. Zahlung multipliziert (vgl. Beispiel bei Frage 5).

In der folgenden Formel sind

- K_0 = Barwert,
- K_n = Zeitwert am Ende des n-ten Jahres,
- i = Zinssatz,
- n = Zeit,
- $\dfrac{1}{(1+i)^n}$ = Abzinsungsfaktor bei einmaliger Zahlung[3]

Der Barwert im Beispiel zu Frage 4 ergibt sich nach folgender Berechnung:

- $K_0 = K_n \cdot \dfrac{1}{(1+i)^n} = 3.000 \cdot \dfrac{1}{1{,}06^2} = 3.000 \cdot 0{,}8899964 = 2.669{,}9892$

Bei Zahlungen in mehreren Teilbeträgen wird der Abzinsungsfaktor folgendermaßen modifiziert.

Es sei in Fortführung des Beispiels angenommen, dass A. dem B. den Betrag von 3.000 € in zwei Raten von 1.500 € am 10. Januar 2003 und am 10. Januar 2004 zahlen sollte. Wie hoch ist der Barwert jetzt? Es ist leicht einzusehen, dass zwei Abzinsungen stattfinden, von K_1 für ein Jahr und von K_2 für zwei Jahre.

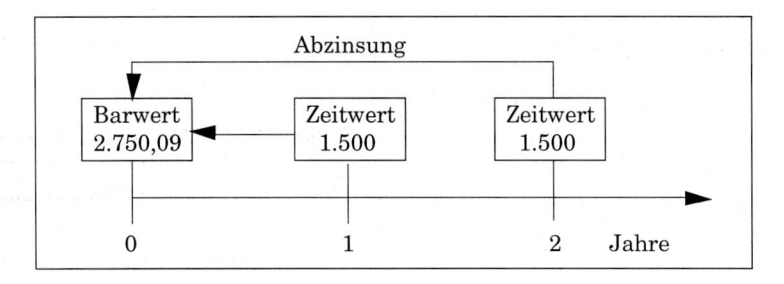

```
              Abzinsung
   ┌─────────────────────────────┐
   ▼                             │
┌─────────┐   ┌─────────┐   ┌─────────┐
│ Barwert │◄──│ Zeitwert│   │ Zeitwert│
│2.750,09 │   │  1.500  │   │  1.500  │
└─────────┘   └─────────┘   └─────────┘
     │             │             │
─────┼─────────────┼─────────────┼──────────►
     0             1             2    Jahre
```

Bei einem Zinssatz von 6 % ergibt sich ein Barwert in Höhe von 2.750,09 € nach folgender Formel:

- $K_0 = Z \cdot \dfrac{(1+i)^n - 1}{i \cdot (1+i)^n} = 1.500 \cdot \dfrac{1{,}06^2 - 1}{0{,}06 \cdot 1{,}06^2} = 1.500 \cdot 1{,}8333926 = 2.750{,}08899964$

- K_0 = Barwert, Z = Zahlung

- $\dfrac{(1+i)^n - 1}{i \cdot (1+i)^n}$ = Abzinsungsfaktor bei mehrmaliger Zahlung[4]

---

[3] Der Abzinsungsfaktor wird auch folgendermaßen geschrieben: $\dfrac{1}{q^n}$

[4] Der Abzinsungsfaktor wird auch folgendermaßen geschrieben: $\dfrac{q^n - 1}{q^n (q - 1)}$

Produktpolitik (Produkt-, Programm- und Sortimentspolitik)

Der Wert für den Abzinsungsfaktor wird im Allgemeinen einer Tabelle (der Abzinsungstabelle) entnommen. Im Folgenden wird ein Auszug aus der Abzinsungstabelle wiedergegeben.

	bei einmaliger Zahlung				bei mehrmaliger Zahlung			
n	6 %	8 %	10 %	12 %	6 %	8 %	10 %	12 %
1	0,9434	0,9259	0,9091	0,8929	0,9434	0,9259	0,9091	0,8929
2	0,8900	0,8573	0,8264	0,7972	1,8334	1,7833	1,7355	1,6901
3	0,8396	0,7938	0,7513	0,7118	2,6730	2,5771	2,4869	2,4018
4	0,7921	0,7350	0,6830	0,6355	3,4651	3,3121	3,1699	3,0373
5	0,7473	0,6806	0,6209	0,5674	4,2124	3,9927	3,7908	3,6048
6	0,7050	0,6302	0,5645	0,5066	4,9173	4,6229	4,3553	4,1114
7	0,6651	0,5835	0,5132	0,4523	5,5824	5,2064	4,8684	4,5638
8	0,6274	0,5403	0,4665	0,4039	6,2098	5,7466	5,3349	4,9676
9	0,5919	0,5002	0,4241	0,3606	6,8017	6,2469	5,7590	5,3282
10	0,5584	0,4632	0,3855	0,3220	7,3601	6,7101	6,1446	5,6502
11	0,5268	0,4289	0,3505	0,2875	7,8869	7,1390	6,4951	5,9377
12	0,4970	0,3971	0,3186	0,2567	8,3838	7,5361	6,8137	6,1944

7. Wie wird mithilfe des Kapitalwertverfahrens die Wirtschaftlichkeit einer Produktidee ermittelt?

Die Verwirklichung einer Produktidee ist häufig mit erheblichen Ausgaben verbunden. Dazu gehören die Aufwendungen, die unmittelbar mit der Produkteinführung zusammenhängen, und Kosten, die die erforderlichen Investitionen im Produktionsbereich verursachen.

Nach der Produkteinführung rechnet das Unternehmen mit laufenden Einnahmen aus dem Verkauf; die Höhe dieser Einnahmen müssen geschätzt werden. Grundlage der Schätzung ist die wahrscheinlich absetzbare Menge; sie wird mit dem Preis multipliziert, der sich aus der preispolitischen Strategie des Unternehmens ergibt.

Daneben hat das Unternehmen aber auch laufende Ausgaben (Aufwendungen) für Produktion, Marketingaktivitäten usw., die auf der Grundlage der wahrscheinlich absetzbaren Menge relativ genau vorausberechnet werden können. Die Differenz aus Einnahmen und Ausgaben wird als Nettoeinnahmen bezeichnet.

Es stellt sich die Frage, ob sich im Hinblick auf die Anfangsausgaben und unter Berücksichtigung der Nettoeinnahmen die Verwirklichung der Produktidee lohnt.

Die Einführung der Produktidee lohnt sich, wenn die Summe der abgezinsten Nettoeinnahmen höher ist als die Summe der Anfangsausgaben.

Die Ausführungen können durch das folgende einfache *Beispiel* veranschaulicht werden.

Angenommen wird ein Unternehmen, das für die Einführung eines Produkts mit Anfangsausgaben von 50.000 Euro und in den fünf Jahren nach Produkteinführung mit Nettoeinnahmen in der folgenden Tabelle angegebenen Höhe rechnet; die Nettoeinnahmen werden mit 10 % abgezinst; die Abzinsungsfaktoren werden der Abzinsungstabelle entnommen. – Es zeigt sich, dass die Summe der Barwerte der fünf Nettoeinnahmen höher ist als die Summe der Anfangsausgaben; die Produkteinführung könnte sich also lohnen.

Jahre	Nettoeinnahmen	Abzinsungsfaktoren	Barwerte
1	12.500,00	0,9091	11.363,75
2	15.000,00	0,8264	12.396,00
3	17.500,00	0,7513	13.147,75
4	20.000,00	0,6830	13.660,00
5	22.500,00	0,6209	13.970,25
Summe der Barwerte			64.537,75
Summe der Anfangsausgaben			50.000,00

8. Welche Bedeutung hat eine Break-even-Analyse für die Wirtschaftlichkeitsprüfung einer Produktidee?

Mithilfe der Break-even-Analyse wird die Absatzmenge eines Produkts ermittelt, bei der die Umsatzerlöse dieses Produkts und die Kosten gleich sind. Bei geringeren Mengen entstehen Verluste, bei höheren Mengen entstehen Gewinne. Kann mit dem neuen Produkt eine höhere Absatzmenge als die Break-even-Menge erzielt werden, entsteht Gewinn, das neue Produkt leistet einen Kostendeckungsbeitrag. *Die Einführung des neuen Produkts könnte sich lohnen.*

Die Break-even-Betrachtung beruht u.a. auf folgenden Annahmen:

- Produktions- und Absatzmengen sind gleich, d.h. es wird nicht auf Lager produziert,
- Kostenverläufe und Preise bleiben gleich,
- das Konkurrenzverhalten wird nicht berücksichtigt,
- der Zusammenhang zwischen dem Absatz des neuen Produkts und möglichen Änderungen der Absatzmengen der alten Produkte bleibt unberücksichtigt.

Produktpolitik (Produkt-, Programm- und Sortimentspolitik) 315

9. Was wird mit dem Break-even-Point angegeben?

Der Break-even-Point bezeichnet die Absatzmenge, bei die Umsatzerlöse die Kosten gerade decken; bei dieser Absatzmenge entsteht weder Gewinn noch Verlust. Bei steigender Absatzmenge entsteht Gewinn; der Break-even-Point wird deshalb auch als Gewinnschwelle bezeichnet.

Die bei der BeP-Menge erzielten Deckungsbeiträge reichen aus, um die fixen Kosten zu decken; die Deckungsbeiträge leisten keinen Beitrag zum Gewinn. Wenn die Absatzmenge steigt, nehmen die Deckungsbeiträge zu.

Bei linearem Umsatzverlauf und proportional steigendem Gesamtkostenverlauf lässt sich die Problematik folgendermaßen grafisch darstellen (Abb. 1). In Abb. 2 werden die Deckungsbeiträge dargestellt, die bei steigenden Mengen zunehmen.

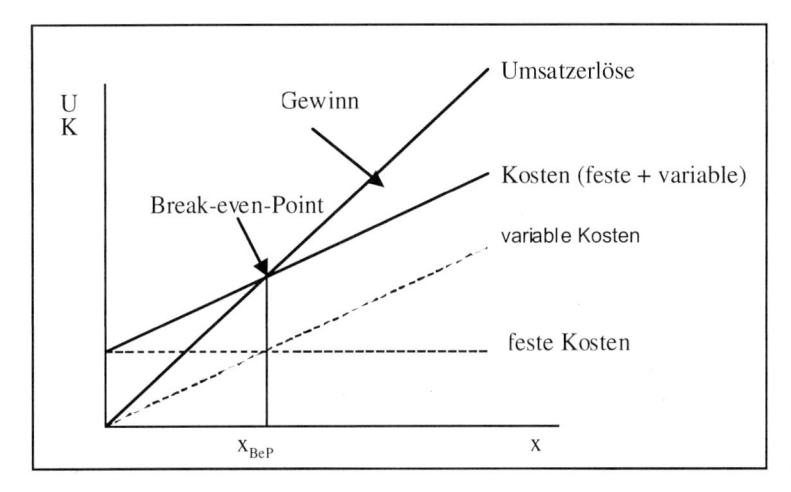

Abb. 1

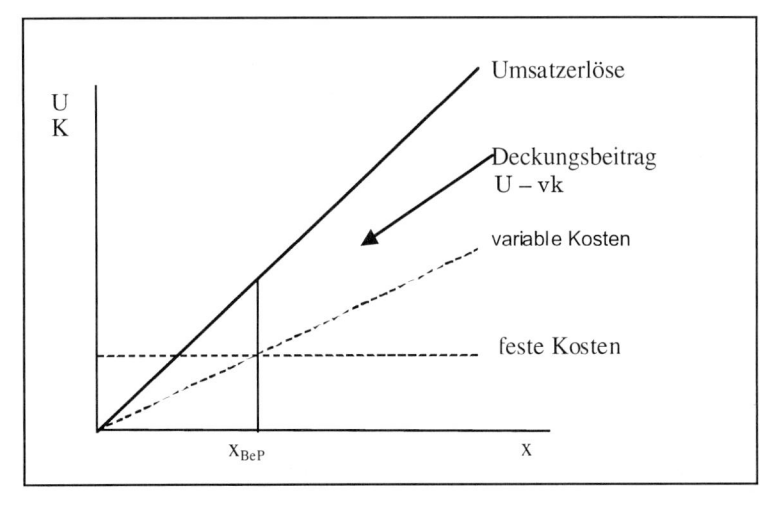

Abb. 2

10. Wie wird mithilfe der Break-even-Analyse die Wirtschaftlichkeit einer Produktidee geprüft?

Für die Verwirklichung einer Produktidee ist im Allgemeinen eine Ausweitung der Produktionsmöglichkeiten erforderlich, d.h. es muss investiert werden. Dadurch fallen in den folgenden Jahren der Produktion Abschreibungen an. Neben diesen (u.a.) festen Kosten fallen auch variable Kosten während der Produktion an. Diesen Kosten stehen die Umsatzerlöse gegenüber.

Mithilfe der Break-even-Analyse kann gepruft werden, bei welcher Absatzmenge ein Gewinn zu erwarten ist.

Das folgende einfache *Beispiel* soll zur Veranschaulichung des Problems beitragen. Ein Unternehmen rechnet bei der Verwirklichung einer Produktidee mit festen Kosten in Höhe von 10.000 €, mit variablen Kosten in Höhe von 12 € und einem Verkaufspreis von 20 € je Stück. Über die Gleichung U = K lässt sich die BeP-Menge ermitteln, sie beläuft sich auf 1.250 Stück. Wenn die Absatzmenge größer als 1.250 Stück ist, kann sich die Produkteinführung lohnen.

- Break-even-Point bei Umsatz = Kosten
- $U_{BeP} = x_{BeP} \cdot p$,
- $K_{BeP} = fK + vK_{BeP}$, $K_{BeP} = fK + x_{BeP} \cdot vK$
- $x_{BeP} \cdot p = fK + x_{BeP} \cdot vK,\ x_{BeP} \cdot p - x_{BeP} \cdot vK = fK$
- $x_{BeP}(p - vK) = fK,\ x_{BeP} = \dfrac{fK}{p - vK}$
- $x_{BeP} = \dfrac{10.000}{20 - 12} = \dfrac{10.000}{8} = 1.250$

Der Sachverhalt lässt sich auch im Diagramm darstellen. Die folgende Abbildung zeigt die Verläufe von Umsatz und Kosten. Bei dem Schnittpunkt von Umsatz und Kosten ergibt sich die Break-even-Point-Menge.

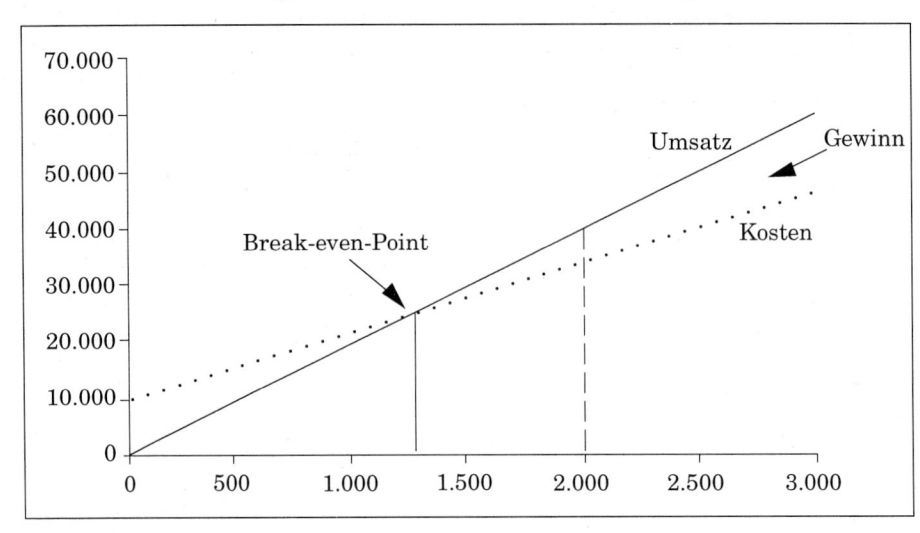

Produktpolitik (Produkt-, Programm- und Sortimentspolitik) 317

1.3.3 Produktentwicklung

1. Was versteht man unter Produktentwicklung?

Nach Abschluss der Grobauswahl (Vorauswahl) wird entschieden, welche Produktideen weiter entwickelt werden sollen; die Produktentwicklung beginnt. Sie umfasst die *technische Produktentwicklung* und die *Entwicklung des Produktes für den Markt*.

2. Welche Aspekte sind bei der technischen Produktentwicklung zu berücksichtigen?

Bei der technischen Produktentwicklung sind *marketing- bzw. produktpolitische Vorgaben* zu beachten. Das Produkt muss hinsichtlich Material, Qualität, Gestaltung, Form, Funktionen usw. den Erwartungen von relevanten Zielgruppen entsprechen.

3. Welche Bereiche umfasst die Marktentwicklung?

Die Marktentwicklung eines Produkts umfasst alle Maßnahmen zur *Gestaltung, Markierung und Verpackung* des Produkts.

1.3.4 Produkttests, Markttests, Testmärkte

1. Was ist ein Produkttest?

Der Produkttest hilft dem Anbieter eines Produkts bei der optimalen Gestaltung des Produkts. Das Unternehmen will *vor Markteinführung Informationen über die subjektiven Wirkungen* des Produkts und der Produktgestaltung erhalten. Testpersonen werden im Rahmen einer planmäßigen Erhebung nach ihrem subjektiven Eindruck von dem Testprodukt insgesamt oder von einzelnen Komponenten seiner Erscheinungsform befragt. Gegenstand der Befragung können z.B. Verpackung, Preis, Produktnamen, Geruch u.a sein.

Der Produkttest kann als *Einzeltest* oder als *Vergleichstest* durchgeführt werden. Bei einem Einzeltest bezieht sich die Befragung ausschließlich auf das jeweilige Testprodukt und seine Komponenten. Bei einem Vergleichstest werden Produkte, die sich bereits auf dem Markt befinden, in die Befragung einbezogen.

2. Welche Methoden von Produkttests gibt es?

Folgende Methoden von Produkttests sind von Bedeutung: *Blindtest* und *Akzeptanztest*. Bei einem Blindtest erhalten die Testpersonen keinen Hinweis auf den Hersteller- oder Produktnamen. Bei einem Aktzeptanztest wird geprüft, ob und in welchem Umfang die Testpersonen ein Produkt wegen seiner Qualität bzw. wegen seines Qualität-Preis-Verhältnisses „akzeptieren", d.h. evtl. kaufen würden.

3. Was ist ein Markttest?

Mit einem Markttest will der Anbieter eines neuen Produkts vor der Markteinführung dessen *Marktchancen prüfen*. Er will Informationen darüber erhalten, ob er das Produkt verkaufen kann und welche Marketingmaßnahmen er dafür einsetzen muss. Das Produkt wird deshalb unter kontrollierten Bedingungen auf einem begrenzten Markt (Testmarkt) unter Einsatz entsprechender marketingpolischer Maßnahmen angeboten.

4. Was sind Testmärkte?

Testmärkte sind *Teilmärkte*, auf denen Unternehmen neuentwickelte Produkte unter markttypischen Bedingungen anbieten. Die Unternehmen wollen u.a. über entsprechende Tests (Befragungen, Marktbeobachtungen), die diese Aktionen begleiten, herausfinden, ob und mit welchen Marketingmaßnahmen die Produkte auf dem Gesamtmarkt verkauft werden können. Die Unternehmen wollen dadurch die Risiken, die die Einführung neuer Produkte mit sich bringen, verringern. Allerdings besteht die Gefahr, dass Konkurrenzunternehmen frühzeitig von diesen Marktingaktivitäten erfahren und entsprechende Gegenmaßnahmen ergreifen.

An Testmärkte sind folgende Anforderungen zu stellen:

Testmärkte müssen *repräsentativ* sein, d.h. sie müssen dem Gesamtmarkt hinsichtlich der Bevölkerungs-, Wettbewerbs- und Wirtschaftsstruktur in etwa entsprechen.

Sie müssen *räumlich abgegrenzt* sein, d.h. sie müssen unabhängig von anderen Absatzgebieten sein.

Sie müssen *vergleichbar* sein, d.h. die Mediastrukturen müssen denen des Gesamtmarktes ähnlich sein.

Häufiges Testgebiet in Deutschland ist z.B. Bremen.

Produktpolitik (Produkt-, Programm- und Sortimentspolitik)

1.3.5 Markteinführung

1. Mit welchen Maßnahmen wird die Markteinführung vorbereitet?

Wenn ein Produkt alle Testverfahren erfolgreich durchlaufen hat, kann seine Markteinführung geplant werden. Dafür fallen u.a. die folgenden vorbereitenden Maßnahmen an. Sie bilden den Rahmen für den Markteinführungsplan i.e.S.

1. *Präzisierung der ökonomischen und nichtökonomischen Ziele*, nach Möglichkeit durch Quantifizierung, z.B. Erzielung eines Marktanteils von 10 % in drei Jahren (ökonomisches Ziel), Erzielung eines Bekanntheitsgrades von 60 % nach drei Jahren (nichtökonomisches Ziel),

2. *Präzisierung des Marketing-Mix*, d.h. es werden aus den Bereichen Produkt-, Distributions-, Kontrahierungs- und Kommunikationspolitik die anzuwendenden Maßnahmen ausgewählt.

3. *Präzisierung des Mittelbedarfs* für Produktion und Marketingmaßnahmen.

2. Welche Bedeutung hat der Markteinführungsplan?

Der Markteinführungsplan i.e.S. ist ein *Terminplan*. Er gibt die Zeitpunkte für den Beginn der Einführungsmaßnahmen und ihren Zeitbedarf an. Er zeigt also z.B., wann welche Werbemaßnahmen begonnen werden müssen, wann Agenturen zu beauftragen sind, wann die Produktion anzulaufen hat, wann Personal und andere Faktoren zu beschaffen sind, wann mit der Produktion begonnen werden muss und wann schließlich das Produkt auf dem Markt ist. Er zeigt auch, wann diese Maßnahmen beendet sein müssen, damit die jeweils nächsten begonnen werden können. Für die Durchführung dieser Planung eignet sich am besten ein Netzplan.

1.4 Instrumente der Produkt- und Programmpolitik

1.4.1 Produktgestaltung

1. Was heißt Produktgestaltung?

Produktgestaltung (*Product Design*) ist die zusammenfassende Bezeichnung für alle Maßnahmen eines Unternehmens, die *Erscheinungsform eines Produkts* hinsichtlich Form, Farbgebung, Verpackung, Markierung und Qualität festzulegen. Da die äußere Form des Produkts häufig kaufentscheidend ist, ist dieser

Bereich der Produktgestaltung ebenso wichtig wie die Gestaltung von Qualität und Funktionsfähigkeit. Das gilt insbesondere für Konsumgüter, aber auch bei Produktionsgütern kann das Design des Produkts den Kauf wesentlich mitentscheiden.

2. Welche Ziele werden mit der Produktgestaltung verfolgt?

Ziele der Produktgestaltung sind u.a.:

- Von der äußeren Gestalt des Produkts sollen wesentliche *Kaufimpulse* ausgehen.

- Mit der äußeren Gestalt soll sich ein Produkt von Konkurrenzprodukten unterscheiden (*Abgrenzung*).

- Die Gestaltung des Produkts trägt zum Aufbau der Produktpersönlichkeit bei, die dem Käufer die *Identifikation* des Produkts erleichtert.

- Durch Veränderung der Form findet eine *Produktdifferenzierung* statt, die Grundlage für eine Preisdifferenzierung sein kann und/oder die Erschließung weiterer Käuferschichten ermöglicht.

- Produkte werden sowohl hinsichtlich der Form, Farbgebung, Verpackungsdesign usw. als auch der Qualität und Funktionsfähigkeit veränderten Verbrauchsgewohnheiten angepasst (*Produktvariation*). Die Gestaltung neuer Produkte (*Produktinnovation*) berücksichtigt Bedarfsänderungen und neue Konsumgewohnheiten.

3. Mit welchen Teilaspekten hat sich die Produktgestaltung zu befassen?

Produktgestaltungsmaßnahmen können sich u.a. auf die folgenden Bereiche beziehen.

- *Produktinnovation*: marktgerechte Gestaltung neuer Produkte, Berücksichtigung von Bedarfsänderungen u.dgl.,

- *Produktvariation*: Anpassung bereits vorhandener Produkte an veränderte Marktbedingungen,

- *Produktdifferenzierung* als Grundlage für Preisdifferenzierung und zur Erschließung neuer Käufersegmente usw.,

- *Produktverbesserung*: attraktivere Gestaltung des Produkts zur Anregung der Nachfrage.

Bei allen Maßnahmen der Produktgestaltung sind *Veränderungen der Herstellungstechnik und der Materialien* zu berücksichtigen.

4. Welche Mittel des Produktgestaltung gibt es?

Die Mittel der Produktgestaltung sind

- Formgebung bzw. -veränderung, Farbgebung,
- Verpackungsgestaltung,
- Markierung,
- Qualitätsanpassungen,
- Verbesserung der Funktionsfähigkeit unter Berücksichtigung der Markt- und Herstellungsbedingungen.

1.4.2 Verpackung

1. Was ist Verpackung?

In Anlehnung an die Begriffsbestimmungen der Verpackungsverordnung vom 12. Juni 91 lässt sich Verpackung folgendermaßen definieren:

Transportverpackungen sind *Umhüllungen*, die dem Schutz der Ware und der Sicherheit des Transports auf dem Weg vom Hersteller zum Vertreiber dienen; Verkaufsverpackungen sind *Umhüllungen* von Waren, die vom Endverbraucher zum Transport oder bis zum Verbrauch verwandt werden.

Umverpackungen sind *Umhüllungen* von Verkaufsverpackungen, sie dienen überwiegend der Werbung und der Selbstbedienung.

Verpackungen sind also z.B. Fässer, Kisten, Säcke, Kartonagen, Becher, Beutel, Dosen, Kartonagen, Eimer, Tragetaschen.

2. Welche Bedeutung haben Einweg- und Mehrwegverpackung?

Eine Einwegverpackung ist eine Verpackung, die nur *einmal genutzt* und dann entsorgt wird, z.B. Getränkedosen.

Eine Mehrwegverpackung ist eine Verpackung, die nach entsprechender Behandlung, z.B. Reinigung, *wieder genutzt* wird. Mehrwegverpackung schont natürliche Ressourcen und entlastet die Deponien.

3. Von welchen Bedingungen wird die Gestaltung der Produktverpackung wesentlich beeinflusst?

Die Gestaltung der Verpackung wird maßgeblich von den folgenden Faktoren beeinflusst:

- Form, Umfang und Gewicht des Produkts,
- Schutzbedürftigkeit des Produkts,
- Absatzbedingungen, z.B. Selbstbedienung, Präsentation in Regalen,
- Rationalisierung von Lagerung und Transport,
- Weitergehende Verwendung der Verpackung (Senfglas als Trinkglas, „Kühne-Kristall"),
- Wiederverwendung,
- Entsorgungsmöglichkeiten,
- ökologiepolitische Ziele, Gesetze und Verordnungen zum Schutz der Umwelt,
- marketingpolitische Ziele, z.B. Produktdifferenzierung, Präsentation, Markenverwendung, ökologisches Marketing.

4. Welche Bedeutung hat die Verpackungsgestaltung als Teil der Produktpolitik (Verpackungspolitik)?

Die *Verpackungspolitik ist Teil der Produktpolitik*. Verpackung berücksichtigt Aspekte der Produktdifferenzierung, der Warenpräsentation, der (Marken-)Werbung, der Verbraucherinformation u.dgl. Erfolgreich ist die Verpackungspolitik dann, wenn es ihr gelingt, einen Beitrag zum Aufbau der *Produktpersönlichkeit* zu leisten, sodass der Kunde das Produkt schließlich über die Verpackung (Form, Farbe, Gestaltung) identifiziert.

5. Welche Funktionen hat die Verpackung zu erfüllen?

Verpackung erfüllt u.a. die folgenden Funktionen:

- *Schutzfunktion*: Durch Verpackung wird die Ware auf dem Transport und bei der Lagerung geschützt.

- *Abmessungsfunktion*: Die Verpackung bestimmt die Verkaufseinheit des Produkts, diese ist abhängig von den Kaufgewohnheiten der Kunden und von Überlegungen zur Rationalisierung des Transports und der Lagerung.

- *Verkaufsförderungsfunktion*: Verpackung wirbt durch Aufmachung, Farbgebung, informative Aufdrucke von Marken- und Herkunftsangabe für das Produkt, sie präsentiert das Produkt und fördert z.B. im Selbstbedienungshandel die Selbstverkäuflichkeit.

- *Gebrauchsfunktion*: Informative Aufdrucke geben Hinweise für Gebrauch, Anwendung oder Montage des Produkts, hier spielt auch die Wieder- bzw. Weiterverwendung der Verpackung eine Rolle usw.

6. Welche Bedeutung hat der „Grüne Punkt", mit dem viele Unternehmen die Verpackungen ihrer Produkte versehen?

Die Verpackungsverordnung vom 12. Juni 91 zwingt die Wirtschaft zur Rücknahme und Verwertung von Verpackungen. Die Mittel dazu sollen durch ein

Finanzierungs- und Kennzeichnungssystem aufgebracht werden. Die von der Wirtschaft gebildete Gesellschaft für Abfallvermeidung und Sekundärrohstoffgewinnung (Duales System Deutschland GmbH) vergibt gegen Entgelt an Unternehmen das Recht zur Nutzung des Grünen Punkts; die Käufer des Nutzungsrechts versehen ihre Verpackung mit diesem Zeichen. Sie müssen nachweisen, dass Abnahme und Verwertung des jeweiligen Verpackungsmaterials garantiert sind. Die Verwender von Glas, Weißblech und Kartonverbund für flüssige Nahrungsmittel erhalten das Nutzungsrecht ohne Nachweise. Für Verpackungen aus Papier u.dgl. hat die Interseroh AG, Köln, eine pauschale Abnahme- und Verwertungsgarantie übernommen. Ähnliche Einrichtungen zur Übernahme dieser Garantien gibt es auch für andere Verpackungsmaterialien (Kunststoff, Aluminium).

1.4.3 Service als Teil der Produktleistung

1. Was ist unter einer Serviceleistung als Teil der Produktleistung zu verstehen?

Häufig verpflichtet sich der Verkäufer einer Ware - Hersteller oder Händler - mehr oder weniger freiwillig gegenüber dem Käufer zu zusätzlichen Leistungen, den *Kundendienstleistungen*. In der Regel werden Maschinen, maschinelle Anlagen, Informationssysteme u.dgl. im Zusammenhang mit bestimmten Problemlösungen gekauft. Diese Anlagen bzw. Einrichtungen sind hoch kompliziert und spezialisiert. Leistungen wie Beratung über ihre Nutzung, ihren Beitrag zur Problemlösung, Einführung der Mitarbeiter in die Benutzung sind dringend erforderlich und gehören deshalb *zum Produkt*, sie sind *zusätzliche Absatzleistungen* des Verkäufers.

2. Welche Serviceleistungen sind mit dem Produkt verbunden, welche nicht?

Kundendienstleistungen haben das Ziel, Kunden auf Dauer zu halten. Darum gehören nicht nur produktbezogene Leistungen, wie z.B. Beratung über das Produkt, Wartung des Produkts, zum Kundendienst, sondern auch Leistungen, die nicht produktbezogen sind, wie z.B. Kinderhort in Kaufhäusern.

3. Welche Arten kaufmännischer und technischer Serviceleistungen gibt es?

Zu den kaufmännischen Serviceleistungen zählen z.B. Beratung, Lieferung zur Probe, Umtauschrechte, Kauf auf Abruf, Personaleinführung usw. Zu den technischen Serviceleistungen gehören z.B. Beratungen, Vorschläge für Problemlösungen, Änderungsdienste, Reparaturdienste, Ersatzteilversorgung usw.

4. Was sind Pre-sales-Services?

Als Pre-sales-Services bezeichnet man die Kundendienstleistungen *vor dem Kauf,* z.B. Angebote, Vorschläge für Problemlösungen; auch alle Leistungen zur Unterstützung des Verkäufers zählen zu diesen Serviceleistungen.

5. Was sind After-sales-Services?

After-sales-Services sind die Kundendienstleistungen nach dem Kauf, sie werden häufig auch als *der eigentliche Kundendienst* bezeichnet. Dazu zählt die Schulung des Personals usw.

1.4.4 Programmgestaltung und Sortimentsgestaltung

1. Worauf bezieht sich die Programm- und Sortimentspolitik?

Die Programm- bzw. Sortimentspolitik bezieht sich auf die optimale *Gestaltung der Produktprogramme bzw. Sortimente.*

Gestaltungsbereiche sind

1. Programm- bzw. Sortimentsinhalt (*Was soll angeboten werden?*),

2. Programm- bzw. Sortimentsdimension (*Wie viel soll angeboten werden,* wie breit und tief sollen Programm bzw. Sortiment sein?),

3. unter Berücksichtigung des Zeitfaktors (*Wann soll* was und wie viel *angeboten werden?*)

2. Welche Ziele verfolgen die Unternehmen mit der Programm- bzw. Sortimentsgestaltung?

Mit den Entscheidungen zur Gestaltung von Sortiment bzw. Programm wollen die Unternehmen ihr gesamtes *Angebot marktgerecht ausrichten,* um ihre Marketingziele durchzusetzen. Marketingziele sind u.a. Steigerung von Gewinn und Umsatz, Verminderung von Kosten, Schaffung von Deckungsbeiträgen, Verbesserung der Wettbewerbssituation und des Firmen- und Markenimages, Streuung des Risikos, Auslastung des Lagers usw.

3. Was kann man als Absatzprogramm bezeichnen?

Als Absatzprogramm (Verkaufsprogramm) bezeichnet man im Allgemeinen die *Angebotspalette eines Fertigungsunternehmens.*

4. Was kann man als Sortiment bezeichnen?

Als Sortiment bezeichnet man im Allgemeinen die *Angebotspalette eines Handelsunternehmens*.

5. Mit welchen Begriffskategorien können Sortimentsdimensionen definiert werden?

Warengruppen, Artikel und *Sorten* sind die Kategorien zur Bestimmung der Sortimentsdimensionen. Die Sorte ist die kleinste Einheit des Sortiments, gleichartige Sorten, die sich nur geringfügig unterscheiden, bilden einen Artikel; eine Warengruppe fasst die Artikel gleicher Art zusammen.

6. Wie werden Sortimentsbreite und -tiefe definiert?

Die Anzahl der *Warengruppen* bestimmt die Breite des Sortiments. Die Anzahl der *Artikel* in einer Warengruppe bestimmt die Tiefe des Sortiments. Ein breites Sortiment besteht aus vielen Warengruppen (ein schmales Sortiment aus wenigen Warengruppen), ein tiefes Sortiment weist in den Warengruppen viele Artikel auf (ein flaches Sortiment nur wenige).

Ein Gemischtwarengeschäft weist i.d.R. ein breites, aber flaches Sortiment auf; ein Fachgeschäft hat i.d.R. ein schmales, aber tiefes Sortiment. Das Sortiment des Warenhauses ist ebenfalls breit, z.T. auch flach, das Sortiment des Kaufhauses ist – wie das Sortiment des Fachgeschäfts – schmal und tief. Die Beispiele deuten die Problematik bei der Anwendung der Kategorien an. Aussagen über Sortimentsdimensionen sind nur vergleichbar, wenn man vertriebsformentypische Durchschnitte heranzieht.

7. Mit welchen Begriffskategorien können die Dimensionen eines Absatzprogramms beschrieben werden?

Produktlinien und Produktausführungen innerhalb der Produktlinien sind die Kategorien zur Beschreibung der Programmdimensionen.

8. Wie werden Breite und Tiefe des Absatzprogramms definiert?

Bei einem breiten Absatzprogramm bestehen relativ viele Produktlinien nebeneinander (bei einem schmalen relativ wenige), bei einem tiefen Produktprogramm gibt es in einzelnen Linien viele Ausführungen (bei einem flachen relativ wenig).

9. Nach welchen Gesichtspunkten lassen sich die Sortimente des Handels gliedern?

Sortimente im Handel lassen sich nach verschiedenen Gesichtspunkten gliedern. Die sich ergebenden Gruppierungen haben Bedeutung für die zeitliche und inhaltliche Sortimentsgestaltung des Handelsunternehmens. In der folgenden Übersicht werden einige Beispiele für Gliederungen von Sortimenten dargestellt.

	Gliederungs-gesichtspunkt	Sortiments-bezeichnung	Kennzeichnung
1	Schwerpunkt der Handelstätigkeit	Grundsortiment	Sortiment der betrieblichen Haupttätigkeit
		Rand- oder Zusatzsortiment	Sortiment der betrieblichen Nebentätigkeit
2	Funktion der Waren im Sortiment	Kernsortiment	entspricht den Erwartungen der Zielgruppe
		Akquisitions-sortiment	geht über das Kernsortiment hinaus
3	zeitliche Zugehörigkeit zum Sortiment	Standardsortiment	ständiges Sortiment
		Saisonsortiment	Sortiment für besonderen Saisonbedarf
4	Vorrätigkeit	Lagersortiment	wird ständig auf Lager gehalten
		Bestellsortiment	muss bei Kundenbedarf bestellt werden
5	Dispositionsautonomie, Eigentum, Risiko	Eigensortiment	Händler ist Eigentümer, trägt Risiko, kann frei disponieren
		Kommissions-sortiment	Lieferer ist Eigentümer, Händler kann nur beschränkt disponieren, trägt kein Risiko
		Rack-Jobber-Sortiment	Händler ist nicht Eigentümer (nur Regalvermieter), trägt kein Risiko, kann nicht disponieren

Produktpolitik (Produkt-, Programm- und Sortimentspolitik) 327

10. Nach welchen Gesichtspunkten kann der Inhalt von Sortimenten gestaltet werden?

Für die Gestaltung der Sortimente gibt es folgende Orientierungsgesichtspunkte.

1. *Lieferantenorientierung*: Das Unternehmen hält sich bei seiner Sortimentsgestaltung weitgehend an das Sortiment des Lieferers.

2. *Stofforientierung*: Das Sortiment ist auf einen Grundstoff bezogen, Sortimentserweiterungen richten sich nach diesem dominanten Material (vgl. z.B. Lederwarenfachgeschäft).

3. *Bedarfsorientierung*: Das Sortiment wird auf den Bedarf der Verbraucher ausgerichtet, das kann der Bedarf einer bestimmten Zielgruppe sein; der Bedarf kann sich sowohl auf komplementäre, als auch auf substitutive Produkte beziehen.

4. *Preislagenorientierung*: Die Sortimentsteile entsprechen bestimmten Preislagen (z.B. hohe Preise – gehobener Bedarf).

5. *Orientierung an Mitanbietern*: Das Sortiment passt sich einem Standard an, oder aber das Sortiment soll sich von dem der Konkurrenz abheben.

6. *Orientierung an Selbstverkäuflichkeit*.

11. Welche Mittel der Produkt- und Sortimentsgestaltung gibt es?

Mittel der Gestaltung sind *Produktinnovation, Produktvariation, Produktelimination, Produktrelaunch*.

12. Was ist unter Produktinnovation zu verstehen?

Man versteht unter Produktinnovation die *Aufnahme eines neuen Produkts in das Produktionsprogramm bzw. in das Verkaufsprogramm*.

Produktinnovation bezieht sich

- auf die Entwicklung und Einführung völlig neuer Produkte (*Produktdiversifikation*) und

- auf die Weiterentwicklung bereits verkaufter Produkte (*Produktvariation*).

Dabei ist es gleichgültig, ob die Idee für das neue Produkt bzw. für die Weiterentwicklung aus eigenen oder aus fremden Quellen stammt, ob es sich um eine eigene Entwicklung oder um eine Nachahmung handelt.

Von einem *Neuprodukt* wird in der Regel dann gesprochen, wenn das Produkt für das Unternehmen, das damit auf den Markt kommt, neu ist. (In der Literatur wird gelegentlich ein neues Produkt marktorientiert definiert: Von einem neuen Produkt kann man danach nur dann sprechen, wenn es für den Markt neu ist. Die unternehmensorientierte Begriffsbestimmung scheint jedoch verbreiteter zu sein.)

13. Was versteht man unter Produktdiversifikation?

Die *Aufnahme neuer Produkte* in das Verkaufs- bzw. Produktionsprogramm eines Unternehmens bezeichnet man als Produktdiversifikation. Produktdiversifikation ist also die Ausweitung des Leistungsangebots eines Unternehmens.

Von *horizontaler Diversifikation* spricht man, wenn das Produkt, das in das Sortiment bzw. Programm aufgenommen wird, im Zusammenhang mit dem übrigen Angebot steht: gleicher Grundstoff, gleiche Abnehmer, gleiche Endverbraucher, gleiche Betriebsmittel bei der Herstellung usw. Beispiel: Eine Mühle erweitert ihr Angebot mit Backmischungen.

Vertikale Diversifikation bezeichnet das weitergehende Engagement eines Unternehmens in vor- und nachgelagerten Stufen. Wenn sich z.B. die Mühle (s.o.) im Landhandel (Beschaffung, vorgelagerte Stufe) bzw. in der Brotherstellung (Absatz, nachgelagerte Stufe) engagiert, liegt vertikale Diversifikation vor.

Wenn ein Unternehmen sein Leistungsangebot branchenfremd erweitert, ist das eine *laterale Diversifikation*. Wenn z.B. die Mühle (s.o.) sich auch in Hotellerie oder Transportwesen – also branchenfremd – engagiert, liegt laterale Diversifikation vor.

14. Welche Möglichkeiten zur Diversifikation bestehen neben der Neuproduktentwicklung?

Güter und Leistungen, die Unternehmen in ihre Programme oder Sortimente aufnehmen, müssen nicht Ergebnisse von eigenen Entwicklungen sein. Diversifikation ist auch möglich durch *Kooperation* mit anderen Unternehmen, durch *Konzentration* (Aufkauf anderer Unternehmen oder Beteiligungen) und durch *Erwerb von Lizenzen* für Produktion oder Vertrieb.

Die Neuproduktentwicklung ist sehr aufwändig, der Finanzbedarf für eventuell erforderliche Investitionen ist hoch, die Entwicklung bis zur Marktreife dauert lange, der Erfolg ist nicht sicher. Deshalb werden die anderen Möglichkeiten zur Diversifikation genutzt.

Die folgende Tabelle stellt einige Vor- und Nachteile der genannten Möglichkeiten zur Diversifikation exemplarisch dar.

	Kosten	Finanzbedarf	Entwicklungs-dauer	Erfolgs-sicherheit
eigene Entwicklung	hoch	evtl. sehr hoch	relativ lang	eher gering
Kooperation	niedrig	abhängig von der Art der Kooperation (z. B. bei gemeinschaftlicher Entwicklung relativ hoch)	abhängig von der Art der Kooperation (z. B. bei gemeinschaftlicher Entwicklung relativ lang)	u.a. abhängig von der Entwicklungsdauer
Konzentration	hoch	evtl. sehr hoch	eher kurz	eher gering
Lizenzerwerb	niedrig		kurz	relativ hoch

15. Was heißt Produktakquisition?

Den *Erwerb neuer Produkte* durch ein Unternehmen bei anderen Unternehmen bezeichnet man als Produktakquisition.

16. Warum akquirieren Unternehmen Produkte?

Durch Akquisition neuer Produkte will ein Unternehmen sein Angebot vervollständigen (kundengerechte Erweiterung des Angebots), und zwar mit Produkten, die im eigenen Haus nicht hergestellt werden, weil das Absatzrisiko sehr hoch ist, der Finanzbedarf für neue Investitionen zu hoch ist und das Know-how nicht vorhanden ist.

Durch Akquisition neuer Produkte nutzt ein Unternehmen das Know-how anderer Unternehmen, die Markteinführung des Produktes, evtl. die behördliche Zulassung (z.B. bei pharmazeutischen Artikeln), die TÜV-Genehmigung (bei bestimmten technischen Geräten u.Ä.).

17. Bei welchen Unternehmen werden Produkte akquiriert?

Produkte werden bei Produzenten, Lizenznehmern usw. akquiriert, die durch die Akquisition den Produktionsapparat, Patente, Lizenzen usw. besser ausnutzen und ihren Absatz steigern wollen.

18. Welche Marketingziele verfolgt ein Unternehmen mit der Akquisition von Produkten?

Ein Unternehmen will durch Produktakquisition das *Sortiment erweitern*. Für die Sortimentserweiterung können folgende Gesichtspunkte maßgeblich sein:

- Das Sortiment wird *bedarfsgerecht* erweitert, d.h. die Erweiterung des Sortiments entspricht den Kundenerwartungen und -wünschen.

- Das Sortiment wird dem *branchenüblichen Umfang* angepasst, d.h. das Sortiment wird den Sortimenten der *Mitbewerber angepasst*.

- Mit neuen Produken kann die *Überlegenheit über Mitbewerber* begründet werden.

- Mit neuen Produkten kann evtl. der *Zugang zu Absatzmittlern* und Kunden erleichtert werden.

- Das Unternehmen strebt ein *Vollsortiment* an.

19. Welche Vorteile hat ein sog. Vollsortiment?

Vorteile des sog. Vollsortiments sind u.a.:

- Die Kunden (einschl. Absatzmittler) können ihren Bedarf bei einem Anbieter decken (Einkaufsbündelung).

- Mit dem Vollsortiment kann der Anbieter auf den differenzierten Bedarf eingehen.

- Das Vollsortiment gestattet dem Verkäufer (Anbieter) die Rationalisierung der Waren-Logistik und die Konzentration von Verwaltungsabläufen.

- Ein Vollsortiment kann zur Sicherung des Umsatzes beitragen.

- Ein Vollsortiment kann zur Überlegenheit über Mitbewerber beitragen.

20. Was heißt Produktvariation?

Maßnahmen zur *Veränderung von Produkten, die sich bereits auf dem Markt befinden*, bezeichnet man als Produktvariation. Der Anbieter muss sich durch Produktvariation veränderten Marktbedingungen anpassen. Mitbewerber drängen mit neuen oder aktualisierten Produkten auf den Markt. Ansprüche, Erwartungen und Einstellungen der Käufer haben sich verändert. Diese Veränderungen haben ihre Ursachen in den Änderungen der Mode, des Geschmacks, der Technik, in den Entwicklungen des Informationsstandes und des kritischen Bewusstseins, in den Verbesserungen der Einkommensverhältnisse und Kaufkraftbedingungen. Auf diese Veränderungen muss der Anbieter durch Produktvariation eingehen, d.h. er muss sein Produkt aktualisieren, um seinen Lebenszyklus zu verlängern.

Produktpolitik (Produkt-, Programm- und Sortimentspolitik) 331

Die Variationen sind *Veränderungen, Ergänzungen, Verbesserungen, Erneuerungen bestimmter Eigenschaften eines Produkts.*

Es lassen sich *drei Bereiche für Produktveränderungen* erkennen:

1. Qualität, Material, Konstruktion, Handhabung usw.,
2. Form, Farbe, äußerliche Ausstattung, Verpackung, Design, Name usw.,
3. Kundendienst, Beratungen, Ergänzungen usw.

21. Welche Bereiche umfasst die Produktvariation?

Produktvariation umfasst zwei Bereiche:

Produktverbesserung, gemeint ist damit die attraktivere Gestaltung des Produkts, sie soll die Nachfrage anregen, Marktanteile sollen gehalten oder zurückgewonnen werden;

Produktdifferenzierung, damit ist eine Variation gemeint, durch die sich das veränderte Produkt vom alten Produkt so weit abhebt, dass mit ihm ein neues Segment erschlossen werden kann.

22. Was versteht man unter Produktrelaunch?

Produktrelaunch liegt vor, wenn ein Unternehmen ein erfolgloses Produkt vom Markt nimmt, um es nach angemessener Veränderung (Produktvariation) mit einem neuen Marketingkonzept wieder auf den Markt zu bringen.

23. Welche Bedeutung hat die Elimination eines Produkts?

Produkte, die veraltet sind, werden aus dem Programm bzw. aus dem Sortiment genommen. Ein Produkt kann vor allem dann als veraltet gelten, wenn es trotz aufwändiger Marketingaktivitäten kaum noch abgesetzt werden kann. Wichtige Kriterien für Eliminationsentscheidungen sind der Rückgang des Umsatzes und des Deckungsbeitrages.

1.5 Markenartikel und Markenstrategie

1. Was ist ein Markenartikel?

Als Markenartikel bezeichnet man die von einem Unternehmen markierten, d.h. *mit einer Marke gekennzeichneten Produkte.* Eine Marke ist ein Name und/oder Zeichen, mit denen ein Unternehmen seine Produkte einprägsam und differenzierend kennzeichnet. Die Marke bleibt über längere Zeit gleich. Markenartikel werden in der Regel in stets gleicher Art, in gleicher oder verbesserter Qualität, in unveränderter Aufmachung und in gleichen Mengenabpackungen angeboten.

2. **Aus welchen Gründen versieht ein Unternehmen sein Produkt (bzw. seine Produkte) mit einem Namen?**

Wesentliche Gründe für die Markierung von Produkten sind:

- Das Produkt soll sich von Konkurrenzprodukten unterscheiden (*Differenzierung*).

- Der Kunde soll das Produkt mithilfe der Markierung identifizieren (*Identifizierung*).

3. **Was muss das Unternehmen bei der Benennung eines Produkts beachten?**

Damit Differenzierung und Identifizierung eines Produktes über seinen Namen gelingen können, sollte er u.a. die folgenden Bedingungen erfüllen.

Der Produktname sollte *einprägsam* sein; der Verbraucher sollte sich ihn leicht und schnell merken können, diese Erfordernisse erfüllen eher einfache, anschauliche Kennzeichnungen, vor allem dann, wenn sie den *Produkttyp* irgendwie *berücksichtigen* und wenn sie *mit positiven Assoziationen* verbunden sind.

Der Begriff sollte das Produkt so *eindeutig* kennzeichnen, dass es mit Konkurrenzprodukten nicht verwechselt werden kann.

4. **Was ist eine Herstellermarke?**

Als Herstellermarke bezeichnet man die *Markierung* eines Produkts (bzw. einer Produktgruppe) *durch* seinen *Hersteller*, der das Produkt (bzw. die Produktgruppe) unter dieser Marke vertreibt.

5. **Was ist eine Handelsmarke?**

Handelsmarken sind *Marken von Handelsunternehmen*, die die Vorteile der Markenpolitik ausnutzen. Die von verschiedenen weisungsgebundenen Herstellern produzierten Artikel werden unter der Handelsmarke (Name und/oder Zeichen) in der Regel über die Geschäfte der Markeneigner vertrieben (vgl. z.B. „Musterring" im Möbelhandel). Häufig beziehen sich Handelsmarken auf ganze Sortimente.

Produktpolitik (Produkt-, Programm- und Sortimentspolitik)

6. Welche Möglichkeiten zur Kennzeichnung von Produkten gibt es?

Ein Produkt kann gekennzeichnet werden

- durch einen Namen (z.B. Opel, Boss),
- durch eine Bezeichnung (z.B. Musterring, Telefunken),
- durch ein Zeichen (z.B. Stern bei Mercedes, drei Stimmgabeln bei Yamaha),
- durch das Design (z.B. Burberry, Coca-Cola-Flaschen),
- durch ein Symbol (z.B. 3210 für einen Kinderzwieback, 8 x 4 für eine Seife)
- oder - in der Regel - durch Kombination dieser Kennzeichnungsmöglichkeiten.

7. Nach welchen Gesichtspunkten können Markenarten systematisch geordnet werden?

Beispiele für Einteilungsmöglichkeiten

Merkmale	Merkmalsausprägungen
Anzahl der gekennzeichneten Produkte	1. Einzelmarke 2. Produktgruppenmarke 3. Sortimentsmarke
Herkunft des Namens	4. Familienname 5. Herstellername 6. Fantasiename 7. Produktbezug
Reichweite der Marke	8. regional 9. national 10. international
Reifegrad des Produkts	11. Marke des Vorprodukts 12. Marke des Fertigprodukts

8. Was ist ein Gütezeichen?

Gütezeichen beziehen sich auf die gleichartigen Produkte mehrerer Hersteller, die zusammen eine *Gütegemeinschaft* bilden. Sie markieren ihre Produkte mit dem gleichen Gütezeichen, um dadurch deren gleichbleibende, hohe Qualität zu garantieren (vgl. z.B. das Wollknäuel auf Textilprodukten). Die Gemeinschaft bestimmt die Qualität und kontrolliert die Einhaltung der Qualitätsvorschriften.

9. Was versteht man unter einer Markenfamilie?

Wenn Produkte, die im Absatz miteinander verbunden sind (eine sog. Produktfamilie) *unter einer gemeinsamen Marke* vertrieben werden, bilden sie eine

Markenfamilie. So vertreibt z.B. eine norddeutsche Mühle ihre Mehle der verschiedenen Typen, ihre Backmischungen usw. unter der Marke Gloria.

10. Was ist eine Dachmarke?

Als Dachmarke bezeichnet man die gemeinsame Marke einer Produktfamilie.

11. Was versteht man unter der sog. Schirmmethode?

Die Schirmmethode ist eine Methode der Markenpolitik, bei der aus strategischen Gründen *für mehrere Produkte eine gemeinsame Marke* gewählt wird. Die gemeinschaftliche Marke „beschirmt" die im Absatz miteinander verbundenen Produkte; eine Produktfamilie wird durch ein Markendach gewissermaßen geschützt.

12. Was versteht man unter der sog. Pilzmethode?

Die Pilzmethode ist eine Methode der Markenpolitik, bei der aus strategischen Gründen *jedes Produkt eine eigene Marke* erhält.

13. Warum kennzeichnet ein Unternehmen auch seine neuen Produkte mit der eingeführten Marke?

Hersteller entscheiden sich dann für zusammenfassende Marken, wenn sie die Werbewirkung gut eingeführter Marken (das Marken-Image) nutzen können.

14. Warum kennzeichnet ein Unternehmen einzelne Produkte seines Programms mit individuellen Marken bzw. Produktnamen?

Individuelle Marken und unterscheidende Produktgruppennamen wird ein Unternehmen dann einsetzen, wenn es das *Image* einer gut eingeführten Marke *nicht gefährden* oder die Besonderheit eines Produkts durch einen besonderen Produktnamen hervorheben will.

15. Welche Ziele verfolgt ein Unternehmen mit seiner Markenpolitik?

Mit der Markenpolitik werden die folgenden Ziele, die miteinander eng verbunden sind, verfolgt:

1. Durch die Marke soll sich ein Produkt von Konkurrenzprodukten eindeutig unterscheiden. Die Marke wird also als ein *Differenzierungsmittel* eingesetzt.

Produktpolitik (Produkt-, Programm- und Sortimentspolitik) 335

2. Der Verbraucher soll das Produkt über die Marke identifizieren. Die Marke wird also zu einem *Identifizierungsmittel*.

3. Garantien des Markenverwenders für gleichbleibende (evtl. verbesserte Qualität), auf die sich der Kunde erfahrungsgemäß verlassen kann, begründen die *Präferenz* für den Markenartikel.

4. Zufriedenheit des Kunden mit dem Artikel führen zu Wiederholungskäufen; positive Erfahrungen mit einem Markenartikel erleichtern dem Verbraucher Entscheidungen beim Einkauf. So wird *Markentreue* aufgebaut, die der Kunde evtl. auch auf andere Produkte der gleichen Marke ausdehnt.

5. Die Markentreue kann dazu führen, dass Kunden – in Grenzen – darauf verzichten, Informationen über Konkurrenzprodukte, die für die Lösung ihrer Probleme auch geeignet wären, einzuholen. Die Nachfrage wird relativ unelastisch. Der Markenverwender erhält so einen *preispolitischen Spielraum*.

16. Welche Bedeutung hat die Markenpolitik für die Marktbearbeitung?

Markenpolitik leistet einen *Beitrag zur differenzierten Marktbearbeitung*. Unterschiedliche Marken oder Produktnamen für das gleiche (bzw. nur unwesentlich veränderte) Produkt bieten Möglichkeiten zur Preisdifferenzierung und zur Benutzung unterschiedlicher Absatzwege. Hierbei spielt auch die Verpackungspolitik eine wesentliche Rolle.

17. Was sind No-name-Produkte?

Produkte des Konsumgüterbereichs, wie z.B. Mehl, Zucker, Papiertaschentücher u.Ä., werden aus strategischen Gründen gelegentlich ohne differenzierenden Namen bzw. *ohne differenzierende Marke* vom Handel vertrieben, sie werden No-name-Produkte genannt. Die Verpackungen werden in der Regel nur mit der Bezeichnung der Warengattung versehen. Die Verpackungsfarbe ist für die meisten No-name-Produkte einheitlich weiß. Sie werden deshalb auch gelegentlich *weiße Produkte* genannt.

18. Welche marketingstrategische Bedeutung haben No-name-Produkte?

Durch den Verzicht auf aufwändige Verpackung und Werbung können die *Marketingkosten* für No-name-Produkte erheblich *verringert* werden, sie können deshalb billiger sein als Markenartikel. Der „klassische" Einzelhandel erhält dadurch Möglichkeiten, die erhebliche Preiskonkurrenz von Diskontgeschäften auszuhalten.

1.6 Marktsegmentierung und Marktbearbeitung[5]

1. Was heißt Segmentierung des Marktes?

Segmentierung des Marktes heißt Aufteilung des Marktes in homogene Käufergruppen. Die in einem Segment zusammengefassten Käufer haben in etwa gleiche Erwartungen an ein Produkt.

2. Welche Bedeutung hat die Segmentierung für die Marktbearbeitung im Zusammenhang mit der Produktpolitik?

Für ein Produkt bestehen im Allgemeinen mehrere Segmente. Mit der Gestaltung des Produkts und des Produktprogramms berücksichtigt ein Unternehmen die von einem Segment ausgehenden Erwartungen.

3. Welche Bedeutung hat die Marktsegmentierung für die Produktpolitik?

Grundlage der Marktbearbeitung für ein Produkt (bzw. eine Produktgruppe) ist die Segmentierung. Die Marketingmaßnahmen des Anbieters, z.B. Sortimentserweiterungen, Produktgestaltungen usw., beziehen sich auf relevante Segmente als den Zielgruppen seiner Strategien. Zielgruppen werden in der Regel mithilfe mehrerer Segmentierungskriterien gebildet. So könnte z.B. die Zielgruppe für ein Produkt wie Backmischungen, das eine Mühle in ihr Programm aufnehmen will, definiert werden mithilfe demographischer und psycho-graphischer Segmentierungskriterien als (1) Hausfrauen (2) in Norddeutschland (3) im Alter von 35 bis 50 Jahre, (4) Mütter von zwei oder drei Kindern, (5) mit mittlerem Familieneinkommen, (6) mit positiver Einstellung zur Familie und zum Leben in der Familie.

---

[5] Weitere Ausführungen dieser Thematik vgl. B 10. Käufersegmentierung, D 3.3 Kundenorientierte Strategien.

2. Kontrahierungspolitik (insbesondere Preispolitik)

2.1 Grundlagen

1. Welche rechtlichen Grundlagen bestehen für die Kontrahierungspolitik?

Grundlage der Kontrahierungspolitik ist der *Kontrakt*, der Vertrag, hier also der *Kaufvertrag*. Die rechtlichen Grundlagen für die Kontrahierungspolitik ergeben sich deshalb vor allem durch das *Kaufvertragsrecht*. Daneben bestehen weitere Gesetze mit Bedeutung für die Kontrahierungspolitik, z.B. das Gesetz gegen den unlauteren Wettbewerb, das ABG-Gesetz usw.

2. Was versteht man unter Kontrahierungspolitik?

Die Gestaltung der *Bedingungen*, die Teil *des Kaufvertrages* (des „Kontraktes") werden, bezeichnet man als Kontrahierungspolitik. Dazu zählen Preispolitik, Rabattpolitik, Lieferungsbedingungen, Zahlungsbedingungen, Kreditpolitik.

3. Was versteht man unter Preispolitik?

Unter Preispolitik versteht man alle Maßnahmen eines Anbieters zur *Gestaltung, Festsetzung, Beeinflussung, Variation und Präsentation der Absatzpreise*. Diese Maßnahmen richten sich sowohl an den Wiederverkäufer als auch an den Endverbraucher. Die Preispolitik ist der bedeutsamste Teil der Kontrahierungspolitik.

4. Welche Ziele verfolgt ein Unternehmen mit seiner Preispolitik?

Ein Unternehmen verfolgt mit seiner Preispolitik u.a. die folgenden Ziele.

- Anpassung des Absatzes an die Produktion,
- Verbesserung der Kostensituation,
- Verbesserung der Beschäftigungssituation,
- Einführung eines neuen Produkts,
- Erschließung eines neuen Segments,
- Gewinnung von Marktanteilen,
- Ausschaltung von Mitbewerbern,
- Ausnutzung eines preispolitischen Spielraums,
- langfristig: Verbesserung der Gewinnsituation.

5. In welchem Zusammenhang steht die Preispolitik mit dem Marketingmix?

Es ist kaum denkbar, dass ein Anbieter auf Käufermärkten, die heute vorherrschen, ausschließlich mit Mitteln der Preispolitik seine Marketingziele durchsetzen will und kann. Preispolitik ist i.d.R. immer ein *Teil des Marketingmix* eines Unternehmens. Preispolitische Maßnahmen stehen im Zusammenhang mit anderen Marketingaktivitäten, so z.B. die Entscheidung für einen bestimmten Einführungspreis bei Einführung eines neuen Produkts, für das in verschiedenen Segmenten geworben wird, wobei auch Preisdifferenzierung im Zusammenhang mit Produktdifferenzierung und -variation durchgeführt werden soll usw.

6. Welche Einflussgrößen bestehen für die Preispolitik?

Folgende Größen haben Einfluss auf die Preispolitik eines Anbieters:

- die *Marktform*, d.h. die Zahl der Mitbewerber und ihre möglichen Reaktionen,

- der *preispolitische Spielraum*, den sich der Anbieter durch seine Präferenzpolitik geschaffen hat,

- die *Elastizitäten der Nachfrage* in Bezug auf Preisänderungen, d.h. die Reaktion der Nachfrager,

- die *Kosten*, die die Grundlage der preispolitischen Überlegungen darstellen.

2.2 Preisbildung in der mikroökonomischen Theorie

1. Was gibt eine Preis-Absatz-Funktion an?

Eine Preis-Absatz-Funktion gibt an, wie sich die Absatzmenge eines Produkts verändert, wenn der Angebotspreis geändert wird. In der Regel nimmt bei steigenden Preisen die verkaufte Menge ab, d.h. die Nachfragekurve, die die Funktion darstellt, hat einen stetig fallenden Verlauf. Der Preis ist hier Aktionsparameter, die Absatzmenge Erwartungsparameter. Wenn die Absatzmenge als Aktionsparameter genommen wird, d.h. die Unternehmen setzen die Absatzmenge, gibt die Preis-Absatz-Funktion an, bei welchem Preis die festgesetzte Menge verkauft wird. (Vgl. dazu folgende Zeichnung: bei p_1 ergibt sich x_1 bzw. bei x_1 ergibt sich p_1)

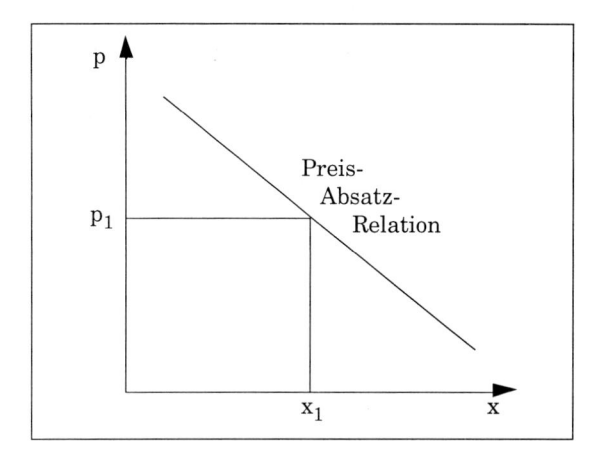

Kontrahierungspolitik (insbesondere Preispolitik) 339

2. Welchen Verlauf hat die Nachfragekurve im sog. Giffen-Fall?

Während im Regelfall die Nachfragekurve von links oben nach rechts unten fällt, weil bei sinkendem Preis die Nachfrage zunimmt, *steigt die Nachfragekurve im Giffen-Fall*, der Verlauf wird deshalb auch als paradox bezeichnet. In diesem Fall nimmt die Nachfrage trotz steigender Preise zu; das kann z.b. bei der Nachfrage nach bestimmten Wertpapieren zutreffen.

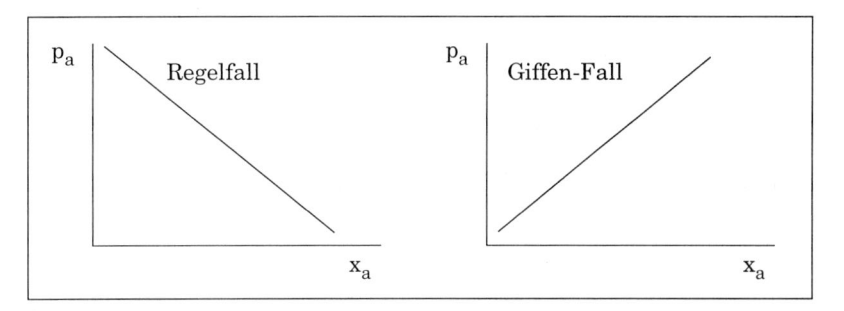

3. Welchen Verlauf haben die Nachfragekurven für Substitutions- und komplementäre Güter[6]?

Ein Substitutionsgut kann ein anderes Gut ersetzen, z.B. Margarine – Butter; wenn z.B. der Preis für Butter steigt, kann die Nachfrage nach Margarine zunehmen. Bei steigendem Preis für das Gut a nimmt die Nachfrage nach dem Gut b zu: Die Nachfragekurve hat also *steigenden Verlauf*. Ein komplementäres Gut ergänzt ein anderes Gut (z.B. Füllfederhalter – Tintenpatrone). Wenn z.B. die Nachfrage nach Gut a wegen des gestiegenen Preises zurückgeht, geht auch die Nachfrage nach dem komplementären Gut b zurück. Die Nachfragekurve hat also *fallenden Verlauf*.

---

[6] Vgl. die Gütersystematik in Kap. A 1 (Frage 15).

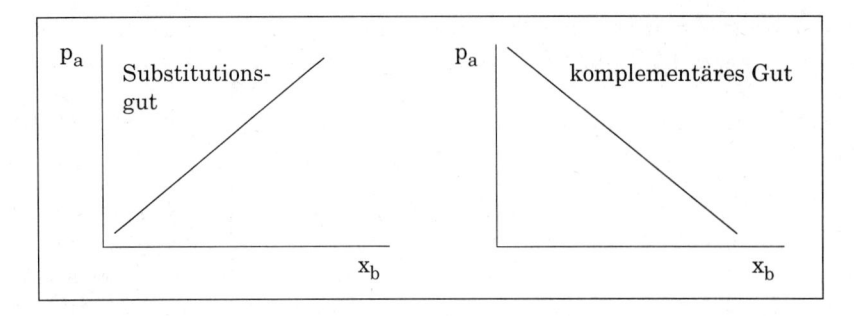

[Diagramm: Substitutionsgut (steigende Gerade, p_a über x_b) | komplementäres Gut (fallende Gerade, p_a über x_b)]

4. Welchen Verlauf haben die Nachfragekurven bei superioren und inferioren Gütern?[7]

Die Nachfrage nach superioren Gütern nimmt bei steigendem Einkommen (des nachfragenden Haushalts) zu; die Nachfragekurve steigt von links unten nach rechts oben. – Die Nachfrage nach inferioren Gütern nimmt bei steigendem Einkommen ab; die Nachfragekurve fällt von links oben nach rechts unten.

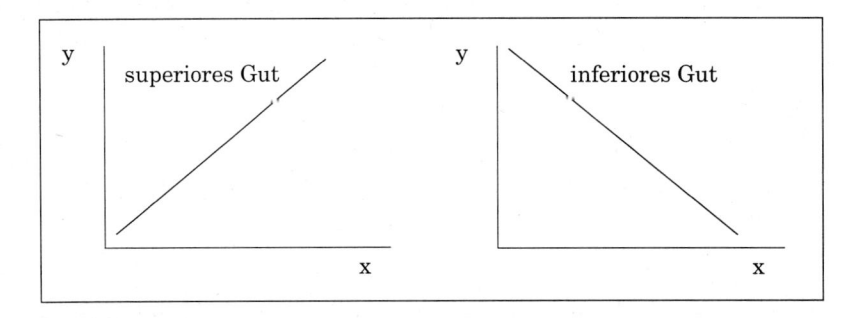

[Diagramm: superiores Gut (steigende Gerade, y über x) | inferiores Gut (fallende Gerade, y über x)]

5. Welchen Verlauf haben die Nachfragekurven bei Sättigungs- und Nichtsättigungsgütern?

Bei Sättigungsgütern nimmt die Nachfrage nicht zu, wenn das Einkommen (des Haushalts) steigt; die Nachfragekurve hat deshalb senkrechten Verlauf. - Bei Nichtsättigungsgütern nimmt die Nachfrage zu, wenn das Einkommen steigt.

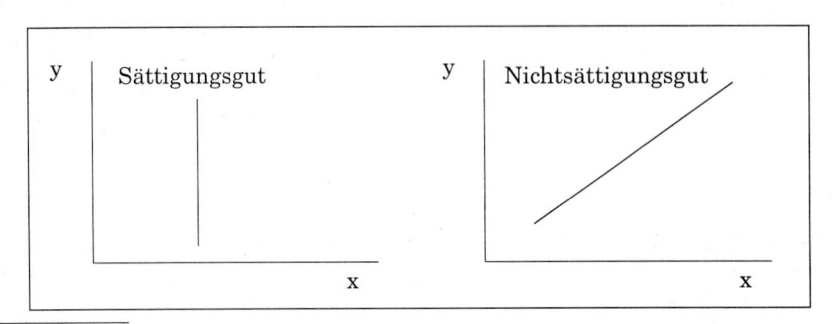

[Diagramm: Sättigungsgut (senkrechte Gerade, y über x) | Nichtsättigungsgut (steigende Gerade, y über x)]

---

[7] Vgl. die Gütersystematik in Kap. A 1 (Frage 17).

6. Welche Ursache und welche Wirkung hat die Tatsache, dass bei einigen Gütern die Nachfragekurve stärker fällt als bei anderen?

Die Neigung der Nachfragekurve gibt an, *wie die Nachfrage* auf Preisänderungen *reagiert.*

Bei relativ flachem Verlauf der Kurve führt eine Preisänderung zu einer relativ starken Mengenänderung; eine Preiserhöhung führt zu einem relativ starken Rückgang der nachgefragten Menge: der Kunde ist von diesem Produkt nicht abhängig, kann es leicht substituieren. Das könnte z.B. für bestimmte Gemüsesorten gelten. *Die Nachfrage reagiert elastisch.*

Bei relativ steilem Verlauf der Kurve reagiert die Nachfrage auf Preisänderungen nur gering; eine Preiserhöhung führt nur zu einem geringen Nachlassen der Nachfrage, der Käufer ist von dem Produkt abhängig, kann es nicht substituieren oder hat Präferenzen für das Produkt. *Die Nachfrage reagiert unelastisch.*
Die Problematik kann anhand der folgenden Zeichnungen nachvollzogen werden. Bei Fall 1 wird durch die relativ flach verlaufende Nachfragekurve eine relativ elastische Nachfrage, bei Fall 2 durch die relativ steil verlaufende Nachfragekurve eine relativ unelastische Nachfrage angedeutet. Bei gleicher Preiserhöhung nimmt im 1. Fall die Nachfrage stärker ab als bei Fall 2.

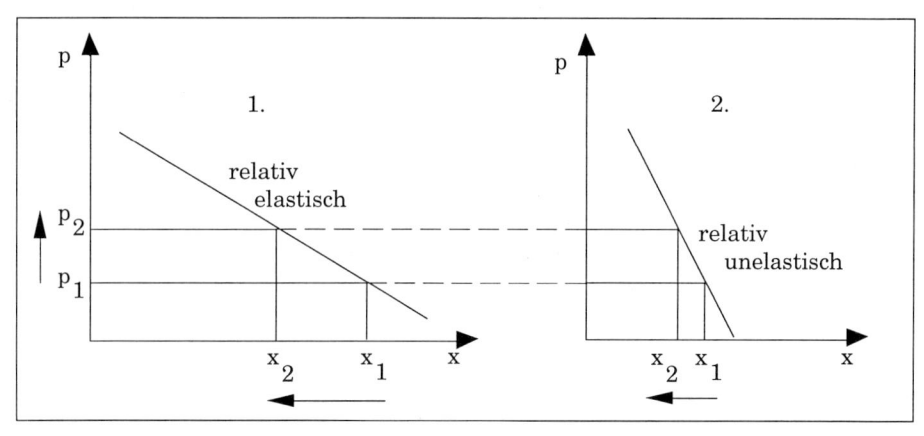

7. Was wird mit der direkten Preiselastizität der Nachfrage angegeben?

Die direkte Preiselastizität der Nachfrage gibt an, *wie die Nachfrage nach einem Gut auf Preisänderungen dieses Gutes reagiert.* Sie stellt das Verhältnis der relativen Mengenänderung (Ergebnis) zur relativen Preisänderung (Ursache) dar. Die Nachfrage kann relativ elastisch, relativ unelastisch, vollkommen unelastisch oder vollkommen elastisch reagieren.

1. *Relativ elastische Nachfrage*: Bei einer einprozentigen Preiserhöhung (Preissenkung) geht die Nachfrage um mehr als ein Prozent zurück (nimmt die nachgefragte Menge um mehr als ein Prozent zu), die Ausgaben nehmen ab (zu).

2. *Relativ unelastische Nachfrage*: Bei einer einprozentigen Preiserhöhung (Preissenkung) geht die Nachfrage um weniger als ein Prozent zurück (nimmt die nachgefragte Menge um weniger als ein Prozent zu), die Ausgaben nehmen zu (ab).

3. Vollkommen unelastische Nachfrage: Die Nachfrage reagiert überhaupt nicht auf Preisänderungen.

4. Vollkommen elastische Nachfrage: Bei Preisänderungen verschwindet die Nachfrage.

8. Wie werden direkte Preiselastizitäten der Nachfrage errechnet und interpretiert?

Die direkte Preiselastizität der Nachfrage (El_N) gibt Auskunft auf die Frage, *wie reagiert die Nachfrage auf Preisänderungen*. Rechnerisch gibt sie das Verhältnis der relativen Mengenänderung zur relativen Preisänderung an.

$$El_N = \text{relative Mengenänderung} / \text{relative Preisänderung}$$

$$El_N = \frac{\frac{\text{Mengenänderung}}{\text{Ausgangsmenge}}}{\frac{\text{Preisänderung}}{\text{Ausgangspreis}}}$$

Ist die Elastizität groß ($El_N < -1$), dann reagiert die Nachfrage auf Preissteigerungen (und -senkungen) relativ stark. Ist die Elastizität gering ($El_N > -1$), dann reagiert die Nachfrage auf Preissteigerungen (und -senkungen) relativ schwach.

Beispiele:

1. Für ein Gut steigt der Preis von 1,50 € auf 2,– €, darauf geht die Nachfrage von 6 kg auf 3 kg zurück.

2. Für ein Gut steigt der Preis von 2,– € auf 3,– €, darauf geht die Nachfrage von 1,5 auf 1 Stück zurück.

• *Berechnung der Elastizitäten:*

1. $El_N = \dfrac{(-3/6)}{(0,5/1,5)} = -3/2 = -1,50 \rightarrow (El_N < -1)$

2. $El_N = \dfrac{(-0,5/1,5)}{(1/2)} = -2/3 = -0,67 \rightarrow (El_N > -1)$

- *Interpretation:*

    zu 1. Eine Preissteigerung von 1 % führt zu einer Verminderung der Menge von 1,5 %; entsprechend führt eine Preissenkung von 1 % zu einer Erhöhung der Menge von 1,5 % Eine Preisänderung von 20 % führt zu einer Mengenänderung von 30 %.

    zu 2. Eine Preissteigerung (-senkung) von 1 % führt zu einer Verminderung (Erhöhung) der Menge von 0,67 %; entsprechend führt eine Preissenkung von 1 % zu einer Erhöhung der Menge von 0,67 %. Eine Preisänderung von 20 % führt zu einer Mengenänderung von 13,4 %.

9. **Welcher Zusammenhang besteht zwischen den direkten Preiselastizitäten der Nachfrage und den Ausgaben?**

Zwischen den Ausgaben (A) eines Verbrauchers für ein Gut, der nachgefragten Menge dieses Gutes (x) und dem Preis für dieses Gut (p) besteht folgender Zusammenhang:

$$A = p \cdot x$$

Bei *relativ elastischer Nachfrage* führt eine *Preissteigerung* wegen des relativ starken Rückgangs der Nachfrage zu einer Senkung der Ausgaben:

A↓=p↑ · x↓↓. Eine Preissenkung würde auf die Ausgaben umgekehrt wirken: A↑ = p↓↓ · x ↑↑.

Bei *relativ unelastischer Nachfrage* führt eine *Preissteigerung* wegen des relativ schwachen Rückgangs der Nachfrage zu einer *Erhöhung der Ausgaben*:

A↑ = p↑↑ · x↓ . Eine Preissenkung würde auf die Ausgaben umgekehrt wirken: A↓ = p↓↓ · x↑.

Die Zusammenhänge können anhand der folgenden Beispiele für Preiserhöhungen nachvollzogen werden.

	1. Beispiel relativ elastische Nachfrage				2. Beispiel relativ unelastische Nachfrage			
	p	x	El	A	p	x	El	A
1	9 €	3,00		27,00 €	4 €	5,00		20,00 €
2	10 €	2,00	− 3	20,00 €	5 €	4,50	− 0,4	22,50 €

10. Was wird mit der sog. Kreuzpreiselastizität angegeben?

Die Kreuzpreiselastizität gibt an, wie die Nachfrage nach einem Gut auf Preisänderungen bei einem anderen Gut reagiert. Sie stellt das *Verhältnis der relativen Mengenänderung eines Gutes zur relativen Preisänderung eines anderen Gutes* dar.

11. Was wird mit der sog. Einkommenselastizität der Nachfrage angegeben?

Die Einkommenselastizität der Nachfrage gibt an, wie sich die nachgefragte Menge bei Einkommensänderungen verändert. Sie stellt das *Verhältnis der relativen Nachfrageänderung zur relativen Einkommensänderung* dar.

12. Welche Bedeutung hat die sog. geknickte Nachfragekurve?

Die geknickte Nachfragekurve ist eine *Kurve mit zwei (oder drei) Elastizitätsbereichen*. Sie könnte z.B. angeben, dass bei Preissteigerungen für ein Gut die Nachfrage zunächst nur geringfügig zurückgeht, dass aber weitergehende – über eine Preisobergrenze hinausgehende – Preissteigerungen zu erheblichem Rückgang der Nachfragemenge führen. So führen z.B. geringfügige Steigerungen des Benzinpreises kaum zu einem Rückgang der mengenmäßigen Nachfrage. Wenn aber die Preissteigerungen eine Preisobergrenze erreichen, würde die Nachfrage erheblich zurückgehen.

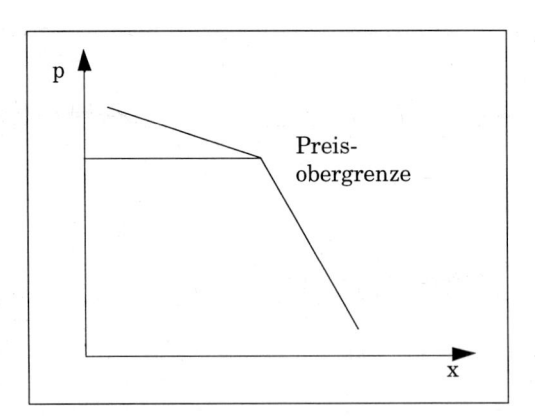

13. Wie lässt sich das Nachfrageverhalten beschreiben bei folgenden Annahmen über die Kreuzpreiselastizität?

a) Die Elastizität ist relativ hoch.
b) Die Elastizität ist relativ niedrig.

a) Steigt (sinkt) der Preis für ein Gut um 1 %, nimmt die Nachfrage nach dem Substitut oder dem Komplement um mehr als 1 % ab (zu).

b) Steigt (sinkt) der Preis für ein Gut um 1 %, nimmt die Nachfrage nach dem Substitut oder dem Komplement um weniger als 1 % ab (zu).

14. Für welche Güter lässt sich eine relativ geringe, für welche eine relativ hohe Elastizität der Nachfrage in Bezug auf den Preis annehmen?

Produkte, die schwer zu substituieren sind, von denen der Verbraucher abhängig ist, auf die er nicht verzichten will oder kann, weisen eine relativ geringe Preiselastizität der Nachfrage auf: Bei einer geringen Preissteigerung bei z.B. Zigaretten oder Benzin o. dgl. nimmt die Nachfrage i.d.R. nur geringfügig ab. Produkte hingegen, die leicht zu substituieren sind, weisen eine relativ hohe Preiselastizität der Nachfrage auf: Bei einer geringen Preissteigerung bei einer Gemüsesorte kann die nachgefragte Menge erheblich zurückgehen.

15. Wie lässt sich das Preisverhalten des Angebotsmonopolisten beschreiben?

Der Monopolist kann den Preis für sein Produkt selbst setzen, Reaktionen von Mitbewerbern muss er nicht befürchten. Aber er muss die *Reaktion der Nachfrager* beachten, die sich in der Elastizität der Nachfrage ausdrückt.

Ist die Nachfrage relativ unelastisch, würde eine Preiserhöhung zu einem relativ geringen Mengenrückgang führen, der Umsatz würde steigen; eine Preissenkung würde zu einem relativ geringen Anstieg der Nachfragemenge führen, der Umsatz würde sinken.

Ist die Nachfrage relativ elastisch, würde eine Preiserhöhung zu einem relativ starken Mengenrückgang führen, der Umsatz würde sinken; eine Preissenkung würde zu einem relativ starken Anstieg der Nachfragemenge führen, der Umsatz würde steigen.

16. Unter welchen Bedingungen maximiert der Monopolist seinen Gewinn?

Der Monopolist kann den Preis für sein Produkt setzen (*Preisfixierer*). Er setzt ihn so, dass der Gewinn, d.h. die Differenz zwischen Umsatz und Kosten, maximiert wird. Durch die Preisfixierung ergibt sich die Ausbringungsmenge; Preis-Mengen-Kombination bestimmen die Umsatzhöhe, die Höhe der Kosten ergibt sich durch die Ausbringungsmenge.

Die gewinnmaximale Situation wird über die Gleichheit von Grenzumsatz und Grenzkosten (GU = GK) bestimmt (*cournotscher Punkt*). Der Grenzumsatz ist der zusätzliche Umsatz, der dadurch entsteht, dass die Absatzmenge um eine Einheit ausgedehnt wird; die Grenzkosten sind die zusätzlichen Kosten, die dadurch entstehen, dass die Produktionsmenge um eine Einheit ausgedehnt wird.

(Vgl. dazu die folgenden Zeichnungen! Unter der Annahme linearen Kostenverlaufs wird folgender Sachverhalt dargestellt: In 1) ist bei x_M das Gewinnmaximum angegeben. In 2) ergeben sich aus dem Schnittpunkt von GU und GK über die Preis-Absatz-Relation der Preis und die Menge.)

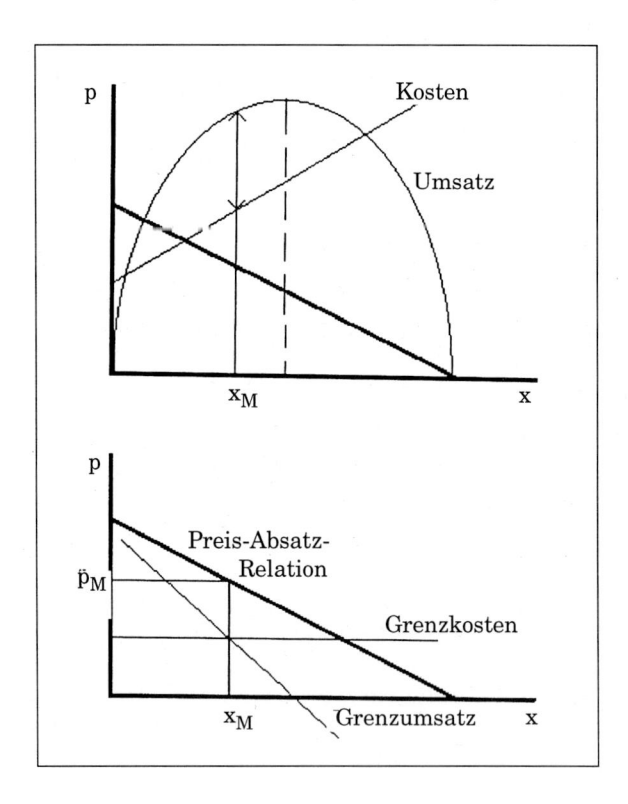

17. Wie lässt sich das Preisverhalten des Polypolisten beschreiben?

Der Polypolist ist ein Anbieter unter vielen Anbietern. Er ist *Mengenanpasser*, er kann die Menge, aber nicht den Preis fixieren. Er übernimmt den Marktpreis und passt dieser Bedingung seine Ausbringungsmenge so an, dass der Gewinn maximiert wird.

18. Unter welchen Bedingungen maximiert der Mengenanpasser seinen Gewinn?

Der Mengenanpasser bietet die Menge an, bei der er seinen Gewinn, d.h. die Differenz zwischen Umsatz und Kosten, maximiert.

Die gewinnmaximale Situation wird gegeben durch die Gleichheit von Preis und Grenzkosten (p = GK).

(Vgl. die folgenden Zeichnungen! Unter der Annahme s-förmigen (ertragsgesetzlichen) Kostenverlaufs wird folgender Sachverhalt dargestellt: In 1) ergibt sich der maximale Gewinn durch die Festlegung der Menge x_K; in 2) wird die gleiche Situation über p = GK fixiert. In der Zeichnung ist auch der Stückgewinn – Differenz zwischen p und Stückkosten – angegeben.)

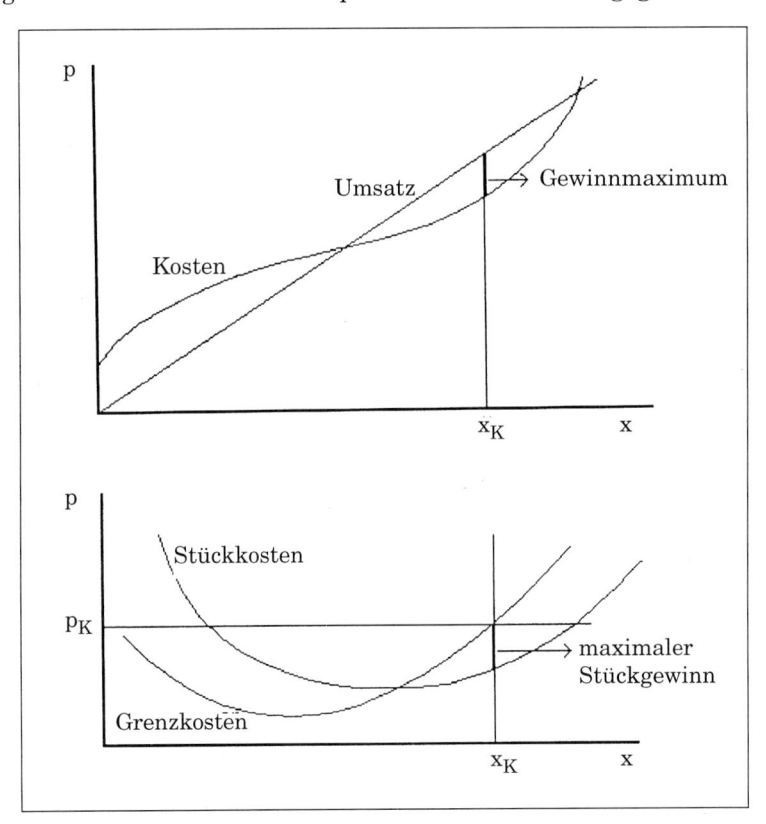

19. Wie lässt sich das Preisverhalten des Oligopolisten beschreiben?

Ein Oligopolist kann seinen Preis setzen, auf Preisänderungen – vor allem bei homogenen Gütern – muss er mit *Reaktionen der Konkurrenz und der Kunden* rechnen. Bei einer Preiserhöhung können die Nachfrager zur Konkurrenz abwandern, bei einer Preissenkung muss er damit rechnen, dass die Mitbewerber ihre Preise auch senken.

Zur Vermeidung dieser ruinösen Vorgänge bleiben die Preise in Oligopolen deshalb häufig starr; Oligopolisten vermeiden meistens Preiskämpfe. Gelegentlich sprechen sie Preise ab.

Häufig orientieren sich Oligopolisten bei der Preisbildung an Preisführern oder an Branchenpreisen.

20. Welche Bedeutung hat die mikroökonomische Preistheorie für die Praxis?

Die Mikroökonomik ist ein Teilgebiet der Wirtschaftswissenschaften, das sich u.a. mit der Koordination einzelwirtschaftlicher Pläne über den Markt und den sich dadurch ergebenden Preisbildungen befasst (Preistheorie).

Die Preistheorie liefert zwar wichtige Einsichten in Zusammenhänge, wie sie sich z.B. in den Einflüssen der Nachfrageelastizitäten auf die Nachfrage ausdrücken, aber sie beruht auf Voraussetzungen, die in der Praxis häufig nicht anzutreffen sind oder durch Marketingpolitik abgebaut werden. Dazu zählen z.B. Markttransparenz für alle Marktteilnehmer, Nichtvorhandensein von Präferenzen.

Deshalb reichen die Ansätze der mikroökonomischen Preistheorie nicht aus, die verschiedenen Aspekte der marketingpolitischen Preispolitik zu erklären bzw. zu begründen.

2.3 Einflussfaktoren der Preisbildung

2.3.1 Kostenorientierte Preisbildung

1. Welche Bedeutung haben die Selbstkosten für die Kalkulation?

Mithilfe der *Kostenträgerstückrechnung* werden die *Selbstkosten* für einen Kostenträger, z.B. für ein Stück, für einen Auftrag, für eine Charge usw. ermittelt.

Die Selbstkosten sind häufig *Grundlage der Kalkulation* des Verkaufspreises, d.h. für die Bildung des Preises, des Listenpreises und des Angebotspreises bei einem einzelnen Auftrag. Über den Verkaufspreis müssen die Kosten und ein angemessener Gewinn hereingeholt werden.

Die Selbstkosten bilden aber auch eine Entscheidungshilfe, ob bei einem vorgegebenen Preis ein Auftrag angenommen werden kann, d.h. ob der vorgegebene Preis mindestens die Selbstkosten deckt.

Kontrahierungspolitik (insbesondere Preispolitik)

2. Welches Ziel wird mit der Vollkostenrechnung angestrebt?

Das Ziel der Vollkostenrechnung ist, *sämtliche* im Betrieb anfallenden *Kosten* – Einzel- und Gemeinkosten – auf die Kostenträger zu verteilen. Grundlage der Kalkulation mithilfe der Vollkostenrechnung sind also alle anfallenden Kosten, die dem zu kalkulierenden Kostenträger entweder direkt (Einzelkosten) oder indirekt mithilfe eines Verteilungsschlüssels (Gemeinkosten) *zugeschlagen* werden. Das Ziel der Zuschlagskalkulation ist die Ermittlung der Selbstkosten für einen Auftrag, für ein Stück, für eine Charge usw.

3. Wie werden in der Zuschlagskalkulation die Kosten dem Kostenträger zugerechnet?

Die Zuschlagskalkulation geht von der Trennung der Kosten in Einzel- und Gemeinkosten aus. Einzelkosten sind solche Kosten, die dem Kostenträger direkt zugerechnet werden können. Gemeinkosten sind solche Kosten, die nicht nur durch den zu kalkulierenden Kostenträger verursacht werden, sie können ihm deshalb nicht direkt, sondern nur indirekt *mithilfe von Zuschlagsätzen* zugerechnet werden. Die Zuschlagsätze werden im Betriebsabrechnungsbogen, der die Gemeinkosten auf die sie verursachenden Kostenstellen verteilt, ermittelt.

Der Sachverhalt lässt sich an folgendem *Beispiel*, für das einfache und übersichtliche Zahlenwerte angenommen wurden, nachvollziehen.

Angebotskalkulation (Vorkalkulation auf der Grundlage der Normalkosten, das sind die erwarteten Kosten):

Fertigungsmaterial lt. Stücklisten		3.000,00 €
Fertigungslöhne		650,00 €
Vorgabezeit:	50 Stunden	
Stundenlohn:	13 €	
Normalgemeinkostenzuschläge		
Material	12,50 %	
Fertigung	130,00 %	
Verwaltung	15,00 %	
Vertrieb	5,00 %	
Gewinn	25,00 %	
Skonto	3,00 %	
Rabatt	10,00 %	

Kalkulation

Fertigungsmaterial		3.000,00 €	
Materialgemeinkosten	12,50 %	375,00 €	
Materialkosten			3.375,00 €
Fertigungslöhne		650,00 €	
Fertigungsgemeinkosten	130,00 %	845,00 €	
Fertigungskosten			1.495,00 €
Herstellkosten			4.870,00 €
Verwaltungsgemeinkosten	15,00 %		730,50 €
Vertriebsgemeinkosten	5,00 %		243,50 €
Selbstkosten			5.844,00 €
Gewinn	25,00 %		1.461,00 €
Barverkaufspreis			7.305,00 €
Skonto	3,00 %		225,93 €
Nettoverkaufspreis			7.530,93 €
Rabatt	10,00 %		836,77 €
Listenpreis			8.367,70 €

4. Welche Bedeutung hat die Vollkostenrechnung?

Wegen ihrer relativ einfachen Handhabung und ihrer Übersichtlichkeit ist die Vollkostenrechnung weit verbreitet. Sie weist in der hier dargestellten Form der Zuschlagskalkulation allerdings einige *Mängel* auf. Dazu zählen

- die grundsätzliche Problematik, die sich aus *der willkürlichen Aufschlüsselung* der Gemeinkosten ergibt,

- die mangelhafte Berücksichtigung von *Marktbedingungen*, z.B. von Nachfrageelastizitäten, von bestehenden Marktpreisen u.dgl.,

- die mangelhafte Berücksichtigung unterschiedlich hoher *Absatzmengen* auf die Entwicklung der Stückkosten, insbesondere bei hohen Fixkostenanteilen an den Gesamtkosten (vgl. A 3).

(Teilweise können diese Mängel durch eine retrograde Kalkulation, bei der vom Marktpreis ausgegangen wird, behoben werden.)

5. Was ist eine retrograde Kalkulation?

Als retrograde[8] Kalkulation bezeichnet man eine Kalkulation, bei der von dem wahrscheinlich *erzielbaren Verkaufspreis* ausgegangen wird, d.h. der Verkaufspreis wird unter Berücksichtigung der Marktgegebenheiten ermittelt.

6. Welche Bedeutung hat die Deckungsbeitragsrechnung für die Kalkulation?

Mithilfe des erzielbaren Verkaufspreises werden die Umsatzerlöse errechnet. Von den (erzielbaren) Umsatzerlösen werden die variablen Kosten abgezogen und so der Deckungsbeitrag ermittelt. Der Deckungsbeitrag gibt den Beitrag der Umsatzerlöse zur Deckung der festen Kosten und zum Gewinn an. Im Allgemeinen wird bei der Berechnung ein Mindestgewinn angenommen. Wenn der Deckungsbeitrag nicht nur die festen Kosten, sondern auch den Mindestgewinn deckt, kann das Produkt zu dem vorgegebenen Preis angeboten werden.

Das folgende einfache Beispiel kann die Ausführungen veranschaulichen. Dazu werden in Tab. 1 die Voraussetzungen angegeben. Mit diesen Vorgaben werden Deckungsbeitrag und Gewinn sowohl für eine Einheit (Tab. 2) als auch für die Periode (Tab. 3) errechnet. Das Beispiel weist einen Gewinn auf, der über dem Mindestgewinn liegt. Der geplante Verkaufspreis kann also akzeptiert werden.

1	variable Kosten (Stück)	5,00 €
2	fixe Kosten	30.000,00 €
3	geplanter Verkaufspreis	10,00 €
4	Mindestgewinn	15 % des Verkaufspreises bzw. der Umsatzerlöse
5	voraussichtliche Absatzmenge	10.000 Stück

Tab. 1: Vorgaben für die Deckungsbeitragsrechnung

1	Verkaufspreis	10,00 €
2	variable Kosten	5,00 €
3	Deckungsbeitrag	5,00 €
4	fixe Kosten	3,00 €
5	Gewinn	2,00 €
6	Gewinn in % des Verkaufspreises	20 %

Tab. 2: Berechnung des Deckungsbeitrags und des Gewinns je Einheit

---

[8] retrograd (lat.) – rückläufig

1	Umsatzerlöse	100.000,00 €
2	variable Kosten	50.000,00 €
3	Deckungsbeitrag	50.000,00 €
4	fixe Kosten	30.000,00 €
5	Gewinn	20.000,00 €
6	Gewinn in % der Umsatzerlöse	20 %

Tab. 3: Berechnung des Deckungsbeitrags und des Gewinns für die Periode

7. Welche Bedeutung hat die Break-even-Analyse für die Preisplanung?

Die Break-even-Analyse zeigt, wie unterschiedliche Umsatzerlöse, Gewinn und Deckungsbeiträge beeinflussen. Der Break-even-Point ist der Schnittpunkt der Kostenkurve mit der Umsatzkurve. Die Umsatzerlöse sind das Produkt aus Preis und Menge. Wenn der Preis erhöht (gesenkt) wird, wird der Umsatz erhöht (vermindert). Die U-Kurve verschiebt sich um den 0-Punkt nach oben (nach unten). Der Break-even-Point verschiebt sich; das beeinflusst Gewinn und Deckungsbeitrag.

In der folgenden Abbildung werden beispielhaft drei verschiedene Umsatzverläufe dargestellt, die sich aufgrund verschiedener Preise ergeben haben. Die Abbildung zeigt, dass bei einer geplanten Menge von x_{gepl} Gewinn und Deckungsbeitrag bei U_2 am höchsten sind.

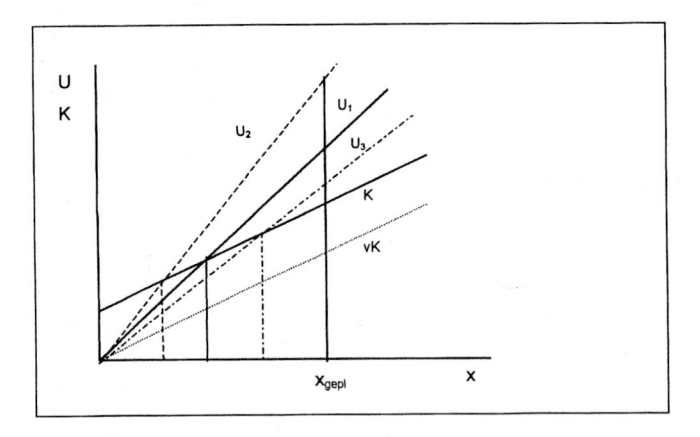

8. Welche Bedeutung hat die Break-even-Analyse für die Kalkulation bei vorgegebenem Preis und geplanter Menge?

Mithilfe der Break-even-Analyse kann gezeigt werden, ob bei einem vorgegebenen Preis und einer geplanten Menge ein Deckungsbeitrag errechnet werden kann und wie hoch dieser gegebenenfalls ist. Wenn die Break-even-Point-Menge geringer ist als die geplante Menge, kann mit einem Deckungsbeitrag gerechnet werden, der sowohl die festen Kosten deckt als auch einen Beitrag zum Gewinn leistet.

Zur Veranschaulichung wird das Beispiel aus Frage 6 fortgesetzt.

Die Break-even-Point-Menge ergibt sich nach der Gleichung

- $U = K$
- $U_{BeP} = X_{BeP} \cdot p$,
- $K_{BeP} = fK + vK_{BeP}$, $K_{BeP} = fK + x_{BeP} \cdot vK$
- $x_{BeP} \cdot p = fk + x_{BeP} \cdot vK$, $x_{BeP} \cdot p - x_{BeP} \cdot vK = fK$, $x_{BeP}(p - vK) = fK$,

   $x_{BeP} = \dfrac{fK}{p - vK}$

- $x_{BeP} = \dfrac{30.000}{10 - 5} = 6.000$ (6.000 Stück = Break-even-Point-Menge)

Die geplante Menge ist größer als die BeP-Menge; der geplante Preis ist also akzeptabel.

Die folgende Abbildung stellt den Sachverhalt dar. Bei der geplanten Menge von 10.000 Stück ergeben sich

- ein Gewinn von 20.000 € (Differenz zwischen Umsatzerlösen und Kosten) und

- ein Deckungsbeitrag von 50.000 € (Differenz zwischen Umsatzerlösen und variablen Kosten).

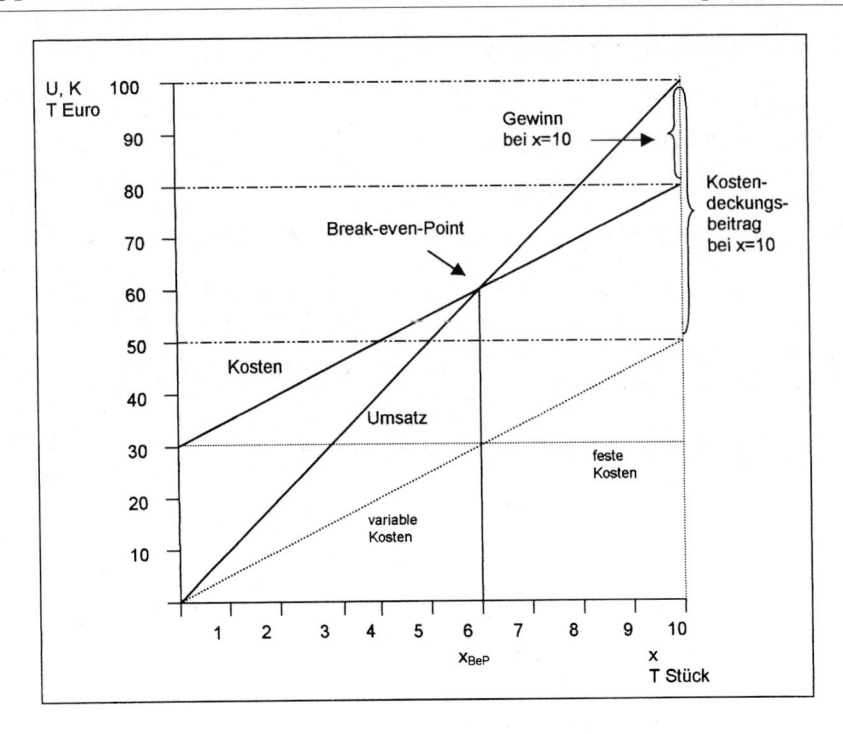

```
U, K   100
T Euro
        90                              Gewinn
                                        bei x=10
        80                                              Kosten-
                                                        deckungs-
        70        Break-even-Point                      beitrag
                                                        bei x=10
        60
        50
              Kosten
        40
                      Umsatz
        30                              feste
                                        Kosten
        20
                          variable
        10                Kosten

            1   2   3   4   5   6   7   8   9   10
                                x_BeP        x
                                             T Stück
```

9. Was gibt der Deckungsbedarf an?

Der Deckungsbedarf gibt die *Komponenten des Deckungsbeitrages* an. Im Allgemeinen enthält der Deckungsbedarf die fixen Kosten und einen geplanten (Mindest-)Gewinn.

Die Menge, bei der der Deckungsbedarf erreicht wird (x_{Db}), kann nach folgender Formel ermittelt werden:

$$x_{Db} = \frac{\text{fixe Kosten} + \text{geplanter Gewinn}}{\text{Deckungsbeitrag je Einheit}}$$

In Anlehnung an das Beispiel bei Frage 6 ergibt sich die Deckungsbeitragsmenge auf der Grundlage der folgenden Zahlen.

fixe Kosten	30.000 €
geplanter Gewinn	15.000 €
Deckungsbeitrag je Einheit	5 €
Deckungsbeitragsmenge	9.000 Stück

$$x_{Db} = \frac{30.000 + 15.000}{5} = 9.000$$

Kontrahierungspolitik (insbesondere Preispolitik) 355

10. Was wird mit dem Deckungsziel angegeben?

Das Deckungsziel ist die Erwirtschaftung eines Deckungsbeitrages, der den Deckungsbedarf mindestens abdeckt.

11. Was wird mit dem Sicherheitskoeffizienten angegeben?

Der Sicherheitskoeffizient gibt den Abstand der Absatzmenge (im Gewinnbereich) von der Menge beim Break-even-Point, den sog. *Sicherheitsabstand*, in einem Prozentsatz an. Der Sicherheitskoeffizient besagt, um wie viel Prozent die Absatzmenge sinken darf, bis die BeP-Menge erreicht wird.

Der Sicherheitskoeffizient (Sk) kann nach folgender Formel ermittelt werden:

$$Sk = \frac{Absatzmenge - BeP\text{-}Menge}{Absatzmenge} \cdot 100$$

Mit den Zahlen aus dem Beispiel bei Frage 6 ergibt sich folgender Sicherheitskoefizient.

Absatzmenge	10.000 Stück
BeP-Menge	6.000 Stück
Sicherheitskoeffizient	40 %

$$Sk = \frac{10.000 - 6.000}{10.000} \cdot 100 = 40$$

12. Wie kann das Deckungsziel bei einer Preissenkung erreicht werden?

Eine Preissenkung gefährdet das Deckungsziel; denn sie führt ohne Ausdehnung der Absatzmenge zu einer Verringerung des Deckungsbeitrages. Zwar kann bei einer Preissenkung häufig mit einer Erhöhung der Nachfrage gerechnet werden. Die Frage ist jedoch, in welchem *Umfang sich die Absatzmenge* bei einer Preissenkung *erhöhen* muss, damit die Deckungsbeiträge vor und nach der Preissenkung gleich sind. Gefragt wird also danach, ob das *Deckungsziel* erreicht wird.

Die Formel, mit der die zusätzliche Absatzmenge errechnet werden kann, wird folgendermaßen abgeleitet.

- $Db_1 = Db_2$
- $Db_1 = U_1 - vK_1$, $Db_2 = U_2 - vK_2$
- $U_1 = x_1 \cdot p_1$, $vK_1 = x_1 \cdot vK$; $U_2 = x_2 \cdot p_2$, $vK_2 = x_2 \cdot vK$
- $x_1 \cdot p_1 - x_1 \cdot vK = x_2 \cdot p_2 - x_2 \cdot vK$

$$x_2 = x_1 \cdot \frac{p_1 - vK}{p_2 - vK}$$

In Anlehnung an das Beispiel bei den vorigen Aufgaben soll angenommen werden, dass der Preis von 10 Euro auf 8 Euro gesenkt werden soll.

x_1	9.000 Stück
p_1	10,00 €
p_2	8,00 €
vK pro Stück	5,00 €
x_2	15.000 Stück

$$x_2 = 9.000 \cdot \frac{10 - 5}{8 - 5} = 15.000$$

Wenn der Preis um 2 € gesenkt wird, muss die Absatzmenge um 6.000 Stück steigen, damit der Deckungsbeitrag gleich bleibt. Mit anderen Worten: Eine Preissenkung von 20 % macht eine Steigerung der Absatzmenge von 66,67 % erforderlich.

13. Wie wirken sich alternative Preisentscheidungen unter Berücksichtigung der Nachfrageelastizität aus?

Preisänderungen haben im Allgemeinen – d.h. bei mehr oder weniger elastischer Nachfrage – Veränderungen der Nachfragemengen zur Folge. Bei Preiserhöhungen geht die Nachfragemenge mehr oder weniger zurück, bei Preissenkungen nimmt sie mehr oder weniger zu. Das beeinflusst Umsatz und Gewinn. Die Preisplanungen müssen deshalb die Frage berücksichtigen, ob das Deckungsziel bei den sich ergebenden Änderungen erreicht werden kann.

In den folgenden Beispielen werden eine Preiserhöhung und eine Preissenkung auf der Grundlage einfacher Zahlen (vgl. Aufg. 3) untersucht. Die Problematik kann anhand dieser Beispiele nachvollzogen werden. Ermittelt wird der jeweilige Deckungsbedarf, die für den Deckungsbedarf erforderliche Menge, die direkte Preiselastizität der Nachfrage, die erforderlich ist, damit die Menge auch erreicht wird. Angegeben werden auch die BeP-Mengen.

1. Bei einer Preissenkung um 10 % muss die Absatzmenge um 25 % steigen, damit das Deckungsziel erreicht wird. Das erfordert eine relativ hohe Nachfrageelastizität (– 2,5). Vor Durchführung der Maßnahme ist zu prüfen, ob diese Elastizität vorausgesetzt werden kann.

2. Bei einer Preiserhöhung um 10 % kann die Absatzmenge um rd. 17 % zurückgehen; bei dieser Menge wird das Deckungsziel erreicht. Vorausset-

zung dazu ist eine Nachfrageelastizität von − 1,67. Vor Durchführung der Maßnahme ist zu prüfen, ob diese Elastizität erwartet werden kann. Bei höherer Elastizität (z.B. − 2,5) würde die Menge auf 7.500 zurückgehen, das Deckungsziel wäre nicht zu erreichen.

	Ausgangs-situation	Preissenkung von 10 %	Preiserhöhung von 10 %
Verkaufspreis	10,00 €	9,00 €	11,00 €
variable Kosten	5,00 €	5,00 €	5,00 €
Deckungsbeitrag je Einheit	5,00 €	4,00 €	6,00 €
fixe Kosten	30.000,00 €	30.000,00 €	30.000,00 €
geplanter Gewinn	20.000,00 €	20.000,00 €	20.000,00 €
Deckungsbedarf	50.000,00 €	50.000,00 €	50.000,00 €
erforderliche Menge in Stück	10.000	12.500	8.333
Mengensteigerung in v.H.		25,0 %	
Mengenminderung in v.H.			16,7 %
Nachfrageelastizität		− 2,5 (El < − 1)	− 1,67 (El < −1)
BeP-Menge in Stück	6.000	7.500	5.000

2.3.2 Konkurrenzorientierte Preisfestsetzung

1. **Was versteht man unter konkurrenzorientierter Preisfestsetzung?**

Bei konkurrenzorientierter Preissetzung lässt sich ein Unternehmen vorwiegend von den Preisen der Konkurrenz leiten, *Leitpreise* können z.B. die Durchschnittspreise der Branche oder die Preise von Preisführern sein. Die Orientierung an Kosten und an Nachfragern ist von untergeordneter Bedeutung. Konkurrenzorientierte Preisbildung ist häufig *auf Märkten mit homogenen Gütern und hoher Konkurrenzdichte*.

2. **Welche Formen der Konkurrenzorientierung werden unterschieden?**

Formen konkurrenzorientierter Preisbildung sind

- Orientierung an Branchenpreisen,
- Orientierung an einem Preisführer.

3. Welche Bedeutung hat ein Leitpreis?

Orientierung an einem Leitpreis bedeutet nicht seine identische Übernahme. Der Preis eines Unternehmens kann mit dem Leitpreis identisch sein; er kann aber auch (geringfügig) darüber oder darunter liegen. Diese Abweichungen sind abhängig vom Umfang der Konkurrenz und von der Homogenität des Gutes bzw. der Leistung.

Der nach einem Leitpreis festgelegte Preis ändert sich im Allgemeinen nicht, wenn sich grundlegende Kosten ändern; er *folgt dem Leitpreis bei Preisänderungen*, auch wenn sich die Kosten nicht geändert haben.

4. Warum orientiert sich ein Unternehmen an Leitpreisen?

Ziele der Orientierung an Leitpreisen sind vor allem

- *Minderung von Risiken*, die sich z.B. aus den mangelhaften Kenntnissen über Reaktionen von Mitbewerbern und Kunden auf Preisänderungen ergeben,

- *Übernahme von Erfahrungen* einer Branche bzw. eines Preisführers, die sich in der Preisgestaltung ausdrücken,

- *Vermeidung von Preiskämpfen*.

2.4 Strategische und taktische Preisgestaltung

2.4.1 Preisstrategien

1. Was wird mit dem Begriff Preisstrategie umschrieben?

Mit Preisstrategie umschreibt man *die grundsätzliche Entscheidung* über die Gestaltung des Preises *für mehrere Perioden* unter Berücksichtigung langfristiger Wirkungen.

Die Entscheidung hat *drei Aspekte*:

1. Entscheidung über die Art der Preispolitik und ihre Bedeutung im Marketingmix,

2. Entscheidung über die Preislage,

3. Entscheidung über Preisänderungen bzw. Preisfolgen.

2. Wodurch wird die Art der Preispolitik bestimmt?

Die Art der Preispolitik hängt von der Wettbewerbs- und der *Marktsituation* ab. Es werden zwei Arten der Preispolitik unterschieden: die *aktive* und die *passive* Preispolitik.

3. Was versteht man unter aktiver Preispolitik?

Bei aktiver Preispolitik versucht ein Unternehmen, seinen Preis unter Ausnutzung aller Marktchancen zu setzen und auf Änderungen des Preisverhaltens der Konkurrenz flexibel zu reagieren. Der *Preis ist wesentlicher Teil seiner Marketingpolitik*. Über den Preis will er Marktanteile auf Kosten der Mitbewerber gewinnen. Die übrigen Bereiche des Marketingmix werden von der Preispolitik bestimmt. Typisch ist aktive Preispolitik für ein Unternehmen, das mit einem Produkt neu auf den Markt kommt und sich gegen direkte oder Substitutionskonkurrenz durchsetzen muss.

4. Was versteht man unter passiver Preispolitik?

Bei passiver Preispolitik ist der *Preis nicht der wichtigste Teil der Marketingpolitik*. Andere Bereiche des Marketingmix stehen im Vordergrund. Typisch ist passive Preispolitik für ein Unternehmen, das die Reaktionen der Konkurrenz auf seine Preisänderungen fürchtet. Es ist im Allgemeinen bereits seit längerem mit einem angemessenen Anteil auf diesem Markt. In seinem Preisverhalten schließt er sich der Preisführerschaft anderer Unternehmen an.

5. Welche Preispolitiken orientieren sich an Preislagen?

Es werden zwei Preispolitiken, die sich an Preislagen orientieren, unterschieden: *Hochpreispolitik* und *Niedrigpreispolitik*. Voraussetzungen für die Bestimmung der Preislage sind produktpolitische Entscheidungen und die Möglichkeiten zur Marktsegmentierung.

Die *Prämienpreisstrategie* und die *Skimmingstrategie* sind Formen der Hochpreispolitik.

Die *Promotionspreisstrategie* und die *Penetrationsstrategie* sind Formen der Niedrigpreispolitik.

Bei Prämien- und Promotionstrategie werden die Preislagen für längere Zeit bestimmt. Bei Skimming- und Penetrationsstrategie sind Preisveränderungen vorgesehen.

6. Welche Preisfolgen können bei den Preisstrategien unterschieden werden?

Folgende Arten von Preisfolgen können unterschieden werden.

- Ausgehend von einer hohen Preislage – allmähliche Senkung des Preises (wie in der Skimmingstrategie).

- Ausgehend von einer niedrigen Preislage – allmähliche Anhebung des Preises (wie in der Penetrationsstrategie).

- Ausgehend von einer hohen Preislage – wechselnde Preisänderungen, Senkungen und Anhebungen (wie in der Pulsationsstrategie).

- Ausgehend von einer niedrigen Preislage – wechselnde Preisänderungen, Anhebungen und Senkungen (wie in der „Schnibbelstrategie")[9]

7. Welche Gründe bestimmen die Art der Preisfolge?

Die Art der Preisfolge und der Umfang von Preisänderungen werden u.a. begründet durch

- *Absatzentwicklungen*: Einfluss der Preise auf den mengenmäßigen Absatz.

- *Stückkostenentwicklungen*: Einfluss steigender Absatzmengen auf Senkungen der Stückkosten.

- *Dynamik des Lebenszyklus*: Einfluss der Preissetzungen auf den Alterungsprozess eines Produkts.

- *Konkurrenz*: Einfluss der Preissetzungen auf das Konkurrenzverhalten.

8. Welche Bedeutung hat die Prämienpreisstrategie?

Mit einem sog. Prämienpreis versucht ein Unternehmen, *auf Dauer einen relativ hohen Preis* für sein Produkt zu erzielen.

Typisch ist die Prämienpreisstrategie für exklusive Fachgeschäfte in exklusiver Geschäftslage mit hochwertigem Sortiment, das sich durch hohes Preisniveau auszeichnet.

9. Welche Voraussetzungen hat die Prämienpreisstrategie?

Voraussetzungen für die Prämienpreisstrategie sind

---

[9] Vahlens großes Wirtschaftslexikon, a.a.O., Art. Preisstrategien

- hohe *Qualität* des Produkts, hohes Ansehen des Produkts, der Marke, des Herstellers, Exklusivität des Vertriebsweges u.dgl.

- ein Marktsegment, in dem eine *relativ geringe Nachfrageelastizität* besteht, d.h. dessen Mitglieder den hohen Preis zu zahlen bereit sind.

10. Welche Bedeutung hat die Promotionspreisstrategie?

Bei der Promotionspreisstrategie setzt ein Unternehmen den Preis für sein Produkt auf Dauer relativ niedrig an.

Typisch ist die Promotionspreisstrategie für bestimmte Handelsunternehmen, z.B. Lebensmittel-Discounter, die dauernd mit niedrigen Preisen werben. Produkt, Sortiment, Vertriebsweg usw. erheben keinen Anspruch auf Exklusivität.

11. Welche Voraussetzungen hat die Promotionspreisstrategie?

Voraussetzung für die Promotionspreisstrategie sind ein Marktsegment, in dem eine *relativ hohe Nachfrageelastizität* besteht, d.h. dessen Mitglieder preisbewusst einkaufen, mittlere Qualität des Produkts, bei dem Aufmachung und Verpackung keine wesentliche Rolle spielen, das *Preisimage des Vertriebsweges* ist von besonderer Bedeutung.

12. Welche Bedeutung hat die Skimmingstrategie?

Bei der Skimmingstrategie wird der *Preis zunächst relativ hoch angesetzt, dann allmählich gesenkt.*

Bei Einführung eines Produkts kann eine monopolartige Stellung entstehen, wenn zunächst weder eine direkte noch eine Substitutionskonkurrenz besteht. Es gibt für das Produkt *frühe Käufer*, die bereit sind, den relativ hohen Preis zu zahlen. Diese Bereitschaft schöpft der Anbieter ab (Skimmingpreis = Abschöpfungspreis, vgl. zeitliche Preisdifferenzierung). Der Anbieter erzielt dadurch in frühen Phasen des Produktlebenszyklus hohe Einnahmen, die zur Abdeckung der Kosten für die Produktentwicklung und der u.U. erheblichen Werbekosten dienen.

Der Preis wird nach dieser ersten Abschöpfungsphase sukzessive gesenkt. Gründe dafür sind die Erschließung weiterer Käufergruppen und die Begegnung der allmählich einsetzenden Konkurrenz durch Nachahmer.

Typisch ist die Skimmingstrategie für Unternehmen, die mit einer ausgesprochenen Neuheit auf den Markt kommen, für die es mit frühen Käufern rechnen kann.

13. Welche Bedeutung hat die Penetrationsstrategie?

Bei der Penetrationsstrategie wird der *Preis zunächst relativ niedrig angesetzt, dann allmählich erhöht.*

Bei Einführung eines Produkts soll mit niedrigen Preisen in den Markt eingedrungen werden. Mithilfe des niedrigen Preises sollen möglichst schnell umfangreiche Käufergruppen erschlossen und der Marktzugang von Mitbewerbern verhindert oder verzögert werden. Große Produktions- und Absatzmengen fuhren zur Senkung der Stückkosten. Gesamtgewinn bzw. Gesamtdeckungsbeitrag steigt trotz geringer Gewinne bzw. Deckungsbeiträge pro Stück.

Nach Ausbau einer angemessenen Marktposition kann der Preis allmählich angehoben werden.

14. Welche Bedeutung hat die Pulsationsstrategie?

Bei der Pulsationsstrategie wechseln Preissenkungen und -steigerungen einander ab. Die im Allgemeinen starken Preissenkungen sollen zum Kauf anreizen. Wenn Kunden an das Produkt (oder die Marke) gebunden werden können, entsteht ein preispolitischer Spielraum mit der Chance zu Preissteigerungen. Der Vorgang kann sich wiederholen.

15. Welche Bedeutung hat die Schnibbelstrategie?

Bei der Schnibbelstrategie *wechseln Preissenkungen und -steigerungen einander ab.* Durch Preissenkungen werden die Preise der Konkurrenz unterboten; wenn diese in ihrer Preisgestaltung mitzieht, weiter unterboten, bis aus Kostengründen die Preise angehoben werden müssen. Die Vorgänge können sich wiederholen.

2.4.2 Preisdifferenzierungen

1. Was versteht man unter Preisdifferenzierung?

Eine Preisdifferenzierung liegt vor, wenn *das gleiche Produkt zu unterschiedlichen Preisen* angeboten wird. Preisdifferenzierungen sind häufig mit geringfügigen Produktdifferenzierungen verbunden. Diese dürfen das Produkt nicht wesentlich verändern, sonst kann nicht mehr von einer Preisdifferenzierung gesprochen werden.

2. Unter welchen Bedingungen kann ein Unternehmen Preisdifferenzierungen durchsetzen?

Voraussetzungen für die erfolgreiche Durchsetzung von Preisdifferenzierungen sind u.a.

- *unvollkommene Märkte* (geringe Markttransparenz, Präferenzen der Verbraucher),

- unterschiedliche *Elastizitäten*,

- *Marktmacht* des Anbieters,

- Möglichkeiten zur *Segmentierung* des Marktes (Einteilung des Marktes in homogene Käufergruppen).

3. Was versteht man unter horizontaler Preisdifferenzierung?

Horizontale Preisdifferenzierung liegt vor, wenn das gleiche Produkt *gleichzeitig auf verschiedenen Teilmärkten* (d.h. in verschiedenen Marktsegmenten) *zu unterschiedlichen Preisen* verkauft wird. Der Anbieter nutzt dazu die in den verschiedenen Segmenten vorherrschenden Elastizitäten aus.

Die Preisdifferenzierung hat sich dann gelohnt, wenn sie zu einem insgesamt höheren Umsatz (und Gewinn) führt.

Horizontale Preisdifferenzierung liegt z.B. bei sog. regionaler Preisdifferenzierung vor.

Die Problematik kann anhand des folgenden Beispiels nachvollzogen werden. Wenn ein Unternehmen für sein Produkt auf dem Teilmarkt B (mit relativ elastischer Nachfrage) sein Produkt mit dem gleichen Preis (p_A) wie auf dem Teilmarkt A (mit relativ unelastischer Nachfrage) anbietet, kann er seinen Gewinn nicht maximieren. Erst durch Senkung des Preises auf p_B kann der Gewinn maximiert werden (Gewinnmaximierungsregel GK = GU). Die unterschiedlichen Umsätze werden durch die Rechtecke $p_A \cdot x_{B/1}$ und $p_B \cdot x_{B/2}$ wiedergegeben.

Abb. 1: Teilmarkt A

Abb. 2: Teilmarkt B, vor der Preisdifferenzierung

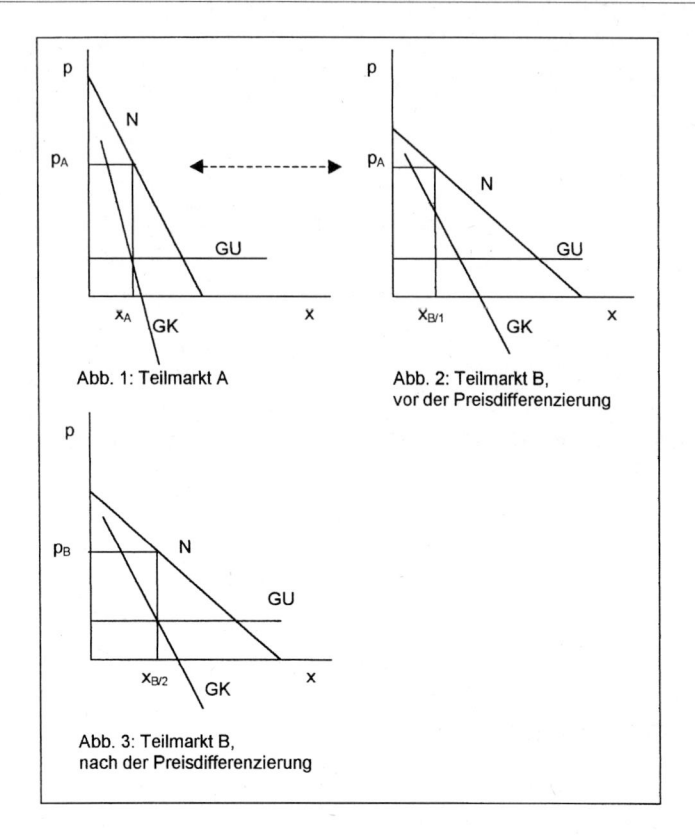

Abb. 3: Teilmarkt B, nach der Preisdifferenzierung

4. Was versteht man unter vertikaler Preisdifferenzierung?

Vertikale Preisdifferenzierung liegt vor, wenn das gleiche Produkt *zu unterschiedlichen Zeiten auf dem gleichen Markt mit verschiedenen Preisen* verkauft wird. Der Anbieter steigert durch die vertikale Preisdifferenzierung Umsatz und Gewinn.

Die vertikale Preisdifferenzierung liegt z.B. bei zeitlicher Preisdifferenzierung vor.

Die Problematik kann anhand desfolgenden Beispiels nachvollzogen werden. Ein Unternehmen bietet sein Produkt nacheinander zu den Preisen p_1, p_2 und p_3 an und erzielt dabei die Absatzmengen x_1, x_2 und x_3. Die Absatzmenge hätte er auch erreicht, wenn er gleich den Preis p_3 gesetzt hätte. Durch die vertikale Preisdifferenzierung erhält er einen Mehrumsatz (vgl. folgende Abbildungen).

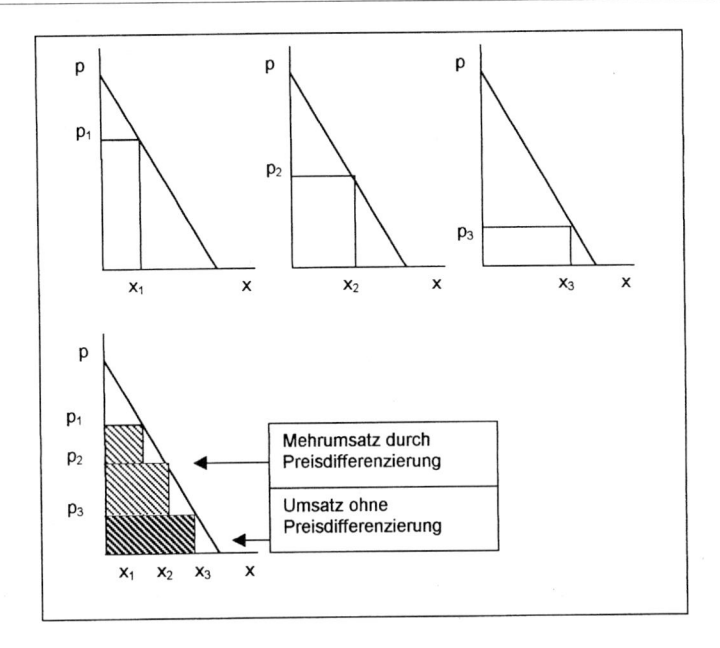

Kontrahierungspolitik (insbesondere Preispolitik)

5. In welchem Zusammenhang steht Preisdifferenzierung mit anderen Bereichen des Marketingmix?

Preisdifferenzierung steht häufig im Zusammenhang mit anderen marketingpolitischen Maßnahmen, z.B. mit der Produkt- und Verpackungspolitik, der Distributionspolitik und der Kommunikationspolitik.

Ein Unternehmen versucht im Rahmen differenzierter Marketingstrategie, alle in Betracht kommenden Segmente zu erschließen und angemessen zu bearbeiten. Er geht auf die differenzierte Nachfrage, die sich in unterschiedlichem Kaufverhalten, in unterschiedlichen Nachfrageelastizitäten, in bestimmten Präferenzen für Absatzwege, für Produkte, für Marken usw. ausdrückt mit dem Instrumentarium der Marketingpolitik ein.

Beispiel: Ein Unternehmen, das Konsumgüter herstellt und bisher über den „klassischen" Einzelhandel, SB-Märkte, Lebensmittelabteilungen der Warenhäuser u.dgl. vertreibt, will für seine Produkte das Segment „preisbewusste Käufer" erschließen; dazu muss er einen neuen Absatzweg beschreiten, denkbar wäre z.B. der Vertrieb über einen Discounter mit Filialen. Für diesen Absatzweg wird er seine Preise differenzieren, die Verpackung ändern. In diesem Marketingmix sind Maßnahmen der Distributionspolitik, der Preispolitik und der Produkt- bzw. Verpackungspolitik enthalten.

6. Welche Arten von Preisdifferenzierungen werden üblicherweise unterschieden?

Es ist üblich, folgende Arten von Preisdifferenzierungen zu unterscheiden:

1. Regionale Preisdifferenzierung,
2. Zeitliche Preisdifferenzierung,
3. Mengenabhängige Preisdifferenzierung,
4. Materialabhängige Preisdifferenzierung,
5. Personelle Preisdifferenzierungen.

7. Was ist eine regionale Preisdifferenzierung?

Ein Produkt wird in verschiedenen Regionen mit unterschiedlichen Preisen angeboten (Beispiel: Medikamente werden in Frankreich billiger verkauft als in Deutschland).

Vgl. die Ausführungen zur horizontalen Preisdifferenzierung.

8. Was ist eine zeitliche Preisdifferenzierung?

Ein Produkt wird während eines bestimmten Zeitraums billiger angeboten (Beispiel: Heizöl wird im Sommer billiger verkauft als Spätherbst.)

Vgl. die Ausführungen zur vertikalen Preisdifferenzierung.

9. Was ist eine mengenabhängige Preisdifferenzierung?

Der Preis für ein Produkt wird auf der Grundlage unterschiedlich hoher Mengenabnahmen differenziert; das geschieht im Allgemeinen durch entsprechende Preisnachlässe.

Vgl. die Ausführungen zur Rabattpolitik.

10. Was ist eine materialabhängige Preisdifferenzierung?

Grundlage ist im Allgemeinen eine erhebliche Produktdifferenzierung, ein Produkt wird im Hinblick auf seinen Verwendungszweck verändert, für die verschiedenen Produktausprägungen werden unterschiedliche Preise verlangt (Beispiel: Salz als Kochsalz, Viehsalz, Streusalz).

Vgl. die Ausführungen zur Produktpolitik.

11. Was ist eine personelle Preisdifferenzierung?

Von Käufergruppen, die sich nach persönlichen oder sozialen Merkmalen unterscheiden, werden für die gleiche Leistung unterschiedliche Preise verlangt (Beisp.: unterschiedlich hohe Eintrittspreise für Kinder und Erwachsene).

2.4.3 Rabatte und Rabattpolitik

1. Was sind Rabatte?

Rabatte sind Preisnachlässe, die der Verkäufer einer Ware dem Abnehmer für die Übernahme bestimmter Funktionen, die mit der Ware zusammenhängen, gewährt.

Rabatte sind also *Entgelte für die Übernahme bestimmter Funktionen*, z.B. Lagerhaltung, Abholung (Transportleistung), Kundendienst.

Häufig werden mehrere Rabattarten gleichzeitig gewährt, die nacheinander bei den jeweils verminderten Werten berücksichtigt werden. Der Gesamtrabatt ergibt sich nicht als Summe der einzelnen Rabattsätze.

Die Berechnung kann anhand des folgenden Beispiels nachvollzogen werden:

Bruttopreis		100,00 €
Funktionsrabatt	35,00 %	35,00 €
		65,00 €
Mengenrabatt	15,00 %	9,75 €
		55,25 €
Präsentationsrabatt	5,00 %	2,76 €
Nettopreis		52,49 €
Gesamtrabatt	*47,51 %*	*47,51 €*

2. Welche Arten von Rabatten gibt es?

Folgende Rabattarten können unterschieden werden:

- *Funktionsrabatt*, Nachlass an Handelsstufe,

- *Mengenrabatt*, Nachlass bei Abnahme hoher Mengen, häufig auch nachträglich als

- *Bonus* (Jahresbonus),

- *Treuerabatt*, Nachlass bei längeren Geschäftsbeziehungen, für weitgehend ausschließlichen Bezug,

- *Frühbezugsrabatt*, Nachlass für vorzeitigen Bezug von Saisonartikeln, häufig auch als Nachlass für Bezug vor Erscheinen des Katalogs bzw. der Preisliste,

- *Präsentationsrabatt*, Nachlass für die besondere Präsentation der bezogenen Waren,

- *Barzahlungsrabatt*, Nachlass für vorzeitige Zahlung (Skonto),

- *Barzahlungsrabatt* auf Verbraucherebene: Rabattmarken; hat die Bedeutung des Treuerabatts.

3. Welche Ziele verfolgt ein Unternehmen mit seiner Rabattpolitik?

Der *Verkäufer variiert seinen einheitlichen Angebotspreis gegenüber verschiedenen Abnehmern unter bestimmten Bedingungen* zur Durchsetzung seiner Marketingziele. Ziele dieser Art können u.a. sein:

- Umsatzsteigerung,
- Erhaltung und Erweiterung der Kundentreue,
- zeitliche Lenkung des Auftragseingangs,
- Rationalisierung der Auftragsabwicklung.

4. Welche besondere Bedeutung hat der Funktionsrabatt?

Der Funktionsrabatt ist ein sog. Stufenrabatt, den der Hersteller der Handelsstufe gewährt. Er ist ein *pauschales Entgelt* für die Durchführung der Handelsfunktionen.

5. Welche besondere Bedeutung hat der Mengenrabatt?

Der Mengenrabatt wird bei Abnahme großer Mengen gewährt, die entweder aufgrund eines Auftrages (einer Lieferung) oder mehrerer Aufträge (und Lieferungen) in einer Periode bezogen werden. Der Rabatt kann beim Abschluss als Abschlag vom Angebotspreis oder nachträglich als Bonus berechnet werden. Mengenrabatte werden häufig progressiv gestaffelt, d.h. der Rabattsatz steigt bei steigenden Abnahmemengen überproportional.

Ziel der Rabattgewährung ist die Entlastung des Lagers.

Der Mengenrabatt ist ein *Entgelt* des Herstellers an den Händler *für* die Übernahme der Funktion der *Lagerhaltung*.

6. Welche besondere Bedeutung hat der Zeitrabatt?

Der Zeitrabatt wird gewährt, wenn der Auftrag zu bestimmten Zeiten erfolgt, z.B. rechtzeitig vor großen Festtagen mit großem Bedarf an Konsumartikeln u. dgl., rechtzeitig vor Saisonbeginn usw. Saison-, Einführungs- und Auslaufrabatte sind Zeitrabatte.

Ziel der Rabattgewährung ist die zeitliche Lenkung von Bestellungen zur besseren Disposition in Lagerhaltung und Produktion.

Der Zeitrabatt ist ein *Entgelt* des Herstellers an den Händler *für* die Übernahme der Funktion der *Lagerhaltung*.

7. Wann kann man von optimaler Rabattgestaltung sprechen?

Optimal ist ein Rabattsystem, wenn die Erlösschmälerungen durch die Rabattgewährung durch entsprechende Vorteile mindestens ausgeglichen werden. So führt z.B. der Rabatt für die Übernahme der Lagerhaltung an den Großhandel dazu, dass der Verkäufer seine Lagerhaltung vermindern kann.

8. Wodurch unterscheidet sich der Rabatt vom Skonto?

Ein Rabatt ist ein Preisnachlass, den *der Lieferer* im Allgemeinen bereits bei Ausstellung der Rechnung berücksichtigt: Der Rechnungspreis ist bereits um den Rabatt vermindert.

Der Skonto ist ebenfalls ein Preisnachlass. Er wird für die vorzeitige Zahlung gewährt: *Der Kunde* kann bei Zahlung vor Ablauf der Skontofrist den Rechnungsbetrag um den Skontobetrag vermindern.

2.5 Besonderheiten der Preispolitik

2.5.1 Preispolitik bei Investitionsgütern

1. Welche Besonderheiten bestimmen die Preispolitik bei Investitionsgütern?

Der Preis von Investitionsgütern kommt im Allgemeinen durch *Verhandlungen* zwischen Käufer und Verkäufer zu Stande, in denen die folgenden Aspekte eine Rolle spielen.

- Die Anschaffung von Investitionsgütern erfolgt zum Ersatz abgeschriebener Anlagegüter, zur Produktionserweiterung, zur Rationalisierung usw. Im Zusammenhang mit der Nutzung hat der Investor Einnahmen und Ausgaben

(Verkaufserlöse und Kosten). Durch eine *Investitionsrechnung* auf der Grundlage dieser Einnahmen und Ausgaben kann ermittelt werden, ob sich die Investition lohnen wird.

- Investitionsgüter dienen der mehrjährigen Nutzung. Die Schätzung der künftigen Einnahmen und Ausgaben im Zusammenhang mit den Investitionen ist mit *Unsicherheiten* behaftet.

- Investitionsgüter haben u.U. lange Lieferfristen (in Abhängigkeit von Entwicklung und Produktion des Gutes); bis zur Fertigstellung und Lieferung können die Kosten steigen; die *Festlegung des Preises* ist deshalb *riskant*.

- Wegen der im Allgemeinen hohen Anschaffungsausgabe stehen bei einer Investition besondere *Finanzierungsprobleme* an.

2. Was wird mit einer Investitionsrechnung ermittelt?

Eine wichtige *Verhandlungsgrundlage* ist die Investitionsrechnung, ihr Ergebnis gibt in etwa den Preis an, den ein Investor für das Investitionsgut zu bezahlen bereit ist.

In der Investitionsrechnung werden die jährlichen Gewinne, die wahrscheinlich mithilfe des Investitionsgutes erwirtschaftet werden können, auf den Zeitpunkt der Anschaffung abgezinst. Der Zinssatz enthält im Allgemeinen nicht nur den Zins, den ein Anleger bei seiner Bank erhalten würde, sondern auch einen Risikozuschlag. Ist der Wert, der sich dabei ergibt, größer als die Anschaffungsausgabe, lohnt sich die Investition. *Die Summe der abgezinsten jährlichen Gewinne gibt also an, wie hoch der Preis für das Investitionsgut höchstens sein darf*, damit sich die Investition lohnt.

Die Ausführungen lassen sich anhand eines Beispiels nachvollziehen, für das die folgenden (vereinfachenden) Annahmen zu Grunde gelegt werden: Die Anschaffung einer Maschine ist geplant; gerechnet wird mit jährlich gleichbleibenden Gewinnen (Nettoeinnahmen) von 40.000 €, einer Nutzungsdauer von 3 Jahren und einem Zinssatz (einschließlich eines Sicherheitszuschlags) von 12 %. – Die Rechnung ergibt einen Wert von 96.076,00 €; d.h. der Preis für das Investitionsgut darf höchstens rd. 96.000 € betragen. Die Abzinsungsfaktoren wurden in der Tab. auf S. 313 entnommen.

Jahr	Nettoeinnahmen	Abzinsungsfaktoren	abgezinste Nettoeinnahmen
1	40.000,00 €	0,8929	35.716,00 €
2	40.000,00 €	0,7972	31.888,00 €
3	40.000,00 €	0,7118	28.472,00 €
			96.076,00 €

Kontrahierungspolitik (insbesondere Preispolitik) 371

3. Welche Bedeutung haben Preisgleitklauseln?

Mit Preisgleitklauseln wird das *Risiko der Kostensteigerung* bei längerer Lieferzeit zu Gunsten des Verkäufers *aufgefangen*. Im Kaufvertrag wird vereinbart, dass der Preis der Kostenentwicklung (Lohn- und Rohstoffkosten) angepasst wird.

2.5.2 Preisfindung bei öffentlichen Aufträgen

1. Welche Besonderheiten weist die Preisfindung bei öffentlichen Aufträgen auf?

Für die Preisfindung bei öffentlichen Aufträgen wurden *Richtlinien* erlassen, sie sind u.a. enthalten

- in Verdingungsordnungen z.B. für Bauleistungen (*VOB*) und für andere Leistungen (*VOL*), die Verdingungsordnungen enthalten die Verfahren zur Vergabe öffentlicher Aufträge und die allgemeinen Vertragsbedingungen für die Leistungsausführungen,

- in der Verordnung über die Preise bei öffentlichen Aufträgen (*VPöA*), sie enthält bindende Vorschriften über Preisgrenzen, z.B. Marktpreise oder (ersatzweise) Selbstkostenpreise,

- in den Leitsätzen für die Preisermittlung aufgrund von Selbstkosten (*LSP*), sie geben Richtlinien für die Ermittlung der Selbstkostenpreise.

2. Wie ergibt sich nach den LSP der Selbstkostenpreis?

Die Leitsätze für die Preisermittlung enthält folgendes Kalkulationsschema zur Ermittlung des Selbstkostenpreises:

```
  Fertigungsstoffkosten
+ Fertigungskosten
+ Entwicklungs- und Entwurfskosten
+ Verwaltungskosten
+ Vertriebskosten
+ kalkulatorischer Gewinn
= Selbstkostenpreis
```

3. Was ist eine öffentliche Ausschreibung?

Eine öffentliche Ausschreibung ist die *Bekanntgabe eines Bedarfs einer öffentlichen Hand*, z.B. will ein Landkreis eine Berufsschule bauen und schreibt deshalb die Bauleistungen aus; gleichzeitig werden die Leistungsbedingungen bekannt gegeben. Um den öffentlichen Auftrag können sich Unternehmen bewerben. Sie reichen dazu Kalkulationen ein. Der Anbieter mit dem günstigsten Selbstkostenpreis erhält den Zuschlag.

2.5.3 Besonderheiten der Preisbildung im Handel

1. Wie wird im Handel kalkuliert?

Die Ermittlung des Preises erfolgt im Handel häufig durch die Zuschlagkalkulation (s.o.). Zur Ermittlung der Selbstkosten der Ware werden die Betriebskosten des Handelsunternehmens als sog. Handlungskosten dem Einstandspreis zugeschlagen. Handlungskosten und Gewinn werden im Allgemeinen zur sog. *Handelsspanne* zusammengefasst.

	Einkaufspreis
+	Bezugskosten
=	Einstandspreis
+	Handelsspanne
=	Nettoverkaufspreis
+	Mehrwertsteuer
=	Bruttoverkaufspreis

2. Was versteht man unter einer Mischkalkulation?

Eine Mischkalkulation ist eine *Ausgleichskalkulation*. Einige Güter eines Sortiments (Ausgleichsträger) gleichen durch höhere Preise die niedrigen Preise anderer Güter (Ausgleichsnehmer) aus. Die Mischkalkulation wird vom Handel zur Ausnutzung aller Marktchancen genutzt. Wenn durch Preisaktionen die Absatzmengen gesteigert werden sollen, werden bestimmte Güter mit Handelsspannen kalkuliert, die unter den durchschnittlichen Spannen liegen, während die kalkulierten Spannen bei anderen über dem Durchschnitt liegen. Der Handel nutzt die Mischkalkulation, um z.B. einer ähnlichen Preispolitik der Konkurrenz zu begegnen, um Läger zu räumen, insbesondere aber, um mit preisgünstigen Artikeln Kunden anzulocken.

3. Welche Bedeutung hat die Preisbindung der zweiten Hand?

Durch die Preisbindung der zweiten Hand *schreibt der Hersteller* eines Produkts *dem Endverkäufer den Verkaufspreis vor*; der Endverkäufer ist also durch Vertrag gebunden, vom Endverbraucher vorgegebene Preise zu verlangen. Die Preisbindung der zweiten Hand ist grundsätzlich *verboten*. Es bestehen allerdings Ausnahmen von diesem Verbot, so z.B. für Verlagserzeugnisse.

4. Welche Bedeutung hat die Preisempfehlung?

Bei der vertikalen Preisempfehlung *empfiehlt der Hersteller dem Endverkäufer einen Verkaufspreis*, mit dem er auch die Produktverpackung versieht. Die Preisempfehlung ist für den Endverkäufer unverbindlich.

Empfohlene Preise sind für den Handel *Richtpreise*; es liegt im Interesse des Herstellers, dass sie nicht überschritten werden.

Der tatsächliche Verkaufspreis liegt häufig unter dem empfohlenen. Der Kunde erhält dadurch den Eindruck günstigen Einkaufs, und zwar umso mehr, je stärker die Preise voneinander abweichen. Bei deutlichem Missbrauch der Preisempfehlung kann das Kartellamt einschreiten und die Empfehlung untersagen.

5. Welche Bedeutung haben Sonderangebote als preispolitische Maßnahme?

Sonderangebote sind wichtige preispolitische Maßnahmen des Handels und der Industrie. Im Lebensmittelhandel finden sie regelmäßig statt. Angeboten wird ein Artikel *zu einem kurzfristig reduzierten Preis*. Durch Sonderangebote soll nicht nur der Absatz des angebotenen Artikels, sondern auch des übrigen Sortiments gefördert werden (*Lockartikeleffekt*).

Sonderangebote eignen sich außer für *Lagerräumung* vor allem als *Werbemaßnahme* bei Einführung neuer Produkte. Sie wecken nicht nur Interesse, sondern erleichtern dem Käufer auch die Entscheidung, den Artikel auszuprobieren.

6. Welche Bedeutung hat das Preisbewusstsein privater Nachfrager?

Das Preisbewusstsein privater Nachfrager *beeinflusst* die *Kaufentscheidungen* der privaten Haushalte und bestimmte Bereiche der *Preispolitik* der Anbieter (Preisfindung, Preisgestaltung, Preisangaben).

Das Preisbewusstsein umfasst zwei Aspekte: *Preisinteresse* und *Preisbeurteilung*. Im Preisinteresse drückt sich das Bedürfnis privater Nachfrager nach Preisinformation aus; durch Preisinformationen werden Preisvergleiche möglich.

Grundlage der Preisbeurteilung ist die Preiswahrnehmung und die Verarbeitung der wahrgenommenen Preise. Preiswahrnehmung und Verarbeitung der Informationen sind von subjektiven Bedingungen abhängig.

Beurteilt wird, ob ein Artikel preisgünstig und/oder preiswürdig ist. Bei der Beurteilung der Preisgünstigkeit wird der Preis eines Artikels mit dem Preis eines anderen (Konkurrenzartikel, Substitut) verglichen. Bei der Beurteilung der Preiswürdigkeit wird der Preis eines Artikels mit der Qualität des Artikels verglichen (preisorientierte Qualitätsbeurteilung).

7. **Welche Einsichten vermittelt der sog. Preisschwelleneffekt?**

Aus Preisbeurteilungen ergeben sich Urteile über den Preis eines Artikels: innerhalb eines Bereichs ist er z.B. zu hoch, angemessen, niedrig u.Ä. Die sog. Preisschwellen begrenzen diese Bereiche.

Preisschwellen sind *Preisgrenzen, die einen Bereich relativ geringer Nachfrageelastizität begrenzen.* Die obere Preisschwelle wird häufig durch das für die Nachfrage zur Verfügung stehende Einkommen (Wirtschaftsgeld), die untere Preisschwelle durch Qualitätsbewusstsein bestimmt. Wenn ein Anbieter den Preis über die obere Preisgrenze anhebt, geht die Nachfrage relativ stark zurück, wenn er den Preis unter die untere Preisschwelle senkt, kann die Nachfrage zurückgehen, weil der Nachfrager die Qualität eines Artikels anhand des Preises beurteilt. Der Effekt ist u.a. abhängig von der Produktart, von den Einstellungen des Nachfragers zum Produkt, von der Markttransparenz, von der subjektiven Preisbewertung.

Innerhalb der Preisschwellen wird der Preis als akzeptabel empfunden, dadurch wird ein gewisser *preispolitischer Spielraum* begründet.

8. **Welche Einsichten berücksichtigen gebrochene Preise bei Preisangaben?**

Auch gerade Preise werden häufig *als Preisschwellen empfunden*. Wenn bei bestimmten Artikeln die Preise über diese Schwellen angehoben werden, reagieren private Verbraucher häufig (zumindest vorübergehend) mit Kaufzurückhaltungen. Preisangaben erfolgen deshalb häufig mit gebrochenen Preisen, z.B. 99,90 € statt 100,— €, 14,95 € statt 15,— €, 99 Cent statt 1,— €.

2.6 Lieferungs- und Zahlungsbedingungen

1. **Welche marketingpolitische Bedeutung haben Lieferungs- und Zahlungsbedingungen?**

   Lieferungs- und Zahlungsbedingungen (*Konditionen*) sind Bestandteile von Kaufverträgen; damit sind sie auch Gegenstand kontrahierungspolitischer Entscheidungen. Die Entscheidungen können absatzpolitische Wirkungen haben.

   Beispiele: Die Übernahme von Kostenanteilen durch den Verkäufer hat Einfluss auf den Angebotspreis, die Vereinbarung bestimmter, durch Konventionalstrafen abgesicherte Lieferzeiten kommt dem Kundenwunsch nach einer Lieferung „just in time" entgegen.

2. **Welche Lieferungsbedingungen gibt es?**

   Lieferungsbedingungen *regulieren den Umfang und die Art der Verpflichtungen des Lieferers*. Dazu zählen u.a.

   - Zeitpunkt und Ort der Warenübergabe,
   - Vertragsstrafen bei Nichterfüllung,
   - Umtauschrechte,
   - Abnahme von Mindestmengen,
   - Zuschläge bei Mindermengen,
   - Berechnung von Lieferkosten (vgl. folgende Aufgabe).

3. **Welche Berechnungsarten für Lieferkosten (Lieferungsbedingungen im engeren Sinne) gibt es?**

   Bei den Lieferungsbedingungen i.e.S. wird geregelt, *wer – Verkäufer oder Käufer – welche Kosten für Fracht, Versicherung usw. trägt*.

   Im Folgenden wird beispielhaft eine Übersicht über die gängigen Lieferungsbedingungen gegeben.

Lieferungsbedingungen	Verkäufer trägt ...	Käufer trägt ...
ab Werk		sämtliche
ab Keller		Transport-
ab Lager		und Risikokosten
frei Haus	sämtliche	
frei Lager	Transport- und	
frei Werk	Risikokosten	
ab hier	Kosten	Verladekosten,
ab Bahnhof hier	bis zum	Transportkosten
ab Hafen hier	Versandbahnhof	usw.
unfrei	(Versandhafen)	
frei dort	Kosten	Abrollgeld
frei Bahnhof dort	bis zum	
frachtfrei	Bestimmungsbahnhof	
frei Waggon	Kosten bis zur	Transportkosten,
frei Lkw	Beladung	Transportrisiko
frei Längsseite Seeschiff (fas = free alongside ship)	Kosten bis an das Schiff (im Verschiffungshafen)	Kosten der Verladung, des Schiffstransports usw.
frei an Bord (fob = free on board)	Kosten bis an das Schiff, Verladekosten	Kosten des Schiffstransports
Kosten, Versicherung, Fracht (cif = cost, insurance, freight)	Kosten bis an das Schiff, Verladekosten, Kosten und Risiko des Schiffstransports	Kosten der Entladung

4. Was versteht man unter Incoterms?

Incoterms sind Regeln für die *Auslegung von Lieferungsbedingungen* (vgl. Tab. zur vorstehenden Aufgabe), die im *internationalen Handel* üblich sind. Sie befassen sich vor allem mit Fragen des Kosten- und des Risikoübergangs. Incoterms ist die Abkürzung für international commercial terms.

5. Welche vertraglichen Vereinbarungen werden mit dem Begriff Zahlungsbedingungen erfasst?

Zahlungsbedingungen regulieren alle im Zusammenhang mit dem Rechnungsausgleich stehenden Leistungen des Käufers. Dazu zählen u.a.

- Zahlungsfristen,
- Sicherheiten, z.B. Eigentumsvorbehalt, Sicherungsübereingungen, Bürgschaften,
- Gegengeschäfte,
- Skontoziehung bei vorzeitiger Zahlung,
- Zahlungsarten.

6. **Was versteht man unter Zahlungsbedingungen im engeren Sinne?**

   Zahlungsbedingungen i.e.S. bestimmen Zeitpunkt, Art und Weise der Zahlung. Zahlungen lassen sich systematisieren in Zahlungen vor, bei und nach Lieferung. Im Folgenden wird eine Aufstellung von Vertragsformulierungen von Zahlungsbedingungen auf der Grundlage dieser Systematisierung gegeben.

Zeitpunkt der Zahlung	Vertragsformulierung
Zahlung vor Lieferung	Zahlung bei Bestellung
	Anzahlung (z. B. bei Bestellung, 2. Teilbetrag bei Lieferung, 3. Teilbetrag nach Lieferung)
	Zahlung im Voraus
	netto Kasse gegen Rechnung (Versand der Ware erst nach Eingang der Zahlung)
Zahlung bei Lieferung	gegen bar; gegen Kasse, netto Kasse
	gegen Nachnahme
Zahlung nach Lieferung	auf Abzahlung; zahlbar in vier Monatsraten
	zahlbar in 30 Tagen; Ziel: ein Monat
	zahlbar in 30 Tagen oder innerhalb 14 Tage mit 3 % Skonto
	Ziel 3 Monate gegen Wechsel

2.7 Kreditpolitik

1. **Welche Bedeutung hat die Kreditpolitik?**

   Im Rahmen der Kontrahierungspolitik verfolgt ein Unternehmen mit der Gewährung von Krediten an Abnehmer ähnliche Ziele wie mit den Lieferungs- und Zahlungsbedingungen. Mit der Kreditpolitik *beeinflusst* ein Unternehmen das *Nachfrageverhalten der Kunden*. Durch einen Kredit des Verkäufers werden Kunden in die Lage versetzt, früher oder überhaupt zu kaufen.

Kredite können Wiederverkäufern, industriellen Endverwendern und privaten Endverbrauchern eingeräumt werden.

2. Was ist ein Lieferantenkredit?

Der Lieferantenkredit wird in der Form eines *Verkaufs auf Ziel* gewährt; der Kunde braucht die gelieferte Ware erst nach Ablauf des Zahlungsziels zu bezahlen. Das Zahlungsziel beträgt im Allgemeinen einen Monat; mit Rücksicht auf die Absatzdauer bestimmter Waren können auch längerfristige Ziele eingeräumt werden (bis zu 6 Monaten). Die hohe Zinsbelastung durch den Lieferantenkredit wird bei der Ermittlung des Verkaufspreises berücksichtigt.

Für vorzeitige Zahlung wird dem Kunden die Möglichkeit zur *Skontoziehung* eingeräumt. Skontosätze können in Abhängigkeit von differenzierten Zahlungszielen gestaffelt sein; z.B. bei Zahlung innerhalb 14 Tagen 3 % Skonto, bis Ablauf des 1. Monats 2 % Skonto, bis Ablauf des 2. Monats 1 % Skonto, bei einem Gesamtzahlungsziel von 3 Monaten.

Der Lieferantenkredit ist sehr teuer; deshalb lohnt es sich für einen Kunden eher, einen Bank-, als einen Lieferantenkredit in Anspruch zu nehmen. Dieser Sachverhalt lässt sich anhand des folgenden Beispiels nachvollziehen. Rechnungsbetrag: 5.000 €, Zahlungsbedingung: Zahlung innerhalb 30 Tagen ohne Abzug, bei Zahlung innerhalb 10 Tagen 3 % Skonto. – Zum Rechnungsausgleich nach 10 Tagen muss das Konto überzogen werden, Kreditbetrag: 4.850 €, Laufzeit: 20 Tage, Zinssatz 12 %.– Die folgende Rechnung zeigt den Vergleich: Skonto beträgt 150 €, die Zinsen betragen 32,33 € (Ersparnis bei Skontoziehung trotz der Kontoüberziehung: 117,67 €; um den Skontosatz mit dem Zinssatz vergleichbar zu machen, müsste man ihn als Zinssatz für 20 Tage definieren, das würde einem Jahreszinssatz von 54 % entsprechen.

Skonto	Zinsen
3,0 %	12,0 %
150,00 €	32,33 €
3,0 %	54,0 %

3. Welche Bedeutung hat die Kreditpolitik gegenüber Endverbrauchern?

Ein Verkäufer will mit seiner Kreditpolitik auch private Endverbraucher erreichen und ihr *Nachfrageverhalten durch Kreditgewährung beeinflussen*. Wegen der Möglichkeit, auf Kredit zu kaufen, entscheiden sich private Konsumenten schneller und häufiger zum Kauf.

Kontrahierungspolitik (insbesondere Preispolitik)

Unternehmen des Handels gewähren ihren Kunden z.B. Zahlungsziele, räumen ihnen Anschaffungsdarlehen (Kundenkonten) ein, verkaufen auf Raten (Abzahlungsgeschäfte, Teilzahlungs- bzw. Ratenkredit) usw.

Der *Teilzahlungskredit* ist besonders häufig. Dabei ist der nichtorganisierte vom organisierten Teilzahlungskredit zu unterscheiden. Der nichtorganisierte Teilzahlungskredit wird vom Verkäufer, der organisierte von einem Kreditinstitut gewährt.

4. In welchem Zusammenhang steht das Factoring mit der Kreditpolitik?

Beim Factoring *tritt* ein Unternehmen die *Forderungen* aus den von ihm gewährten Lieferantenkrediten an ein Finanzierungsinstitut, den *Factor, ab*. Der Factor übernimmt die folgenden Funktionen:
1. Der Factor schießt dem Unternehmen den Forderungsbetrag vor (*Finanzierungsfunktion*).

2. Der Factor verwaltet die Forderungen, d.h. er übernimmt das Mahnwesen, das Inkasso usw. (*Dienstleistungsfunktion*).

3. Der Factor trägt das Kreditrisiko (*Delkrederefunktion*).

Unterschieden werden:

1. *Echtes und unechtes Factoring*:

   Echtes Factoring liegt vor, wenn der Factor alle drei Funktionen übernimmt, wenn die Delkrederefunktion nicht übernommen wird, liegt unechtes Factoring vor.

2. *Stilles und offenes Factoring*:

   Beim stillen Factoring erhält der Kreditnehmer keine Information über die Forderungsabtretung und zahlt an den Kreditgeber, der die Zahlungen an den Factor weitergibt. Beim offenen Factoring wird der Kreditnehmer mit einem entsprechenden Vermerk auf der Rechnung darauf hingewiesen, dass Zahlungen an den Factor zu leisten sind.

5. Welche Bedeutung hat das sog. Factoring für einen Verkäufer?

Das Factoring hat für den Verkäufer (kreditgewährendes Unternehmen) Vorteile, denen einige Nachteile gegenüberstehen.

Vorteile:

Ein Unternehmen kann seinen Kunden Zahlungsziele einräumen

- ohne wesentliche Liquiditätsbelastungen,
- ohne Belastungen durch die Verwaltung der Außenstände,
- ohne Kreditrisiko.

Nachteile:

- Das Factoring, vor allem unter Einbeziehung der Delkrederefunktion, ist relativ teuer.

- Der Hinweis auf die Abtretung kann als Zeichen wirtschaftlicher Schwäche angesehen werden.

3. Kommunikationspolitik

3.1 Allgemeine Grundlagen

1. **Was versteht man unter Kommunikationspolitik?**

   Kommunikationspolitik ist die zusammenfassende Bezeichnung für die Maßnahmen eines Unternehmens, „Verbindung" (= Kommunikation) zu den mutmaßlichen Abnehmern seiner Produkte herzustellen.

2. **Welche Ziele verfolgt die Kommunikationspolitik?**

   Ein Unternehmen will mit den Mitteln der Kommunikationspolitik *Einstellungen* und *Erwartungshaltungen* gegenüber dem Produkt, dem Unternehmen, der Marke durch entsprechende Informationen *beeinflussen* und *Verhaltensäußerungen* im Sinne der unternehmerischen Zielsetzung *lenken*.

3. **Welche Bereiche umfasst das sog. Kommunikations-Mix?**

   Das sog. Kommunikations-Mix umfasst die folgenden Bereiche:

   - Werbung,
   - Verkaufsförderung (Sales Promotion),
   - Öffentlichkeitsarbeit (Public Relations),
   - Persönlicher Verkauf,
   - Sponsoring,
   - Direktmarketing.

4. **Was versteht man unter Kommunikation?**

   Unter Kommunikation versteht man den *Prozess der Übertragung von Informationen* (Mitteilungen, Zeichen) eines Senders an einen Empfänger bzw. an mehrere Empfänger.

   Kommunikation ist *situationsorientiertes Handeln*, d.h. Kommunikation findet immer zu einer bestimmten Zeit und in einer bestimmten Situation statt, die den Kommunikationskanal, die Kommunikationsform usw. bestimmen. Kommunikation ist *zweckorientiertes Handeln*, d.h. der Sender will mindestens erreichen, dass der Empfänger die Information empfangen und verstanden hat und dieses durch entsprechendes Verhalten zu erkennen gibt.

   Kommunikation setzt voraus, dass die gesendeten Mitteilungen *sinnlich wahrnehmbar* sind.

5. Welche Arten von Kommunikation gibt es?

Man kann u.a. folgende *Arten von Kommunikation* unterscheiden.

Bei der *Individualkommunikation* ist die Zahl der teilnehmenden Partner eindeutig abgegrenzt.

Massenkommunikation liegt vor, wenn sich der Sender an eine große Zahl anonymer Empfänger wendet.

Von einer *Face-to-face-Kommunikation* spricht man, wenn die Kommunikationspartner physisch anwesend sind.

6. Welche Formen der Kommunikation gibt es?

Mit dem Begriff Kommunikationsformen kennzeichnet man die *Art und Weise der Kommunikation*.

Zu unterscheiden sind zwei Bereiche, die sich allerdings nicht voneinander trennen lassen: *digitale und analoge Formen* einerseits und *verbale und nonverbale Formen* andererseits.

1. *Digitale Kommunikation* liegt vor, wenn der Sender den Kommunikationsgegenstand mit Zeichen beschreibt, für die er beim Empfänger Verständnis erwarten kann. Das ist z.B. bei Verwendung der dem Sender und Empfänger bekannten *Sprache* der Fall. *Analoge Kommunikation* liegt vor, wenn der Sender den Kommunikationsgegenstand mit Bildern o.Ä. darstellt.

2. Bei der *verbalen Kommunikation* wird die Sprache bzw. werden Texte verwendet. Sie entspricht deshalb der digitalen Kommunikation. Bei der nonverbalen Kommunikation werden nicht-sprachliche bzw. nicht-schriftliche Mittel zur Verständigung genutzt, z.B. Bilder, Musik, Symbole, aber auch die Körpersprache, die Mimik, Gestik usw.

7. Was versteht man unter Kommunikationskanälen?

Mit Kommunikationskanälen bezeichnet man die *Verbindungswege* zwischen Sender und Empfänger.

Kommunikationspolitik 383

8. Wie lässt sich in einem einfachen Modell der Vorgang der Kommunikation beschreiben?

Zur Beschreibung der Kommunikation kann das *Darstellungsmodell* von Shannon und Weaver genutzt werden; dieses Modell besteht aus 5 Elementen: Sender, Sendegerät, Kommunikationskanal, Empfangsgerät, Empfänger.[10]

Der Sender hat die *Absicht*, dem Empfänger eine *Information* zu geben. Dazu muss er zunächst einen *Kommunikationskanal* einrichten und die Information angemessen *kodieren*, d.h. in Signale umsetzen, die über den gewählten Kanal gesendet werden können und für die er beim Empfänger Verständnis erwarten kann. Dann *sendet* er die Signale.

Der Empfänger *empfängt* die Signale und *dekodiert* sie. So kann er die Mitteilung *wahrnehmen* und die Absicht des Senders *verstehen;* er erhält also die *Information* und kann angemessen *reagieren*.

Zum Abschluss des Kommunikationsvorganges erhält der Sender eine *Rückmeldung* über die Reaktion des Empfängers. (Vgl. zu den Ausführungen die folgende Zeichnung.)

Für diese Art der Kommunikation lassen sich Beispiele in der Werbung, im persönlichen Verkauf, in der Verkaufsförderung usw. finden.

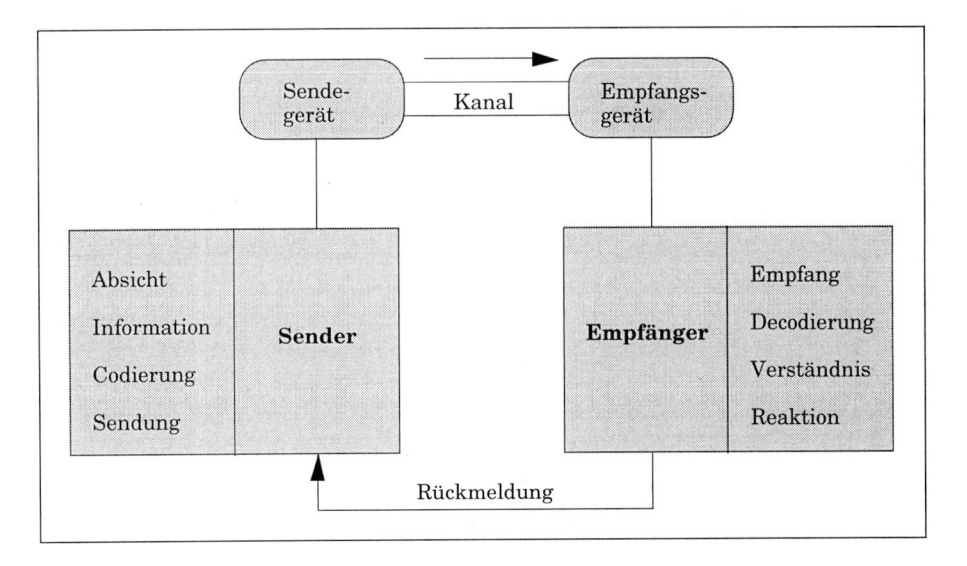

---

[10] In Anlehnung an Dichtl, E. und O. Issing (Hg.): Vahlens großes Wirtschaftslexikon („Kommunikationsmodell")

9. Wie lässt sich das Denkschema eines Kommunikationsvorganges in Kurzform darstellen?

Das Denkschema eines Kommunikationsvorganges lässt sich in Kurzform in einer Frage darstellen (*Kommunikationsformel* nach Lasswell). Sie kann auf die einzelnen Bereiche der Kommunikationspolitik, z.B. Werbung, persönlicher Verkauf usw., angewandt werden.

Fragestellung	Beispiele
Wer	werbendes Unternehmen, Sender
sagt was	Werbebotschaft, Information
in welcher Form	Codierung, Verschlüsselung, Signale, Zeichen
mit welcher Absicht	Kaufanregung, Verbesserung des Images
über welche Kanäle	Werbeträger, Medien, Außendienstmitarbeiter
zu wem	Zielperson, Zielgruppe, Empfänger
mit welchen Wirkungen?	Kommunikationserfolg, Kauf, Einstellungen zu Produkt, Unternehmen, Marke

10. Wie lässt sich am Beispiel „Werbung" der Kommunikationsvorgang beschreiben?

Ein Unternehmen (z.B. ein Hersteller von Mehlprodukten), will eine bestimmte Zielgruppe (z.B. Hausfrauen) über die Erweiterung seines Sortiments durch ein neues Produkt (z.B. Backmischungen) informieren und zum Kauf anregen. Dazu wählt er eine szenische Darstellung in einem TV-Werbespot, für die die Werbebotschaft dem Kanal und der Zielgruppe entsprechend verschlüsselt wird. Wenn die Mitglieder der Zielgruppe den Werbespot empfangen die Verschlüsselung dekodieren können, verstehen sie die Werbebotschaft und nehmen die Information zur Kenntnis. Es kann zum Kauf des Produkts, aber auch zur bewussten Kaufenthaltung kommen. Die Zielpersonen reagieren damit in einer Weise, die das Unternehmen erkennen, evtl. sogar messen kann. Das Unternehmen erhält Rückmeldungen über die Umsatzzahlen oder durch Befragungen über die Wirkung der Werbung.

11. Wie lässt sich der Prozess vom Empfang des Signals zum Kauf darstellen?

Man kann davon ausgehen, dass ein empfangenes Signal (die verschlüsselte Werbebotschaft) bei den umworbenen Personen einen *Prozess mit drei Stufen* durchläuft:

- Sinnliche Wahrnehmung des Signals,
- Verarbeitung, Umsetzung, Deutung des Signals,
- Reaktion.

Entsprechend lässt sich der aus der Sicht des werbenden Unternehmens erfolgreich verlaufende Prozess vom Empfang des Signals zum Kauf – schematisch verkürzt – folgendermaßen darstellen.

1. Stufe: Wahrnehmung

Die Mitglieder der Zielgruppe nehmen die Werbebotschaft in Abhängigkeit von Situationen und Stimmungen wahr, die ihre Aufnahmebereitschaft und -fähigkeit für die Werbebotschaft bestimmen. Ihre Aufmerksamkeit wird erregt durch die übermittelten Informationen und/oder emotionalen Reize, und zwar um so mehr, je besser diese die Situationsbedingungen (z.B. Konflikte) und die Stimmungslagen treffen.

2. Stufe: Verarbeitung

Die Mitglieder der Zielgruppe verstehen die Werbebotschaft. Sie wird in dem Maße mehr oder weniger akzeptiert, wie sie auf aktuelle Situationen eingeht (z.B. Konfliktlösungen anbietet) und wie sie bestimmte (sympathische) Stimmungen bzw. Gefühle trifft oder auslöst. Die verstandene Werbebotschaft und die in der 1. Stufe wahrgenommenen Informationen werden gespeichert und begründen den Bekanntheitsgrad des Produkts. So werden die Motive für die Entscheidung zum Kauf gelenkt und Einstellungen zum Produkt bzw. zur Marke geprägt. Es entstehen Wünsche, das Produkt zu besitzen, und evtl. Präferenzen für das Produkt bzw. für die Marke.

3. Stufe: Aktion

In der aktuellen Kaufsituation entscheiden sich die Mitglieder der Zielgruppe für das Produkt nach hinreichender Motivation und Präferenzbildung. Bei Konkurrenz zwischen Produkten wird die Entscheidung wesentlich vom Bekanntheitsgrad, d.h. von den Erinnerungen an die Werbebotschaft und an Informationen, bestimmt.

12. Was wird mit dem sog. AIDA-Schema angegeben?

Das sog. AIDA-Schema beruht auf der Annahme, dass ein Signal nacheinander die folgenden *Stufen* eines psychischen Prozesses beim Empfänger auslöst:

A	*Attention*	Aufmerksamkeit
I	*Interest*	Interesse
D	*Desire*	Wunsch (Kaufwunsch)
A	*Action*	Handlung (z. B. Kauf)

Das Schema ist in der Psychologie umstritten, da es die zu Grunde liegenden psychischen Prozesse und die ursächliche Verkettung der Stufen nicht ausreichend erklären kann. Für den Kaufmann ist das Schema unbefriedigend, weil es mehr die psychischen als die ökonomischen Werbewirkungen analysiert. Es lassen sich keine Voraussagen über die Verkaufsentwicklung machen. (In der Werbeerfolgskontrolle spielt das Schema eine gewisse Rolle: In Tests werden Werbekampagnen nach ihnen überprüft; dabei liefert es Anregungen für die Gestaltung bzw. Veränderung von Werbemitteln.)

13. Was ist ein Wear-out-Effekt?

Mit dem „Wear-out-Effekt" (Abnutzungseffekt) bezeichnet man die *Abnutzung der Werbewirkung* eines Werbespots u. dgl. durch Wiederholungen. Die Aufmerksamkeit des Empfängers nimmt bei wiederholter Sendung zunächst zwar zu, sinkt dann aber bald ab; dadurch nimmt auch die Erinnerung an die mit der Werbebotschaft verbundenen Information ab, sodass sie z.B. in der aktuellen Kaufsituation nicht zur Verfügung steht.

3.2 Werbung

3.2.1 Prozess der Werbeplanung

1. Was ist Werbung?

Werbung ist der wichtigste und am weitesten verbreitete Aspekt der Kommunikationspolitik. Werbung ist „die *absichtliche und zwangfreie Form der Beeinflussung*, welche Menschen zur Erfüllung der Werbeziele veranlassen soll" (Behrens).

2. Was versteht man unter Werbestrategie?

Die Werbestrategie eines Unternehmens ist ein *langfristiges Konzept*, das zwei wesentliche Grundlagen hat:

- übergeordnete Unternehmens- und Marketingziele,

- Ergebnisse von Marktanalysen, die z.B. Aufschluss geben über die Marktchancen für alte und neue Produkte, über die Nachhaltigkeit von Nachfrageänderungen, über das Verhalten von Mitbewerbern, über das Alter der Produkte.

Dieses Konzept ist *Grundlage der Werbeplanung*.

3. Welche Stufen bzw. Abschnitte lassen sich im Prozess der Werbeplanung erkennen?

Im Prozess der Werbeplanung lassen sich u.a. die folgenden – voneinander abhängigen – Abschnitte erkennen:

1	Formulierung der .... (in Abhängigkeit von den übergeordneten Marketingzielen)	Werbeziele
2	Festlegung der finanziellen Mittel (unter Berücksichtigung der Werbeziele)	Werbeetat
3	Bestimmung der Personen und Gruppen, die mit der Werbung erreicht werden sollen, d.s.	Zielpersonen, -gruppen
4	Formulierung der .... (in Abhängigkeit von den Zielgruppen usw.)	Werbebotschaft
5	Auswahl der .... (in Abhängigkeit von der Werbebotschaft, den Zielgruppen usw.)	Werbemittel
6	Bestimmung der Zeit und des Zeitraums, in der geworben werden soll, d.s. .... (in Abhängigkeit von Werbegebiet, Werbebotschaft, Werbemitteln, Zielgruppen usw.)	Werbezeit und -zeitraum
7	Auswahl der .... (in Abhängigkeit von den Werbemitteln, den Zielgruppen usw.)	Werbeträger
8	Durchführung der Werbung	
9	Erfolgskontrolle der Werbung	

4. Welche Bedeutung haben Werbeerfolgskontrollen?

Mithilfe von Werbeerfolgskontrollen soll ermittelt werden, *ob und inwieweit die Werbeziele erreicht* wurden. Wenn die Ziele nicht erreicht wurden, wird eine Analyse der Abweichungen erforderlich. Sie ist Grundlage einer Zielkorrektur. Wegen der Abhängigkeiten macht die Zielkorrektur auch die Korrektur weiterer Aspekte erforderlich, z.B. der Werbebotschaft, der Werbemittel, der Werbeträger usw.

3.2.2 Werbeziele

1. **Welche Bedeutung haben Werbeziele?**

   Werbeziele geben an, *was* durch den Einsatz von Werbemaßnahmen *erreicht werden soll*. Sie sind deshalb u.a.

   - Voraussetzungen für die Werbeplanung, z.B. für Art und Umfang bestimmter Werbemaßnahmen,

   - Grundlagen für Messung des Werbeerfolgs,

   - Maßstab für Art und Umfang von Korrekturen des Plans.

2. **Welche Anforderungen sind an Werbeziele zu stellen?**

   Werbeziele müssen *operational* sein, deshalb sollten sie u.a. die folgenden Eigenschaften aufweisen.

   - Werbeziele sollten *messbar* sein. Sie sind deshalb in Größen anzugeben, die eine Überprüfbarkeit der Zielerreichung möglich machen. Das setzt auch die schriftliche Fixierung der Werbeziele voraus.

   - Werbeziele sollten *realisierbar* sein. Bei der Formulierung ist deshalb zu berücksichtigen, ob die Zielerreichung durch Werbung möglich ist.

3. **Von welchen übergeordneten Zielen hängen die Werbeziele ab?**

   Werbeziele sind sog. *Unterziele*, sie hängen von übergeordneten Zielen, den sog. Oberzielen, ab. Die Abhängigkeit wird durch die *Zielhierarchie* gegeben. Die Ziele der einzelnen Ebenen ergeben sich aus den *Ziel-Mittel-Relationen*. Ziel des Unternehmens ist z.B. Gewinnmaximierung, das durch die Mittel Kostenminimierung oder Umsatzmaximierung erreicht werden kann. Das Mittel „Umsatzmaximierung" bestimmt das Ziel des Marketingmanagement „Umsatzsteigerung". Um dieses Ziel zu erreichen, kann das Marketingmanagement u.a. kommunikationspolitische Maßnahmen (Mittel) ergreifen. Dadurch wird z.B. das Ziel der Abteilung Werbung bestimmt: Verbesserung der Werbemaßnahmen durch entsprechende Gestaltung der Werbemittel. Dadurch werden die übergeordneten Ziele konkretisiert und die Maßnahmen definiert, die in der Werbung zu ihrer Erreichung eingesetzt werden sollen.

Ebenen	Ziel		Mittel (Beispiel)
Unternehmensleitung	Gewinnmaximierung	durch	Umsatzmaximierung
Marketingleitung	Umsatzsteigerung	durch	kommunikationspolitische Maßnahmen
Abteilungsleitung	Verbesserung der Werbemaßnahmen	durch	Gestaltung von Werbemitteln

4. Was sind allgemeine Werbeziele?

Zu den allgemeinen Werbezielen können die folgenden Ziele gezählt werden:

- *Expansionswerbung*: Das werbende Unternehmen will seine Marktchancen nutzen und Marktanteile gewinnen, um über die Steigerung des Umsatzes seinen Gewinn zu erhöhen.

- *Erinnerungswerbung*: Das werbende Unternehmen erinnert mit seinen Werbemaßnahmen an sein Produkt (seine Marke), um die Nachfrage zu stabilisieren.

- *Erhaltungswerbung*: Das werbende Unternehmen verteidigt mit den Mitteln der Werbung seinen Marktanteil gegen die zunehmende Substitutionskonkurrenz.

5. Was sind spezielle Werbeziele?

Die allgemeinen Werbeziele werden durch spezielle Werbeziele ergänzt und weitergehend *konkretisiert*. Beispiele für spezielle Werbeziele:

- Ein neues Produkt wird bei einer bestimmten Zielgruppe bekannt gemacht.

- Das Image der Marke soll verbessert werden; dazu sollen u.a. Aufmachung und Darstellung des Markennamens und -zeichens in modernisierter Form in Verpackungen, Werbematerialien und Werbespots aufgenommen werden.

- Der Bekanntheitsgrad eines Produkts, für das aufgrund veränderter Konsumgewohnheiten Bedarf besteht, soll erhöht werden.

6. Wodurch unterscheiden sich außerökonomische Werbeziele von den ökonomischen Werbezielen?

Ökonomische Werbeziele sind auf ökonomische Größen ausgerichtet, z.B. auf Erhöhung des Umsatzes und des Gewinns, auf Verbesserung der Deckungsbeiträge.

Außerökonomische Werbeziele können z.b. Imageverbesserung, Präferenzbildung, Einstellungsänderung, Weckung von Kaufinteresse sein. Es sind also vorrangig kommunikative Ziele. Sie sollen jedoch schließlich in der aktuellen Kaufsituation die umworbenen Zielpersonen zum Kauf der Produkte des werbenden Unternehmens anregen.

3.2.3 Zielgruppen und Segmentierung

1. Was sind Zielgruppen?

Die *Gruppe* von Personen (oder Institutionen), *auf die das Werbeziel ausgerichtet ist* und an die sich die Werbemaßnahmen richten, wird als Zielgruppe bezeichnet. Eine Zielgruppe ist eine Gruppe von Individuen, die *nach bestimmten Merkmalen gleichartig* sind.

Zielgruppen werden also einerseits durch die Formulierung des Ziels, andererseits durch bestimmte Merkmale definiert.

2. Was heißt Segmentierung?[11]

Als Segmentierung bezeichnet man die *Einteilung des Absatzmarktes* für ein Produkt bzw. eine Leistung *in Gruppen* von Käufern, die nach bestimmten Merkmalen gleichartig, homogen, sind. (Die gleichartigen Gruppen werden gelegentlich als Segmente bezeichnet.) Der Anbieter berücksichtigt diese Gruppen bei seiner Werbestrategie, also z.B. bei der Formulierung von Werbezielen und der Gestaltung der Werbemaßnahmen.

3. In welche Kategorien lassen sich Zielgruppen zusammenfassen?

Zielgruppen lassen sich grob in zwei Kategorien einteilen: *Käufer-Nichtkäufer* und *Verwender-Nichtverwender*.[12] Aus diesen Kategorien können die folgenden Kombinationen gebildet werden: Käufer-Verwender, Käufer-Nichtverwender, Nichtkäufer-Verwender, Nichtkäufer-Nichtverwender.

Beispiele:

1. Käufer-Verwender: Hausfrauen als Käufer von Lebensmitteln,
2. Käufer-Nichtverwender: Käufer von Geschenken; Einkäufer (Beschaffung),

---

[11] Weitere Ausführungen zu dieser Thematik bei B. 10 (Käufersegmentierung), D 3.3 (Kundenorientierte Strategien)

[12] Vgl. Rogge, H.J.: Werbung, Ludwigshafen (Kiehl-Verlag), 2000, S. 80 f.

3. Verwender-Nichtkäufer: Kinder als Empfänger von Geschenken; Mitarbeiter in Unternehmen als Verwender von Maschinen,
4. Nichtverwender-Nichtkäufer: Einkaufsberater.

Der Zusammenhang kann durch folgende Matrix verdeutlicht werden.

	Verwender	**Nichtverwender**
Käufer	1.	2.
Nichtkäufer	3.	4.

4. Wie können Zielgruppen definiert werden?

Zur Definition von Zielgruppen können u.a. *Ausprägungen der* folgenden *Merkmale* herangezogen werden:

- Kaufverhalten und Verwendung,
- Bedürfnisse,
- demographische, soziographische, psychographische Merkmale.

Zielgruppen werden meistens gebildet aus einer Kombination mehrerer Merkmalsausprägungen. So könnte z.B. die Zielgruppe für ein Produkt wie Backmischungen – berufstätige Hausfrauen mit mittlerem Einkommen – gebildet werden aus den Gruppen Hausfrauen, berufstätige Frauen, Frauen, die über entsprechend hohes Wirtschaftsgeld verfügen können.

5. Welche Merkmale können zur Bildung von Zielgruppen herangezogen werden?

Die Merkmale, die zur Definition von Zielgruppen herangezogen werden, lassen sich in folgende *Klassen* einteilen.

- *Demographische* Merkmale:

  Zielgruppen werden nach Geschlecht, Alter, Haushaltsgröße, Haushaltseinkommen, Schichtzugehörigkeit u. dgl. definiert.

- *Geographische* Merkmale:

  Zielgruppen werden auf der Grundlage regionaler Bedingungen gebildet, d.h. sie werden u.a. danach definiert, wo ihre Mitglieder wohnen, arbeiten oder ihren Firmensitz haben, z.B. in Städten (Groß-, Klein-, Mittelstädten), auf dem Land, in bestimmten Bundesländern, Regierungsbezirken, Kaufkraftbezirken.

- *Psychographische* Merkmale:

  Zielgruppen werden nach bestimmten psychologischen Merkmalen definiert, das können z.B. Einstellungen, Erwartungen, Wünsche, Persönlichkeitsmerkmale, Charaktereigenschaften u. dgl. sein.

- *Verhaltensbezogene* Merkmale:

  Zielgruppen werden nach Kaufgewohnheiten und Verbrauchsverhalten gebildet.

6. Welche Eigenschaften muss eine Zielgruppe aufweisen?

Eine Zielgruppe sollte u.a. folgende *Eigenschaften* aufweisen:

- *Homogenität*: Die Mitglieder der Zielgruppe müssen hinsichtlich der zur Definition der Gruppe herangezogenen Merkmalsausprägungen gleichartig sein.

- *Unterscheidbarkeit*: Die zur Definition der Zielgruppe herangezogenen Merkmalsausprägungen müssen die Zielgruppe eindeutig von anderen Zielgruppen unterscheiden.

- *Eindeutigkeit*: Die Definition der Zielgruppe muss so eindeutig sein, dass kein zusätzlicher Interpretationsbedarf besteht. So müssen z.B. alle an den Marketingmaßnahmen Beteiligten die Zielgruppe gleichermaßen identifizieren können.

- *Verwertbarkeit*: Die Zielgruppe muss für entsprechende Marketingmaßnahmen – auch nach wirtschaftlichen Gesichtspunkten – verwertbar sein.

- *Dauerhaftigkeit*: Die Zielgruppe sollte längerfristigen Bestand haben.

3.2.4 Werbebotschaft

1. Was ist eine Werbebotschaft?

Die Werbebotschaft ist die *grundsätzliche Thematik, mit der Aufmerksamkeit für das Produkt und Interesse an dem Produkt geweckt werden sollen.* Die Thematik ist abgestellt auf Motive, Verhalten, Wünsche, Ansprüche usw. der bekannten Zielgruppen. Von ihnen hängt auch ab, welche der folgenden Aspekte bei der Festlegung der Werbebotschaft besonders berücksichtigt werden müssen: wirtschaftliche, soziale, emotionale, technische oder andere Aspekte.

2. Welche Aspekte der Werbebotschaft sind zu unterscheiden?

Die Werbebotschaft enthält folgende Aspekte:[13]

- Die *Basisbotschaft*, durch die das Produkt eindeutig gekennzeichnet und von anderen Produkten unterschieden wird,

- die *Nutzenbotschaft*, die der Zielgruppe den besonderen Nutzen des Produkts für sie aufzeigt,

- die *Nutzenbegründung*, durch sie soll den Zielpersonen der besondere Nutzen des Produkts glaubhaft nachgewiesen werden.

3.2.5 Inter-Media-Auswahl

1. Was versteht man unter Inter-Media-Auswahl?

Mit dem Begriff Media werden die Werbeträger bezeichnet. Inter-Media-Auswahl ist zunächst eine Grobauswahl aus den möglichen Werbeträgern. Das werbende Unternehmen wählt *zwischen* (inter) *verschiedenen Werbeträgergruppen* aus; es entscheidet sich z.B. für Werbung mit einer überregional erscheinenden Wochenzeitschrift.

2. Welcher Unterschied besteht zwischen Inter-Media-Auswahl und Intra-Media-Auswahl?

Die Inter-Media-Auswahl muss durch die Intra-Media-Auswahl ergänzt werden. Das werbende Unternehmen wählt z.B. *innerhalb* (intra) der Werbeträgergruppe einen bestimmten Werbeträger aus; es entscheidet sich z.B. innerhalb der Gruppe Wochenzeitschriften für eine Frauenzeitschrift.

3. Welche Gruppen von Werbeträgern lassen sich unterscheiden?

Die Werbeträger lassen sich in folgende Gruppen einteilen:

1. *Printmedien*

- *Tageszeitungen* mit regionaler und überregionaler Reichweite; zu unterscheiden sind Abonnementzeitungen, Boulevardzeitungen usw.,

- *Wochenzeitungen* mit regionaler und überregionaler Reichweite,

---

[13] Vgl. Weis, H,C.: Marketing, a.a.O., S. 332

- *Anzeigenblätter* mit redaktionellem Inhalt mit regionaler Reichweite (Stadt oder Stadtteil), die i.d.R. wöchentlich oder halbwöchentlich erscheinen,

- *Zeitschriften*, dazu zählen illustrierte Zeitschriften, Wochenmagazine, Programmzeitschriften, besondere Publikumszeitschriften wie Frauen-, Eltern-, Jugendzeitschriften usw.,

- *Fachzeitschriften*,

- *Verbandszeitschriften*,

- *Beilagen* und Ergänzungen zu Tages- und Wochenzeitungen, zu Zeitschriften, usw.

2. Elektronische Medien

- *Radio*,
- *Fernsehen*,
- *Kino*,
- *Internet*.

3. Außen- und Verkehrsmittelwerbung

- Plakatwerbung, Anschlagflächen, Litfaßsäulen usw.,
- Werbung in Bussen und Bahnen.

4. Welche Kriterien spielen bei der Inter-Media-Auswahl eine Rolle?

Folgende Kriterien spielen bei der Inter-Media-Auswahl eine Rolle:

- Das einzusetzende *Werbemittel*, z.B. Anzeige, TV-Spot, Plakat,

- die *Zielgruppe*, z.B. Hausfrauen, Jugendliche, Einkäufer,

- der *Zeitpunkt* und die *Situation* des Werbekontaktes, z.B. beim vorabendlichen Fernsehen, auf dem morgendlichen Weg zur Arbeit in der Bahn, am Arbeitsplatz,

- die *Werbebotschaft* und die Möglichkeiten zu ihrer Darstellung, z.B. die szenische Darstellung im TV-Spot mit der Möglichkeit zur Demonstration von Bewegungsabläufen, die Textanzeige mit der Möglichkeit zur tiefergehenden Information, die Bildanzeige oder das Plakat mit der Möglichkeit zur Erregung von Aufmerksamkeit oder zur Erinnerung an eine TV-Werbung,

- das *Verbreitungsgebiet* des Werbeträgers, so wird z.B. ein Unternehmen einen Werbeträger wählen, der sein Absatzgebiet abdeckt,

- das Werbeverhalten der *Mitbewerber*, so wird z.B. ein Unternehmen gelegentlich den Werbeträger, über den die Konkurrenz wirbt, wählen,

- der *Werbeetat*, d.h. für die Werbung zur Verfügung stehende Mittel.

Die Kriterien, die bei der Entscheidung für einen Werbeträger von Bedeutung sind, hängen eng zusammen. So bestimmt z.B. das Werbemittel den Werbeträger; die Entscheidung für ein bestimmtes Werbemittel wird aber wesentlich bestimmt von der Zielgruppe und den Möglichkeiten der Kontaktierung, von der Werbebotschaft und ihren Darstellungsmöglichkeiten usw.

3.2.6 Werbeetat (Werbebudget)

1. **Welche Bedeutung hat der Werbeetat?**

Mit Werbeetat wird die Summe bezeichnet, die im Rahmen des gesamten Kommunikationsbudgets für die Werbung in einem Zeitraum (Geschäftsjahr) oder für eine Aktion zur Verfügung gestellt wird. Die Höhe des Etats bestimmt die Auswahl der Werbemittel und -träger und damit deren Streuung.

2. **Mit welchen Methoden kann die Höhe des Werbeetats festgelegt werden?**

Folgende Methoden werden in der Praxis angewandt, um die Höhe des Werbeetats festzulegen.

1. Die wettbewerbsbezogene Methode,
2. die finanzmittelbezogene Methode,
3. die umsatzbezogene Methode,
4. die gewinnbezogene Methode,
5. die werbezielbezogene Methode.

3. **Wie wird mit der wettbewerbsbezogenen Methode die Höhe des Werbeetats festgelegt?**

Das werbende Unternehmen *orientiert* sich bei der Festlegung seines Werbeetats *an der Konkurrenz*. Es bestimmt die Höhe seiner Werbeausgaben in Anlehnung an die bisherigen oder an die vermuteten Ausgaben der Mitbewerber für Werbung bzw. an das branchenübliche Ausgabenvolumen. Die auf dieser Grundlage betriebene Werbung hat eher defensiven als offensiven Charakter. Möglicherweise steht dahinter die Absicht des werbenden Unternehmens im Verhältnis zu seinen Mitbewerbern in der Werbung präsent zu sein.

4. Wie wird mit der finanzmittelbezogenen Methode die Höhe des Werbeetats festgelegt?

Die Höhe der Werbeausgaben wird durch die *Höhe der zur Verfügung stehenden Mittel* bestimmt. Die nach Abzug von Aufwendungen vom Gesamtbudget noch zur Verfügung stehenden Mittel bestimmen die Höhe des Werbeetats. Nicht der auf der Grundlage genau definierter Ziele ermittelte Werbebedarf, sondern eine Restgröße gibt letztlich vor, wie hoch die Werbeausgaben sein dürfen.

5. Wie wird mit der umsatzbezogenen Methode die Höhe des Werbeetats festgelegt?

Die *Etathöhe wird vom Umsatz* bestimmt. Mit einem Prozentsatz vom Umsatz der Vorperiode oder vom erwarteten Umsatz werden die geplanten Werbeausgaben angegeben. Die Höhe des Umsatzes (evtl. der Vorperiode) bestimmt also den Umfang der Werbeausgaben (für die Planperiode): Dieses Vorgehen ist problematisch, da es den Kausalzusammenhang zwischen Werbung (Ursache) und Wirkung (z.B. Umsatzhöhe) nur unzulänglich berücksichtigt. Trotz ihrer Unzulänglichkeit ist diese Methode in der Praxis relativ häufig.

6. Wie wird mit der gewinnbezogenen Methode die Höhe des Werbeetats festgelegt?

Die *Etathöhe wird vom Gewinn bestimmt*. Mit einem Prozentsatz vom Gewinn der Vorperiode oder vom erwarteten Gewinn werden die geplanten Werbeausgaben angegeben. Die Probleme dieses Verfahrens sind die gleichen wie bei der umsatzbezogenen Methode.

7. Wie wird mit der werbezielbezogenen Methode die Höhe des Werbeetats festgelegt?

Die Höhe des Werbeetats wird *am Werbebedarf ausgerichtet*. Dies Verfahren erscheint besonders sinnvoll, weil der Werbebedarf sich aus den genau definierten Werbezielen ergibt; sie sollen mit möglichst geringem Aufwand erreicht werden. Die ermittelten Aufwendungen bestimmen die Höhe des Etats. Andere Aspekte, wie z.B. die Finanzsituation und die Konkurrenzsituation, können bei dieser Festlegung des Werbeetats angemessen berücksichtigt werden.

8. Was versteht man unter Streuplanung?

Streuplanung ist die *Verteilung* des Werbeetats *nach sachlichen und zeitlichen Gesichtspunkten*.

Verteilt wird der Etat auf die Werbeobjekte, auf die Werbung für neue und alte Produkte und auf die verschiedenen Werbemittel und -träger. Bei der Verteilung wird auch berücksichtigt, dass zu bestimmten Zeiten stärker geworben werden muss. So machen z.B. saisonale Schwankungen der Nachfrage besondere Werbemaßnahmen erforderlich. Vor großen Feiertagen wird i.d.R. für Konsumgüter besonders aufwändig geworben. Nach einem Werbeanstoß werden in zeitlichen Abständen Wiederholungswerbungen erforderlich.

3.2.7 Briefing

1. Was versteht man unter Briefing?

Briefing ist die *Zusammenfassung* aller Aufgaben im Zusammenhang mit einer Werbekampagne in *Schriftform*. Es ist Grundlage für die Zusammenarbeit aller an der Werbung Beteiligten.

Das Briefing enthält

- die Marketing- und die Kommunikationsziele,

- Informationen über das Unternehmen, z.B. über das Produkt, das Sortiment, den Werbeetat, Zielgruppen,

- Informationen über den Markt, z.B. über Mitbewerber, Absatzwege,

- Angaben zum Werbekonzept, Vorschläge von Lösungen bestimmter Aufgaben.

2. Welche Formen des Briefing können unterschieden werden?

Man unterscheidet *Kundenbriefing* von der *Agenturbriefing*.

Von Kundenbriefing spricht man (im Allgemeinen), wenn das Briefing für eine Werbeagentur erstellt wird. Agenturbriefing ist dann die agenturinterne Zusammenstellung von Aufgaben und entsprechenden Informationen für die Mitarbeiter.

3.2.8 Besonderheiten der Markenwerbung[14]

1. **Welche Kriterien begründen die Besonderheit der Werbung für Marken und Markenartikel?**

   Die Kriterien für die Besonderheiten der Markenwerbung ergeben sich aus den besonderen Zielen der Markenpolitik.

   1. Über die Marke soll der Verbraucher ein Produkt bzw. die Produkte eines Herstellers identifizieren.
   2. Durch die Markierung soll sich ein Produkt von Konkurrenzprodukten abheben.

   Das setzt voraus: Die Marke muss bekannt sein, der Verbraucher muss die Marke eindeutig von anderen unterscheiden können, der Verbraucher soll Präferenzen für die Marke entwickeln.

2. **Welche besonderen Aufgaben hat die Werbung für Marken bzw. Markenartikel?**

   Die besonderen Aufgaben der Werbung für Marken bzw. Markenartikel sind: *Unterstützung der Markenpolitik* durch Informationen, Bekanntmachung der Marke (Name, Zeichen, Aufmachung), Aufbau einer Markenpräferenz, Ausbau des Markenimages, Entwicklung der Markentreue usw. Das erfordert entsprechende Auswahl von Werbeträgern und -mitteln, Darstellungen der Werbebotschaft, Einbeziehungen der Marke (Name, Zeichen, Aufmachung) usw.

3. **Welche Gesichtspunkte sind bei der Werbung für Marken bzw. Markenartikel besonders zu berücksichtigen?**

   Folgende Gesichtspunkte sind bei der Werbung zu berücksichtigen:

   - Wiedererkennbarkeit der Marke (Name, Zeichen, Aufmachung),
   - Wiederholung der Werbebotschaft,
   - Aktivierung der Erinnerung.

   Dazu müssen die Werbemittel den Veränderungen des Zeitgeschmacks angepasst und evtl. neue Zielgruppen berücksichtigt werden.

---

[14] Vgl. C 1.6 (Markenartikel und Markenartikelstrategie).

4. Welche Besonderheiten der Werbung sind zu beachten bei Einführung neuer Marken?

Wenn Unternehmen die *Werbewirkung gut eingeführter Marken ausnützen* können, wählen sie auch zur Kennzeichnung neuer Produkte die *bekannte Marke*. Bei der Wahl der Werbeträger und -mittel und bei der Darstellung der Werbebotschaft wird das angemessen berücksichtigt durch entsprechende Hinweise auf die Marke u.Ä. Die Werbung erhält dadurch zusätzlich den Effekt der Erinnerungswerbung für das übrige Programm.

Wenn ein Unternehmen das *Image gut eingeführter Marken nicht gefährden* will, wählt es für ein neues Produkt einen *individuellen Produktnamen*. In der Werbung wird dann nicht auf die durch andere Produkte bekannte Marke hingewiesen.

3.3 Mediaplanung

3.3.1 Kontakterfolg

1. Welche Bedeutung hat der Kontakterfolg?

Die Werbebotschaft kann nur durch die Kontaktierung der Zielgruppe mit Werbeträgern bzw. Werbemitteln vermittelt werden; der *Kontakterfolg ist Voraussetzung für den Kommunikationserfolg*. Wichtige Grundlage der Mediaplanung ist deshalb die Prüfung,

- ob die Zielgruppe mit dem Werbemittel bzw. -träger in Berührung gekommen ist und die Werbebotschaft verstanden hat,
- wie viele Kontakte mit dem Werbemittel bzw. -träger möglich sind.

Die Messung von Kontakterfolgen und die Feststellung der Reichweiten bestimmter Werbeträger und -mittel sind deshalb von besonderer Bedeutung.

2. Wie lassen sich Kontakterfolge messen?

Kontakterfolge lassen sich mit *Testverfahren* messen. Diese Testverfahren lassen sich sowohl in Pretests als auch in Posttests einsetzen. Bekannte Testverfahren sind z.B.

- Recalltest,
- Recognitiontest,
- Copytest.

3. Was wird mit dem Recalltest gemessen?

Der Recalltest ist ein *Erinnerungstest*. Testpersonen werden danach befragt, ob und wie weit sie sich an eine bestimmte Werbebotschaft erinnern. Zu unterscheiden sind gestützte (aided) und ungestützte (unaided) Recalltests. Beim aided Recalltest werden den Testpersonen Erinnerungshilfen angeboten, die im Zusammenhang mit dieser bestimmten Werbebotschaft stehen bzw. standen, z.B. Produktnamen, Marken, Zeichen, Begriffe u.Ä. Beim unaided Recalltest werden keine Erinnerungshilfen gegeben.

4. Was wird mit dem Recognitiontest gemessen?

Der Recognitiontest ist ein *Wiedererkennungstest*. Testpersonen werden danach befragt, ob sie ein bestimmtes Werbemittel und die mit ihm vermittelte Werbeaussage wiedererkennen. Dieses Testverfahren wird vorrangig angewandt, wenn Kontakterfolge von Zeitschriftenanzeigen als Werbemittel getestet werden sollen. Leser einer Zeitschrift werden geprüft, ob und wie weit sie eine Anzeige zur Kenntnis genommen haben. Besondere Bedeutung als Recognitiontest hat der sog. Starch-Test.

5. Was wird mithilfe des sog. Starch-Tests ermittelt?

Leser einer Zeitschrift werden danach befragt, *ob und wieweit sie eine bestimmte Anzeige zur Kenntnis genommen* haben. Für die Messung des Kontakterfolges sind *drei Wertungen* möglich:

1. Die Testperson hat die Anzeige gesehen (noted).

2. Die Testperson hat die Anzeige gesehen und kann sich an einzelne Information, wie z.B. Produkt, Marke, Hersteller, erinnern (noted and associated).

3. Die Testperson hat die Anzeige nicht nur gesehen, sondern mehr als 50 % des Textes gelesen (read most).

6. Was wird mit dem Copytest gemessen?

Den Testpersonen werden *Anzeigen* zur Lektüre vorgelegt. Anschließend werden sie danach befragt, was und wie viel sie von dem *Inhalt behalten* haben. Es wird geprüft, was genau gelesen, was nur überflogen, was gar nicht zur Kenntnis genommen wurde.

7. Was versteht man unter der Reichweite eines Werbeträgers?

Die Reichweite eines Werbeträgers gibt an, in welchem Umfang Personen mit dem Werbeträger (in einem bestimmten Zeitraum) in Berührung kommen. Diese Reichweite wird als *quantitative Reichweite* bezeichnet. Gefragt wird also nach der Anzahl der Kontakte.

Davon werden begrifflich die geographische (räumliche) und die qualitative Reichweite unterschieden. Die *räumliche Reichweite* gibt das Gebiet an, das von einem Werbeträger erreicht wird. Die *qualitative Reichweite* ist die zielgruppengerechte Reichweite eines Werbeträgers.

(Die quantitative Reichweite gilt als die Reichweite im engeren Sinne. Wenn von der Reichweite eines Werbeträgers gesprochen wird, ist im Allgemeinen die quantitative Reichweite gemeint.)

8. Welche Aspekte der Reichweite gibt es?

Zu unterscheiden sind Nettoreichweite, Bruttoreichweite, kumulierte Reichweite und kombinierte Reichweite.

- *Nettoreichweite* ist die *Einzelreichweite* eines Werbeträgers bzw. Werbemittels bei Ausschaltung von Überschneidungen. Sie gibt an, wie viel Personen mit einem Werbemittel bei einmaliger Einschaltung dieses Werbemittels in einen bestimmten Werbeträger Kontakt haben. Gefragt wird also z.B. danach, wie viel Leser einer Wochenzeitschrift (Zuschauer beim Werbe-TV usw.) mit einer Anzeige (einem Werbespot usw.) in Berührung kommen, wenn diese Anzeige (dieser Werbespot usw.) nur einmal erscheint.

- *Kumulierte Reichweite* ist die *gehäufte Reichweite* eines Werbeträgers bzw. Werbemittels bei mehrmaliger Einschaltung des Werbemittels in den gleichen Werbeträger. Kumulierte Reichweite liegt z.B. vor, wenn in aufeinander folgenden Ausgaben einer Wochenzeitschrift die gleiche Anzeige erscheint. Sie gibt also an, wie oft die Zielgruppe mit dem Werbemittel in Berührung gekommen ist.

- *Kombinierte Reichweite* ergibt sich aus der gleichzeitigen Einschaltung eines Werbemittels in verschiedene Medien. Sie liegt z.B. vor, wenn der gleiche Werbespot in den Werbesendungen mehrerer TV-Sender erscheint.

- *Bruttoreichweite* ist die Summe aller Einzelreichweiten.

9. Was leistet die IVW für die Ermittlung von Reichweiten?

Die Informationsgemeinschaft zur Feststellung der Verbreitung von Werbeträgern e.V. (IVW) veröffentlicht *Informationen über die Verbreitung der wichtigsten Werbeträger,* z.B. über Auflagen von Zeitungen und Zeitschriften, Verbreitung des Plakatanschlags, Zahlen der Kinobesucher usw. Diese Informationen helfen den Unternehmen bei der Errechnung der Reichweitenmaßzahlen. Sie können zur Kontrolle und Ergänzung der von den Verlagen, Sendern u.dgl. veröffentlichten Zahlen dienen.

10. Welche Kennziffern zur Messung der Reichweite von Printmedien gibt es?

Häufige Maßzahlen für Reichweiten bei Printmedien sind

- Leser pro Nummer (LpN),
- Kumulationswerte (K-Werte, z.B. K 1),
- Leser pro Auflage (LpA).

11. Was wird mit der Maßzahl LpN angegeben?

Die Maßzahl LpN gibt an, *wie viel Personen eine normale Ausgabe einer Zeitschrift lesen* oder durchblättern. Der LpN-Wert wird *durch Befragung ermittelt.* Gefragt wird danach, wer innerhalb eines Zeitraums – im Allgemeinen innerhalb eines Erscheinungsintervalls – eine Nummer bzw. Ausgabe einer Zeitschrift gelesen oder durchgeblättert hat; ermittelt wird also nicht nur die Zahl der Leser der im Erscheinungsintervall aktuellen Nummer, sondern auch der zurückliegenden Ausgaben.

So gibt z.B. der für die 11. Woche ermittelte LpN-Wert einer bestimmten Wochenzeitschrift nicht nur die Zahl der Leser der gerade aktuellen Nummer 11, sondern auch die Leser der Nummern 10, 9, 8 usw. an.

12. Was wird mithilfe der Kumulationswerte (K-Werte) ermittelt?

Kumulationswerte berücksichtigen die *kumulative Wirkung mehrfacher Einschaltungen* eines Werbemittels in einen Werbeträger. So gibt z.B. der K_{12}-Wert für eine Anzeige an, wie viel Personen insgesamt bei 12-facher Schaltung dieser Anzeige in einer bestimmte Zeitschrift erreicht wurden.

13. Was wird mit der Maßzahl LpA angegeben?

Die Maßzahl LpA wird *durch Berechnung ermittelt.* Sie wird als die durchschnittliche Zahl von Lesern einer Zeitschrift definiert.

3.3.2 Intra-Media-Auswahl

1. Nach welchen Kriterien entscheidet ein Unternehmen die Wahl eines bestimmten Werbeträgers?

Intra-Media-Auswahl ist die *Wahl eines spezifischen Werbeträgers aus einer Werbeträgergruppe*. Ausgewählt wird z.B. eine bestimmte Familienzeitschrift aus der Werbeträgergruppe Familienzeitschriften. – Kriterien für die Auswahl sind u.a.

- räumliche Reichweite,
- quantitative Reichweite,
- qualitative Reichweite,
- zeitliche Verfügbarkeit,
- Nutzenpreis bzw. das Verhältnis von Kosten zur Leistung.

2. Mit welcher Kennziffer wird das Verhältnis von Kosten zur Leistung eines Werbeträgers angegeben?

Das Verhältnis von Kosten zur Leistung eines Werbeträgers wird mit dem sog. *Tausenderpreis* ausgedrückt.

Beispiel Printmedien: Die Kosten werden mit dem Preis einer Einschaltung des Werbemittels, z.B. der Insertion einer Anzeige, angegeben, seine Leistung ist z.B. die Auflagenhöhe, diese Verhältniszahl wird auf 1.000 bezogen. So ergibt sich eine *Kennziffer*, die angibt, wie viel Tausend Kontakte, erreichte Personen u.dgl. kosten.

$$\text{Tausenderpreis} = \frac{\text{Preis je Schaltung}}{\text{Auflage}} \cdot 1.000$$

Anstelle der Auflagenhöhe bei Printmedien treten bei anderen Werbeträgern die entsprechenden Vergleichszahlen, z.B. TV-Anschlüsse, Rundfunkanschlüsse, Zahl der Litfaßsäulen bzw. Anschlagflächen o. Ä. Als Preise je Schaltung werden z.B. die Preise für eine ganzseitige Anzeige, für einen TV-Spot bestimmter Dauer in Sekunden, Plakatanschläge usw. angenommen.

Der Tausenderpreis gibt also nicht die tatsächlichen Kosten wieder; es handelt sich lediglich um eine *Kennziffer, mit deren Hilfe verschiedene Werbeträger in Bezug auf das Kosten-Leistungs-Verhältnis vergleichbar gemacht werden.*

3. Welche Bedeutung haben Rangreihen?

Die verschiedenen Werbeträger werden mit ihren Tausenderpreisen der Größe nach geordnet, hohe Rangplätze nehmen die Werbeträger mit niedrigen Tausenderpreis, untere Rangplätze die Werbeträger mit den höheren Tausenderpreisen ein; so entstehen Rangreihen, durch die die Kosten-Leistungs-Relationen der Werbeträger vergleichbar gemacht werden.

Rangreihen sind wichtige *Grundlagen für die Auswahl von Werbeträgern*. Die Rangreihen geben vor, in welcher Reihenfolge die Werbeträger bei der Erstellung des Medienplans berücksichtigt werden.

4. Welche Probleme sind bei der Planung der Medien auf der Grundlage von Rangreihen zu berücksichtigen?

Die folgenden Probleme müssen bei der Erstellung der Rangreihen berücksichtigt werden.

1. *Absolute Einschaltkosten*: Wenn der Rangplatz eines Werbeträgers auf der Grundlage seines Tausenderpreises festgelegt wird und seine absoluten Einschaltkosten dabei unberücksichtigt bleiben, entsteht ein falsches Bild. Die absoluten Einschaltkosten eines Werbeträgers können trotz eines relativ niedrigen Tausenderpreises sehr hoch sein. Wegen des begrenzten Werbeetats können diese teuren Werbeträger u.U. nicht berücksichtigt werden. Deshalb muss dieser Werbeträger einen niedrigeren Rangplatz erhalten oder aus der Rangreihe herausgenommen werden.

2. *Reichweiten*: Wenn ein Werbeträger mit relativ hohem Tausenderpreis eine größere Reichweite hat, ist er dem Werbeträger mit niedrigerem Tausenderpreis und geringerer Reichweite vorzuziehen. Er muss einen höheren Rangplatz erhalten.

3. *Überschneidungen*: Wenn es bei gleichrangigen Werbeträgern zu Überschneidungen kommt, erscheint es sinnvoll, nur einen Werbeträger in der Rangreihe zu belassen bzw. bei der weitergehenden Planung zu berücksichtigen.

5. Was sind Zielgruppenrangreihen?

Zielgruppenrangreihen sind Rangreihen von Werbeträgern *für bestimmte Zielgruppen*. Sie enthalten unter Berücksichtigung von definierten Zielgruppen eine Rangordnung der Werbeträger auf der Grundlage der Tausenderpreise.

6. Welche Entscheidungshilfen gibt es bei der Erstellung von Rangreihen?

Die *Eigner von Werbeträgern*, z.B. Zeitschriftenverlage, *liefern* den werbenden Unternehmen *Informationen* für die Erstellung von Rangreihen. Die Informationen enthalten

- die Tausenderpreise,
- differenzierte Angaben über Zielgruppen, z.B. Lesergruppen nach Vorbildung, Familienstand usw.,
- absolute Einschaltkosten,
- weitergehende Angaben zu Reichweiten.

7. Welche Bedeutung haben Gewichtungen der Werbeträger für die Intra-Media-Auswahl?

Werbeträger der gleichen Gruppe unterscheiden sich häufig hinsichtlich der Gestaltungsmöglichkeiten, der Aufmachung, des Ansehens bei der Zielgruppe usw. Das führt u.U. dazu, dass Ziele in unterschiedlichem Maße erreicht werden. Tausenderpreise und Rangreihen helfen zwar, Werbeträger der gleichen Gruppe vergleichbar zu machen. Wegen der großen Unterschiede der Werbeträger reicht dieser Vergleich häufig nicht aus. Deshalb muss die Vergleichbarkeit durch eine Gewichtung verbessert werden. Dazu werden die Werbeträger mit entsprechenden Gewichtungsfaktoren multipliziert.

8. Welche Bereiche der Gewichtung gibt es?

Folgende Gewichtungen werden unterschieden: Personengewichtungen, Mediengewichtungen, Kontaktgewichtungen.

Personengewichtungen sollen zum Ausdruck bringen, in welchem Umfang die Kontakte der Zielpersonen mit den Werbeträgern zur Erreichung der Ziele beitragen.

Mediengewichtungen sollen zum Ausdruck bringen, ob und in welchem Umfang die Werbeträger aufgrund ihrer unterschiedlichen Ausstattung u.dgl. die Werbebotschaft an die Zielpersonen heranbringt.

Kontaktgewichtungen sollen zum Ausdruck bringen, in welchem Umfang (Anzahl) Kontakte mit den Werbeträgern zu Stande kommen.

3.4 Verkaufsförderung (Sales Promotion)

1. Was versteht man unter Verkaufsförderung?

Als Verkaufsförderung bezeichnet man alle *zusätzlichen und/oder außergewöhnlichen Maßnahmen*, die die Absatzmittler und die eigenen Verkaufsorgane unterstützen und die Verbraucher beeinflussen (Sales Promotion).

Zu den Aufgaben der Verkaufsförderung wird auch die Koordination zwischen Werbung und Verkauf gezählt.

2. Welche grundsätzlichen Ziele hat die Verkaufsförderung?

Die grundsätzlichen Ziele der Verkaufsförderung sind

- *Information*,
- *Motivation* und
- *Training*

der eigenen Verkaufsorgane, der Verbraucher und der Absatzmittler.

3. Welche aktionspolitischen Bereiche werden mit verkaufsfördernden Maßnahmen erfasst?

Die Verkaufsförderung umfasst

- kommunikationspolitische (z.B. Displays),
- produktpolitische (z.B. besondere Preisnachlässe) und
- distributionspolitische (z.B. Händlerlisteförderung)

Maßnahmen.

4. An wen richten sich verkaufsfördernde Maßnahmen?

Adressaten der verkaufsfördernden Maßnahmen eines Unternehmens können

- *die eigenen Verkaufsorgane* im Außen- und Innendienst,
- *die Absatzmittler*, Händler, Handelsvertreter usw. oder
- *die Verbraucher*

sein. Entsprechend unterscheidet man verkäuferorientierte, händlerorientierte und verbraucherorientierte Verkaufsförderung.

5. Was ist verkäuferorientierte Verkaufsförderung?

Das *Verkaufspersonal* im Außen- und Innendienst soll bei seinen Bemühungen *unterstützt* und in seiner Leistungsfähigkeit verbessert werden.

Zu den Maßnahmen zählen:

- Schulung des Verkaufspersonals durch Seminare und Trainingsprogramme,
- Verkaufswettbewerbe,
- Prämien für besondere Leistungen in monetärer und nichtmonetärer Form,
- Überlassung von Informationsmaterial, Proben usw.

6. Was ist händlerorientierte Verkaufsförderung?

Händlerorientierte Verkaufsförderung *unterstützt* die Bemühungen der *Verkaufsorgane*, die Produkte bei den Absatzmittlern unterzubringen. Darüber hinaus werden aber auch die Absatzmittler bei ihren Verkaufsbemühungen unterstützt und ihre Leistungsfähigkeit verbessert.

Zu den Maßnahmen zählen

- Schulung der Händler und ihres Verkaufspersonals,
- besondere Nachlässe,
- Kooperation bei Werbung, Zuschüsse zu den Werbekosten, Einsatz von Propagandistinnen,
- Merchandising,
- Händlerlisteförderung (z.B. Anzeigen in Zeitschriften mit Bezugsquellenangaben),
- Prämien,
- Beratungen bei Einrichtung und Ausstattung der Verkaufsräume,
- Lieferung und evtl. Aufstellung von Displays,
- Information des Handels durch Händlerzeitschriften, Informationsdienste und dgl.,
- Kalkulationshilfen,
- Motivationen durch Preisausschreiben, Schaufensterwettbewerbe und dgl.

7. Was ist verbraucherorientierte Verkaufsförderung?

Verbraucherorientierte Maßnahmen *unterstützen die Bemühungen des Verkaufs* (der eigenen Verkaufsorgane und/oder der Absatzmittler). Die verkaufsfördernden Maßnahmen sollen die Konsumenten u.a. in besonderem Maße auf das Produkt aufmerksam machen, auf besondere Vorteile beim Kauf des Produkts hinweisen, den Verbraucher mit dem Produkt in Berührung kommen lassen u. dgl.

Zu den Maßnahmen zählen

- Sammelgutscheine,
- Rücknahme von Ware gegen Erstattung des Kaufpreises,
- Inzahlungnahme gebrauchter Produkte beim Kauf eines neuen,
- Ausgabe von Produktproben,
- Preisausschreiben,
- Verlosungen,
- Spezialverpackungen für eine Zweitnutzung,
- Sonderpreise, Sonderangebotsaktionen und dgl.

3.5 Öffentlichkeitsarbeit (Public Relations)

1. Was versteht man unter Öffentlichkeitsarbeit?

Mit dem Begriff Öffentlichkeitsarbeit (Public Relations) werden die *Maßnahmen* bezeichnet, *mit denen sich ein Unternehmen an die Öffentlichkeit wendet*, um z.B.

- über sich, seine Produkte, seine Produktionsverfahren, seine Probleme usw. zu informieren,
- Beziehungen herzustellen,
- Anerkennung für bestimmte Maßnahmen zu finden.

2. Wodurch unterscheidet sich die Öffentlichkeitsarbeit von der Werbung?

Die Maßnahmen der Öffentlichkeitsarbeit sind vorwiegend auf das Unternehmen, nicht auf ein Produkt bezogen. Dadurch unterscheiden sie sich wesentlich von der Werbung.

3. Welche Ziele verfolgt ein Unternehmen mit seiner Öffentlichkeitsarbeit?

Das Unternehmen will mit seiner Öffentlichkeitsarbeit

- *Vertrauen* gewinnen und festigen,
- um *Verständnis* werben,
- das *Image* pflegen und verbessern.

4. An wen richten sich die Maßnahmen der Öffentlichkeitsarbeit?

Die Maßnamen richten sich i.d.R. an *Teilöffentlichkeiten* (Gruppen), z.B.

- an Verbraucherverbände,
- an Lehrer, Schüler,
- an Abgeordnete,
- an Journalisten,
- an Abgeordnete,
- an Aktionäre,
- aber auch an Mitarbeiter
- und ihre Familien.

5. Welche Mittel werden in der Öffentlichkeitsarbeit eingesetzt?

Mittel der Öffentlichkeitsarbeit sind u.a.

- Betriebsbesichtigungen für bestimmte Gruppen,
- Tag der offenen Tür für die Anwohner oder für Mitarbeiter und ihre Familien,
- Informationsdienste für die Presse,
- Vorträge, z.B. in Schulen, auf Veranstaltungen der Verbraucherverbände,
- Filme,
- Stiftungen.

3.6 Corporate-Identity-Politik

1. Was versteht man unter Corporate Identity?

Mit Corporate Identity umschreibt man ein *einheitliches unverwechselbares Unternehmensbild*. In der Corporate Identity soll sich das Selbstverständnis des Unternehmens widerspiegeln. Es drückt sich sowohl im Leistungsangebot und in der Unternehmensorganisation als auch im Erscheinungsbild des Unternehmens nach außen aus.

Die Corporate Identity unterstützt die Öffentlichkeitsarbeit des Unternehmens.

2. Wie wirkt Corporate Identity nach innen und nach außen?

Unternehmensintern bedeutet Corporate Identity eine *Unternehmenskultur* mit Verhaltensmustern und Normen für den Umgang der Mitarbeiter miteinander, für die Beteiligung von Mitarbeitern an Entscheidungen, für die Bezahlung von Leistungen u.dgl. Durch die Entwicklung einer In-Group-Mentalität bildet sich die Identifikation der Mitarbeiter mit dem Unternehmen heraus. Corporate Identity kann zur Steigerung von Motivation und Leistungsbereitschaft beitragen.

Unternehmensextern bedeutet Corporate Identity ein eindeutiges, einheitliches und sympathisches Unternehmensbild, auf das die Unternehmensaktivitäten auf dem Beschaffungs-, Absatz- und Kapitalmarkt sowie in anderen Bereichen ausgerichtet sind.

3. Welche Ziele verfolgt die Corporate-Identity-Politik?

Das Ziel der Corporate-Identity-Politik ist die *Vermittlung des Selbstverständnisses* des Unternehmens in der Öffentlichkeit. Deshalb müssen unternehmerische Maßnahmen wie z.B. Verhalten der Mitarbeiter, Maßnahmen der Personalpolitik, Maßnahmen der Kommunikationspolitik, Markierung von Produkten, Darstellung des Erscheinungsbildes u.Ä. auf die Corporate Identity ausgerichtet sein. Die Corporate-Identity-Politik kann deshalb als Teil der Öffentlichkeitsarbeit des Unternehmens angesehen werden; sie verfolgt ähnliche Ziele.

4. Welche Bereiche umfasst die Corporate-Identity-Politik?

Die Corporate-Identity-Politik umfasst folgende Bereiche.

- Corporate Communication,
- Corporate Design,
- Corporate Behavior.

5. Was versteht man unter Corporate Communication?

Mit Corporate Communication wird eine Kommunikationsstrategie bezeichnet, deren Aktivitäten nach innen und nach außen auf die Corporate Identity bezogen sind. Dadurch wird das einheitliche Erscheinungsbild vermittelt und das damit verbundene Image verstärkt. Corporate Communication findet Anwendung bei Werbemaßnahmen (Plakate, Anzeigen, Werbebroschuren, TV-Spots usw.), aber auch bei unternehmensinterner Kommunikation (z.B. Mitteilungen an Mitarbeiter, Betriebszeitungen).

6. Was versteht man unter Corporate Design?

Mit Corporate Design wird eine Kommunikationsstrategie bezeichnet, deren Maßnahmen zur Gestaltung des Erscheinungsbildes die Corporate Identity berücksichtigen und so die Corporate-Identity-Politik unterstützen. Corporate Design findet Anwendung bei Gestaltung von Zeichen, Arbeitskleidung (Uniformen), Formularen, Architektur der Betriebsgebäude, Farbgebung usw.

7. Was versteht man unter Corporate Behavior?

Mit Corporate Behavior wird eine Kommunikationsstrategie bezeichnet, in der das Verhalten, die Verhaltensäußerungen eines Unternehmens nach innen (gegenüber Mitarbeitern) und nach außen (gegenüber Kunden und Öffentlichkeit) an der Corporate Identity ausgerichtet ist. Corporate Identity zeigt sich u.a. in der Mitarbeiterführung, im Umgangston, in der Kritikfähigkeit.

3.7 Event-Marketing

1. Was versteht man unter Event-Marketing?

Event-Marketing ist ein Mittel der Kommunikationspolitik; bezeichnet werden damit im Allgemeinen Veranstaltungen (*Events*) von Unternehmen, auf denen sie sich und ihre Produkte *erlebnisorientiert* und *auf unterhaltsame Art* vorstellen; sie wollen bei diesen Marketingevents mit den Zielpersonen ins Gespräch kommen.

Ein Marketingevent liegt z.b. vor, wenn die Geschäftsleitung einer Kfz-Niederlassung in einer kleinen Stadt die Bevölkerung zu einem „Tag der offenen Tür" mit Blasmusik, Freibier, Bratwurst Kinderbelustigung usw. einlädt; Ziel der Veranstaltung ist die Vorstellung des neuen Kfz-Modells, über das man mit den potenziellen Käufern ins Gespräche kommen will.

2. Welche Ziele werden mit Event-Marketing verfolgt?

Ziele des Event-Marketing sind u.a.

- Vorstellung eines (neuen) Produkts, z.B. eines neuen Kfz-Modells,
- Steigerung des Bekanntheitsgrades eines Produkts bzw. einer Marke,
- Bildung und Verbesserung des Produkt- bzw. Markenimages,
- Verbesserung der Marktsituation eines Produkts bzw. einer Marke,
- Ausnutzung der Möglichkeiten, mit interessierten und potenziellen Käufern eines Produkts in einer relativ unverbindlichen (und lockeren) Atmosphäre ins Gespräche zu kommen.

3. An welche Zielgruppen wenden sich Marketingevents?

Marketingevents richten sich an ein interessiertes Publikum und an potenzielle Käufer. Deshalb sind sog. Handelsevents, die sich an die breite Öffentlichkeit wenden, relativ häufig. Daneben können sich Marketingevents auch an Absatzmittler wenden, z.B. an den Handel.

(Die Abgrenzung des Event-Marketing von der Öffentlichkeitsarbeit ist gelegentlich schwierig.)

3.8 Product-Placement

1. Was versteht man unter Product-Placement?

Unter Product-Placement versteht man die entgeltliche Einbeziehung von Produkten (evtl. auch Marken) so in Medienprogramme, dass eine Werbewirkung erwartet werden kann. Product-Placement findet vor allem in Filmen und in bestimmten Fernsehprogrammen (TV-Shows) statt; Produkte (oder Marken) werden als Requisiten in die Handlung einbezogen bzw. im Rahmen einer Handlung oder eines Programms angemessen platziert, gezeigt oder genannt.

Product-Placement liegt z.B. vor, wenn der Protagonist einer Spielfilmhandlung eine bestimmte Whiskymarke sichtbar präferiert, eine bestimmte Zigarettenmarke raucht oder das Auto einer Nobelmarke benutzt.

2. Welche Ziele werden mit dem Product-Placement verfolgt?

Mit dem Product-Placement werden u.a. folgende Ziele verfolgt:

- Bekanntmachung eines Produkts (im Konsumgüterbereich),
- Steigerung des Bekanntheitsgrades eines Produkts bzw. einer Marke
- Bildung und Verbesserung des Produktimages,
- Verbesserung der Marktsituation eines Produkts bzw. einer Marke,
- Ausnutzung von Darstellungsmöglichkeiten in einem neuen Medium.

3. Wodurch unterscheidet sich das Product-Placement vom sog. Generic-Placement und vom Image-Placement?

Beim Product-Placement wird das Produkt bzw. die Marke so in einem Film platziert, dass der Zuschauer das Produkt erkennen und die Marke identifizieren kann. Beim *Generic-Placement* dagegen wird eine *Produktart* platziert; bestimmte Produkte bzw. Marken kann der Zuschauer nicht erkennen bzw. identifizieren. Wenn schließlich ein bestimmtes Produkt, z.B. eine bestimmtes Auto, oder eine bestimmte Marke, im Mittelpunkt des Films steht, evtl. sogar seine Handlung wesentlich mitbestimmt, liegt Image-Placement vor.

4. Welche Formen des Product-Placement können unterschieden werden?

Die Formen des Product-Placement können u.a. nach folgenden Gesichtspunkten unterschieden werden:

- *Art der Darstellung:*
  visuelles Placement (das Produkt wird dargestellt, es erscheint im Bild) und *verbales Placement* (das Produkt genannt, der Produktname fällt in einem Gespräch),

- *Werbeziel:*
  Innovation Placement (Platzierung neuer Produkte, neue Produkte sollen bekannt gemacht werden),

  Product Placement (eigentliches Product-Placement, ein eingeführtes und bereits bekanntes Produkt wird platziert),

- *Einbeziehung in eine Handlung:*
  kreatives Placement (das Produkt ist Teil einer Handlung, z.B. BMW im James-Bond-Film),

  handlungsneutrales Placement (das Produkt hat keine weitergehende Bedeutung für die Handlung, z.B. die Bierflasche mit dem erkennbaren Markennamen in einer Spielfilmhandlung).

5. Welche Vorteile bietet das Product-Placement?

Das Product-Placement bietet u.a. folgende Vorteile:

- Die Zuschauer werden auf ein Produkt hingewiesen, ohne die Werbeabsicht zu erkennen. Sie entwickeln deshalb kaum Widerstände gegen diese Werbung.

- Im Allgemeinen wird die Werbewirkung für ein Produkt durch Product-Placement höher eingeschätzt als durch einen Fernsehspot, zumal sich der Zuschauer der klassischen TV-Werbung durch Zappen entziehen kann.

- Durch häufige Wiederholung der Produktdarstellung oder Nennung des Produktnamens wird die Werbewirkung erhöht.

- Das Product-Placement kann zur Verbesserung des Produktimages beitragen, wenn das Produkt z.B. durch einen Sympathieträger in einer Filmhandlung benutzt wird.

6. Welche Probleme wirft das Product-Placement auf?

Im Allgemeinen werden die Produkte so platziert, dass der Zuschauer die Darstellung nicht als Werbung erkennt. Er wird über die Werbeabsicht getäuscht. Diese Art der Werbung wird als *Schleichwerbung* bezeichnet. Schleichwerbung kann gegen bestimmte medienrechtliche Vorschriften verstoßen. Unter bestimmten Bedingungen liegt beim Product-Placement unlauterer oder sittenwidriger Wettbewerb vor.

3.9 Sponsoring

1. Was versteht man unter Sponsoring?

Von Sponsoring spricht man, wenn Unternehmen, die sog. Sponsoren, Personen oder Organisationen, den Gesponsorten, *Geld oder Sachmittel zur Verfügung stellen*.

Die Sponsoren erwarten für ihre Leistungen von den Gesponsorten *Gegenleistungen*, die der Erreichung bestimmter Marketing- bzw. Kommunikationsziele dienen. Sponsoring beruht also auf dem Prinzip von Leistung und Gegenleistung.

2. Welche Ziele verfolgen Unternehmen mit Sponsoring?

Unternehmen verfolgen mit Sponsoring u.a. die folgenden Marketingziele:

- Das Unternehmen will Image für sich und das Produktprogramm gewinnen.

- Das Unternehmen will Kontakte zu bestimmten Zielgruppen auf- und ausbauen.

- Das Produkt soll bei einer bestimmten Zielgruppe bekannt (oder bekannter) werden.

- Letztlich soll Sponsoring die Marktchancen für ein Produkt, ein Produktprogramm oder ein Sortiment verbessern.

3. Welche Formen von Sponsoring können unterschieden werden?

Formen von Sponsoring können u.a. nach folgenden Gesichtspunkten unterschieden werden:

- Nach der *Art der Leistung* durch den Sponsor: Geld- oder Sachleistungen,

- nach den *gesponsorten Objekten*: Personen (z.B. Sportler), Organisationen (z.B. Sportvereine) oder Veranstaltungen (z.B. Sportfeste),

- nach der *Art der Gegenleistung* durch den Gesponsorten: z.B. Nennung des Sponsors im Programmheft, auf Plakaten, Kennzeichnung des Sportlertrikots mit dem Firmenlogo des Sponsors.

Kommunikationspolitik 415

4. In welchen gesellschaftlichen Bereichen wird Sponsoring eingesetzt?

Sponsoring wird vorwiegend in den Bereichen Sport, Kultur und Gesellschaft eingesetzt. Die Bereiche Umwelt und Film/Fernsehen gewinnen jedoch zunehmend an Bedeutung. Entsprechend dieser Bereiche lassen sich folgende *Sponsoringbereiche* unterscheiden:

- Sportsponsoring,
- Kultursponsoring,
- Soziosponsoring,
- Ökosponsoring,
- Programmsponsoring,

5. Was ist Sportsponsoring?

Unternehmen unterstützen Einzelsportler, Mannschaften, Sportveranstaltungen, bestimmte Sportarten; Gegenleistung z.B. Nennung des Sponsors auf Plakaten, in Programmen, Verträge über Lieferung von Ausrüstungen u. dgl., Kennzeichnungen von Sportlertrikots und Ausrüstungen mit dem Namen und/oder dem Logo des Sponsors.

Der größte Anteil der Ausgaben für Sponsoring fließt zz. in das Sportsponsoring.

6. Was ist Kultursponsoring?

Unternehmen unterstützen einzelne Künstler, Konzerte, Ausstellungen usw.; Gegenleistung: z.B. Nennung des Sponsors auf Plakaten, in Programmen usw.

7. Was ist Soziosponsoring?

Unternehmen unterstützen Einzelpersonen und Organisationen in ihren Bemühungen bei Lösung gesellschaftlicher Probleme; Bereiche des Soziosponsoring sind u.a. Umwelt, Forschung, Lehre. Gesundheit. Gegenleistung: Nennung des Sponsors in Programmen, Veröffentlichungen (z.B. Forschungsberichten), Vorlesungsverzeichnissen (von Universitäten).

8. Was ist Ökosponsoring?

Unternehmen unterstützen Veranstaltungen, die für den Schutz der Umwelt werben, Vereine, die sich für Verwirklichung ökologischer Ziele einsetzen usw. Dafür werden die Sponsoren auf Plakaten oder in Veröffentlichungen genannt.

9. Was ist Programmsponsoring?

Unternehmen liefern kostenlos Requisiten für eine Filmausstattung, finanzieren die Anschaffung von Ausstattungsgegenständen, stellen kostenlos den Anzug für den Moderator bzw. das Kostüm für die Moderatorin zur Verfügung usw. Dafür werden sie im Vorspann oder im Nachspann des Films genannt. Programmsponsoring ist eine Form des Productplacements.

3.10 Direktwerbung

1. Was versteht man unter Direktwerbung?

Mit Direktwerbung werden alle Werbemaßnahmen eines Unternehmens bezeichnet, die der individuellen, aber nicht persönlichen Kontaktaufnahme zu möglichen Käufern dienen. Kennzeichen der Direktwerbung ist also die *individuelle unpersönliche Kommunikation*.

Die Direktwerbung gewinnt an Bedeutung, gemessen an den Werbeumsätzen liegt die Direktwerbung (hinter den Werbungen in Zeitungen und Zeitschriften) an dritter Stelle.

Direktwerbung ist ein Teil des umfangreichen Direktmarketing, das u.a. auch den direkten Vertrieb, den Versandhandel usw. (im weiteren Sinne auch den persönlichen Verkauf, insbesondere den Telefonverkauf) umfasst.[15]

2. Welche Formen der Direktwerbung gibt es?

Als Formen der Direktwerbung kommen u.a. infrage

- Briefe,
- Drucksachen,
- Wurfsendungen,
- Warensendungen,
- Prospekte,
- Kataloge
- Anrufe.

3. Welche Vorteile und welche Nachteile hat die Direktwerbung?

Die *Vorteile* der Direktwerbung liegen u.a. darin,

---

[15] Diese Teile des Direktmarketing werden gesondert in anderen Abschnitten dieses Buches behandelt, vgl. Persönlicher Verkauf und Distributionspolitik.

- dass sie unter Ausschluss der Mitbewerber abläuft,
- dass sie relativ niedrige Streuverluste aufweist,
- dass sie von privaten Verbrauchern im Allgemeinen positiv beurteilt wird.

Die *Nachteile* der Direktwerbung liegen u.a. darin,

- dass die Herstellung der Werbemittel relativ aufwändig ist,
- dass Briefe evtl. nicht gelesen werden,
- dass die zunehmende Bedeutung des Datenschutzes in Zukunft Grenzen setzen könnte.

4. Welche besondere Bedeutung kommt dem Direct Mailing zu?

Direct Mailing ist Direktwerbung durch einen *Brief mit individualisiertem Inhalt*; die Individualisierung kann sich in der Anrede und in der Bezugnahme auf den vermuteten besonderen Bedarf des Empfängers, der sich aus seiner beruflichen Situation, seiner gesellschaftlichen Stellung u. dgl. ergibt. Dem Brief werden häufig Prospekte oder Kataloge beigefügt, auf die im Brief hingewiesen wird.

An die inhaltliche und formale Gestaltung des Briefs sind besondere Anforderungen zu stellen. Der Brief soll den Empfänger zum Lesen anregen, der Inhalt seine Aufmerksamkeit erregen, sein Interesse und seinen Kaufwunsch wecken.

5. Welche besondere Bedeutung kommt der Couponwerbung zu?

Gelegentlich stattet ein Unternehmen seine Briefe mit Coupons aus, die z.B. zu einer Anforderung weiteren Informationsmaterials berechtigen. Dadurch sollen *Rückmeldungen* angeregt werden. Die Anzahl der Rücksendungen und die räumliche Verteilung usw. lassen Rückschlüsse auf den Werbeerfolg zu.

6. Woher erhält ein Unternehmen die Anschriften für seine Mailings?

Die Anschriften für die Mailings erhält ein Unternehmen u.a.

- über seinen *Außendienst*, Außendienstmitarbeiter sammeln Anschriften möglicher Kunden,

- durch *Couponwerbungen*, Anzeigen werden mit Coupons ausgestattet, die zur Anforderungen von Material, zur Teilnahme an Preisausschreiben berechtigen usw., mit denen aber auch die angezeigte Ware bestellt werden kann,

- von *Adressenverlagen*.

7. Welche Aufgaben übernehmen Direktwerbeunternehmen?

Direktwerbeunternehmen sind selbstständige *Unternehmen, die für die Anbieter die Direktwerbung durchführen.* Direktwerbeunternehmen bieten u.a. folgende Leistungen an: Planung, Entwurf, Herstellung, Gestaltung, Druck und Versand der Mailings usw.

3.11 Persönlicher Verkauf

1. Welche besondere Bedeutung hat der persönliche Verkauf als Teil der Kommunikationspolitik?

Die besondere *Bedeutung* des persönlichen Verkaufs liegt *im persönlichen Kontakt* zwischen dem Verkäufer und dem möglichen Käufer. Dadurch wird der Umfang, die einzusetzenden Personen und die Bereiche des persönlichen Verkaufs Gegenstand kommunikationspolitischer Überlegungen.

2. Welche marketingpolitischen Ziele sollen über den persönlichen Verkauf erreicht werden?

Oberstes Ziel des persönlichen Verkaufs ist es, den *Verkaufsabschluss durch Verkaufsgespräche,* durch Erläuterungen, Beratungen, Einführungen usw. herbeizuführen. Das gilt insbesondere bei erklärungsbedürftigen Produkten. Weitere Ziele können z.B. sein

- die Förderung des Unternehmensimages,

- die Beeinflussung der Einstellung gegenüber Produkten und Marken des eigenen Unternehmens,

- die Gewinnung von Informationen über Kunden, z.B. Anzahl, Erwartungen, Einstellungen, Bedarf usw.,

- die Gewinnung von Informationen über Mitbewerber, z.B. Anzahl, Produkte, Absatzgebiete, Investitionsvorhaben, neue Produkte, Marketingaktivitäten usw.

3. Wo findet der persönliche Verkauf statt?

Persönlicher Verkauf findet vor allem statt bei den Tätigkeiten der *Verkäufer* im Bedienungseinzelhandel und bei den Besuchen der *Außendienstmitarbeiter,* der Reisenden und Vertreter. Aber auch der Verkauf auf organisierten Verkaufsveranstaltungen (z.B. Messen) und der Telefonverkauf gehören zum persönlichen Verkauf.

Kommunikationspolitik 419

4. Welche Aufgaben fallen im Zusammenhang mit dem persönlichen Verkauf an?

Planung und *Vorbereitung* z.B.

- durch Besuchs- und Tourenplanungen,

- durch Gesprächsvorbereitungen unter Berücksichtigung von Informationen über die möglichen Gesprächspartner, über ihren Bedarf, über bisherige Kontakte mit ihnen,

- durch die Anmeldung des Besuchs.

Beteiligung an der *Abwicklung des Auftrags*,

Bearbeitung von *Mängelrügen*, Ersatzansprüchen und dgl.

5. Von welchen Bedingungen hängt der Erfolg des persönlichen Verkaufs ab?

Der Erfolg des persönlichen Verkaufs hängt ab

- von der *Person des Verkäufers*, von seiner Persönlichkeit, von seiner Art, auf Kunden und Kundenwünsche einzugehen,

- von der *Fähigkeit des Verkäufers*, in das Verkaufsgespräch Glaubwürdigkeit, Überzeugungskraft und Kenntnisse über das Produkt einzubringen; er muss das Produkt erklären und den Kunden glaubwürdig davon überzeugen können, dass es zur Lösung seiner Probleme und zur Befriedigung seiner Bedürfnisse beiträgt,

- von der Möglichkeit, das *Produkt* angemessen *präsentieren* zu können.

3.12 Organisatorische Strukturen und Rahmenbedingungen der Kommunikationsbranche

1. Was sind Werbeagenturen?

Werbeagenturen sind selbstständige *Dienstleistungsunternehmen*, die für werbe-treibende Unternehmen gegen Entgelt Leistungen übernehmen, die im Zusammenhang mit der Werbung und dem Marketing stehen.

Leistungen der Werbeagenturen sind

1. *Beratung* des werbetreibenden Unternehmens in allen Fragen der Mediaauswahl, Marktforschung, Mittelgestaltung, Werbung, Verkaufsförderung, Public Relations, Etatplanung usw.,

2. *Vermittlung* zwischen dem werbetreibenden Unternehmen und zuliefernden Diensten, wie z.B. Druckereien, Herstellern von Werbemitteln, Instituten der Marktbeobachtung usw.,

3. *Konzeption, Gestaltung und Durchführung* von Werbemaßnahmen, von Verkaufsförderungsmaßnahmen, PR-Maßnahmen usw.

2. Was sind Full-Service-Agenturen?

Als Full-Service-Agenturen bezeichnet man Werbeagenturen, die neben den üblichen (klassischen) Agenturaufgaben weitere Aufgaben übernehmen, z.B. Marketingpolitik, Produkt- und Verpackungsgestaltung, Erfolgskontrollen usw.

3. Welche Bedeutung hat der ZAW?

Der *Zentralausschuss der Werbewirtschaft e.V.* (ZAW) ist die Spitzenorganisation von Verbänden der Werbewirtschaft in der Bundesrepublik Deutschland. Er wurde 1949 gegründet, sein Sitz ist in Bonn.

Die *Aufgaben* des ZAW lassen sich folgendermaßen zusammenfassen:

- Förderung der freien Entfaltung der Werbewirtschaft,

- Disziplinierung der Werbewirtschaft zur Vermeidung von Auswüchsen in der Werbung,

- Unterbindung missbräuchlicher Werbung,

- Vertretung der angeschlossenen Verbände.

Das *Ziel* des ZAW ist, dafür zu sorgen, dass auf staatliche Aufsicht über die Werbewirtschaft verzichtet werden kann.

4. Welche berufsständischen Organisationen der Werbewirtschaft gibt es in Deutschland?

In Deutschland sind die folgenden berufsständischen Organisationen der Werbewirtschaft von Bedeutung.

- Bund Deutscher Werbeberater e.V. (BDW)

Mitglieder: Fachkräfte im Bereich der Marketingkommunikation mit fachlichen und menschlichen Qualifikationen, Aufnahme auf Antrag und mit Empfehlung,

Aufgaben: Interessenvertretung, fachliche und berufliche Förderung u.a.

- Wirtschaftsverband Deutscher Werbeagenturen e.V. (WDW)

Mitglieder: kleinere und mittlere Agenturen, die von werbungtreibenden und werbungdurchführenden Unternehmen unabhängig sind,

Aufgaben: Unterhaltung einer Dokumentationszentrale für die Mitglieder u.a.

- Gesellschaft Werbeagenturen (GWA)

Mitglieder: große, umsatzstarke Werbeagenturen, die sich verpflichten, Werbung zu treiben, die den Forderungen nach Wahrheit und Klarheit entspricht, die nicht gegen den guten Geschmack und das sittliche Empfinden der Allgemeinheit verstößt u.a.

Aufgaben: Interessenvertretung, Koordination von Kooperationen der Mitglieder u.a.

3.13 Kommunikationspolitik und Internet

1. Was wird mit dem Begriff Internet bezeichnet?

Als Internet bezeichnet man ein weltweites Netz von Computern. Das Internet ermöglicht den Nutzern mittels der sog. On-Line-Technik die weltweite Kommunikation. Jeder im Internet angeschlossene Rechner erhält eine Adresse, über die er zu erreichen ist.

2. Wodurch erhält der Nutzer Anschluss ans Internet?

Es bestehen grundsätzlich folgende Möglichkeiten des Anschlusses an das Internet: über einen On-Line-Dienst oder mithilfe eines sog. Providers.

1) Der Nutzer nimmt die Dienste eines kommerziellen On-Line-Dienstes in Anspruch, dafür ist eine monatliche Gebühr zu zahlen; er erwirbt gewissermaßen die Mitgliedschaft in einem On-Line-System. Im Allgemeinen erhält er ohne weitere Kosten die notwendige Software. Bekannte On-Line-Dienste

sind z.B. AOL (American Online, Kooperation mit dem On-Line-Dienst der Bertelsmann AG), T-Online (On-Line-Dienst der Deutschen Telekom AG).

2) Der Nutzer nimmt die Dienste eines Providers in Anspruch; er erhält den Zugang zum Internet über den Provider bei Bedarf, er zahlt dafür entsprechende Gebühren.

3. **Welche Möglichkeiten bietet das Internet für die Kommunikationspolitik?**

- Das Internet ermöglicht die schnelle Kommunikation mit Kunden, Lieferanten, Außendienstmitarbeitern usw.

- Es erleichtert und beschleunigt die innerbetriebliche Kommunikation („von Schreibtisch zu Schreibtisch").

- Mithilfe des Internet kann ein Unternehmen Werbung betreiben.

- Die Möglichkeit, mit Rundschreiben Kunden, Mitarbeiter usw. zu erreichen, wird erheblich verbessert; Rundschreiben werden beschleunigt.

- Das Internet kann den persönlichen Verkauf unterstützen.

- Über das Internet kann angefragt, angeboten und bestellt werden.

Besondere Bedeutung im Zusammenhang mit diesen Bereichen der Kommunikationspolitik haben *E-Mail* und *Home-Page*.

4. **Wie lässt sich die sog. E-Mail in einem Unternehmen nutzen?**

Die E-Mail (Electronic Mail) ist der am weitesten verbreitete Anwendungsbereich des Internet.

Eine E-Mail kann den postalisch zugestellten Brief, das Fax und evtl. das Telefongespräch ersetzen. Das E-Mailing ermöglicht die Kommunikation zwischen mehreren Personen (Personengruppen) und tritt dadurch an die Stelle von Konferenzschaltungen. Es beschleunigt und verbessert die Kontaktaufnahme zu Kunden, Mitarbeitern, Vertretern und dgl. und die Kontaktpflege mit ihnen.

E-Mails lassen sich folgendermaßen kennzeichnen:

- Die E-Mail ist im Allgemeinen billiger als ein Brief, Fax oder Telefonat.

- Die E-Mail ist schneller als Brief oder Fax.

- Der Empfänger (angeschlossener Rechner) ist immer erreichbar; eine eingegangene E-Mail wird bis zum Abruf gespeichert.

- Die Lektüre einer E-Mail muss nicht zum Zeitpunkt des Empfanges erfolgen.

- Der Speicher ist ständig abzufragen.

- E-Mails enthalten keine rechtsverbindlichen Unterschriften.

5. Was ist eine Homepage?

Ein Unternehmen, das im Internet präsent sein will, erstellt eine sog. Homepage. Mit einer Homepage stellt ein Unternehmen sich und seine Produkte vor. Ein interessierter Kunde kann sich auf diese Art Informationen über ein Unternehmen und sein Angebot einholen. Über die Homepage kann auch bestellt werden.

4. Distributionspolitik

4.1 Grundlagen

4.1.1 Distribution als gesamtwirtschaftliche Aufgabe

1. **Wie lässt sich die gesamtwirtschaftliche Aufgabe der Distribution umschreiben?**

Distribution ist das *Verbindungsglied zwischen Produzenten und Nutzern einer Leistung*. Aufgaben der Distribution sind vor allem:

Ausgleich zwischen dem *Ort* der Produktion und dem Ort der Nutzung,

Ausgleich zwischen dem *Zeitpunkt* der Produktion und dem Zeitpunkt der Nutzung,

Ausgleich zwischen der Produktions*menge* und der Bedarfsmenge.

2. **Worin zeigt sich, dass Distribution sich zu einem Kreislauf entwickelt hat?**

Distribution entwickelt sich zu einem umfangreichen Güterkreislauf: Wiederverkauf gebrauchter Waren (Second-Hand-Shops), Verwertung von gebrauchten Materialen (Recycling).

4.1.2 Distribution als Marketing-Instrument

1. **Was ist aus der Sicht des einzelnen Unternehmens unter Distribution zu verstehen?**

Distribution befasst sich mit allen Fragen, *auf welchen Wegen* und *mit welchen Absatzmitteln* Produkte vom Hersteller an die Endkäufer gebracht werden. Endkäufer bei Konsumgütern sind die Haushalte, Endkäufer von Rohstoffen und Anlagegütern sind Abnehmer, die diese Produkte bearbeiten, verarbeiten oder bei der Produktion verwenden.

2. **Was wird mit dem Distributionsgrad angegeben?**

Das *Ergebnis der Distribution* ist der Distributionsgrad. Der Distributionsgrad gibt an, in welchem Umfang das Produkt für den Endkäufer erhältlich ist. Ein hoher Distributionsgrad eines Gutes gibt z.B. an, dass die Verbraucher das Gut ständig in gewünschter Menge kaufen können.

3. **Was ist Distributionspolitik?**

Distributionspolitik befasst sich mit den Entscheidungen im Zusammenhang mit allen *Maßnahmen, die zur Verteilung der Produkte* innerhalb vorgegebener Ziele zu ergreifen sind. Diese Entscheidungen betreffen u.a. die Absatzwege, den Einsatz von Absatzmittlern und -helfern, den Einsatz von Reisenden oder Vertretern, die Einrichtung von Vertriebslagern, die Benutzung von Transportmitteln.

4. **Welche Ziele verfolgen Unternehmen mit der Distributionspolitik?**

Ziele der Distributionspolitik können z.B. sein:

- ein bestimmter Distributionsgrad,
- ein bestimmter Grad der Lieferbereitschaft,
- Erhöhung des Umsatzes,
- Vergrößerung des Marktanteils,
- Verminderung der Vertriebskosten.

5. **Welche Aufgabenbereiche der Distributionspolitik können unterschieden werden?**

Es können *zwei Aufgabenbereiche* der Distributionspolitik unterschieden werden:

1. Wahl der Absatzwege und Absatzorgane, die zu den angestrebten Zielen führen und der Marketingkonzeption entsprechen,

2. Lösung der Probleme, die im Zusammenhang mit der physischen Distribution stehen, also z.B. Lagerhaltung, Lieferung, Transport, Verpackung und dgl.

4.2 Wahl der Absatzwege (Channel Policy)

4.2.1 Interessen der Hersteller und des stationären Einzelhandels

1. **Welche allgemeinen typischen Interessen liegen der Distributionspolitik der Hersteller zu Grunde?**

Hersteller erstreben die *Abnahme des gesamten Sortiments* bzw. größerer Sortimentsteile durch den Handel; dieses Interesse kann sich auf alle Produkte oder auf eine Marke beziehen. Außerdem wollen Hersteller eine die von ihnen *angestrebte Distribution* erreichen, z.b. in einem bestimmten Gebiet und/oder bei bestimmten Betriebstypen des stationären Einzelhandels.

2. Welche allgemeinen typischen Interessen liegen der Distributionspolitik des stationären Einzelhandels zu Grunde?

Unternehmen des stationären Einzelhandels wollen, dass sich das von ihnen angebotene Sortiment *von konkurrierenden Sortimenten abhebt.* Dabei streben sie hohe Sortimentskompetenz an und wollen die verkaufsfördernden Maßnahmen der Hersteller ihren Zielen entsprechend nutzen.

3. Worin zeigen sich die unterschiedlichen Interessen von Herstellern und stationärem Einzelhandel?

In der folgenden Übersicht werden die unterschiedlichen Interessen von Herstellern und stationärem Einzelhandel für die Kriterien Sortiment, Werbung, Logistik, Produktplatzierung und Preisgestaltung dargestellt.

	Hersteller	**Einzelhandel**
Sortiment	Marken- und Produktprofilierung; Produktdifferenzierung	betriebstypische Profilierung; zielgruppenspezifische Differenzierung
Werbung	Produktvisualisierung; Produkt- (bzw. Marken-) Treue	Problemlösungsvisualisierung; Kundentreue durch Gesamtprogramm
Logistik	große Mengen je Lieferung; Vorgabe von Terminen	geringe Mengen an POS (nicht über Lager); Selbststeuerung der Termine
Produktplatzierung	Firmenplatzierung, hohe Präsenz, Topplatzierung; Reduktion der Platzierung von Mitbewerbern	Bedarfsplatzierung; Lebensstilplatzierung
Preisgestaltung	Stabilisierung eines langfristig mittleren Preisniveaus	Image durch Preisgestaltung; Preisgestaltung in Abhängigkeit von Nachfrageelastizitäten; Sonderangebotspolitik mit bekannten Artikeln

4. Wie lässt sich das derzeitige Verhältnis des Einzelhandels zu den Herstellern kennzeichnen?[16]

Im Laufe der vergangenen Jahre hat sich das Verhältnis vom Handel zum Hersteller erheblich geändert. Die derzeitige Stellung des Handels lässt sich anhand einiger Stichworte folgendermaßen umschreiben.

- *Einkaufskonzentration* im Handel führt zur Stärkung seiner Position, sie drückt sich aus in den Forderungen nach erheblichen Preisnachlässen, nach Überlassung von Anteilen des Werbebudgets des Herstellers.

- *Sonderangebotspolitik* des Einzelhandels mit Dauerniedrigpreisen für bestimmte Marken bzw. Produkte gefährdet den Wert und das Image dieser Herstellermarken.

- Eigene *Marketingkonzepte* im Einzelhandel ersetzen die Konzepte der Hersteller.

5. Wie lässt sich das derzeitige Verhältnis der Hersteller zum Einzelhandel kennzeichnen?

Die derzeitige Stellung der Hersteller gegenüber dem Handel lässt sich anhand einiger Stichworte folgendermaßen umschreiben.

- Bedeutende Hersteller *bauen* ihre *Außendienste aus*, um den Absatz im Handel sichern zu können. Kleinere Hersteller, die diesen Ausbau nicht leisten können, sind dabei unterlegen; ihre Kontakte zum Handel gehen zurück.

- Einige Hersteller *engagieren* sich erfolgreich *im Einzelhandel*, z.B. in Franchisesystemen und mit Fabrikläden.

- Einige Hersteller *beschäftigen* zur Senkung von Kosten selbstständige *Merchandiser*, die mit eigenen Kräften und nach angemessenen Vorgaben durch den Auftraggeber Regalpflege betreiben.

4.2.2 Management der Zusammenarbeit zwischen Hersteller und Einzelhandel

1. Welche Instrumente gibt es, um die Zusammenarbeit zwischen Hersteller und Handel zu gestalten?

Die Beziehungen zwischen Hersteller und Handel lassen sich u.a. mit den folgenden System der Zusammenarbeit gestalten.

---

[16] In Anlehnung an Tietz, Bruno: a.a.O. S. 129 ff.

- Category Management (CM),
- Efficient Consumer Response (ECR),
- Electronic Data Interchange (EDI),

2. Was versteht man unter Category Management?

Category Management (CM) heißt Warengruppenmanagement (categories = Warengruppen). CM ist ein Prozess zur *optimalen Gestaltung des Sortiments im Hinblick auf den Verbraucherbedarf*, an dem Hersteller und Handel gleichermaßen beteiligt sind. CM setzt im hohen Maß die Zusammenarbeit zwischen Hersteller und Handel voraus.

3. Welche Ziele verfolgt das Category Management?

Ziel des Category Management ist die optimale Gestaltung des Sortiments unter besonderer Berücksichtigung des Bedarfs bzw. des Nutzens der Zielgruppe. Durch die zielgruppengerechte Strukturierung und Präsentation der Warengruppen will sich ein Handelsunternehmen im Wettbewerb profilieren und Kunden an sich binden.

Durch das CM sollen Umsatz und Deckungsbeitrag der Warengruppe erhöht werden.

4. Was versteht man unter Efficient Consumer Response?

Das Efficient Consumer Response (ECR) ist ein System der Zusammenarbeit zwischen Hersteller und Handel unter besonderer Berücksichtigung des Konsumenten. Der Handel erhebt die Daten über das Kaufverhalten der Endverbraucher und stellt sie dem Hersteller über den elektronischen Datenaustausch zur Verfügung. Der Hersteller (und Lieferant) kann so sehr schnell auf das Verbraucherverhalten reagieren, Bestände ergänzen, Sortimente durch neue Produkte oder Warengruppen ergänzen usw.

5. Welche Bereiche umfasst das Efficient Consumer Response?

Das Efficient Consumer Response (ECR) umfasst folgende Bereiche:

- *Efficient Promotion*: Bei Verkaufsförderungsmaßnahmen arbeiten Hersteller und Handel eng zusammen, um die Effizienz der Maßnahmen zu erhöhen und Kosten zu senken.

- *Efficient Store Assortment*: Hersteller und Handel definieren Sortiment und Warengruppen gemeinsam; durch die Sortiments- und Warengruppenidentität wird die Effizienz der Kooperation erhöht. Lieferungsergänzungen, Regalauffüllungen u.Ä. können schneller durchgeführt werden; die Umschlagsgeschwindigkeit kann erhöht werden.

- *Efficient Product Introduction*: Hersteller und Handel arbeiten bei der Einführung neuer Produkte zusammen. Der Handel erfasst Daten über die Verbraucherreaktionen, die der Hersteller bei Neuproduktentwicklung nutzen kann.

- *Efficient Replenishment*: Handel und Hersteller arbeiten bei der Beschaffung bzw. bei der Lieferung eng zusammen. Durch automatisches Bestellwesen, durch Just-in-Time-Lieferung usw. können Beschaffungszeiten verkürzt und Beschaffungsaktivitäten vermindert werden.

6. Was ist Electronic-Data-Interchange?

Electronic-Data-Interchange (EDI) ist der elektronische *Austausch strukturierter Geschäftsdaten zwischen Unternehmen*, z.B. zwischen einem Einzelhandelsunternehmen und seinem Lieferanten. Die Daten sollen zweckmäßigerweise schnell der Zielanwendung zugeführt und in die interne Bearbeitung einbezogen werden.

Im Allgemeinen verwenden die beteiligten Unternehmen standardisierte Datensysteme als Kommunikationsbasis, die von einer Vielzahl von Partnern genutzt werden können, z.B. von den Unternehmen der Konsumgüterbranche.

7. Welche Vorteile hat das Electronic-Data-Interchange?

Das Electronic-Data-Interchange (EDI) hat u.a. folgende Vorteile:

- Verwaltungsarbeiten werden rationalisiert,
- manuelle Eingaben entfallen,
- die Fehlerquote wird durch den Wegfall der manuellen Eingaben und der Verwendung von Standards reduziert,
- die Bearbeitungszeit wird verkürzt.

8. Welche Bedeutung hat das Electronic-Data-Interchange für die Zusammenarbeit zwischen Hersteller und Handel?

Das Electronic-Data-Interchange macht kurzfristige Lieferungen möglich, dadurch können Lagerbestände reduziert werden. Lagerraum im Handel kann eingespart werden, Lagerkosten und Kosten der Kapitalbindung durch Lagerhaltung werden gesenkt. Der Einzelhandel ist immer verkaufsbereit.

Das Electronic-Data-Interchange wird insbesondere beim ECR angewandt.

Distributionspolitik 431

4.2.3 Die Alternative direkter – indirekter Absatz

1. **Welche Absatzwege gibt es für Investitionsgüter?**

   Beispiele für Absatzwege vom Hersteller bzw. Erzeuger zum Endkäufer (indirekter Abnehmer bzw. Verwender):

   Direkte Wege:

   1. Ohne Zwischenschaltung von Reisenden bzw. Vertretern (z.B. Verkauf einer Maschine direkt an den Verwender),
   2. mit Zwischenschaltung von Reisenden bzw. Vertretern (z.B. Verkauf einer Maschine mithilfe des Außendienstes),

   Indirekte Wege:

   3. Verkauf und Vertrieb über den Fachhandel,
   4. Verkauf anlässlich einer Messe,
   5. Verkauf über eine Börse.

   Vgl. folgende Grafik:

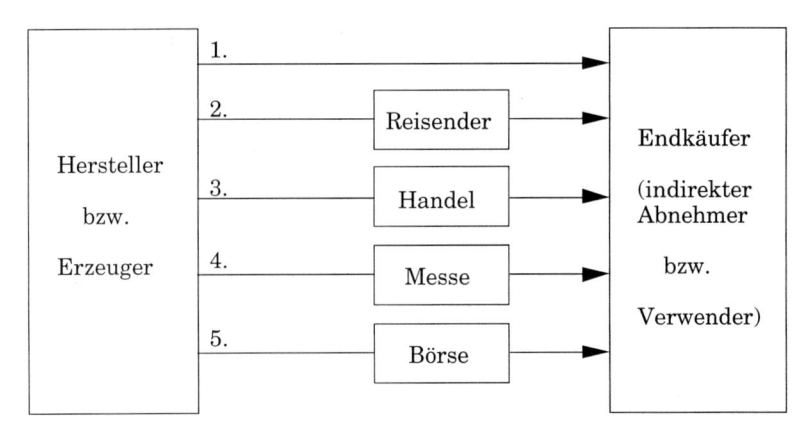

2. **Welche Absatzwege gibt es für Konsumgüter?**

   Beispiele für Absatzwege vom Hersteller bzw. Erzeuger zum Endkäufer (Verbraucher bzw. Verwender):

   Direkte Wege:

   1. Ohne (z.B. ein Bäcker verkauft seine Erzeugnisse im eigenen Laden),

2. mit Einschaltung von Reisenden bzw. Vertretern (z.B. der Hersteller von Staubsaugern vertreibt seine Geräte direkt an private Haushalte mithilfe von Reisenden oder Vertretern),

Indirekte Wege:

3. Vertrieb über Großhandel und Einzelhandel (auch bei freiwilligen Ketten) ohne oder

4. mit Einschaltung von Reisenden bzw. Vertretern,

5. Vertrieb über Einzelhandel, z.B. über Großabnehmer wie Kauf-, Warenhäuser und dgl., Einkaufsgenossenschaften u.Ä.

Vgl. folgende Grafik:

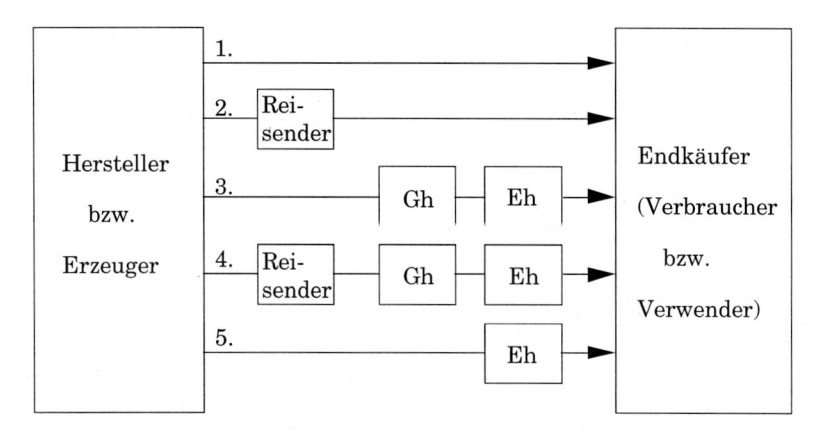

```
                    1.
         ┌──────────────────────────────────────┐
         │    2.  ┌──────┐                       │
         │        │ Rei- │                       │
         │        │sender│                       │
Hersteller        └──────┘              Endkäufer
         │    3.          ┌────┐ ┌────┐         
  bzw.   │                │ Gh │ │ Eh │  (Verbraucher
         │                └────┘ └────┘         
Erzeuger │    4.  ┌──────┐ ┌────┐ ┌────┐   bzw.
         │        │ Rei- │ │ Gh │ │ Eh │
         │        │sender│ └────┘ └────┘   Verwender)
         │        └──────┘
         │    5.                  ┌────┐
         │                        │ Eh │
         │                        └────┘
```

3. Warum wählt ein Unternehmen für den Absatz seiner Produkte direkte Absatzwege?

Direkte Absatzwege werden u.a. aus folgenden Gründen gewählt:

- Produkte werden an Endkäufer direkt versandt, wenn das Absatzgebiet (noch) nicht erschlossen ist und sich der Einsatz von Absatzmittlern *wegen der geringen Zahl von Endkäufern mit geringen Bedarfsmengen* nicht lohnt.

- Der direkte Absatz kann sich trotz erheblicher Vertriebskosten lohnen, wenn *an einen Endkäufer relativ große Mengen* zu liefern sind oder

- wenn *mehrere Abnehmer* einer insgesamt großen Menge *regional konzentriert* ihren Wohn- bzw. Firmensitz haben.

- *Anlagegüter* werden i.d.R.(insbesondere bei Einzelfertigung) direkt abgesetzt

Distributionspolitik

- wegen des *Beratungs- und Informationsbedarfs*,
- wegen der besonderen *Transportprobleme*
- und/oder wegen der besonderen *Montageprobleme*.

- Auch bestimmte *Gebrauchsgüter* werfen besondere *Transport- und Montage-(Einbau-)Probleme* auf und werden deshalb häufig direkt verkauft. Dabei spielt auch die *Erklärungsbedürftigkeit* eine Rolle.

- Güter, die häufige *Bewegungen beim Entladen und Beladen* nicht vertragen oder denen Zwischenlagerungen nicht zuträglich sind, werden direkt versandt.

- Direkter Absatz kann auch beim *Streckengeschäft* vorliegen, wenn der Handel lediglich den Vertragsabschluss vermittelt.

4. Warum wählt ein Unternehmen für den Absatz seiner Produkte indirekte Absatzwege?

Indirekte Absatzwege werden u.a. aus folgenden Gründen gewählt:

- Absatzmittler übernehmen beim Absatz bestimmte *Funktionen* für den Hersteller und *entlasten* ihn dadurch *von* entsprechenden *Kosten*.

So werden *Vertriebskosten gemindert* durch die Lieferung relativ großer Mengen an eine relativ geringe Zahl von Absatzmittlern, zumal dann, wenn Vertriebswege verkürzt werden.

Die Lagerhaltung der Absatzmittler trägt zur *Verminderung der Lagerhaltungskosten* des Herstellers bei.

- Der *Distributionsgrad* kann mithilfe der Absatzmittler *erhöht* werden.

- Absatzmittler übernehmen *Information* und *Beratung* der Käufer.

- Der Hersteller nutzt das *Image* bestimmter Absatzmittler.

5. Was sind Absatzmittler?

Absatzmittler sind wirtschaftlich und rechtlich selbstständig; sie *setzen* bei der Absatzvermittlung *absatzpolitische Instrumente ein*. Dadurch unterscheiden sie sich von den sog. Absatzhelfern, die zwar auch wirtschaftlich und rechtlich selbstständig sind, aber keine eigenen absatzpolitischen Instrumente einsetzen. Absatzmittler sind vor allem der *Großhandel* und der *Einzelhandel*. Großhandelsbetriebe beliefern den Einzelhandel, aber nicht die Endverbraucher. Einzelhan-delsbetriebe dagegen verkaufen an die Endverbraucher.

6. Welche Funktionen übernimmt der Handel bei Absatzmittlung?

Der Handel übernimmt im Zusammenhang mit der Absatzmittlung die folgenden Funktionen:

- *Räumlicher Ausgleich*: Der Handel überbrückt den Weg zwischen dem Ort der Herstellung und dem Ort des Verbrauchs.

- *Zeitlicher Ausgleich*: Der Handel überbrückt durch seine Lagerhaltung die Zeit zwischen der Herstellung und dem Verbrauch.

- *Quantitativer Ausgleich (Mengenumgruppierung)*: Der Handel kauft in großen Mengen ein und gibt in kleineren Bedarfsmengen weiter.

- *Qualitativer Ausgleich*: Der Handel manipuliert bzw. veredelt die beschafften Waren vor Weitergabe z.B. durch Mischen, Lagerung, Abfüllen und dgl.

- *Kreditgewährung*: Der Handel räumt Abnehmern Zahlungsziele ein.

- *Markterschließung*: Der Handel hilft dem Hersteller bei der Markterschließung für neue Produkte.

- *Beratung*: Der Handel informiert und berät Abnehmer über Produkte, Sortimente, Problemlösungen usw.

4.3 Arten von Absatzmittlern

4.3.1 Stationärer Großhandel

1. Wie kann man die Betriebsformen des Großhandels nach typischen Funktionen unterscheiden?

Betriebsformen des Großhandels lassen sich nach folgenden Funktionen unterscheiden: *Aufkauf* (Sammeln), *Produktionsverbindung* und *Verteilung*.

1. Der *Aufkaufhandel* (Sammelhandel) beschafft in kleinen Mengen und gibt in großen Mengen ab. So kauft z.B. der Landhandel bei relativ vielen Erzeugern (Landwirten) Getreide auf, *sammelt* es und gibt es an eine Mühle weiter.

2. Der *Produktionsverbindungshandel* beschafft Halb- und Fertigfabrikate bei den Herstellern und gibt sie an andere Betriebe zur weiteren Be- oder Verarbeitung ab. Er *verbindet* also zwei Produktionsbereiche. So kauft z.B. der Baustoffhandel bei einer Ziegelei Klinker, die er an Handwerker bzw. Bauunternehmer absetzt.

3. Der *Verteilungsgroßhandel* (Absatzgroßhandel) kauft in großen Mengen ein und verkauft in kleinen Mengen an den Einzelhandel. So kauft z.B. der Lebensmittelgroßhandel bei einer Mühle Weizenmehl in großen Mengen ein und *verteilt* sie in kleineren Mengen an viele Einzelhändler.

2. Wodurch unterscheiden sich Sortiments- und Spezialgroßhandel?

Der Sortimentsgroßhandel, auch *Vielerleiwaren-Großhandel* genannt, weist *breite*, in der Regel auch *tiefe Sortimente* auf (Beispiel: Großhandel mit Lebens- und Genussmitteln und Ergänzungen im Non-Food-Bereich). Die *Sortimente im Spezialgroßhandel* sind dagegen *schmal* und *sehr tief*. Zu unterscheiden sind beim Spezialgroßhandel Einwaren- und Warengruppengroßhandel: Der Einwarengroßhandel ist spezialisiert auf eine Warenart mit vielen Sorten und Artikeln (z.B. Schrauben o.Ä.), der Warengruppengroßhandel ist spezialisiert auf eine beschränkte Anzahl von Warenarten; das Sortiment kann, wie z.B. im Lederwarengroßhandel, an einem Stoff oder, wie z.B. im Sportartikelgroßhandel, an einem bestimmten Bedarf orientiert sein.

3. Welche typischen Funktionen übernimmt der Zustellgroßhandel?

Von Zustellgroßhandel spricht man dann, wenn der Großhändler *dem Einzelhändler* die gekauften Waren zustellt.

4. Welche Bedeutung hat das Cash-and-Carry-Lager?

Ein Cash-and-Carry-Lager ist eine *Abhol- bzw. Selbstbedienungsgroßhandlung*. Seine typischen Merkmale sind der Holverkauf, die Selbstbedienung, Barzahlung und Verzicht auf Serviceleistungen. Kleine Betriebe des Lebensmitteleinzelhandels, Gastronomen, Großverbraucher, Kantinen usw. versorgen sich im C&C-Lager. Sie haben den Vorteil der schnellen Lagerergänzung auch bei kleineren Bedarfsmengen.

5. Was ist ein Rack Jobber?

Ein Rack Jobber ist eine *Großhandlung*, die in *Betrieben des Einzelhandels*, gelegentlich auch in C&C-Lagern, *Regale mietet* und diese in eigener Disposition und auf eigene Rechnung mit Waren ausstattet. Der Vermieter übernimmt das Inkasso und die Abrechnung; er erhält dafür eine Beteiligung am Umsatz, gelegentlich auch ein Fixum. Mieter und Vermieter partizipieren jeweils am Image des anderen. Allerdings hat der Vermieter Vorteile; er erweitert sein Sortiment, ohne dafür ein Risiko eingehen zu müssen.

4.3.2 Stationärer Einzelhandel[17]

1. Wie lässt sich die Betriebsform „Gemischtwarengeschäft" kennzeichnen?

1	Größe (Verkaufsfläche)	Kleinbetriebe
2	Standortpräferenz	städtische Nebenlagen, Nachbarschaftslagen in ländlichen Gebieten
3	Sortimentsdimension	sehr flach, mittelbreit
4	Sortimentsinhalt	mehrbranchig, neben Lebensmitteln werden auch Haushaltswaren, Schreibwaren usw. angeboten
5	Bedienungsform	Bedienung, Selbstbedienung selten
6	Preisniveau	mittel bis hoch, Orientierung häufig an empfohlenen Preisen
7	Sonstiges	Gemischtwarengeschäfte der angegebenen Art waren vor allem bei Mangel an Bereitschaft und Fähigkeit zur Kooperation und zur Expansion im Wettbewerb um Kunden unterlegen und mussten den Betrieb einstellen.

---

[17] Anmerkung zu den folgenden Fragen: Es hat sich als nützlich erwiesen, zur kurzen Beschreibung der Betriebsformen des Einzelhandels die angegebenen Kriterien anzuwenden.

2. Wie lässt sich die Betriebsform „Fachgeschäft" kennzeichnen?

1	Größe (Verkaufsfläche)	Kleine und mittlere Betriebe
2	Standortpräferenz	innerstädtische Hauptlagen wegen hoher Passantendichte, Kundenanziehung durch innerstädtische Attraktivität (keine Konkurrenzmeidung), innerstädtische Nebenlagen bei Sortiment mit sperrigen Gütern (z. B. Möbeln) und bei Gütern für den individuellen, stark spezialisierten Bedarf (z. B. Sammelbriefmarken) mit Stammkundschaft
3	Sortimentsdimension	schmal und tief, bei Spezialgeschäften: sehr schmal und sehr tief
4	Sortimentsinhalt	branchenhomogen
5	Bedienungsform	i.d.R. Fremdbedienung, häufig Beratung erforderlich, bei Lebensmitteln meistens Selbstbedienung
6	Preisniveau	häufig mittleres bis hohes Preisniveau
7	Sonstiges	Sonderform: Spezialgeschäft mit Beschränkung auf einen speziellen Sortimentsbereich eines Fachgeschäfts

3. Wie lässt sich die Betriebsform „Warenhaus" kennzeichnen?

1	Größe (Verkaufsfläche)	Mittel- bis Großbetrieb
2	Standortpräferenz	Agglomerationslage mit hoher Passantendichte
3	Sortimentsdimension	Sortimentsbreite: sehr ausgedehnt (viele Warengruppen), Sortimentstiefe: in bestimmten Warengruppen (z. B. Textilien) tief, sonst eher mittelmäßig
4	Sortimentsinhalt	vielbranchig, mittlere bis hohe Qualität
5	Bedienungsform	z.T. Selbstbedienung, Fremdbedienung bei beratungsintensiven Artikeln bzw. Warengruppen
6	Preisniveau	mittel bis hoch
7	Sonstiges	Die typischen Warenhäuser in Deutschland sind Filialunternehmen, vgl. z. B. Karstadt, Hertie u.a. Gemessen an den Umsätzen und an den Marktanteilen ist die Bedeutung der Warenhäuser zz. rückläufig; Probleme entstehen durch zunehmenden Wettbewerbsdruck von SB-Warenhäusern und Verbrauchermärkten; Bemühungen um bestimmte Käufergruppen (z. B. qualitätsbewusste Kunden von Fachgeschäften) schlagen sich in den Qualitätsverbesserungen einzelner Warengruppen und – damit verbunden - im steigenden Preisniveau nieder. Erkennbar sind Rationalisierungsmaßnahmen (gegen das Konzept „alles unter einem Dach"): Personalabbau, Sortimentsbereinigungen, Lieferantenselektion, Rationalisierung der Warenwirtschaft, Reorganisation (Schließung von Filialen).

4. Wie lässt sich die Betriebsform „Kaufhaus" kennzeichnen?

1	Größe (Verkaufsfläche)	Mittel- bis Großbetriebe (aber Verkaufsfläche geringer als bei Warenhäusern)
2	Standortpräferenz	innerstädtische Hauptlage, Agglomerationslage mit hoher Passantendichte
3	Sortimentsdimension	schmal (bis mittelbreit), häufig sehr tief
4	Sortimentsinhalt	branchenhomogen, z. B. Textilien, Elektroartikel, Möbel
5	Bedienungsform	Selbstbedienung selten, meistens Fachbedienung
6	Preisniveau	mittel
7	Sonstiges	Probleme wie bei den Warenhäusern durch Marktpositions- und Wettbewerbsdruck, Lösungen wie bei den Warenhäusern; erkennbar sind auch besondere Formen der Kooperation.

5. Wie lässt sich die Betriebsform „Discountgeschäft" kennzeichnen?

1	Größe (Verkaufsfläche)	Mittelbetrieb, Trend zu großen Ladeneinheiten (800 bis 1.000 m²)
2	Standortpräferenz	innerstädtische Nebenlage
3	Sortimentsdimension	schmal, flach
4	Sortimentsinhalt	meistens Vollsortimenter, aber ohne Auswahl in einzelnen Artikelgruppen, keine Parallelartikel; Aufbau von Eigenmarken; Artikelauswahl (vor allem im Zusatzsortiment) unter Berücksichtigung günstiger Beschaffungsmöglichkeiten; Schwerpunkte bilden Nahrungsmittel, gefolgt von Wasch- und Reinigungsmitteln, an 3. Stelle: Artikel zur Körperpflege
5	Bedienungsform	Selbstbedienung
6	Preisniveau	konstant niedrig, Grundlage: aggressive Niedrigpreispolitik
7	Warenpräsentation	einfach, zweckmäßig; häufig auf Palette, Kartonausschnitt; keine Einzelpreisauszeichnung
8	Sonstiges	Das Käuferpotenzial des Discountbereichs scheint weitgehend ausgeschöpft zu sein.

6. Wie lassen sich die Betriebsformen „Verbrauchermarkt" bzw. „SB-Warenhaus" kennzeichnen?

1	Größe (Verkaufsfläche)	Großbetriebe, ab 1.000 m²; Trend zu größeren Betriebseinheiten (über 5.000 m²); Durchschnittsgröße zwischen 3.500 m² und 4.000 m²
2	Standortpräferenz	gruppierte Stadtrandlage mit guter Verkehrsanbindung für Autokunden; Trend zu integrierten Standorten in Stadt- bzw. Stadtteilzentren (mit geringeren Betriebsgrößen: Standortwettbewerb mit Warenhäusern)
3	Sortimentsdimension	sehr breit, z. T. flach, in einigen, wenigen Warengruppen tief bis sehr tief
4	Sortimentsinhalt	warenhausähnliches Sortiment mit Nahrungs- und Genussmitteln (meistens als Sortimentsschwerpunkt); Zunahme im Non-Food-Bereich wegen der Stagnation bei Lebensmitteln; Angebotsergänzungen durch besondere Dienstleistungsabteilungen: Reinigung, Schuhreparatur, Imbiss, Restaurant, Friseur, Reisebüro u.Ä.
5	Bedienungsform	Selbstbedienung, Verzicht auf Beratung
6	Preisniveau	relativ niedrig; Sonderangebotsaktionen; Grundlage: aggressive Preispolitik
7	Sonstiges	Erkennbar sind u.a. folgende Trends: Planung kleindimensionierter Märkte an verbrauchernahen Standorten, Angebotsprofilierung über Ausdehnung des Non-Food-Bereichs, Konsolidierung durch Aufkäufe, Modernisierung, Erweiterung, Diversifikation über Fachmärkte.

7. Wie lässt sich die Betriebsform „Supermarkt" kennzeichnen?

1	Größe (Verkaufsfläche)	Mittelbetriebe (ab rd. 400 m² Verkaufsfläche)
2	Standortpräferenz	innerstädtische Nebenlage und gruppierte Stadtrandlage mit guten Parkmöglichkeiten
3	Sortimentsdimension	mittelbreit und flach; gegenüber dem Verbrauchermarkt eingeschränkte Anzahl von Artikeln
4	Sortimentsinhalt	Schwerpunkt des Sortiments: Lebensmittel; Erweiterungen im Non-Food-Bereich
5	Bedienungsform	Selbstbedienung
6	Preisniveau	relativ niedrig
7	Sonstiges	häufig Konfrontation mit kleinflächigen Verbrauchermärkten; Selektionsprozess im Lebensmittelbereich; Entwicklung neuer Konzepte (z. B. Edeka: „EDEKA-Kompakt" = Kleinbetriebe, „EDEKA-Aktivmarkt" = Mittelbetriebe)

8. Wie lässt sich die Betriebsform „Fachmarkt" kennzeichnen?

1	Größe (Verkaufsfläche)	Mittelbetriebe (größer als Fachgeschäft: etwa 1.500 m²)
2	Standortpräferenz	Stadtrand, innerstädtische Nebenlage
3	Sortimentsdimension	schmal (aber: breiter als Fachgeschäft), tief
4	Sortimentsinhalt	Sortiment ist auf eine bestimmte Zielgruppe oder auf einen bestimmten Bedarf ausgerichtet; Abhängigkeit von der Form: Spezialfachmärkte, z. B. für Tapeten, Fliesen usw., Sortimentsfachmärkte, z. B. für Bau-, Drogerie- u. a. Bedarf; Mehrfachmärkte, z. B. für Möbel und Geschenkartikel.
5	Bedienungsform	Selbstbedienung, auch Fremdbedienung mit Kundenberatung
6	Preisniveau	Preisvorteil gegenüber Fachgeschäft wegen geringerer Gesamtkosten (Standort, Einrichtung, Logistik)

7	Sonstiges	Fachmärkte sind relativ neu; besondere Bedeutung haben Getränkeabholmärkte, Baumärkte und Drogeriemärkte; Fachmärkte werden häufig getragen von den Herstellern, z. B. Adler (Textilien), vom Großhandel, z. B. Bahr (Handwerkerbedarf), vom Handwerk im Sanitär und Elektrobereich, von Verbundgruppen, z. B. Nürnberger Bund (Haushaltswaren, Baubedarf), vom Einzelhandel, z. B. Asko (Baumarkt)

9. Wie lässt sich die Betriebsform „Extramarkt" kennzeichnen?

1	Größe (Verkaufsfläche)	Mittelbetriebe (mindestens 600 m²)
2	Standortpräferenz	Ortschaften mit 5.000 und mehr Einwohnern, gute Erreichbarkeit für Fußgänger
3	Sortimentsdimension	im Frischebereich breit, gelegentlich tief; im Trockenbereich schmal, gelegentlich tief
4	Sortimentsinhalt	Lebensmittelvollsortiment mit erheblichem Anteil von Frischwaren (rd. 70 %); häufig in Verbindung mit Schnellgastronomie
5	Bedienungsform	Selbstbedienung, im Frischebereich mit Fremdbedienung
6	Warenpräsentation	Auflösung der Warenbereiche; Betonung der Frischwaren; Mittelpunkt ist eine „Frischeinsel", der Regale mit Trockenwaren zugeordnet werden
7	Sonstiges	Neues Ladenkonzept, das sich noch in der Entwicklung befindet; besondere Berücksichtigung der Kaufatmosphäre durch entsprechende Einrichtung und Farbgebung; Kooperation verschiedener Extra-Märkte (mit unterschiedlichen Schwerpunkten) bieten sich an.

10. Welche besondere Bedeutung haben Filialunternehmen?

Ein Filialunternehmen ist ein Unternehmen des Einzelhandels, das *mehrere* (nach der Definition des Statistischen Bundesamts mindestens fünf) *Vertriebsstätten* (Filialen) unterhält, die räumlich voneinander getrennt sind. Die Filialen sind rechtlich und wirtschaftlich unselbstständig.

Vorteile der Filialunternehmen entstehen u.a.

- durch die *zentrale Beschaffung*: Ausnutzung von Preisvorteilen durch Einkauf großer Mengen, Ausschaltung einer Handelsstufe,

- durch die *zentrale Lagerung*: Senkung der Lagerhaltungskosten, Beeinflussung der Sortimentsgestaltung,

- durch die *zentrale Verwaltung*: Vereinheitlichung der Entscheidungen, Zusammenfassung des Rechnungswesens, zentrale Erfolgskontrollen, Vereinheitlichung der (überregionalen) Werbung,

- durch die *Ausnutzung besonderer Standorte*.

11. Was ist ein Einkaufszentrum?

Ein Einkaufszentrum (EZ, Shopping-Center) ist die *Konzentration einer Anzahl von Einzelhandels- und Dienstleistungsbetrieben an einem Ort*. Für den Endverbraucher bedeutet ein EZ die Einkaufskonzentration: Er kann alle Waren und Dienstleistungen, die er mehr oder weniger häufig benötigt, in relativ großer Auswahl an einem Ort in angenehmer Atmosphäre einkaufen.

Im EZ findet der Endverbraucher

- nahezu *alle Betriebsformen des Einzelhandels* vor, z.B. Kauf- und Warenhaus, SB-Markt, Fachgeschäft, in denen er im Allgemeinen *alle Güter des täglichen* (häufig auch des gehobenen) *Bedarfs* kaufen kann, z.B. Lebensmittel, elektronische Artikel, Textilien, Bücher, Hygieneartikel, Drogerieartikel, Blumen,

- *Dienstleistungsbetriebe*, deren Dienste er häufig in Verbindung mit dem Wareneinkauf in Anspruch nimmt, z.B. Frisör, Reisebüro, Kartenvorverkaufsstellen, Reinigung, Schlüsseldienst, Schuhreparatur, Sparkassen- bzw. Bankfiliale,

- gelegentlich auch Arztpraxen, Rechtsanwaltsbüros, Apotheken, Gemäldegalerien u.Ä.,

- Gaststätten, Restaurants, Bistros, Eisdielen u.Ä.

- manchmal auch Einrichtung der Verwaltung (z.B. Einwohnermeldeamt).

12. Wo befinden sich Einkaufszentren?

Die Standorte von Einkaufszentren (EZ) werden meistens von den Trägergesellschaften in Verbindung mit den Verwaltungen geplant. EZ werden an Orten eingerichtet, die für Kunden relativ leicht erreichbar sind, entweder zu

Fuß, mit öffentlichen Verkehrsmitteln oder mit dem eigenen Kfz. Für die sog. Autokunden wird ausreichender Parkraum angeboten.

Einkaufszentren befinden sich z.B.

- in Innenstädten, in der Nähe oder in Verbindung mit attraktiven Einkaufspassagen oder -straßen; diese Einkaufszentren geben auch kleinen und mittleren Unternehmen die Möglichkeit, die innerstädtische Einkaufsattraktivität zu nutzen,

- in Stadtteilen,

- zwischen Großstädten, um die Bewohner der städtischen Randsiedlungen und neu entstandenen Trabantenstädten attraktive Einkaufsmöglichkeiten zu bieten.

13. Welche Aufgaben übernehmen die Träger der Einkaufszentren?

Die Trägergesellschaft eines Einkaufszentrum übernimmt für das laufende Einkaufszentrum zentrale Aufgaben für:

- zentrale Werbung,
- Verwaltung und Pflege der Gebäude,
- Reinigung der zentralen Einrichtungen,
- Sicherung der Gebäude,
- Einrichtung eines Sicherheitsdienstes,
- Einrichtung und Pflege begrünter Ruhezonen,
- Einrichtung und Verwaltung von Parkraum.

14. Was ist ein Fabrikladen?

Ein Fabrikladen ist ein Geschäft, mit dem ein Hersteller seine Produkte direkt vermarktet. In dem Fabrikladen können die Endverbraucher die Produkte des Herstellers im Allgemeinen günstiger einkaufen als im Fachhandel.

15. Was ist ein Factory-Outlet-Center?

Ein Factory-Outlet-Center (FOC) ist eine Zusammenfassung von Fabrikläden an einem zentralen Ort zur Direktvermarktung von Fabrikware. In diesem Einkaufszentrum bieten die Hersteller den Endverbrauchern Markenprodukte mit erheblichen Preisnachlässen an; die Preise in diesen Läden liegen häufig um 30 % unter den Ladenpreisen in den benachbarten Städten.

FOC werden häufig auf der grünen Wiese in der Nähe von Großstädten gegründet. Es wird befürchtet, dass die FOC den Geschäften in den Citys vor allem die junge, automobile Kundschaft abzieht.

4.3.3 Situation des Handels und Entwicklungstendenzen im Handel

1. Wie lässt sich die Situation im Einzelhandel kennzeichnen?

Die derzeitige Situation im Einzelhandel lässt sich folgendermaßen umschreiben.

Die Anzahl der Einzelhandelsbetriebe nimmt kontinuierlich ab. Umsatz, Wareneingang und Rohertrag nehmen zu. Allerdings bleiben der relative Anteil des Rohertrags am Umsatz und die Umschlagshäufigkeit in etwa konstant. Der Einzelhandel mit Nahrungsmitteln weist die größte Anzahl von Betrieben und Beschäftigten auf. In dieser Branche werden insgesamt auch die höchsten Umsätze erzielt, auch die Roherträge sind hoch; allerdings ist der Anteil der Roherträge an den Umsätzen relativ niedrig.

2. Welche Entwicklungstendenzen bestehen im Einzelhandel?

Die Entwicklungstendenzen im Einzelhandel lassen sich folgendermaßen umschreiben.

Die Veränderungen im Kaufverhalten, die steigenden Kosten (bei Beschaffung, Lagerung und im Personalbereich), der zunehmende Wettbewerbsdruck zwingen den Einzelhandel zur Anpassung. So wird z.B. die Kooperation mit anderen Einzelhandelsunternehmen Beschaffung auf- und ausgebaut und nach neuen Formen des Vertriebs gesucht. Die Kooperation mit dem Hersteller (Lieferanten) bekommt eine erhebliche Bedeutung. Für die Zusammenarbeit mit dem Hersteller werden neue Formen genutzt (vgl. 4.2.2).

Die Unternehmenskonzentration im Einzelhandel nimmt zu. Kleinere Unternehmen werden aufgegeben. Häufig fusionieren größere Unternehmen.

3. Wie lässt sich die Situation im Großhandel kennzeichnen?

Die derzeitige Situation im Großhandel lässt sich folgendermaßen umschreiben.

Die Anzahl der Großhandelsbetriebe nimmt kontinuierlich ab. Allerdings nehmen Umsätze, Roherträge und die Anteile der Roherträge an den Umsätzen kontinuierlich zu.

Der Großhandel mit Nahrungsmitteln weist die größte Anzahl von Betrieben und die größte Anzahl von Beschäftigten auf. Auch die Umsätze sind hier höher als bei den Großhandelsunternehmen anderer Branchen. Allerdings ist der Anteil der Roherträge an den Umsätzen im Allgemeinen niedriger als in anderen Branchen.

4. **Welche Entwicklungstendenzen bestehen im Großhandel?**

Die Entwicklungstendenzen im Großhandel lassen sich folgendermaßen umschreiben.

Der Großhandel verliert seine Bedeutung als Absatzmittler, da ihre Tätigkeit bei Absatzvermittlung zu teuer oder überflüssig wird.

- Hersteller und Einzelhändler arbeiten bei Beschaffung und Lieferung eng zusammen.
- Wiederverkäufer kaufen auf genossenschaftlicher oder gemeinschaftlicher Basis bei den Herstellern ein.

Der Großhandel versucht, diesen Entwicklungen entgegenzuwirken durch

- Erweiterung mit *neuen Vertriebsformen*, z.B. C&C-Lager, Rack Jobber,
- Ausbau der *Kooperation* mit dem Einzelhandel, z.B. in freiwilligen Ketten,
- *Engagement im Einzelhandel*, z.B. mit Fabrikläden.

4.3.4 Versandhandel und Katalogschauräume

1. **Was versteht man unter Versandhandel?**

Der Versandhandel ist eine besondere *Form des Einzelhandels*: Die Ware wird dem Kunden durch Kataloge u.Ä. (evtl. auch durch Vertreter) angeboten. Nach Bestellung wird sie ihm durch die Post oder andere Zustelldienste zugestellt. Die großen Unternehmen des Versandhandels unterhalten eigene Verkaufsstellen (z.B. Kaufhäuser), in denen die im Katalog angebotenen Waren vorrätig sind, oder Agenturen zur Vermittlung von Angebot und Bestellung. Gelegentlich versuchen Versandhandelsunternehmen, auch private Haushalte gegen Provision an der Vermittlung von Bestellungen (z.B. Sammelbestellungen) zu beteiligen.

2. **Welche Bedeutung haben Katalogschauräume?**

In Katalogschauräumen werden für die in Katalogen angebotenen Waren *Muster gezeigt*. Der Kunde kann also die Ware prüfen. Er kann sie im Schauraum auch bestellen. Wenn dem Schauraum ein Lager angegliedert ist, wird sie ihm ausgehändigt. Andernfalls wird sie ihm – wie im Versandhandel – zugestellt.

Distributionspolitik

4.3.5 Handelsvertretungen

1. Welche Bedeutung hat der Handelsvertreter für die Distribution?

Ein Handelsvertreter ist ein *selbstständiger Gewerbetreibender*, der von einem Unternehmer ständig damit betraut ist, für ihn *Geschäfte zu vermitteln* oder in seinem Namen *abzuschließen*. Selbstständig ist er, weil er im Wesentlichen seine Tätigkeit frei gestalten und seine Arbeitszeit bestimmen kann (HGB § 84). Ein Handelsvertreter kann gleichzeitg für mehrere Unternehmen tätig sein (Mehrfirmenvertreter).

2. Welche besonderen Pflichten übernimmt der Handelsvertreter?

Die Pflichten des Handelsvertreters gegenüber dem Unternehmer sind:

- *Vermittlung* von Geschäften für den Unternehmer (HGB § 86,1),

- *Abschluss* von Geschäften im Namen des Unternehmers (HGB § 86,1),

- *Wahrnehmung des Interesses* des Unternehmers (HGB § 86,1),

- *Sorgfaltspflicht*, dazu gehören z.B. die Prüfung der Kreditwürdigkeit eines Kunden und die entsprechende Information des Unternehmers, Informationen des Unternehmers über Marktlage u.Ä. (HGB § 86,3),

- *Benachrichtigungspflicht*, sie bezieht sich insbesondere darauf, dem Unternehmer Vermittlungen und Abschlüsse mitzuteilen (HGB § 86,2),

- Haftung bei Forderungsausfällen (*Delkredere*), wenn sich der Vertreter dazu ausdrücklich schriftlich verpflichtet hat.

3. Welche Rechte hat ein Handelsvertreter?

Der Handelsvertreter hat u.a. folgende Rechte gegenüber dem Unternehmer:

Der Vertreter kann verlangen, dass ihm der Unternehmer alle *Unterlagen* zur Verfügung stellt, die er für seine Arbeit benötigt, z.B. Preislisten, Muster, Werbedrucksachen u. dgl. (HGB § 86 a, 1).

Der Vertreter hat einen Anspruch auf *Benachrichtigung*. So muss ihm der Unternehmer unverzüglich mitteilen, ob er ein abgeschlossenes Geschäft annimmt oder ablehnt. Er muss ihn auch unterrichten, wenn er Geschäfte in erheblich geringerem Umfang abschließen kann oder will, als nach den Umständen zu erwarten ist (HGB § 86 a, 2).

Der Vertreter kann den *Ersatz von Aufwendungen* verlangen, wenn dies handelsüblich ist (HGB § 87 d) oder vertraglich vereinbart wurde.

Der Vertreter hat ein Recht auf *Vergütung*.

4. Wie wird die Tätigkeit des Handelsvertreters vergütet?

Der Handelsvertreter hat einen *Anspruch auf Provision* für alle von ihm vermittelten oder abgeschlossenen Geschäfte (HGB § 87, 1), darüber hinaus auch einen Anspruch auf Provision bei Geschäften, die er nicht vermittelt oder abgeschlossen hat, wenn sie *in einem ihm zugewiesenen Bezirk* oder bei einem ihm zugewiesenen Kundenkreis zu Stande gekommen sind (HGB § 87,2), es entsteht auch ein Anspruch auf Provision bei Geschäften, die *nach Beendigung des Vertragsverhältnisses* zu Stande kommen, wenn der Vertreter den Abschluss während seiner vertraglichen Tätigkeit maßgeblich vorbereitet hat (HGB § 87,3), wenn der Vertreter für den Zahlungseingang haftet, entsteht zusätzlich ein Anspruch auf *Delkredere-Provision* (HGB § 86 b).

Die Höhe der Provision wird entweder vertraglich vereinbart oder entspricht dem üblichen Satz (HGB § 87 b, 1). Grundlage für die Errechnung des Provisionsbetrages ist das Entgelt, das der Kunde dem Unternehmer zu zahlen hat (HGB § 87 b, 2).

Außer der Provision kann die Zahlung eines umsatzunabhängigen Festbetrages (*Fixum*) vereinbart sein.

5. Wodurch unterscheidet sich der Handelsvertreter hinsichtlich seiner Rechtsstellung und seiner Tätigkeiten vom Reisenden?

Der Handelsvertreter ist ein *selbstständiger Kaufmann*, der ständig damit betraut ist, für einen Unternehmer Geschäfte zu vermitteln oder in seinem Namen abzuschließen. Er kann gleichzeitig für mehrere Unternehmen tätig sein. Für seine Tätigkeit erhält er eine umsatzabhängige Provision und evtl. ein Fixum. Der Reisende ist ein *angestellter Kaufmannsgehilfe*, der für seinen Arbeitgeber Verträge abschließt. Für seine Tätigkeit erhält er ein Gehalt und evtl. eine umsatzabhängige Provision. Er kann – im Gegensatz zum Handelsvertreter – seine Tätigkeit i.d.R. nicht frei gestalten, er ist an die Weisungen seines Arbeitgebers gebunden und kann über seine Zeit nicht frei verfügen.

Wenn ein Vertreter ein Fixum erhält, ist dies i.d.R. geringer als das Gehalt des Reisenden; wenn ein Reisender Provision erhält, ist der Provisionssatz i.d.R. niedriger als der des Vertreters.

Distributionspolitik 449

6. Welche kostenorientierten Kriterien veranlassen ein Unternehmen, einen Handelsreisenden oder einen Handelsvertreter im Außendienst einzusetzen?

Die Entscheidung eines Unternehmens, einen Reisenden oder einen Handelsverter in einem bestimmten Gebiet einzusetzen, beruht hauptsächlich auf dem *Vergleich der Kosten*, die der Reisende und der Handelsvertreter bei einem bestimmten (dem voraussichtlich zu erwartenden) Umsatz verursachen. Verglichen werden dabei das Gehalt (und evtl. die umsatzabhängige Provision) des Reisenden mit der umsatzabhängigen Provision (und evtl. dem Fixum) des Handelsvertreters. Sind die Kosten für den Reisenden niedriger als für den Vertreter, lohnt sich der Einsatz des Reisenden (und umgekehrt).

Da die Höhe der Kosten vor allem vom Umsatz abhängt, entscheidet letztlich der erwartete Umsatz, ob in einem Gebiet ein Reisender oder ein Handelsreisender eingesetzt wird. Der Umsatz, bei dem die Kosten für den Reisenden und für den Handelsvertreter gleich sind, wird als *kritischer Umsatz* bezeichnet.

7. Wie lässt sich der Kostenvergleich rechnerisch durchführen?

Im Folgenden wird mit angenommenen Werten *beispielhaft* ein *Kostenvergleich* durchgeführt.

Die Kosten des Vertreters (K_V) bzw. des Reisenden (K_R) setzen sich zusammen aus dem Fixum bzw. dem fixen Gehalt sowie evtl. aus anderen vom Umsatz unabhängigen festen Kosten (fK_V bzw. fK_R) und den variablen Kosten (vK_V bzw. vK_R), die in ihrer Höhe vom Umsatz (U) und dem Provisionssatz (q) bestimmt werden.

- $vK = q \cdot U$

Kosten des Vertreters:

- $K_V = fK_V + vK_V$ oder
- $K_V = fK_V + (q_V \cdot U)$

Kosten des Reisenden:

- $K_R = fK_R + vK_R$ oder
- $K_R = fK_R + (q_R \cdot U)$

Bei dem sog. kritischen Umsatz (U_{krit}) sind die Kosten des Vertreters und des Reisenden gleich hoch.

- $fK_V + q_V \cdot U_{krit} = fK_R + q_R \cdot U_{krit}$,

daraus ergibt sich:

- $q_V \cdot U_{krit} - q_R \cdot U_{krit} = fK_R - fK_V$ bzw. $U_{krit} (q_V - q_R) = fK_R - fK_V$,

daraus ergibt sich für den kritischen Umsatz:

$$U_{krit} = \frac{fK_R - fK_V}{q_V - q_R)}$$

Der kritische Umsatz ergibt sich in der *grafischen Darstellung* folgendermaßen. Bei einem Umsatz, der geringer als der kritische Umsatz ist, ist der Vertreter dem Reisenden vorzuziehen. Bei einem Umsatz, der höher als der kritische Umsatz ist, sollte der Reisende eingesetzt werden.

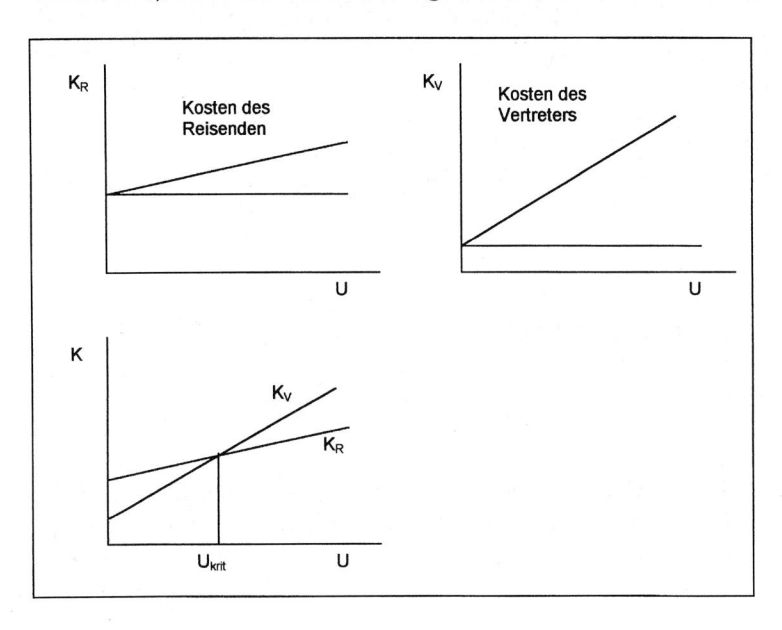

Zahlenbeispiel:

In einem Absatzgebiet können Reisender und Vertreter gleiche Umsätze erzielen. Der Reisende erhält ein Gehalt von monatlich 4.000,— € und eine Umsatzprovision von 5 %; der Vertreter erhält ein Fixum von monatlich 1.000,— € und eine Umsatzprovision von 20 %.

Kritischer Umsatz: (4.000 − 1.000) / (0,20 − 0,05) = 3.000 / 0,15 = 20.000. Liegt der erwartete Umsatz unter 20.000 €, wirft der Vertreter geringere Kosten auf; ist der Umsatz höher als 20.000 €, wirft der Reisende geringere Kosten auf.

Wenn davon ausgegangen werden kann, dass der Reisende in einem bestimmten Absatzgebiet durch seinen besonderen Einsatz mehr umsetzt als der Vertreter, muss diese einfache Kostenvergleichsrechnung modifiziert werden. Der höhere Umsatz bedeutet einerseits höheren Gewinn, andererseits aber auch höhere umsatzabhängige Kosten. Vor einem Kostenvergleich sind deshalb die Kosten, die der Reisende verursacht, um den zusätzlichen Gewinn zu bereinigen.

8. **Welche Faktoren beeinflussen neben den Kosten die Entscheidung eines Unternehmens, einen Reisenden oder einen Vertreter einzusetzen?**

Neben den Kosten spielen *qualitative Faktoren* bei der Entscheidung für den Reisenden oder den Handelsvertreter eine Rolle.

Für einen Hersteller kann die Steuerbarkeit des angestellten Reisenden wichtig sein. Das Unternehmen kann Einfluss auf seine Leistungen nehmen, ihn im Betrieb schulen und ihn mit zusätzlichen Aufgaben betrauen. Schließlich kann er davon ausgehen, dass der Reisende besondere Kenntnisse über das Produkt besitzt und deshalb genauer beraten kann. Bei einem Vertreter schätzt der Auftraggeber u.U. dessen besondere Marktnähe, Marktinformationen und Verkaufsaktivitäten.

4.3.6 Verkauf im Internet (elektronischer Handel)

1. **Was versteht man unter elektronischem Handel?**

Der Handel mithilfe des Internet wird elektronischer Handel bzw. Electronic Commerce (E-Commerce) bezeichnet. Auf seinen Internetseiten bietet der Verkäufer Waren und Leistungen gewerbsmäßig an. Die Internetseiten sind ohne Passwort zugänglich. Auf der Startseite gibt der Anbieter seine Firma mit vollständiger Anschrift an, sodass er von potenziellen Kunden identifiziert werden kann.

2. **Was versteht man unter Business to Business, was unter Business to Consumer?**

Als Business to Business („B2B") bezeichnet man den elektronischen Handel zwischen Unternehmen.

Als Business to Consumer („B2C") bezeichnet man den elektronischen Handel zwischen Unternehmen als Anbietern und Endverbrauchern (Konsumenten) als Kunden.

3. Wie kommt es zum Kaufvertrag beim Verkauf im E-Commerce?

Ein Kaufvertrag kommt regelmäßig zu Stande durch zwei übereinstimmende Willenserklärungen, Antrag und Annahme, z.B. Angebot und Bestellung. Das gilt auch für den elektronischen Handel.

Allerdings ist die Bindung des Verkäufers an sein Angebot eingeschränkt; er muss nicht liefern, wenn die angebotene Ware nicht (mehr) lieferbar ist; eine Freizeichnungsklausel ist nicht erforderlich.

Wenn der Verkäufer jedoch vom Kunden die Angabe einer Kreditkartennummer o.dgl. verlangt, ist er an sein Angebot gebunden und der Kunde hat bei Lieferunfähigkeit Ansprüche z.B. auf Schadenersatz. Der Verkäufer kann seine Bindung jedoch einschränken durch eine Freizeichnungsklausel (z.B. „solange Vorrat reicht").

4. Welche Bedeutung hat das Gesetz über Fernabsatzgeschäfte?

Das Gesetz über Fernabsatzgeschäfte regelt (seit 2000) das Widerrufsrecht bei sog. Fernabsatzgeschäften; das sind Geschäfte, die per Telefon, Telefax, Brief, E-Mail u.Ä. zu Stande kommen. Der Verbraucher kann den Vertrag innerhalb von zwei Wochen nach Abschluss ohne Angabe von Gründen widerrufen und die bestellte Ware auf Kosten des Anbieters zurücksenden. Der Anbieter muss den Kunden auf dieses Recht ausdrücklich hinweisen; die Widerrufsfrist von zwei Wochen beginnt erst, wenn diese Information auf dauerhaftem Datenträger beim Kunden vorliegt.

Das Widerrufsrecht gilt nicht für Verträge über Finanzdienstleistungen und Grundstücksgeschäfte.

5. Wie wird der elektronische Handel abgewickelt?

Abwicklung des elektronische Handels:
Angebot auf entsprechenden Internetseiten,
Bestellung des Kunden mit E-Mail,
Lieferung durch den Anbieter (per Post, Zustelldienst, Lieferservice),
Zustellung der Rechnung (evtl. bei Lieferung),
Bezahlung durch den Kunden durch Banküberweisung oder mit Kreditkarte.

(Der Zahlungsvorgang soll in Zukunft modernisiert werden durch die Einführung des sog. ecash durch die Deutsche Bank. Beim ecash handelt es sich um elektronische Münzen, die im Computer gespeichert und im Internet ausgegeben werden können.)

Distributionspolitik

6. Wodurch unterscheidet sich der elektronische vom traditionellen Handel?

Zwischen dem elektronischen und dem traditionellen Handel bestehen u.a. folgende Unterschiede:

- Im traditionellen Handel erreicht der Hersteller den Kunden über Absatzmittler, z.B. Handel, Agenten, organisierte Märkte. Die Absatzmittler setzen Werbemittel ein, halten evtl. Waren vorrätig, weil sie sie präsentieren müssen. – Im elektronischen Handel sucht sich der Kunde den Lieferanten mithilfe des Internet aus; der Zwischenhandel entfällt.

- Im traditionellen Handel kann ein Kunde im Allgemeinen nur eine geringe Anzahl von Anbietern vergleichen; der Vergleich von Angebotsbedingungen und Produkten ist aufwändig und relativ schwierig: Angebote müssen eingeholt und aufbereitet werden, verschiedene Geschäfte müssen aufgesucht werden, Beratungsgespräche werden erforderlich. – Im elektronische Handel steht dem Kunden eine vergleichsweise große Anzahl von Anbietern gegenüber; er kann sehr schnell – per Mausklick – von einem Anbieter zum nächsten wechseln, Produkte werden im Bild vorgestellt, Vertragsbedingungen genannt. Der Angebotsvergleich wird wesentlich erleichtert.

- Der elektronische Handel kommt den Bedingungen des Käufermarkts näher als der traditionelle Handel. Der Markt wird transparenter.

- Beim elektronischen Handel kann ein Kunde den Anbietern, wenn sie Informationsforen eingerichtet haben, Mitteilungen zukommen lassen. – Im traditionellen Handel ist diese Form der Kontaktaufnahme nahezu unmöglich.

7. Welche Vorteile bietet der B2C-Handel dem Kunden?

Der elektronische Handel hat für den Kunden u.a. folgende Vorteile.

- Der *Einkauf ist bequem*: die Auswahl der Produkte erfolgt zu Hause; Fahrt oder Gang zum Geschäft, Warten auf Bedienung und Beratung entfallen. Ladenschlusszeiten müssen nicht beachtet werden.

- Der *Einkauf ist schnell*. Der Kunde kann sich in relativ kurzer Zeit über viele Produkte von vielen Anbietern informieren und zu einer Kaufentscheidung kommen.

- Der *Einkauf ist unterhaltsam*: Für viele Internetuser ist das Surfen eine wichtige Freizeitbeschäftigung.

8. Welche Vorteile bietet der elektronische Handel dem Anbieter?

Der elektronische Handel hat für den Verkäufer u.a. folgende Vorteile:

- *Vorteile durch die Kostenstruktur*: Die anfallenden Kosten sind zum größten Teil variabel. Feste Kosten, wie z.B. Miete, Ausgaben für Verkäufer u.Ä. entfallen zum Teil. Bei geringem Absatz sind die Kosten entsprechend niedrig. Das Risiko ist dadurch relativ gering.

- *Vorteile durch geringe Transaktionskosten*: Einige Leistungen des Zwischenhandels wie z.B. Beratung und Bedienung, Präsentation von Waren entfallen, dadurch entfallen auch die entsprechenden Kosten (Transaktionskosten).

- *Vorteile durch die geografisch unbegrenzte Datenübermittlung im Internet*: Angebote im elektronischen Handel können Internetuser überall in der Welt erreichen. Für viele Unternehmen wird durch den elektronischen Handel der Zutritt zu globalen Märkten ermöglicht.

- *Vorteile durch Imagegewinn*: Der Auftritt im Internet weist auf die Innovationsfähigkeit des Unternehmen hin; der dadurch entstehende Imagegewinn ist von Vorteil in anderen Geschäftsbereichen (vgl. z.B. Schwarzkopf & Henkel 1997/98).

- *Vorteil durch den Gewinn einer neuen Zielgruppe*: Mit den Angeboten im Internet werden die Internetuser angesprochen; sie gehören häufig nicht zu den Kernzzielgruppen der Unternehmen (vgl. z.B. Otto-Versand).

9. Löst der elektronische Handel den „klassischen" Zwischenhandel ab?

Nein, weil sich der Handel besser auf die Anforderungen der Kunden konzentrieren kann als die Hersteller und weil er im Allgemeinen über die besseren Kontakte zu den Kunden verfügt, hat er besondere Chancen. Seine Funktionen werden sich allerdings ändern; er muss sich den neuen Bedingungen anpassen. Dazu gehören u.a.

- Einrichtung von Internetgeschäften,
- Berücksichtigung der Kundenwünsche,
- Angebot besonderer Serviceleistungen, z.B. Suche nach bestimmten Produkten oder nach „Schnäppchen", Preisvergleich,
- Management von Auslieferung, Bezahlung, Reklamation u.Ä.

10. Welche Bedingungen sollte ein Unternehmen erfüllen, das seine Produkte im Internet mit Erfolg anbieten will?

Folgende Bedingungen sollte ein Unternehmen erfüllen können, wenn es seine Produkte im Internet anbietet:[18]

---

[18] nach Business Welt

- Eindeutige Definition der Zielgruppe,

- Prüfungen der Erwartungen, die diese Zielgruppe am Produkt, am Unternehmen und am Internet hat,

- Gestaltung des Angebots auf den Internetseiten entsprechend den Erwartungen,

- Prüfung des Nutzens, den die Zielgruppe von der Gestaltung der Internetseiten haben könnte, z.B. Information, Unterhaltung,

- Übersichtliche Gestaltung der Homepage, übersichtliche Gestaltung der Benutzerführung,

- Gestaltung des Angebots mit dem Ziel, zum Wiederholungskauf anzuregen,

- Lesbarkeit der Seiten mit jeder gängigen Hard- und Software,

- ständige Aktualisierung der Internetseiten,

- Einrichtung eines Informationsforums, sorgfältige Beantwortung von E-Mails der User,

- Test der Internetseiten vor der Freischaltung.

4.3.7 Marktveranstaltungen

1. Was sind Messen?

Messen sind *Veranstaltungen mit Marktcharakter*. Ihre *Kennzeichen* sind:

- Sie bieten ein umfassendes Angebot eines Wirtschaftszweiges oder mehrerer Wirtschaftszweige,

- sie finden im Allgemeinen in regelmäßigem Turnus am gleichen Ort statt,

- die *Anbieter verkaufen aufgrund von ausgestellten Mustern*,

- verkauft wird *an Wiederverkäufer oder an Verwender* in der gewerblichen Wirtschaft,

- Zutritt haben im Allgemeinen nur Einkäufer, ausnahmsweise können auch Letztverbraucher zu bestimmten Öffnungszeiten zugelassen werden.

2. **Wodurch unterscheiden sich Messen von Ausstellungen?**

Im Allgemeinen dienen auch Ausstellungen dem Verkauf. Darüber hinaus wollen aber gerade Fachausstellungen für einzelne Wirtschaftszeige werben bzw. über sie informieren. Sie richten sich außer an das Fachpublikum auch an die Allgemeinheit.

3. **Welche Typen von Messen gibt es?**

Messen lassen sich u.a. nach folgenden *Kriterien* unterscheiden:

- *räumliche Bedeutung*: z.B. regionale, nationale, internationale Messen,

- *Breite des Angebots*: z.B. Universalmessen und Mehrbranchenmessen, Einbranchenmessen,

- *Thematik des Angebots*: z.B. branchen-, themen- oder bedarfsbezogene Fachmessen,

- *Art des Angebots*: z.B. Investitionsgüter-, Konsumgütermessen.

4. **Welche Ziele verfolgen ausstellende Unternehmen mit ihrer Teilnahme an Messen und Ausstellungen?**

Unternehmen wollen auf Messen und Ausstellungen über ihr Leistungsangebot informieren, Kontakte zu Kunden aufnehmen, Verkaufsabschlüsse tätigen, evtl. einen Beitrag zur Verbesserung des Firmen-Images leisten u.Ä.

5. **Welche bedeutenden Messen bzw. Ausstellungen gibt es in Deutschland?**

Im Folgenden werden einige Messen bzw. Ausstellungen aufgelistet. Ausgewählt werden die Messen bzw. Ausstellungen, die im Allgemeinen von mehr als 2.000 Ausstellern beschickt werden.

Distributionspolitik

Bezeichnung	Veranstaltungsort
HANNOVER MESSE Industrie	Hannover
Frankfurter Buchmesse	Frankfurt am Main
ANUGA - Weltmarkt für Ernährung	Köln
Hannover Messe CeBIT	Hannover
Int. Frankfurter Messe Ambiente	Frankfurt am Main
Int. Frankfurter Messe, Herbst	Frankfurt am Main
Int. Tourismusbörse ITB	Berlin
ACHEMA - Int. Treffen für chem. Technik	Frankfurt am Main
Int. Modemesse Igedo, Herbst	Düsseldorf
HEIMTEXTIL	Frankfurt am Main
Int. Eisenwarenmesse	Köln
Int. Spielwarenmesse	Nürnberg
Int. Frankurter Messe Premiere	Frankfurt am Main
Int. Modemesse Igedo, Frühjahr	Düsseldorf

6. Welche Bedeutung haben Auktionen für die Absatzvermittlung?

Auktionen sind mit Angabe des Veranstaltungsorts und der Veranstaltungszeit angekündigte Marktveranstaltungen. Die *Ware ist am Auktionsort* (oder in dessen unmittelbarer Nähe) *anwesend* und kann besichtigt werden. Sie wird an den Meistbietenden verkauft.

7. Welche Bedeutung haben die Warenbörsen für die Absatzvermittlung?

Warenbörsen sind Marktveranstaltungen für den *Verkauf vertretbarer Waren*. Sie finden i.d.R an einem bestimmten Ort statt. Die Ware ist im Allgemeinen am Börsenort *nicht anwesend*. Börsenwaren sind i.d.R. Rohstoffe, wie z.B. Getreide, Kaffee, Zucker, Kupfer u.Ä.

4.3.8 Andere Absatzmittler

1. Welche Bedeutung hat ein Handelsmakler für die Absatzvermittlung?

Der Makler ist ein selbstständiger Gewerbetreibender, der die *Vermittlung von Verträgen* z.B. über Anschaffung oder Veräußerung von Waren für andere Personen übernimmt. Er ist dazu nicht ständig betraut, er wird nur *von Fall zu Fall* tätig.

Wenn das Geschäft rechtswirksam zu Stande gekommen ist, hat der Makler ein Recht auf Vergütung, auf den Maklerlohn, den er je zur Hälfte beiden Parteien in Rechnung stellen kann. (HGB §§ 93 ff.)

2. Welche Bedeutung hat ein Kommissionär für die Absatzvermittlung?

Der Kommissionär ist ein selbstständiger Gewerbetreibender, der *für Rechnung eines anderen (des Kommittenten) im eigenen Namen* Waren (oder Wertpapiere) kauft oder verkauft. (HGB §§ 383 ff.)

4.3.9 Formen des Direktverkaufs (-absatzes)

1. Welche Formen des Direktverkaufs gibt es?

Direktverkauf ist der Verkauf von Produktions-, Handels- und Dienstleistungsunternehmen *ohne Zwischenschaltung selbstständiger Absatzmittler* an den Letztverbraucher. Zwei Kategorien des Direktverkaufs lassen sich unterscheiden:

Der Direktverkäufer erreicht den Letztverbraucher

1. entweder über eigene Verkaufsstellen und dgl.
2. oder in dessen Wohnung.

Entsprechend lassen sich die Formen des Direktverkaufs einteilen:

Zur ersten Kategorie zählen u.a.

- Verkauf *in eigenen Filialen* des Herstellers (vgl. z.B. Schuhhersteller wie Salamander),
- Verkauf in *Fabrikläden,*
- Verkauf an *Verkaufsständen* (z.B. durch den Landwirt, der seine Produkte auf dem Wochenmarkt anbietet).

Zur zweiten Kategorie zählen u.a.

- Verkauf durch *Vertreter* beim sog. Haustürgeschäft (vgl. z.B. bestimmte Hersteller von Staubsaugern wie Vorwerk),
- Verkauf über *Kataloge* im Versandhandel,
- *Telefonverkauf.*

2. Was sind Direktvertriebsfirmen?

Unternehmen, die ihre Produkte ständig und ausschließlich direkt vertreiben, werden als Direktvertriebsfirmen bzw. -betriebe bezeichnet.

4.3.10 Kooperations- und Konzentrationsformen im Handel

1. Was versteht man unter Kooperation im Handel?

Kooperation im Handel ist die *freiwillige, begrenzte Zusammenarbeit* von Handelsunternehmen, sie bezieht sich auf *Koordination und Zusammenlegung betrieblicher Aktivitäten.* Die kooperierenden Unternehmen bleiben rechtlich selbstständig.

Zu unterscheiden sind einstufige und zweistufige Kooperationsformen. Bei einstufigen Kooperationsformen arbeiten nur Großhandels- bzw. nur Einzelhandelsunternehmen (z.B. in Einkaufsgemeinschaften oder -genossenschaften) zusammen, bei zweistufigen Kooperationsformen arbeiten Großhandels- und Einzelhandelsunternehmen (z.B. in freiwilligen Ketten) zusammen.

Die wichtigsten Bereiche der Kooperation sind Beschaffung und Absatz.

2. Welche Ziele verfolgen Handelsunternehmen mit ihrer Kooperation im Beschaffungsbereich?

Kooperationsziele im Beschaffungsbereich können u.a. sein:

- Gemeinschafts- oder Zentraleinkauf zur Durchsetzung günstiger Beschaffungskonditionen,
- Unterhaltung gemeinsamer Läger,
- Unterhaltung eines gemeinsamen Fuhrparks,

- Durchsetzung bestimmter Ziele beim Hersteller, z.B. Abwälzung von Risiken, einheitliche Liefergarantie-, Service- und Zahlungsbedingungen,

- Vereinheitlichung der Sortimente.

3. Welche Ziele verfolgen Handelsunternehmen mit ihrer Kooperation im Absatzbereich?

Kooperationsziele im Absatzbereich können u.a. sein:

- zentrale, einheitliche Preispolitik,
- Entwicklung gemeinsamer Handelsmarken,
- Gemeinschaftswerbung.

4. Welche Arten von Kooperation gibt es im Großhandel?

Im Großhandel sind u.a. folgende Arten der Kooperation möglich:

- *Einkaufskontore*: Sie übernehmen für mehrere Großhandelsunternehmen den gemeinsamen Einkauf, um durch große Beschaffungsmengen Preisvorteile und günstige Konditionen zu erzielen.

- *Sortimentskooperation*: Gemeinschaftliche Zentralen mehrerer Großhandelsunternehmen übernehmen eine Vorsortimentierung für die angeschlossenen Unternehmen.

- *Querlieferung*: Großhandelsunternehmen gleichen Sortimentsmängel untereinander aus.

- *Werbeverbund*: Großhandelsunternehmen beteiligen sich an gemeinschaftlicher Werbung (z.B. auf Ausstellungen).

- *Standortverbund*: Großhandelsunternehmen nutzen gemeinsam Anlagen und Einrichtungen eines gemeinschaftlichen Verkaufsortes (z.B. Handelshöfe, Großmärkte).

5. Welche Kooperationsformen lassen sich im Einzelhandel unterscheiden?

Im Einzelhandel lassen sich *horizontale und vertikale Kooperationsformen* unterscheiden. Zu den horizontalen Formen zählen die Einkaufsgenossenschaften und andere einstufige Einkaufsgemeinschaften (Einkaufsverbände, -ringe); bei den vertikalen Formen sind vor allem die freiwilligen Ketten, an denen auch Großhandelsunternehmen beteiligt sind, von Bedeutung. Schwerpunkt der Kooperation liegt im Beschaffungsbereich, Kooperation findet aber auch in anderen Bereichen statt, z.B. in der Werbung, im Rechnungswesen u.a.

Distributionspolitik

6. Welche besondere Bedeutung hat die Kooperation in freiwilligen Ketten?

Die freiwillige Kette ist eine vertikale (zweistufige) Kooperationsform. In ihr schließen sich *Unternehmen des Groß- und Einzelhandels* gleichartiger Branchen unter einem *Organisationszeichen* zusammen, vgl. z.B. Spar.

Die Kooperation bezieht sich vor allem auf den Beschaffungsbereich; zentral beschafft werden Waren zur Erzielung günstiger Konditionen bei großen Beschaffungsmengen; die erzielten Vorteile werden an die angeschlossenen Einzelhandelsunternehmen weitergegeben. Zentral beschafft werden aber auch Materialien für Verpackung, Werbung usw.

Die freiwillige Kette gewährt den angeschlossenen Einzelhandelsunternehmen Gebietsschutz. Einzelhandelsunternehmen, die einer Kette beitreten wollen, müssen i.d.R. bestimmte Aufnahmebedingungen erfüllen, Kriterien für die Aufnahme können z.B. sein: Mindestumsatz, Mindestverkaufsfläche.

7. Welche Arten von Geschäften werden bei Beschaffungskooperation abgeschlossen?

Die gemeinschaftliche Beschaffung kann sich auf folgende Arten von Geschäften beziehen:

Eigengeschäfte, das sind Geschäfte, die die Einkaufgemeinschaften (bzw. ihre Zentralen) im eigenen Namen und auf eigene Rechnung abschließt,

Fremdgeschäfte, das sind Geschäfte, die die Einkaufgemeinschaften (bzw. ihre Zentralen) im fremden Namen und auf fremde Rechnung tätigt, die Gemeinschaft wird nur vermittelnd oder helfend tätig; Fremdgeschäfte können z.B. sein

- *Empfehlungsgeschäfte*, bei denen die Gemeinschaft (bzw. die Zentrale) den angeschlossenen Unternehmen bestimmte Waren oder Lieferanten empfehlen,

- *Abschlussgeschäfte*, bei denen die Gemeinschaft (bzw. die Zentrale) Rahmenverträge abschließt,

- *Delkredegeschäfte*, bei denen die Gemeinschaft (bzw. die Zentrale) dem Lieferanten bei Ausfall des zahlungspflichtigen Mitgliedsunternehmens für den Rechnungsausgleich bürgt,

- *Zentralregulierungsgeschäfte*, bei denen die Gemeinschaft (bzw. die Zentrale) den Rechnungsausgleich der Mitglieder gegenüber dem Lieferanten vermittelt.

8. Wie lässt sich die Konzentration im Handel umschreiben?

Die Konzentrationsbewegung im Handel zeigt sich u.a. darin, dass bei steigenden Umsätzen die Gesamtzahl der Unternehmen abnimmt, sodass sich immer weniger Unternehmen den Gesamtumsatz teilen. Da einerseits vor allem kleine und mittlere Unternehmen im Wettbewerb unterliegen, andererseits aber große Unternehmen besondere Vorteile im Wettbewerb nutzen können, verschiebt sich diese Umsatzkonzentration zu Gunsten der großen Unternehmen. *Umsatzkonzentration heißt also, dass relativ wenige (große) Unternehmen den größten Teil des Gesamtumsatzes an sich ziehen.*

9. Welche Ursachen hat der Konzentrationstrend im Handel?

Wesentliche Ursachen des Konzentrationstrends liegen in den *Strukturveränderungen* im Handel. Die Strukturveränderungen zeigen sich vor allem in zwei Aspekten,

1. in einem *Ausleseprozess* (Liquidation kleiner und mittlerer Unternehmen) und

2. in einem *Expansionsprozess* (Wachstum der großen Unternehmen).

10. Welche Gründe hat der Ausleseprozess im Handel?

Kleine und mittlere Unternehmen sowohl des Groß- als auch des Einzelhandels sind trotz aller Kooperationsbemühungen den Großunternehmen *im Wettbewerb unterlegen*; die Unternehmereinkommen sinken. Schließlich müssen diese Unternehmen aufgegeben werden.

Kooperationssysteme, die ursprünglich die kleinen Unternehmen im Wettbewerb gegenüber den großen schützen wollten, *verlieren* zunehmend diese *Bedeutung*. Sie tragen u.a. zum Ausleseprozess bei durch ihre Auswahlkriterien für beitrittswillige Einzelhandelsunternehmen (z.B. Mindestverkaufsflächen) oder durch die Differenzierung von Rabattsätzen (Weitergabe von ausgehandelten Preisvorteilen) zu Ungunsten der Abnehmer kleiner Mengen.

Weitere Gründe für den Ausleseprozess können sein:

- Veränderungen der Marktbedingungen und Verschärfung des Wettbewerbs,

- mangelhafte Fähigkeit und Bereitschaft zu Anpassungen an die Veränderungen der Marktbedingungen,

- Nachfolgeprobleme in vielen Klein- und Mittelbetrieben.[19]

---

[19] Nach Tietz, B.: Binnenhandelspolitik, München 1986, S. 115

Distributionspolitik   463

11. Welche Ursachen hat der Expansionsprozess im Handel?

Das Wachstum der großen Unternehmen des Einzelhandels hat drei wesentliche Ursachen:

1. *Ausscheiden der Konkurrenz,*

2. *Zusammenschlüsse* (Fusionen) einzelner Unternehmen,

3. *Ausdehnung über neue Betriebstypen.* Große Unternehmen gehen mit mehreren unterschiedlichen Betriebstypen auf die sich ändernden Marktbedingungen ein. Sie passen die Sortimente der Betriebstypen den lokalen Kundenbedingungen an.

12. Welche Bedeutung hat der Konzentrationstrend im Handel für die Hersteller?

Der Wettbewerb zwischen Herstellern findet zunehmend in konsumnahen Bereichen statt. Die dazu erforderlichen Marketingmaßnahmen sind eher mit großen Einzelhandelsunternehmen unter einheitlicher Leitung und mit Betriebstypendifferenzierung durchzuführen. Der Konzentrationstrend im Einzelhandel wird dadurch weiter gefördert.

4.4 Strategische Wahl der Absatzwege

1. Welche Bedeutung hat der sog. Distributionsgrad?

Das *Ergebnis der Distribution* ist der Distributionsgrad. Ziel der Distributionspolitik kann ein bestimmter Distributionsgrad sein. Wird ein hoher Distributionsgrad angestrebt, soll die Wahl der Absatzwege dazu beitragen, dass die Verbraucher das Gut ständig in gewünschter Menge kaufen können.

2. Welche Ziele verfolgt ein Unternehmen bei intensiver Distribution?

Intensive Distribution liegt vor, wenn das Unternehmen einen *hohen Distributionsgrad* anstrebt. Für den Absatz des Produkts werden nach Möglichkeit alle infrage kommenden Absatzwege genutzt. Das ist besonders häufig bei Produkten des täglichen Bedarfs. So wird z.B. eine Mühle ihre Mehlsorten über den „klassischen" Einzelhandel, SB-Märkte, Lebensmittelabteilungen der Kaufhäuser, Discountgeschäfte usw. verkaufen.

3. Welche Ziele verfolgt ein Unternehmen bei exklusiver Distribution?

Exklusive Distribution liegt vor, wenn ein Unternehmen die *Zahl der Absatzmittler beschränkt*. Die Produkte werden auf der Grundlage von Exklusivverträgen über besondere („exklusive") Absatzmittler vertrieben. Der Hersteller kann dadurch einerseits besondere Verkaufsbemühungen, Aktivitäten und Kundendienst von den Absatzmittlern erwarten, andererseits nutzt er aber deren Image bei den Verbrauchern.

4. Was versteht man unter Akquisition von Absatzmittlern?

Wenn ein Unternehmen *um Absatzmittler wirbt*, betreibt er Akquisition. Zu unterscheiden sind zwei Methoden der Akquisition.

1. *Pushmethode*: Ein Unternehmen wirbt um Absatzmittler, indem es ihnen Verträge mit besonderen Konditionen anbietet, in ihren Verkaufsräumen mit eigenen Mitteln die Produkte präsentiert usw.

2. *Pullmethode*: Ein Unternehmen betreibt starke Endverbraucherwerbung, die dadurch entstehende Nachfrage veranlasst Einzelhändler, das Produkt in ihr Angebot zu übernehmen.

5. Wann muss ein Unternehmen eine Selektion der Absatzmittler vornehmen?

Wenn es für die Vermittlung eines Produkts eine große Zahl von möglichen und auch interessierten *Absatzmittlern* gibt, muss das Unternehmen *auswählen*, es betreibt Selektion. *Kriterien* für die Selektion können z.B. sein: Abnahmemengen, Bereitschaft für bestimmte Marketingmaßnahmen (z.B. besondere Präsentation), Größe des Händlers, Image des Händlers, Sortimentsvoraussetzungen usw.

4.5 Laufendes Management der Absatzwege

4.5.1 Management des stationären Handels

1. Welche Ziele verfolgt das Management des stationären Handels?

Das Management des stationären Handels befasst sich mit der *Pflege der Beziehungen zum Groß- und Einzelhandel*. Der Hersteller verfolgt dabei die folgenden allgemeinen *Ziele*:

Distributionspolitik

- Erschließung neuer Marktfelder,
- Pflege vorhandener Marktfelder,
- Erweiterung der Marktposition.

Die allgemeinen Ziele lassen sich durch die folgenden quantitativen und qualitativen Einzelziele ergänzen:

Quantitative Ziele: Umsatzsteigerung, Erhöhung des Deckungsbeitrages, bestimmter Distributionsgrad usw.

Qualitative Ziele: Verbesserung des Image von Unternehmen, Produkt oder Marke usw.

2. **Welche Mittel bzw. Maßnahmen können im Rahmen des Management des stationären Handels eingesetzt werden?**

Das Management des stationären Handels kann u.a. die folgenden Mittel und Maßnahmen einsetzen:

- Rabattgewährung für bestimmte Leistungen des Handels bei Einführung, für besondere Aktionen, zur Gewinnung von Erstkunden usw.,

- Vorgaben für die Sortimentsgestaltung,

- Kooperation bei Werbung und dgl.,

- allgemeine verkaufsfördernde Maßnahmen, z.B. Beratung, Schulungen,

- warenspezifische verkaufsfördernde Maßnahmen, z.B. Informationen über Produkte durch Propagandisten, durch besonderes Display-Material usw.

4.5.2 Vertikale Abnehmerbindung

1. **Was sind Vertriebsbindungen?**

Vertriebsbindungen liegen vor, wenn der Hersteller den Händler durch Vertrag verpflichtet,

beim Verkauf bestimmte *Lieferbedingungen* einzuhalten,

oder gelieferte Ware nur an bestimmte Dritte weiterzugeben und/oder

die Ware ausschließlich bei ihm zu beziehen (*Ausschließlichkeitsbindung*).

2. Welche Bedeutung haben Vertragshändler?

Ein Vertragshändler ist ein rechtlich *selbstständiger Kaufmann*, den ein Hersteller durch Vertrag dazu verpflichtet hat, seine Produkte zu führen und sie nach seiner Marketingkonzeption, *unter seinem Namen und seinem Markenzeichen* zu vertreiben (vgl. Kfz-Handel). In der Regel ist der Vertraghändler auch ver-pflichtet, die Produkte und entsprechende Ersatzteile auf Lager zu halten sowie Reparaturen und Wartungen durchzuführen. Dafür gewährt ihm der Hersteller Gebietsschutz.

Vertragshändler bleiben zwar rechtlich selbstständig. Wegen der Kooperationsbedingungen erscheinen ihre Unternehmen dem Außenstehenden gelegentlich als herstellereigene Vertriebsstellen („Filialen").

3. Welche Bedeutung haben Depotsysteme?

Depotsysteme sind *Kooperationen zwischen Herstellern und Händlern*. Die Kooperationsverträge enthalten i.d.R. folgende *Vereinbarungen*: Der Händler (Depositär) verpflichtet sich, das gesamte Sortiment eines Herstellers als Depot zu halten, zu den empfohlenen Endverbraucherpreisen anzubieten, angemessen zu präsentieren und evtl. an Schulungsmaßnahmen des Herstellers teilzunehmen. Der Hersteller verpflichtet sich, den Händler durch organisatorische und Marketingmaßnahmen (Werbung, Display-Material, evtl. Einrichtungen) zu unterstützen und nicht verkaufte Ware zurückzunehmen.

Der Depositär ist *Kommissionär*, d.h. er kauft und verkauft im eigenen Namen auf fremde Rechnung.

Vorteile des Depositärs: Einerseits kann er das Image gut eingeführter Marken bzw. Produkte nutzen, andererseits ist das Lagerhüterrisiko sehr gering. Vorteil des Herstellers: Erhöhung des Distributionsgrades.

4. Welche Arten von Depotsystemen gibt es?

Zu unterscheiden sind zwei Arten von Depotsystemen:

1. Depots bei sog. *Eigenhändlern*, so halten z.B. Kosmetikfachgeschäfte Depots bestimmter Kosmetikmarken,

2. Depots bei sog. *Kommissionagenturen*, so. halten z.B. Bäcker Depots bestimmter Kaffeeröster.

5. Was heißt Franchising?

Franchising ist ein *Vertriebssystem* für Waren und Dienstleistungen. *Selbstständige Partner*, der Franchisegeber und der Franchisenehmer, schließen einen Vertrag für eine umfassende *längerfristige Zusammenarbeit*.

Der Franchisegeber hat u.a. folgende Vorteile: Schnelle Expansion durch Aufbau einer möglichst großen Zahl von Verkaufsstellen, Minderung von fixen Kosten, Wegfall des Insolvenzrisikos usw.

Der Franchisenehmer hat u.a. folgende Vorteile: Selbstständigkeit (im Rahmen des Vertrages), die Zahlungen an den Franchisegeber sind variable Kosten, Franchisegeber helfen bei Betriebsführung usw.

Beispiele für Franchiseunternehmen: Coca-Cola, Mac Donalds Restaurants, Yves-Rocher-Läden.

6. Welche Rechte und Pflichten übernimmt der Franchisenehmer?

Rechte des Franchisenehmers:

- Vertrieb der Produkte, Sortimente, Dienste des Franchisegebers in einem bestimmten Gebiet,
- Verwendung des Namens, Warenzeichens, der werblichen Ausstattung usw. des Franchisegebers,
- Unterstützung durch den Franchisegeber durch komplettes Servicepaket.

Pflichten des Franchisenehmers:

- Einsatz mit ganzer Kraft,
- Befolgung des Marketing- und Organisationssystems des Franchisegebers,
- Erlaubnis zu Kontrollen durch den Franchisegeber,
- ausschließlicher Bezug der Waren vom Franchisegeber
- oder/und Zahlung eines Entgelts an den Franchisegeber.[20]

---

[20] In Anlehnung an die Definition des Deutschen Franchise Verbandes e.V.

4.5.3 Management des Verkaufsaußendienstes

4.5.3.1 Organisation

1. **Welche Aufgaben hat die Organisationsplanung des Verkaufsaußendienstes?**

   Die Organisationsplanung soll durch die Schaffung von Verkaufsstrukturen dazu beitragen, dass die Ziele des Verkaufs erreicht werden können. Sie nutzt dazu die Möglichkeiten der *Aufbauorganisation* und der *Ablauforganisation*. In Organigrammen werden z.B. die Stellen der Verkäufer, des Verkaufsleiters, des Marketingleiters usw. im organisatorischen Aufbau des Unternehmens erfasst und als Rangordnung im Zusammenhang eines Instanzenweges dargestellt.

   In Funktionsdiagrammen werden z.B. Abläufe von Aufgaben dargestellt.

2. **Welche Bedeutung hat die Organisation des Verkaufsaußendienstes, die sich an den Verkaufsgebieten orientiert?**

   Bei einer gebietsorientierten Organisation des Verkaufs wird ein Verkaufsbezirk von einem Verkäufer betreut; er ist einem Verkaufsleiter unterstellt, dessen Zuständigkeit u.U. auch auf ein Verkaufsgebiet mit mehreren Verkaufsbezirken beschränkt ist. *Der Verkäufer ist in seinem Bezirk zuständig für alle Kunden bzw. Kundengruppen und für das gesamte Angebot des Unternehmens.*

   Vorteile liegen u.a. in den Möglichkeiten zu einer regional einheitlichen Bearbeitung des Marktes und entsprechender Kundenbetreuung.

   Nachteile können u.a. entstehen durch die fehlende Spezialisierung des Verkäufers auf bestimmte Produkte bzw. Produktgruppen und auf bestimmte Kunden bzw. Kundengruppen. Eine konzentrierte Kundenbearbeitung wird dadurch schwierig.

3. **Welche Bedeutung hat die Organisation des Verkaufsaußendienstes, die sich an Kunden bzw. Kundengruppen orientiert?**

   Bei einer kundenorientierten Organisation des Verkaufs werden *bestimmte Kunden (z.B. Großabnehmer) oder bestimmte Kundengruppen* in einem Verkaufsbezirk *jeweils von einem Verkäufer betreut*; er ist u.U. einem Verkaufsleiter unterstellt, der für diese Kunden bzw. Kundengruppen in einem Verkaufsgebiet zuständig ist. Diese Organisation ist nur anwendbar, wenn die Kunden zu relevanten Kundengruppen sinnvoll zusammengefasst werden können und wenn Großabnehmer vorhanden sind.

Distributionspolitik

Vorteile liegen u.a. in den Möglichkeiten zu kundenspezifischen Marktbearbeitungen.

Nachteile liegen u.U. darin, dass bei paralleler Bearbeitung von Kundengruppen in einem Verkaufsgebiet zusätzliche Kosten entstehen.

4. Welche Bedeutung hat die Organisation des Verkaufsaußendienstes, die sich an den Produkten orientiert?

Bei einer produktorientierten Organisation des Verkaufs wird *ein Produkt bzw. eine Produktgruppe* in einem Verkaufsbezirk *von einem Verkäufer betreut*.

Vorteile liegen u.a. in den Möglichkeiten der Spezialisierung des Verkäufers auf ein Produkt bzw. eine Produktgruppe und die damit verbundenen Verkaufsstrategien.

Nachteile können u.U. durch zusätzliche Kosten entstehen, wenn ein Kunde von mehreren Verkäufern besucht werden muss.

4.5.3.2 Verkaufsgebiet und -bezirk

1. Welche allgemeinen Kriterien zur Einteilung eines Verkaufsgebietes in Verkaufsbezirke gibt es?

Verkaufsbezirke können nach folgenden Gesichtspunkten eingerichtet werden:

- *Politische Vorgaben*, z.B. Einteilung des Verkaufsgebietes Bundesrepublik Deutschland nach Bundesländern, nach alten und neuen Bundesländern.

- *Soziographische Gesichtspunkte*, z.B. Einteilung des Verkaufsgebietes nach Bevölkerungsdichte, Durchschnittseinkommen der Haushalte.

- *Unternehmensdichte*, z.B. Einteilung des Verkaufsgebietes nach Anzahl und Größe der relevanten Unternehmen.

2. Welche Bedingungen sollten die Kriterien zur Einteilung eines Verkaufsgebietes erfüllen?

Die Kriterien zur Einteilung der Verkaufsgebiete sollten die folgenden Bedingungen erfüllen:[21]

---

[21] Vgl. Weis, H. C.: Verkauf, S. 203.

1. Das *Nachfragepotenzial* sollte in den Verkaufsbezirken *gleich* sein.

2. Die *Arbeitslast* sollte für die Verkäufer etwa *gleich* sein.

3. Die Chancen für eine *angemessene Vergütung* sollte in den Verkaufsbezirken *gleich* sein.

4. Die Möglichkeiten zur *Kontrolle* sollten für alle Verkaufsbezirke *gleich* gut sein.

3. Wer ist für die Leitung und Anleitung des Verkaufsaußendienstes zuständig?

Für die Leitung eines Verkaufsgebietes wird ein Verkaufsgebietsleiter zuständig gemacht. Der Verkaufsgebietsleiter hat die Verkäufer in dem Verkaufsgebiet zu beaufsichtigen, anzuleiten ihre Tätigkeiten zu koordinieren und zentrale Aufgaben zu übernehmen. Zu den zentralen Aufgaben gehören u.a. Weitergabe von Aufträgen, Sichtung von Berichten, Prüfung von Abrechnungen u.Ä. Der Verkaufsgebietsleiter ist meistens dem Marketingleiter, gelegentlich dem Geschäftsführer unterstellt.

Gibt es nur ein Verkaufsgebiet (z.B. Verkaufsgebiet Deutschland) ist der Verkaufsleiter der Verkaufsgebietsleiter.

Wenn die Anzahl der zu besuchenden Unternehmen zu groß wird, kann es eine Aufteilung in mehrere Verkaufsgebiete geben, für die jeweils ein Verkaufsleiter zuständig wird. Die Verkaufsgebietsleiter sind dem Verkaufsleiter unterstellt. Ein Verkaufsgebiet kann weiter unterteilt werden in Verkaufsbezirke, die von Bezirksleitern geleitet werden. Bezirksleiter sind einem Verkaufsgebietsleiter unterstellt.

4.5.3.3 Anzahl der Außendienstmitarbeiter

1. Wovon ist die Anzahl der Außendienstmitarbeiter abhängig?

Die Zahl der Außendienstmitarbeiter ist abhängig von den folgenden Bedingungen:

- Anzahl der Kunden, die Zahlenangabe soll sowohl die alten Kunden als auch die Neukunden berücksichtigen,
- Häufigkeit der Besuche der Kunden,
- Anzahl der Besuche an einem Tag,
- Anzahl der Besuchstage im Jahr.

Distributionspolitik

2. Wie wird die Anzahl der Außendienstmitarbeiter errechnet?

Die Anzahl der Außendienstmitarbeiter kann nur ungefähr ermittelt werden; die Zahlen, die der Berechnung zu Grunde liegen, können z.T. nur geschätzt werden

Die Anzahl der Außendienstmitarbeiter kann nach folgender Formel berechnet werden.

$$\text{Außendienstmitarbeiter} = \frac{\text{Anzahl der Kunden} \cdot \text{jährliche Besuchshäufigkeit}}{\text{tägliche Besuche} \cdot \text{Besuchstage}}$$

Der Veranschaulichung soll folgendes *Beispiel* dienen. In einem Verkaufsgebiet hat ein Unternehmen die in der folgenden Tabelle angegebenen Anzahl von Kunden, die Kunden werden nach Kundengruppen zusammengefasst in Anlehnung an die ABC-Analyse; für die Kunden wird die Besuchshäufigkeit je Kunden angegeben. Es wird davon ausgegangen, dass ein Mitarbeiter am Tag 6 Besuche ausführen kann; die Besuchstage werden mit 162 angenommen.

Kundengruppen	Anzahl der Kunden	durchschnittliche Besuchshäufigkeit jedes Kunden im Jahr	Anzahl der Besuche
A-Kunden	46	12	552
B-Kunden	210	6	1.260
C-Kunden	1.857	4	7.428
Neukunden	80	6	480
			9.720

- Außendienstmitarbeiter = $\frac{9.720}{6 \cdot 162}$ = 10

Nach der Berechnung sind unter den angegebenen Voraussetzungen 10 Außendienstmitarbeiter erforderlich.

4.5.3.4 Die Außendienstmitarbeiter – Anforderungm Training, Kontrolle

1. Welche Angaben enthält die Stellenbeschreibung eines Verkäufers im Außendienst?

Auch die Stellenbeschreibung eines Verkäufers im Außendienst enthält im Allgemeinen die folgenden *Bestandteile*:

- Bezeichnung der Stelle,

- Kennzeichnung der Stelle in der Rangordnung der Unternehmenshierarchie,

- Stellvertretung (aktiv und passiv, d.h. wen vertritt der Stelleninhaber und wer vertritt ihn),

- Kompetenzen und Aufgaben,

- Anforderungen,

- Vergütungsrahmen.

2. Welche Bedeutung hat das Anforderungsprofil?

Auf der Grundlage der Stellenbeschreibung wird ein Anforderungsprofil erarbeitet. Das Anforderungsprofil ist die *detaillierte Darstellung aller Anforderungen einer Stelle* an einen potenziellen Stelleninhaber. Dazu werden die erforderlichen Kenntnisse, Erfahrungen, Fähigkeiten, persönlichen Eigenschaften usw. erfasst und mit Punkten bewertet. Für den Verkäufer im Außendienst zählen dazu u.a. Marktkenntnisse, durch Ausbildung erworbenes Wissen über Marketing, Erfahrungen im Verkauf, Fähigkeiten zur Argumentation und Überzeugung. Dem Anforderungsprofil wird das sog. *Fähigkeitsprofil* des Bewerbers um die Stelle gegenübergestellt. Dieser Soll-Ist-Vergleich ermöglicht die optimale Stellenbesetzung.

3. Welche Gebiete umfasst das Verkäufertraining?

Verkäufer im Außendienst sind regelmäßig zu schulen. In die Aus- und Weiterbildungsprogramme für die Verkäufer sind die folgenden *Gebiete* einzubeziehen:

1. *Fachbezogene Informationen*, Vermittlung von fachlichen Kenntnissen,

2. Übungen (*Training*) zur Umsetzung bzw. Anwendung der Kenntnisse, Vermittlung von Fähigkeiten,

3. *Vermittlung von Einsichten* zur Prägung oder Änderung von Einstellungen.

Zu 1. zählen u.a. Kenntnisse

- über das *Produkt* bzw. das Sortiment, Zielgruppen für das Produkt bzw. das Sortiment,

- über das *Unternehmen*,

Distributionspolitik

- über den *Markt*, also über Mitbewerber, Konkurrenzprodukte, Substitutionsmöglichkeiten,
- von *Verkaufstechniken*, z.B. Führung von Verkaufsgesprächen.

Zu 2. zählen u.a. Übungen

- des Auftretens, des Verhaltens, des Benehmens,
- der Gesprächsführung beim Verkauf,
- von Anwendungen bestimmter Argumentationstechniken.

4. Wie kann der Verkäufer unterrichtet werden bzw. sich unterrichten?

1. Der Verkäufer kann sich anhand von Lehrbüchern, Informationsschriften, Lernprogrammen, Videokassetten selbst unterrichten.

2. Der Verkäufer kann auf einer zentralen Veranstaltung durch Vorträge, Fallstudien usw. unterricht werden.

3. Der Verkäufer kann „on the job" trainiert werden. Beim sog. On-the-Job-Training wird der Verkäufer im Zusammenhang mit einer konkreten Aufgabe, z.B. Besuch eines Kunden, unterwiesen.

5. Warum ist die Kontrolle des Verkaufsaußendienstes besonders wichtig?

Verkaufen ist kostenintensiv, Fehler im Verkauf können weiterwirken, Änderungen des Marktes (z.B. Präferenzänderungen der Kunden) zeigen sich beim Verkauf (bzw. in den Verkaufsergebnissen). Wegen dieser besonderen Bedeutung des Verkaufs ist seine regelmäßige Kontrolle besonders wichtig.

6. Welche Bereiche umfasst die Kontrolle des Verkäufers im Außendienst?

Kontrolliert wird

die *Tätigkeit* des Verkäufers, z.B. die Anzahl der Kundenbesuche, der Vertragsabschlüsse, geprüft wird, ob die Anzahl der Kundenbesuche bzw. der Vertragsabschlüsse den Vorgaben entspricht,

das *Verhalten* des Verkäufers, z.B. bei Kundenbesuchen, im Verkaufgespräch, ob das tatsächliche Verhalten dem gewünschten oder geforderten Verhalten entspricht,

das *Ergebnis* des Verkaufs, ob es den vorgegebenen Zielen entspricht.

7. **Welche Instrumente können bei der Kontrolle des Außendienstes eingesetzt werden?**

Instrumente der Verkaufskontrolle sind u.a.

- *Beurteilung des Verkäufers* mithilfe von Bewertungsbogen,

- *Berichte*, z.B. *Besuchsberichte*, über einzelne Besuche, Besuche an einem Tag (Tagesberichte) in einer Woche (Wochenberichte), *Marktberichte*, in denen entweder bei Bedarf oder zu bestimmten Terminen die Verkäufer Informationen über den Markt geben, *Sonderberichte*, in denen über besondere Vorkommnisse im Verkaufsbezirk berichtet wird, z.B. über Präferenzänderungen u.Ä.,

- *Ergebnisrechnungen* des Verkaufs, in denen einerseits die Kosten des Verkaufs erfasst, andererseits der Deckungsbeitrag eines Produkts ermittelt wird,

- *Vergleich von Kennzahlen*, z.B. Vergleich von Soll-Ist-Werten bei Ergebnissen verschiedener Verkäufer, die Kennzahlen können sich auf Umsätze, Deckungsbeiträge o.Ä beziehen.

4.5.3.5 Entlohnung

1. **Welche Anforderungen sind an das Entlohnungssystem für Verkäufer zu stellen?**

Das Entlohnungssystem für Verkäufer sollte folgenden Anforderungen genügen.

Aus der *Sicht des Unternehmens*:

Das Entlohnungssystem sollte die *Leistung* des Verkäufers *anreizen* und so zu Umsatz- und Gewinnsteigerung beitragen.

Mit dem Entlohnungssystem sollte die *Tätigkeit* des Verkäufers *gesteuert* werden können.

Die *Abrechnung* der Entlohnung müsste *kostengünstig* durchzuführen und auch für den Verkäufer durchschaubar sein.

Aus der *Sicht des Verkäufers*:

Das Entlohnungssystem müsste ein hohes Maß an *Leistungsgerechtigkeit* enthalten, Mehrleistungen und besonderer Einsatz müssten angemessen zusätzlich entlohnt werden.

Das Entlohnungssystem müsste ein Mindestmaß an *Einkommenssicherheit* (Nachfrageunabhängigkeit der Entlohnung) enthalten.

2. Wie wird der Verkäufer im Außendienst entlohnt?

Drei Möglichkeiten zur Entlohnung des Verkäufers im Außendienst können unterschieden werden: Gehalt (Fixum), Provision, Prämien. Sie sind i.d.R. die *Komponenten des Entlohnungssystems*.

1. *Gehalt (Fixum)*: Der Verkäufer erhält ein monatliches Festgehalt; dadurch wird ihm ein sicheres, regelmäßiges Einkommen garantiert, das unabhängig ist von seiner Leistung. Der besondere Nachteil einer ausschließlichen Entlohnung mit einem festen Gehalt liegt in dem Mangel an Motivation zur Leistung.

2. *Provision*: Der Verkäufer erhält für seine Tätigkeit eine Vergütung, die in ihrer Höhe abhängig ist von seiner Leistung, z.B. vom Umsatz, und von dem vertraglich vereinbarten Provisionssatz. Berechnungsgrundlage ist im Allgemeinen der erzielte Umsatz, gelegentlich der erzielte Deckungsbeitrag. Provisionen sind im Allgemeinen einfach zu errechnen, der Verkäufer kann die Rechnung leicht nachvollziehen. Provisionen belohnen die Verkaufsanstrengungen und motivieren deshalb zur Mehrleistung. Der besondere Nachteil einer ausschließlichen oder überwiegenden Entlohnung mit Umsatzprovision liegt für das Unternehmen darin, dass der Verkäufer sich hauptsächlich darum bemüht, Aufträge hereinzuholen, und sich dabei auf bekannte und leicht verkäufliche Produkte konzentriert, und andere Aktivitäten, wie Beratung, Information über neue Produkte u. dgl., vernachlässigt.

3. *Prämien*: Der Verkäufer erhält für eine besondere Leistung eine besondere Vergütung. Prämien werden zusätzlich zum Gehalt bzw. zur Provision gezahlt. Unternehmen nutzen Prämien als Steuerunginstrument, um die Tätigkeit des Verkäufers in bestimmte Richtungen zu lenken, z.B. Gewinnung neuer Kunden, Verkauf neuer Produkte u.Ä.

In der Praxis werden Verkäufer im Außendienst nach einem System entlohnt, das sich aus Gehalt (Fixum), Provisionen und Prämien zusammensetzt (*Mischsystem*). So wird das Entlohnungssystem den Anforderungen sowohl aus der Sicht des Unternehmens als auch aus der Sicht des Verkäufers gerecht. Die Anteile der einzelnen Komponenten sind abhängig von den Marketingzielen des Unternehmens.

3. Wie können Verkäufer außer über das Entlohnungssystem für besondere Leistungen motiviert werden?

Neben dem Entlohnungssystem können folgende Anreizsysteme eingesetzt werden:

- Auszeichnungen,
- Sonderurlaub,
- private Nutzung betrieblicher Einrichtungen,
- Verkaufswettbewerbe

u.a.

4.6 Logistik und physische Distribution

1. **Welche Bedeutung haben die Begriffe „Logistik" und „physische Distribution"?**

   Die Betriebswirtschaftslehre hat den Begriff „Logistik" aus dem militärischen Sprachgebrauch, wo mit ihm der Transport und der Umschlag militärischer Güter und die Organisation des Nachschubs usw. umschrieben wird, übernommen. In Anlehnung daran ist *Logistik* die Bezeichnung für alle *Transport-, Umschlags- und Lagerungsvorgänge*, die im Zusammenhang mit der Auslieferung von Gütern eines Unternehmens an seine Kunden stehen.

   Ziel der Logistik ist, diese Vorgänge so zu koordinieren und zu organisieren,

   - dass die Güter in gewünschter Art und Beschaffenheit, zum notwendigen Zeitpunkt, am erforderlichen Ort für den Kunden bereitstehen und
   - dass die Kosten, die in diesen Zusammenhängen anfallen, minimiert werden.

   Für Logistik wird häufig der Begriff physische Distribution synonym verwandt.

2. **Welche grundsätzlichen Probleme bestehen im Zusammenhang mit Logistik bzw. physischer Distribution?**

   Logistik befasst sich bei der Verfolgung ihres Ziels mit *Entscheidungen*, die u.a. im Zusammenhang mit folgenden *Problemen* stehen:

   - Wahl der Transportmittel,
   - Wahl der Transportwege,
   - Frage nach zentralem oder dezentralem Absatz,
   - Frage nach dem günstigsten Standort eines Auslieferungslagers.

   Grundlagen für die Entscheidungen sind Überlegungen zur *Minimierung der Kosten*, z.B.

   - der Lagerhaltungskosten, z.B. Kosten durch besondere Lagerung (Kühlhaus), durch Kommissionierungen usw.,

Distributionspolitik

- der Transportkosten, z.B. Frachtkosten, Kosten der Be- und Entladung,

- der Fehlmengenkosten, die z.B. durch verspätete Lieferung und/oder mangelhafte Lieferbereitschaft entstehen.

Die Entscheidungen werden u.a. *beeinflusst*

- von der Länge der Transportwege,

- vom Umfang der Lieferung,

- von der Art der Ware,

- von der Ausstattung des Unternehmens mit Transportmitteln und deren Auslastung.

3. Wie wird ein Auftrag abgewickelt?

Im Folgenden wird die Abwicklung eines Auftrags vom Eingang der Bestellung bis zur Bereitstellung der Ware zum Versand schematisch dargestellt (s. Seite 478).

4. Welche Arbeiten fallen bei der Bereitstellung der Ware für den Versand an?

Das Lager hat die Ware zu *kommissionieren*.

Unter Kommissionieren versteht man das Sammeln der bestellten Ware und ihren Transport zum Versand bzw. zur Warenausgabe. Besonders häufig ist das Sammeln der Artikel nach Aufträgen (Kunden). Aber gesammelt werden können die Artikel auch nach Auftragsgrößen oder nach Warengruppen.

Kommissionierungsverfahren sind u.a. das Ringverfahren und die Umlaufkommissionierung. Beim Ringverfahren werden die Artikel auf einem ringförmigen Weg eingesammelt, beim Umlaufverfahren werden die Lagereinheiten zu einem Kommissionierungsplatz gebracht und nach Entnahme der Artikel zurücktransportiert.

Die kommissionierten Waren sind erforderlichenfalls zu *verpacken*, evtl. zu *verladen* usw. Dabei sind Lieferanzeigen zu beachten; sie können die Verpackungsart vorschreiben (z.B. Zahl der Einheiten), die Versandart bestimmen (z.B. Bundesbahn, Spediteur) oder den Ausgabetermin bennnen usw. Danach steht die Ware zum Versand (oder evtl. zum Abholen) bereit.

Abteilung	Vorgänge	Belege
Poststelle	Eingangsvermerk auf →	Bestellung
Verkauf	Nummerierung (interne Auftragsnummer) →	Bestellung
	Eintragung der Bestellung und der Umsatzhöhe in →	Kundenkartei
	Feststellung der Menge, Eintragung der Bestellmenge, Ermittlung des neuen Bestandes auf →	Artikelkartei
	Erstellung (nach Vordruck) der →	Versandorder Original für Auftragsmappe, 5 Kopien für Lagerablage, Packzettel, Versandmeldung für Expedition, für Produktion
	Eintragung des Auftrags (wegen Provision) in →	Vertreterdatei
	Eintragung des Auftrags zur Terminüberwachung in →	Auftragsdatei
	Ausfertigung der und Versand an Auftraggeber →	Bestellungsannahme
Expedition	Ausstellung der (und evtl. Versandführer beauftragen, Versandkosten berechnen und vergleichen) →	Versandpapiere
Lager	Kommissionierung gem. und evtl. Verpackung →	Versandorder
	Ausstellung der →	Packzettel
	Verbuchung des Warenausgangs, Berechnung des neuen Bestandes auf →	Lagerkartei
	Mitteilung der Versandbereitschaft an Verkauf, Rückgabe der →	Versandorder (Kopie)
Verkauf	Ausstellung und Versand an Kunden →	Versandanzeige
	Ausstellung der →	Rechnung (Original: Kunde, Kopien: Verkauf, Buchhaltung, Statistik, Vertreter)
	Eintragung der Lieferung in →	Auftragsdatei
Buchhalt.	Verbuchung der Forderung gem. →	Rechnung
Versand		

Distributionspolitik

5. Welche Kriterien sind bei der Entscheidung zwischen Eigen- und Fremdtransport von Bedeutung?

Unter besonderen Bedingungen muss ein Unternehmen für den Versand *die Leistungen von Absatzhelfern* in Anspruch nehmen. Das geschieht,

wenn der Eigentransport zu teuer wird,

wenn die eigene Transportkapazität nicht ausreicht, wenn sie vorübergehend ausgelastet ist und durch verspätete Lieferungen Konventionalstrafen drohen oder sog. Fehlmengenkosten entstehen können,

wenn die besondere Art der zu versendenden Waren besondere Transportformen erfordern, z.B. Kühlversand bei verderblichen Gütern, Transport gefährlicher Güter,

wenn der Umfang des Gutes eine besondere Transportart erfordert, z.B. Transport einer Maschine auf Tieflader.

6. Wie lässt sich die Entscheidung, fremde Transporteinrichtungen in Anspruch zu nehmen, begründen?

Im Folgenden wird beispielhaft mit angenommenen Zahlen eine Vergleichsrechnung durchgeführt. Entscheidungsgrundlage sind die bei Auslieferung zu fahrenden Kilometer („kritische km").

Ein Unternehmen nimmt für die Auslieferung von einem Auslieferungslager die Dienste eines Transportunternehmers in Anspruch, der im Monat April ... für 5.000 km 6.500 € in Rechnung stellt (1,10 € je km + Festbetrag von 1.000 €). Es wird erwogen, das Auslieferungslager mit einem eigenen Transporter auszustatten; dabei würden die folgenden Kosten anfallen: Abschreibung jährlich: 18.000 €, Steuern, Versicherungen u. dgl. jährlich: 3.600 €, Lohnkosten für den Fahrer mtl.: 2.400 €, Treibstoff- und ähnliche laufende Kosten je km: 0,20 €.

	eigener Lkw		fremder Lkw	
feste Kosten mtl.		4.200,00 €		1.000,00 €
variable Kosten je km	0,20 €		1,10 €	
variable Kosten bei 5.000 km		1.000,00 €		5.500,00 €
Gesamtkosten bei 5.000 km		5.200,00 €		6.500,00 €

Unter den angenommenen Bedingungen wäre der Betrieb eines eigenen Lkw billiger gewesen.

Ermittlung des *kritischen Werts* (der kritische Wert gibt die km-Leistung an, bei der die Kosten beider Verfahren gleich sind):

Der kritische Wert ergibt sich bei der Gleichheit der Kosten bei Eigentransport (K_{Et}) mit den Kosten bei Fremdtransport (K_{Ft}).

- $K_{Et} = K_{Ft}$
- $K = fK + vK$
- $vK = x \cdot kmK$ (kmK = km-Kosten)
- $x = km_{krit}$
- $K_{Et} = fK_{Et} + x \cdot kmKet$
- $K_{Ft} = fK_{Ft} + x \cdot kmK_{Ft}$
- $fK_{Ft} + x \cdot kmK_{Ft} = fK_{Et} + x \cdot kmK_{Et}$
- $x \cdot kmK_{Et} - x \cdot kmK_{Fk} = fK_{Ft} - fK_{Et}$
- $x(kmK_{Et} - kmK_{Ft}) = fK_{Ft} - fK_{Et}$

$$x = \frac{fK_{Ft} - fK_{Et}}{kmK_{Et} - kmK_{Ft}}$$

Mithilfe der Formel kann der kritische Wert für die km-Leistung errechnet werden.

$$x = \frac{1.000 - 4.200}{0,2 - 1,1} = \frac{-3.200}{-0,9} = 3.555,56$$

Der kritische Wert 3.556 km.

Bei einer km-Leistung, die über 3.556 km liegt, lohnt sich der Einsatz eines eigenen Lkw.

Der Sachverhalt lässt sich auch grafisch darstellen.[22] Die folgende Zeichnung gibt die Kostenverläufe für beide Verfahren an, beim Schnittpunkt beider Kurven ergibt sich der kritische Wert. Bei km_1 ($km_1 < km_{krit}$) lohnt sich die Inanspruchnahme des Spediteurs, bei km_2 ($km_2 > km_{krit}$) ist der eigene Lkw günstiger.

---

[22] Die hier verwandte Zeichnung lässt sich mit entsprechender Modifikation auch in anderen Zusammenhängen anwenden, z.B. beim Vergleich der Kosten bei zentraler oder dezentraler Lagerung, bei Eigen- oder Fremdlagerung, bei Einsatz von Reisenden oder Vertretern (s.o.).

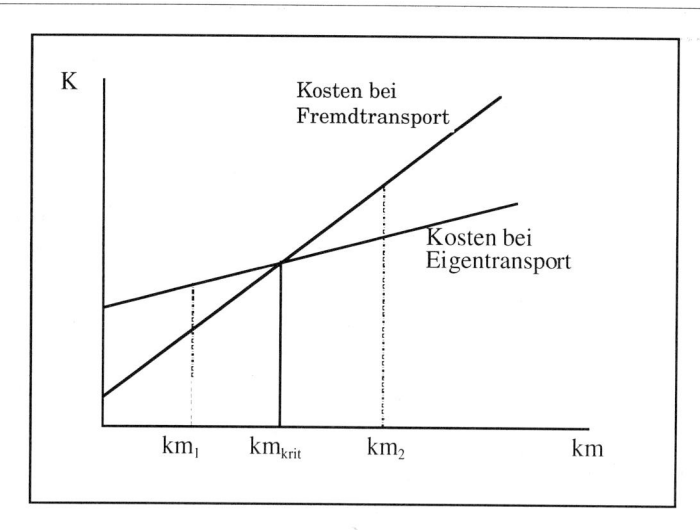

Diagramm: Kostenvergleich Fremdtransport vs. Eigentransport über km, mit Schnittpunkt bei km_{krit} zwischen km_1 und km_2.

7. Welche Bedeutung haben die Absatzhelfer Spediteur und Frachtführer?

Der *Spediteur* ist ein selbstständiger Gewerbetreibender, der *Güterversendungen im eigenen Namen für Rechnung des Versenders* durch Frachtführer oder Verfrachter besorgt. Zwischen Versender und Spediteur entsteht ein Speditionsvertrag, zwischen Spediteur und Frachtführer ein Frachtvertrag. Der Spediteur hat das Recht, die Beförderung der Waren selbst zu übernehmen. So ist der Spediteur häufig auch Frachtführer. (HGB §§ 407 ff.)

Der *Frachtführer* ist ein selbstständiger Gewerbetreibender, der die *Beförderung von Gütern* übernimmt. (HGB §§ 425 ff.)

8. Wovon ist die Entscheidung zwischen zentralem und dezentralem Lager abhängig?

Die Entscheidung für zentrale oder dezentrale Lagerung beruht auf dem *Vergleich der Kostenvorteile bei Kundennähe mit den Kostennachteilen durch zusätzlichen Lagerraum und zusätzliche Verwaltung*. Daneben sind auch andere Vorteile und Nachteile der beiden Lagerarten abzuwägen.

Vorteile zentraler Lagerung sind u.a. Übersichtlichkeit über Gesamtbestand, zentrale Erfassung der Lagerdaten, schneller Datenzugriff für Unternehmens- und Verkaufsleitung als Grundlage für Planungen und Entscheidungen, Vereinfachung der Bestands- und Bewegungskontrollen, Verringerung von Raum- und Verwaltungskosten.

Nachteile zentraler Lagerung sind u.a. längere Transportwege zu den Kunden, höhere Transportkosten, Störungen bzw. Verzögerungen (damit u.U. Entstehung von Fehlmengenkosten u.Ä.) bei Lieferung.

Von dezentraler Lagerung spricht man, wenn Lager gleicher Art räumlich getrennt werden. Ihre Vorteile sind die Nachteile der zentralen Lagerung, ihre Nachteile die Vorteile der zentralen Lagerung.

Vorteile dezentraler Lagerung sind z.B. Kundennähe, Verkürzung der Transportwege, geringere Störungen bei Auslieferungen, Verringerung der Transportkosten.

Nachteile dezentraler Lagerung sind z.B. Verringerung der Übersichtlichkeit, erhöhte Kosten für die Unterhaltung mehrerer Lager (Raum- und Verwaltungskosten).

9. Wie lässt sich ein Auslieferungslager kennzeichnen?

Ein Auslieferungslager ist ein dezentrales Lager. Es wird in Kundennähe zur schnelleren und kostengünstigen Belieferung der Kunden unterhalten. Einrichtungen von Auslieferungslagern sind besonders häufig bei direktem Absatz, wenn die Absatzhelfer keine eigenen Lager unterhalten.

10. Welche Bedeutung haben Auslieferungslager im Handel?

Große Filialunternehmen des Handels unterhalten in geografisch günstiger Lage zu jeweils einigen Filialen Auslieferungslager, um von dort aus die Filialen kostengünstig und bedarfsgerecht zu beliefern. Gelegentlich unterhalten auch die Zentralen kooperierender Unternehmen, z.B. freiwilliger Ketten, Einkaufsgenossenschaften oder -gemeinschaften, Auslieferungslager, von denen aus die Mitglieder beliefert werden.

11. Wodurch unterscheiden sich Verkaufsniederlassungen von Auslieferungslagern?

Auslieferungslager dienen vorrangig der *Distribution*; die Lagerhaltung steht deshalb im Vordergrund. Die wichtigsten Aufgaben von Verkaufsniederlassungen dagegen sind Kundenberatung und -betreuung. *Verkaufsniederlassungen* sind *regionale Zweigbetriebe*, die Hersteller in der Nähe ihrer Kunden unterhalten, um auf den speziellen Bedarf von Kunden eingehen zu können. Sie sind deshalb im Allgemeinen auch mit dem entsprechend qualifizierten Personal ausgestattet. Die Lieferung erfolgt häufig vom Werk direkt oder über das Lager der Niederlassung. Im Übrigen können vom Lager der Verkaufsniederlassung allgemein gebräuchliche Teile, Ersatzteile usw. ausgeliefert werden.

Gelegentlich sind Verkaufsniederlassungen – vor allem ausländischer Unternehmen – als GmbH organisiert.

12. Welche Kriterien sind bei der Entscheidung zwischen Eigen- und Fremdlager von Bedeutung?

Ein Unternehmen entscheidet sich für ein Fremdlager,

- wenn die Unterhaltung eines *Eigenlagers zu teuer* wird,

- wenn der *Lagerbedarf nur vorübergehend* ist (z.B. bei Nachfrageschwankungen),

- wenn die Art und Beschaffenheit eine spezielle Lagerung erfordert, für die die entsprechenden Einrichtungen im eigenen Lager nicht zur Verfügung stehen (z.B. Kühllagerung),

- wenn ein Markt erschlossen wird (*Markterprobung*).

Die besondere Lagerausstattung und das Angebot besonderer Dienste (z.B. Auslieferung) tragen zur Entscheidung für ein Fremdlager bei.

13. Was ist ein Lagerhalter?

Der Lagerhalter ist ein selbstständiger Kaufmann, der gewerbsmäßig die *Lagerung* und Aufbewahrung von Gütern *für andere* übernimmt (HGB §§ 416 ff.).

14. Wodurch unterscheiden sich Sonder- und Sammellagerung?

Bei Sonderlagerung werden die Güter gesondert gelagert und nach Ablauf der Lagerung auch gesondert zurückgegeben. Das ist bei Sammellagerung nicht möglich. Bei *Sammellagerung* werden die Waren *gemischt* gelagert, deshalb ist sie auch nur bei vertretbaren Waren möglich.

15. Welche Logistik- bzw. distributive Aufgaben können Fremdlager übernehmen?

Größere Fremdlager sind mit geschultem Personal, mit Fuhrpark, EDV-Anlagen und Einrichtungen für spezielle Warenlagerung ausgestattet. Sie können häufig außer der *Lagerung* (Aufbewahrung) der Waren auch deren Bearbeitung und Pflege (*Manipulation*) und die *Auslieferung* an Kunden bzw. den *Transport* an den Bestimmungsort übernehmen.

D. Der Organisationsaspekt des Marketing

1. Der Prozess des Marketingmanagement

1. **Was beinhaltet der Begriff „Organisationsaspekt des Marketing"?**

   Der Organisationsaspekt des Marketing umfasst die folgenden Bereiche:

   - *Prozess* des Marketingmanagement,

   - *Institutionalisierung* des Marketingmanagement.

2. **Welche Abschnitte lassen sich im Prozess des Marketingmanagement erkennen?**

   Der Prozess des Marketingmanagement läuft in folgenden Phasen ab:

   - *Analyse* der Marktchancen,

   - *Marketingplanung* i.e.S., dazu zählen z.B. Bestimmung der Ziele, Entwicklung von Strategien, Budgetierung usw.,

   - Organisation und Durchführung von *Marketingaktivitäten*,

   - *Marketingkontrolle*.

2. Die Marketingplanung

2.1 Zusammenhang der Marketingplanung mit der Unternehmensplanung

1. **In welchem Zusammenhang steht die Marketingplanung mit der Unternehmensplanung?**

   Der Marketingplan ist ein *Teil des Unternehmensplans*. Der Marketingplan ist Grundlage für die anderen Teilpläne des Unternehmens, wie z.B. Beschaffungsplan, Produktionsplan usw.

2. **Was ist Marketingplanung?**

   Marketingplanung umfasst alle Instrumente und Möglichkeiten des Marketingmanagement, die Marketingpolitik eines Unternehmens zu bestimmen und durchzusetzen. Marketingplanung ist ein *ständiger Prozess zur Festlegung künftiger Sollzustände* im Marketingbereich und zur Bestimmung der marketingpolitischen Mittel, mit denen sie erreicht werden sollen.

   Demnach umfasst Marketingplanung zwei Bereiche:

   1. die *strategische Planung*, das ist die Entwicklung des marketingpolitischen Konzepts,

   2. die *operative Planung*, das ist die Planung des Einsatzes der marketingpolitischen Instrumente.

3. **Welche Gegenstände sind Teil der Marketingplanung?**

   Die Marketingplanung befasst sich im Einzelnen u.a. mit den folgenden Gegenständen.

   - Definition der Marketingziele zur Umschreibung künftiger Sollzustände auf der Grundlage der Analyse der Ausgangssituation,

   - Bestimmung der Strategie,

   - Planung der Maßnahmen,

   - Planung der Kosten, Streuung,

   - Festlegung von Kontrollgrößen.

4. Welche Faktoren können zur Kennzeichnung von Marketingplänen herangezogen werden?

Marketingpläne können durch die Verwendung der folgenden Faktoren näher gekennzeichnet werden.

1. *Bereiche der Planung*, danach können u.a. folgende Pläne unterschieden werden:

   - Gesamtpläne,
   - Einzelpläne,
   - Absatzpläne,
   - Maßnahmenpläne,

2. *Verbindlichkeit von Planvorgaben*, danach können folgende Pläne unterschieden werden:

   - Grobpläne, die lediglich allgemeine Ziele vorgeben,
   - detaillierte Pläne, die genau formulierte Vorgaben enthalten,

3. *Planungszeitraum*, danach können folgende Pläne unterschieden werden:

   - kurzfristige Pläne, Planungszeitraum: bis zu einem Jahr,
   - mittelfristige Pläne, Planungszeitraum: ein Jahr bis fünf Jahre,
   - langfristige Pläne, Planungszeitraum: länger als fünf Jahre.

2.2 Situationsanalyse

1. Welche Bedeutung hat eine Situationsanalyse?

Voraussetzung für die Definition der Marketingziele und für die Festlegung der Marketingstrategie ist die Situationsanalyse. Das Unternehmen analysiert die aus internen und externen Quellen stammenden Informationen für eine Diagnose (und für eine Prognose) der eigenen wirtschaftlichen Lage und der Bedeutung wichtiger äußerer Einflussgrößen. Demnach können zwei Bereiche der Situationsanalyse unterschieden werden:

- die *Unternehmensanalyse*,
- die *Umweltanalyse*.

2. Was ist Gegenstand der Unternehmensanalyse?

Gegenstand der Unternehmensanalyse ist

- die Betrachtung der bisherigen Entwicklung von Umsatz, Absatz, Marktanteil, Gewinn, Kostendeckungsbeiträgen (evtl. pro Produkt, Absatzgebiet u.Ä., pro Jahr, Monat usw.),

Die Marketingplanung

- die Rahmenbedingungen dieser Entwicklungen,
- die Abschätzung der künftigen Entwicklung.

3. Welche Fragen soll die Unternehmensanalyse beantworten?

Die Unternehmensanalyse soll u.a. folgende Fragen beantworten.

- Reicht die gegenwärtige finanzielle Lage des Unternehmens zur Erreichung der Marketingziele?

- Kann mit der technischen Anlage die zur Erreichung bestimmter Marketingziele erforderliche Menge produziert werden?

- Sind zusätzliche Investitionen erforderlich?

- Kann mit dem Personalbestand das angestrebte Ziel erreicht werden? Sind z.B. zusätzliche Außendienstmitarbeiter erforderlich? Sind sie zusätzlich zu qualifizieren?

4. Welche Bereiche sind Gegenstand der Umweltanalyse?

Die folgenden externen Bereiche beeinflussen die Entscheidungen des Unternehmens bei der Entwicklung seiner Marketingziele und seiner Marketingstrategie. Ihre Kenntnis ist deshalb für das Unternehmen wichtig.

- *Rechtliche, politische und ökologische Bedingungen*,

- der *Handel*, dabei interessieren u.a. die Entwicklungen neuer Betriebsformen, die Entwicklung der Konzentration und der Kooperation,

- die *Konkurrenz*, dabei interessieren u.a. Marktanteile, Produkte, Sortimente, Marketingaktivitäten sowohl der direkten als auch der Substitutionskonkurrenz,

- die *Branchenentwicklung*,

- die *Lieferer* von Rohstoffen und Investitionsgütern, dabei interessieren u.a. Anzahl, Kapazitäten, Lieferbedingungen und -zeiten,

- die *Verbraucher*, dabei interessieren u.a. die Veränderungen von Verbrauchsgewohnheiten, Ausgabenverhalten,

- die *gesamtwirtschaftliche Entwicklung*, dabei interessieren u.a. konjunkturelle Entwicklung, Inflationsrate, Beschäftigung.

2.3 Bestimmung des Marketingziels

1. Was ist ein Marketingziel?

Ein Marketingziel ist ein künftiger *Sollzustand*, der dem Marketingbereich vorgegeben wird, und der mit den Mitteln der Marketingpolitik erreicht werden soll.

Die Vorgaben sind *marktorientiert*, d.h. sie beruhen auf Einschätzungen von Marktentwicklungen und Prognosen künftiger Marktchancen.

Die Vorgaben werden im Allgemeinen *in messbaren Größen* angegeben, dadurch kann das Ziel genauer erfasst und die Zielerreichung überprüft werden.

2. Welche Arten von Marketingzielen können unterschieden werden?

Im Allgemeinen werden *ökonomische und psychographische Marketingziele* unterschieden.

Die ökonomischen Marketingziele lassen sich folgendermaßen beispielhaft umschreiben.

- Erhöhung des Marktanteils,
- Erhöhung des Umsatzes,
- Gewinnung neuer Kunden,
- Steigerung des Absatzes.

Die psychographischen Marketingziele lassen sich folgendermaßen beispielhaft umschreiben:

- Verbesserung des Images von Produkt, Marke oder Unternehmen,
- Veränderungen von Einstellungen zu Produkt, Marke oder Unternehmen,
- Erhöhung des Bekanntheitsgrades eines Produkts, einer Marke oder eines Unternehmens,
- Begründung und Verstärkung von Kaufabsichten.

3. Welche Beziehungen bestehen zwischen Unternehmens- und Marketingzielen?

Aus den übergeordneten Unternehmenszielen leiten sich die Ziele der einzelnen Bereiche, wie z.B. Beschaffung, Finanzierung, Produktion und Marketing ab. *Marketingziele leiten sich also aus den Unternehmenszielen ab* und stehen im

Die Marketingplanung

Zusammenhang mit den Bereichszielen. Aus den Bereichszielen leiten sich Zwischenziele ab, das sind z.b. die Ziele für bestimmte Absatzgebiete oder die Ziele der Produktbereiche (Produktgruppen); aus den Zwischenzielen werden weitergehende Unterziele, die die einzelnen Politikbereiche betreffen.

Der Zusammenhang lässt sich folgendermaßen in Anlehnung an die Darstellung des organisatorischen Aufbaus eines Unternehmens schematisch nachvollziehen.

Zielhierarchie	Geltungsbereich der Ziele
Oberste Ziele, Gesamtziele	Unternehmung
Oberziele, Bereichsziele	Marketingbereich (und die anderen Funktionsbereiche)
Zwischenziele (z. B. für Marketing)	Ziele der Produktgruppen A, B, C usw.
Unterziele (z. B. für Marketing die Ziele der Politikbereiche)	Distributionspolitik, Kommunikationspolitik, Produktpolitik, Kontrahierungspolitik

4. Welche Beziehungen können zwischen den Zielen bestehen?

Zwischen den Zielen können in vertikaler und horizontaler Ordnung folgende Beziehungen bestehen:

- *Zielentsprechung*: Bei der Verfolgung des einen Ziels wird gleichzeitig ein anderes Ziel erreicht, z.B. Umsatzsteigerung und Gewinnung neuer Kunden.

- *Zielneutralität*: Die Verfolgung eines Ziels berührt nicht die Verfolgung eines anderen Ziels, z.B. durch Werbemaßnahmen für die Produktgruppe A wird der Absatz für diese Produktgruppe, nicht aber für die Produktgruppe B erhöht.

- *Zielkonflikt*: Die Erreichung eines Ziels setzt die Erreichung eines anderen – zumindest vorübergehend – aus, z.B. können Preisdifferenzierungen den mengenmäßigen Absatz anregen, Umsatzsteigerungen aber verhindern.

5. Welche Gesichtspunkte sind bei der Formulierung von Marketingzielen zu berücksichtigen?

Im Allgemeinen sind die folgenden Gesichtspunkte bei der Zielformulierung zu berücksichtigen:

- Der *Inhalt* des Ziels, d.h. es muss angegeben werden, welches ökonomische und/oder psychographische Ziel in welchem Umfang erreicht werden soll, z.B. Steigerung des Umsatzes eines bestimmten Produkts um 10 %.

- Die Definition des *Segments*, auf das die Marketingziele ausgerichtet sein sollen, z.B. Steigerung des Umsatzes eines bestimmten Produkts um 10 % bei einer genau definierten Käuferschicht.

- Die *Zeit*, in der das Ziel erreicht werden soll. Angegeben wird der Zeitraum, nach dessen Ablauf das Ziel erreicht sein soll. Entsprechend gibt es kurz-, mittel- und langfristige Ziele.

- Der Grad der *Verbindlichkeit* der Zielvorgabe.

2.4 Absatzplanung

1. Was versteht man unter Absatzplanung?

Absatzplanung ist Teil der Marketingplanung. Sie enthält die *Festlegung des Absatzziels*, d.h. der geplanten Absatzmengen und Erlöse, aufgeschlüsselt nach Produkten, Produktgruppen, Verkaufsgebieten, Kunden u.Ä. Grundlage der Absatzplanung sind entsprechende Absatzprognosen, berücksichtigt werden bei der Absatzplanung die geplanten Marketingmaßnahmen.

Der Absatzplan legt u.a. fest,

- welche Produkte bzw. Sortimente,
- an welche Zielgruppen bzw. Zielpersonen,
- in welchen Regionen,
- zu welchen Zeitpunkten bzw. in welchen Zeiträumen,
- auf welchen Wegen (Distributionskanälen),
- zu welchen Vertragsbedingungen (Preisen, Nachlässen usw.)

abgesetzt werden sollen.

2. Welche Bereiche der Absatzplanung können unterschieden werden?

In Anlehnung an die vorstehende Aufgabe können u.a. die folgenden Bereiche der Absatzplanung unterschieden werden. Auch bei diesen Bereichsplanungen werden Prognosen, z.B. Voraussschätzungen von Vertretern, Schwerpunkte von Marketingmaßnahmen, z.B. Werbemaßnahmen für ein bestimmtes Produkt, Ergebnisse von Marketingforschung, z.B. Informationen über die Aufnahmefähigkeit des Markts, angemessen berücksichtigt. Im Allgemeinen sind die ein-

Die Marketingplanung

zelnen Bereichsplanungen miteinander verbunden, so z.B. der auf bestimmte Kundengruppen bezogene Absatzplan mit dem regionalen Plan: geplant wird dann z.B. der Absatz je Kundengruppe in bestimmten Verkaufsgebieten.

- *Absatzplanung in Bezug auf ein Produkt* bzw. auf eine Produktgruppe; der Produktabsatzplan enthält eine Aufschlüsselung des geplanten Gesamtabsatzes bzw. der Gesamterlöse nach Produkten oder Produktgruppen; Grundlage der Ermittlung sind die bisherigen Anteile der einzelnen Produkte am Gesamtabsatz bzw. -erlös.

- *Absatzplanung in Bezug auf bestimmte Abnehmer* bzw. Abnehmergruppen; dieser Plan enthält eine Aufschlüsselung des geplanten Gesamtabsatzes bzw. der Gesamterlöse nach Kunden bzw. Kundengruppen; Grundlage der Ermittlung sind die bisherigen Anteile des Absatzes bei einzelnen Kunden bzw. Kundengruppen am Gesamtabsatz.

- *Regionale Absatzplanung*; vorgegeben werden hier die Absatzquoten für die Verkaufsbezirke bzw. für die Außendienstmitarbeiter; Grundlage der Ermittlung sind die bisherigen Anteile des Absatzes je Verkaufsbezirk am Gesamtabsatz.

- *Monatliche Absatzplanung*; der Absatzplan enthält die Aufschlüsselung des Jahresabsatzes auf die einzelnen Monate, dazu werden die Ergebnisse der Vorjahre herangezogen und Absatzschwankungen im Zeitablauf angemessen berücksichtigt.

3. Welche Bedeutung hat die Unterscheidung zwischen langfristiger und kurzfristiger Absatzplanung?

Die kurzfristige Planung bezieht sich im Allgemeinen auf einen Zeitraum bis zu einem Jahr. Planungen, die darüber hinausgehen, werden als langfristige Planungen bezeichnet. Die Angaben im langfristigen Plan sind sehr allgemein, sie bedürfen der regelmäßigen Korrektur bzw. Anpassung. Die Daten werden lediglich als allgemeine Richtgrößen angenommen.

Der langfristige Plan bildet den Rahmen für den kurzfristigen Plan. Der kurzfristige Plan detailliert die allgemeinen Angaben des langfristigen Plans. Die Vorgaben des kurzfristigen Plans sind verbindlicher.

3. Entwicklung von Marketingstrategien

3.1 Hilfsmittel und Methoden der Strategieentwicklung

1. **Was sind Marketingstrategien?**

   Als Marketingstrategien bezeichnet man mittel- oder langfristige *Konzepte, nach denen Unternehmen zur Realisierung ihrer Marketingziele vorgehen wollen*. Marketingstrategien berücksichtigen u.a.

   - die Bedingungen der relevanten Märkte, also z.B. die Nachfragebedingungen, die Konkurrenzbedingungen, die Distributionsbedingungen, Marktsättigung,

   - die Leistungsbedingungen des Unternehmens, also z.B. die finanziellen, die personellen, die technischen Bedingungen für Marketingaktivitäten, insbesondere die Möglichkeiten der Produkt- und Programmpolitik,

   - die sonstigen Bedingungen der Marketingumwelt, also z.B. rechtliche Bedingungen, modische Entwicklungen.

   Wichtige Aspekte von Marketingstrategien sind

   - die Auswahl von strategischen Geschäftsfeldern,

   - die Bestimmung von Marketingaktivitäten (insbesondere der Produkt- und Programmpolitik) in Abhängigkeit von den Geschäftsfeldern.

2. **Welche Bedeutung hat die Bestimmung des strategischen Geschäftsfeldes für die Entwicklung von Marketingstrategien?**

   Ein strategisches Geschäftsfeld ist die *gedankliche und organisatorische Zusammenfassung von Produkt, Markt und Umwelt*. Ein strategisches Geschäftsfeld ist ein wichtiger Bezugspunkt für strategische Zieldefinitionen, Maßnahmen und Lenkung von Ressourcen. Es ist der Bereich, auf den die Marketingaktivitäten für bestimmte Produkte ausgerichtet sind.

3. **Was ist eine Portfolio-Analyse?**

   Eine Portfolio-Analyse ist u.a. ein *Instrument der strategischen Marketingplanung*. Mithilfe der Portfolio-Analyse sollen die Mittel eines Unternehmens in solche Geschäftsfelder gelenkt werden, für die der Markt gute Absatzchancen bietet und für die das Unternehmen Vorteile vor seinen Mitbewerbern hat.

4. Was ist eine Portfolio-Matrix?

Eine Portfolio-Matrix ist ein *Mittel der Portfolio-Analyse*. In ihren Feldern können die Ausprägungen relevanter Merkmale miteinander kombiniert werden. Im Allgemeinen wird für die Portfolio-Analyse eine Vier-Felder-Matrix genutzt. Auf der Waagerechten bzw. auf der Senkrechten der Darstellung werden die Ausprägungen niedrig und hoch der Merkmale „relativer Marktanteil" bzw. „Marktwachstum" abgetragen. Mithilfe der Matrix kann übersichtlich dargestellt werden, wie hoch der relative Marktanteil und der voraussichtliche relative Marktanteil für Produkte oder Geschäftsfelder sind. Die Felder der Tabelle lassen sich folgendermaßen beschreiben:

1. Hohes Marktwachstum - niedriger relativer Marktanteil,
2. hohes Marktwachstum - hoher relativer Marktanteil,
3. niedriges Marktwachstum - niedriger relativer Marktanteil,
4. niedriges Marktwachstum - hoher relativer Marktanteil.

Die folgende, häufig genutzte Darstellung kann die Ausführungen veranschaulichen.

Portfolio-Matrix		relativer Marktanteil	
		niedrig	hoch
Markt-wachstum	hoch	1.	2.
	niedrig	3.	4.

5. Welche Bedeutung haben Portfolio-Analysen für die Strategieentwicklung?

Mithilfe der Portfolio-Analyse werden Geschäftsfelder voneinander abgegrenzt und charakterisiert. Dazu können z.B. Kennzeichnungen durch den Produktlebenszyklus genutzt werden. Auf dieser Grundlage werden entsprechende *Normstrategien* entwickelt. Die Portfolio-Analyse zeigt u.a. auf, aus welchen Geschäftsfeldern Mittel abgezogen und in andere gelenkt werden können, welche Geschäftsfelder aufgegeben, welche mehr gefördert werden sollten.

Entwicklung von Marketingstrategien

Die sich für die Vier-Felder-Matrix ergebende Einteilung der Geschäftsfelder lässt sich folgendermaßen charakterisieren.

1. Geschäftsfelder mit hohem Wachstum und niedrigem Marktanteil umfassen im Allgemeinen neue Produkte, die sich noch in der Einführungsphase befinden. Das *Fragezeichen* deutet die grundsätzliche Problematik an: Soll das Unternehmen die Produkte vom Markt nehmen bzw. das Geschäftsfeld auflösen oder den Marktanteil durch entsprechende Maßnahmen erhöhen?

2. Produkte mit hohem Marktwachstum und hohem Marktanteil sind sog. *Stars*. Sie können die zukünftige Position des Unternehmens am ehesten sichern. Die Strategie muss darauf hinauslaufen, dass die Sterne weiterhin „leuchten". Der Marktanteil sollte nach Möglichkeit erhöht, zumindest gehalten werden; entsprechend sind die Produkte zu fördern.

3. Die Produkte in Geschäftsfeldern mit geringem Wachstum und niedrigem Marktanteil werden als *arme Hunde* bezeichnet. Es sind im Allgemeinen Produkte, die sich in den Endphasen ihres Lebenszyklusses befinden. Da sie nur unter Aufwendung unverhältnismäßig hoher Mittel besser positioniert werden können, sollten sie vom Markt genommen werden.

4. Produkte mit geringem Wachstum, aber hohem Marktanteil befinden sich in der Reifephase ihres Lebenszyklusses. Sie sind die *Milchkühe* des Unternehmens; sie sollen so lange wie möglich „gemolken" werden, d.h. entsprechende Strategien müssen darauf hinauslaufen, den Marktanteil zu halten.

Portfolio-Matrix		relativer Marktanteil	
		niedrig	hoch
Markt-wachstum	hoch	1. *Fragezeichen*	2. *Stars*
	niedrig	3. *arme Hunde*	4. *Milchkühe*

3.2 Produkt-Markt-Strategien

1. Welche grundlegenden Produkt-Markt-Strategien gibt es?

Unter Berücksichtigung der Fragestellung „Sind Produkte und Märkte vorhanden oder nicht?" lassen sich die folgenden grundlegenden Produkt-Markt-Strategien unterscheiden.

- Marktdurchdringung und Marktausweitung (wenn Produkte und Absatzmärkte vorhanden sind),

- Produktentwicklung und Erschließung von Marktlücken (wenn Absatzmärkte vorhanden, die Produkte nicht vorhanden sind),

- Marktentwicklung durch Segmentierung (wenn Produkte vorhanden, die Absatzmärkte nicht vorhanden sind),

- Diversifikation (wenn Produkte und Absatzmärkte nicht vorhanden sind).

Den Zusammenhang zwischen Produkt und Markt gibt die Produkt-Markt-Matrix wieder.

Produkt-Markt-Strategien		Absatzmärkte	
		vorhanden	nicht vorhanden
Produkte	vorhanden	Marktausweitung	Segmentierung
	nicht vorhanden	Produktentwicklung	Diversifikation

3.3 Kundenorientierte Strategien

1. **Was sind kundenorientierte Marketingstrategien?**

   Kundenorientierte Marketingstrategien berücksichtigen die Segmente des Marktes. Voraussetzungen für diese Strategien sind deshalb die angemessene Einteilung des Marktes in Segmente.

2. **Welche kundenorientierte Marketingstrategien können unterschieden werden?**

   Die folgenden Marketingstrategien, die auf mehr oder weniger ausgeprägten Marktsegmentierungen beruhen, können unterschieden werden.

   1. Undifferenzierte Marktbearbeitungsstrategie,
   2. konzentrierte Marketingstrategie,
   3. differenzierte Marketingstrategie.

3. Was ist eine undifferenzierte Marktbearbeitungsstrategie?

Es ist denkbar, dass die Absatzwirtschaft eines Unternehmens *nur ein Segment* und lediglich mit Mitteln der Werbung bearbeitet. Ein Unternehmen der Massenproduktion hat zwar den Vorteil der Kostendegression, es muss aber, um die Gütermenge in einem Segment evtl. gegen Konkurrenzdruck unterzubringen, aufwändige Werbung betreiben, sodass erhebliche Marketingkosten entstehen. Der Verzicht auf die Erschließung weiterer Segmente z.B. durch Produktdifferenzierung, Sortiments- oder Programmerweiterung kann nachteilig sein.

4. Was versteht man unter einer konzentrierten Marketingstrategie?

Wenn ein Unternehmen seine Marketingmaßnahmen auf *sehr wenige Segmente* konzentriert, betreibt es eine konzentrierte Marketingstrategie. So ist denkbar, dass ein Unternehmen auf einem Teilmarkt eine starke Position erreichen und ausnutzen will. Es bearbeitet diesen Teilmarkt, indem es z.B. durch Produktdifferenzierung und Erweiterung des Sortiments auf die Käuferwünsche in großem Umfang eingeht. Das Unternehmen kann mit Werbung und Befragung gezielt auf die wenigen Segmente eingehen. (Vgl. z.B. in der Möbelbranche „Möbel für junge Leute".)

5. Was versteht man unter einer differenzierten Marketingstrategie?

Die differenzierte Marketingstrategie bezeichnet man gelegentlich als *das eigentliche Marketing*. Ein Unternehmen versucht, *alle in Betracht kommenden Segmente* zu erfassen und mit allen Instrumenten angemessen zu bearbeiten. Durch die umfangreiche Berücksichtigung der differenzierten Nachfrage will das Unternehmen eine Steigerung des Umsatzes und eine Verminderung des Absatzrisikos erzielen. Die Mittel der differenzierten Marketingstrategie sind Differenzierung des Produkts (Verpackung, Qualität, Mengenabpackungen, Produktnamen, ...), Sortiments- und Programmerweiterung, Preisdifferenzierung, Differenzierung der Absatzwege, differenzierter Einsatz von Werbemitteln usw.

4. Marketingmix

1. Was versteht man unter einem Marketingmix?

Das Marketingmix ist die *Kombination von Marketingaktivitäten*, die ein Unternehmen für einen bestimmten Planungszeitraum zur Erreichung seiner Marketingziele einsetzt. Das Marketingmix umfasst die Kombination der Aktionsbereiche und die Kombination der Maßnahmen innerhalb der Aktionsbereiche.

2. Welche Submix-Bereiche gibt es?

Submix-Bereiche sind in Anlehnung an die großen Marketingaktivitätsbereiche

- *Produktmix*, das ist die Kombination verschiedener Maßnahmen der Produkt-, Programm- und Sortimentspolitik, z.B. Programmbereinigung, Einführung neuer Produkte, Produktvariation,

- *Kommunikationsmix*, das ist die Kombination verschiedener Maßnahmen der Kommunikationspolitik, z.B. Änderungen beim Einsatz von Werbeträgern und -mitteln, Erweiterung der Verkaufsförderung,

- *Kontrahierungsmix*, das ist die Kombination verschiedener Maßnahmen in der Vertrags- und Preispolitik, z.B. Änderung der Konditionen, Einführung neuer Rabattsysteme,

- *Distributionsmix*, das ist die Kombination verschiedener Maßnahmen der Distributionspolitik, z.B. Erschließung neuer Absatzwege (neue Betriebstypen des Handels), Umstellung von direktem auf indirekten Vertrieb, Umstellung von Vertretern auf Reisende.

3. Welche Aufgaben hat die Marketingplanung?

Aufgabe der Marketingplanung ist u.a. die *Entwicklung alternativer Strategien*, mit denen die vorgegebenen Marketingziele erreicht werden können. Zentrales Problem der Marketingplanung ist die Ermittlung des optimalen Marketingmix.

4. Welche Bereiche der Marketingplanung lassen sich erkennen?

Die Marketingplanung umfasst u.a. die folgenden Bereiche:

- Bestimmung des Umfangs der Aktionsbereiche als *Grobplanung*, d.h. es wird angegeben, welche Anteile die einzelnen Submix-Bereiche am gesamten Marketingmix haben sollen,

- *Verteilung der finanziellen Mittel* auf die Bereiche,

- Festlegung der Maßnahmen in den Submix-Bereichen und ihre Kombination zum *Marketingmix,*

- Abschätzung der *Marktreaktion* verschiedener Alternativen (die Marktreaktion kann mithilfe einer Marktreaktionsfunktion getestet werden),

- *Entwicklung eines Marketingplans* als Rahmen für alle Marketingaktivitäten.

5. Was wird mithilfe der Marktreaktionsfunktion angegeben?

Die Marktreaktionsfunktion[1] lässt *allgemeine Hypothesen* über die Entwicklung von veränderlichen Zielgrößen (z.B. Absatzmenge) in Abhängigkeit vom Einsatz der Aktionsvariablen (z.B. Preise, Werbeausgaben, Ausgaben des persönlichen Verkaufs) zu. Die angedeutete Problematik lässt sich beispielhaft in folgender Gleichung ausdrucken (Absatzmenge = x, Preise = P, Werbeausgaben = W, Ausgaben des persönlichen Verkaufs = A).

$$x = f(P, W, A)$$

6. Aus welchen Gründen wirft die Bestimmung des optimalen Marketingmix Probleme auf?

Die Bestimmung des optimalen Marketingmix ist u.a. aus den folgenden Gründen schwierig und problematisch:

- Allen auf die Zukunft ausgerichteten Maßnahmen haftet das Problem der *Ungewissheit* an.

- Die Einflüsse, die von *Veränderungen der Marketingumwelt* ausgehen, lassen sich kaum abschätzen.

- Viele Maßnahmen in einem Marketingmix haben *qualitativen Charakter*. Die Messung des optimalen Marketingmix ist dann nicht möglich, da die Komponenten der Marktreaktionsfunktion quantitativen Charakter haben.

- Viele marketingpolitische Maßnahmen *beeinflussen sich gegenseitig*, und zwar sowohl gegenläufig als auch ergänzend.

---

[1] Vgl. dazu Meffert, a.a.O., S. 89 und 498 f.

5. Marketingorganisation

5.1 Grundlagen der Organisationsgestaltung

5.1.1 Aufbau- und Ablauforganisation

1. **Was versteht man unter Aufbauorganisation?**

   Die Aufbauorganisation eines Unternehmens gibt *das organisatorische System* seiner *Arbeitsteilung und Zuständigkeiten* wieder. Es stellt das Leitungssystem (mit seinen Ebenen) des Unternehmens dar. Organisatorische Einheiten sind die Stellen, die durch ihre Kompetenzen voneinander abgegrenzt, durch Weisungen und Kooperation miteinander verbunden sind. Nach der Art der Abgrenzung der Stellen und der Kommunikation zwischen ihnen lassen sich verschiedene Arten der Aufbauorganisation unterscheiden: z.B. das streng hierarchisch gegliederte Einlinien-System, das Stab-Linien-System, modifizierte Liniensysteme.

   Managementprinzipien sind im Allgemeinen nur verständlich vor dem Hintergrund von Liniensystemen und dem ihnen zu Grunde liegenden Schema von Über- und Unterordnung.

   Die Ausführungen lassen sich durch die schematische Darstellung des *Einliniensystems* veranschaulichen. Sie gibt die Stellen und das Weisungssystem wieder. In der Darstellung sind auch die Führungsebenen (Leitungsebenen) angegeben.

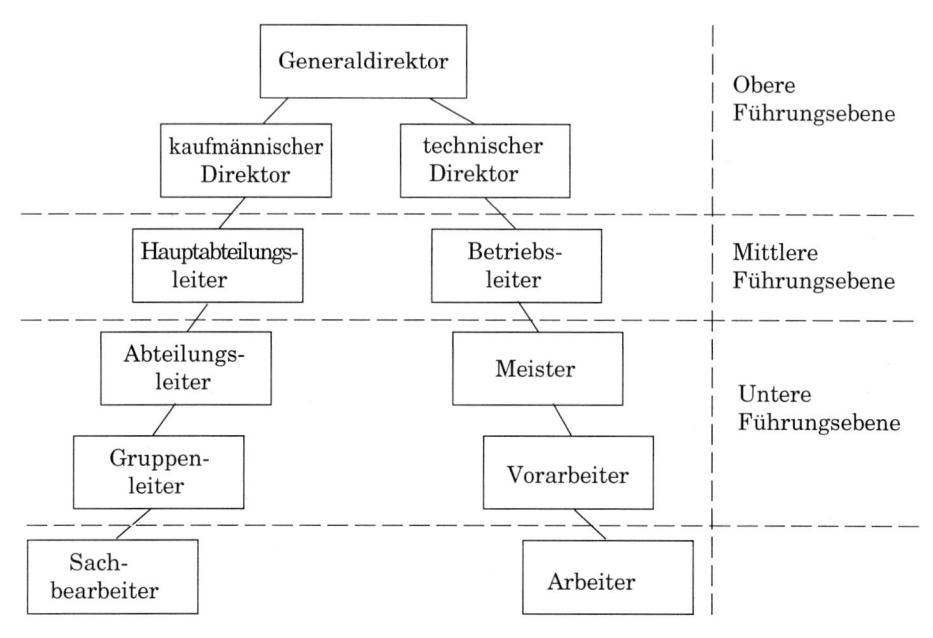

```
                    Generaldirektor
                   /              \
         kaufmännischer      technischer          Obere
           Direktor           Direktor            Führungsebene
       ─────────────────────────────────────  ─ ─ ─ ─ ─ ─ ─ ─
         Hauptabteilungs-    Betriebs-          Mittlere
             leiter            leiter           Führungsebene
       ─────────────────────────────────────  ─ ─ ─ ─ ─ ─ ─ ─
           Abteilungs-       Meister
             leiter                             Untere
              |                |                Führungsebene
           Gruppen-         Vorarbeiter
            leiter
              |                |
            Sach-            Arbeiter
          bearbeiter
```

2. Was ist ein Stab?

Stäbe sind Leitungsstellen zugeordnet. Sie beraten die Stellen und bereiten Entscheidungen vor. Stäbe haben im Allgemeinen keine Entscheidungs- und Weisungsbefugnisse. Zu unterscheiden sind

- *persönlicher Stab*, er ist einer Instanz der oberen Führungsebene zugeordnet und unterstützt sie bei Erfüllung ihrer Führungsaufgaben, z.B. Direktionsassistent,

- *spezieller Stab*, er wird i.d.R. für spezielle Fachprobleme eingesetzt, z.B. für Marktforschung.

3. Was ist ein Stab-Linien-System?

Ein Stab-Linien-System ist die Kombination eines Einlinien-Systems mit Stäben. Der organisatorische Aufbau nach diesem System nutzt die Vorteile des übersichtlichen, klar gegliederten Einlinien-Systems und die Fachkompetenz von Stäben. Der Aufbau ist funktionsorientiert und beruht auf den von der Zentrale ausgehenden Entscheidungen.

Die Ausführungen lassen sich anhand der folgenden schematischen Darstellung veranschaulichen. Sinnvolle Ergänzungen und Erweiterungen können leicht nachvollzogen werden. Dargestellt werden die Stellen auf den verschiedenen Führungsebenen und die zwischen ihnen bestehenden Verbindungen, die Ziffern I, II und III deuten die Funktionsbereiche der Abteilungen an. Beispielhaft werden einige Stäbe angedeutet (S = Sekretariat, R = Rechtsabteilung, M = Marketingbereiche wie Marktforschung u.Ä., W = Werbung).

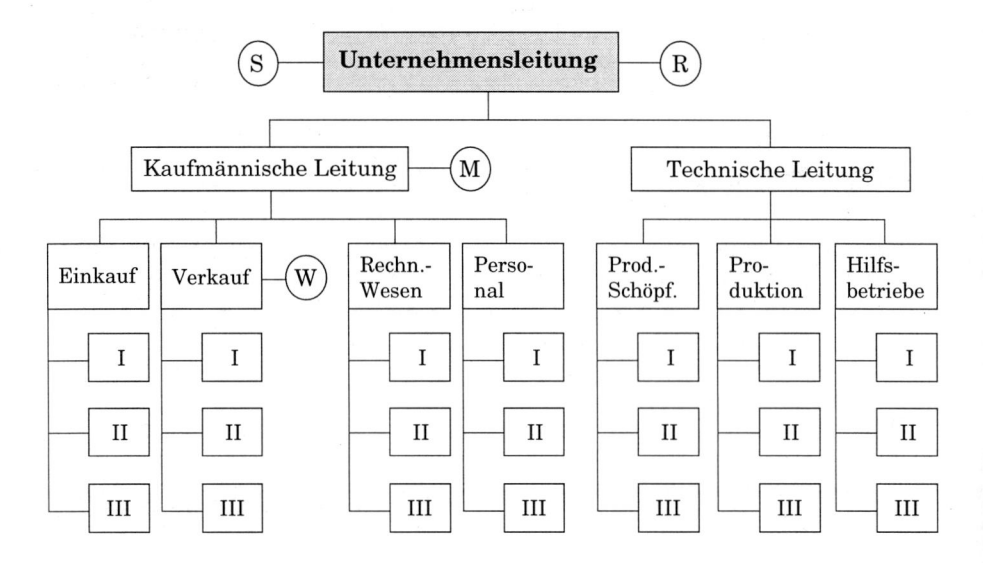

Marketingorganisation

4. Was versteht man unter einer Spartenorganisation?

Unter einer Spartenorganisation versteht man einen organisatorischen Aufbau, bei dem die *Funktionen einzelnen Sparten* (Bereichen) *zugeordnet* sind. Die Sparten (z.B. einzelne Betriebe eines Unternehmens) übernehmen die in die jeweilige Sparte fallenden Funktionen. Die Spartenleiter werden verantwortlich für Einkauf, Personalwesen, Lagerwesen, Finanzierung usw. Grundlage dieser Organisation sind also die dezentralen Entscheidungen. Es ist möglich, bestimmte Funktionsbereiche aus allen Sparten zentral zusammenzufassen, sodass gleiche Aufgaben von einer Stelle ausgeführt werden können. Diese Funktionsbereiche werden als Zentralfunktionen bezeichnet.

Die Ausführungen können anhand der folgenden Darstellung, die eine Spartenorganisation in streng dezentraler Form wiedergibt, nachvollzogen werden.

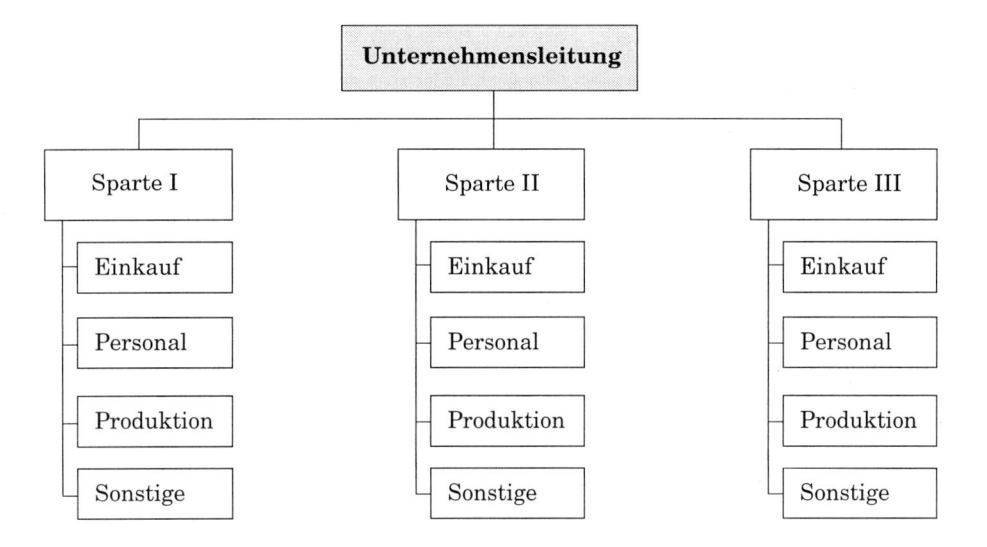

```
                    Unternehmensleitung
         ┌──────────────────┼──────────────────┐
      Sparte I          Sparte II          Sparte III
         │                  │                  │
      Einkauf            Einkauf            Einkauf
      Personal           Personal           Personal
      Produktion         Produktion         Produktion
      Sonstige           Sonstige           Sonstige
```

5. Was versteht man unter Ablauforganisation?

Von der Aufbauorganisation ist die Ablauforganisation zu unterscheiden. Die Ablauforganisation *regelt in zeitlicher und örtlicher Hinsicht den Ablauf von Arbeitsprozessen*, sodass einzelne Vorgänge bzw. Verrichtungen lückenlos aufeinander bezogen werden. Zweck der Ablauforganisation ist die Minimierung von Durchlaufzeiten und die Maximierung der Kapazitätsauslastung.

Ein Beispiel für Ablauforganisation ist die *Netzplantechnik*.

6. Welche Aufgaben erfüllt ein Netzplan?

Mithilfe eines Netzplans wird der Ablauf eines Projekts organisiert. Der Netzplan ist die grafische Darstellung aller Ereignisse eines Projekts in logisch richtiger Reihenfolge mit Angabe der erforderlichen Zeiten. Der grafischen Darstellung liegt eine Tabelle mit den erforderlichen Daten zu Grunde.

7. Wie werden die Ereignisse in einem Netzplan dargestellt?

In der Grafik werden die Ereignisse des Projekts mit Symbolen, z.B. mit Buchstaben, in sog. Knoten erfasst; die Knoten enthalten auch Angaben über die Dauer des jeweiligen Ereignisses (z.B. in Wochen). Die aufeinander bezogenen Knoten (Ereignisse) sind durch sog. Kanten miteinander verbunden. Man kann so erkennen, welches Ereignis einem anderen vorläuft. (Vgl. Abb. zu Frage 8.)

8. Welche Bedeutung haben die Angaben der frühesten Anfangs- und Endzeiten im Netzplan?

Aus der Grafik wird auch ersichtlich, wann ein Ereignis frühestens begonnen werden kann und wann es frühestens beendet ist. Angegeben wird die früheste Anfangszeit (FAZ) eines Ereignisses in Wochen (Tagen o.Ä.) nach Beginn des Projekts, die früheste Endzeit (FEZ) ergibt sich, wenn zur FAZ die Ereignisdauer hinzugezählt wird (FAZ + Ereignisdauer = FEZ). Die Grafik enthält auch die späteste Endzeit (SEZ); sie gibt an, wann ein Ereignis spätestens beendet sein muss, damit mit dem nächsten begonnen werden kann; wenn von der SEZ die Ereignisdauer abgezogen wird, erhält man die späteste Anfangszeit (SAZ = SEZ - Ereignisdauer); sie gibt an, wann mit dem Ereignis spätestens begonnen werden muss, damit es rechtzeitig fertig wird.

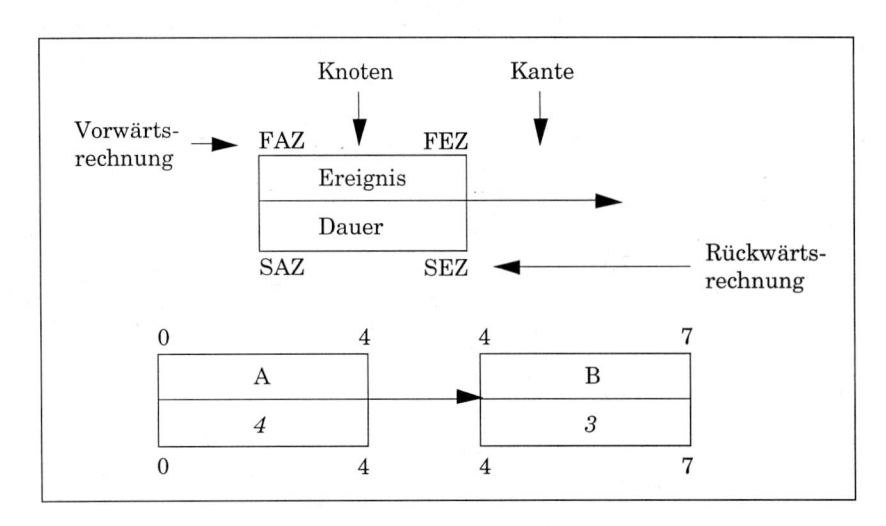

9. Wie ergeben sich Pufferzeiten?

Häufig folgen einem Ereignis mehrere Ereignisse, die gleichzeitig beginnen können aber unterschiedlich lange dauern; wenn sie Voraussetzung für ein folgendes Ereignis sind, kann dieses erst beginnen, wann das vorlaufende Ereignis mit der längsten Ereignisdauer beendet ist. Für die Abwicklung der gleichzeitig stattfindenden Ereignisse entstehen dadurch Freiräume, sog. Pufferzeiten. Die Pufferzeiten ergeben sich durch Subtraktion der FEZ von der SEZ (P = SEZ - FEZ). In den Pufferzeiten können die Kapazitäten für andere Aufgaben freigestellt werden.

10. Welche Bedeutung hat die Netzplantechnik für die Planung?

An dem Netzplan in der folgenden Abb. kann die Netzplantechnik beispielhaft nachvollzogen werden. Angegeben werden die Ereignisse eines Projekts, die Dauer der Ereignisse in Wochen und FAZ, FEZ, SEZ, SAZ. Die Zeichnung zeigt, dass frühestens nach 4 Wochen mit den Ereignissen C, B, D, wenn das Ereignis A beendet ist, begonnen werden kann. E setzt B und C voraus, mit E kann aber kann erst begonnen werden, wenn das Ereignis mit der längsten Ereignisdauer, nämlich B, beendet ist. Mit F kann erst begonnen werden, wenn E und D beendet sind, die FEZ von E bestimmt die FAZ von F. Das Projekt ist nach 19 Wochen beendet (FEZ von G).

Wenn das Projekt tatsächlich nach 19 Wochen beendet sein soll (SEZ von G), muss mit G spätestens nach 18 Wochen begonnen werden, dafür muss F spätestens nach 18 Wochen fertig sein (SEZ von F), das ist aber nur möglich, wenn spätestens nach 15 Wochen mit F begonnen wird (SAZ von F). Wenn aber mit F spätestens nach 15 Wochen begonnen werden muss, müssen E und D spätestens nach 15 Wochen fertig sein. D kann allerdings bereits nach 8 Wochen beendet sein, es entsteht also eine Pufferzeit von 7 Wochen (SEZ - FEZ), mit dem Ereignis D kann also später als möglich begonnen werden, die hier eingesetzte Kapazität steht also für andere Arbeitsgänge zur Verfügung. Auch bei C entsteht eine Pufferzeit (4 = 10 - 6).

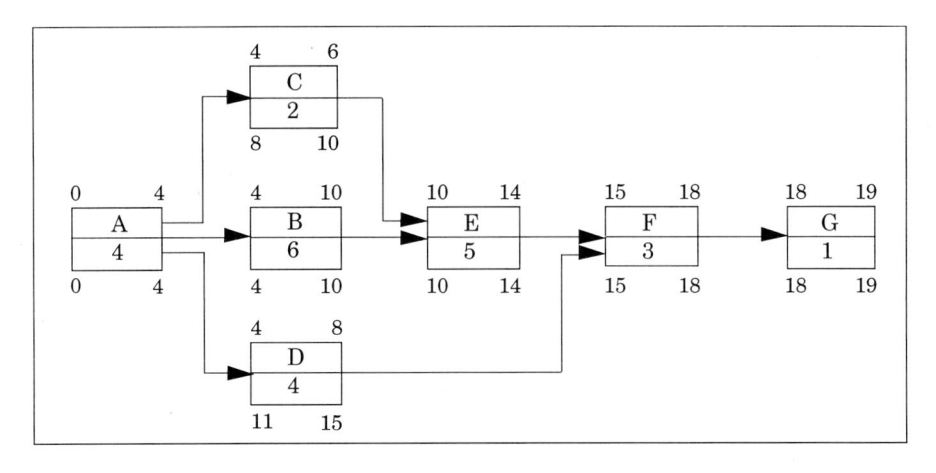

11. Was wird mit dem kritischen Weg angegeben?

Als kritischen Weg bezeichnet man die Folge von Ereignissen ohne Pufferzeiten. Er gibt die Gesamtdauer des Projekts an. In der Abb. zu Frage 10 Abb. bilden die Ereignisse A, B, E, F und G den kritischen Weg.

12. Wie lässt sich die Netzplantechnik bei der Planung eines Projekts einsetzen?

Die Landtransport GmbH plant im Zusammenhang mit der Einführung eines neuen Produkts die Anschaffung einer Fräsmaschine. Die einzelnen Vorgänge bzw. Ereignisse dieses Projekts sollen in einem Netzplan erfasst werden, dabei soll u.a. auch geklärt werden, wann und wie lange die beiden Elektriker des Betriebes für Installationsarbeiten zur Verfügung stehen müssen und wann ungefähr mit der Produktion an dieser Maschine begonnen werden kann.

In der folgenden Tabelle werden die Ereignisse von der Einholung von Angeboten bis zur Beendigung des Probelaufs mit den Zeiten erfasst. In der nächsten Spalte werden die Ereignisse angegeben, die für das jeweilige Ereignis vorausgesetzt werden. Schließlich werden die frühesten und spätesten Anfangs- und Endzeiten und die Pufferzeiten ermittelt.

	Vorgang	Dauer des Vorgangs in Wochen	Vorgang ... muss abgeschlossen sein	FAZ	FEZ	SAZ	SEZ	PZ
A	Angebote einholen	3		0	3	0	3	0
B	Entscheidung treffen	2	A	3	5	3	5	0
C	bestellen	1	B	5	6	5	6	0
D	Fundamente erstellen	3	B	5	8	7	10	2
E	Elektrische Leitungen installieren	2	B	5	7	10	12	5
F	Lieferung der bestellten Maschine	4	C	6	10	6	10	0
G	Maschine aufbauen	2	F, D	10	12	12	12	0
H	Maschine anschließen	1	E, G	12	13	13	13	0
I	Probelauf	1	H	13	14	14	14	0

Die Daten der Tabelle werden zur folgenden gafischen Darstellung verwendet.

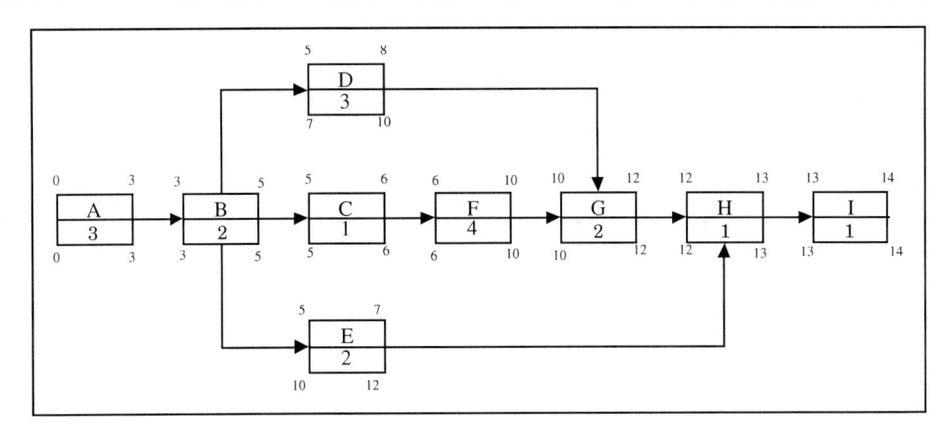

Es zeigt sich, dass das Projekt nach 14 Wochen beendet ist und dass mehrere Pufferzeiten anfallen. Mit der Produktion kann also nach 14 Wochen begonnen werden, und der Beginn der Installationsarbeiten lässt sich verschieben. Der kritische Weg wird durch die Ereignisse A, B, C, F, G, H, I bestimmt.

5.1.2 Marketingorganisation

1. **Was ist unter Marketingorganisation zu verstehen?**

Marketingorganisation bezeichnet die *organisatorischen, institutionellen und personellen Voraussetzungen* für die Durchführung der Marketingaufgaben. Dazu zählen

- die Gestaltung des organisatorischen Aufbaus des Marketingmanagement,

- die Institutionalisierung des Marketing in der Unternehmensorganisation,

- die Koordination des Bereiches Marketing mit anderen Unternehmensbereichen,

- die Definition von Aufgaben, Weisungsbefugnissen usw. des Marketingmanagement.

2. **Wodurch wird die Marketingorganisation gekennzeichnet?**

Die Marketingorganisation ist im Allgemeinen durch die *besondere Bedeutung des Marketing in den Unternehmen* gekennzeichnet. Die Unternehmen müssen auch in ihrer Organisationsstruktur die Anforderungen der heute vorherrschenden Käufermärkte berücksichtigen. Entsprechend der Auffassung von Marketing als eine Führungskonzeption

- ist der Leiter des Marketing in die obere Führungsebene integriert,

- sind alle Aktivitäten, die in den Bereich Marketing fallen, wie z.B. Verkauf, Außendienst, aber auch Neuproduktplanung, Absatzfinanzierung u. dgl., der Marketingleitung untergeordnet,

- bestimmt das Marketing die anderen Funktionsbereiche des Unternehmens maßgeblich mit.

3. Welche Anforderungen sind an die Marketingorganisation zu stellen?

Folgende Anforderungen sollte die Marketingorganisation erfüllen:[2]

1. Die Marketingorganisation muss so aufgebaut sein, dass *integriertes Marketing* ermöglicht wird. Das bedeutet, die Abstimmung der einzelnen Marketingaktivitäten innerhalb des Bereichs Marketing und die Abstimmung zwischen dem Bereich Marketing und den anderen Funktionsbereichen des Unternehmens, z.B. Beschaffung, Produktion, muss möglich sein.

2. Die Marketingorganisation muss *flexibel* sein. Das bedeutet, sie muss sich den Veränderungen der Marketingumwelt anpassen können.

3. Die Marketingorganisation muss zur Kreativität und *Innovationsbereitschaft* der Beteiligten beitragen.

4. Die Marketingorganisation muss die sinnvolle *Spezialisierung* der Beteiligten ermöglichen und die Voraussetzungen zur *Kooperation* der Bereichsspezialisten schaffen.

4. Wie kann der Marketingbereich organisatorisch in das Unternehmen eingegliedert sein?

Entsprechend der Bedeutung, die dem Bereich Marketing eingeräumt wird, können die folgenden Formen der organisatorischen Eingliederung des Marketingbereichs in ein Unternehmen unterschieden werden.

1. *Marketing als Stab*: Der Marketingbereich ist der Unternehmensleitung als Stabsstelle zugeordnet. Der Marketingbereich hat weder Entscheidungs- noch Weisungsbefugnisse. Er berät die Unternehmensleitung in Fragen von Werbung, Marktforschung, Public Relations u.Ä. Der Verkauf erhält durch seine Eingliederung in die obere Führungsebene erhebliche Bedeutung.

---

[2] Nach Meffert, a.a.O., S. 509.

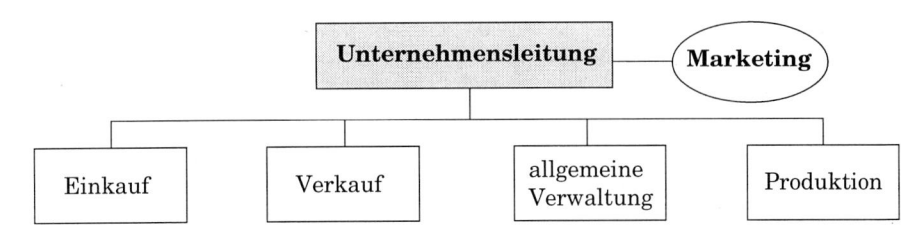

Marketingorganisation

```
                    Unternehmensleitung ── ( Marketing )
          ┌──────────┬──────────────┬──────────────┐
       Einkauf     Verkauf      allgemeine      Produktion
                                Verwaltung
```

2. *Marketing als Linieninstanz neben dem Verkauf*: Das Marketing ist in die obere Führungsebene eingegliedert, gleichberechtigt mit dem Verkauf und den anderen Funktionsbereichen. Die Abgrenzung zwischen den strategischen Marketingfunktionen und den operativen Verkaufsfunktionen ist schwierig. Zielkonflikte zwischen den beiden Bereichen sind i.d.R. nicht zu vermeiden.

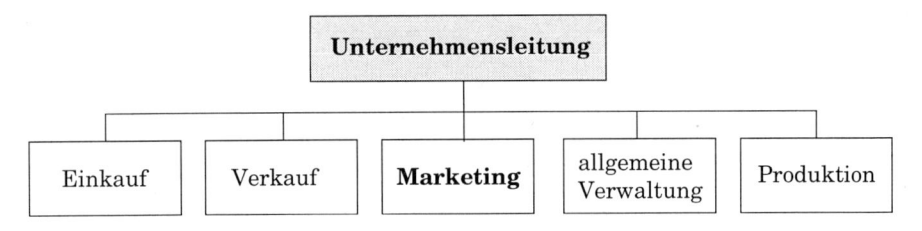

```
                        Unternehmensleitung
       ┌──────────┬──────────┬──────────────┬──────────────┐
    Einkauf    Verkauf    Marketing    allgemeine      Produktion
                                       Verwaltung
```

3. *Marketing als Linieninstanz* mit der Zuordnung aller Marketingbereiche: Der Marketingbereich ist entsprechend seiner Bedeutung in die obere Führungsebene integriert. Alle Marketingbereiche, einschließlich Verkauf, sind dem Marketing zugeordnet bzw. der Marketingleitung untergeordnet.

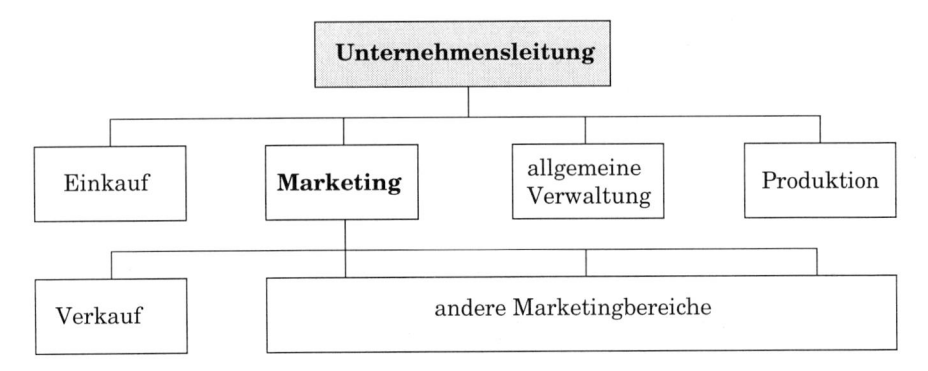

```
                        Unternehmensleitung
       ┌──────────┬──────────────┬──────────────┬──────────────┐
    Einkauf    Marketing      allgemeine                  Produktion
               │              Verwaltung
       ┌───────┴──────────────────────────┐
    Verkauf              andere Marketingbereiche
```

5.2 Managementprinzipien

1. Was sind Managementprinzipien?

Managementprinzipien sind Gestaltungshilfen zur Abwicklung des Managementprozesses innerhalb bestehender Aufbaustrukturen. Sie sollen dazu beitragen, die hierarchischen und bürokratischen Aufbauorganisationen, wie sie sich in den Liniensystemen ausdrücken, effizienter zu gestalten. Zu den Gestaltungshilfen zählen z.B. Delegation von Entscheidungen, Kontrolle der Untergebenen durch Vorgesetzte, Koordination von Entscheidungen. Sie beziehen sich i.d.R. auf ein Vorgesetzten-Untergebenen-Verhältnis, bei dem nicht nur der Vorgesetzte, sondern auch der Untergebene Manager ist. Die Managementprinzipien drücken sich in Management by-Konzepten aus, z.B. Management by Exception, Management by Objectives.

2. Welche Bedeutung hat das Management by Exception?

Management by Exception (MbE) heißt *Führung nach dem Prinzip der Ausnahme*. Das MbE setzt die Delegation von Aufgaben an untere Ebenen voraus. Vorgesetzte sollen nur die Aufgaben ausführen, die ihnen aus grundsätzlichen Erwägungen überlassen bleiben müssen. Alle anderen Aufgaben sollen nachgeordneten Stellen übertragen werden. Die untergeordneten Stellen erhalten für die Ausführung der Aufgaben einen Handlungsspielraum. Vorgesetzte greifen in die Ausführung nur ein, wenn die Grenzen des Spielraums überschritten werden; dadurch erhalten sie die Möglichkeit zur Kontrolle.

Z.B. erhält ein Einkäufer für die Beschaffung einen bestimmten Höchstbetrag vorgegeben, wenn er diesen überschreiten muss, ist der Vorgesetzte zu informieren bzw. um Genehmigung zu bitten.

3. Welche Bedeutung hat das Management by Objectives?

Management by Objectives (MbO) heißt *Führung nach dem Prinzip der Zielvorgabe*. Die Mitarbeiter orientieren sich bei der Ausführung ihrer Aufgaben an Zielvorgaben. Das Prinzip lässt sich u.a. durch die folgenden Merkmale kennzeichnen.

- Die Zielbildung ist ein Prozess, der sich multipersonal vollzieht, d.h. am Prozess der Zielbildung ist eine Vielzahl von Aktionseinheiten beteiligt.

- Die Ziele werden regelmäßig überprüft und evtl. für die folgende Wirtschaftsperiode den Veränderungen angepasst.

- Die Handlungsziele werden von übergeordneten Aktionseinheiten festgelegt.

- Die Entscheidungen über die Mittel, die zur Erreichung der Ziele bzw. zur Ausführung von Aufgaben anzuwenden sind, treffen die untergeordneten Aktionseinheiten.

- Die Beteiligung untergeordneter Stellen an der Zielformulierung fördert deren Motivation und Verantwortungsbewusstsein und trägt so zur Durchsetzung der Ziele bei.

5.3 Organisationsformen

1. Nach welchen Gesichtspunkten kann die Marketingorganisation strukturiert sein?

Die Marketingorganisation kann nach folgenden Gesichtspunkten strukturiert sein.

- *Funktionen* bzw. Teilfunktionen des Marketing sind Grundlage der Strukturierung, z.B. Verkauf, Werbung, Verkaufsförderung.

- *Abnehmer* bzw. Abnehmergruppen sind Grundlage der Strukturierung, z.B. einzelne Großkunden, SB-Märkte, alle Kleinabnehmer.

- *Produkte* bzw. Produktgruppen sind Grundlage der Strukturierung.

- *Verkaufsgebiete* sind Grundlage der Strukturierung.

2. Welche Bedeutung hat die funktionsorientierte Marketingorganisation?

Die funktionsorientierte Marketingorganisation nutzt die *Vorteile des Einlinien-Systems*, die in der klaren und übersichtlichen Kompetenzzuweisung an die zuständigen Stellen besteht. Die Stellen sind auf die entsprechenden Funktionen spezialisiert, z.B. auf Werbung, Verkaufsförderung usw. Die Stellen werden von einem Marketingleiter geführt. Diese Organisationsform hat ihre besondere Bedeutung in Unternehmen mit einem kleinen oder sehr homogenem Produktprogramm.

Vorteile: Die Stellen werden mit Mitarbeitern besetzt, die jeweils qualifizierte Spezialisten sind. Das Erfahrungswissen dieser Funktionsspezialisten kann genutzt werden. Der Marketingleiter kann für eine zentrale Steuerung der Ausführung von Aufgaben sorgen.

Nachteile: Ausgeprägtes Ressortdenken der Funktionsspezialisten setzt sich häufig durch. Die Abstimmungen zwischen den Marketingbereichen wird dadurch schwierig. Das zeigt sich besonders dann, wenn ein umfangreiches, sehr differenziertes Produktprogramm vorliegt. Die Koordination differenzierter Marketingmaßnahmen unter Berücksichtigung einzelner Produkte bzw. Produktgruppen und einzelner Kunden bzw. Käufersegmente wird verhindert.

Die Ausführungen zur funktionsorientierten Marketingorganisation lassen sich anhand der folgenden schematischen Darstellung nachvollziehen.

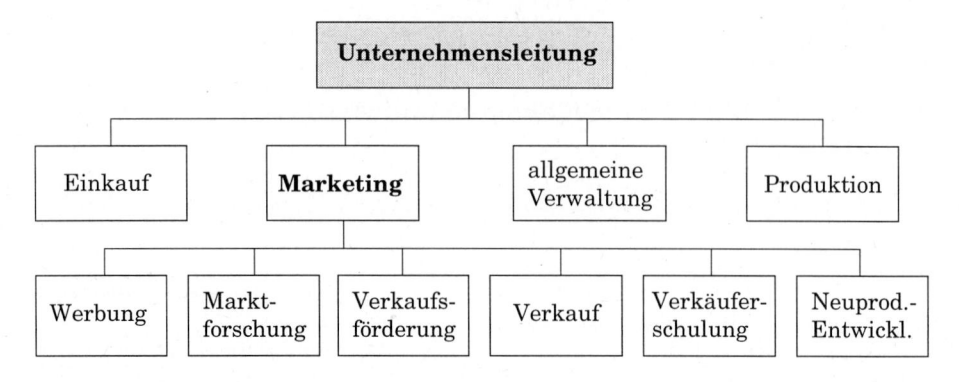

```
                    ┌─────────────────────┐
                    │ Unternehmensleitung │
                    └─────────────────────┘
         ┌──────────────┬──────────┴─────────┬──────────────┐
     ┌───────┐      ┌──────────┐      ┌────────────┐   ┌──────────┐
     │Einkauf│      │ Marketing│      │ allgemeine │   │Produktion│
     └───────┘      └──────────┘      │ Verwaltung │   └──────────┘
                                      └────────────┘
    ┌─────────┬─────────┬──────────┬──────────┬───────────┬──────────┐
 ┌───────┐ ┌────────┐ ┌─────────┐ ┌────────┐ ┌─────────┐ ┌──────────┐
 │Werbung│ │ Markt- │ │Verkaufs-│ │Verkauf │ │Verkäufer│ │Neuprod.- │
 │       │ │forschg.│ │förderung│ │        │ │-schulung│ │Entwickl. │
 └───────┘ └────────┘ └─────────┘ └────────┘ └─────────┘ └──────────┘
```

3. Welche Bedeutung hat die abnehmerorientierte Marketingorganisation?

Die abnehmerorientierte Marketingorganisation kommt den Anforderungen an ein differenziertes Marketing sehr entgegen. Sie ist anzuwenden, wenn der Markt in *unterschiedliche Segmente* eingeteilt ist, die mit spezifischen Marketingmaßnahmen bearbeitet werden können. Die einzelnen *Kundenbereiche* werden von *Kunden-Managern* geleitet; sie tragen die Veranwortung für die in ihren Bereichen anfallenden Marketingfunktionen. Kunden-Manager verfügen über besondere Kenntnisse der Problembereiche in den von ihnen betreuten Marktausschnitten. Sie können deshalb ihren Kunden nicht nur einzelne Produkte, sondern Problemlösungen durch Produktkombinationen (Systeme) anbieten.

Vorteile: Mit der abnehmerorientierten Marketingorganisation kann ein Unternehmen besser auf besondere Kundenwünsche eingehen. Die Kenntnisse über die besonderen Probleme in Abnehmerbetrieben sind besonders vorteilhaft in der Investitionsgüterindustrie. Durch die Kundennähe werden Nachfrageänderungen schneller bekannt, sodass das Unternehmen rascher reagieren kann.

Nachteile: Die Kunden-Manager als Vermittler spezieller Problemlösungswünsche können im Allgemeinen die Auswirkungen der Kundenaufträge im Unternehmen nicht übersehen. Die Ausführung von Kundenaufträgen, insbesondere bei Produktkombinationen, setzt die ständige Kooperation mit den betroffenen Unternehmensbereichen voraus.

Die Ausführungen zur abnehmerorientierten Marketingorganisation lassen sich anhand der folgenden schematischen Darstellung, in der die Kundengruppen angedeutet werden, nachvollziehen.

Marketingorganisation

```
                    Unternehmensleitung
         ┌──────────────┼──────────────┬──────────────┐
      Einkauf      Marketing      allgemeine      Produktion
                                  Verwaltung
                   ┌──────────────┼──────────────┐
            Kundengruppe I   Kundengruppe II   Kundengruppe III
               │                  │                  │
            Markt-             Markt-             Markt-
            forschung          forschung          forschung
               │                  │                  │
            Verkauf            Verkauf            Verkauf
               │                  │                  │
            Werbung            Werbung            Werbung
               │                  │                  │
            Verkaufs-          Verkaufs-          Verkaufs-
            förderung          förderung          förderung
```

4. Welche Bedeutung haben Key-Accounts für ein Unternehmen?

Key-Accounts sind *Großkunden*. Sie heißen *Schlüsselkunden* (Key-Accounts), weil sie Schlüsselpositionen hinsichtlich ihrer Bedeutung für die gegenwärtige und zukünftige Existenz des Unternehmens einnehmen.

Im Allgemeinen hat ein Unternehmen relativ wenige Großkunden, erzielt aber mit ihnen einen überproportional hohen Umsatz (A-Kunden[3]). Der Verlust eines Großkunden kann die Existenz eines Unternehmens gefährden. Hohe Umsatzzuwächse werden mit Großkunden erzielt, häufig durch Verdrängung von Mitbewerbern.

5. Welche Aufgaben hat das Key-Account-Management?

Die Geschäftsbeziehungen zu den Key-Accounts müssen besonders gepflegt werden. Mit Key-Account-Management umschreibt man alle Maßnahmen zur *Betreuung von Key-Accounts*. Bei insgesamt sinkenden Erträgen muss die intensive Betreuung der Großkunden meist zu Lasten der Kleinkundenbetreuung gehen.

---

[3] Vgl. die Ausführungen zur ABC-Analyse auf S. 302 ff.

Ziel des Key-Account-Management ist die Steigerung von Umsatz und Deckungsbeiträgen bei den Schlüsselkunden. Dazu werden bestimmte marketingpolitische Instrumente auf den bzw. auf die Großkunden ausgerichtet.

6. Welche Aufgaben hat der Key-Account-Manager?

Ein *Key-Account-Manager* betreut einen Key-Account bzw. eine Gruppe von Key-Accounts. Wie der Produktmanager für ein Produkt oder eine Produktgruppe, so ist der Key-Account-Manager für einen Kunden oder für eine Kundengruppe zuständig.

Der Key-Account-Manager kennt das Sortiment seines Kunden, den Standort des Geschäfts, er kennt im Allgemeinen auch die Mitbewerber um den Kunden; er ist meistens mit besonderen Kompetenzen für den Abschluss von Verträgen ausgestattet. Er berät den Kunden. Er koordiniert die Lieferung der Waren an den Kunden, die Abrechnungen usw.

7. Welche Bedeutung hat die gebietsorientierte Marketingorganisation?

Eine Gebietsorientierung der Marketingorganisation bietet sich für Unternehmen an, die in verschiedene, räumlich voneinander getrennte Absatzgebiete verkaufen. Im Allgemeinen lassen sich diese *Absatzgebiete als unterschiedliche Teilmärkte* definieren, die eine differenzierte Marktbearbeitung erforderlich machen. Der *Verkaufsgebietsleiter* ist verantwortlich für die ihm untergeordneten Marketingbereiche. Beispiele für die Aufteilung: Inland – Ausland, Inland – europäisches Ausland – Übersee, Inland – englischsprachiges Ausland – spanischsprachiges Ausland, Inland – westliches Ausland – östliches Ausland u.Ä.

Die Ausführungen zur gebietsorientierten Marketingorganisation lassen sich anhand der folgenden schematischen Darstellung, in der verschiedene Verkaufsgebiete angedeutet sind, nachvollziehen.

Marketingorganisation

```
                    ┌─────────────────────┐
                    │ Unternehmensleitung │
                    └──────────┬──────────┘
        ┌──────────────┬───────┴───────┬──────────────┐
   ┌────┴────┐   ┌─────┴─────┐   ┌─────┴──────┐  ┌────┴─────┐
   │ Einkauf │   │ Marketing │   │ allgemeine │  │Produktion│
   └─────────┘   └─────┬─────┘   │ Verwaltung │  └──────────┘
                       │         └────────────┘
```

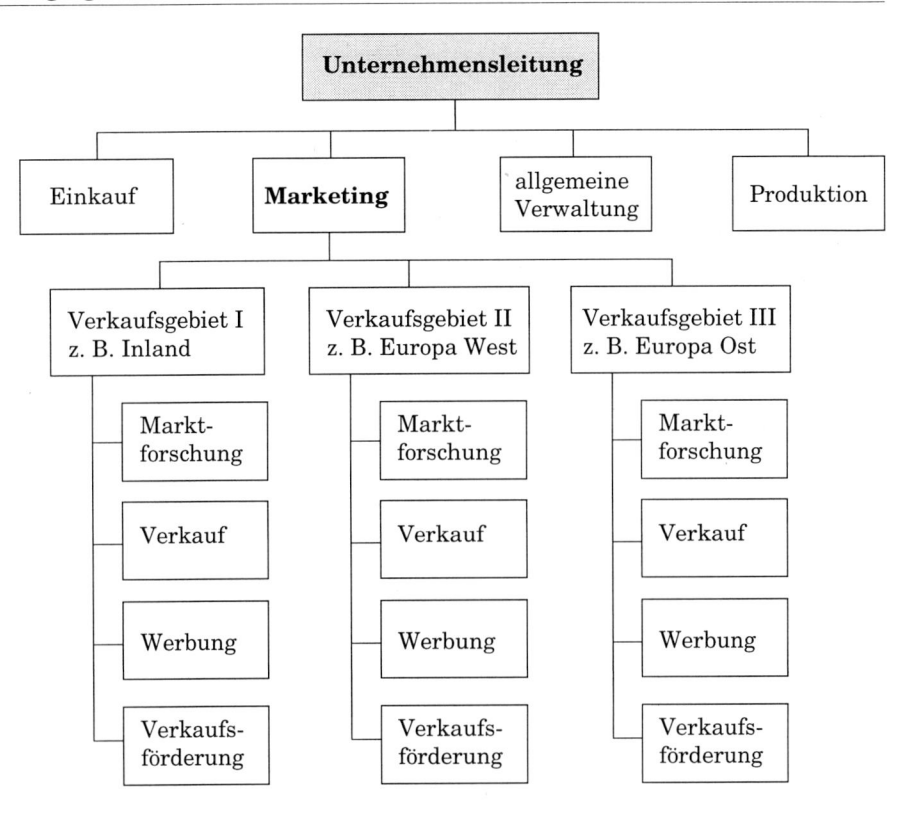

Verkaufsgebiet I z. B. Inland — Marktforschung, Verkauf, Werbung, Verkaufsförderung

Verkaufsgebiet II z. B. Europa West — Marktforschung, Verkauf, Werbung, Verkaufsförderung

Verkaufsgebiet III z. B. Europa Ost — Marktforschung, Verkauf, Werbung, Verkaufsförderung

8. Welche Bedeutung hat die produktorientierte Marketingorganisation?

Eine Produktorientierung der Marketingorganisation bietet sich für Unternehmen mit umfangreichen und differenzierten Produktprogrammen an. Durch die Produktorientierung wird erreicht, dass *Marketingaktivitäten auf ein Produkt bzw. auf eine Produktgruppe bezogen* werden. Eine Produktgruppe wird von einem *Produktleiter* (-direktor) oder von einem *Produktmanager* geleitet. Er ist verantwortlich für die Marketingaktivitäten in dem Bereich. Häufig bleiben zentrale Aufgaben, die in allen Produktgruppen anfallen (z.B. bestimmte Bereiche der Werbung, der Marktforschung, der Distribution usw.), bei der Marketingleitung oder werden Stäben übertragen, die der Linieninstanz Marketing zugeordnet sind.

Vorteile: Die Produktgruppen werden optimal betreut.

Nachteile: Es besteht die Gefahr, dass in den einzelnen Marketingbereichen der Produktgruppen gleiche oder ähnliche Arbeiten ausgeführt werden. Dadurch kann die produktorientierte Marketingorganisation sehr aufwändig sein.

Die Ausführungen zur produktorientierten Marketingorganisation lassen sich anhand der folgenden schematischen Darstellung, in der einzelne Produktgruppen und ein Stab angedeutet werden, nachvollziehen.

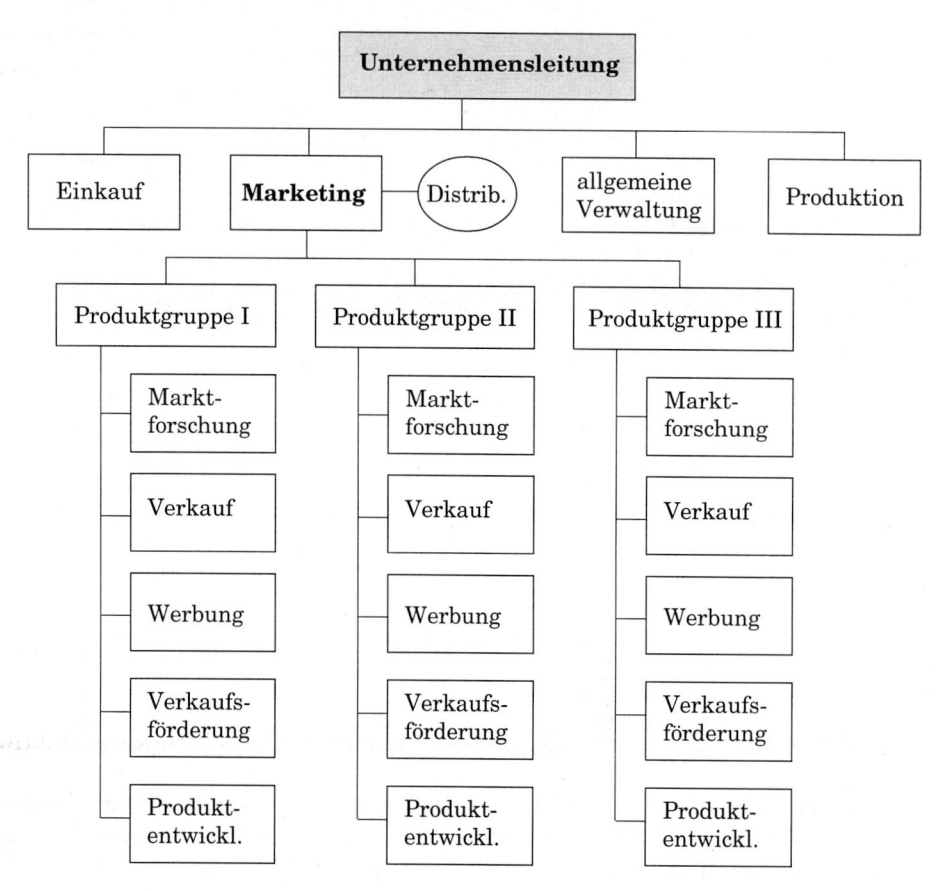

```
                        Unternehmensleitung
       ┌───────┬────────────┬─────────┬──────────────┬──────────┐
    Einkauf  Marketing ─( Distrib. ) allgemeine   Produktion
                                     Verwaltung
              │
    ┌─────────┼─────────┐
Produktgruppe I   Produktgruppe II   Produktgruppe III
    │                 │                  │
 Marktforschung    Marktforschung     Marktforschung
 Verkauf           Verkauf            Verkauf
 Werbung           Werbung            Werbung
 Verkaufsförderung Verkaufsförderung  Verkaufsförderung
 Produktentwickl.  Produktentwickl.   Produktentwickl.
```

9. Wie lässt sich das Konzept des Produktmanagement umschreiben?

Der Produktmanager soll die unternehmerischen Aktivitäten mit Bezug auf ein Produkt bzw. auf eine Produktgruppe steuern und koordinieren. Er muss dafür sorgen, dass das von ihm betreute Produkt i.S. des unternehmerischen Marketingkonzepts optimal gefördert wird. Da in funktionsorientierten Unternehmen, die heute noch vorherrschen, Aktivitäten zu wenig auf das Produkt ausgerichtet werden, kommt dem Produktmanagement besondere Bedeutung zu.

10. Welche Aufgaben erfüllt ein Produktmanager?

Ein Produktmanager hat u.a. die folgenden Aufgaben:

Marketingorganisation 519

- *Planungen*: Die Hauptaufgabe des Produktmanagers besteht in der Aufstellung von Ziel- und Maßnahmenplänen für das von ihm betreute Produkt.

- *Koordination*: Der Produktmanager muss sich, um die Produktziele erreichen zu können, mit anderen Bereichen des Unternehmens abstimmen.

- *Kontrollen*: Der Produktmanager überwacht die Marktentwicklung seines Produkts.

- *Innovationen*: Der Produktmanager muss dazu beitragen, dass die von ihm betreute Produktgruppe den Marktveränderungen ständig angepasst wird.

- *Initiativen*: Vom Produktmanager müssen die Initiativen ausgehen für Neuproduktplanungen, für Produktvariationen bzw. -verbesserungen, für Werbung und Verkaufsförderung, Rücknahme eines Produkts, das sich als Flop erweist, vom Markt.

11. Welche Formen der organisatorischen Eingliederung des Produktmanagement in das Unternehmen sind denkbar?

Die folgenden Formen der Eingliederung des Produktmanagement in das Unternehmen sind denkbar.

1. Das Produktmanagement ist eine *Linieninstanz der Unternehmensleitung*; es steht gleichberechtigt neben den anderen Funktionsbereichen, dadurch wird seine Stellung innerhalb der Unternehmenshierarchie gestärkt und die Koordination mit diesen Bereichen erleichtert. Der Produktmanager wird weisungsberechtigt gegenüber untergeordneten Stellen. Häufig ist bei dieser Organisationsform der Geschäftsleiter auch Marketingleiter und somit unmittelbarer Vorgesetzter des Produktmanagers. Diese Form der Eingliederung bietet sich vor allem bei kleineren Unternehmen an.

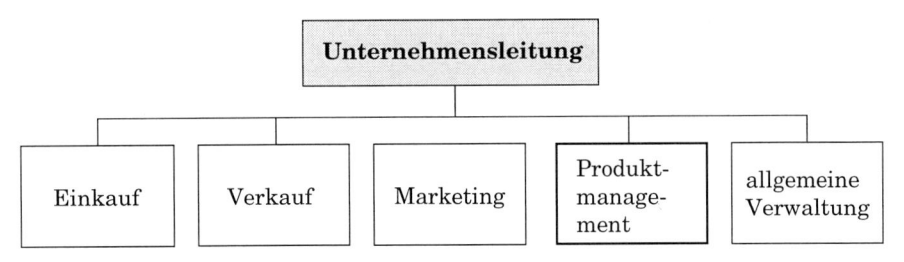

```
                    Unternehmensleitung
    ┌──────────┬──────────┬──────────┬──────────┐
  Einkauf    Verkauf   Marketing  Produkt-   allgemeine
                                  manage-    Verwaltung
                                   ment
```

2. Das Produktmanagement ist eine *Stabsstelle der Unternehmensleitung*. Der oder die Produktmanager beraten den Unternehmensleiter, der gleichzeitig Marketingleiter ist bzw. wichtige Aufgaben der Marketingleitung wahrnimmt. Der oder die Produktmanager sind nicht weisungsberechtigt.

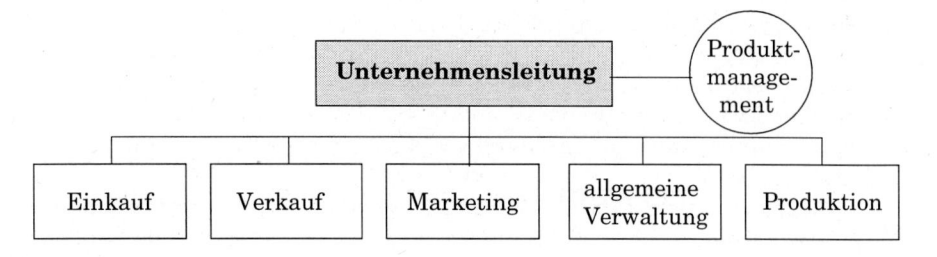

```
                    ┌──────────────────────┐   ┌─Produkt-─┐
                    │ Unternehmensleitung  │───│ manage-  │
                    └──────────────────────┘   │  ment    │
                               │               └──────────┘
   ┌───────────┬───────────────┼───────────────┬───────────┐
┌────────┐ ┌────────┐ ┌──────────┐ ┌──────────┐ ┌──────────┐
│Einkauf │ │Verkauf │ │Marketing │ │allgemeine│ │Produktion│
│        │ │        │ │          │ │Verwaltung│ │          │
└────────┘ └────────┘ └──────────┘ └──────────┘ └──────────┘
```

3. Das Produktmanagement ist eine *Linieninstanz der Marketingleitung*. Es steht neben den anderen Funktionsbereichen des Marketing. Der besondere Nachteil besteht darin, dass der Produktmanager seine Koordinationsaufgaben nur schwer wahrnehmen kann.

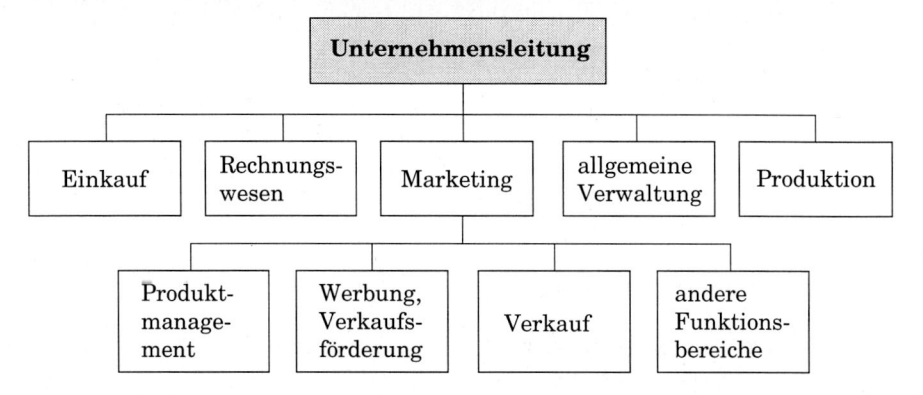

```
                    ┌──────────────────────┐
                    │ Unternehmensleitung  │
                    └──────────────────────┘
                               │
   ┌───────────┬───────────────┼───────────────┬───────────┐
┌────────┐ ┌──────────┐ ┌──────────┐ ┌──────────┐ ┌──────────┐
│Einkauf │ │Rechnungs-│ │Marketing │ │allgemeine│ │Produktion│
│        │ │wesen     │ │          │ │Verwaltung│ │          │
└────────┘ └──────────┘ └──────────┘ └──────────┘ └──────────┘
                               │
        ┌──────────┬───────────┼───────────┐
   ┌──────────┐ ┌──────────┐ ┌──────────┐ ┌──────────┐
   │Produkt-  │ │Werbung,  │ │ Verkauf  │ │andere    │
   │manage-   │ │Verkaufs- │ │          │ │Funktions-│
   │ment      │ │förderung │ │          │ │bereiche  │
   └──────────┘ └──────────┘ └──────────┘ └──────────┘
```

4. Das Produktmanagement ist eine *Stabsstelle der Marketingleitung*. Der oder die Produktmanager beraten den Marketingleiter, sie sind nicht weisungsberechtigt.

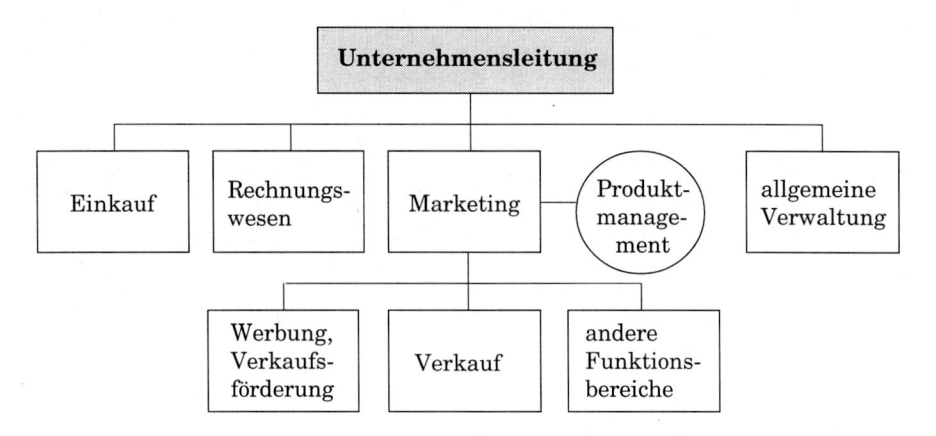

```
                    ┌──────────────────────┐
                    │ Unternehmensleitung  │
                    └──────────────────────┘
                               │
   ┌───────────┬───────────────┼───────────┬───────────┐
┌────────┐ ┌──────────┐ ┌──────────┐ ┌─Produkt-─┐ ┌──────────┐
│Einkauf │ │Rechnungs-│ │Marketing │─│ manage-  │ │allgemeine│
│        │ │wesen     │ │          │ │  ment    │ │Verwaltung│
└────────┘ └──────────┘ └──────────┘ └──────────┘ └──────────┘
                               │
              ┌────────────────┼────────────────┐
         ┌──────────┐     ┌──────────┐     ┌──────────┐
         │Werbung,  │     │ Verkauf  │     │andere    │
         │Verkaufs- │     │          │     │Funktions-│
         │förderung │     │          │     │bereiche  │
         └──────────┘     └──────────┘     └──────────┘
```

Marketingorganisation 521

12. Was versteht man unter Matrixorganisation?

Mit der sog. Matrixorganisation wird versucht, *zwei Organisationsprinzipien* miteinander zu kombinieren, z.B. die funktionsorientierte Organisation mit der Spartenorganisation. Es entsteht ein *Mehr-Linien-System*. Eine einzelne Stelle kann sowohl Weisungen von einem Funktionsmanager und von einem Spartenmanager erhalten. Der Spartenmanager plant, koordiniert, kontrolliert usw. den von ihm betreuten Bereich (z.B. eine Produktgruppe); der Funktionsmanager koordiniert im Rahmen seiner Funktion (z.B. Beschaffung) die einzelnen Sparten (z.B. alle Produktgruppen). Im Allgemeinen haben die Weisungen des Spartenmanagers Vorrang. Die Matrixorganisation kann auf verschiedenen Hierarchieebenen eingesetzt werden (vgl. folgende Frage).

Vorteile:

- Die Spartenmanager sind im Allgemeinen Spezialisten für ihren Bereich. Ihre Kompetenz kann zur Lösung solcher Probleme genutzt werden, die sich aus der ständigen Veränderung von Umweltbedingungen ergeben.

- Probleme können schneller gelöst werden als in rein funktionsorientierten Organisationen.

- Die vorgesetzten Stellen werden entlastet.

- Die Kooperation zwischen zwei Managementbereichen führt zu einer höheren Entscheidungsqualität.

Nachteile:

- Es besteht ein ständiger Zwang zur Kooperation und Koordination.

- Wegen der möglichen Kompetenzüberschreitungen sind Konflikte zwischen Sparten- und Funktionsmanagern unvermeidlich.

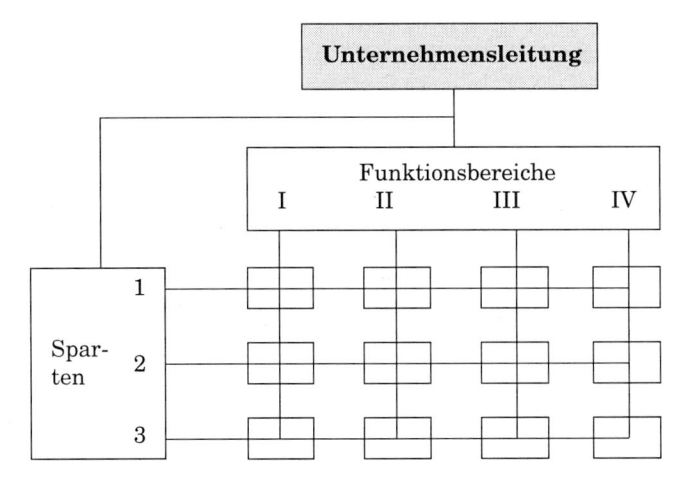

13. Welche Bedeutung hat die Matrixorganisation für die Marketingorganisation?

Die Matrixorganisation bekommt für die Marketingorganisation ihre besondere Bedeutung durch die *Kombination des Produktmanagement mit dem Funktionsmanagement*. Die Produktmanager fällen Entscheidungen, die für die optimale Betreuung ihrer Produkte erforderlich sind, z.B. legen sie Art und Zeitpunkt bestimmter Werbe- und Verkaufsförderungsmaßnahmen fest, planen Produktverbesserungen, Ergänzungen der Produktgruppe usw. Die Funktionsbereiche (Abteilungen) haben dafür zu sorgen, dass diese Entscheidungen angemessen ausgeführt werden. Die Produktmanager koordinieren auf diese Art die Tätigkeiten der Funktionsbereiche unter besonderer Berücksichtigung der Markterfordernisse.

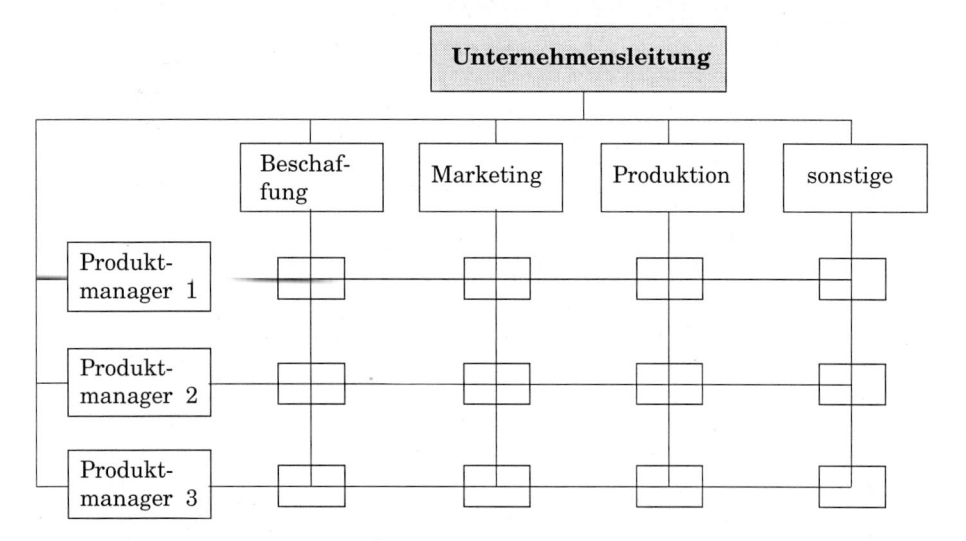

Die Matrixorganisation kann in unterschiedliche Hierarchieebenen eingeordnet sein:

- Bei Einordnung der Matrixorganisation in die obere Führungsebene koordinieren die Produktmanager im Zusammenhang mit der Produktbetreuung die Tätigkeiten der einzelnen Abteilungen (vgl. vorstehende Abbildung).

- Bei Einordnung der Matrixorganisation in die Zuständigkeit der Marketingleitung koordinieren Produktmanager im Zusammenhang mit der Produktbetreuung die Tätigkeiten der einzelnen Funktionsbereiche des Marketing (vgl. folgende Abbildung).

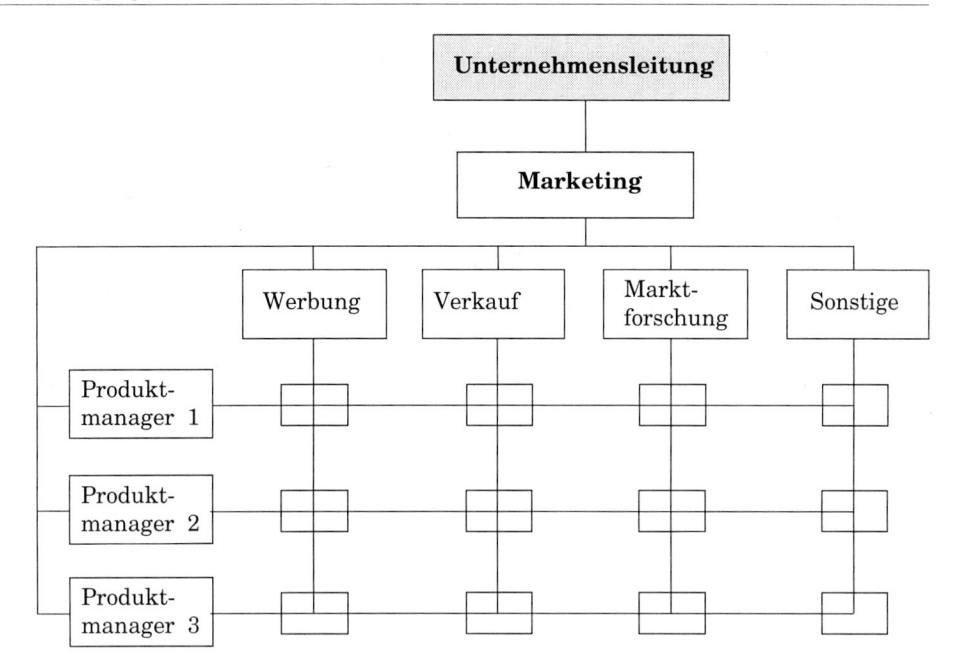

Marketingorganisation 523

```
                    Unternehmensleitung
                            │
                        Marketing
    ┌───────────┬───────────┬───────────┬───────────┐
                Werbung   Verkauf    Markt-    Sonstige
                                    forschung
Produkt-
manager 1
Produkt-
manager 2
Produkt-
manager 3
```

6. Marketingkontrolle

1. Welche Bedeutung hat die Marketingkontrolle?

Marketingkontrolle ist die *systematische Prüfung* bzw. Überprüfung

- der Marketingziele,
- der Marketingaktivitäten,
- der Marketingorganisation,
- der Marketingmitarbeiter.

Die Marketingkontrolle liefert die *Informationen für die Beurteilung* der Ziele, der Aktivitäten, der Organisation und der Mitarbeiter.

2. Welche Aufgaben erfüllt die Marketingkontrolle?

Kontrolliert werden die grundsätzlichen Entscheidungen und deren Ausführungen. Die Marketingkontrolle weist nach, ob die grundsätzlichen Entscheidungen richtig waren und ob mit den ergriffenen Maßnahmen die Ziele erreicht wurden. Bei Abweichungen zwischen Plan und Ergebnis ermöglicht die Marketingkontrolle *Korrekturen* und *Anpassungen*.

3. Welche unterschiedlichen Formen der Marketingkontrolle gibt es?

Es gibt zwei Formen der Marketingkontrolle.

1. *Ex-post-Kontrollen* sind nachträgliche Kontrollen; sie informieren insgesamt über die Wirkungen der Marketingmaßnahmen.
2. *Parallelkontrollen* begleiten die Entscheidungsprozesse. Teilergebnisse werden kontrolliert. Das Management erhält dadurch frühzeitig Informationen.

4. Wie lässt sich der Prozess der Marketingkontrolle umschreiben?

Für den Prozess der Marketingkontrolle lassen sich im Allgemeinen die folgenden Schritte unterscheiden:

1. *Auswahl der Kontrollgrößen* auf der Grundlage der Marketingziele, z.B. Umsatz, Image.
2. *Festlegung von Soll-Werten* für die Kontrollgrößen, dabei werden Bandbreiten berücksichtigt, zwischen denen die Ist-Werte schwanken dürfen.

3. *Ermittlung der Ist-Werte* im Allgemeinen aus internen sekundärstatistischen Quellen.

4. *Vergleich* der *Soll-* mit den *Ist*-Werten und *Analyse* eventueller Abweichungen, d.h. es wird nach den Ursachen für Abweichungen gefragt.

5. *Beseitigung der Abweichungsursachen.*

5. Welche Aspekte der Marketingkontrolle können unterschieden werden?

Nach Art und Ziel der Kontrolle können ergebnisorientierte und systemorientierte Marketingkontrollen unterschieden werden.

6. Was ist eine ergebnisorientierte Marketingkontrolle?

Ergebnisorientierte Marketingkontrolle ist die *Kontrolle der Marketingaktivitäten*; kontrolliert wird, ob und wie weit mit den eingesetzten Marketinginstrumenten die Marketingziele erreicht wurden. Zu unterscheiden sind gesamtmixbezogene und submixbezogene Marketingkontrollen.

7. Was sind gesamtmixbezogene Marketingkontrollen?

Von gesamtmixbezogenen Marketingkontrollen spricht man, wenn sich die Kontrollen auf die Wirkung der *Gesamtheit der Marketinginstrumente* beziehen. Eine gesamtmixbezogene Marketingkontrolle liefert globale Informationen; Probleme in Teilbereichen können häufig nicht erkannt werden. Deswegen ist sie durch submixbezogene Marketingkontrollen zu ergänzen.

Kontrollgrößen können z.B. Umsatz, Marktanteil, Einstellungen, Image sein.

8. Was sind submixbezogene Marketingkontrollen?

Von submixbezogenen Marketingkontrollen spricht man, wenn sich die Kontrollen auf die Wirkung der *Marketinginstrumente in einzelnen Submixbereichen* beziehen.

9. Was ist eine systemorientierte Marketingkontrolle?

Systemorientierte Marketingkontrolle ist die kontinuierliche *Kontrolle des gesamten Marketingsystems* eines Unternehmens; sie wird auch als Marketingrevision oder *Marketingaudit* bezeichnet. Überprüft wird im Allgemeinen, ob die Marketingziele, Marketingaktivitäten, Marketingorganisation den Veränderungen der Umwelt entsprechen. Die Kontrollergebnisse sind Grundlagen für die Revision.

Bereiche des Marketingaudits sind u.a. die Kontrollen

- der Prämissen,
- der Ziele,
- der Strategien,
- der Verfahren,
- der Organisation.

Klausurtypischer Teil

E. Klausurtypischer Teil

1. Klausuraufgaben mit Lösungshinweisen

Nach den besonderen Rechtsvorschriften für die Fortbildungsprüfung zum „Fachkaufmann für Marketing" sind folgende Klausuren vorgesehen:

- Im Prüfungsfach „Instrumentarium des Marketing" die Bearbeitung einer Fallstudie; diese Klausur soll i.d.R. fünf Stunden dauern,

- im Prüfungsfach „Organisation und Planung des Marketing" eine Aufsichtsarbeit von einstündiger Dauer,

- im Prüfungsfach „Informationsquellen des Marketing" eine Aufsichtsarbeit von zweistündiger Dauer,

- im Prüfungsfach „Planungs- und Kontrolltechniken" eine Aufsichtsarbeit von zweistündiger Dauer.

Die Vorschriften spezifizieren also für das Prüfungsfach „Das Instrumentarium des Marketing" die Klausurarbeit als Bearbeitung von Fallstudien, für die anderen Fächer sind lediglich sog. Aufsichtsarbeiten vorgesehen. Diese sehr allgemeinen Vorgaben lassen sich als Grundlagen für die Gestaltung der Klausuraufgaben (auch der folgenden Beispielaufgaben) folgendermaßen interpretieren:

1. Bei der Aufgabenstellung für das Prüfungsfach „Instrumentarium des Marketing" ist der Praxisbezug stärker als bei den anderen Prüfungsfächern zu betonen.

2. Vor allem in den anderen Prüfungsfächern können auch reine Kenntnisfragen gestellt werden. Für Aufgaben dieser Art können die Fragen (mit den Antworten) in diesem Prüfungsbuch als Beispiele dienen.

3. Für die mehrstündige Klausurarbeit im Fach „Instrumentarium des Marketing" können auch mehrere kürzere, aus Situationsschilderungen abgeleitete Aufgaben als sog. Fallstudien genutzt werden.

Auf der **Grundlage der Vorschriften und ihrer Interpretation** werden im Folgenden **Beispiele für Klausuraufgaben** mit Lösungshinweisen gegeben. Mithilfe der Beispielaufgaben kann die Anfertigung von Klausurarbeiten geübt werden. Der **Umfang der Aufgaben** hängt u.a. ab

- vom Prüfungsfach (die Aufgaben im Prüfungsfach „Instrumentarium ..." sind im Allgemeinen umfangreicher),

- von der Anzahl der Teilaspekte der Gesamtaufgabe, von der Anzahl der erschließenden Fragen und zusätzlichen Aufgaben,

- von den Anforderungen, die die Aufgabe und die Teilaufgaben an den Prüfling stellen.

Den Aufgaben ist immer eine Übersicht vorangestellt. Sie enthält in Kurzform die folgenden **Bearbeitungshinweise**:

1. *Angabe des Themenbereichs*, auf den sich die Aufgabe hauptsächlich bezieht, z.B. Kommunikationspolitik; häufig sind zur verständnisvollen Erörterung der geschilderten Situation und zur Lösung der Aufgabe auch Kenntnisse aus anderen Themenbereichen erforderlich; auch diese Themenbereiche werden angegeben.

2. *Angabe des thematischen Schwerpunkts*, das ist das Schwerpunktthema der Ausgangssituation bzw. des Falls, auf das sich im Allgemeinen auch die erschließenden Fragen und zusätzlichen Aufgaben sowie insbesondere die Lösung des evtl. anstehenden Problems beziehen.

3. *Angabe der Branche*, an der sich die Aufgabe orientiert. Die Situation bezieht sich im Allgemeinen auf einen Fall aus der Praxis eines Unternehmens. Fast alle Beispielaufgaben sind auf diese Art an der Praxis orientiert. Die Fälle sind exemplarisch, d.h. sie sind zumindest auf andere Unternehmen der gleichen Branche übertragbar.

4. *Angabe eines Texthinweises*, hingewiesen wird hier auf die Teile dieses Prüfungsbuches, deren Kenntnis zur Lösung der Klausuraufgabe vorausgesetzt wird.

5. *Angabe der geschätzten Bearbeitungsdauer*, die Dauer der schriftlichen Ausarbeitung wird geschätzt auf der Grundlage der Anforderungen und des Aufgabenumfangs; dabei wird in etwa auch berücksichtigt, in welchem Umfang die Thematik in diesem Prüfungsbuch behandelt wird.

6. *Angabe der geschätzten Anforderungen*, dazu werden folgende Anforderungsstufen unterschieden:

    I - *Reproduktion und Reorganisation*, z.B. Wiedergabe von Grundbegriffen, ihre Erklärung u.Ä.,

    II - *Transfer*, z.B. Übertragung der erlernten Grundbegriffe auf neue Sachverhalte, selbstständige Anwendung von Grundkenntnissen bei der Lösung der Aufgaben bzw. bei der Bearbeitung der Problematik des Falls,

III - Kreativität, z.B. Beurteilung eines Problems, Findung einer (möglicherweise hypothetischen) plausibel und mit angemessener Anwendung des betriebswirtschaftlichen Begriffsapparates begründeten Lösung.

Es wird empfohlen, die fallbezogenen Aufgaben in der Form eines Aufsatzes oder eines Referats schriftlich auszuarbeiten, damit argumentative Zusammenhänge verdeutlicht werden. Darüber hinaus ist eine vollständige schriftliche Ausarbeitung eine zusätzliche Übung nicht nur als Vorbereitung auf die Prüfung.

An die Sachdarstellung schließen sich **Fragen und Einzelaufgaben** an. Geprüft werden im Allgemeinen

- erlernte Kenntnisse (z.B. Begriffe u. dgl.),

- die Fähigkeit, Kenntnisse auf einen neuen Zusammenhang zu übertragen,

- die Fähigkeit, ein Problem zu erkennen, mit den Fachbegriffen zu erörtern bzw. zu erläutern und evtl. zu beurteilen,

- die Fähigkeit, die Lösung eines Problems anzubieten und evtl. plausibel zu begründen.

Bei allen Ausführungen muss der Bezug auf den Fall bzw. auf die Ausgangssituation erkennbar bleiben. Allerdings können eigene Erfahrungen aus der beruflichen Tätigkeit eingebracht werden, wenn sie den Sachverhalt verdeutlichen oder die Erörterungen vertiefen. (Mit den Aufgaben werden i.d.R. mindestens zwei Anforderungsbereiche berührt.)

Die Situationsschilderung und die anschließenden Fragen und Aufgaben geben in etwa die Gliederung des Aufsatzes bzw. des Referates vor. Für die Ausarbeitung könnte die folgende schematische Übersicht – wenigstens teilweise – von Nutzen sein (vgl. S. 545).

Die folgende Aufgabensammlung ist in drei Teile gegliedert:

1. **Aufgaben zu den Grundlagen (Aufg. 1 - 19).**

2. **Ein-Themen-Aufgaben zu den einzelnen Bereichen des Fachs (Aufgaben 20 - 64).** Ein-Themen-Aufgabe heißt, dass die Aufgabe jeweils lediglich einen Aspekt eines Teilbereichs von Marketing (Marketingforschung, Produktpolitik usw.) behandelt. Sie sind z.T. auf einen Fall bezogen.

   Enthalten sind Einzelaufgaben zu den Prüfungsbereichen

   - Instrumentarium des Marketing,
   - Organisation und Planung des Marketing,
   - Informationsquellen des Marketing,
   - Planungs- und Kontrolltechniken.

3. **Mehr-Themen-Aufgaben (Aufgaben 65 - 83).** Mehr-Themen-Aufgaben enthalten komplexe Fragestellungen, d.h. sie beziehen sich auf mehrere Aspekte meistens mehrerer Teilbereiche von Marketing. Bei diesen Aufgaben wird von Situationsschilderungen ausgegangen, für die die entsprechenden Fälle aus der Praxis didaktisch aufbereitet, d. h. gekürzt und einer Problemstellung angepasst wurden. Auf die Situationsschilderungen beziehen sich die anschließenden Fragen und Aufgaben. Sie stehen immer im Bezug zum Fall bzw. zur Ausgangssituation; sie sollen dazu beitragen, den Fall zu erschließen und evtl. weitergehend zu problematisieren und Lösungen für die anstehenden Probleme zu finden.

Klausuraufgaben mit Lösungshinweisen

Einleitung	Wiedergabe der Kernaussage der Situation mit eigenen Worten, Herausarbeitung des Problems bzw. der Probleme, Erörterung bzw. Erläuterung seiner Ursachen, allgemeiner Hinweis auf die Lösung (z.B. den Marketingaspekt, Marketing-Mix)
Einzelaufgaben (Beispiele)	
1. Kategorie: Anforderungsbereich I	**Wiedergabe erlernten Wissens, das im Zusammenhang mit der Gesamtaufgabe steht.**
Nennen Sie die Funktionen des Handels! Nennen und erklären Sie die ... Beschreiben Sie den klassischen Absatzweg! Unterscheiden Sie direkte von indirekten Absatzwegen!	Begriffe nennen, evtl. mit Begriffsbestimmungen, Begriffe nennen und erklären, Vorgänge beschreiben, Begriffe (Institutionen) unterscheiden.
2. Kategorie: Anforderungsbereich II	**Wiedergabe erlernten Wissens und seine Übertragung auf einen neuen Zusammenhang, der sich aus der Gesamtaufgabe ergibt.**
Welche Segmente kommen für Mehlprodukte infrage?	Kenntnisse über Begriff und Bedeutung von Segmenten sind einzubringen, Übertragung der Kenntnisse auf einen konkreten Fall, Begründung bzw. Erläuterungen
Begründung einer Marketingstrategie	Kenntnisse über Begriff und Bedeutung von Marketingstrategien sind einzubringen, Übertragung auf einen Fall, Begründung unter Einbeziehung des Falls, warum diese Marketingstrategie infrage kommt, Abwägung (Erörterung)
3. Kategorie: Anforderungsbereich III	**Wiedergabe erlernten Wissens und seine Übertragung auf einen neuen Zusammenhang, der sich aus der Gesamtaufgabe ergibt, Findung einer Problemlösung, die plausibel begründet wird.**
Geben Sie an, in welcher Phase des Produktlebenszyklusses sich das Produkt (aus dem Fall) befindet; begründen Sie Ihre Meinung! Begründen Sie, warum das Produkt, das sich in der letzten Phase befindet, im Sortiment gehalten werden soll! Diskutieren Sie Mittel und Maßnahmen, mit denen das Produkt im Sortiment gehalten werden kann!	Kenntnisse über einen Produktlebenszyklus sind einzubringen, Kriterien (Werbung, Gewinn, Umsatz) sind zusammenhängend zu erörtern; Übertragung auf den Fall, Begründung; Erörterung von Maßnahmen, plausible Begründungen, Abwägungen; evtl. auch Einbeziehung von Erfahrungen aus dem Berufsleben u.Ä.

Mit den **Lösungshinweisen** erhalten die Leserinnen und Leser Vorschläge und Anregungen für die Bearbeitung der Aufgabe, häufig also keine vollständige Lösung der Aufgabe. Zunächst werden die thematischen Schwerpunkte und das Schwergewicht der Anforderungen der Gesamtaufgabe kurz beschrieben. Dann werden einzelne Hinweise zur Lösung der einzelnen Fragen und Aufgaben gegeben; bei Rechenaufgaben ist das Ergebnis und der Rechenweg (bzw. die anzuwendende Formel) angegeben.

1 : A 1 – Grundlagen – Volkswirtschaftslehre

Hinweise	
Themenbereich	Geld – Geldpolitik
thematischer Schwerpunkt	Leitzinserhöhung
Textbezug	A. 1.5 und 1.6
geschätzte Bearbeitungsdauer	90 Minuten
geschätzte Anforderungen	I, II und III

Schleswig-Holsteinische Landeszeitung vom 9.6.2000

EZB erhöht die Leitzinsen um 0,5 Prozentpunkte

„Wir ersticken das Wachstum nicht"

Die Europäische Zentralbank (EZB) hat gestern mit ihrem bislang größten Zinsschritt die Finanzwelt überrascht. Die europäischen Währungshüter hoben alle drei Leitzinsen gleich um 0,5 Prozentpunkte an. Nach den Worten von EZB-Präsident Wim Duisenberg ist die deutliche Anhebung eine Reaktion auf das unerwartet starke Wirtschaftswachstum in der Eurozone.

FRANKFURT/MAIN

Die fünfte Zinserhöhung der Europäischen Zentralbank, die vierte in diesem Jahr, ist mit 0,5 Prozentpunkten deutlicher ausgefallen als die meisten Volkswirte erwartet hatten. Die EZB hat den wichtigsten Leitzins, den für die so genannten „Hauptrefinanzierungsgeschäfte", auf 4,25 Prozent erhöht.

Zugleich hat sie das Zuteilungsverfahren geändert: Bisher galt der „Mengentender". ... Nun wechselt sie von einem festen zu einem variablen Zins. Diese Methode ähnelt einem Auktionsverfahren, wobei als niedrigster Zins ein Satz von 4,25 Prozent gilt. Will eine Bank sicher gehen, von der EZB Geld zugeteilt zu bekommen, kann sie einen höheren Zins bieten. „Wir möchten weiter diejenigen sein, die die Zinssignale setzen", sagte EZB-Präsident Wim Duisenberg zum Verfahrenswechsel.

... „Die meisten Inflationsprognosen sind zuletzt nach oben revidiert worden und das beunruhigt uns", sagte Duisenberg. Die Geldversorgung sei mit einem Geldmengenwachstum von zuletzt 6,5 Prozent „sehr komfortabel", die Wirtschaft wachse in diesem und im nächsten Jahr nach allen Vorhersagen um real mindestens drei Prozent. Zudem wollten viele Regierungen die Steuern senken, also „prozyklisch" handeln, auch das stelle eine Gefahr für die Geldwertstabilität dar, „wenn man nicht dagegen antritt", sagte Duisenberg.

> *Die EZB sehe nicht die Gefahr, die Konjunktur durch ihre Zinsschritte abzuwürgen. „Wenn die Gefahr da wäre, hätten wir sie berücksichtigt. Aber wir sehen sie nicht", versicherte Duisenberg. Immer noch werde das neue Zinsniveau das Wachstum eher fördern. „Wir ersticken es nicht." Man könne in den USA sehen, dass hohe Zinsen Wachstum nicht zerstörten.*
> *...*

Erörtern Sie die in diesem Text enthaltene Problematik! Gehen Sie dabei auf die folgenden Fragen ein!

a) Im Text ist von Leitzinsen die Rede. Welche Leitzinsen gibt es? Welche Bedeutung hat eine Erhöhung der Leitzinsen für die Geldpolitik?

b) Kennzeichnen Sie Mengentender und Zinstender!

c) Warum geht die EZB vom Mengentender- zum Zinstenderverfahren über? Welche Bedeutung hat der im Text genannte Mindestzinssatz von 4,25 %?

d) Welche Bedeutung haben die Steuersenkungen einzelner Regierungen für die Maßnahmen der EZB?

A 1 – Grundlagen – Volkswirtschaftslehre

Hinweise	
Themenbereich	Geld – Geldpolitik
thematischer Schwerpunkt	Preisindex – Berechnung
Textbezug	A. 1.5
geschätzte Bearbeitungsdauer	30 Minuten
geschätzte Anforderungen	II

In einem Warenkorb befinden sich die Güter, die zur Berechnung des Verbraucherpreisindexes herangezogen werden; sie sind zu Hauptkomponenten zusammengefasst. Entsprechend ihrer unterschiedlichen Bedeutung im Warenkorb werden die Komponenten gewichtet.

Ermitteln Sie anhand der in der folgenden Tabelle angegebenen Zahlen die Indices für die Berichtsjahre 1 und 2.

(Formeln, Rechenweg, Zwischenergebnisse sind anzugeben!)

Komponenten	Gewichte	Basisjahr p_0	Berichtsjahr 1 p_1	Berichtsjahr 2 p_2
1	6	2,00	2,20	2,50
2	3	9,50	10,00	10,10
3	13	10,20	10,50	10,60
4	4	13,00	13,10	13,20
5	14	22,00	22,50	23,00

3 :	A 1 – Grundlagen – Volkswirtschaftslehre
Hinweise	
Themenbereich	Geld – Geldpolitik
thematischer Schwerpunkt	Zinstender
Textbezug	A 1.5
geschätzte Bearbeitungsdauer	45 Minuten
geschätzte Anforderungen	II und III

Die EZB schreibt ein Wertpapierpensionsgeschäft im Zinstenderverfahren aus. Der Zuteilungsbetrag wird intern festgelegt, er beträgt 1.500 Mio. €. Die Zentralbank gibt einen Mindestzinssatz für die Gebote in Höhe von 4,5 % vor.

Vier Banken (A, B, C und D) geben folgende Gebote ab:

- A
  1. 110 Mio. € zu 5,2 %,
  2. 130 Mio. € zu 5,1 %,
  3. 180 Mio. € zu 5 %,
  4. 200 Mio. € zu 4,9 %,
  5. 210 Mio. € zu 4,8 %,

- B
  1. 75 Mio. € zu 5 %,
  2. 80 Mio. € zu 4,9 %,
  3. 85 Mio. € zu 4,85 %,
  4. 90 Mio. € zu 4,8 %,
  5. 95 Mio. € zu 4,7 %,

- C
  1. 120 Mio. € zu 4,9 %,
  2. 130 Mio. € zu 4,8 %,
  3. 140 Mio. € zu 4,75 %,
  4. 160 Mio. € zu 4,7 %,
  5. 170 Mio. € zu 4,65 %,

- D
  1. 70 Mio. € zu 4,75 %,
  2. 65 Mio. € zu 4,7 %,
  3. 60 Mio. € zu 4,65 %,
  4. 55 Mio. € zu 4,6 %,
  5. 50 Mio. € zu 4,5 %.

a) Errechnen Sie die Zuteilungsbeträge. Stellen Sie dazu eine Tabelle auf!
b) Errechnen Sie die Durchschnittssätze der Zinsen der einzelnen Banken!
c) Erörtern Sie das Ergebnis!

4 : A 1 – Grundlagen – Volkswirtschaftslehre

Hinweise	
Themenbereich	Konjunktur
thematischer Schwerpunkt	Investitionen im Konjunkturverlauf
Textbezug	A. 1.7
geschätzte Bearbeitungsdauer	45 Minuten
geschätzte Anforderungen	II und III

Erörtern Sie das Investitionsverhalten im Verlauf eines Konjunkturzyklusses!

5 : A 2 – Grundlagen – Betriebswirtschaftslehre

Hinweise	
Themenbereich	Rechtsformen
thematischer Schwerpunkt	Rechtsformen im Überblick
Textbezug	A. 2.2
geschätzte Bearbeitungsdauer	45 Min.uten
geschätzte Anforderungen	I

Kennzeichnen Sie die Rechtsformen

    Einzelunternehmen,
    OHG, KG,
    GmbH, AG,
    GmbH & Co. KG

mit folgenden Merkmalen

1. Firma,
2. Geschäftsführung,
3. Haftung,
4. Mitsprache und Kontrolle durch Kapitalgeber,
5. Gewinnverteilung,
6. Mindestkapital (Bezeichnung und Betrag),
7. Mindesteinlage (Bezeichnung und Betrag)!

Stellen Sie eine Tabelle auf: Die Hauptzeile enthält die Rechtsformen, die Hauptspalte enthält die Merkmale.

6 : A 2 – Grundlagen – Betriebswirtschaftslehre

Hinweise	
Themenbereich	Personalwirtschaft – Personalbeschaffung
thematischer Schwerpunkt	Stellenausschreibung (extern – intern)
Textbezug	A. 2.4.2.2
geschätzte Bearbeitungsdauer	90 Min.
geschätzte Anforderungen	III

Aufstieg vor Einstieg von Hans-Peter Nocker, Personalentwicklung
(Quelle: Glaxette Nr. 16, – Glaxo intern)

Personalbeschaffung hat das Ziel, eine freie Position im Unternehmen optimal zu besetzen. Dabei geht es um die Frage, wie der Personalbedarf bestmöglich gedeckt werden kann. Zur Verfügung stehen der interne und der externe Arbeitsmarkt. Ziel ist es, den geeigneten Mitarbeiter für den zur Disposition stehenden Arbeitsplatz zu finden. Nach dem Motto „Aufstieg geht vor Einstieg" haben wir in der Vergangenheit darauf geachtet, dass möglichst viele Abteilungsleiter, Außendienstleiter, Regionalleiter und Gruppenleiter aus den eigenen Reihen kommen. Es liegt in unserem und im Interesse der Mitarbeiter, dass wir diese Personalpolitik auch zukünftig weiterverfolgen.

Die interne Besetzung von offenen Stellen hat für das Unternehmen Vorteile, und auch die Mitarbeiter begrüßen die Möglichkeit, in demselben Unternehmen beruflich vorwärts zu kommen. Es gibt allerdings auch unbestreitbare Vorteile, wenn einige Positionen von außen besetzt worden. Bei der Personalbeschaffung sollten in vielen Fällen beide Möglichkeiten zur Entscheidungsfindung herangezogen werden.

Unabhängig von einer internen oder externen Besetzung ergibt sich die Bedeutung der Personalauswahl insbesondere aus den unmittelbaren wirtschaftlichen Konsequenzen einer falschen Stellenbesetzung. Fehlbesetzungen führen immer zu erheblichen Folgekosten. Jede ausgesprochene Kündigung seitens des Unternehmens oder des Mitarbeiters stört den Leistungsprozess. Noch wichtiger sind aber die psychologischen Folgen für den ausgewählten Mitarbeiter im Hinblick auf das Ausmaß, in dem er Erfolgs- und Misserfolgserlebnisse in seiner Tätigkeit erfahren kann oder muss.

Um den „richtigen" Mann oder die „richtige" Frau für die offene Stelle zu finden, ist eine zielgerechte Personalauswahl notwendig. Die Personalauswahlkriterien sind so zu formulieren, dass ein möglichst konkreter Vergleich zwischen den Anforderungen der Stelle und der Eignung der einzelnen Mitarbeiter ermöglicht wird. Die Ermittlung verlässlicher Informationen über die Fähigkeiten, Interessen und Neigungen eines potenziellen Kandidaten ist ein zentrales Problem. In der Regel hat man über interne Bewerber mehr verlässliche Informationen als über externe

Bewerber, womit sich die Besetzung einer Position mit einem internen Kandidaten anbietet. Eine solche Besetzung reduziert die Gefahr einer Fehlbesetzung. Aber selbst dann, wenn auch ein externer Bewerber als gleich gut geeignet erscheint, ist der internen Bewerbung nach unserem Motto „Aufstieg geht vor Einstieg" der Vorrang zu geben. Allerdings gibt es auch freie Positionen, für die im Hause kein geeigneter Wunschkandidat vorhanden ist bzw. keiner, der das Anforderungsprofil erfüllt.

Weitere Merkmale können z.B. sein: uneingeschränkte Mobilität (besonders im Außendienst), Alter, bisher erreichte Position. Jede Stelle hat ihr eigenes Anforderungsprofil und ist dementsprechend zu besetzen.

Wie eingangs erwähnt, ist es uns gelungen, in der Vergangenheit offene Stellen im Managementbereich in einem für ein gesundes Unternehmen ausgewogenen Verhältnis zwischen internen und externen Lösungen zu besetzen. Bei den Regionalleitern konnten wir seit Januar letzten Jahres auf 23 interne Bewerber zurückgreifen. Das ist über die Hälfte gegenüber 20 Einstellungen externer Bewerber. Im Bereich der Außendienstleiter haben wir sogar ein Verhältnis von drei zu eins. Hier wurde nur ein externer Bewerber eingestellt gegenüber drei internen Besetzungen.

Gut sieht es auch bei der Stellenbesetzung Management im Innendienst aus. So konnten wir von Januar bis jetzt bei 16 offenen Stellen auf 10 Bewerber aus dem Hause zurückgreifen. Von diesen 10 internen Stellenbesetzungen sind sechs Gruppenleiter und vier Abteilungsleiter.

Diese Daten zeigen, dass wir mit unserer Personalbeschaffungspolitik ein sehr ausgewogenes Verhältnis zwischen interner und externer Beschaffung haben. Der Trend ging eindeutig zu Gunsten der internen Besetzungen. Unser Ziel ist auch weiterhin, das Motto „Aufstieg geht vor Einstieg" beizubehalten und vor allem eine realistische Führungskräfteentwicklung zu haben.

a) Bearbeiten Sie den Text! (Benutzen Sie dazu Textmarker; gliedern Sie den Text!)

b) Welche Bedeutung hat im Text die interne Stellenausschreibung?

c) Nehmen Sie Stellung zur Aussage des Textes, beziehen Sie in Ihre Ausführungen die Vorteile und die Nachteile beider Formen von Ausschreibungen mit ein!

7 : A 2 – Grundlagen – Betriebswirtschaftslehre

Hinweise	
Themenbereich	Personal
thematischer Schwerpunkt	Kündigung
Textbezug	A. 2.4.2.5
geschätzte Bearbeitungsdauer	10 Minuten
geschätzte Anforderungen	II

Ein Arbeitnehmer ist 35 Jahre alt und seit 12 Jahren bei der Landtransport GmbH beschäftigt. In seinem Arbeitsvertrag steht: Es gilt die gesetzliche Kündigungsfrist.

a) Der Arbeitnehmer will zum 31.12. d.J. ausscheiden. Wann muss seine Kündigung spätestens dem Arbeitgeber zugegangen sein?

b) Wo ist die Kündigungsfrist geregelt?

A 2 – Grundlagen – Betriebswirtschaftslehre

Hinweise	
Themenbereich	Beschaffung
thematischer Schwerpunkt	optimale Bestellmenge
Textbezug	A. 2.5.1 (Fr. 20 ff.)
geschätzte Bearbeitungsdauer	75 Minuten
geschätzte Anforderungen	II

1. Erklären Sie den Begriff „optimale Bestellmenge"! Erläutern Sie dabei das Ziel, das mit der Ermittlung der optimalen Bestellmenge erreicht werden soll!

2. Ermitteln Sie die optimale Bestellmenge!
   Stellen Sie Gesamtkosten, Lagerhaltungs- und Bestellkosten grafisch dar (Koordinatenkreuz – Senkrechte: Kosten, Waagerechte: Stück)!

   Jahresbedarf (Jb): 200 Stück,
   Einstandspreis (EPr): 5,- €/Stück,
   Bestellkosten pro Bestellung (k_{best}): 5,- €,
   Kostensatz der Lagerhaltung (q_{Lh} 10 % (bzw. 0,1)

A 2 – Grundlagen – Betriebswirtschaftslehre

Hinweise	
Themenbereich	Lagerhaltung
thematischer Schwerpunkt	Lagerkarte – Kennziffern
Textbezug	A. 2.5.2 (Fr. 31 ff.)
geschätzte Bearbeitungsdauer	45 Minuten
geschätzte Anforderungen	II

Eine Lagerkarte weist für eine Warenart folgende Vorgänge auf.

2.1.	Anfangsbestand	10.000,00 €
13.2	Einkauf	8.000,00 €
5.3.	Einkauf	7.000,00 €
10.5.	Verkauf	4.300,00 €
28.8.	Verkauf	2.700,00 €
10.10.	Verkauf	9.550,00 €
11.11.	Einkauf	3.450,00 €
19.12.	Verkauf	6.400,00 €

a) Ermitteln Sie den durchschnittlichen Lagerbestand aus den begrenzenden Beständen und aus den Monatsendbeständen, vergleichen Sie die Ergebnisse!

b) Ermitteln Sie den Wareneinsatz zu Einstandspreisen!

c) Ermitteln Sie die Umschlagshäufigkeit!

d) Ermitteln Sie die durchschnittliche Lagerdauer!

10 : A 2 – Grundlagen – Betriebswirtschaftslehre

Hinweise	
Themenbereich	Lagerhaltung
thematischer Schwerpunkt	Lagerkennziffern
Textbezug	A. 2.5.2 (Fr. 31 ff.)
geschätzte Bearbeitungsdauer	45 Minuten
geschätzte Anforderungen	III

Durchschnittlicher Lagerbestand: 12.662,50 €, Wareneinsatz: 151.950 €, Lagerkosten: 15.195 €.

a) Ermitteln Sie die Umschlagshäufigkeit!

b) Ermitteln Sie den prozentualen Anteil der Lagerkosten am Wareneinsatz (= Lagerkosten in Bezug auf den Wareneinsatz)! – Erklären Sie diese Zahl!

c) Wie hoch wären die Kostensätze, wenn die Umschlagshäufigkeit 1) auf 8 gesenkt würde, 2) auf 16 anstiege?

11 : A 2 – Grundlagen – Betriebswirtschaftslehre

Hinweise	
Themenbereich	Produktion und Beschaffung
thematischer Schwerpunkt	Eigenproduktion, Fremdbezug, Angebotsvergleich
Textbezug	A. 2.5.3 und 2.5.1
geschätzte Bearbeitungsdauer	90 Minuten
geschätzte Anforderungen	II und III

Die Landtransport GmbH in Kiel, Herstellerin landwirtschaftlicher Transporteinrichtungen, hat Informationen vorliegen, wonach offenbar Nachfrage nach einachsigen Pkw-Anhängern mit geschlossenem Aufbau besteht. Sie zieht deshalb in Erwägung, ihr Sortiment entsprechend zu erweitern. Die Pläne gehen dahin, den Kastenaufbau gemäß dem Kundenbedarf selbst herzustellen und auf Anhängergestell zu montieren, die von anderen Unternehmen bezogen werden sollen. Die Beschaffungsabteilung wird deshalb beauftragt, Angebote für eine vorläufige Bedarfsmenge von 200 Stück von einschlägigen Herstellerbetrieben einzuholen. Folgende Angebote werden vorgelegt.

A. Anhängerfabrik Augsburg AG (AFAG): Stückpreis: 520,- €; bei Bezug von mind. 100 Stück: Rabatt von 10 %; Lieferung frei Haus; Zahlung in 30 Tagen, bei Zahlung innerhalb 14 Tagen 2 % Skonto,

B. Schmidt-Fahrzeuge GmbH, Hannover: Stückpreis: 490,- €; ab Werk; Zahlbar in 30 Tagen, bei Zahlung innerhalb 14 Tagen 2 % Skonto,

C. Anton Müller KG, Hamburg: Stückpreis: 530,- €; für die in Aussicht gestellte Menge: Rabatt von 15 %; Lieferung frei Bahnhof dort; Zahlung in 30 Tagen, bei Zahlung innerhalb 14 Tagen 2 % Skonto.

1. Erläutern Sie Gründe für den Fremdbezug der Anhängergestelle!
2. Zeigen Sie Probleme auf, die im Zusammenhang mit der Übernahme in Eigenproduktion auftreten!
3. Erklären Sie die Kostenstrukturen vor und nach der Umstellung auf Eigenproduktion!
4. Erläutern Sie die materialwirtschaftliche Bedeutung des Fremdbezugs!
5. Vergleichen Sie die Angebote! Erläutern Sie das Ergebnis!
6. In der Darstellung werden einige Lieferungs- und Zahlungsbedingungen genannt. Was wird mit Lieferungs- und Zahlungsbedingungen geregelt?
7. Lohnt sich Skontoziehung? Begründen Sie Ihre Meinung evtl. anhand eines Zahlenbeispiels!
8. Erklären Sie die Bedeutung von Rabatten! Gehen Sie auch auf den Unterschied zwischen Rabatt und Skonto ein!

12 : A 2 – Grundlagen – Betriebswirtschaftslehre

Hinweise	
Themenbereich	Produktion
thematischer Schwerpunkt	optimale Losgröße
Textbezug	A. 2.5.3 (Fr. 22 ff.)
geschätzte Bearbeitungsdauer	75 Minuten
geschätzte Anforderungen	II

1. Was wird mit einem Fertigungslos angegeben?

2. Was sind Loswechselkosten? Wodurch entstehen sie?

3. Welche Bedeutung hat die optimale Losgröße?

4. Ermitteln Sie die optimale Losgröße (mit Zeichnung)!

   Jahresbedarf in Stück: 1.500
   Loswechselkosten in €: 50
   Herstellkosten der Fertigung je Stück in €: 450

   Kosten der Lagerhaltung in v.H. des durchschnittlichen Lagerbestandes 0,2 (20 %).

13 : A 2 – Grundlagen – Betriebswirtschaftslehre

Hinweise	
Themenbereich	Produktion
thematischer Schwerpunkt	Fertigungsverfahren und Fremdbezug
Textbezug	A. 2.5.3 (Fr. 11 ff.)
geschätzte Bearbeitungsdauer	90 Minuten
geschätzte Anforderungen	I, II und III

Die Landtransport GmbH in Kiel, die landwirtschaftliche Transporteinrichtungen herstellt, hat, der Kundennachfrage entsprechend, Pkw-Anhänger mit geschlossenem Aufbau in ihr Angebot aufgenommen. Der Kastenaufbau wird im eigenen Betrieb hergestellt (Eigenproduktion) und auf ein Anhängergestell montiert, das von einem anderen Hersteller bezogen wird (Fremdbezug). Herstellung des Aufbaus und die Montage werden in Werkstätten ausgeführt (Werkstättenfertigung). Die Nachfrage nach den Anhängern entwickelt sich positiv, sodass die Absicht besteht, sie in absehbarer Zeit in Eigenproduktion herzustellen.

a) Beschreiben Sie Begriff, Anwendung, Vor- und Nachteile des Organisationsprinzips „Werkstättenfertigung"!

b) Nennen und beschreiben Sie andere Organisationstypen der Fertigung!

c) Erörtern Sie mögliche Gründe für die Wahl der Werkstättenfertigung durch die Landtransport!

d) Erläutern Sie Gründe für den Fremdbezug der Anhängergestelle!

e) Zeigen Sie Probleme auf, die im Zusammenhang mit der Übernahme in Eigenproduktion auftreten!

f) Erklären Sie die Kostenstrukturen vor und nach der Umstellung auf Eigenproduktion!

14 : A 2 – Grundlagen – Betriebswirtschaftslehre

Hinweise	
Themenbereich	Finanzierung
thematischer Schwerpunkt	Finanzierung durch Abschreibung, Kapitalfreisetzung (Lohmann-Ruchti-Effekt)
Textbezug	A. 2.4.5 (Fr. 24 ff.)
geschätzte Bearbeitungsdauer	75 Minuten
geschätzte Anforderungen	II und III

Ein Unternehmen kauft in vier aufeinanderfolgenden Jahren vier Maschinen im Wert von 50.000 €, 60.000 €, 80.000 € und 100.000 €; geschätzte Nutzungsdauer der Maschinen jeweils vier Jahre. Nach der Abschreibung werden die Maschinen ersetzt, die Reinvestitionen werden aus den Abschreibungen finanziert.

a) Stellen Sie eine Tabelle für sieben Jahre auf mit Abschreibungsverlauf, Reinvestitionen, Finanzierung der Reinvestitionen usw.!

b) Beschreiben und erörtern Sie den Lohmann-Ruchti-Effekt, ziehen Sie dazu das Beispiel heran!

15 : A 2 – Grundlagen – Betriebswirtschaftslehre

Hinweise	
Themenbereich	Finanzierung (Wechselkredit)
thematischer Schwerpunkt	Wechselziehung, -weitergabe, -verkauf
Textbezug	A. 2.5.4 (Fr. 32 ff.)
geschätzte Bearbeitungsdauer	30 Minuten
geschätzte Anforderungen	II

A zieht am 12.10.2000 einen Wechsel an eigene Order über 30.000 € auf B, fällig am 12.1.2001. Er gibt ihn an C weiter, der ihn am 2.11. seiner Bank verkauft, der Zinssatz beträgt 8 % (Annahme: keine weiteren Spesen).

1. Warum ist bei Weitergabe eines Wechsels ein sog. Indossament erforderlich? Erklären Sie die Funktionen eines Indossaments!

2. Ermitteln Sie den Barwert bei Verkauf des Wechsels (Rechenansätze und Formeln sind anzugeben)!

3. Erläutern Sie Vorgang und Bedeutung der Wechselziehung!

16 : A 5 – Grundlagen – Recht

Hinweise	
Themenbereich	Vertragsrecht
thematischer Schwerpunkt	Kaufvertrag, Zustandekommen
Textbezug	A. 5.3.2 (Fr. 1 ff.)
geschätzte Bearbeitungsdauer	20 Minuten
geschätzte Anforderungen	II

Der Großhändler K fragt bei dem Hersteller von Gartengeräten V an, ob und unter welchen Bedingungen dieser 20 Rasenmäher des Typs RW 101 C liefern könne. Daraufhin liefert V 10 Mäher, und zwar 10 Mäher des Typs RW 101 C und 10 Mäher eines anderen Typs.

Muss K alle gelieferten Rasenmäher oder nur die des Typs RW 101 C annehmen? Begründen Sie Ihre Meinung! Benutzen Sie dabei die Begriffe aus dem Kaufvertragsrecht!

17 : A 5 – Grundlagen – Recht

Hinweise	
Themenbereich	Vertragsrecht
thematischer Schwerpunkt	Kaufvertrag, Pflicht des Verkäufers
Textbezug	A. 5.3.2 (Fr. 5)
geschätzte Bearbeitungsdauer	15 Minuten
geschätzte Anforderungen	I und II

V. bietet K. Harken an zu besonders günstigen Preisen. Weitere Bedingungen sind im Angebot nicht enthalten. K. bestellt 200 Stück, V. hat aber nur noch 100 Stück dieser Harken auf Lager.

Wie viel Harken muss V. liefern? Begründen Sie ausführlich Ihre Meinung!

18 : A 5 – Grundlagen – Recht

Hinweise	
Themenbereich	Vertragsrecht
thematischer Schwerpunkt	Kaufvertrag, Mängelrüge
Textbezug	A. 5.3.3 (Fr. 10 ff.)
geschätzte Bearbeitungsdauer	30-45 Minuten
geschätzte Anforderungen	I und II

Die Maschinenfabrik K. bestellt bei dem Hersteller V. Teile zum Einbau in Maschinen mit genauer Angabe der erforderlichen Maße. Die Bestellung wird angenommen. Bei Lieferung wird die Ware ordnungsgemäß geprüft (Stichproben) und unbeanstandet angenommen. Beim Einbau – einige Tage nach Wareneingang – werden Mängel sichtbar: Ein großer Teil der Teile entspricht nicht ganz den geforderten Maßen.

a) Was muss K. tun?

b) Welche Rechte hat er?

c) Welches Recht wird er Ihrer Meinung nach in Anspruch nehmen? Begründen Sie Ihre Meinung!

d) Wie unterscheidet sich die Prüf- und Rügepflicht beim Handelskauf von der beim bürgerlichen Kauf?

19 : A 5 – Grundlagen – Recht

Hinweise	
Themenbereich	Vertragsrecht
thematischer Schwerpunkt	Kaufvertrag, Verjährung von Forderungen
Textbezug	A. 5.3.4 (Fr. 1 ff.)
geschätzte Bearbeitungsdauer	45 Minuten
geschätzte Anforderungen	I (1. Aufg.), II

1. Erörtern Sie den Begriff und die Bedeutung „Verjährung von Forderungen"! (Was versteht man unter der Verjährung von Forderungen? Warum verjähren Forderungen?)

2. Wann verjähren in den folgenden Fällen die Forderungen (Verjährungsdaten angeben)?

    1) Der Feinkosthändler Peters lieferte am 14.03.2001 Frau Müller für eine Familienfeier Getränke, kalte Platten usw. im Wert von 750 €.

    2) Peters lässt Müller einen Mahnbescheid am 14.10.2002 zustellen.

    3) Der Auszubildende Ferdinand verkaufte seinem Kollegen Ludwig am 15.09.2001 ein gebrauchtes Rennrad für 300 €.

    4) Die Konditorei Bakker kaufte bei der Mühle Viktoria Mehl ein, die Rechnung über 1.500 Euro ist am 23.08.2001 ausgestellt.

    5) Firma Schuster kaufte bei Firma Jäger Rohstoffe ein. Die Rechnung ist am 25.10.2001 ausgestellt. Am 15.03.2002 stundet Jäger dem Schuster die Forderung für 8 Wochen.

20 : B – Marketinginformation

Hinweise	
Themenbereich	Marketinginformation, Marktanteil
thematischer Schwerpunkt	Berechnung von Marktanteilen, Marktsättigung usw.
Textbezug	B. 2 (Fr. 3 ff.)
geschätzte Bearbeitungsdauer	30 Minuten
geschätzte Anforderungen	I und II

Die Drinkuth GmbH & Co. KG konnte im Jahr 2000 in der Bundesrepublik rd. 7 Mio. Liter Rum – Marke „Seelord" – absetzen. Alle Mitbewerber der Drinkuth verkauften im gleichen Zeitraum auf dem gleichen Absatzmarkt rd. 16 Mio. l. Der Rumabsatz stagniert zurzeit, der Marketingleiter der Drinkuth geht aber davon aus, dass sich die Aufnahmefähigkeit des Marktes mithilfe geeigneter marketingpolitischer Maßnahmen noch um rd. 10 % erhöhen lässt.

Ermitteln Sie

a) das Marktpotenzial,
b) das Marktvolumen,
c) das Absatzvolumen,
d) den Marktanteil der Drinkuth GmbH & Co. KG,
e) den Grad der Marktsättigung!

21 : B – Marketinginformation

Hinweise	
Themenbereich	Befragungen
thematischer Schwerpunkt	Stichproben
Textbezug	B. 8.1 (Fr. 1 ff.)
geschätzte Bearbeitungsdauer	45 - 60 Minuten
geschätzte Anforderungen	II und III

Die Drinkuth GmbH & Co. KG will durch eine Befragung von privaten Haushalten in Erfahrung bringen, wie bekannt der von ihr vertriebene Jamaica-Rum – Marke „Seelord" – ist. Eine ähnliche Befragung wurde bereits von 10 Jahren durchgeführt. Sie ergab, dass das Produkt bei etwa 30 % der befragten Haushalte bekannt war. Man geht aber davon aus, dass sich der Bekanntheitsgrad inzwischen auf 35 % erhöht haben könnte.

a) Ermitteln Sie den Umfang der Stichprobe! (Legen Sie den Berechnungen den Sicherheitsfaktor t = 1 und eine Fehlertoleranz von +/– 3 % zu Grunde!)

b) Ermitteln Sie den Umfang der Stichprobe! (Legen Sie den Berechnungen den Sicherheitsfaktor t = 2 und eine Fehlertoleranz von +/– 2 % zu Grunde!)

c) Vergleichen Sie die Ergebnisse!

d) Wegen der erheblichen Kosten von etwa 50 € je Befragung hat sich die Drinkuth GmbH & Co. KG für eine Befragung von 253 Haushalten entschieden. Die Befragung ergab einen Bekanntheitsgrad von 45 %. Wie ist dieses Ergebnis zu interpretieren?

22 : B – Marketinginformation

Hinweise	
Themenbereich	Informationsquellen
thematischer Schwerpunkt	Informationsgewinnung aus sekundärstatistischem Material
Textbezug	B. 3 (Fr. 1 ff.)
geschätzte Bearbeitungsdauer	45 Minuten
geschätzte Anforderungen	I

Der Marketingleiter der Ostholmer Mühlenwerke benötigt für seine Informationen auch sekundärstatistisches Material, das z.T. aus eigenen, z.T. aus fremden Quellen stammt.

Welche Informationen benötigt der Marketingleiter?

Nennen Sie die Quellen, aus denen sie stammen!

23 : B – Marketinginformation

Hinweise	
Themenbereich	Informationsgewinnung
thematischer Schwerpunkt	Absatzprognose
Textbezug	B. 11 (Fr. 1 ff.)
geschätzte Bearbeitungsdauer	45 Minuten
geschätzte Anforderungen	II

Die Ostholmer Mühlenwerke GmbH verzeichneten für das grobe Mehl in den vergangenen Jahren folgende Absatzentwicklung.

Prognostizieren Sie den Absatz für das Jahr 2001 nach der Methode der exponenziellen Glättung 1. Ordnung (Glättungsfaktor g = 0,9, geschätzter Wert für 2000: 125)!

	Jahr	Absatz in 1.000 kg
1	1991	100
2	1992	105
3	1993	103
4	1994	108
5	1995	110
6	1996	112
7	1997	115
8	1998	118
9	1999	120
10	2000	123
	2001	?

24 : C 1 – Produktpolitik (Produkt-, Programm- und Sortimentspolitik)

Hinweise	
Themenbereich	Analysen als Grundlagen der Produktpolitik
thematischer Schwerpunkt	Umsatzstrukturanalyse (ABC-Analyse)
Textbezug	C. 1.2 (Fr. 1 ff.)
geschätzte Bearbeitungsdauer	90 Minuten
geschätzte Anforderungen	II

Führen Sie anhand der folgenden Angaben eine Umsatzstrukturanalyse durch; teilen Sie die Artikel nach Wertgruppen ein (A, B, C)!

Ergänzen Sie die Tabelle, und ermitteln Sie die Wertgruppen! Stellen Sie das Ergebnis in einer Konzentrationskurve dar!

Artikel-Nr.	Absatz in Stück	Preis je ME in Euro
1001	16	430
1002	950	4,4
1003	150	3
1004	490	1,4
1005	100	6
1006	85	8
1007	1.500	0,13
1008	1.800	0,1
1009	1.150	0,08
1010	4.000	0,03

25 : C 1 – Produktpolitik (Produkt-, Programm- und Sortimentspolitik)

Hinweise	
Themenbereich	Produkteinführung
thematischer Schwerpunkt	Wirtschaftlichkeitsprüfung – Kapitalwertverfahren
Textbezug	C. 1.4.2 (Fr. 4 ff.)
geschätzte Bearbeitungsdauer	30 Minuten
geschätzte Anforderungen	II (III)

Ein Unternehmen rechnet bei der Einführung eines neuen Produkts mit Investitionsausgaben in Höhe von 150.000 €; die Maschine kann 4 Jahre genutzt werden.

In diesen vier Jahren rechnet das Unternehmen mit den Nettoeinnahmen, die in der folgenden Tabelle angegeben sind.

Lohnt es sich, die Produktion des neuen Produkts zu beginnen?

Beantworten Sie die Frage mithilfe des Kapitalwertverfahrens! Entnehmen Sie die Abzinsungsfaktoren der Tabelle auf S. 313!

Jahre	Nettoeinnahmen (Euro)
1	25.000,00
2	40.000,00
3	60.000,00
4	70.000,00

26 : C 1 – Produktpolitik (Produkt-, Programm- und Sortimentspolitik)

Hinweise	
Themenbereich	Produkteinführung
thematischer Schwerpunkt	Wirtschaftlichkeitsprüfung durch Break-even-Analyse (1)
Textbezug	C. 1.4.2 (Fr. 8 ff.), A. 3.2 (Fr. 20 ff.)
geschätzte Bearbeitungsdauer	30 Minuten
geschätzte Anforderungen	II

Ermitteln Sie mit den folgenden Angaben die Break-even-Point-Menge!

Welche Bedeutung hat die Break-even-Point-Menge im Zusammenhang mit der Einführung eines neuen Produkts?

Feste Kosten   25.000,00 €,
variable Kosten   24,00 € pro Stück,
Verkaufspreis   30,00 € pro Stück

27 : C 1 – Produktpolitik (Produkt-, Programm- und Sortimentspolitik)

Hinweise	
Themenbereich	Produkteinführung
thematischer Schwerpunkt	Wirtschaftlichkeitsprüfung durch Break-even-Analyse (2)
Textbezug	C. 1.4.2 (Fr. 8 ff.), A. 3.2 (Fr. 20 ff.)
geschätzte Bearbeitungsdauer	30 Minuten
geschätzte Anforderungen	II (III)

Ein Unternehmen plant die Aufnahme eines neuen Produkts in das Sortiment. Der Marketingleiter sieht für das Produkt gute Absatzchancen; er rechnet mit einer Absatzmenge von 12.500 Stück im Jahr bei einem Verkaufspreis von 95 € pro Stück.

Bei Einführung des Produkts werden nach Angaben der Produktionsabteilung Ausgaben in Höhe von 350.000 € für die Einrichtung entsprechender maschineller Anlagen anfallen. Diese Ausgaben werden in fünf Jahren abgeschrieben. Bei Produktion fallen variable Stückkosten in Höhe von 45 € an.

Die Marketingabteilung rechnet mit Werbeausgaben in Höhe 220.000 € in jedem Jahr; die Vertriebsabteilung schätzt die Vertriebskosten auf 380.000 € im Jahr.

Nach der Wirtschaftlichkeitsprüfung mithilfe einer Break-even-Analyse soll die endgültige Entscheidung gefällt werden.

Führen Sie die Wirtschaftlichkeitsprüfung mithilfe der Break-even-Analyse durch! Soll das Produkt eingeführt werden? Begründen Sie Ihre Meinung!

28 : C 1 – Produktpolitik (Produkt-, Programm- und Sortimentspolitik)

Hinweise	
Themenbereich	Produkt- und Sortimentsgestaltung
thematischer Schwerpunkt	produkt- und sortimentspolitische Maßnahmen (Begriffszuordnung)
Textbezug	C. 1.5.1 (Fr. 3 ff.)
geschätzte Bearbeitungsdauer	30 Minuten
geschätzte Anforderungen	I

Kennzeichnen Sie die folgenden produkt- bzw. sortimentspolitischen Maßnahmen mit den Fachausdrücken.

1. Die Landtransport GmbH nimmt Pkw-Anhänger in das Sortiment auf.

2. Die Landtransport GmbH ersetzt das Material für die Anhängeraufbauten ihrer landwirtschaftlichen Nutzfahrzeuge (statt bisher Holz - jetzt Blech).

3. Die Landtransport GmbH nimmt Transportbänder aus ihrem Programm.

4. Die Ostholmer Mühlenwerke GmbH bringt mit ihren Backmischungen ein neues Produkt auf den Markt.

5. Die Ostholmer Mühlenwerke GmbH verändert die Aufmachung ihrer Produktverpackungen mit modernem Schriftbild u.Ä.

6. Die Johannson GmbH verändert ihr Produkt *Möbel-Pflege-Balsam* durch den Zusatz von Bienenwachs, das den Möbeln eine pflegende Schutzschicht geben soll.

7. Die Ostholmer Mühlenwerke GmbH nimmt das Produkt *Kindergrieß*, das kaum noch gekauft wird, aus dem Programm.

8. Die Drinkuth GmbH & Co. KG nimmt die Rum-Marke *Seelord* vom Markt, um sie in absehbarer Zeit in neuer Aufmachung (veränderter Produktname, neues Etikett) wieder anzubieten.

9. Die Abel Zieher GmbH & Co. KG, Herstellerin von Kerzen aller Arte, erweitert ihr Sortiment um Kerzenhalter und andere Gegenstände zur Tischdekoration.

10. Die Johannson GmbH hat ihr Autopflegemittel mit einem Portionierer versehen.

29 : C 1 – Produktpolitik (Produkt-, Programm- und Sortimentspolitik)

Hinweise	
Themenbereich	Produkt- und sortimentspolitische Maßnahmen
thematischer Schwerpunkt	Unterscheidung Produktpolitik – Sortimentspolitik
Textbezug	C. 1.1 (Fr. 4 ff.)
geschätzte Bearbeitungsdauer	30 Minuten
geschätzte Anforderungen	II

Die Landtransport GmbH stellt Traktoranhänger für die landwirtschaftliche Nutzung und Pkw-Anhänger her; sie setzt ihre Produkte vor allem bei landwirtschaftlichen Betrieben in Norddeutschland und in Jütland ab. Ihre Produkte haben wegen ihrer Qualität einen guten Ruf bei der Kundschaft. Die Mitbewerber haben in letzter Zeit ihre Sortimente um Anhänger erweitert, mit denen sie weitergehend auf spezielle landwirtschaftliche Transportbedürfnisse eingehen können als die Landtransport mit ihrem Sortiment.

Der Geschäftsführer beauftragt die Marketingleitung zu prüfen, mit welchen produkt- und sortimentspolitischen Maßnahmen die Landtransport ihre Marktstellung – auch gegenüber der Konkurrenz – stärken kann.

Nennen Sie produktpolitische und sortimentspolitische Maßnahmen, die hier in Betracht kommen können!

30 : C 1 – Produktpolitik (Produkt-, Programm- und Sortimentspolitik)

Hinweise	
Themenbereich	Programm- und Sortimentsgestaltung
thematischer Schwerpunkt	Produktakquisition
Textbezug	C. 1.5.4 (Fr. 14 ff.)
geschätzte Bearbeitungsdauer	60 Minuten
geschätzte Anforderungen	II (überwiegend) und III

Die MedVet GmbH vertreibt in Deutschland die Tierarzneimittel eines Schweizer Herstellers; Kunden sind vor allem Tierärzte. Die MedVet erwirbt bei einem holländischen Produzenten einen Impfstoff für Katzen gegen die sog. Katzenleukose, den sie unter ihrer Marke an die Tierärzte verkaufen will.

Warum betreibt die MedVet GmbH Produktakquisition?

31 : C 1 – Produktpolitik (Produkt-, Programm- und Sortimentspolitik)

Hinweise	
Themenbereich	Produktlebenszyklus, Sortimentsgestaltung
thematischer Schwerpunkt	Sortimentsbereinigung, Deckungsbeitrag
Textbezug	A. 3.1, C. 1.2, C. 1.5.4
geschätzte Bearbeitungsdauer	60 Minuten
geschätzte Anforderungen	II und III

Die Rasenia GmbH stellt u.a. Elektrorasenmäher her, die sich hinsichtlich des Zubehörs und der Ausstattung (z.B. Auffangkorb, Vertikutierer) und der Schnittbreite (Typ I – 30 cm, Typ II – 40 cm, Typ III – 55 cm) unterscheiden. Die Vollkostenrechnungen der vergangenen Monate ergaben für den Typ III relativ geringe Gewinne bzw. sogar Verluste. Deshalb erwägt die Betriebsleitung, den Typ III aus der Produktion herauszunehmen.

Diskutiert wird auf der Grundlage der Zahlen für April 20.., die – stark vereinfacht – so aussehen könnten.

	Typ I	Typ II	Typ 3	Insgesamt
Verkaufserlöse	920.000,-	850.000,-	520.000,-	2.290.000,-
Selbstkosten	810.000,-	705.000,-	537.000,-	2.052.000,-
Betriebsergebnis	110.000,-	145.000,-	– 17.000,-	238.000,-
variable Kosten	421.000,-	374.000,-	322.000,-	1.117.000,-

Feste Kosten: 935.000,-

Aufgaben

1. Ermitteln Sie die Kostendeckungsbeiträge!

2. Halten Sie es für sinnvoll, den Typ III aus dem Produktionsprogramm zu nehmen? Begründen Sie Ihre Meinung!

3. Erklären Sie Begriff und Bedeutung eines Kostendeckungsbeitrages!

4. Erklären Sie Voll- und Teilkostenrechnung!

32 : C 1 – Produktpolitik (Produkt-, Programm- und Sortimentspolitik)

Hinweise	
Themenbereich	Markenpolitik
thematischer Schwerpunkt	Markierung von Produkten
Textbezug	C. 1.6 (Fr. 1 f.)
geschätzte Bearbeitungsdauer	45 Minuten
geschätzte Anforderungen	überwiegend II, III

Die BIO-Cosmetik GmbH, die unter Anwendung natürlicher Wirkstoffe kosmetische Artikel herstellt und unter der Marke BIO-Cosmet vertreibt, hat ein Präparat zur Hautpflege entwickelt, das mit dem Produktnamen BIO-Lotion auf den Markt gebracht werden soll. Aus Marktuntersuchungen und Trendanalysen kann die BIO-Cosmetik GmbH auf relativ gute Marktchancen für dieses Produkt schließen.

Aufgaben

1. Welche Informationen benötigt die BIO-Cosmetik GmbH, bevor sie mit dem Produkt auf den Markt geht? – Woher erhält sie diese Informationen?

2. Bei dem Verkauf spielt die Marke BIO-Cosmet eine wichtige Rolle. Was ist eine Marke?

   Erläutern Sie die Bedeutung der Marke für das Marketing, berücksichtigen Sie bei Ihren Ausführungen das Ausgangsbeispiel in der Sachdarstellung!

3. Die BIO-Cosmetik GmbH bringt ihre Produkte in stets gleicher Aufmachung bzw. Verpackung auf den Markt.

   Begründen Sie diese Marketingstrategie!

33 : C 2 – Kontrahierungspolitik

Hinweise	
Themenbereich	Preisbildung
thematischer Schwerpunkt	Nachfragekurven
Textbezug	C. 2.2 (Fr. 1 ff.)
geschätzte Bearbeitungsdauer	60 Minuten
geschätzte Anforderungen	I und II

Zeichnen Sie die Nachfragekurven, beschreiben Sie kurz den jeweiligen Verlauf unter Einbeziehung eines Beispiels!

1. Regelfall,
2. paradoxer Fall (Giffen-Fall),
3. komplementäres Gut,
4. Substitut,
5. superiores Gut,
6. inferiores Gut,
7. Sättigungsgut.

34 : C 2 – Kontrahierungspolitik

Hinweise	
Themenbereich	Preisbildung
thematischer Schwerpunkt	Nachfrageelastizitäten
Textbezug	C. 2.2 (Fr. 6 ff.)
geschätzte Bearbeitungsdauer	60 Minuten
geschätzte Anforderungen	II

Erläutern Sie die folgenden Elastizitäten! Geben Sie auch Beispiele an!

1. $E(x1/p1) = -4$
2. $E(x1/p1) = -0{,}2$
3. $E(x2/p1) = 0{,}5$
4. $E(x2/p1) = -0{,}2$
5. $E(y/x) = -0{,}3$
6. $E(y/x) = 3$
7. $E(y/x) = 0{,}2$
8. $E(x1/p1) = 2$
9. $E(x1/p1) = 0$
10. $E(x1/p1) = \infty$

35 : C 2 – Kontrahierungspolitik

Hinweise	
Themenbereich	Preisbildung
thematischer Schwerpunkt	Umsatzsteigerung – Preiserhöhung und Preissenkung
Textbezug	C. 2.2 (Fr. 5)
geschätzte Bearbeitungsdauer	30 Minuten
geschätzte Anforderungen	II

1. Ein Unternehmen, das seinen Preis selbst setzen kann, erwägt zur Verbesserung seines Umsatzes für ein Gut eine Preiserhöhung. Welche direkte Preiselastizität der Nachfrage ist vorauszusetzen, damit diese Preispolitik erfolgreich sein kann? Begründen Sie Ihre Meinung!

2. Ein Unternehmen erwägt zur Verbesserung seines Umsatzes für ein Gut eine Preissenkung. Erläutern Sie die Voraussetzungen (Nachfrageelastizität), unter denen die Maßnahme zum gewünschten Erfolg führt! – Begründen Sie Ihre Meinung.

(Beachten Sie bei diesen Aufgaben, dass die Ausgaben der Haushalte die Umsatzerlöse der Unternehmen sind.)

36 : C 2 – Kontrahierungspolitik

Hinweise	
Themenbereich	Preisbildung
thematischer Schwerpunkt	direkte Preiselastizität der Nachfrage – Berechnungen
Textbezug	C. 2.2 (Fr. 4 f.)
geschätzte Bearbeitungsdauer	45 Minuten
geschätzte Anforderungen	II (III)

1. a. Gut: Preissenkung von 0,80 auf 0,70 je ME, Folge: Mengenzunahme von 60 auf 65 ME
   b. Gut: Preissenkung von 1,30 auf 1,10 je ME, Folge: Mengenzunahme von 5 auf 8 ME

   a) Errechnen Sie die Elastizitäten!
   b) Vergleichen, beschreiben und beurteilen Sie die Elastizitäten!

2. Annahme: Es besteht für ein Gut eine direkte Preiselastizität von – 3. Eine Preiserhöhung für dieses Gut führt dazu, dass die nachgefragte Menge um 15 % zurückgeht.

   Um wie viel Prozent wurde der Preis erhöht? Wie ändern sich die Ausgaben (absolut und relativ)? Formeln, Rechenansätze usw. sind anzugeben.

37 : C 2 – Kontrahierungspolitik

Hinweise	
Themenbereich	Preisbildung
thematischer Schwerpunkt	Preissenkung und direkte Preiselastizität der Nachfrage
Textbezug	C. 2.3.1 (insbes. Fr. 9)
geschätzte Bearbeitungsdauer	60 Minuten
geschätzte Anforderungen	II und III

Ein Unternehmen stellt ein Produkt her, das zzt. mit 45 € angeboten wird. Der Marketingleiter schlägt zur Anregung der Nachfrage und zur Verbesserung der Gewinnsituation eine Preissenkung in Höhe von 4,5 € vor.

Die direkte Preiselastizität der Nachfrage wird mit -4 angenommen.

Bisher werden von dem Produkt 10.000 Stück im Jahr abgesetzt. Die variablen Kosten betragen 10 € je Stück; die festen Kosten werden mit 100.000 € im Jahr angegeben.

Lohnt sich die Preissenkung? Begründen Sie Ihre Meinung!

38 : C 2 – Kontrahierungspolitik

Hinweise	
Themenbereich	Preisbildung
thematischer Schwerpunkt	Kostenorientierte Preisbildung, Zuschlagskalkulation
Textbezug	C. 2.3.1 (Fr. 1 ff.)
geschätzte Bearbeitungsdauer	30 Minuten
geschätzte Anforderungen	II

Ermitteln Sie den Listenpreis anhand der folgenden Angaben!

Fertigungsmaterial		1.000,00 €
Fertigungslöhne		
	Vorgabezeit	25 Stunden
	Stundenlohn	10 €
Normalgemeinkostenzuschläge		
	Material	13 %
	Fertigung	140 %
	Verwaltung	20 %
	Vertrieb	8 %
Gewinn		30 %
Skonto		2 %
Rabatt		10 %

39 : C 2 – Kontrahierungspolitik

Hinweise	
Themenbereich	Preisbildung
thematischer Schwerpunkt	Kostenorientierte Preisbildung, retrograde Kalkulation
Textbezug	C. 2.3.1 (Fr. 5 ff.)
geschätzte Bearbeitungsdauer	30 Minuten
geschätzte Anforderungen	II

Ein Unternehmen plant für sein Produkt einen Verkaufspreis von 105 €. Die bei diesem Preis absetzbare Menge wird mit 10.000 Stück im Jahr angenommen. Die variablen Kosten belaufen sich auf 45 € je Stück. Die festen Kosten werden mit 300.000 € angegeben. Das Unternehmen will mit diesem Produkt einen Gewinn von mindestens 50 % der Umsatzerlöse erzielen.

Ermitteln Sie mithilfe der Deckungsbeitragsrechnung, ob das Unternehmen den Mindestgewinn erzielen kann!

40 : C 2 – Kontrahierungspolitik

Hinweise	
Themenbereich	Preisbildung
thematischer Schwerpunkt	Deckungsziel, Preisänderungen, Nachfrageelastizitäten
Textbezug	A. 3.1, C. 2.2, C. 2.3.1, C. 2.3.2 (insbes. Fr. 9 bei C 2.3.1)
geschätzte Bearbeitungsdauer	45 Minuten
geschätzte Anforderungen	II

Ein Unternehmen setzt für sein Produkt einen Verkaufspreis von 160,- € pro Stück an; die variablen Kosten betragen 80,- € pro Stück. Die festen Kosten belaufen sich auf 50.000,- €, der geplante Gewinn wird mit 30.000,- € angesetzt. Der Deckungsbedarf wird erreicht bei einer Absatzmenge von 1.000 Stück. Für weitergehende Preisplanungen werden folgende Alternativen erwogen und analysiert.

1. Preissteigerung von 12,5 %,
2. Preissenkung von 12,5 %.

Wie hoch müssen die Nachfragemengen mindestens sein, damit die Deckungsziele jeweils erreicht werden? Welche direkte Preiselastizitäten der Nachfrage gelten dabei?

41 : C 2 – Kontrahierungspolitik

Hinweise	
Themenbereich	Preisplanung
thematischer Schwerpunkt	Break-even-Analyse, Kalkulation
Textbezug	C. 2.3.1 (Fr. 7 ff.)
geschätzte Bearbeitungsdauer	45 Minuten
geschätzte Anforderungen	II

Ein Unternehmen plant für sein Produkt einen Verkaufspreis von 55 €. Bei diesem Preis kann von einer Absatzmenge von 6.000 Stück ausgegangen werden. Die variablen Kosten belaufen sich auf 25 € je Stück. Die festen Kosten werden 130.000 € betragen.

1. Prüfen Sie anhand einer Break-even-Analyse, ob das Produkt unter diesen Bedingungen zu dem geplanten Preis angeboten werden kann!

2. Ermitteln Sie den Sicherheitskoeffizienten! Was wird mit dem Sicherheitskoeffizienten angegeben?

42 : C 2 – Kontrahierungspolitik

Hinweise	
Themenbereich	Preisbildung
thematischer Schwerpunkt	Deckungsziel bei Preissenkung
Textbezug	C. 2.3.1 (Fr. 6 ff.)
geschätzte Bearbeitungsdauer	30 Minuten
geschätzte Anforderungen	II

Ein Unternehmen beabsichtigt zur Verbesserung der Nachfrage nach seinem Produkt eine Preissenkung von 60,00 € auf 55,00 €. Die variablen Kosten belaufen sich auf 25 € je Stück. Die festen Kosten betragen 130.000 €. Bei dem ursprünglichen Preis setzte das Unternehmen 6.000 Stück ab.

Errechnen Sie die zusätzliche Absatzmenge, die erforderlich ist, um das ursprüngliche Deckungsziel zu erreichen!

43 : C 2 – Kontrahierungspolitik

Hinweise	
Themenbereich	Konkurrenzorientierte Preisfestsetzung
thematischer Schwerpunkt	Preisstrategie – Skimmingpreisstrategie, Preisdifferenzierung
Textbezug	C. 2.4.1 (Fr. 12 ff.), C. 2.4.2 (Fr. 1 ff.)
geschätzte Bearbeitungsdauer	30 Minuten
geschätzte Anforderungen	II

Den Ostholmer Mühlenwerken, einem führenden Hersteller von Mehlprodukten in Norddeutschland, liegen Informationen darüber vor, dass auf Grund veränderter Verbrauchsgewohnheiten die Nachfrage nach grobem Mehl zunehmen wird. Sie nehmen deshalb grobes Mehl in ihr Produktprogramm auf. Die Konkurrenz hat bisher ähnliche Produkte noch nicht auf den Markt gebracht.

Das neue Produkt soll über den Einzelhandel mit einer geeigneten Preisstrategie eingeführt werden. In Betracht kommen eine Skimmingstrategie und eine horizontale Preisdifferenzierung.

1. Was ist eine Skimmingstrategie? Welche Vorteile bietet sie im vorliegenden Fall?

2. Was ist eine horizontale Preisdifferenzierung? Welche Vorteile bietet sie im vorliegenden Fall?

44 : C 2 – Kontrahierungspolitik

Hinweise	
Themenbereich	Konkurrenzorientierte Preisgestaltung
thematischer Schwerpunkt	Preisstrategien – Begriffe
Textbezug	C. 2.4.1 (Fr. 6 ff.)
geschätzte Bearbeitungsdauer	30 Minuten
geschätzte Anforderungen	I

Geben Sie für die in der folgenden Tabelle angegebenen Preisstrategien die Fachbegriffe an!

	Strategie	Fachbegriffe
1	relativ hoher Preis auf Dauer	
2	relativ niedriger Preis auf Dauer	
3	relativ niedriger Preis am Anfang – dann allmähliche Preisanhebung	
4	relativ hoher Preis am Anfang – dann allmähliche Preissenkung	
5	Wechsel von Preissenkungen und Preissteigerungen – Preissenkungen zum Kaufanreiz – Entstehung eines preispolitischen Spielraums – Chance zu Preissteigerung (Vorgänge können sich wiederholen)	
6	Wechsel von Preissenkungen und Preissteigerungen – Unterbietung der Konkurrenzpreise – wenn Konkurrenz mitzieht, weitere Unterbietung – schließlich Anhebung der Preise aus Kostengründen (Vorgänge können sich wiederholen)	

45 : C 2 – Kontrahierungspolitik

Hinweise	
Themenbereich	Preisbildung
thematischer Schwerpunkt	Preisdifferenzierung, vertikale Preisdifferenzierung
Textbezug	C. 2.4.2 (Fr. 3 f.)
geschätzte Bearbeitungsdauer	30 Minuten
geschätzte Anforderungen	I und II

Der Anbieter eines neuen Produkts bringt sein Produkt zunächst mit einem relativ hohen Preis auf den Markt. Nach einiger Zeit senkt er den Preis, um weitere Kunden zum Kauf anzuregen. Mit einer weiteren Preissenkung nach einigen Monaten senkt er abermals den Preis und hofft, mit dem jetzt relativ niedrigen Preis noch mehr Käufer zu gewinnen.

1. Wie nennt man diese Preisstrategie? Welche Ziele verfolgt der Anbieter mit dieser Strategie?

2. Überprüfen Sie anhand der folgenden Zahlen die Vorteilhaftigkeit dieser Preisstrategie!

Ein Unternehmen verlangt für ein Produkt nacheinander die folgenden Preise und verkauft damit die angegebenen Absatzmengen.

Preise	verkaufte Mengen
100	1.000
80	3.000
50	6.000

46 : C 2 – Kontrahierungspolitik

Hinweise	
Themenbereich	Preisbildung
thematischer Schwerpunkt	Preisdifferenzierung – Begriffe
Textbezug	C. 2.4.2 (Fr. 3 ff.)
geschätzte Bearbeitungsdauer	15 Minuten
geschätzte Anforderungen	I

Man unterscheidet die Arten der Preisdifferenzierung üblicherweise nach folgenden Gesichtspunkten. Geben Sie die Fachbegriffe an!

	Preisdifferenzierungen	Fachbegriffe
1	Ein Produkt wird in verschiedenen Regionen mit unterschiedlichen Preisen angeboten.	
2	Ein Produkt wird während eines bestimmten Zeitraums billiger angeboten.	
3	Bei unterschiedlich hohen Mengenabnahmen werden Preisnachlässe gewährt.	
4	Für verschiedene Produktausführungen werden unterschiedliche Preise verlangt.	
5	Von Käufergruppen, die sich nach persönlichen oder sozialen Merkmalen unterscheiden lassen, werden unterschiedliche Preise verlangt.	

47 : C 2 – Kontrahierungspolitik

Hinweise	
Themenbereich	Preisbildung
thematischer Schwerpunkt	Kostenorientierte Preisbildung, Kalkulation im Handel
Textbezug	C. 2.3.1, C 2.5.3
geschätzte Bearbeitungsdauer	20 Minuten
geschätzte Anforderungen	II

Ermitteln Sie den Verkaufspreis des Großhändlers!

Rechnungspreis: 800 €, Rabatt: 10 %, Skonto: 3 %, Bezugskosten: 50 €,

Handelsspanne: 30 %,

Rabatt: 7,5 %, Skonto: 2 %.

48 : C 3 – Kommunikationspolitik

Hinweise	
Themenbereich	Werbung
thematischer Schwerpunkt	Werbebotschaft
Textbezug	C. 3.2.4 (Fr. 1 f.)
geschätzte Bearbeitungsdauer	60 Minuten
geschätzte Anforderungen	II

Die Ostholmer Mühlenwerke haben als Zielgruppe für ihre Backmischungen berufstätige Hausfrauen bestimmt. Die für die Mitglieder dieser Zielgruppe gleichen Merkmale lassen sich andeutungsweise so umschreiben: Sie sind berufstätig, sie sind Hausfrauen und Müttern von Kindern, die dem Säuglings- und Kleinkindalter entwachsen sind, sie sind 30 bis 50 Jahre alt. Durch ihre berufliche Position (und die ihrer Ehemänner) wird ihre Zugehörigkeit zur Mittelschicht bestimmt. Das ihnen zur Verfügung stehende Wirtschaftsgeld ist relativ hoch. Ihre Einstellungen, z.B. zur Familie, werden geprägt durch Traditionen der Mittelschicht (Familie und das Leben in der Familie haben erhebliche Bedeutung). So bestehen Wünsche, Konflikte, die sich aus zeitaufwandiger Berufstätigkeit und Sorge für Familie und Kinder ergeben, auszugleichen.]1)

Die Werbebotschaft wird verschlüsselt mithilfe der Elemente einer kurzen Spielszene, die über einen Werbespot im Fernsehen vermittelt wird. Die Spielhandlung stellt eine Familie am nachmittäglichen Kaffeetisch dar. Gesprächsfetzen weisen auf die Berufstätigkeit der Hausfrau hin, während diese den Kuchen aufschneidet und die Stücke vorlegt. Gespräche und lächelnde Gesichter deuten Zufriedenheit über den wohlschmeckenden, hervorragend gelungenen Kuchen und Lob für die Hausfrau an, die darüber vor Zufriedenheit strahlt. Einblendungen der Marke, weitergehende Hinweise auf das Produkt und des Slogans *Kuchen mit Back-Gold gelingen immer* ergänzen den Spot.

1. Warum wird die Werbebotschaft in der hier angedeuteten Art verschlüsselt?

2. Warum wird die Werbebotschaft mithilfe eines TV-Spots vermittelt?

3. Kennzeichnen Sie die in diesem Werbespot enthaltene
    a) Basisbotschaft,
    b) Nutzenbotschaft und
    c) Nutzenbegründung.

49 : C 3 – Kommunikationspolitik

Hinweise	
Themenbereich	Werbung
thematischer Schwerpunkt	Werbeetat
Textbezug	C. 3.2.6 (Fr. 1 ff.)
geschätzte Bearbeitungsdauer	60 Minuten
geschätzte Anforderungen	II und III

Die MedVet GmbH vertreibt tiermedizinische Produkte für sog. Kleintiere (Hunde, Katzen usw.) und für sog. Großtiere (landwirtschaftliche Nutztiere). Bei der Planung des Budgets für das kommende Geschäftsjahr wird der Werbeetat wie in den Vorjahren auf den geplanten Gewinn bezogen; die Ausgaben für die Werbung werden mit einem bestimmten Prozentsatz vom erwarteten Gewinn ermittelt. Weil für das Planjahr als Zielgröße eine Gewinnsteigerung von 10 % angenommen wird, steigt auch der Ansatz für die Werbeausgaben entsprechend.

Der Produktmanager für die Produktgruppe Kleintiermedizin schlägt vor, den Etatansatz für die Werbung über den Planansatz hinaus um 150.000 € zu erhöhen. Er begründet den Vorschlag damit, dass für den neuen Impfstoff gegen Katzenleukose mehr Werbung gemacht werden müsse.

Der Leiter des Rechnungswesens lehnt den Vorschlag ab. Er schlägt vor, die zusätzlich erforderlichen Werbemaßnahmen für den Impfstoff mit den Mitteln zu finanzieren, die nach Abzug aller Aufwendungen vom Gesamtbudget übrig sind.

Akzeptiert wird schließlich der Vorschlag des Marketingleiters, den gesamten Werbebedarf an den Werbezielen auszurichten.

Erörtern Sie die Vorschläge!

50 : C 3 – Kommunikationspolitik

Hinweise	
Themenbereich	Werbung
thematischer Schwerpunkt	Werbeträger, Inter- und Intramediaauswahl
Textbezug	C. 3.2.5 (Fr. 1 ff.)
geschätzte Bearbeitungsdauer	90 Minuten
geschätzte Anforderungen	II und III

Die MedVet GmbH vertreibt tiermedizinische Produkte für sog. Kleintiere (Hunde, Katzen usw.) und für sog. Großtiere (landwirtschaftliche Nutztiere). Sie setzt ihre Produkt ausschließlich über Tierarztpraxen ab. Zum relativ umfangreichen Sortiment der MedVet gehört auch ein Impfstoff gegen Katzenleukose, eine verbreitete Katzenkrankheit.

Der Absatz dieses Impfstoffes bleibt hinter der Zielvorgabe erheblich zurück. Es wird vermutet, dass das Produkt bei den Zielgruppen nicht ausreichend bekannt ist. Geschäftsführung und Marketingleiter planen deshalb Maßnahmen, mit denen der Bekanntheitsgrad des Produkts erhöht werden kann.

Der Marketingleiter erhält den Auftrag, geeignete Werbeträger auszuwählen! Welche Werbeträger kommen in Betracht?

51 : C 3 – Kommunikationspolitik

Hinweise	
Themenbereich	Werbung
thematischer Schwerpunkt	Kontakte, Reichweiten
Textbezug	C. 3.3.1 (Fr. 2 ff.)
geschätzte Bearbeitungsdauer	45 Minuten
geschätzte Anforderungen	I und II

1. Geben Sie kurz die Bedeutung der folgenden Begriff an!

	Begriffe	Definitionen
1	Recalltest	
2	aided recalltest	
3	unaided recalltest	
4	noted (beim Starchtest)	
5	noted and associated (beim Starchtest)	
6	read most (beim Starchtest)	
7	copytest	

2. Was gibt die quantitative Reichweite an?

3. Welche Reichweiten werden mit folgenden Kennziffern angegeben?
   a) LpN (8. Woche),
   b) K 3
   c) LpA = 10.000
   d) Nettoreichweite = 10.000

52 : C 3 – Kommunikationspolitik

Hinweise	
Themenbereich	Verkaufsförderung
thematischer Schwerpunkt	verkaufsfördernde Maßnahmen – Begriffszuordnung
Textbezug	C. 3.4 (Fr. 3 ff.)
geschätzte Bearbeitungsdauer	20 Minuten
geschätzte Anforderungen	I

Welche der im Folgenden angegebenen verkaufsfördernden Maßnahmen sind händlerorientiert, verkäuferorientiert, verbraucherorientiert? Ordnen Sie die Begriff durch Ankreuzen zu!

	verkaufsfördernde Maßnahmen	händler-orientiert	verkäufer-orientiert	verbraucher-orientiert
1	Aufstellen von Displays			
2	Beratung bei Einrichtung der Verkaufsräume			
3	Händlerlisteförderung			
4	Händlerschulung			
5	Informationsdienste			
6	Inzahlungnahme gebrauchter Produkte			
7	Kooperation bei Werbung			
8	Kundenzeitschrift verteilen			
9	Merchandising			
10	Prämien für Personal			
11	Preisausschreiben			
12	Produktproben			
13	Einsatz von Propagandistinnen			
14	Sammelgutscheine			
15	Schaufensterpflege			
16	Schaufensterwettbewerb			
17	Schulung des Verkaufspersonals			
18	Verkaufswettbewerb			
19	Verlosungen			
20	Verteilung von Prospekten			

53 : C 3 – Kommunikationspolitik

Hinweise	
Themenbereich	Öffentlichkeitsarbeit
thematischer Schwerpunkt	Formen der Öffentlichkeitsarbeit (Betriebsbesichtigung)
Textbezug	C. 3.5
geschätzte Bearbeitungsdauer	90 Minuten
geschätzte Anforderungen	I, II (überw.), III

Die Oldaxo GmbH, ein englischer Hersteller chemischer Produkte, hat vor einigen Jahren einen Produktionsbetrieb in eine kleine norddeutsche Stadt verlegt. Der Betrieb liegt am Rande eines kleinen Industriegebietes, das unmittelbar an Wohnsiedlungen grenzt.

Vor einiger Zeit musste der Betrieb vergrößert, modernisiert und umgebaut werden. Nach Beendigung der Baumaßnahmen führte die Oldaxo in diesem norddeutschen Betrieb im Rahmen ihrer Öffentlichkeitsarbeit einen Tag der offenen Tür mit einem aufwändigen Rahmenprogramm durch. Zu diesem Tag der offenen Tür waren die Familien der Mitarbeiter, die Nachbarn des Betriebes und die Berufsschullehrer eingeladen worden.

Einige Mitarbeiter waren beauftragt, Besuchergruppen durch den Betrieb zu führen. Dabei mussten sie nicht nur den Betriebsablauf und die entsprechenden Einrichtungen erklären, sondern auch auf interessierte Fragen der Besucher eingehen. Die meisten Fragen beschäftigten sich mit der Problematik „Warum macht Ihr Unternehmen PR? Lohnt sich das?"

Bei einem Abschlussgespräch will der Abteilungsleiter wissen, welche Erfahrungen die Mitarbeiter an diesem Tag gemacht haben und wie sie mit den Fragen umgegangen sind. Er fordert sie deshalb auf, folgende Fragen zu beantworten.

1. Was versteht man unter Öffentlichkeitsarbeit (Public Relations)?
2. Welche Ziele verfolgt ein Unternehmen im Allgemeinen mit der Öffentlichkeitsarbeit?
3. Welche Ziele verfolgt die Oldaxo mit der Öffentlichkeitsarbeit? Warum hat die Oldaxo einen „Tag der offenen Tür" veranstaltet?
4. Lohnt sich Öffentlichkeitsarbeit für ein Unternehmen? Lohnt sich die Öffentlichkeitsarbeit auch für die Oldaxo? Begründen Sie Ihre Meinung?

54 : C 4 – Distributionspolitik

Hinweise	
Themenbereich	Wahl der Absatzwege
thematischer Schwerpunkt	direkter – indirekter Absatz
Textbezug	C. 4.2.3 (Fr. 1 ff.)
geschätzte Bearbeitungsdauer	30 Minuten
geschätzte Anforderungen	I/II

Geben Sie in der folgenden Tabelle an, wer für die genannten Produkte als Endabnehmer, wer als Absatzmittler infrage kommt und ob direkter oder indirekter Absatz vorliegt! (Die Lösung zu dieser Aufgabe enthält Vorschläge zur Lösung.)

	Verkäufer/Hersteller Produkt	Endabnehmer	Absatzmittler	direkter oder indirekter Absatz
1	**MedVet** Tiermedizin			
2	**Ostholmer Mühlenwerke** Mehlprodukte			
3	**Adalbert Mutig KG** Lagertransport-einrichtungen			
4	**Oldelaxo** chemische Rohstoffe und Vorprodukte			
5	**Drinnkuth** alkoholische Getränke			

55 : C 4 – Distributionspolitik

Hinweise	
Themenbereich	Vertriebswege
thematischer Schwerpunkt	Sortimente – Einzelhandel
Textbezug	C. 4.3.2 (Fr. 1 - 9)
geschätzte Bearbeitungsdauer	30 Minuten
geschätzte Anforderungen	I

	Art	Sortimentsdimensionen				Sortimentsinhalt	
		breit	schmal	flach	tief	mehr-branchig	branchen-homogen
1	Discountgeschäft						
2	Fachgeschäft						
3	Fachmarkt						
4	Gemischtwaren-geschäft						
5	Kaufhaus						
6	SB-Warenhaus (Verbrauchermarkt)						
7	Supermarkt						
8	Warenhaus						

56 : C 4 – Distributionspolitik

Hinweise	
Themenbereich	Absatzwege
thematischer Schwerpunkt	Betriebsformen des Einzelhandels
Textbezug	C. 4.3.2 (Fr. 1 ff.)
geschätzte Bearbeitungsdauer	60 Minuten
geschätzte Anforderungen	I

Vergleichen Sie die Betriebsformen des Einzelhandels anhand einer Tabelle! Tragen Sie in die Kopfleiste der Tabelle die angegebenen Betriebsformen und in die 1. bzw. 2. Spalte die Merkmale mit ihren Ausprägungen ein! Kreuzen Sie in den Feldern der Tabelle die jeweils zutreffenden Merkmalsausprägungen an (vgl. folgendes Muster)!

1. Gemischtwarengeschäft
2. Fachgeschäft
3. Warenhaus
4. Kaufhaus
5. Discount
6. Verbrauchermarkt
7. Supermarkt
8. Fachmarkt
9. Extramarkt

		1	2	3	4	5	6	7	8	9
Größe	klein									
	klein – mittel									
	mittel									
	mittel – groß									
	groß									
Standortpräferenz	innerstädtische Hauptlage									
	innerstädtische Nebenlage									
	Nachbarschaftslage									
	gruppierte Rand-, Außenlage									
	isolierte Rand-, Außenlage									
Sortimentsdimension	breit und tief (evtl. teilweise)									
	breit und flach									
	schmal und tief									
	schmal und flach									
Sortimentsinhalt	Branchenhomogenität									
	Branchenvielfalt									
Bedienungsform	Selbstbedienung									
	Fremdbedienung									
Preisniveau	niedrig									
	mittel									
	hoch									

57 : C 4 – Distributionspolitik

Hinweise	
Themenbereich	Vertreter – Reisender
thematischer Schwerpunkt	Kostenvergleichsrechnung
Textbezug	C. 4.3.5 (Fr. 6 und 7)
geschätzte Bearbeitungsdauer	30 Minuten
geschätzte Anforderungen	II

Ein Unternehmen steht vor der Frage, ob es einen Reisenden oder einen Handelsvertreter in einem bestimmten Absatzgebiet einsetzt. In diesem Gebiet wird ein Umsatz von 200.000 € im Jahr erwartet.

Wann wird sich das Unternehmen für den Reisenden, wann für den Vertreter entscheiden? Legen Sie Ihren Überlegungen folgende Zahlen zu Grunde.

- Der Reisende erhält ein Gehalt von 3.000 € und eine Umsatzprovision von 5 %.
- Der Vertreter erhält ein Fixum von 1.000 € und Umsatzprovision von 25 %.

Führen Sie eine Kostenvergleichsrechnung durch! Ergänzen Sie Ihre Ausführungen durch eine Zeichnung, die die Zusammenhänge verdeutlichen kann!

58 : C 4 – Distributionspolitik

Hinweise	
Themenbereich	Außendienstmitarbeiter
thematischer Schwerpunkt	Bewertungskriterien
Textbezug	C. 4.3.5 (Fr. 8)
geschätzte Bearbeitungsdauer	20 Minuten
geschätzte Anforderungen	II

Im Folgenden werden mehrere qualitative Faktoren genannt, die bei der Entscheidung für einen Vertreter oder einen Reisenden als Außendienstmitarbeiter von Bedeutung sein können.

Welche der Faktoren betreffen mehr den Reisenden, welche mehr den Vertreter? (Kreuzen Sie das Zutreffende bitte an!)

	Faktoren	Reisender	Vertreter
1	besondere Verkaufsaktivitäten		
2	bessere Kundenpflege		
3	bessere Marktkenntnisse		
4	bessere Produktkenntnisse		
5	Einberufung zu Schulungen und Unterweisungen		
6	Einflussnahme auf die Leistung durch das Unternehmen		
7	größere Marktnähe		
8	Interessenkonflikt		
9	Kontrollierbarkeit durch das Unternehmen		
10	Steuerbarkeit durch das Unternehmen		
11	Vertretung von Unternehmensinteressen – Unternehmensloyalität		
12	Voraussetzung für die bessere Beratung des Kunden über das Produkt		

59 : C 4 – Distributionspolitik

Hinweise	
Themenbereich	Management des Verkaufsaußendienstes
thematischer Schwerpunkt	Anzahl der Außendienstmitarbeiter
Textbezug	C. 4.5.3.3 (Fr. 1 und 2)
geschätzte Bearbeitungsdauer	45 Minuten
geschätzte Anforderungen	II und III

Die Landtransport GmbH vertreibt ihre Produkte, Traktoranhänger, Dungräumanlagen u.dgl. an Landwirte und Viehzuchtbetriebe direkt und über den Landmaschinenhandel. Die Kunden werden zzt. von 12 Außendienstmitarbeitern regelmäßig besucht; sie werden vom Verkaufsleiter betreut.

Die Geschäftsleitung beabsichtigt den Außendienst neu zu organisieren; die Zahl der Außendienstmitarbeiter soll eingeschränkt werden; zur Entlastung sowohl der Verkäufer im Außendienst als auch des Verkaufsleiters sollen Verkaufsgebietsleiter eingestellt werden.

Der Verkaufsleiter wird aufgefordert, die Anzahl der erforderlichen Außendienstmitarbeiter zu ermitteln und Vorschläge für die Rationalisierung des Außendienstes vorzuschlagen. Er geht bei der Berechnung der Verkäuferzahl von folgenden Annahmen bzw. statistischen Angaben aus:

- Ein Verkäufer führt am Tag vier Besuche durch.
- Die Zahl der Besuchstage beträgt 200 im Jahr.
- Folgende Kundengruppen sind zu besuchen:
  2.500 landwirtschaftliche Betriebe – zweimal im Jahr,
  150 Zuchtbetriebe – viermal im Jahr,
  800 Landmaschinenhändler – sechsmal im Jahr,
  200 Neukunden aus den drei Kundengruppen, die besonders häufig aufgesucht werden, achtmal im Jahr.

60 : C 4 – Distributionspolitik

Hinweise	
Themenbereich	Management des Verkaufsaußendienstes
thematischer Schwerpunkt	Kennziffern zur Kontrolle der Außendienstmitarbeiter
Textbezug	C. 4.5.3.4 (und Aufgabe 59)
geschätzte Bearbeitungsdauer	30 Minuten
geschätzte Anforderungen	I und II

Aus welchen Kontrollbereichen lassen sich Kennziffern zur Kontrolle bzw. zur Leistungsüberwachung des Verkaufsaußendienstes ableiten?

61 : C 4 – Distributionspolitik

Hinweise	
Themenbereich	Logistik und physische Distribution
thematischer Schwerpunkt	Eigen-, Fremdtransport – Kostenvergleich
Textbezug	C. 4.6 (Fr. 5 ff.)
geschätzte Bearbeitungsdauer	30 Minuten
geschätzte Anforderungen	II

Ein Unternehmen will für die Belieferung seiner Kunden in Zukunft die Dienste eines Logistikunternehmens in Anspruch nehmen. Vor der Entscheidung Eigen-, versus Fremdtransport ist eine Kostenvergleichsrechnung auf der Grundlage folgender Zahlenangaben für einen Monat bei einer Fahrleistung v. 5.000 km vorzunehmen.

- Das Logistikunternehmen stellt im Monat einen Festbetrag im H. v. 400 € und 0,80 € pro km in Rechnung.

- Bei Eigentransport fallen folgende Kosten an: Abschreibungen 30.000 € im Jahr, Steuern, Versicherung u. dgl. 3.000 € im Jahr, die Lohnkosten für den Fahrer schlagen mit 1.800 € mtl. zu Buche, die laufenden Kosten für Treibstoff werden mit 0,18 € je km veranschlagt.

1. Führen Sie die Kostenvergleichsrechnung durch!
2. Ermitteln Sie den kritischen Wert für die km-Leistung (mi Zeichnung)!

62 : D – Organisationsaspekt des Marketing

Hinweise	
Themenbereich	Grundlagen der Organisation
thematischer Schwerpunkt	Ablauforganisation, Netzplantechnik
Textbezug	D. 5.1.1 (Fr. 5 ff.)
geschätzte Bearbeitungsdauer	150 Minuten
geschätzte Anforderungen	II (überwiegend) und III

Ein Unternehmen beabsichtigt die Einführung eines neuen Produkts. Vor Aufnahme der Produktion muss die Fertigungshalle renoviert werden. Dabei fallen die folgenden Vorgänge mit den angegebenen Zeiten an.

	Vorgang	Dauer des Vorgangs in Wochen
A	Baupläne erstellen, Baupläne einreichen (Baugenehmigung)	12
B	Eingangsbereich demontieren	3
C	Heizkörper demontieren	1
D	alte Heizungsanlage demontieren	1
E	Gasheizung einbauen	2
F	Aufzugsschacht anbauen (Zugang zum Eingangsbereich)	12
G	Aufzug installieren	6
H	Eingangsbereich ausbauen (neu gestalten)	10
I	Heizkörper einbauen und anschließen	1
J	Außenputz aufbringen	4
K	Haus streichen (einschl. Fenster)	4
L	Fußböden legen (Eingang, Treppenhaus, Flure)	3
M	Teppichboden verlegen (Büroräume)	2
N	Flurtüren streichen	1
O	Treppenhaus und Flure streichen	2
P	Büroräume streichen und tapezieren	3
Q	Probebetrieb	1

1. Vervollständigen Sie die Tabelle!
2. Entwerfen Sie den Netzplan mit allen Angaben!
3. Geben Sie den kritischen Weg an!

Wie lange dauert das Gesamtprojekt?

63 : D – Organisationsaspekt des Marketing

Hinweise	
Themenbereich	Aufbauorganisation
thematischer Schwerpunkt	Matrixorganisation, Produktmanagement
Textbezug	D. 5.3
geschätzte Bearbeitungsdauer	30 Minuten
geschätzte Anforderungen	II

Ein Schweizer Unternehmen, das tiermedizinische Präparate herstellt und weltweit vertreibt, hat in Hamburg eine Vertriebsgesellschaft, die MedVet GmbH, gegründet. Von hier aus wird Norddeutschland und das angrenzende Ausland versorgt.

Die MedVet GmbH wird von einem Geschäftsführer geleitet, die Leiter der Funktionsbereiche (Einkauf und Lagerwesen, Verkauf, Marketing, Personal, Finanzen, Buchhaltung) sind ihm direkt unterstellt. Das Produktmanagement mit zwei Produktmanagern, die jeweils eine Produktgruppe betreuen, ist eine Stabsstelle der Marketingleitung.

Als der Marketingleiter das Unternehmen verlässt, übernimmt der Geschäftsführer diese Funktion. Die Produktmanager sind ihm unterstellt; sie erhalten weitere Zuständigkeiten und Entscheidungsbefugnisse. In den organisatorischen Aufbau werden die Produktmanager über die Matrixorganisation einbezogen.

Zeichnen Sie den organisatorischen Aufbau der MedVet GmbH!

64 : D – Organisationsaspekt des Marketing

Hinweise	
Themenbereich	Marketingkontrolle
thematischer Schwerpunkt	Break-even-Analyse, Break-even-Analyse als Kontrollgröße
Textbezug	D. 6
geschätzte Bearbeitungsdauer	45 Minuten
geschätzte Anforderungen	II

Die Ostholmer Mühlenwerke bringen eine Backmischung auf den Markt. Die Produktionsanlage musste dazu erweitert werden, entsprechende Investitionsausgaben belaufen sich auf 100.000,- €, die in vier Jahren abgeschrieben werden, die Kosten für Werbung und Verkaufsförderung werden mit 20.000,- €, die Kosten für den Vertrieb mit 12.000,- € angesetzt. Die variablen Kosten betragen 1,80 € je Packung. Die Mühlenwerke rechnen mit einem Verkaufspreis von 4,50 € je Packung.

Das Unternehmen plant eine Zielmenge, die sich aus der Menge beim Break-even-Point und einer zusätzlichen Sicherheitsmenge ergibt; zur Ermittlung der Menge wird ein Sicherheitskoeffizient von 20 % angenommen.

a) Ermitteln Sie die Zielmenge!
b) Erläutern Sie die Bedeutung dieser Zielmenge als Kontrollgröße!

65 : E – Fallbezogene Mehrthemenaufgabe

Hinweise	
Themenbereich	Distributionspolitik
thematischer Schwerpunkt	Auslieferungslager, Eigen-, Fremdtransport
Branchenorientierung	Getränke, Nahrungs- und Genussmittel
Textbezug	E. 4.6
geschätzte Bearbeitungsdauer	45 Minuten
geschätzte Anforderungen	überwiegend II, bei Entscheidungsbegründung auch III

Die Drinkuth GmbH & Co. KG beliefern ihre Kunden im nördlichen Mecklenburg-Vorpommern von ihrem Auslieferungslager in Rostock aus. Dazu werden die Leistungen eines Transportunternehmens aus Rostock in Anspruch genommen, der im Monat April 3.500 € für rd. 5.000 gefahrene km in Rechnung stellt (1 € je km + Festbetrag von 600 € im Monat). Man erwägt in der Zentrale, das Lager Rostock mit einem eigenen Transporter für die Lieferungen auszustatten. Dabei würden die folgenden Kosten anfallen:

- Abschreibungen jährlich 36.000,00 €
- Steuern, Versicherungen u.dgl. jährlich 4.800,00 €
- Lohnkosten für den Fahrer mtl. 2.100,00 €,
- Treibstoff- u.ä. laufende Kosten je km 0,20 €.

Aufgaben

1. Welche Gründe können die Drinkuth GmbH & Co. KG bewogen haben, in Rostock ein eigenes Auslieferungslager einzurichten?

2. Wäre der Transport mit eigenem Lkw im April günstiger gewesen?

3. Ermitteln Sie die Kilometerzahl (kritischer Wert), bei der die Kosten der beiden Transportmöglichkeiten gleich sind! Ergänzen Sie Ihre Ausführungen durch eine Zeichnung!

4. Welche Gründe könnten dafür sprechen, das Auslieferungslager in Rostock aufzulösen und die Kunden in Mecklenburg-Vorpommern von der Zentrale bei Hamburg aus zu bedienen?

66 : E – Fallbezogene Mehrthemenaufgabe

Hinweise	
Themenbereich	Produkt- und Sortimentspolitik, Kommunikationspolitik
thematischer Schwerpunkt	Produktlebenszyklus, Eliminierung, Werbung
Branchenorientierung	Mehlprodukte
Textbezug	C. 1.2, C. 1.5.4, C. 3.2
geschätzte Bearbeitungsdauer	60 Minuten
geschätzte Anforderungen	überwiegend II, III

Die Ostholmer Mühlenwerke haben seit ihrer Gründung in ihrem Sortiment eine Grießsorte, die früher viel von privaten Haushalten für die Säuglings- und Kleinkinderernährung gekauft wurde. Aufmachung der Verpackung und Produktname weisen auf die besondere Zielgruppe (Haushalte mit Kleinkindern) hin. Seit einigen Jahren geht der Absatz mit jährlich wachsenden Raten zurück. Es kann angenommen werden, dass sich dieser Trend fortsetzen wird. In einer Besprechung erörtern Geschäftsleitung und Marketingleitung die Problematik; dabei werden zunächst noch einmal die hinlänglich bekannten Ursachen angesprochen; da erhebliche Zweifel bestehen, den Trend aufhalten oder gar umkehren zu können, schlägt der Marketingleiter schließlich vor, das Produkt aus dem Programm zu nehmen; die Geschäftsleitung äußert allerdings dagegen Bedenken.

Aufgaben

1. In welcher Phase seines Lebenszyklusses befindet sich das Produkt Grieß? Mit welchen Kriterien lässt sich angeben, in welcher Zyklusphase sich ein Produkt befindet?

2. Erläutern Sie mögliche Ursachen für die in der Sachdarstellung aufgezeigten Entwicklung!

3. Nennen und erklären Sie Marketingmaßnahmen (Marketing-Mix), mit denen dem Trend entgegengewirkt werden könnte!

4. Welche Gründe sprechen dafür, das Produkt zu eliminieren?

5. Welche Gründe können dafür sprechen, das Produkt im Angebot zu belassen?

67 : E – Fallbezogene Mehrthemenaufgabe

Hinweise	
Themenbereich	Sortimentspolitik, Distributionspolitik
thematischer Schwerpunkt	Segmentierung, Absatzwege
Branchenorientierung	Mehlprodukte
Textbezug	C. 1.7, C. 4.4, D. 2.3
geschätzte Bearbeitungsdauer	90 Minuten
geschätzte Anforderungen	I, II, III

Die Ostholmer Mühlenwerke GmbH stellen fest, dass der Absatz des Weizenmehls Typ 405 der Marke „Sonne", des bisher wichtigsten Umsatzträgers, zurückgeht. Die Produkte des Unternehmens wurden bisher nahezu ausschließlich über die „klassischen" Absatzmittler – selbstständiger Großhandel und Einzelhandel – vertrieben. Der Marketingleiter schlägt vor, vor allem für das Mehl Typ 405 auch andere Absatzwege zu suchen, um dadurch eventuell neue Segmente (Zielgruppen) erschließen zu können.

Aufgaben

1. Erläutern Sie die Gründe für den Absatzrückgang bei Typ 405!

2. Beschreiben Sie den „klassischen" Absatzweg Hersteller – Großhandel – Einzelhandel! Gehen Sie dabei auf die Funktionen des Handels ein!

3. Erklären Sie den Begriff „Segment"!
   Welche Marktsegmente lassen sich für Mehlprodukte erkennen?

4. Nennen und erklären Sie Absatzwege, die für den Vertrieb des Mehls in Betracht kommen!

5. Gibt es andere Möglichkeiten des Unternehmens, Umsatzeinbußen bei einem Produkt auszugleichen?

68 : E – Fallbezogene Mehrthemenaufgabe

Hinweise	
Themenbereich	Distributionspolitik, Kontrahierungspolitik
thematischer Schwerpunkt	Absatzwege, Angebotserstellung
Branchenorientierung	Transporteinrichtungen, Maschinen
Textbezug	C. 4.2.2, C. 4.3.4
geschätzte Bearbeitungsdauer	60 Minuten
geschätzte Anforderungen	I und II

Die Adalbert Mutig KG ist Herstellerin von Transporteinrichtungen (Transportbändern, Liften u.Ä.), die der Lösung innerbetrieblicher Transportprobleme, z.B. bei Lagerhaltung, dienen. Ihre Kunden sind inländische und – in geringerem Umfang – ausländische Produktions- und Handelsunternehmen. Der Adalbert Mutig KG liegt eine Anfrage der Zentrale einer freiwilligen Handelskette („A bis Z") vor, die ihr zentrales Lager mit einem Transportband ausstatten will.

Aufgaben

1. Welche Probleme ergeben sich für die Mutig KG vor Erstellung des Angebots?

2. Könnten bei der Bearbeitung der Anfrage Außendienstmitarbeiter beteiligt sein? Kennzeichnen Sie die besondere Bedeutung des Handelsvertreters!

3. Halten Sie es für sinnvoll, wenn die Mutig KG Auskünfte über den Anfragenden einholt?

   Worauf beziehen sich die Auskünfte, bei wem können sie eingeholt werden?

4. Erläutern Sie den Inhalt des Angebots, das die Mutig KG schließlich erstellt!

5. Unterscheiden Sie direkte von indirekten Absatzwegen!

   Welche Absatzwege wird die Mutig KG nutzen? Begründen Sie Ihre Meinung!

6. Welche Werbung betreibt ein Unternehmen der in der Sachdarstellung genannten Art?

69 : E – Fallbezogene Mehrthemenaufgabe

Hinweise	
Themenbereich	Produktpolitik, Kommunikationspolitik
thematischer Schwerpunkt	Werbung, Verkaufsförderung, Produktmarkierung
Branchenorientierung	Getränkeherstellung
Textbezug	C. 1.6, C. 3.2.8, C. 3.4
geschätzte Bearbeitungsdauer	60 Minuten
geschätzte Anforderungen	I und II in geringem Umfang, überwiegend II

Der Drinkuth GmbH & Co. KG, einem in Norddeutschland führenden Unternehmen der Getränkebranche, liegen Marktforschungsergebnisse vor, aus denen auf eine weiterhin steigende Nachfrage nach Obstbranntweinen geschlossen werden kann. Es wird deshalb beschlossen, das Sortiment entsprechend zu ergänzen. Das neue Produkt soll unter der gängigen, auch für die anderen Sortimentsteile genutzten Marke *Nord-Brand* auf den Markt kommen. Für das Produkt soll mit Fernsehspots geworben werden.

Aufgaben

1. Erklären Sie Begriff und Bedeutung von Marken!
   Erörtern Sie die Bedeutung von Markenpolitik!

2. Halten Sie es für sinnvoll, dass für das neue Produkt die eingeführte Marke genutzt wird?

3. Halten Sie die TV-Werbung für sinnvoll? Wären andere Werbeträger und -mittel besser geeignet?
   Begründen Sie Ihre Meinung!

4. Unterscheiden Sie Werbung und Verkaufsförderung!

   Schlagen Sie verkaufsfördernde Maßnahmen vor, die bei Einführung des neuen Produkts genutzt werden könnten!

70 : E – Fallbezogene Mehrthemenaufgabe

Hinweise	
Themenbereich	Produktpolitik, Preispolitik
thematischer Schwerpunkt	Produkteinführung, Preissetzung, Werbemittel
Branchenorientierung	Mehlprodukte
Textbezug	C. 1.5, C. 2.4.1
geschätzte Bearbeitungsdauer	90 Minuten
geschätzte Anforderungen	I (bei Aufg. 1), überwiegend II, gelegentlich III

Den Ostholmer Mühlenwerken, einem führenden Hersteller von Mehlprodukten in Norddeutschland, liegen Informationen darüber vor, dass aufgrund veränderter Verbrauchsgewohnheiten die Nachfrage nach grobem Mehl zunehmen wird. Sie nehmen deshalb grobes Mehl in ihr Sortiment auf. Das neue Produkt wird über den Einzelhandel mit einem sog. Penetrationspreis eingeführt. Gleichzeitig soll für das Produkt mit geeigneten Werbeträgern und Werbemitteln geworben werden.

Aufgaben

1. Erklären Sie den Begriff Sortiment! Gehen Sie dabei beispielsweise auf das Sortiment eines Mühlenwerkes ein!

   Versuchen Sie die Veränderungen der Verbrauchsgewohnheiten zu erklären!

2. Erläutern Sie, wie die Mühlenwerke zu den genannten Informationen gekommen sein könnten!

3. Erklären Sie die Bedeutung der genannten Preispolitik! Halten Sie sie für sinnvoll?

   Welche anderen Möglichkeiten der Preispolitik bei Einführung eines Produkts kennen Sie?

4. Wählen Sie Werbemittel und -träger aus, die für die Werbung des neuen Produkts infrage kommen können! Begründen Sie Ihre Auswahl!

71 : E – Fallbezogene Mehrthemenaufgabe

Hinweise	
Themenbereich	Distributionspolitik
thematischer Schwerpunkt	Außendienstmitarbeiter
Branchenorientierung	Feuerschutzgeräte, -einrichtungen
Textbezug	C. 4.3.4
geschätzte Bearbeitungsdauer	60 Minuten
geschätzte Anforderungen	I (bei Aufg. 1), II und III

Die Feuerschutz GmbH stellt u.a. Feuerlöschgeräte für Autos her. Sie vertreibt ihre Produkte bundesweit über den einschlägigen Fachhandel, d.s. Fachgeschäfte, Fachabteilungen der Warenhäuser, der SB-Märkte usw. Als Außendienstmitarbeiter setzt die Feuerschutz GmbH vor allem Reisende ein.

Es ist jetzt geplant, das Absatzgebiet auf die neuen Bundesländer auszudehnen. Zur Erschließung des Marktes und zum Besuch von Kunden will man selbstständige Handelsvertreter als Außendienstmitarbeiter einsetzen. Den Reisenden zahlt die Feuerschutz GmbH ein mtl. Gehalt von 3.200 € und eine Umsatzprovison von 3 %. Die Handelsvertreter sollen ein Fixum von 500 € und eine umsatzabhängige Provision von 22 % erhalten.

Aufgaben

1. Kennzeichnen Sie kurz die Unterschiede zwischen einem Reisenden und einem Handelsvertreter!

2. Wann wird sich ein Unternehmen - unter ausschließlicher Berücksichtigung der Kosten - für einen Reisenden oder für einen Vertreter entscheiden?

   Nutzen Sie für Ihre Argumentation die angegeben Zahlen, veranschaulichen Sie Ihre Ausführungen durch eine Grafik!

3. Es gibt neben den Kostenüberlegungen weitere Aspekte, die bei der Entscheidung für Reisende oder Handelsvertreter maßgeblich sein können! Nennen und erklären Sie sie!

4. Halten Sie es für richtig, dass die Feuerschutz GmbH für die neuen Bundesländer Handelsvertreter einsetzt?

5. Wie kann die Feuerschutz GmbH die Handelsvertreter für den Außendienst in den neuen Bundesländern gewinnen?

6. Nehmen Sie kritisch Stellung zu dem Kostenvergleich als Grundlage für die Entscheidung Reisender oder Handelsvertreter!

72 : E – Fallbezogene Mehrthemenaufgabe

Hinweise	
Themenbereich	Produktpolitik
thematischer Schwerpunkt	Produktlebenszyklus, Marketing-Mix
Branchenorientierung	Getränkeherstellung
Textbezug	C. 1.2, C. 2.4, C. 3.2, C. 3.4, C. 4.2.2, C. 4.3
geschätzte Bearbeitungsdauer	150 Minuten
geschätzte Anforderungen	I, überwiegend II, III in einigen wesentlichen Fragen

Die Drinkuth GmbH & Co. KG hat sich im Laufe ihrer fast 70-jährigen Firmengeschichte von einem Rum-Handelshaus zu einem Anbieter alkoholischer Getränke mit einem umfangreichen Sortiment entwickelt, der einen Teil seiner Produkte bundesweit vertreibt. Das Sortiment enthält auch einen Jamaica-Rum, der unter dem Produktnamen „Seelord" vor allem in Norddeutschland vertrieben wird und lange Zeit ein bedeutender Umsatzträger war.

Seit einiger Zeit wird beobachtet, dass der Absatz des Rums zurückgeht. Für eine Berichterstattung gegenüber der Geschäftsleitung analysiert der Marketingleiter die Ursachen des Absatzrückgangs. Wegen der Bedeutung dieses Produkts für das traditionsbewusste Unternehmen soll versucht werden, den Absatzrückgang zu stoppen und langfristig den Umsatz des Produkts wieder zu steigern.

Aufgaben:

1. Erörtern Sie mögliche Ursachen des Absatzrückgangs!

2. Ein Grund für den Rückgang des Absatzes könnte die Veralterung des Produkts sein. Es wird unterstellt, dass ein Produkt veralten kann, also einen „Lebenszyklus" hat.

   Zeichnen und beschreiben Sie anhand der Indikatoren Umsatz, Gewinn und Werbequote einen Produktlebenszyklus!

   Geben Sie an, in welcher Phase sich das Produkt, Rum - Marke „Seelord", befinden könnte! Begründen Sie Ihre Meinung!

3. Im Allgemeinen werden Produkte, die sich in der Phase des Verfalls befinden, vom Markt genommen. Welche allgemeinen Gründe gibt es dafür, dass der Absatz für ein Produkt zurückgeht?

   Welche allgemeinen Gründe sprechen dafür, ein Produkt vom Markt zu nehmen?

4. Welche Gründe sprechen dafür, das Produkt Rum („Seelord") im Sortiment zu halten?

5. Diskutieren Sie Maßnahmen, mit denen die angestrebten Ziele erreicht werden können!

73 : E – Fallbezogene Mehrthemenaufgabe

Hinweise	
Themenbereich	Aufbauorganisation im Marketing
thematischer Schwerpunkt	Marketingmanagement
Branchenorientierung	Mehlprodukte
Textbezug	D. 5.1, D. 5.3
geschätzte Bearbeitungsdauer	90 Minuten
geschätzte Anforderungen	II

Mit Blick auf den enger werdenden Markt für ihre Produkte und aus Einsicht in die besondere Bedeutung von Marketing für den Bestand und das weitere Wachstum ihres Unternehmens haben die Ostholmer Mühlenwerke GmbH bereits vor geraumer Zeit den bisherigen Verkaufsleiter mit Marketingaufgaben betraut und ihn als Abteilungsleiter in die Führungsspitze des Unternehmens berufen. Sie tragen damit der Einsicht Rechnung, dass bei einem kundenorientierten Unternehmen das Marketingmanagement eine starke Stellung gegenüber den anderen Bereichen des Unternehmens haben muss.

Aufgaben

1. Erklären Sie die Bedeutung von Marketing bei den Ostholmer Mühlenwerken! Was versteht man unter Kundenorientierung?

2. Erläutern Sie Weisungssysteme (Lenkungssysteme)!

3. Zeichnen Sie den organisatorischen Aufbau (Weisungssystem) der Ostholmer Mühlenwerke; gehen Sie dabei von einem Liniensystem aus, berücksichtigen Sie einen Stab und vier Bereiche (Abteilungen): Marketing, Beschaffung, Produktion, Allgemeine Verwaltung (als Zusammenfassung aller anderen Abteilungen); der Verkauf ist auf die Abnehmergruppen Großabnehmer, SB-Märkte, Sonstiger Einzelhandel ausgerichtet.

4. Deuten Sie in einer weiteren Zeichnung die Gebietsorientierung des Verkaufs an! Erläutern Sie die Unterschiede zu Aufg. 3!

5. Erläutern Sie den Aufbau bei Produktorientierung!

    Unterscheiden Sie dabei Funktions- und Spartenorganisation!

74 : E – Fallbezogene Mehrthemenaufgabe

Hinweise	
Themenbereich	Distributionspolitik, Sortimentspolitik
thematischer Schwerpunkt	Verkaufsniederlassung, Kundenberatung
Branchenorientierung	Herstellung von Werkzeugen (Diamantwerkzeuge)
Textbezug	C. 4.6
geschätzte Bearbeitungsdauer	45 - 60 Minuten
geschätzte Anforderungen	überwiegend II, I und III

Die Paul Tilly KG ist ein mittelständisches Unternehmen mit langer Tradition in der Werkzeugproduktion, das sich nach dem Krieg in der Nähe Hamburgs niedergelassen hat, um von dort aus den norddeutschen Markt zu beliefern. Dem Bedarf entsprechend hat sich das Unternehmen bereits vor vielen Jahren auf die Herstellung von Diamantwerkzeugen spezialisiert. Das Produktprogramm (Sortiment) enthält Diamantwerkzeuge zum Schleifen, Honen, Polieren, Profilieren, Drehen, Bohren, Sägen usw. Mit diesem Sortiment wendet sich die Paul Tilly KG an Unternehmen, die Hartmetall, Glas, Keramik, Porzellan, Naturstein, Kunststein usw. verarbeiten und bearbeiten. Auf den speziellen Bedarf einzelner Unternehmen kann die Paul Tilly KG innerhalb ihres Produktionsprogrammes eingehen.

Im Rahmen der Absatzorganisation wurden in den Hauptabsatzgebieten Verkaufsniederlassungen eingerichtet, u. a. in Düsseldorf-Mettmann, in Kornwestheim und in Ingolstadt. Es besteht die Absicht, eine weitere Verkaufsniederlassung in der Umgebung von Dresden einzurichten und dafür die Niederlassung in Ingolstadt zu schließen.

1. In der Sachdarstellung ist vom Produktprogramm (Sortiment) die Rede. Erklären Sie den Begriff, erläutern Sie anhand des Beispiels in der Sachdarstellung (oder am Beispiel des Betriebes, den Sie kennen) Programmbreite und -tiefe bzw. Sortimentsbreite und -tiefe! Das Produktprogramm (Diamantwerkzeuge) der Paul Tilly KG wurde im Laufe der Zeit erheblich erweitert. Nach welchen Gesichtspunkten wurde diese Erweiterung vorgenommen?

2. Die Paul Tilly KG hat Verkaufsniederlassungen eingerichtet. Was sind Verkaufsniederlassungen? Warum werden sie eingerichtet? An welchen Standorten werden sie vorzugsweise eingerichtet? Wodurch unterscheiden sie sich von Auslieferungslagern? Versuchen Sie zu begründen, warum ein reines Auslieferungslager für ein Unternehmen der Paul Tilly KG nicht in Betracht kommt!

3. Nennen Sie Kostenarten, die bei Unterhaltung einer Verkaufsniederlassung anfallen können!

4. Welche Gründe könnte die Paul Tilly KG haben, auch in Sachsen eine Verkaufsniederlassung einzurichten und dafür die Niederlassung in Bayern aufzulösen?

75 : E – Fallbezogene Mehrthemenaufgabe

Hinweise	
Themenbereich	Kommunikationspolitik
thematischer Schwerpunkt	Öffentlichkeitsarbeit, Werbung
Branchenorientierung	pharmazeutische Industrie (chemische Industrie)
Textbezug	C. 3.5
geschätzte Bearbeitungsdauer	45 - 60 Minuten
geschätzte Anforderungen	I (bei Aufg. 1 - 3), II

Die Oldelaxo GmbH, englische Herstellerin chemischer Produkte, hat vor einigen Jahren einen Produktionsbetrieb in eine norddeutsche Stadt verlegt. Vor einiger Zeit musste der Betrieb vergrößert, modernisiert und umgebaut werden. Nach Beendigung der Baumaßnahmen führte die Oldelaxo in diesem norddeutschen Betrieb im Rahmen ihrer Öffentlichkeitsarbeit einen Tag der offenen Tür mit einem aufwändigen Rahmenprogramm durch.

Sie waren als Mitarbeiter der Oldelaxo beauftragt, einige Besuchergruppen durch den Betrieb zu führen. Dabei mussten Sie nicht nur den Betriebsablauf und die entsprechenden Einrichungen erklären, sondern auch auf interessierte Fragen der Besucher eingehen. Die meisten Fragen beschäftigten sich mit der Problematik „Warum macht Ihr Unternehmen PR?" „Lohnt sich das?" und „Warum treibt die Oldelaxo überhaupt Werbung, sie ist doch bereits bekannt genug? Könnte man die dafür aufgewendeten Mittel nicht sparen?"

Bei einem Abschlussgespräch mit Mitarbeitern will Ihr Abteilungsleiter wissen, wie Sie mit diesen Fragen umgegangen sind, und fordert Sie auf, darüber ein Kurzreferat zu halten. Wiederholen Sie das Referat, berücksichtigen Sie dabei die folgenden Aufgaben und Fragen!

1. Was versteht man unter Öffentlichkeitsarbeit (Public Relations)? Welche Ziele verfolgt ein Unternehmen mit der Öffentlichkeitsarbeit? Welche Maßnahmen können in der Öffentlichkeitsarbeit eingesetzt werden?
2. Wodurch unterscheidet sich Öffentlichkeitsarbeit von Werbung?
3. Lohnt sich Öffentlichkeitsarbeit für ein Unternehmen? Begründen Sie Ihre Meinung!
4. Warum muss ein Unternehmen Werbung treiben? Erklären Sie die Ziele der Werbung!
5. Nennen Sie Werbemittel und -träger! Wovon ist die Wahl bestimmter Werbemittel und -träger abhängig?
6. Nehmen Sie Stellung zu der Behauptung, ein hoher Werbeetat sei der beste Werbeetat!

76 : E – Fallbezogene Mehrthemenaufgabe

Hinweise	
Themenbereich	Kommunikationspolitik, Werbung
thematischer Schwerpunkt	Werbung in Printmedien, Inter-Media-Auswahl
Branchenorientierung	Verlag (Druckerei)
Textbezug	C. 3.2.5, C. 3.3.1, C. 3.3.2 (Fr. 2)
geschätzte Bearbeitungsdauer	120 Minuten
geschätzte Anforderungen	I (in geringem Umfang bei 3), überw. II und III

Die Karl Kleinhaus Verlag GmbH & Co. KG mit Sitz in der Kreisstadt Altenaue bringt unter der Bezeichnung „A & N - Angebot und Nachfrage" ein Anzeigen- und Informationsblatt heraus. Das Blatt erscheint zweimal wöchentlich in jeweils zwei Ausgaben, eine Ausgabe bezieht sich schwergewichtig auf den östlichen Teil des Kreises mit Altenaue, die andere auf das Hamburger Randgebiet. Es wird kostenlos an die Haushalte im gesamten Kreisgebiet verteilt. Das Blatt enthält vor allem Werbeanzeigen von mittelständischen Handwerks- und Handelsunternehmen aus dem Erscheinungsgebiet, einen Stellen- und einen umfangreichen Immobilienmarkt, sehr viele Kleinanzeigen und seit einiger Zeit auch Familienanzeigen. Außerdem werden in einem redaktionellen Teil auch allgemeine Informationen aus dem Kreisgebiet veröffentlicht.

Häufig werben auch Unternehmen aus den benachbarten Großstädten in A & N um Kunden oder suchen im Kreis Altenaue neue Mitarbeiter. Zurzeit liegt die Anfrage eines bekannten Hamburger Kaufhauses vor, das im September und Oktober eine Reihe von Anzeigen in beiden Ausgaben schalten möchte.

1. Wie wirbt der Verlag Karl Kleinhaus GmbH & Co. KG um Kunden?
2. Sie sollen dem Kaufhaus (vgl. Sachdarstellung) ein Angebot unterbreiten!
3. Das Anzeigenblatt ist ein sog. Werbeträger.
    a) Was ist ein Werbeträger? Nennen Sie andere Werbeträger!
    b) Was ist ein Werbemittel? Nennen Sie Werbemittel!
4. a) Welche Werbeziele verfolgen die mittelständischen Unternehmen mit ihren Anzeigen in A & N?
    b) Welches Werbeziel könnte das Kaufhaus (vgl. Sachdarstellung) verfolgen? Begründen Sie Ihre Meinung!
5. Welche Gründe könnte das Kaufhaus haben, unter den möglichen Werbemedien gerade das Anzeigenblatt A & N für seine Werbung auszuwählen? Gehen Sie bei Ihren Ausführungen auf entsprechende Kriterien für die Inter-Media-Auswahl ein!
6. Was versteht man unter einem Kontakterfolg? Kann man den Kontakterfolg messen?

77 : E – Fallbezogene Mehrthemenaufgabe

Hinweise	
Themenbereich	Kommunikationspolitik
thematischer Schwerpunkt	Werbung, Sponsoring
Branchenorientierung	Stalleinrichtungen, Stallbau
Textbezug	C. 3.6, C. 4.3.4
geschätzte Bearbeitungsdauer	60 Minuten
geschätzte Anforderungen	I (bei Aufg. 2 und 3), II und III

Die Stallbau GmbH in Schomfeld stellt Stalleinrichtungen für Pferde, Kühe und Schweine, Stallreinigungs- und Fütterungsanlagen her. Das umfangreiche Produktprogramm wird über ein Netz von selbstständigen Vertretern in ganz Deutschland, in Dänemark und in den Niederlanden vertrieben. Die Stalleinrichtungen für Pferde war wegen der erwarteten Nachfrage von Reitvereinen u. dgl. erst vor relativ kurzer Zeit in das Programm aufgenommen worden. Allerdings wurden die Erwartungen bisher nicht erfüllt. Während das übrige Programm mit großem Erfolg verkauft wurde, ging der Absatz der Stalleinrichtungen für Pferde zunächst nur schleppend voran, seit einigen Monaten ist der Umsatz sogar rückläufig.

Der Marketingleiter schlägt der Geschäftsleitung vor, die Kommunikationspolitik zu ändern. Pferdezüchter, Reitvereine, Rennställe und Reitschulen sollen wie bisher (vor allem über die Vertreter) direkt angesprochen bzw. mit Prospektmaterial versehen werden. Darüber hinaus sollen die Zielgruppen auch mit anderen Maßnahmen umworben werden. Auch über das Sponsoring von Reitveranstaltungen müsste man nachdenken.

1. Versuchen Sie Ursachen für das aufgezeigte Problem zu finden!

2. Erklären Sie den Begriff „Produktprogramm"! Wie werden Programmtiefe und -breite definiert? Wodurch unterscheiden sich Sortiment und Produktprogramm?

3. Unterscheiden Sie Handelsvertreter und Reisende als Außendienstmitarbeiter! Könnte das in der Sachdarstellung aufgezeigte Problem u. a. auch dadurch verursacht worden sein, dass der Verkauf ausschließlich über selbstständige Handelsvertreter lief? Begründen Sie Ihre Meinung!

4. Schlagen Sie Werbemaßnahmen vor!

5. Was versteht man unter Sponsoring? Welche Sponsoring-Maßnahmen könnten im vorliegenden Fall ergriffen werden? Glauben Sie, dass Sponsoring-Maßnahmen das anstehende Problem wenigstens teilweise lösen können?

78 : E – Fallbezogene Mehrthemenaufgabe

Hinweise	
Themenbereich	Produktpolitik, Produktprogramm, Sortiment
thematischer Schwerpunkt	Sortimentserweiterung, Zielgruppen, Markierung
Branchenorientierung	Glasherstellung, Quarzschmelze
Textbezug	C. 1.5.4, C. 3.2.3, C. 1.6 (Aufg. 13 - 16)
geschätzte Bearbeitungsdauer	60 Minuten
geschätzte Anforderungen	I bei Aufg. 1 bis 3, II und III

Die Norddeutsche Industrie-Glas GmbH stellt Rohre, Injektoren, Kolben, Reagenzgläser, Glasplatten und dgl. aus Quarzglas her und vertreibt sie unter dem (geschützten) Produktnamen *Industrieglas* an Industrieunternehmen. Hauptabnehmer sind Unternehmen der chemischen und pharmazeutischen Industrie, Hersteller von Laboreinrichtungen und Hersteller von Waschmaschinen, Elektroherden u.ä. Haushaltsgeräten. Das Logo der Norddeutschen Industrie-Glas GmbH – ein kleiner Kreis, der den Produktnamen Industrieglas einschließt – ist als Gravur auf den Produkten angebracht. Die Produkte sind in den norddeutschen Bundesländern gut eingeführt. Der Marktanteil liegt bei rd. 65 %, eine Erweiterung des Marktanteils scheint bei Industrieglas kaum möglich.

Seit einiger Zeit sind Mitbewerber mit Küchengeschirr aus Quarzglas auf dem Markt. Der Marketingleiter der Norddeutschen Industrie-Glas GmbH schlägt deshalb der Geschäftsführung vor, das Produktprogramm mit Küchenglas zu erweitern und z.B. Salatschüsseln, -bestecke, -teller usw. auf den Markt zu bringen. Er geht bei seinem Vorschlag davon aus, dass der Produktname Industrieglas (und das Firmenlogo) auch in privaten Haushalten bekannt ist.

1. In dem geschilderten Fall ist von Marktanteil die Rede. Erklären Sie diesen Begriff!

2. Erklären Sie (in Anlehnung an die Sachdarstellung) folgende Begriffe
   a) Produktprogramm,
   b) Programmbreite und Programmtiefe!

3. Mit der Erweiterung des Programms soll ein neues Käufersegment angeschnitten werden. Was ist ein Segment? Welche Bedeutung haben Segmente für die Marketingpolitik eines Unternehmens?

4. Halten Sie es für sinnvoll, das neue Küchengeschirr unter dem Produktnamen *Industrieglas* auf den Markt zu bringen? Begründen Sie Ihre Meinung!

5. Wie und wo sollte für die neuen Produkte geworben werden?

6. Schlagen Sie Absatzwege für die neuen Produkte vor!

79 : E – Fallbezogene Mehrthemenaufgabe

Hinweise	
Themenbereich	Produktpolitik, Distributionspolitik
thematischer Schwerpunkt	Sortimentserweiterung, Absatzwege, Produktmarkierung
Branchenorientierung	Kerzenherstellung, Tischdekoration
Textbezug	C. 1.5.4, C. 3.2.3, C. 1.6 (Fr. 1 - 13)
geschätzte Bearbeitungsdauer	90 Minuten
geschätzte Anforderungen	I bei Aufg. 1 bis 3, II und III

Die Abel Zieher GmbH & Co. KG ist Herstellerin von Kerzen aller Art, die sie europaweit unter dem Produktnamen *Zieher-Kerzen* vertreibt. Die Marke – eine stilisierte brennende Kerze mit der Umschrift Zieher-Kerzen – ist auf den Produktpackungen (gelegentlich auch auf kleinen Anhängekarten an den Produkten selbst) angebracht. Die Marke ist gut eingeführt. Die Kunden richten sich beim Einkauf danach und verlangen „Zieher-Kerzen". Hauptabnehmer der Produkte sind private Haushalte, die Kerzen als Tischdekoration verwenden oder als Teelichter benötigen.

Vor einiger Zeit hat man das Sortiment mit Kerzenhaltern für die Tischdekoration erweitert. Wegen des Erfolgs plant man jetzt eine weitere Ergänzung des Sortiments durch Aufnahme von Papierservietten in das Angebot. Auch diese Produkte werden mit dem Markenzeichen (Bild einer Kerze mit Umschrift) versehen (obwohl sie nicht im eigenen Unternehmen hergestellt werden).

1. Im Text ist von Sortiment die Rede.
   a) Was ist ein Sortiment? Kann man den Begriff in diesem Zusammenhang verwenden? Begründen Sie Ihre Meinung!
   b) Zur Beschreibung eines Sortiments verwendet man die Begriffe Sortimentsbreite und -tiefe. Erklären Sie diese Begriffe! Ziehen Sie dazu das Beispiel in der Sachdarstellung heran!
2. Im Text werden zwei Sortimentserweiterungen bzw. -ergänzungen angesprochen.
   a) Nennen Sie Orientierungsgesichtspunkte für Sortimentserweiterungen bzw. -ergänzungen, und erklären Sie sie kurz!
   b) Welcher Orientierungsgesichtspunkt liegt wahrscheinlich bei den Sortimentserweiterungen bzw. -ergänzungen in der Sachdarstellung vor?
3. Die Produkte sind markiert.
   a) Nennen Sie Beispiele für Markierungsarten!
   b) Warum werden Produkte markiert?
   c) Wodurch unterscheiden sich Herstellermarken von Handelsmarken?
4. Halten Sie es für richtig, dass die Abel Zieher GmbH & Co. KG auch die Produkte, die von fremden Herstellern bezogen werden, mit ihrer Marke versehen? Welche Probleme können entstehen, wenn ein Unternehmen auch neue Produkte mit der eingeführten Marke auf den Markt bringt?
5. Auf welchen Wegen werden die Produkte der Abel Zieher GmbH & Co. KG abgesetzt?
6. Die Abel Zieher GmbH & Co. KG setzt im Außendienst Vertreter und keine Reisenden ein. Versuchen Sie, Gründe dafür zu finden!

80 : E – Fallbezogene Mehrthemenaufgabe

Hinweise	
Themenbereich	Kommunikationspolitik
thematischer Schwerpunkt	Werbung
Branchenorientierung	Herstellung von Werbemitteln, Druckerei
Textbezug	C. 3.2.3, C. 3.2.4, C. 3.2.5
geschätzte Bearbeitungsdauer	60 Minuten
geschätzte Anforderungen	I und II

Die Rudolf Kaufmann GmbH & Co. KG stellt Prospekte, Faltblätter, Haftetiketten und dgl. her. Auftraggeber sind vor allem Einzelhandelsunternehmen in Schleswig-Holstein, in Hamburg und im nördlichen Niedersachsen. Bester Kunde ist zurzeit ein großer SB-Markt mit der Zentrale in Hamburg und zahlreichen Filialen im Hamburger Umland, der seinen Bedarf an Prospekten (als Beilagen zu Zeitungen und Werbeblättern) und Haftetiketten zur Kennzeichnung seiner Produkte ausschließlich bei der Rudolf Kaufmann GmbH & Co. KG deckt.

Die MedVet GmbH, Herstellerin tiermedizinischer Präparate, die ein von ihr entwickeltes Mittel gegen Zecken bei Hunden und Katzen bei Tierärzten mit einem Prospekt bekannt machen möchte, bittet um ein Angebot für einen entsprechenden Prospekt. Da die Rudolf Kaufmann GmbH & Co. KG hier Folgeaufträge erwarten kann, will man sich dieser Anfrage mit besonderer Sorgfalt widmen.

1. Wie wirbt die Rudolf Kaufmann GmbH & Co. KG um Kunden?

2. Sie werden mit der Bearbeitung der Anfrage (vgl. Sachdarstellung) beauftragt. Wie gehen Sie vor, um der MedVet GmbH ein Angebot unterbreiten zu können?

3. Erläutern Sie den Unterschied zwischen Werbeträgern und Werbemitteln! Nennen Sie auch Beispiele und Kriterien für die Auswahl von Werbeträgern bzw. -mitteln!

4. Welche Gründe kann die MedVet GmbH haben, mit einem Prospekt für sein neues Produkt zu werben?

5. Halten Sie es für sinnvoll, dass
   a) die Rudolf Kaufmann GmbH & Co. KG,
   b) die MedVet GmbH
   mit Fernseh-Spots für ihre Produkte werben? Begründen Sie Ihre Meinung!

6. Welche Ziele verfolgen Unternehmen mit ihrer Werbung? Nennen Sie die Begriffe und erklären Sie sie kurz!

81 : E – Fallbezogene Mehrthemenaufgabe

Hinweise	
Themenbereich	Kommunikationspolitik, Distributionspolitik
thematischer Schwerpunkt	Auftrag, Außendienst, Absatzwege, Werbung
Branchenorientierung	Messtechnik, Maschinenbau
Textbezug	C. 4.6 (Fr. 3), C. 3.2, C. 3.4, C. 3.5, C. 3.7
geschätzte Bearbeitungsdauer	60 - 90 Minuten
geschätzte Anforderungen	überwiegend II, III bei Beurteilungen u. dgl.

Die Messtechnik AG in Hamburg stellt Geräte und Messsysteme für Gas- und Wasseranalyse und Füllstandsmesstechnik für feine und grobe, feste und flüssige Medien her. Sie vertreibt die Produkte im Inland und im europäischen Ausland mit einer eigenen Vertriebsorganisation. Abnehmer der Produkte sind Unternehmen der chemischen Industrie, Kraftwerke, Klärwerke, Futtermittelhersteller, Silobetreiber, Umweltlaboratorien.

Die Messtechnik AG ist ein Unternehmen der *Unternehmensgruppe A & B – Industrielle Steuerungstechnik Altherr & Berthold GmbH*. Die anderen drei Unternehmen der Gruppe stellen elektromechanische Schaltgeräte, Last- und Leistungsschalter, zentrale Steuerungssysteme für optimale Prozessabläufe in der chemischen Industrie her. So bieten die einzelnen Gruppenunternehmen individuelle, auf ein Fachgebiet bezogene Problemlösungen an, die Gruppe kann darüber hinaus komplette Leistungspakete zur Realisierung komplexer Projekte anbieten. Die A & B GmbH wirbt gelegentlich mit seinem in den einzelnen Unternehmen angewandten Qualitätssicherungssystem, das dem internationalen Standard entspricht.

1. Mit welchen Aktionen (Werbemaßnahmen und dgl.) kann die Messtechnik AG auf sich und ihre Produkte aufmerksam machen?

2. Beschreiben Sie die Vorgänge bis zur Auftragserteilung! Welche Aufgaben hat dabei der Außendienst?

3. Welche Tätigkeiten fallen für die kaufm. Angestellte (in der Sachdarstellung) bei der Auftragsbearbeitung an?

4. Könnte die eigenartige Unternehmensstruktur - Unternehmensgruppe mit vier Unternehmen, die auf bestimmte Produkte bzw. Produktprogramme spezialisiert sind – Bedeutung für die Werbung um Aufträge haben?

5. Erörtern Sie kurz das angegebene Qualitätssicherungssystem in seiner Bedeutung für die Auftragserteilung!

6. Welche Absatzwege – direkte oder indirekte – wird die Messtechnik AG nutzen? Begründen Sie Ihre Meinung!

82 : E – Fallbezogene Mehrthemenaufgabe

Hinweise	
Themenbereich	Distribution, Öffentlichkeitsarbeit
thematischer Schwerpunkt	Ausstellungen, P.R.
Branchenorientierung	Tiermedizin
Textbezug	C. 4.3.5, C. 3.5
geschätzte Bearbeitungsdauer	45 Minuten
geschätzte Anforderungen	I und II

Die Veranstalter eines Tierärztekongresses in München laden die MedVet GmbH, Hamburg, und andere führende Hersteller von Tiermedizin ein, im Rahmen des Veranstaltungsprogramms ihre Sortimente und Besonderheiten ihres Programms vorzustellen. Der MedVet GmbH sind die Kontakte zu den Tierärzten, ihren wichtigsten Kunden, sehr wichtig; sie nimmt deshalb die Einladung an. Teilnehmen werden der Geschäftsführer und der Marketingleiter, die beide Tiermediziner sind, der Verkaufsleiter sowie einige Außendienstmitarbeiter (und zwei Lagerarbeiter).

Die MedVet GmbH hat ein Mittel gegen Zecken bei Hunden und Katzen entwickelt. Der Geschäftsführer erhält bei dem Kongress die Gelegenheit, das neue Mittel einem Fachpublikum in einem Vortrag vorzustellen. Außerdem geht die Geschäftsführung davon aus, dass durch den persönlichen Kontakt neue Geschäftsbeziehungen angeknüpft und Verkaufsabschlüsse getätigt werden können.

Die MedVet GmbH hat auf Ausstellungen und Messen Erfahrungen in der Produktpräsentation und in der Kontaktaufnahme zu einem fachkundigen Publikum sammeln können. Sie verfügt auch über Einrichtungen für die Produktpräsentation.

1. In der Sachdarstellung ist von einer organisierten Marktveranstaltung die Rede. Marktveranstaltungen ähnlicher Art sind z.B. Ausstellung und Messen. Nennen Sie die Kennzeichen von Ausstellungen und Messen! Handelt es sich bei der Veranstaltung in der Sachdarstellung um eine Ausstellung oder um eine Messe?

2. Welche besonderen Ziele verfolgt die MedVet GmbH?

3. Welche Einrichtungen benötigt die MedVet GmbH für die Produktpräsentation?

4. Machen Sie Vorschläge für die Gestaltung des Informationsmaterials!

5. Die MedVet GmbH betreibt mit dieser Veranstaltung auch Öffentlichkeitsarbeit. Was versteht man unter Öffentlichkeitsarbeit? Wo betreibt die MedVet GmbH hier Öffentlichkeitsarbeit?

83 : E – Fallbezogene Mehrthemenaufgabe

Hinweise	
Themenbereich	Marketingstrategien, Marketingplanung
thematischer Schwerpunkt	Portfolio-Analyse, Außendienstorganisation
Branchenorientierung	Tiermedizin
Textbezug	D. 3.1 und 3.2, C. 1.5.4 (Fr. 14 ff.), C. 3.7 und 3.8, C. 4.5.3
geschätzte Bearbeitungsdauer	300 Minuten
geschätzte Anforderungen	überwiegend II und III

Die MedVet GmbH, Hamburg, vertreibt in Deutschland Tierarzneimittel. Abnehmer der Produkte sind Tierärzte, die von Vertretern besucht und beraten werden. Es bestehen zurzeit 15 Vertreterbezirke mit jeweils 600 Tierärzten; ein Kunde soll im Allgemeinen einmal innerhalb von sechs Wochen besucht werden. Die Vertreter erhalten ein monatliches Fixum, und sie sind am Umsatz in ihrem Bezirk prozentual beteiligt. Ein Kundenbesuch kostet die MedVet 200 bis 250 €.

Potenzielle Kunden der MedVet GmbH sind die etwa 9.000 Tierärzte in Deutschland. Die meisten Tierarztpraxen sind sog. gemischte Praxen, d.h. es werden sowohl Klein- als auch Groß- bzw. Nutztiere behandelt. Daneben gibt es allerdings auch Praxen, die sich auf die Behandlung von Kleintieren bzw. von Groß- und Nutztieren spezialisiert haben. Auf den Bedarf dieser Kundschaft ist das Sortiment der MedVet GmbH weitgehend zugeschnitten. Allerdings ist das Sortiment im Hinblick auf den Bedarf einiger Tierarztpraxen, insbesondere der Kleintierpraxen, unvollständig; die Tierärzte kaufen die entsprechenden Arzneimittel bei den Mitbewerbern, deren Kontaktierungsmöglichkeiten zu den Praxen dadurch erheblich verbessert werden. Nur bei einem Teil der Tierärzte ist das Sortiment der MedVet GmbH vorhanden bzw. wird vollständig zur Behandlung genutzt. Die Umsätze, die die MedVet durchschnittlich im Jahr tätigen kann, liegen bei den Kleintierpraxen bei 3.400 €, bei Groß- bzw. Nutztierpraxen bei 5.200 €.

Um die erheblichen Außendienstkosten zu senken und den Umsatz zu erhöhen, entwickelt die Geschäftsleitung eine Marketingstrategie, deren Eckpunkte sich folgendermaßen kennzeichnen lassen.

- Die Vertreterbezirke werden von 15 auf zwölf verringert. Das gestattet die Trennung von drei Außendienstmitarbeitern.
- Die Besuchshäufigkeit soll differenziert werden; das heißt, die Tierärzte sollen im Hinblick auf ihre Bedeutung als Kunden der MedVet unterschiedlich häufig besucht, u.U. lediglich von der Zentrale in Hamburg aus direkt bedient werden.
- Die Differenzierung der Besuchshäufigkeit macht die Einstellung der Kunden in relevante Kundengruppen erforderlich. Kriterien für die Einteilung sind die

Entwicklung der Praxis und die Distributionstiefe. Grundlagen für die Beurteilung der Praxisentwicklung sind u.a. Lagerhaltung (Umfang des Vorrats an Medikamenten, Lagerumschlag u.Ä.), Umsätze, Veränderungen im Personalbestand (angestellte Tierärzte, Praxishilfen). Danach entwickelt sich eine Praxis, d.h. sie wächst, wenn sie zusätzlich Tierärzte beschäftigt, Praxisräume erweitert, ein Labor einrichtet, wachsenden Bedarf an Medikamenten hat usw.; wenn dagegen Personal entlassen wird, der Bedarf an Medikamenten stagniert, kaum wächst oder sogar zurückgeht, kann geschlossen werden, daß sich die Praxis nicht oder nur gering entwickelt, vielleicht sogar rückentwickelt, d.h. nicht oder nur mit sehr geringen Zuwachsraten wächst.

Mit Distributionstiefe bezeichnet die MedVet die Verfügbarkeit ihres Sortiments in einer Praxis. Eine geringe Distributionstiefe liegt danach vor, wenn nur wenige Mittel der MedVet genutzt werden; eine tiefe Distribution („hohe Distributionstiefe") bedeutet dagegen, daß in der Praxis nahezu das ganze Sortiment genutzt wird.

- Durch Akquisition neuer Produkte soll das Angebot erweitert und das Sortiment attraktiver werden.
- Die Außendienstmitarbeiter sind für die fachgerechte Beratung qualifizierter Kunden intensiver zu schulen. Außerdem sollen großzügig bemessene Prämien als Leistungsanreiz eingeführt werden.

Aufgaben

1. Woher erhält die Geschäftsleitung der MedVet GmbH die für die Kundenanalyse erforderlichen Informationen?

2. Definieren Sie die Kundengruppen für die angegebene Marketingstrategie der MedVet GmbH! Nutzen Sie eine Vier-Felder-Matrix, ziehen Sie dazu die Merkmale „Wachstum (Entwicklung)" und „Distributionstiefe" mit den Ausprägungen hoch und niedrig heran!

3. Schlagen Sie auf der Grundlage der Analyse (nach Aufg. 2) Aspekte einer Bearbeitungsstrategie vor, berücksichtigen Sie dabei die Differenzierung der Besuchshäufigkeit!

4. Nennen Sie Maßnahmen des Direktmarketing, die im vorliegenden Fall in Betracht kommen können!

5. Die MedVet GmbH akquiriert ein Mittel zur Kleintierbehandlung in Frankreich und vertreibt es unter dem gleichen Zeichen (MEDVET) wie die anderen Produkte ihres Programms in Deutschland. Erläutern Sie die Gründe für die Akquisition!

6. Wie werden Außendienstmitarbeiter geschult? Welche besondere Bedeutung hat die Schulung des Außendienstes im vorliegenden Fall?

7. Die Außendienstmitarbeiter sind am Umsatz beteiligt. Welches Problem kann durch diese Umsatzbeteiligung entstehen? Zum Leistungsanreiz wird ein Prämiensystem eingeführt. Schlagen Sie eine Staffelung der Prämiensätze vor!

Lösungen der Aufgaben

1 : A 1 – Grundlagen – Volkswirtschaftslehre

Leitzinserhöhung

Allgemeine Erörterung:
1. Erhöhung der Leitzinsen als Signal - Anhebung des Zinsniveaus, Bekämpfung der Inflation;
2. Zusammenhang zwischen Änderung von Zinsen und Konjunktur – Zins – Investitionen ... (Nachfrage) – Produktion,
3. mögliche (befürchtete) Folgen der Zinserhöhung erörtern:
die Leitzinserhöhungen würden das Wirtschaftswachstum bremsen. Verteuerung der Kredite, Rückgang der Investitionen ...
4. Abwehr des Vorwurfs: Gegengründe: Hinweis auf USA ...

Aufgaben:
a) Leitzinsen: (mit kurzen Erklärungen)
Spitzenrefinanzierung,
Hauptrefinanzierung,
Einlagen
Bedeutung für die Geldpolitik: Signal an die Geschäftsbanken, Kredite zu verteuern, Drosselung der Kreditnachfrage ...

b) Bei einem **Mengentender** gibt die Zentralbank bei der Ausschreibung den Zinssatz bekannt, zu dem sie Zentralbankgeld zuteilen wird.

Die Geschäftspartner geben ihre Gebote ab. Darin nennen sie die Beträge, die sie bei dem angegebenen Zinssatz haben wollen.

Bei höherem Bietungsbetrag – Zuteilung durch EZB ...

Bei einem **Zinstender** gibt die Zentralbank bei der Ausschreibung keinen Zinssatz bekannt. Geschäftsbanken geben Gebote ab (Beträge mit Zinssatz). ZB legt nach Eingang der Gebote Zinssatz fest. Zuteilung bis zu diesem Zinssatz.

c) Bei **Mengentender**: GB geben höhere Gebote ab als ihrem Bedarf entspricht, Folge: der Liquiditätsbedarf (Marktbedingungen) wird nicht ausreichend widergespiegelt.

Bei **Zinstender**: GB müssen Gebote genau überlegen, bei hohem Gebot - Einkauf teurer Liquidität, bei niedrigem Gebot.

Das Verhalten der GB richtet sich nach den tatsächlichen Marktverhältnisses aus.

Der Mindestzinssatz übernimmt die Signalfunktion; er deutet die Richtung der Geldpolitik an.

d) Senkung der Steuern bedeutet Vermehrung der gesamtwirtschaftlichen Nachfrage: Investitionsgüternachfrage und Konsumgüternachfrage, dadurch Steigerung der Produktion, des Einkommen, der weiteren Nachfrage (C und I), Nachfragesteigerung kann die Preisniveaustabilität gefährden.

2 : A 1 – Grundlagen – Volkswirtschaftslehre

Preisindex – Berechnung

Komp.	q_0	p_0	$p_0 \cdot q_0$	p_1	$p_1 \cdot q_0$	p_2	$p_2 \cdot q_0$
1	6	2,0	12,0	2,2	13,20	2,5	15,0
2	3	9,5	28,5	10,0	30,00	10,1	30,3
3	13	10,2	132,6	10,5	136,50	10,6	137,8
4	4	13,0	52,0	13,1	52,40	13,2	52,8
5	14	22,0	308,0	22,5	315,00	23,0	322,0
			533,1		547,10		557,9
			100,0		102,63		104,7

$$p = \frac{\Sigma p_n \cdot q_0}{\Sigma p_0 \cdot q_0} \cdot 100$$

$$p_1 = \frac{\Sigma 547,1}{\Sigma 533,1} \cdot 100 = 102,63$$

$$p_1 = \frac{\Sigma 557,9}{\Sigma 533,1} \cdot 100 = 104,7$$

3: A 1 – Grundlagen – Volkswirtschaftslehre
Zinstender

A		B		C		D	
Mio. E	Zi.	Mio. E	Zi.	Mio. E	Zi.	Mio. E	Zi.
110	5,2	75	5,00	120	4,90	70	4,75
130	5,1	80	4,90	130	4,80	65	4,70
180	5,0	85	4,85	140	4,75	60	4,65
200	4,9	90	4,80	160	4,70	55	4,60
210	4,8	95	4,70	170	4,65	50	4,50
marginaler Zinssatz 4,75							

a) Zuteilung

	A		B		C		D		
	110	5,2	75	5,00	120	4,90			
	130	5,1	80	4,90	130	4,80			
	180	5,0	85	4,85					
	200	4,9	90	4,80					
	210	4,8							
	830		330		250		0		1.410
Restzuteilung 2: 1					60	4,75	30	4,75	90
Zuteilung insges.	830		330		310		30		1.500

b) Durchschnittszins

A	B	C	D
572	375,00	588	
663	392,00	624	
900	412,25	285	142,50
980	432,00		
1.008			
4.123	1.611,25	1.497	142,50
4,97	**4,88**	**4,83**	**4,75**

c) A verfügt wegen seiner hohen Gebote über relativ hohe, aber relativ teure Liquidität,

Problem: Liquiditätsnachfrage – Marktbedingungen ...

B und C verfügen wegen ihrer relativ niedriger Gebote über weniger, dafür billigere Liquidität (als A),

D verfügt wegen seines geringen Gebots über relativ wenig, aber sehr billige Liquidität,

im Bedarfsfall Beschaffung von zusätzlicher Liquidität – Geldmarkt, teures Tagesgeld ...

4 : A 1 – Grundlagen – Volkswirtschaftslehre
Investitionen im Konjunkturverlauf

1. **Rezession:**
gering, evtl. Anregung durch Geldpolitik

2. **Aufschwung:**
zunächst: Investitionsgüterbereich wegen niedriger Zinsen und niedrigem Lohnniveau

dann: Konsumgüterbereich wegen der steigenden Nachfrage nach Konsumgütern wegen steigender Löhne

allmählich auch beginnende Rationalisierungsinvestitionen wegen Arbeitskräftemangels und steigender Löhne

3. **Boom:**
umfangreiche Investitionstätigkeit

vor allem weiterhin Rationalisierungsinvestitionen, aber bereits abnehmend wegen der schlechten Aussichten

4. **Abschwung:**
zunächst langsam dann stark abnehmend wegen sinkender Nachfrage und Gefahr der Illiquidität ...

5: A 2 – Grundlagen – Betriebswirtschaftslehre

Rechtsformen im Überblick

	Einzelunternehmen	Personengesellschaften		Kapitalgesellschaften		gemischte Rechtsform
		OHG	KG	GmbH	AG	GmbH & Co. KG
Firma	Name des EU mit Zusatz e.K.	(Familien-)Name mit Zusatz OHG	(Familien-)Name mit Zusatz KG	Sach,- Personen- oder Familienfirma, Zusatz GmbH	Sach,- Personen- oder Familienfirma, Zusatz AG	Sachbezeichnung oder Familienname, Zusatz GmbH & Co. KG
Geschäftsführung	der Einzelunternehmer	alle Gesellschafter (außer bei Ausschluss von der GF)	der (die) persönlich haftende(n). Gesellschafter	ein oder mehrere Geschäftsführer – von Gesellschafterversammlung bestellt	Vorstand – von Aufsichtsrat bestellt	Geschäftsführer der GmbH
Haftung	der Einzelunternehmer	alle Gesellschafter: unbeschränkt, gesamtschuldnerisch, direkt	Komplementär: volle Haftung Kommanditisten: Teilhaftung (bis zur Höhe der Einlage)	Haftung auf das Stammkapital beschränkt	Haftung auf das Grundkapital beschränkt	Komplementär: Vollhaftung – GmbH mit Stammkapital, Kommanditisten: Teilhaftung
Mitsprache und Kontrolle durch Kapitalgeber	—	Kontrollrecht der von der GF ausgeschl. Gesellschafter	Kommanditisten: Kontrollrecht, Mitspracherecht	Gesellschafterversammlung (evtl. Aufsichtsrat)	Hauptversammlung, Aufsichtsrat	Gesellschafter
Gewinnverteilung	—	entweder nach HGB (4 % der Einlage, Rest nach Köpfen) oder Vertrag	entweder nach HGB (4 % der Einlage, Rest angemessen) oder Vertrag	gem. Anteil	Dividende (je Aktie)	Anteile für GmbH und Kommanditisten (gem. Vertrag)
Mindestkapital (Bezeichnung und Betrag)	—	—	—	Stammkapital, mind. 25.000 €	Grundkapital, mind. 50.000 €	Stammkapital der vollhaftenden GmbH
Mindesteinlage (Bezeichnung und Betrag)	—	—	—	Stammeinlage mind. 100 €	Aktie	Stammeinlage der Gesellschafter der GmbH

6 : A 2 – Grundlagen – Betriebswirtschaftslehre
Stellenausschreibung (extern – intern)

Textbearbeitung

a) Gliederung (Vorschlag)
   A. Ziel der Personalbeschaffung,
   B. 1 Vorteile der internen Personalbeschaffung,
      2 Vermeidung von Fehlbesetzungen,
      3 Zielgerechte Personalauswahl,
      4 Ergebnisse,
   C. Trend

b) Aufstieg vor Einstieg als Grundlage für eine realistische Führungskräfteentwicklung ...

c) Stellungnahme z.B.: Abwägung der Vorteile und Nachteile beider Ausschreibungsmöglichkeiten, starke Bindung von Mitarbeitern, geringe Impulse von außen ...

7 : A 2 – Grundlagen – Betriebswirtschaftslehre
Kündigung

a) 3.12.

b) BGB

8 : A 2 – Grundlagen – Betriebswirtschaftslehre

optimale Bestellmenge

1. Die optimale Bestellmenge ist die Menge bei der die Summe aus den Kosten der Lagerhaltung und Bestellung am geringsten ist.

Ziel: Bei geringer Lagerhaltung sind die Lagerhaltungskosten gering; geringe Lagerhaltung bedeutet aber relativ häufige Bestellung, also hohe Bestellkosten. – Es geht darum, die Bestellkosten und die Lagerhaltungskosten über die Bestellmenge so miteinander zu verbinden, dass ihre Summe möglichst gering ist.

2. Ermittlung der optimalen Bestellmenge

Bestell-häufig-keit	Bestell-menge	bewertete Bestell-menge	durch-schnittl. Lager-bestand	Kosten der Be-stellung	Kosten der Lager-haltung	Gesamt-kosten
n	B	B · EPr	(B · Epr) / 2	K_{Best}	K_{Lh}	$K = K_{Best} + K_{Lh}$
1	200,0	1.000,0	500	5	50,00	55,00
2	100,0	500,0	250	10	25,00	35,00
3	**66,7**	**333,3**	**167**	**15**	**16,67**	**31,67**
4	50,0	250,0	125	20	12,50	32,50
5	40,0	200,0	100	25	10,00	35,00
6	33,3	166,7	83	30	8,30	38,33
7	28,6	142,8	71	35	7,14	42,14
8	25,0	125,0	63	40	6,25	46,25
9	22,2	111,1	56	45	5,55	50,55
10	20,0	100,0	50	50	5,00	55,00

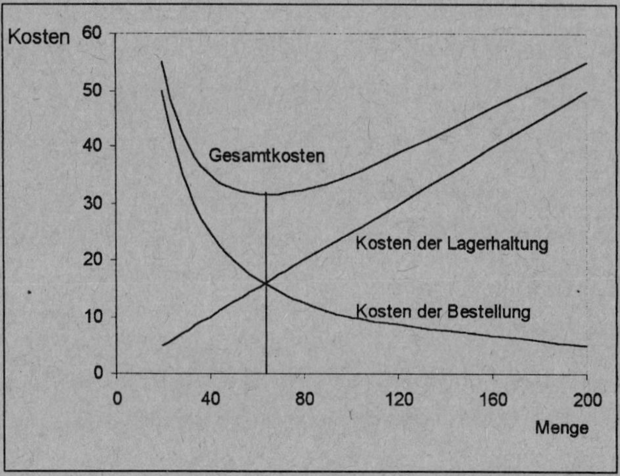
Kosten
60
50
40
30
20
10
0
0
40
80
120
160
200
Menge
Gesamtkosten
Kosten der Lagerhaltung
Kosten der Bestellung

9 : A 2 – Grundlagen – Betriebswirtschaftslehre
Lagerkarte – Kennziffern

a) dLb = 7750, dLb = 16.303,85

b) Wareneinsatz zu Einstandspreisen: 22.950 €

c) Uh = 1,4

d) dLd = 256 Tage

10 : A 2 – Grundlagen – Betriebswirtschaftslehre
Lagerkennziffern

a) Uh = 12

b) 0,1 (10 %), Lagerkostensatz in Bezug auf den Wareneinsatz.

c)

Uh	Wareneinsatz	Kosten	Kostensatz (%)
12	151.950,00	15.195,00	10,0
8	101.300,00	15.195,00	15,0
16	202.600,00	15.195,00	7,5

11 : A 2 – Grundlagen – Betriebswirtschaftslehre

Eigenproduktion, Fremdbezug, Angebotsvergleich

1. Fremdbezug: Kostenvorteile gegenüber Eigenproduktion ... Qualitätsvorteile, Know-how, günstige Zahlungsbedingungen, Zuverlässigkeit der Termineinhaltung ...; bereits vorliegende TÜV-Typenzulassung ...

2. Problembereiche: Erweiterungsinvestition (evtl. Reihenfertigung statt Werkstättenfertigung), Finanzierung, Sicherung der Kredite, Liquidität, geeignete Arbeitskräfte ...

3. Veränderung der Kostenstruktur (fixe Kosten – variable Kosten): Kosten vor der Umstellen: relativ geringe fixe und relativ hohe variable Kosten, nach Umstellen umgekehrt, – Begründung: z.B. Abschreibungen ...

4. Fremdbezug von Teilen führt zu Veränderungen des Bedarfs; Teile bzw. Bauteile anstatt Rohstoffe, andere Materialien usw. (Auch Lagerhaltung wird beeinflusst (Lagerart, Lagerkosten usw.)

5. Angebotsvergleich

	1	2	3
Angebotspreis	520,00 €	490,00 €	530,00 €
abzüglich Rabatt	52,00 €		79,50 €
Zieleinkaufspreis	468,00 €	490,00 €	450,50 €
abzüglich Skonto	9,36 €	9,80 €	9,01 €
Bareinkaufspreis	458,64 €	480,20 €	441,49 €
zuzüglich Bezugskosten		Transportkosten	Rollgeld
Einstandspreis	?	?	?

Die Entscheidung soll begründet werden; dabei ist auf die Transportkosten einzugehen.

6. Lieferungsbedingungen regulieren den Umfang und die Erfüllung der Verpflichtungen des Lieferers, z.B. Zeitpunkt und Ort der Warenübergabe, Berechnung der Lieferkosten (z.B. frei Haus, ab Werk u.a.), Vertragsstrafen bei Nichterfüllung usw.

   Zahlungsbedingungen regulieren die Zahlungsverpflichtungen des Kunden, z.B. Zahlungsfristen, Skontoziehung, Zahlungsarten (z.B. Vorauszahlung), Sicherheiten usw.

7. Skontoziehung lohnt sich. Begründung über ein frei gewähltes Zahlenbeispiel, z.B. bei 30-tägigem Zahlungsziel und zehntägiger Skontofrist entspricht ein Skontosatz von 3 % einem Zinssatz von 54 %; oder Vergleich Prozentrechnung - Zinsrechnung ...

8. Rabatte sind Preisnachlässe, die der Lieferer dem Kunden für die Übernahme bestimmter Funktionen gewährt, z.B. Lagerhaltung - Mengenrabatt u. dgl.

12 : A 2 – Grundlagen – Betriebswirtschaftslehre
optimale Losgröße

1. Ein Fertigungslos gibt die Menge einer Produktart an, die ohne Umrüstung nacheinander produziert werden kann.

2. Durch die Umrüstung, d.h. durch den Loswechsel entstehen Kosten, z.B. Personalkosten, Werkzeugverbrauch usw. Diese sog. Rüstkosten fallen bei jeder Umrüstung in gleicher Höhe an. Sie sind in ihrer Gesamthöhe also abhängig von der Anzahl der Umrüstungen.

3. Die optimale Losgröße gibt die Menge an, bei der die Summe aus Rüst- und Lagerhaltungskosten ihr Minimum hat. Bei geringer Anzahl von Umrüstungen sind die Rüstkosten niedrig, die Lagerhaltungskosten hoch (und umgekehrt).

4. Ermittlung der optimalen Losgröße
   Jahresbedarf in Stück   1.500
   Loswechselkosten in Euro   50
   Herstellkosten der Fertigung je Stück in Euro   450
   Kosten der Lagerhaltung in v.H. des durchschn. Lagerbestand   0,2

Los-größe	Loswechsel		durchschnittlicher Lagerbestand		Kosten der Lager-haltung	Gesamt-kosten
	Häufigkeit	Kosten	in Stück	in Euro		
L	n	K_{Lw}	dLb	dLb	K_{Lh}	$K_{Lw} + K_{Lh}$
5	300,0	15.000,00	2,5	1.125,00	225,00	15.225,00
10	150,0	7.500,00	5,0	2.250,00	450,00	7.950,00
15	100,0	5.000,00	7,5	3.375,00	675,00	5.675,00
20	75,0	3.750,00	10,0	4.500,00	900,00	4.650,00
25	60,0	3.000,00	12,5	5.625,00	1.125,00	4.125,00
30	50,0	2.500,00	15,0	6.750,00	1.350,00	3.850,00
35	42,9	2.142,86	17,5	7.875,00	1.575,00	3.717,86
40	**37,5**	**1.875,00**	**20,0**	**9.000,00**	**1.800,00**	**3.675,00**
45	33,3	1.666,67	22,5	10.125,00	2.025,00	3.691,67
50	30,0	1.500,00	25,0	11.250,00	2.250,00	3.750,00
55	27,3	1.363,64	27,5	12.375,00	2.475,00	3.838,64
60	25,0	1.250,00	30,0	13.500,00	2.700,00	3.950,00
65	23,1	1.153,85	32,5	14.625,00	2.925,00	4.078,85

Anmerkung: Differenzen ergeben sich durch Auf- bzw. Abrundungen

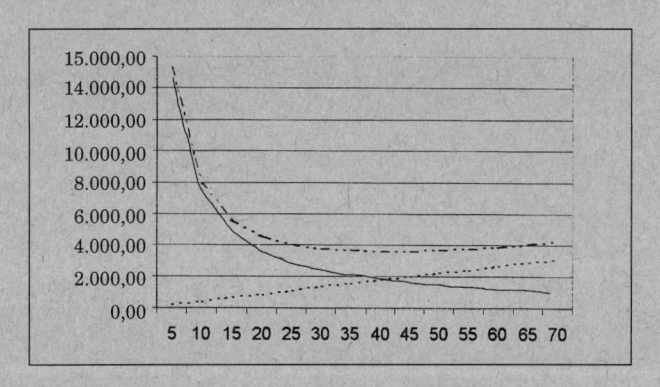

Grundlagen –Betriebswirtschaftslehre

13: A 2 – Grundlagen – Betriebswirtschaftslehre

Fertigungsverfahren und Fremdbezug

a) Werkstättenfertigung: Verrichtungszentralisation: Betriebsmittel gleicher Art/ gleichartiger Verrichtungen sind in Werkstätten zusammengefasst, Werkstücke werden von Werkstatt zu Werkstatt transportiert; Anwendung bei Einzelfertigung und Kleinserien; Vorteile: flexibel, relativ niedrige Investitionskosten ..., Nachteile: Transport, Zwischenlagerungen ...

b) Reihenfertigung: Objektkonzentration, Produktionsfaktoren werden in der Reihenfolge der Arbeitstakte angeordnet ...

Gruppenfertigung: Kombination aus Werkstatt- und Reihenfertigung ...

c) Geringe Mengen, Unsicherheit über Nachfrageentwicklung, geringe Investitionskosten, Verwendung bzw. Nutzung vorhandener Produktionsfaktoren (Universalmaschinen, ausgebildete Arbeitnehmer) ...

d) Fremdbezug:
   1. Kostenvorteile gegenüber Eigenproduktion,
   2. Qualitätsvorteile, Know-how eines spezialisierten und erfahrenen Herstellers wird genutzt;
   3. sonstige Gründe für Fremdbezug: Kooperation, günstige Zahlungsbedingungen, Zuverlässigkeit der Termineinhaltung ..., Tüv-Typenzulassung ...

e) Problembereiche: Erweiterungsinvestition (evtl. Reihenfertigung), Finanzierung, Sicherung der Kredite, Liquidität, geeignete Arbeitskräfte ...

f) Veränderung der Kostenstruktur: Kosten vor der Umstellung: relativ geringe fixe und relativ hohe variable Kosten, nach Umstellung: umgekehrt ... (Begründung über Abschreibung, Verringerung von Lohnkosten ...)

14 : A 2 – Grundlagen – Betriebswirtschaftslehre

Finanzierung durch Abschreibung, Kapitalfreisetzung
(Lohmann-Ruchti-Effekt)

a) Tabelle mit Abschreibungsverlauf

	Jahre						
	1	2	3	4	5	6	7
1. Maschine	12.500	12.500	12.500	12.500	12.500	12.500	12.500
2. Maschine		15.000	15.000	15.000	15.000	15.000	15.000
3. Maschine			20.000	20.000	20.000	20.000	20.000
4. Maschine				25.000	25.000	25.000	25.000
jährl. Abschreibungen	12.500	27.500	47.500	72.500	72.500	72.500	72.500
liquide Mittel	12.500	40.000	87.500	160.000	182.500	195.000	187.500
Reinvestition				50.000	60.000	80.000	100.000
frei gesetzte Mittel	12.500	40.000	87.500	110.000	122.500	115.000	87.500

b) Lohmann-Ruchti-Effekt = Finanzierung durch Abschreibungen; darüber hinaus Kapitalfreisetzung auch über die Reinvestition hinaus möglich; daraus entstehen freie Mittel für Kapazitätserweiterung usw.

Kritik an den Voraussetzungen:

1. gleiche Maschinen bei Reinvestition – Frage des Bedarfs,
2. gleiche Maschinen – Frage des Angebots,
3. Preissteigerungen für die Maschinen,
4. Erträge bei Produktverkauf – Möglichkeit zur Abwälzung der Abschreibungen auf den Käufer ...

15: A 2 – Grundlagen – Betriebswirtschaftslehre
Wechselbeziehung, -weitergabe, -verkauf

1. Weitergabevermerk, weil der Wechsel ein Orderpapier ist; das Eigentum muss ausdrücklich übertragen werden, Funktionen des Indossaments (mit Erklärungen ...): Transportfunktion, Haftungsfunktion, Legitimationsfunktion ...

2. 70 Tage,

$$Zi = \frac{Kap \cdot P \cdot T}{100 \cdot 360}$$

$$Zi = \frac{30.000 \cdot 8 \cdot 70}{100 \cdot 360} = 466{,}67$$

Barwert = 30.000 − 466,67 = 29.533,33

3. bei Wechselziehung: Kreditschöpfung ..., Zahlungsmittel entsteht ... Kreditsicherung ...

16 : A 5 – Grundlagen – Recht
Kaufvertrag

Der Prüfling soll erkennen, dass kein Kaufvertrag zu Stande kommt, weil eine Anfrage vorliegt. Die gelieferte Ware muss also nicht angenommen werden.

Die Anwort ist zu begründen, dabei sind die Begriffe Anfrage, Antrag, Annahme, (übereinstimmende) Willenserklärungen, Kaufvertrag zu verwenden.

17: A 5 – Grundlagen – Recht

Kaufvertrag, Pflicht des Verkäufers

V. muss 200 Stück liefern, da keine Freizeichnungsklausel im Angebot enthalten, Pflichten aus dem Kaufvertrag ...- Übereinstimmung von Willenserklärungen ... V. muss 100 Stück anderweitig beschaffen und zu den Bedingungen seines Angebots an K. liefern ...

18 : A 5 – Grundlagen – Recht

Kaufvertrag, Mängelrüge

a) Versteckter Mangel, K muss unverzüglich nach Entdeckung des Mangels rügen.

b) Rechte: Umtausch, Minderung, Rücktritt vom Vertrag.

c) Er wird wahrscheinlich Umtausch verlangen, Minderung kommt nicht infrage ... Rücktritt vom Vertrag kommt nicht infrage, Teile werden dringend benötigt ...

d) Handelskauf: unverzügliche Prüfung; Rügepflicht: unverzüglich nach Entdeckung des Mangels, bei versteckten Mängeln innerhalb von 6 Monaten,

bürgerlicher Kauf: keine unverzügliche Prüf- und Rügepflicht, Prüfung und Rüge innerhalb der Gewährleistungspflicht

19 : A 5 – Grundlagen – Recht
Kaufvertrag, Verjährung von Forderungen

1. Verjährung erklären: moralische Pflicht zur Zahlung erlischt nicht, aber: Gläubiger kann Hilfe der Gerichte nach Ablauf der Verjährungsfrist nicht mehr in Anspruch nehmen, Gesetzgeber zwingt Gläubiger zu nachdrücklichem und zügigem Mahnverfahren.

2. Verjährungsdaten:
    1. 31.12.2003, 0 h,
    2. 14.10.2004, Unterbrechung der Verjährungsfrist,
    3. 15.9.2031,
    4. 31.12.2005, 0 h,
    5. (31.12.2005), 23.2.2006 (Hemmung der Verjährungsfrist).

Marketinginformation

20 : B – Marketinginformation

Berechnung von Marktanteilen, Marktsättigung usw.

Diese Klausuraufgabe setzt voraus, dass der Prüfling die Begriffe richtig definieren und anwenden kann. Die Berechnungen sind relativ einfach. Diese Aufgabe eignet sich besonders zur Ergänzung mit weitergehenden Fragestellungen (z.B. Einsatz marketingpolitischer Instrumente bei Marktsättigung) und zur Kombination mit anderen Aufgaben.

a) Marktpotenzial: 25,3 Mio. Liter

b) Marktvolumen: 23,0 Mio. Liter

c) Absatzvolumen: 7,0 Mio. Liter

d) Marktanteil: rd. 30,5 %

$$\text{Marktanteil} = \frac{7}{23} \cdot 100 = 30{,}434$$

e) Grad der Marktsättigung: rd. 91 %

$$\text{Marktsättigung} = \frac{23}{25{,}3} \cdot 100 = 90{,}909$$

21 : B – Marketinginformation
Stichproben

Der Schwerpunkt der Aufgabe ist die Ermittlung eines Stichprobenumfangs. Wegen der unterschiedlichen Vorgaben fallen zwei Ergebnisse an, die Grundlage eines Vergleichs und einer Schlussfolgerung sind. Die Aufgabe wird ergänzt durch die Interpretation eines Umfrageergebnisses. (Weitere Ergänzungen, z.B. über die Art der Befragung, beteiligte Institute o.Ä. sind möglich.) Wegen der Anwendung von Kenntnissen auf einen neuen Sachverhalt liegen die Anforderungen im Bereich II.

Einzelhinweise:

a) $n = \dfrac{t^2 \cdot p \cdot q}{e^2}$

$n = \dfrac{1 \cdot 35 \cdot 65}{3^2} = \dfrac{2.275}{9} = 253$

b) $n = \dfrac{t^2 \cdot p \cdot q}{e^2}$

$n = \dfrac{2^2 \cdot 35 \cdot 65}{2^2} = \dfrac{9.100}{4} = 2.275$

c) Zu a) 253 Haushalte müssen befragt werden, wenn man das Ergebnis aus der Stichprobe mit einer Sicherheit von 68,3 % und einer Fehlertoleranz von +/- 3 % auf die Gesamtheit übertragen will.

Zu b) 2.275 Haushalte müssen befragt werden, wenn man das Ergebnis aus der Stichprobe mit der erheblich höheren Sicherheit von 95,5% und der geringeren Fehlertoleranz von +/– 2% auf die Gesamtheit übertragen will.

Folgerung: Je höher der Stichprobenumfang, desto sicherer die Stichprobenaussage.

d) Das Ergebnis aus der Stichprobe – Bekanntheitsgrad von 45 % – kann folgendermaßen auf die Gesamtheit übertragen werden: 42 % bis 48 % aller Haushalte kennen die Rum-Marke „Seelord" des Herstellers Drinkuth.

22 : B – Marketinginformation

Informationsgewinnung aus sekundärstatistischem Material

Diese Aufgabe ist gekennzeichnet durch den niedrigen Anforderungsgrad. Die Lösung besteht lediglich in der Reproduktion und Reorganisation von Kenntnissen. Die Aufgabe kann aber durch zusätzliche Fragen erweitert werden, so kann z.B. nach speziellem Informationsbedarf für bestimmte Fragestellungen, nach Formen der Aufbereitung usw. gefragt werden. Die Anforderungen liegen dann wegen des geforderten Transfers im Bereich II. Für die Lösung der Aufgabe wird hier die Tabellenform vorgeschlagen.

benötigte Informationen	Quellen	intern oder extern
Umsatz und Umsatzentwicklung allgemein und/oder je Produkt, Außendienstmitarbeiter, Verkaufsgebiet, Kundengruppe, Kunden u.dgl.	Unterlagen des Rechnungswesens und der Statistik	intern
Absatz und Absatzentwicklung allgemein und/oder je Produkt usw. (s.o.)	Unterlagen der Statistik	intern
Vertriebskosten insgesamt, je Produkt, Verkaufsgebiet, Kunden usw.	Unterlagen des Rechnungswesens	intern
Beschaffungsmarktsituation	Unterlagen der Einkaufsabteilung	intern
Lagerhaltung, Lagerbestände	Unterlagen der Lagerbuchhaltung	intern
Absatzmarktsituation, Anzahl der Mitbewerber,	allgemeine zugängliche Unterlagen über die Mitbewerber, z.B. Prospekte, Kataloge, Geschäftsberichte usw.	extern
ihre Produkte und Sortimente, Verkaufsgebiete, Absatzwege; Preise und Preisgestaltung der Mitbewerber; Substitutionskonkurrenz; Marktanteile der Mitbewerber	Berichte der Außendienstmitarbeiter	intern
Branchenentwicklung	Forschungsberichte, Branchenberichte u.Ä. von Kammern, Verbänden, Instituten	extern
allgemeine Wirtschaftslage	Statistiken, Berichte von Kammern, Instituten, Statistisches Bundesamt	extern
Kaufgewohnheiten, Änderungen der Kaufgewohnheiten, Modetrends,	Unterlagen des Verkaufs (z.B. Anfragen von Kunden), Berichte von Außendienstmitarbeitern;	intern
Konsum- und Spareigungen usw.	Untersuchungen von Instituten usw.	extern

23 : B – Marketinginformation

Absatzprognose

Schwerpunkt der Aufgabenbearbeitung ist die Anwendung einer Formel auf einen vorgegebenen Sachverhalt. Die Anforderungen entsprechen deshalb dem Bereich II. Für eine Interpretation des Ergebnisses müsste der Prüfling auch die Anwendung eines Glättungsfaktors von g = 0,9 erläutern können.

Der wahrscheinliche Wert für 2001 ergibt sich nach folgender Formel:

$$wW_{2001} = wW_{2000} + g(tW_{2000} - wW_{2000})$$
$$wW_{2001} = 125 + 0{,}9(123 - 125) = 125 + 0{,}9 \cdot -2 = 123{,}2$$

Der wahrscheinliche Wert für 2001 liegt bei 123.200 kg

24 : C1 – Produktpolitik (Produkt-, Programm- und Sortimentspolitik

Umsatzstrukturanalyse (ABC-Analyse)

1. Ermittlung des Umsatzes zur Festlegung des Rangplatzes

Artikel-Nr.	Absatz in Stück	Preis je ME in Euro	Umsatz	Rangplatz
1001	16	430	6.880	1
1002	950	4,4	4.180	2
1003	150	3	450	6
1004	490	1,4	686	3
1005	100	6	600	5
1006	85	8	680	4
1007	1.500	0,13	195	7
1008	1.800	0,1	180	8
1009	1.150	0,08	92	10
1010	4.000	0,03	120	9

2. Festlegung der Rangordnung, Ermittlung der Anteile von Absatz und Umsatz, Kumulation der Anteile, Ermittlung der Wertgruppen

Rang-platz	Artikel-Nr.	Absatz in %	Absatz in % kumuliert	Umsatz in %	Umsatz in % kumuliert	Wert-gruppen
1	1001	0,15	0,15	48,92	48,92	A
2	1002	9,28	9,43	29,72	78,64	A
3	1004	4,78	14,21	4,88	83,52	B
4	1006	0,83	15,04	4,84	88,36	B
5	1005	0,98	16,02	4,27	92,63	B
6	1003	1,46	17,48	3,20	95,83	C
7	1007	14,65	32,13	1,39	97,22	C
8	1008	17,58	49,71	1,28	98,50	C
9	1010	39,06	88,77	0,85	99,35	C
10	1009	11,23	100,00	0,65	100,00	C
		100,00		100,00		

3. Zusammenstellung der Wertgruppen, Zusammenfassung der Absatz- und Umsatzanteile

	Artikel	Mengenanteile	Umsatzanteile
A	1001, 1002	9,43	78,64
B	1004, 1006, 1005	6,59	13,99
C	1003, 1007, 1008, 1010, 1009	83,98	7,37

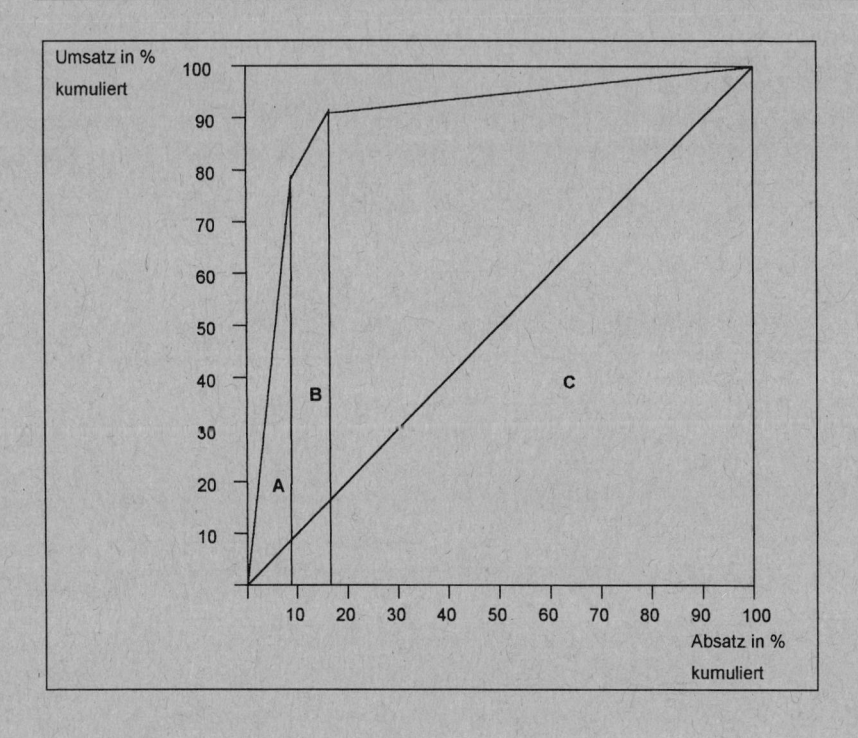

25 : C 1 – Produktpolitik (Produkt-, Programm- und Sortimentspolitik)

Wirtschaftlichkeitsprüfung – Kapitalwertverfahren

Jahre	Nettoeinnahmen	Abzinsungsfaktoren	Barwerte
1	25.000,00	0,9259	23.147,50
2	40.000,00	0,8573	34.292,00
3	60.000,00	0,7938	47.628,00
4	70.000,00	0,7350	51.450,00
		Summe der Barwerte	156.517,50
		Investitionsausgabe	125.000,00
		Differenz	31.517,50

Die Wirtschaftlichkeitsprüfung mithilfe der abgezinsten Nettoeinnahmen zeigt, dass sich die Investition lohnt. Die Produktion des neuen Produkts kann bei den angenommenen Rahmenbedingungen begonnen werden.

26 : C 1 – Produktpolitik (Produkt-, Programm- und Sortimentspolitik)

Wirtschaftlichkeitsprüfung durch Break-even-Analyse (1)

Der Break-even-Point ergibt sich bei der Gleichheit von Umsatzerlösen und Kosten (U = K).

- $U_{BeP} = x_{BeP} \cdot p,$
- $K_{BeP} = fK + vK_{BeP}, K_{BeP} = fK + x_{BeP} \cdot vK$
- $x_{BeP} \cdot p = fK + x_{BeP} p \cdot vK, x_{BeP} \cdot p - x_{BeP} \cdot vK = fK, x_{BeP}(p - vK) = fK,$

$$x_{BeP} = \frac{fK}{p - vK}$$

- $x_{BeP} = \dfrac{25.000}{30 - 24} = \dfrac{25.000}{6} = 4.166{,}67$

Die Menge beim Break-even-Point liegt bei 4.167 Stück.

Wenn ein Unternehmen ein neues Produkt einführen will, kann es dessen Wirtschaftlichkeit anhand einer Break-even-Analyse prüfen. Mit den Angaben von festen und variablen Kosten, des Verkaufspreises, der auf dem Markt wahrscheinlich erzielt wird, ermittelt er die BeP-Menge.

Ist die wahrscheinliche Absatzmenge höher als die BeP-Menge, kann sich die Produkteinführung lohnen.

27 : C 1 – Produktpolitik (Produkt-, Programm- und Sortimentspolitik)

Wirtschaftlichkeitsprüfung durch Break-even-Analyse (2)

Ermittlung der BeP-Menge mit den folgenden Angaben

	Euro
VPr je Stück	95,00
variable Kosten je Stück	45,00
Abschreibungen	70.000,00
Werbekosten	220.000,00
Vertriebskosten	380.000,00
feste Kosten insgesamt	670.000,00

- $x_{Bep} = \dfrac{fK}{p - vK}$

- $x_{Bep} = \dfrac{670.000}{95 - 45} = \dfrac{670.000}{50} = 13.400$

Die BeP-Menge beträgt 13.400 Stück.

Die wahrscheinlich absetzbare Menge liegt bei 12.500 Stück. Das Produkt sollte bei den vorgegebenen Bedingungen nicht in das Sortiment aufgenommen werden.

28 : C 1 – Produktpolitik (Produkt-, Programm- und Sortimentspolitik)

Produkt- und sortimentspolitische Maßnahmen (Begriffszuordnung)

Kennzeichnung der produkt- und sortimentspolitischen Maßnahmen:

1. Produktinnovation (horizontale Diversifikation); Sortimentserweiterung,
2. Produktinnovation (Produktvariation),
3. Produkteliminierung, Sortimentsbereinigung,
4. Produktinnovation (Produktdiversifikation); Sortimentserweiterung,
5. Produktvariation,
6. Produktvariation (Produktverbesserung),
7. Produkteliminierung, Sortimentsbereinigung,
8. Produktrelaunch,
9. Produktinnovation, horizontale Diversifikation,
10. Produktvariation (Produktverbesserung).

29 : C 1 – Produktpolitik (Produkt-, Programm- und Sortimentspolitik)

Unterscheidung Produktpolitik – Sortimentspolitik

Die folgenden Maßnahmen können u.a. infrage kommen:

Produktpolitische Maßnahmen

- Produktinnovationen, dazu zählen
  Entwicklung und Einführung neuer Produkte (Beispiel für ein neues Produkt der Pkw-Anhänger, den die Landtransport seit einiger Zeit anbietet), z.B. neue Anhängertypen, Anhänger für spezielle Transportleistungen usw.

- Produktvariation, dazu zählt u.a.
  Verwendung neuer Materialien, z.B. kunstoffbeschichtetes Holz, Bleche, Veränderung der äußeren Gestaltung, z.B. einheitliche Farbgebung für alle Produkte, auffällige Platzierung der Marke u.Ä.

Sortimentspolitische Maßnahmen

- Erweiterung des Sortiments im Hinblick auf die gleiche Zielgruppe, z.B. Traktoranhänger für den Gülletransport, Transportbänder und Aufzüge für die Bewegung von Lagergut in den Betrieben, Einrichtungen zum Beladen und zum Umladen u.Ä.
  Akquisition von Produkten, z.B. Güllebehälter,

- Erweiterung des Sortiments im Hinblick auf eine andere Zielgruppe,
  z.B. Pkw-Anhänger für den Pferdetransport von Reitpferden,
  z.B. Transportbänder für Lagerhalter, Industrie- und Handelsunternehmen

30 : C 1 – Produktpolitik (Produkt-, Programm- und Sortimentspolitik

Produktakquisition

Für die Produktakquisition des Impfstoffes durch die MedVet können folgende **Gründe** bestehen:

Die MedVet will ihr Sortiment kundengerecht erweitern. Das Produkt wird benötigt, es wird von den Tierärzten nachgefragt.

Das Produkt wird akquiriert, weil es wegen des Absatzrisikos und wegen des hohen Investitionsbedarfs bei Eigenproduktion nicht im Betrieb der Schweizer Muttergesellschaft hergestellt werden soll.

Die eigene Produktion setzt tiermedizinische Forschung voraus, die langwierig und teuer ist. Bevor ein Impfstoff für Tiere auf den Markt kommen kann, muss das Paul-Ehrlich-Institut in Frankfurt die Zulassungsgenehmigung erteilen. Anträge auf Genehmigung und Bearbeitung der Anträge sind langwierig; das Produkt würde relativ spät auf den Markt kommen. Bei Akquisition kann davon ausgegangen werden, dass die Genehmigung bereits vorliegt.

Einige Mitbewerber haben den Impfstoff bereits im Angebot. Die Tierärzte, die diesen Impfstoff benötigen, werden ihn bei den Mitbewerbern bestellen. Dadurch besteht die Gefahr, dass bisherige Kunden der MedVet den übrigen Bedarf an Tiermedizin auch bei der Konkurrenz decken.

Die meisten Mitbewerber haben den Impfstoff noch nicht im Angebot. Mit der Aufnahme des Impfstoffes in ihr Sortiment begründet die MedVet ihre Überlegenheit gegenüber der Konkurrenz.

Mit dem neuen Impfstoff kann die MedVet über ihren Außendienst Zugang zu Tierarztpraxen erhalten, die bisher nicht zu ihrer Kundschaft gehörten.

Die MedVet strebt ein Vollsortiment bei Arzneimitteln für Kleintiere an. Ein Vollsortiment bietet dem Tierarzt die Möglichkeit, alle Mittel, die er für die Kleintierpraxis benötigt von einem Lieferanten zu beziehen bzw. sie bei dem Besuch eines Außendienstmitarbeiters zu bestellen. Mit dem Vollsortiment kann die MedVet auf den differenzierten Bedarf der Tierärzte eingehen.

31 : C 1 – Produktpolitik (Produkt-, Programm- und Sortimentspolitik)

Sortimentsbereinigung, Deckungsbeitrag

Der Schwerpunkt der Aufgabe liegt in der Verbindung von Rechnungswesen (Ermittlung von Daten aus den Unterlagen der Buchführung und deren Aufbereitung) und Absatzwirtschaft (Anwendung der ermittelten Daten bei der Diskussion einer marketingpolitischen Entscheidung). Entsprechend soll der Klausurteilnehmer nachweisen, dass er die allgemeine Bedeutung von Kostendeckungsbeiträgen richtig wiedergeben kann (Reorganisation), dass er Kostendeckungsbeiträge errechnen kann (Transfer) und dass er schließlich eine Situation aufgrund der ermittelten Daten sachkundig diskutieren kann (Kreativität).

Einzelhinweise:
1. Ermittlung des Betriebsgewinns (über die Deckungsbeiträge)

1) ohne Typ III

	Typ I	Typ II	Insgesamt
Verkaufserlöse	920.000,-	850.000,-	1.770.000,-
variable Kosten	421.000,-	374.000,-	
Deckungsbeitrag	499.000,-	476.000,-	975.000,-
fixe Kosten			935.000,-
Betriebsgewinn			40.000,-

2) mit Typ III

	Typ I	Typ II	Typ III	Insgesamt
Verkaufserlöse	920.000,-	850.000,-	520.000,-	2.290.000,-
variable Kosten	421.000,-	374.000,-	322.000,-	1.117.000,-
Deckungsbeitrag	499.000,-	476.000,-	198.000,-	1.173.000,-
fixe Kosten				935.000,-
Betriebsgewinn				238.000,-

2. Es ist nicht sinnvoll, Typ III aus dem Produktionsprogramm zu nehmen, wegen des Kostendeckungsbeitrages von Typ III (= 198.000,-) ist der Betriebsgewinn größer, wenn Typ II im Produktionsprogramm bleibt (Betriebsgewinn 238.000,- statt 40.000,-).

3. Kostendeckungsbeitrag eines Produkts innerhalb eines Produktionsprogramms ist der Beitrag der Verkaufserlöse dieses Produkts zur Deckung der festen Kosten. Er ergibt sich, wenn von den Verkaufserlösen für das Produkt zunächst die variablen Kosten dieses Produkts abgezogen werden; ergibt sich ein Restbetrag (VE > vK), so kann dieser zur Deckung der gesamten festen Kosten mit herangezogen werden (VE - vK = DB).

4. Vollkostenrechnung:
Vollständige und periodengerechte Erfassung aller Kostenarten (Einzel- und Gemeinkosten bzw. fixe und variable Kosten) und ihre indirekte und direkte Verteilung auf die Kostenträger; sie ist die Grundlage der Preiskalkulation und -beurteilung.

Teilkostenrechnung:
Nur ein Teil der Kosten, nämlich die variablen bzw. Einzelkosten, werden den Kostenträgern zugerechnet.

32 : C 1 – Produktpolitik (Produkt-, Programm- und Sortimentspolitik)

Markierung von Produkten

Der Schwerpunkt der Aufgabe liegt im Bereich „Markenpolitik", (im Zusammenhang mit der Ausnutzung von Segmenten). Der Prüfling soll Marken allgemein definieren und Beispiele nennen (Reproduktion und Reorganisation von Kenntnissen), Gründe für die Markierung von Produkten allgemein und im Besonderen mit Bezug auf die Sachdarstellung erläutern (Transfer) und schließlich die Wahl bestimmter Marketingmaßnahmen begründen (Kreativität). Darüber hinaus werden Kenntnisse über Marketinginformationen erwartet, diese sind aber speziell auf die Aufgabensituation zu beziehen (z.B. Trend im Käuferverhalten).

Einzelhinweise

1. Benötigte Informationen
über Konsumenten: Käuferverhalten, Veränderungen des Käuferverhaltens, kritisches Verbraucherverhalten, z.B. Gesundheits- und ökologisches Bewusstsein, hoher Informationsgrad ...

   über Konkurrenz: Sortimente, Preise, Absatzschwerpunkte ...

   Quellen: Beobachtung der Konkurrenz: Sortimentserweiterungen, Preisänderungen u.dgl.; Anzeigen in Zeitungen, Werbemaßnahmen, Vertreterberichte; Marktforschung ...

2. Marke - Definition: Kennzeichnung von Produkten – einprägsam, differenzierend, Markenprodukte werden i.d.R. in gleichbleibender (oder verbesserter) Qualität, Art, Aufmachung u.dgl. angeboten.

   Arten: Herstellername, Fantasiename, Abkürzungen ...

   Zusammenfassende Markennamen: Ausnutzung der Werbewirkung gut eingeführter Marken (Markenimage); unterscheidende Marken- oder Produktnamen: Gefährdung der Marke ...

   Bedeutung der Marke

   Differenzierungsmittel zu anderen Produkten,

   Bildung von Präferenzen, Markentreue,

   Entstehung eines preispolitischen Spielraums;

   besondere Werbewirkung, Berücksichtigung von Trends („BIO...")

3. Verpackung:
Identifikation des Produkts durch Aufmachung, Farbe, Größe, Schrift, Verwendung von Markennamen, -zeichen, anderen Kennzeichnungen ...

   Präsentation des Produkts ...

   Information des Kunden,

   Schutz des Produkts ...

33 : C 2 – Kontrahierungspolitik

Nachfragekurven

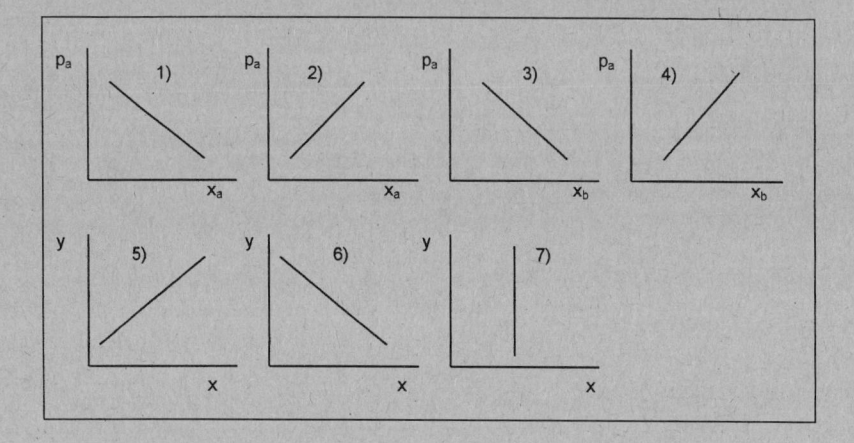

1. Im Regelfall nimmt die nachgefragte Menge zu, wenn der Preis sinkt (und umgekehrt), dieser Zusammenhang gilt im Allgemeinen für alle Güter.

2. Der paradoxe oder Giffenfall besagt, dass trotz steigenden Preises die Nachfragemenge zunimmt; das kann z.B. bei Aktien sein: bei steigenden Kurs kaufen Anleger das Papier (das führt u.U. zu einem weiteren Anstieg des Preises).

3. Weil die Preissteigerung für ein Gut zum Rückgang der nachgefragten Menge führt, nimmt auch die Nachfrage nach dem Komplement ab; wenn die Nachfrage nach Autos abnimmt, kann u.U. auch die Nachfrage nach Autoradios abnehmen.

4. Weil die Preissteigerung für ein Gut zum Rückgang der nachgefragten Menge führt, nimmt die Nachfrage nach einem Substitut evtl. zu; die Preissteigerung bei Kartoffeln kann u.U. zu einer vermehrten Nachfrage nach Reis o. Ä. führen.

5. Wenn das Haushaltseinkommen steigt, kann sich ein Haushalt evtl. bessere Güter leisten, z.B. hochwertige Lebensmittel u.Ä.

6. Bei steigendem Haushaltseinkommen nimmt die Nachfrage z.B. nach geringwertigen Lebensmitteln ab.

7. Der Anstieg des Haushaltseinkommens verändert die Nachfrage nicht; bei steigendem Einkommen wird ein Haushalt im Allgemeinen seine Nachfrage nach Klopapier nicht steigern.

34 : C 2 – Kontrahierungspolitik

Nachfrageelastizität

Erörterung der Elastizitäten, Beispiel:

1. $E(x1/p1) = -4$,
   Regelfall, direkte Preiselastizität, $E < -1$, d.h. relativ elastische Nachfrage.

   Bei einer Preiserhöhung für ein Gut um 1 % geht die N nach diesem Gut um mehr als 1 % zurück. Beispiel: Güter, auf die der Nachfrager nicht unbedingt angewiesen ist/ bei denen der Preis bereits relativ hoch ist ...

2. $E(x1/p1) = -0,2$,
   Regelfall, direkte Preiselastizität, $E > -1$, d.h. relativ unelastische Nachfrage.

   Bei einer Preiserhöhung für ein Gut um 1 % geht die N nach diesem Gut um weniger als 1 % zurück. Beispiel: Güter, auf die der Nachfrager nicht verzichten kann oder will (z.B. Zigaretten)/deren Preis noch akzeptiert werden kann ...

3. $E(x2/p1) = 0,5$,
   Kreuzpreiselastizität, Substitut, $E < 1$, d.h. relativ unelastische Nachfrage.

   Bei einer Preiserhöhung für ein Gut um 1 % nimmt die Nachfrage nach dem Substitut um weniger als 1 % zu.

   Beispiel: ...

4. $E(x2/p1) = -0,2$,
   Kreuzpreiselastizität, Komplement, $E > -1$, d.h. relativ unelastische Nachfrage.

   Bei einer Preiserhöhung für ein Gut um 1 % nimmt die Nachfrage nach dem Komplement um weniger als 1 % ab.

   Beispiel: ...

5. $E(y/x) = -0,3$,
   Einkommenselastizität, inferiores Gut (Sättigungsgut), $E > -1$, d.h. relativ unelastische Nachfrage.

   Bei einer Einkommenserhöhung um 1 % geht die Nachfrage nach inferioren Gütern zurück, u.z. um weniger als 1 %.

   Beispiel: ...

6. $E(y/x) = 3$,
   Einkommenselastizität, superiores Gut (Nichtsättigungsgut), $E > 1$, d.h. relativ elastische Nachfrage.

   Bei einer Einkommenserhöhung um 1 % nimmt die Nachfrage nach superioren Gütern zu, u.z. um mehr als 1 %.

   Beispiel: ...

7. $E(y/x) = 0{,}2$
   Einkommenselastizität, superiores Gut (Nichtsättigungsgut), $E < 1$, d.h. relativ unelastische Nachfrage.

   Bei einer Einkommenserhöhung um 1 % nimmt die Nachfrage nach superioren Gütern zu, u.z. um weniger als 1 %.

   Beispiel: ...

8. $E(x1/p1) = 2$,
   Giffen-Fall (paradoxer Fall), direkte Preiselastizität, $E > 1$, d.h. relativ elastische Nachfrage.

   Bei einer Preiserhöhung für ein Gut um 1 % nimmt die N nach diesem Gut um mehr als 1 % zu.

   Beispiel: ...

9. $E(x1/p1) = 0$,
   Regelfall, direkte Preiselastizität, vollkommen unelastische Nachfrage.

   Bei einer Preiserhöhung für ein Gut verändert sich die N nach diesem Gut nicht.

   Beispiel: ...

10. $E(x1/p1) = \infty$,
    Regelfall, direkte Preiselastizität, vollkommen elastische Nachfrage.

    Bei einer Preiserhöhung für ein Gut um 1 % geht die N nach diesem Gut vollständig zurück.

    Beispiel: ...

35 : C 2 – Kontrahierungspolitik
Umsatzsteigerung – Preiserhöhung und Preissenkung

1. Es muss eine relativ unelastische Nachfrage vorliegen: $E > -1$

   $U \uparrow = \downarrow x \cdot p \uparrow \uparrow$,

   bei relativ unelastischer Nachfrage führt eine einprozentige Preiserhöhung zu einem Mengenrückgang von weniger als 1 %, das bedeutet: der Umsatz steigt.

2. Voraussetzungen:
   Preisfixierer (das Unternehmen muss seinen Preis setzen können),

   relativ elastische Nachfrage, Begründung: Eine Preissenkung von 1 % führt zu einer Steigerung der nachgefragten Menge um mehr als 1 %, d.h. der Umsatz steigt.

   Einbeziehung der Gleichung: $U \uparrow = p \downarrow \cdot x \uparrow \uparrow$

36 : C 2 – Kontrahierungspolitik

direkte Preiselastizität der Nachfrage – Berechnungen

1. Ermittlung der Elastizitäten

a) 1) $E = \dfrac{\frac{5}{60}}{\frac{-0,1}{0,8}} = -0,67$

2) $E = \dfrac{\frac{3}{5}}{\frac{-0,2}{1,3}} = -3,9$

b) 1) E > – 1, die Nachfrage reagiert relativ unelastisch, d.h. bei einer Preissenkung von 1% nimmt die Nachfrage um weniger als 1% zu.

2) E < -1, die Nachfrage reagiert relativ elastisch, d.h. bei einer Preissenkung von 1% nimmt die Nachfrage um mehr als 1% zu.

2. Ermittlung der Preiserhöhung:

$E = \dfrac{-0,15}{x} = -3$

$x = \dfrac{-0,15}{-3} = 0,05$

Preiserhöhung von 5 %

p	x	A
100	100	10.000,00
105	85	8.925,00
Rückgang absolut		1.075
Rückgang in v.H.		10,75

37 : C 2 – Kontrahierungspolitik
Preissenkung und direkte Preiselastizität der Nachfrage

Ermittlung der Mengenänderung bei einer Preisänderung von 10 % bei einer Elastizität von – 4.

Die Elastizität ist erheblich kleiner als –1; das bedeutet, die Nachfrage reagiert auf eine Preisänderung von 1 % um sehr viel mehr als ein Prozent (hier: 4 %).

- $E = \dfrac{\dfrac{\text{Mengenänderung}}{\text{Ausgangsmenge}}}{\dfrac{\text{Preisänderung}}{\text{Ausgangspreis}}} = \dfrac{\text{prozentuale Mengenänderung}}{\text{prozentuale Preisänderung}}$

- prozentuale Mengenänderung: x

- prozentuale Preisänderung: 10

- $E = \dfrac{x}{-10} = -4$

- $x = -10 \cdot -4 = 40$

Die Preissenkung von 10 % führt unter den angenommen Bedingungen zu einer Mengensteigerung von 40 %.

Wirkungen:

	Ausgangssituation: 10.000 Stück		Folgesituation: 14.000 Stück	
VPr/UErl	35,00	350.000,00	31,50	441.000,00
vK	18,00	180.000,00	18,00	252.000,00
fK	100.000,00	100.000,00	100.000,00	100.000,00
Gewinn		70.000,00		89.000,00
Gewinn in %		20,00		20,20

Die Absatzmenge nimmt zu, die Umsatzerlöse steigen. Bei den angenommenen Kostenbedingungen steigt der Gewinn auf 89.000 €; das sind 20,2 % der Umsatzerlöse.

38 : C 2 – Kontrahierungspolitik

Kostenorientierte Preisbildung, Zuschlagskalkulation

		Euro	Euro
Fertigungsmaterial		1.000,00	
Materialgemeinkosten	13 %	130,00	
Materialkosten			1.130,00
Fertigungslöhne		250,00	
Fertigungsgemeinkosten	140 %	350,00	
Fertigungskosten			600,00
Herstellkosten			1.730,00
Verwaltungsgemeinkosten	20 %		346,00
Vertriebsgemeinkosten	8 %		138,40
Selbstkosten			2.214,40
Gewinn	30 %		664,32
Barverkaufspreis			2.878,72
Skonto	2 % i.H.		58,75
Nettoverkaufspreis			2.937,47
Rabatt	10 % i.H.		326,39
Listenpreis			3.263,86

39 : C 2 – Kontrahierungspolitik

Kostenorientierte Preisbildung, retrograde Kalkulation

geplanter Verkaufspreis je Stück	105,00 €
voraussichtliche Absatzmenge	10.000 Stück
Mindestgewinn	25 % der Umsatzerlöse
fixe Kosten	300.000,00 €
variable Kosten je Stück	45,00 €

Ermittlung des Deckungsbeitrages:

	€
Umsatzerlöse	1.050.000,00
variable Kosten	450.000,00
Deckungsbeitrag	600.000,00
fixe Kosten	300.000,00
Gewinn	300.000,00
Gewinn in %	28,57

Unter den angegebenen Bedingungen wird ein Gewinn von 300.000 € erzielt; der Gewinn ist mit 28,57 % der Umsatzerlöse höher als der Mindestgewinn. Das Produkt kann mit dem geplanten Verkaufspreis angeboten werden.

40 : C 2 – Kontrahierungspolitik

Deckungsziel, Preisänderungen, Nachfrageelastizitäten

Schwerpunkt dieser Aufgabe ist die Analyse von Preisalternativen (als Grundlage für entsprechende Strategien. Dazu muss der Klausurteilnehmer die Folgen von Preissteigerungen und -senkungen errechnen. Da auch die Kenntnis von Nachfrageelastizitäten für die Entwicklung von alternativen Preisstrategien erforderlich ist, sind auch diese hier zu ermitteln. Die Aufgabe kann erweitert werden durch Fragen nach der Bedeutung des Deckungsbedarfs bzw. Deckungsziels und der Elastizitäten als Kontroll- und Planungsgrößen im Allgemeinen und in dieser Aufgabe im Besonderen.

	Ausgangs-situation	1. Preis-steigerung von 12,5 %	2. Preis-senkung von 12,5 %
Verkaufspreis in Euro	160,00	180,00	140,00
variable Kosten in Euro	80,00	80,00	80,00
Deckungsbeitrag je Stück in Euro	80,00	100,00	60,00
fixe Kosten in Euro	50.000,00	50.000,00	50.000,00
geplanter Gewinn in Euro	30.000,00	30.000,00	30.000,00
Deckungsbedarf in Euro	80.000,00	80.000,00	80.000,00
erforderliche Menge in Stück	1.000	800	1.333
Mengenminderung in v.H.		20 %	
Mengensteigerung in v.H.			33,3 %
Nachfrageelastizitäten		– 1,6	– 2,6

1. Ermittlung der Menge (Menge bei Deckungsbedarf x_{Db}): Sie ergibt sich bei der Gleichheit von Umsatz (bei der gesuchten Menge) mit der Summe aus variablen Kosten und dem Deckungsbeitrag.

$U = vK + Db$

$x \cdot p = (x \cdot vK) + Db$

$x \cdot p - x \cdot vK = Db$

$x(p - vK) = Db$

$x = \dfrac{Db}{p - vK}$

Menge bei Erhöhung des Verkaufspreis auf 180:

$$x = \frac{80.000}{180 - 80} = 800$$

Bei einer Menge von 800 Stück wird der Deckungsbeitrag erreicht.

Menge bei Senkung der Verkaufspreises auf 160:

$$x = \frac{80.000}{160 - 80} = 1.333,33$$

Bei einer Menge von rd. 1.333 Stück wird der Deckungsbeitrag erreicht.

2. Ermittlung der Nachfrageelastizitäten:

$$E = \frac{\text{relative Mengenänderung}}{\text{relative Preisänderung}}$$

$$E = \frac{-0,2}{0,125} = -1,6$$

Bei einer direkten Preiselastizität der Nachfrage von − 1,6 ergibt sich die ermittelte Mengensenkung.

$$E = \frac{0,3333}{-0,125} = -2,6$$

Damit die ermittelte Mengenerhöhung erreicht wird, muss eine direkte Preiselastizität der Nachfrage von − 2,6 bestehen.

41 : C 2 – Kontrahierungspolitik

Break-even-Analyse, Kalkulation

Mithilfe der Break-even-Analyse wird ermittelt, ob der geplante Preis zur Deckung der Kosten ausreicht und einen Beitrag zum Gewinn leistet.

Der Preis ist akzeptabel, wenn die geplante Menge größer ist als die BeP-Menge.

geplanter Verkaufspreis je Stück in Euro	55
geplante Absatzmenge in Stück	6.000
fixe Kosten in Euro	130.000
variable Kosten je Stück in Euro	25

1. Ermittlung der Break-even-Point-Menge.

- $U = K$
- $U_{BeP} = x_{BeP} \cdot p$,
- $K_{BeP} = fK + vK_{BeP}$, $K_{BeP} = fK + x_{BeP} \cdot vK$
- $x_{BeP} \cdot p = fK + x_{BeP} \cdot vK$, $x_{BeP} \cdot p - x_{BeP} \cdot vK = fK$, $x_{BeP}(p - vK) = fK$
- $x_{BeP} = \dfrac{fK}{p - vK}$
- $x_{BeP} = \dfrac{130.000}{55 - 25} = 4.333,33$

Die Break-even-Point-Menge beträgt rd. 4.333 Stück. Sie ist geringer als die geplante Menge von 6.000 Stück. Bei dem geplanten Preis und der geplanten Menge wird ein Gewinn erzielt. Das Produkt kann also zum geplanten Preis angeboten werden.

Der Gewinn bei der geplanten Menge ergibt sich nach folgender Rechnung:

- Gewinn = Umsatz – Kosten
- Umsatz = $x \cdot p$ = 6.000 · 55 = 330.000
- K = fK + vK = 130.000 + 6.000 · 25 = 280.000
- Gewinn = 330.000 – 280.000 = 50.000

Kontrahierungspolitik

2. Ermittlung des Sicherheitskoeffizienten:

- $Sk = \dfrac{\text{Absatzmenge} - \text{BePMenge}}{\text{Absatzmenge}} \cdot 100$

- $Sk = \dfrac{6.000 - 4.333{,}33}{6.000} \cdot 100 = 27{,}78$

Der Sicherheitskoeffizient gibt in einem Prozentsatz den Sicherheitsabstand an. Der Sicherheitsabstand ist der Abstand der Absatzmenge vom der BeP-Menge. Der Sicherheitskoeffizient gibt in diesem Fall also an, dass die tatsächliche Absatzmenge um 28 % sinken darf, bis die BeP-Menge erreicht ist.

42 : C 2 – Kontrahierungspolitik

Deckungsziel bei Preissenkung

Als Deckungsziel bezeichnet man die Erwirtschaftung des Deckungsbeitrages. Ziel der Preissenkung ist also eine Absatzmenge, bei der der neue Deckungsbeitrag (Db_2) mindestens so hoch ist wie vor der Preissenkung (Db_1).

- $Db_1 = Db_2$
- $Db_1 = U_1 - vK_1$, $Db_2 = U_2 - vK_2$
- $U_1 = x_1 \cdot p_1$, $vK_1 = x_1 \cdot vK$; $U_2 = x_2 \cdot p_2$, $vK_2 = x_2 \cdot vK$
- $x \cdot p_1 - x_1 \cdot vK = x_2 \cdot p_2 - x_2 \cdot vK$

- $x_2 = x_1 \cdot \dfrac{p_1 - vK}{p_2 - vK}$

x_1	6.000
p_1	60,00 €
p_2	55,00 €
vK pro Stück	25,00 €
x_2	?

- $x_2 = 6.000 \cdot \dfrac{60 - 25}{55 - 25} = 7.000$

Wenn das Deckungsziel vor der Preissenkung erreicht werden soll, muss die Absatzmenge um 1.000 auf 7.000 Stück steigen.

Probe:

- $Db1 = Db2$
- $x_1 \cdot p_1 - x_1 \cdot vK = x_2 \cdot p_2 - x_2 \cdot vK$
- $210.000 = 210.000$

43 : C 2 – Kontrahierungspolitik

Preisstrategie – Skimmingpreisstrategie, Preisdifferenzierung

1. Die Mühlenwerke wenden eine Skimmingstrategie an, d.h. sie setzen den Preis zunächst relativ hoch an (mit der Absicht, ihn später allmählich zu senken).

   Die Mühlenwerke können von einem Marktsegment ausgehen, das folgendermaßen umschrieben werden kann: Die Käufer kaufen gesundheitsbewusst ein, bei Kaufentscheidungen steht das Preisbewusstsein nicht im Vordergrund; die direkte Preiselastizität der Nachfrage ist (zumindest zunächst) relativ gering (E > – 1). Für das Produkt haben die Mühlenwerke (zunächst) eine monopolartige Stellung, es besteht (zunächst) keine Konkurrenz.

   Mit dieser Preisstrategie nutzen die Mühlenwerke die Kaufbereitschaft früherer Käufer aus, die bereit sind, für ein an der Gesundheit orientiertes Produkt einen höheren Preis zu zahlen.

   Der Markt für Mehlprodukte ist ein oligopolistischer Markt; mit Reaktionen der Mitbewerber muss gerechnet werden: Konkurrenzprodukte kommen auf den Markt. Die Mühlenwerke werden den Preis allmählich senken und denen der Konkurrenz anpassen.

2. Die Mühlenwerke wenden eine horizontale Preisdifferenzierung an, wenn sie davon ausgehen kann, dass es für das Produkt verschiedene Käufersegmente gibt, die sich eindeutig voneinander abgrenzen lassen.

   Käufersegmente für grobes Mehl können z.B. sein

   - gesundheitsbewusste Käufer,
   - preisbewusste Käufer,
   - konservative Käufer.

   Die Mühlenwerke kann mit unterschiedlichen Preisen auf die Segmente eingehen. Häufig ist die Preisdifferenzierung mit einer geringen Produktdifferenzierung verbunden.

44 : C 2 – Kontrahierungspolitik

Preisstrategien – Begriffe

	Strategie	Fachbegriffe
1	relativ hoher Preis auf Dauer	Prämienpreisstrategie
2	relativ niedriger Preis auf Dauer	Promotionspreisstrategie
3	relativ niedriger Preis am Anfang – dann allmähliche Preisanhebung	Penetrationspreisstrategie
4	relativ hoher Preis am Anfang – dann allmähliche Preissenkung	Skimmingstrategie
5	Wechsel von Preissenkungen und Preissteigerungen – Preissenkungen zum Kaufanreiz – Entstehung eines preispolitischen Spielraums – Chance zu Preissteigerung (Vorgänge können sich wiederholen)	Pulsationsstrategie
6	Wechsel von Preissenkungen und Preissteigerungen – Unterbietung der Konkurrenzpreise – wenn Konkurrenz mitzieht, weitere Unterbietung – schließlich Anhebung der Preise aus Kostengründen (Vorgänge können sich wiederholen)	Schnibbelstrategie

45 : C 2 – Kontrahierungspolitik

Vertikale Preisdifferenzierung

1. Diese Preisstrategie wird als vertikale Preisdifferenzierung bezeichnet. Der Verkäufer senkt im Laufe der Zeit den Preis für das Produkt.

   Die vertikale Preisdifferenzierung hat dann Vorteile, wenn es für das Produkt frühe Käufer gibt, die das Produkt auch zu einem relativ hohen Preis kaufen wollen. Mit den Preissenkungen werden weitere Käufergruppen (Käufersegmente) angesprochen. Wenn späte Käufer das Produkt kaufen, das ist wahrscheinlich erst nach der zweiten Preissenkung, wenden sich die frühen Käufer bereits neuen Produkten zu.

   Der Vorteil der vertikalen Preisdifferenzierung liegt darin, dass der Verkäufer die Kaufkraft und die Kaufbereitschaft der frühen Käufer abschöpfen bzw. ausnutzen kann.

2. Bei den angegebenen Preisen und Absatzmengen ergeben sich folgende Umsätze. Insgesamt werden 10.000 Stück verkauft. Möglicherweise wäre diese Menge auch verkauft worden, wenn das Produkt gleich mit dem niedrigsten Preis angeboten worden wäre; dann wäre ein Umsatz von 500.000 entstanden. Unter dieser vereinfachten Annahme ergibt sich der Vorteil des Anbieters in dem Mehrumsatz in Höhe von 140.000 durch die Preisdifferenzierung. (Diese Vereinfachung berücksichtigt nicht die Tatsache, dass frühe Käufer das Produkt für den höheren Preis deshalb kaufen, weil sie es früher als andere nutzen können. Möglicherweise würden sie das Produkt zu dem niedrigeren Preis gar nicht gekauft haben.)

Preis	Absatzmenge	Umsatz
100	1.000	100.000,00
80	3.000	240.000,00
50	6.000	300.000,00
	10.000	640.000,00
50	10.000	500.000,00
	Mehrumsatz	140.000,00

46 : C 2 – Kontrahierungspolitik

Preisdifferenzierung – Begriffe

	Preisdifferenzierungen	Fachbegriffe
1	Ein Produkt wird in verschiedenen Regionen mit unterschiedlichen Preisen angeboten.	regionale Preisdifferenzierung
2	Ein Produkt wird während eines bestimmten Zeitraums billiger angeboten.	zeitliche Preisdifferenzierung
3	Bei unterschiedlich hohen Mengenabnahmen werden Preisnachlässe gewährt.	mengenabhängige Preisdifferenzierung
4	Für verschiedene Produktausführungen werden unterschiedliche Preise verlangt.	materialabhängige Preisdifferenzierung
5	Von Käufergruppen, die sich nach persönlichen oder sozialen Merkmalen unterscheiden lassen, werden unterschiedliche Preise verlangt.	personelle Preisdifferenzierung

47 : C 2 – Kontrahierungspolitik

Kostenorientierte Preisbildung, Kalkulation im Handel

		Euro
Rechnungspreis		800,00
– Rabatt	10 %	80,00
		720,00
– Skonto	3 %	21,60
= Einkaufspreis		698,40
+ Bezugskosten		50,00
= Einstandspreis (Bezugspreis)		748,40
+ Handelsspanne	30 %	224,52
= Barverkaufspreis		972,92
+ Skonto	2 % i.H.	19,86
= Zielverkaufspreis		992,78
+ Rabatt	7,5 % i.H.	80,50
= endgültiger Verkaufspreis		1.073,28

48 : C 3 – Kommunikationspolitik

Werbebotschaft

1. Die gefühlsbetonte, leicht verständliche Darstellung eines nachvollziehbaren Erlebnisses im Familienalltag verbunden mit sachlicher Information können die Aufmerksamkeit der Zielpersonen erregen. Die Werbebotschaft wird verstanden und übernommen, vor allem dann, wenn die Zielpersonen sich mit den dargestellten Personen in einem spezifischen Rollenkonflikt identifizieren können und die Werbebotschaft Lösungen des Konflikts anbietet.

2. Die Mühlenwerke wirbt für das Produkt im Fernsehen, weil dieses Medium besondere Möglichkeiten zur Übermittlung bietet. Informative und emotionale Anregungen können in Szene gesetzt und von den Umworbenen in häuslicher Atmosphäre nach einem Arbeitstag, im Familienkreis empfangen werden.

3. Die Werbebotschaft des TV-Spots ist ausgerichtet auf die Wünsche einer berufstätigen Hausfrau, auch ausreichend Zeit für die Familie zu haben, Konflikte, die sich aus der Doppelbelastung ergeben und die das Verhältnis zu den Familienmitgliedern unharmonisch beeinflussen, zu regulieren.

   a) Der TV-Spot enthält eine *Basisbotschaft*. Das Produkt wird genannt, die bekannte Marke eindeutig gekennzeichnet. Verschiedene Sorten werden genannt. Es wird deutlich, dass es sich um ein Fertigprodukt handelt.

   b) Die *Nutzenbotschaft* wird erkennbar durch den Hinweis auf die Bedeutung eines „von Mutter selbst gebackenen Kuchens", der auf einem schön und sorgfältig gedeckten Kaffeetisch angeboten und in harmonischer, fröhlicher Runde verzehrt wird. Mutter strahlt in guter Laune, der Ehemann und die Kinder sind zufrieden. Konflikte sind nicht erkennbar.

   c) Die berufstätige Hausfrau und Mutter kann den Kuchen relativ schnell zubereiten; bestimmte Arbeitsgänge entfallen. Sie kann trotz ihrer knapp bemessenen Zeit öfter einen Kuchen zubereiten, öfter also die harmonische Kaffeerunde organisieren. Hierin liegt die *Nutzenbegründung* für die Zielperson.

   So können Motive gesteuert und Einstellungen geprägt werden, sodass schließlich der Kaufwunsch angeregt und die Zielpersonen bei einem Besuch des Lebensmittelgeschäfts bzw. des SB-Marktes eine Backmischung tatsächlich kaufen.

49 : C 3 – Kommunikationspolitik
Werbeetat

1. Die Höhe des Werbeetats wird mit einem Prozentsatz vom künftigen Gewinn (oder Umsatz) festgelegt. Dieses Verfahren ist einfach zu handhaben und ist deshalb in der Praxis auch relativ weit verbreitet. Es berücksichtigt zwar den Zusammenhang zwischen Werbung und Gewinn (bzw. Umsatz), geht aber völlig unzulänglich auf den Kausalzusammenhang zwischen Werbung als Ursache und Gewinnhöhe (bzw. Umsatzhöhe) als Wirkung ein.

2. Der zweite Vorschlag beruht auf dem ersten. Allerdings berücksichtigt er Ausgaben für die Werbung, die mit ganz bestimmten Werbezielen im Zusammenhang stehen. Die Werbeziele werden aber nur diffus angegeben; es wird nicht deutlich, wie hoch die Ausgaben sein werden.

3. Der Vorschlag des Leiters des Rechnungswesens hat bereits den Nachteil, dass er auf den ursprünglichen Vorschlag zurückgeht. Besonders problematisch ist jedoch, dass die Finanzmittel für die Werbung sich als Restgröße ergeben sollen. Diese Restmittel liegen bei der Planung meistens noch nicht fest. Zielorientierte Werbemaßnahmen können deshalb auch noch nicht geplant werden.

4. Der Vorschlag des Marketingleiters ist auf die Werbeziele ausgerichtet. Der Kausalzusammenhang zwischen Werbung (Ursache) und Gewinn (Ergebnis von Werbung) wird berücksichtigt. Aus den genau definierten Werbezielen ergibt sich der Werbebedarf.

Aus dem Gewinnziel (10 % Steigerung) ergeben sich die Marketingziele; sie bestimmen auch die Werbeziele. Damit die Werbeziele erreicht werden können, müssen bestimmte Werbemaßnahmen ergriffen werden. Für diese Maßnahmen fallen entsprechende Ausgaben an. Die ermittelten Aufwendungen bestimmen die Höhe des Werbeetats.

Bei der Zieldefinition können andere Aspekte, z.B. die besondere Finanzsituation des Unternehmens und der Werbeaufwand der Mitbewerber, angemessen berücksichtigt werden.

50 : C 3 – Kommunikationspolitik

Werbeträger, Inter- und Intramediaauswahl

Die Wahl des Werbeträgers ist u.a. abhängig

1. von der Zielgruppe bzw. von den Zielgruppen,
2. von der Werbebotschaft,
3. von dem einzusetzenden Werbemittel.

1. Die Werbung soll auf die Tierarztpraxen ausgerichtet sein, in denen vorwiegend oder ausschließlich Kleintiere behandelt werden. Das sind vor allem Praxen in Großstädten. Tierarztpraxen auf dem Land sind vorwiegend auf Behandlung von landwirtschaftlichen Nutztieren spezialisiert; eine Schutzimpfung für eine Katze kommt für einen landwirtschaftlichen Betrieb im Allgemeinen nicht in Betracht. Tierarztpraxen in Kleinstädten sind häufig Mischpraxen; hier werden häufig sowohl Klein- als auch Großtiere behandelt.

Man kann davon ausgehen, dass Familien und Einzelpersonen, die in städtischen Wohnungen Katzen halten, zu ihren Tieren besondere emotionale Beziehungen haben. Sie sind wahrscheinlich auch bereit, in einem gewissen Umfang Geld für die Pflege und die Gesundheitsvorsorge für ihre Haustiere auszugeben. Die Katzenhalter können im Allgemeinen das Präparat nur bei ihrem Tierarzt kaufen.

Für die Werbung gibt es also zwei Zielgruppen:

- Die Tierärzte, denen das Produkt und seine besonderen Vorzüge bekannt gemacht werden muss, damit sie Katzenhalter, die in ihre Praxen kommen, beraten.

- Die Katzenhalter, die im Allgemeinen Tierarztpraxen nur aufsuchen, wenn ihre Katze Krankheitssymptome aufweist. Sie sollen auch zu einer Schutzimpfung zum Tierarzt gehen.

2. Die Basisbotschaft kann man folgendermaßen umschreiben. Es gibt einen Impfstoff gegen die gefährliche Katzenleukose und die MedVet bietet ihn an. Die MedVet ist ein bekannter Anbieter von tiermedizinischen Präparaten, die er unter dem Logo MV vertreibt.

Die Nutzenbotschaft für den Tierarzt hat folgende Aspekte. Der Tierarzt erhält mit diesem Impfstoff ein Mittel gegen eine verbreitete Katzenkrankheit. Der Anbieter des Produkts ist ihm bekannt; er bezieht evtl. auch andere Produkte von ihm.

Für den Tierarzt wird der Nutzen dadurch begründet, dass er Katzenhalter angemessen beraten und Tiere durch eine Impfung vor einer schweren und ansteckenden Krankheit schützen kann. Eine weitere Nutzenbegründung enthält das Argument, dass er den Impfstoff bei dem Lieferanten kaufen kann, von dem er auch andere Produkte bezieht. Außerdem kann er mit Einnahmen durch die Behandlung der Katzen rechnen.

Die Nutzenbotschaft für den Katzenhalter liegt in der Information, dass er seine Katze vor einer gefährlichen und ansteckenden Krankheit schützen kann. Er muss lediglich zu einem Tierarzt gehen, der den Impfstoff vorrätig hat oder bestellt und die Katze impft.

3. Entsprechend der beiden Zielgruppen muss das Werbemittel ausgewählt werden. Die Werbemittel bestimmen die Werbeträger.

Es liegt nahe, die Aufmerksamkeit durch ein Bild zu erregen; das kann z.B. die Darstellung einer leidenden Katze sein. Für diesen Zweck ist ein Plakat geeignet, das auch die Bezeichnung der Krankheit und die Aufforderung, die Katze bei einem Tierarzt impfen zu lassen, sowie den Namen des Produkts enthalten muss.

Die interessierten Katzenhalter und die Tierärzte müssen durch einen Text über Ursache und Verlauf der Krankheit informiert werden; der Text sollte kurz und prägnant, aber dennoch angemessen wissenschaftlich fundiert sein und Abbildungen von Krankheitssymptomen, statistische Darstellungen usw. enthalten. Für diesen Zweck ist ein Faltblatt geeignet, das auf der ersten Seite das Bild des Plakates und auf der folgenden Seite den Text wiedergibt. Die letzte Seite soll die Anschrift der MedVet aufnehmen und ausreichend Raum lassen für einen Stempelaufdruck des Tierarztes.

Der Marketingleiter schlägt als Werbeträger Plakat und Faltblatt vor. Das Faltblatt soll allen Tierärzten in Deutschland postalisch zugestellt werden. Auf Anforderung erhalten die Tierärzte weitere Faltblätter, die sie in ihrer Praxis auslegen oder an Katzenhalter weitergeben können. Die Plakate sollen nach Möglichkeit in den Praxen ausgehängt werden. Die Zoohandlungen sollen angeschrieben werden mit der Bitte, Plakate in den Schaufenstern und in den Geschäftsräumen auszuhängen.

51: C 3 – Kommunikationspolitik

Kontakte, Reichweiten

1. Geben Sie kurz die Bedeutung der folgenden Begriff an!

	Begriffe	Definitionen
1	Recalltest	Erinnerungstest
2	aided recalltest	Erinnerungstest mit Erinnerungshilfen für die Testperson
3	unaided recalltest	Erinnerungstest ohne Erinnerungshilfen für die Testperson
4	noted (beim Starchtest)	Anzeige o.Ä. gesehen (zur Kenntnis genommen)
5	noted and associated (beim Starchtest)	Anzeige o.Ä. gesehen
6	read most (beim Starchtest)	Anzeige o.Ä. gesehen und mehr als 50 % gelesen
7	copytest	Test zur Prüfung, wie viel von einer Anzeige genau gelesen, wie viel nur überflogen, wie viel gar nicht zur Kenntnis genommen wurde.

2. Die quantitative Reichweite gibt an, in welchem Umfang Personen mit dem Werbeträger in einem bestimmten Zeitraum in Berührung kommen. Angegeben wird z.B. die Anzahl der Personen, die eine bestimmte Ausgabe einer Zeitschrift gelesen oder zumindest durchgeblättert haben, die Anzahl der Fernsehzuschauer, die einen bestimmten TV-Spot gesehen haben usw. Gefragt wird also nach der Zahl der Kontakte eines Werbeträgers.

Die quantitative Reichweite ist die Reichweite i.e.S.; sie ist im Allgemeinen gemeint, wenn von der Reichweite eines Werbeträger gesprochen wird. Sie ist zu unterscheiden von der räumlichen und der zielgruppengerechten Reichweite.

3. Kennziffern:
   a) LpN (8): gibt die Zahl der Leser einer bestimmten Ausgabe einer Zeitschrift an, u.z. nicht nur die Leser der aktuellen Ausgabe (9. Woche), sonder auch der 8., 7. usw. Woche

   b) K 3: gibt an, wie viel Personen mit einer Anzeige bei 3-facher Schaltung erreicht werden.

   c) LpA = 10.000: gibt an, dass eine bestimmte Zeitschrift im Durchschnitt 10.000 Leser hat,

   d) Nettoreichweite = 10.000: gibt an, dass 10.000 Personen mit einem bestimmten Werbemittel (z.B. Anzeige, TV-Spot) bei einmaliger Schaltung in Berührung kommen.

52 : C 3 – Kommunikationspolitik
verkaufsfördernde Maßnahmen – Begriffszuordnung

	verkaufsfördernde Maßnahmen	händler-orientiert	verkäufer-orientiert	verbraucher-orientiert
1	Aufstellen von Displays	X		
2	Beratung bei Einrichtung der Verkaufsräume	X		
3	Händlerlisteförderung	X		
4	Händlerschulung	X		
5	Informationsdienste	X		
6	Inzahlungnahme gebrauchter Produkte			X
7	Kooperation bei Werbung	X		
8	Kundenzeitschrift verteilen			X
9	Merchandising	X		
10	Prämien für Personal		X	
11	Preisausschreiben	X	X	X
12	Produktproben			X
13	Einsatz von Propagandistinnen	X		
14	Sammelgutscheine			X
15	Schaufensterpflege	X		
16	Schaufensterwettbewerb	X		
17	Schulung des Verkaufspersonals		X	
18	Verkaufswettbewerb		X	
19	Verlosungen			X
20	Verteilung von Prospekten			X

53: C 3 – Kommunikationspolitik

Formen der Öffentlichkeitsarbeit (Betriebsbesichtigungen)

1. Öffentlichkeitsarbeit oder Public Relation sind die Maßnahmen eines Unternehmens, mit denen es sich an die Öffentlichkeit wendet, um über sich zu informieren (Produkte, Produktionsverfahren, Probleme usw.).

2. Ein Unternehmen verfolgt mit seiner Öffentlichkeitsarbeit u.a. folgende Ziele:
   - Es will Vertrauen gewinnen und festigen.
   - Es will um Verständnis werben.
   - Es will das Image pflegen und verbessern.
   - Es will ein einheitliches, unverwechselbares, sympathisches Unternehmensbild in der Öffentlichkeit präsentieren (Corporate-Identity-Politik).

3. Die Oldaxo verfolgt mit dem Tag der offenen Tür, der im Rahmen ihrer Öffentlichkeitsarbeit durchgeführt wird, u.a. folgende Ziele.

   - Die umfangreichen Bauarbeiten haben ein erhebliches Verkehrsaufkommen, viel Lärm und Staub verursacht. Dadurch haben in einem gewissen Umfang Belästigungen der Nachbarschaft stattgefunden. Die Oldaxo will um Verständnis für die Maßnahmen bitten und sich als „freundlicher, sympathischer Nachbar" darstellen und „lädt deshalb die Nachbarn zu einem Tag der offenen Tür mit umfangreichen Rahmenprogramm ein" (Auszug aus einem Faltblatt der Oldaxo).

   - Die Produktion chemischer Produkte ist häufig verbunden mit Belästigungen der Bevölkerung durch Geruch, Gas, Staub u.Ä. Wegen der Vergrößerung des Betriebes und der Ausweitung der Produktion wird u.U. auch eine Vermehrung der angedeuteten Belästigungen befürchtet. Die Oldaxo will durch die Darstellung von Betriebsabläufen diesen Bedenken entgegenwirken und Vertrauen gewinnen. Sie will sich der Öffentlichkeit als ein Unternehmen präsentieren, das sorgfältig mit Produktionsfaktoren umgeht und sowohl eine Gefährdung der Mitarbeiter als auch der Umgebung um jeden Preis zu vermeiden sucht.

   - Den Besuchern wird der Eindruck von modernen Arbeitsplätzen in einer angenehmen Arbeitsatmosphäre vermittelt. Die Mitarbeiter, die die Besucher führen, weisen auf die durch die Betriebserweiterung neu geschaffenen Arbeitsplätze hin, die hauptsächlich mit Arbeitnehmern aus der Region besetzt werden.

   - Auf Bildern in den Fluren, auf Plakatwänden und in einer Diashow im Vorführraum werden Umweltschutzmaßnahmen dargestellt, an denen die Oldaxo direkt oder indirekt beteiligt ist. Dies trägt zu dem positiven Unternehmensbild bei, das die Oldaxo gern von sich in der Öffentlichkeit verbreiten möchte.

- Den Besuchern werden auch die Sozialeinrichtungen, wie z.B. Kantine, Gymnastikraum und Hallenbad, gezeigt. Sie sollen einen Eindruck davon erhalten, was die Oldaxo für die Mitarbeiter tut.

- Die Familienangehörigen, die zum Tag der offenen Tür besonders eingeladen wurden, haben Gelegenheit, die Arbeitsplätze und die Arbeitsumgebung ihrer Verwandten kennen zu lernen. Sie haben die Möglichkeit, mit den Kollegen, mit Vorgesetzten zu sprechen, das Essen in der Kantine zu probieren. Für die Kinder bestehen Spielmöglichkeiten, sie können bei kleinen Wettkämpfen Preise gewinnen; eine Band sorgt für Unterhaltung usw. Das alles trägt dazu bei, das Image der Oldaxo zu verbessern oder zu festigen.

4. Öffentlichkeitsarbeit lohnt sich. Gewinnung von Vertrauen, von Verständnis für bestimmte Probleme, Pflege des Images usw. schlagen sich schließlich auch im Verkaufserfolg nieder.

Unternehmen der chemischen Industrie müssen in besonderem Maße um Vertrauen werben; Vorurteile und vor allem Ängste müssen abgebaut werden, um Verständnis für Probleme, die bei chemischer Produktion entstehen können (z.B. Geruchsbelästigung), muss geworben werden. Das gilt auch für die Oldaxo.

54 : C 4 – Distributionspolitik

direkter – indirekter Absatz

	Verkäufer/Hersteller Produkt	Endabnehmer	Absatzmittler	direkter oder indirekter Absatz
1	**MedVet** Tiermedizin	Tierhalter	Tierärzte	indirekt Absatz
2	**Ostholmer Mühlenwerke** Mehlprodukte	1. Brotfabriken 2. Verbraucherhaushalte	1. – 2. Einzelhandel	1. direkt 2. indirekt
3	**Adalbert Mutig KG** Lagertransporteinrichtungen	Lagerhalter u.Ä.	—	direkt
4	**Oldelaxo** chemische Rohstoffe und Vorprodukte	Industrie	—	direkt
5	**Drinnkuth** alkoholische Getränke	1. Restaurants, Gaststätten 2. Verbraucherhaushalte	1. – 2. Einzelhandel	1. indirekt 2. direkt

55 : C 4 – Distributionspolitik

Sortimente – Eh

	Art	Sortimentsdimensionen				Sortimentsinhalt	
		breit	schmal	flach	tief	mehr-branchig	branchen-homogen
1	Discountgeschäft		X	X		X	
2	Fachgeschäft		X		X		
3	Fachmarkt		X		X!		X
4	Gemischtwarengeschäft	X		X		X	
5	Kaufhaus		X		X		X
6	SB-Warenhaus (Verbrauchermarkt)	X		X		X	
7	Supermarkt	X		X		X	
8	Warenhaus	X!		X		X	

56: C 4 – Distributionspolitik

Betriebsformen des Einzelhandels

1. Gemischtwarengeschäft
2. Fachgeschäft
3. Warenhaus
4. Kaufhaus
5. Discount
6. Verbrauchermarkt
7. Supermarkt
8. Fachmarkt
9. Extramarkt

		1	2	3	4	5	6	7	8	9
Größe	klein	•								
	klein – mittel		•					•		
	mittel				•			•	•	•
	mittel – groß			•	•		•	•		
	groß			•	•		•			
Standortpräferenz	innerstädtische Hauptlage		•	•	•					
	innerstädtische Nebenlage		•				•	•	•	•
	Nachbarschaftslage	•								
	gruppierte Rand-, Außenlage						•		•	
	isolierte Rand-, Außenlage								•	
Sortimentsdimension	breit und tief (evtl. teilweise)			•			•			•
	breit und flach	•						•	•	
	schmal und tief		•		•					
	schmal und flach					•				
Sortimentsinhalt	Branchenhomogenität		•		•	•		•	•	•
	Branchenvielfalt	•		•			•	•		
Bedienungsform	Selbstbedienung				•		•			•
	Fremdbedienung	•			•			•	•	
Preisniveau	niedrig						•			
	mittel	•	•	•	•				•	•
	hoch		•							

57 : C 4 – Distributionspolitik

Kostenvergleichsrechung (Reisender – Vertreter)

Ermittlung des kritischen Umsatzes nach folgender Formel:

- $U_{krit} = \dfrac{fK_R - fK_V}{q_V - q_R}$

- feste Kosten des Reisenden im Jahr (fK_R): 36.000,
- variable Kosten des Reisenden (vK_R): 0,5 % vom Umsatz, Kostensatz (q_R): 0,05,
- feste Kosten des Vertreters (fK_V): 12.000,
- variable Kosten des Vertreters (fK_V): 25 vom Umsatz, Kostensatz (q_V): 0,25.

Kritischer Umsatz:

- $U_{krit} = \dfrac{36.000 - 12.000}{0,25 - 0,05} = \dfrac{24.000}{0,2} = 120.000$

Der kritische Umsatz beträgt 120.000 €. Der erwartete Umsatz ist höher als der kritische Umsatz; das heißt, der Reisende müsste eingesetzt werden, wenn keine anderen Gründe für einen Vertreter sprechen.

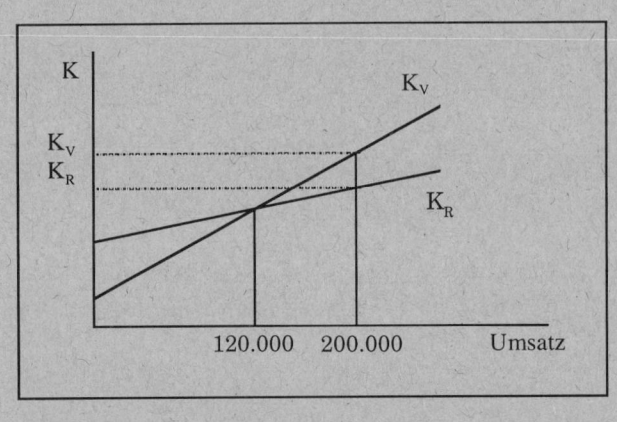

58 : C 4 – Distributionspolitik

Bewertungskriterien – Außendienstmitarbeiter

Für einen Vergleich zwischen Reisenden und Vertreter werden im Folgenden einige qualitative Faktoren genannt. Anzugeben ist, welche Faktoren eher auf den Reisenden, welche eher auf den Vertreter zutreffen.

	Faktoren	Reisender	Vertreter
1	besondere Verkaufsaktivitäten		X
2	bessere Kundenpflege	X	
3	bessere Marktkenntnisse		X
4	bessere Produktkenntnisse	X	
5	Einberufung zu Schulungen und Unterweisungen	X	
6	Einflussnahme auf die Leistung durch das Unternehmen	X	
7	größere Marktnähe		X
8	Interessenkonflikt		X
9	Kontrollierbarkeit durch das Unternehmen	X	
10	Steuerbarkeit durch das Unternehmen	X	
11	Vertretung von Unternehmensinteressen – Unternehmensloyalität	X	
12	Voraussetzung für die bessere Beratung des Kunden über das Produkt	X	

59 : C 4 – Distributionspolitik

Anzahl der Außendienstmitarbeiter

Die Anzahl der erforderlichen Außendienstmitarbeiter wird im Allgemeinen nach folgender Formel berechnet:

- Außendienstmitarbeiter = $\dfrac{\text{Anzahl der Kunden} \cdot \text{jährliche Besuchshäufigkeit}}{\text{tägliche Besuche} \cdot \text{Besuchstage}}$

Kunden	Anzahl der Kunden	durchschn. Besuchshäufigkeit	Anzahl der Besuche
landwirtschaftliche Betriebe	2.500	2	5.000
Zuchtbetriebe	150	4	600
Händler	800	6	4.800
Neukunden	200	8	1.600
			12.000

Anzahl der zzt. erforderlichen Verkäufer im Außendienst:

- Verkäufer = $\dfrac{12.000}{4 \cdot 200} = 15$

Die Anzahl der erforderlichen Verkäufer beträgt 15, sie entspricht also der Anzahl der zzt. eingesetzten Verkäufer.

Der Verkaufsleiter schlägt vor:

- Im Hinblick auf die geringe Anzahl von Aufträgen pro Besuch (vor allem bei den landwirtschaftlichen und den Zuchtbetrieben) kann die Besuchshäufigkeit verringert werden.

- Die Anzahl der zu besuchenden Kunden kann verringert werden, ein Teil der Kunden sollte zentral telefonisch betreut und nur bei Bedarf besucht werden.

- Ob die Anzahl der täglichen Besuche erhöht werden kann, muss im Hinblick auf die längeren Fahrzeiten zu den Kunden gesondert geprüft werden.

- Die Anzahl der Besuchstage kann geringfügig erhöht werden.

- Die einzustellenden Verkaufsgebietsleiter müssen zentrale Aufgaben übernehmen und die Verkäufer dadurch entlasten; insbesondere scheint eine intensive Betreuung einzelner Großkunden erforderlich.

60 : C 4 – Distributionspolitik

Kontrolle der Außendienstmitarbeiter

Im Folgenden werden beispielhaft einige Kontrollbereiche aufgelistet, aus denen Kennziffern entwickelt werden können. Kontrolliert wird durch den Vergleich der vorgegebenen Soll-Kennziffern mit den tatsächlich erzielten Ist-Werten.

- Anzahl der Kundenbesuche pro Tag (pro Woche, Monat),
- Anzahl der Vertragsabschlüsse pro Tag,
- Anzahl der Besuche pro Auftrag,
- Umfang der gewährten Nachlässe pro Auftrag,
- Umfang der gewährten Nachlässe pro Verkäufer,
- Wert des Auftrags pro Besuch,
- Deckungsbeitrag pro Auftrag,
- Deckungsbeitrag pro Verkäufer,
- Anzahl von akquirierten Kunden,
- Anzahl der Kunden, die keine Aufträge mehr erteilen,
- Anteil einzelner Sortimentsteile an den Aufträgen, z.B. beratungsintensive Produkte.

61 : C 4 – Distributionspolitik

Eigen-, Fremdtransport (Kostenvergleich)

1. Kostenvergleichsrechnung bei 5.000 km im Monat:

	Fremdtransport	Eigentransport
feste Kosten mtl.	400,00	4.550,00
variable Kosten je km	0,80	0,22
variable Kosten bei 5.000 km	4.000,00	900,00
Gesamtkosten bei 5.000 km	4.400,00	5.450,00

Ermittlung der festen Kosten bei Eigentransport:

	Jahr	Monat
Abschreibungen	30.000,00	2.500,00
Steuern u.dgl.	3.000,00	250,00
Lohn		1.800,00
		4.550,00

2. Ermittlung der kritischen km, Anwendung der Formel:

- $x = \dfrac{fK_{Ft} - fK_{Et}}{kmK_{Ft} - kmK_{Et}}$

- $x = \dfrac{400 - 4.550}{0{,}18 - 0{,}8} = \dfrac{-4.150}{-0{,}62} = 6.693{,}55$

Der kritische Wert für die km-Leistung beträgt rd 6.984 km. Die tatsächliche km-Leistung liegt bei 5.000 km, der Fremdtransport wirft geringere Kosten auf.

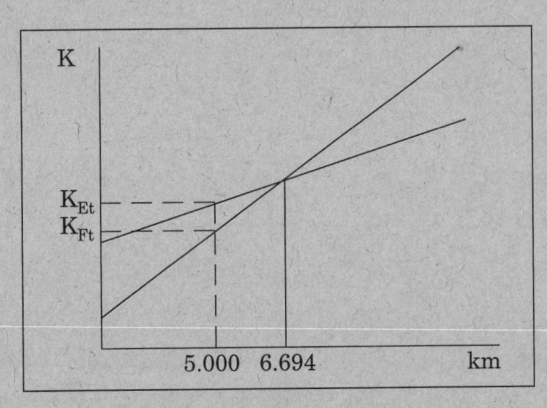

62 : D – Organisationsaspekt des Marketing

Ablauforganisation, Netzplantechnik

	Vorgang	Dauer in Wochen	vorlaufende Vorgänge	Vorwärts-rechnung		Rückwärts-rechnung		PG
				FAZ	FEZ	SAZ	SEZ	SEZ-FEZ
A	Baupläne erstellen, Baupläne einreichen (Baugenehmigung)	12	—	0	12	0	12	0
B	Eingangsbereich demontieren	3	A	12	15	12	15	0
C	Heizkörper demontieren	1	A	12	13	14	15	2
D	alte Heizungsanlage demontieren	1	A	12	13	40	41	28
E	Gasheizung einbauen	2	D	13	15	41	3	28
F	Aufzugsschacht anbauen (Zugang zum Eingangsbereich)	12	B, C	15	27	15	27	0
G	Aufzug installieren	6	F	27	33	27	33	06
H	Eingangsbereich ausbauen (neu gestalten)	10	G	33	43	33	43	0
I	Heizkörper einbauen und anschließen	1	E, H	43	44	43	44	0
J	Außenputz aufbringen	4	H	43	47	46	50	3
K	Haus streichen (einschl. Fenster)	4	J	47	51	50	54	3
L	Fußböden legen (Eingang, Treppenhaus, Flure)	3	I	44	47	44	47	0
M	Teppichoden verlegen (Büroräume)	2	I	44	46	45	47	1
N	Flurtüren streichen	1	L, M	47	48	47	48	0
O	Treppenhaus und Flure streichen	2	N	48	51	48	51	0
P	Büroräume streichen und tapezieren	3	O	51	54	51	54	0
Q	Probebetrieb	1	K, P	54	55	54	55	0

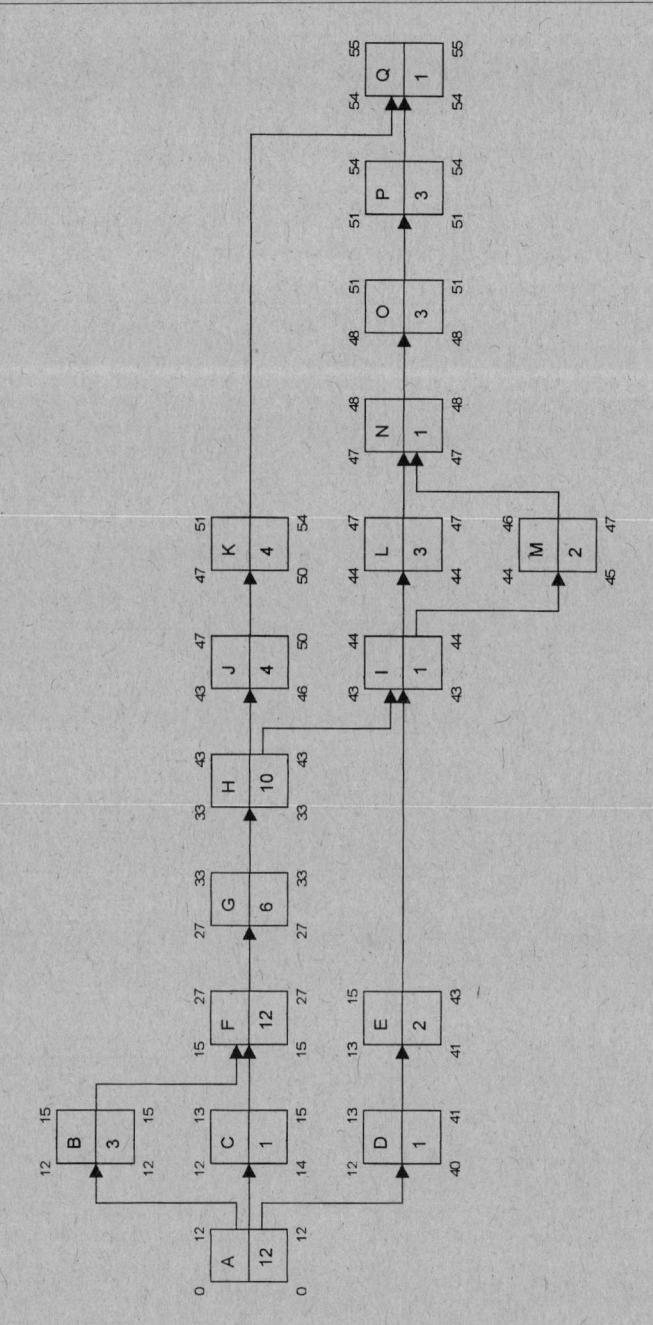

Organisationsaspekt des Marketing

2.

3. Kritischer Weg: A - B - F - G - H - J - L - N - O - P - Q

4. 55 Wochen
   (Die vorstehende Lösung ist lediglich ein Vorschlag; andere Lösungen sind möglich. Die bessere Lösung ist die mit der kürzeren Gesamtdauer des Projekts.)

63 : D – Organisationsaspekt des Marketing

Matrixorganisation, Produktmanagement

Der Klausurteilnehmer muss bei dieser Aufgabe Kenntnisse auf einen neuen Sachverhalt übertragen; die Anforderungen liegen deshalb ausschließlich im Anforderungsbereich II. Die Aufgabe lässt sich erweitern, z.B. durch die graphische Darstellung der Organisationsstruktur vor der Veränderung, durch eine Diskussion der Matrixorganisation, durch eine kritische Würdigung der Matrixorganisation im vorliegenden Fall. Dadurch würden sich die Anforderungen auch auf die Bereiche I und III ausdehnen lassen.

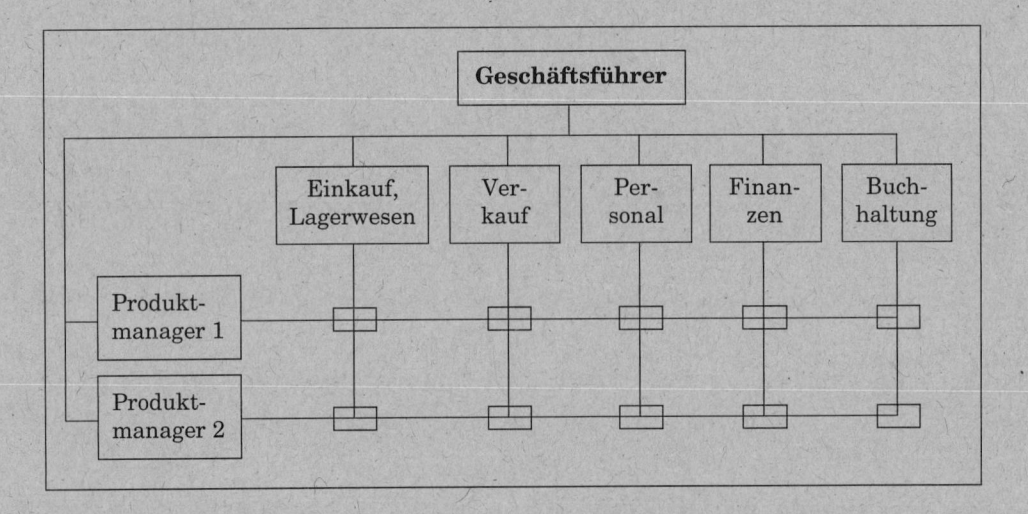

64: D – Organisationsaspekt des Marketing

Break-even-Analyse

Zur Lösung dieser Aufgabe sind Kenntnisse und Fähigkeiten, die im Fach „Rechnungswesen" erworben wurden, auf einen marketingpolitischen Sachverhalt (Marketingkontrolle) zu übertragen. Dazu mussder Klausurteilnehmer wissen, dass Berechnungen des Break-even-Point auch zur Ermittlung von Zielgrößen und damit als Kontrollgrößen genutzt werden können. Das Schwergewicht der Aufgabe ist die Ermittlung der Zielmenge, die Einbeziehung des Sicherheitsfaktors soll den Schwierigkeitsgrad der Aufgabe erhöhen; als Teillösung der Aufgabe kann schon die Berechnung der BeP-Menge angesehen und entsprechend bewertet werden. Die Aufgabe kann erweitert werden durch Berechnung der Umsatzerlöse und der Kosten bei der BeP-Menge und des Gewinns bei der Zielmenge, durch Diskussion von Strategien usw.

Einzelhinweise:

a) Verkaufspreis (p): 4,50 € je Packung
   variable Kosten (vK): 1,80 € je Packung
   feste Kosten (fK)
       Abschreibungen: 25.000,- €
       Werbung: 20.000,- €
       Vertrieb: 12.000,- €   57.000,- €

bei Break-even-Point-Menge (x_{BeP}) sind: Umsatzerlöse (U) = Kosten (K)

1. $U = x_{BeP} \cdot p$
2. $K = fK + vK$, $vK = x_{BeP} \cdot vK$, $K = fK + x_{BeP} \cdot vK/St$ (im Folgenden vK)
3. $x_{BeP} \cdot p = fK + x_{BeP} \cdot vK$
4. $x_{BeP} \cdot p - x_{BeP} \cdot vK = fK$
5. $x_{BeP} = (p - vK) = fK$
6. $x_{BeP} = \dfrac{fK}{p - vK}$

$$x_{BeP} = \frac{57.000}{4,5 - 1,8} = 21.111,1$$

Break-even-Point-Menge: 21.112 Packungen

Sicherheitskoeffizient (Sk): 20 %

Zielmenge: x'

$$Sk = \frac{x' \cdot x_{BeP}}{x'}$$

$$0{,}2 = \frac{x' - 21.112}{x'}$$

$0{,}2x' = x' - 21.112.... - 0{,}2x' - x' = - 21.112.... \; 0{,}8x' = - 21.112.... \; 0{,}8\,x' = 21.112$

$$x' = \frac{21.112}{0{,}8} = 26.390$$

<u>Zielmenge (Break-even-Point-Menge + Sicherheitsmenge): 26.390 Packungen</u>

b) Wenn nach Ablauf des Planungsjahres mindestens 26.390 Packungen abgesetzt wurden, kann das Ziel als erreicht gelten.

Wenn die Zielmenge nicht erreicht wurde, sind evtl. neue Strategien zu entwickeln: z. B. andere Werbemaßnahmen, preispolitische Maßnahmen, neue Absatzwege usw.

Wenn die tatsächlich abgesetzte Menge weit unter der BeP-Menge liegt, muss das Produkt evtl. vom Markt genommen werden o.Ä.

65 : E – Fallbezogene Mehrthemenaufgabe

Auslieferungslager, Eigen-, Fremdtransport

Der Schwerpunkt der Aufgabe ist ein Kostenvergleich zur Vorbereitung einer Entscheidung; dazu soll der Prüfling die entsprechenden Zahlen aufbereiten. Die Anforderungen liegen deshalb überwiegend im Bereich II (Transfer). Daneben werden allerdings auch Grundkenntnisse über Auslieferungslager verlangt. In die Erörterung der Gründe, ob das Auslieferungslager aufgelöst werden soll, müsste der Prüfling auch einige der sich aus der Fragestellung Eigen- oder Fremdtransport ergebenden Probleme einfließen lassen können.

1. Gründe für Auslieferungslager, die hier vorliegen könnten:
   Kundennähe,

   relativ große Anzahl von Kunden (Einzelhändler, Filialen, Gastwirtschaften, Restaurants usw.) mit relativ geringen Bedarfsmengen und relativ großer Anzahl von Einzelprodukten (differenzierter Bedarf),

   Verkürzung der Transportwege, Verringerung der Transportkosten,

   häufige Auslieferung usw.

2. Ermittlung der Kosten für Eigen- und Fremdtransport bei 5.000 km.
   Zunächst werden die festen Kosten bei Eigentransport ermittelt:

	Jahr	Monat
Abschreibungen	36.000,00	3.000,00
Steuern u.dgl.	4.800,00	400,00
Lohn		2.100,00
		5.500,00

	Fremdtransport	Eigentransport
feste Kosten mtl.	600,00	5.500,00
variable Kosten je km	1,00	0,20
variable Kosten bei 5.000 km	5.000,00	1.000,00
Gesamtkosten bei 5.000 km	5.600,00	6.500,00

Die Rechnung zeigt, dass bei 5.000 km die Inanspruchnahme fremder Transportleistung günstiger ist (5.600 € statt 6.500 €).

3. Ermittlung der kritischen km,
   Anwendung der Formel:

   - $x = \dfrac{fK_{Ft} - fK_{Et}}{kmK_{Et} - kmK_{Ft}}$

   - $x = \dfrac{600 - 5.500}{0,2 - 1} = \dfrac{-4.900}{-0,8} = 6.125$

Der kritische Wert für die km-Leistung beträgt 6.125 km. Erst wenn 6.125 km zu fahren sind, lohnt sich die Anschaffung.

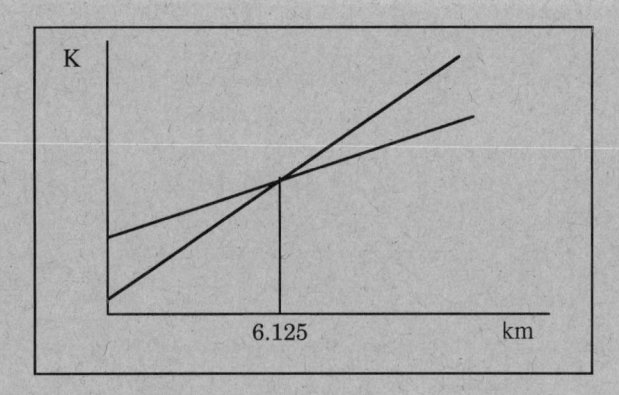

4. Die Auslieferung vom zentralen Lager lohnt sich u.a., wenn die Zahl der Kunden abnimmt, die jeweiligen Bedarfsmengen erheblich zunehmen.

66 : E – Fallbezogene Mehrthemenaufgabe

Produktlebenszyklus, Eliminierung, Werbung

1. Das Produkt befindet sich wahrscheinlich in der letzten Phase (Verfall): Absatz, Umsatz, Gewinn und Kostendeckungsbeiträge nehmen ab.

2. Ursachen können sein:
   Konkurrenzprodukte drängen auf den Markt und werden mit einem besonderen Marketing-Mix angeboten, z.B. Produktmarkierung, Werbemaßnahmen, aggressive Preispolitik,

   Mitbewerber haben bessere Kontakte zur Zielgruppe,

   Substitutionskonkurrenz tritt auf, das Angebot an Babynahrung nimmt ständig zu usw.

3. Marketingmaßnahmen:
   Produktpolitik: Änderung der Produktaufmachung, Änderung der Markierung, Verwendung der bei den übrigen Sortimentsteilen erfolgreichen Markierung und Verpackungsaufmachung,

   Kommunikationspolitik: Erhaltungswerbung, Erschließung weiterer Zielgruppen durch Hinweis auf weitere Verwendungsmöglichkeiten (z.B. Klöße, Verwendung beim Backen) usw.; Erhöhung des Werbeetats, Werbung in Familienzeitschriften, TV-Werbung usw.

   Distributionspolitik: Erhöhung des Distributionsgrades, Erschließung weiterer Absatzwege, Platzierung im Handel zusammen mit den anderen Sortimentsteilen (Mehlprodukte, Backmischungen) usw.

4. Gründe für Eliminierung: Trotz steigender Kosten z.B. für Werbung kann das Produkt nicht mehr verkauft werden, auch Kostendeckungsbeiträge nehmen weiterhin ab.

5. Gründe dafür, das Produkt im Sortiment zu belassen:
   Erwartungen von Kunden ...;
   Vollsortiment ...;
   Tradition ...;
   Erfolg der Marketingmaßnahmen.

67 : E – Fallbezogene Mehrthemenaufgabe

Segmentierung, Absatzwege

Der Schwerpunkt der Aufgabe liegt darin, Entscheidungen für neue Absatzwege und für die Sortimentserweiterung zu begründen. In die Klausur sollen Kenntnisse über die Absatzwege eines Produktes eingebracht (Reproduktion und Reorganisation von Kenntnissen) und neue Absatzwege über die Definition bestimmter Segmente (Zielgruppen) erörtert werden (Transfer). Auch die Sortimentserweiterung soll über die Erwartungen der Käufer bzw. über Veränderungen des Nachfrageverhaltens erklärt werden, sodass aus den Erörterungen schließlich der Zusammenhang zwischen Marktsegmentierung und differenzierter Marketingstrategie erkennbar wird (Kreativität).

Einzelhinweise

1. Gründe für Absatzrückgang: Konkurrenzprodukte, mangelhafte Markterschließung (keine Differenzierung von Produkten, Preisen, Absatzwegen), Veränderungen der Verbrauchsgewohnheiten;

2. Absatzwege: Hersteller – Großhandel – Einzelhandel,
   Funktionen des Handels nennen und erklären:

   Lagerhaltung (räumlicher, zeitlicher, quantitativer Ausgleich),
   qualitativer Ausgleich (Sortimentsgestaltung, Manipulation, Veredelung),
   Information,
   Präsentation,
   Beratung ...

   Unterscheidung: direkter – indirekter Absatz (Gründe für Einschaltung von Absatzmittlern bzw. den Verzicht auf Absatzmittler...);

3. Segment (enger als Zielgruppe): Teilmarkt mit speziellen Erwartungen an das Produkt i.w.S: z.B. Preise, Ausstattung, Gestaltung, Abpackung, Verfügbarkeit...,

   Marktsegmente für Mehlprodukte: z.B. preisbewusste Käufer, konservative Käufer, gesundheitsbewusste Käufer ...

4. Mögliche Absatzwege: SB-Märkte, Filialunternehmen (z.B. Aldi), die Zentralen freiwilliger Ketten, Großabnehmer ...

   Erschließung mithilfe von Produktdifferenzierungen (einschl. Verpackung), Preisdifferenzierung, Änderung des Produktnamens ...

5. Sortimentserweiterung: z.B. grobes Mehl, Backmischungen, Lizenzproduktion...

68: E – Fallbezogene Mehrthemenaufgabe

Absatzwege, Angebotserstellung

Der Schwerpunkt der Aufgabe liegt in der Problematik „Bearbeitung einer Anfrage" durch ein Unternehmen, das im Wesentlichen Einrichtungen und Anlagen in Einzelfertigung herstellt. Insbesondere wird das Problem des Informationsbedarfs herausgestellt, der im vorliegenden Fall sowohl im technischen, wie auch im kaufmännischen (wirtschaftlichen) Bereich liegt. Die übrigen Fragestellungen ergänzen diesen Aufgabenkomplex sinnvoll, z.B. Werbung eines Unternehmens der dargestellten Art, Nutzung direkter Absatzwege beim Versand von Anlagegütern der genannten Art.

Einzelhinweise:

1. Es werden Informationen benötigt über Besonderheiten des Unternehmens, innerbetriebliche Transportprobleme, z.B. Art der zu transportierenden Güter, Lagerart, Größe, Art der Produkte, Lage des Transportbandes und dgl.

   Erforderlich:
   Auftrag an Ingenieure; Beratung, zusätzliche Informationen.

   Berechnungen: Kosten usw.
   Kostenvoranschläge usw.

2. Ingenieure als Außendienstmitarbeiter, Prüfung vor Ort, Erstellung von Zeichnungen und Plänen usw.; evtl. auch selbstständiges Ingenieurbüro wegen der Besonderheiten des anstehenden Problems.

   Handelsvertreter: Kontaktaufnahme, Vertreter weitergehend erklären.

3. Auskünfte bei unbekannten Unternehmen, bei besonders umfangreichem Auftrag:

   Solvenz, Kreditwürdigkeit, -fähigkeit, Ruf ....
   Auskünfte bei Auskunfteien, bei Banken, Geschäftsfreunden, Selbstauskunft ...

4. Inhalt des Angebots: genaue Beschreibung des Produkts (Art, Größe ...), Lieferzeit,

   Montagezeit; Preis, Liefer- und Zahlungsbedingungen (z.B. Teilzahlung) usw.

5. direkter Absatzweg: Verzicht auf branchenübliche Vermittlung, direkte Lieferung liegt hier vor, wegen Einzelfertigung, Größe, besonderer Transportprobleme usw.

6. Fachzeitschriften, Fachmessen, evtl. Industrieausstellung, Fachzeitschriften, persönliche Kontaktaufnahme usw.

69 : E – Fallbezogene Mehrthemenaufgabe

Werbung, Verkaufsförderung, Produktmarkierung

Die Aufgabe hat ihren Schwerpunkt im Themenbereich Markenpolitik. Der Prüfling soll die Markierung von Produkten als Mittel zur Differenzierung und Identifizierung kennen und die Werbung mit Marken als eine Möglichkeit zur Schaffung preispolitischer Spielräume erläutern. Er soll beispielhaft einige Markierungen nennen: Markennamen, Produktdesign, Verpackung u. dgl. Die Aufgabe enthält verschiedene Schwierigkeitsgrade von Reproduktion über Transfer zur Kreativität. Einzelhinweise:

1. Marken definieren ...., Beispiele für Marken nennen ....

   Markierung von Produkten umschreiben ....

   Ziele nennen: Differenzierung, Identifizierung, Aufbau von Markentreue, auf Produktdifferenzierung – Änderung des Produktnamens – eingehen, Erschließung weiterer Segmente und dgl.

2. Gründe für gleichartige Markierung: gleichartige Produktgruppe, Übertragung des Markenimages, geringes Risiko, Nutzung der Markentreue der Verbraucher, Nutzung der für das neue Produkt erforderlichen Werbung als Erinnerungswerbung für das übrige Sortiment.

3. Gründe für TV-Werbung: szenische, evtl. gefühlsbetonte nachvollziehbare Darstellung, anschauliche Darstellung einer verschlüsselten Werbebotschaft, Zeitpunkt der Sendung, Streukreis.

   Ergänzung durch andere Werbemittel: Rundfunk, Zeitschriften, u.dgl.

4. Verkaufsförderung: ergänzende Maßnahmen zur Werbung.

   Maßnahmen: handelsorientiert: Händlerlisteförderung, Einsatz von Propagandistinnen in Einzelhandelsgeschäften mit Getränkeproben.

70 : E – Fallbezogene Mehrthemenaufgabe
Produkteinführung, Preissetzungen, Werbemittel

Der Prüfling soll sich kritisch mit den Möglichkeiten der Preispolitik bei Einführung eines Produkts auseinandersetzen, dazu soll er verschiedene Möglichkeiten aufzeigen und zu einer begründeten Entscheidung kommen. Diese Ausführungen entsprechen z.T. dem 3. Anforderungsbereich. Im Übrigen werden Begriffe aus einem gelernten Zusammenhang abgefragt, die einerseits als Grundlage für die Einbeziehung betrieblicher Erfahrung, andererseits aber auch zur Begründung verschiedener Marketingmaßnahmen dienen können.

Einzelhinweise:

1. Sortiment erklären ..., Orientierungsgesichtspunkte (Sortimentszusammensetzung) nennen und beispielhaft anwenden,

   Änderung der Verbrauchsgewohnheiten: Gesundheitsbewusstsein ...

2. Informationsquellen nennen: z.B. Konkurrenzbeobachtung, Berichte der Vertreter, Anfragen des Eh., Statistiken, Rechnungswesen ...

   externe und interne Quellen unterscheiden

3. Die Mühlenwerke setzen zur Marktdurchdringung Penetrationspreise ein: Niedrigpreise auf der Grundlage großer Produktionsmengen mit entsprechend niedrigen Stückkosten; so kann der Eh. zu Sonderangebotspreisen anbieten.

   Mit Reaktionen der Mitbewerber muss gerechnet werden: oligop. Verhalten ..., sodass diese Politik nur vorübergehend sinnvoll ist.

   Andere preispolitische Maßnahmen: Prämien- und Promotionspreise, Rabatte ...

   Preisdifferenzierungen ... evtl. mit Produktdifferenzierungen ...

4. Werbung in Norddeutschland in Familienzeitschriften, mit Anzeigen: Hinweise auf z.B. gesunde Ernährung ...

   Eh. wirbt in Tageszeitungen usw.

   Begründungen ...

71 : E – Fallbezogene Mehrthemenaufgabe

Außendienstmitarbeiter

Die Prüfungsaufgabe hat den Vergleich der Außendienstmitarbeiter Reisender und selbstständiger Handelsvertreter zum Inhalt. Der Vergleich soll drei Aspekte berühren:

- die rechtliche Situation der Außendienstmitarbeiter,
- die Kosten, die dem Unternehmen jeweils entstehen,
- sonstige Gründe, die die Entscheidung mitbestimmen.

Nach dem Vergleich soll dann eine Entscheidung begründet werden. Entsprechend diesen Vorgaben ergeben sich die Anforderungsbereiche: Der Prüfling bringt Wissen über die Außendienstmitarbeiter ein (I), das er auf eine konkrete Situation anwenden und zur Lösung einer Aufgabe nutzen muss (II), schließlich soll er eine Entscheidung begründen, die Bedeutung einer ausschließlich auf dem Kostenvergleich beruhenden Entscheidung kritisch würdigen (III).

Einzelhinweise:

1. Unterschiede aufzählen, z.B. Selbstständigkeit, Entlohnung und dgl.

2. U_{krit} ist der Umsatz, bei dem die Kosten für den Reisenden und für den Vertreter gleich sind:

- $K_R = K_V$
- $fK_R + vK_R = fK_V + vK_V$
- $fK_R + q_R \cdot U_{krit} = fK_V + q_V \cdot U_{krit}$
- $fK_R - fK_V = q_V \cdot U_{krit} - q_R \cdot U_{krit} = U_{krit}(q_V - q_R)$
- $U_{krit} = \dfrac{fK_R - fK_V}{q_V - q_R}$

$$U_{krit} = \frac{3.200 - 500}{0,22 - 0,03} = \frac{2.700}{0,19} = 14.210,53$$

Der kritische Umsatz beträgt also 14.210,53 €.

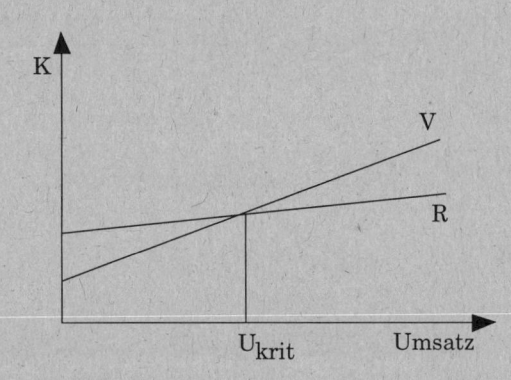

Die Bedeutung des kritischen Umsatzes aufzeigen: Kostenvergleich bei verschiedenen Umsatzhöhen ...Rückschlüsse: bei $U < U_{krit}$ - Handelsvertreter, bei $U > U_{krit}$ – Reisender, also: bei Erschließung eines Verkaufsgebietes bei relativ geringen Umsätzen: Handelsvertreter ... auch auf Risiko eingehen ...

3. Qualitative Faktoren:
   Reisender: Steuerbarkeit, Möglichkeiten zur Einflussnahme durch das Unternehmen, Einberufung zu Schulungsmaßnahmen, anderweitige Einsätze, besondere Kenntnisse über das Produkt, Fähigkeit zur besseren Beratung von Kunden ... Handelsvertreter: Marktnähe, besondere Marktkenntnisse, besonderer Einsatz (Verkaufsaktivitäten) ...

4. Entscheidung begründen: z.B. Entscheidung für Handelsvertreter – geringer Umsatz, Marktkenntnisse, besonderer Einsatz ...

5. Anzeigen in Zeitungen mit entsprechendem Inhalt ...

6. Kritische Würdigung des Zusammenhangs: Mehrumsatz – Mehrkosten usw.

72 : E – Fallbezogene Mehrthemenaufgabe

Produktlebenszyklus, Marketing-Mix

Diese sehr umfangreiche Aufgabe hat ihren thematischen Schwerpunkt im Bereich Produktpolitik. Vom Prüfling wird verlangt, dass er das anstehende Problem erkennt und sachkundig beschreibt. Sodann soll er hypothetische Lösungsmöglichkeiten vorschlagen und sie - unter Verwendung des entsprechenden Begriffsapparates - verständnisvoll begründen. In geringem Umfang liegen die Anforderungen im Bereich I: Wiedergabe von Kenntnissen im Zusammenhang mit der Beschreibung des Produktlebenszyklusses. Einige Fragebereiche liegen im Anforderungsbereich III: Die plausible Begründung hypothetischer Lösungsmöglichkeiten des anstehenden Problems erfordern Kreativität. Im Übrigen liegen die Anforderungen im Bereich II (Transfer).

Einzelhinweise:

1. Erläuterung möglicher Ursachen u.a.:
   - allgemeiner Rückgang des Rumkonsums infolge der Veränderung von Konsumgewohnheiten,
   - Imageverlust der Marke „Seelord",
   - zu hoher Preis,
   - keine Produktdifferenzierung ...
   - Verlust von Marktanteilen an Konkurrenz, Gründe z.B. Erschließung eines Segments mit angemessener Werbung und Verkaufsförderung ...

2. Ein Produktlebenszyklus ist zu beschreiben oder aufzuzeichnen. Dazu sind die Kriterien Umsatz, Werbeaufwand und Gewinn heranzuziehen.

   Der Prüfling sollte erkennen, dass sich das Produkt wahrscheinlich in der 4. Phase befindet; Begründung: z.B. aus der grundsätzlichen Problematik heraus, dass der Verfall vermieden werden soll o.Ä. ...

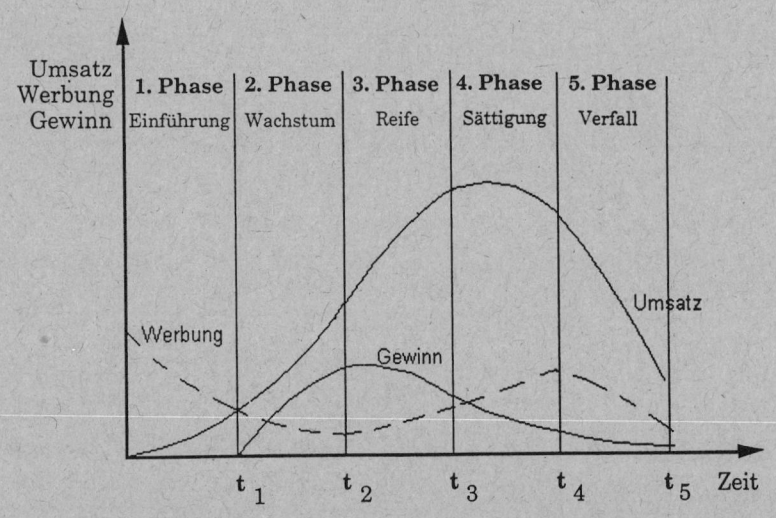

Umsatz / Werbung / Gewinn	1. Phase	2. Phase	3. Phase	4. Phase	5. Phase
	Einführung	Wachstum	Reife	Sättigung	Verfall

Zeit: t_1, t_2, t_3, t_4, t_5

3. Gründe für Absatzrückgang: Konkurrenzprodukte (vor allem von Unternehmen mit besseren Kontakten zur entsprechenden Zielgruppe), Substitutionskonkurrenz...

Gründe für Eliminierung u.a.:
- Umsatzrückgang,
- Gewinnrückgang, aufwändige Werbung bei Umsatzrückgang, evtl. Verlust,
- Rückgang des Kostendeckungsbeitrages.

4. Die Drinkuth strebt Vollsortiment an, dazu gehört nach Auffassung der Unternehmensleitung auch Rum, der zudem in der Unternehmensgeschichte eine gewisse Rolle spielt.

Dieses vollständige Sortiment richtet sich an den Bedürfnissen des Verbrauchers und dem Bedarf der Absatzmittler aus.

Vorteile des Vollsortiments u.a.:
- hohe Einkaufsbündelung,
- rationelle, moderne Waren-Logistik,
- konzentrierte Administrationsabläufe,
- Sicherheit eines sich an den Bedürfnissen der Verbraucher orientierenden Unternehmens.

5. Zur Beantwortung sollte ein Marketingmix vorgeschlagen werden, das die folgenden Submixbereiche angemessen berücksichtigt. Die vorgeschlagenen Maßnahmen sind mit Bezug auf das anstehende Problem zu begründen.

- Produktpolitik: z.B.
  Produktdifferenzierung,
  Veränderung der Aufmachung,
  evtl. Änderung des Namens (gut eingeführter Name des Unternehmens),
  Markierung ...

- Kommunikationspolitik: z.B.
  Erschließung neuer Segmente,
  Verbesserung des Produktimage,
  Werbung (dazu sind Werbeträger und -mittel, die hier infrage kommen, aufzuzählen),
  Verkaufsförderung (Maßnahmen nennen),

- Distributionspolitik, z.B.
  Erschließung neuer Absatzwege (z.B. SB-Märkte, Restaurants usw.),

- Kontrahierungspolitik: z.B.
  Preisdifferenzierung in Verbindung mit Produktdifferenzierung.

73 : E – Fallbezogene Mehrthemenaufgabe

Marketingmanagement

Die Aufgabe verbindet die Thematik „Aufbauorganisation" mit dem Organisationsaspekt des Marketing. Ausgehend vom Liniensystem (bzw. Stabliniensystem) soll der Prüfling für verschiedene Orientierungen des Marketingorganisation die zweckmäßigen Formen des organisatorischen Aufbaus finden. Es werden also Grundlagenkenntnisse zur Begründung für bestimmte Organisationsformen angewandt (Transfer). Die Anforderungen liegen deshalb überwiegend im Bereich II. Ein Schwerpunkt der Aufgabenlösung sind grafische Darstellungen. Allerdings sollten die Zeichnungen auch immer erläutert werden (z.B. Darstellung der Besonderheiten, Diskussion der Vor- und Nachteile).

Einzelhinweise:

1. Marketing ist Managementkonzept, beginnt vor Produktion,

    enthält: Informations-, Aktions-, Organisations-, Sozialen Aspekt,

    Beeinflussung anderer Bereiche, z.B. Produktion, Beschaffung ... ,

    hier: Teilhabe an Grund- und Hauptaufgaben, d.h. Entscheidungen, Weisungsbefugnisse gegenüber Teil- und Einzelaufgaben (z.B. Verkauf, Vertrieb, Werbung...)

    Kundenorientierung: Konzentration auf Aufgaben, die sich aus der Existenz bestimmter Abnehmer bzw. Abnehmergruppen ergeben ...

2. Weisungssysteme:

    Liniensystem: straffe Form des Aufbaus, Instanzenweg; klare hierarchische Gliederung (Ebenen); schwerfällig ...

    Mehrliniensystem: hat mehrere Vorgesetzte; bestimmte Sachgebiete, Kompetenz; unübersichtlich ...

    Stabliniensystem; Liniensystem mit Stabsstellen, Beratungen ohne Weisungsrecht ...

3. und 4.

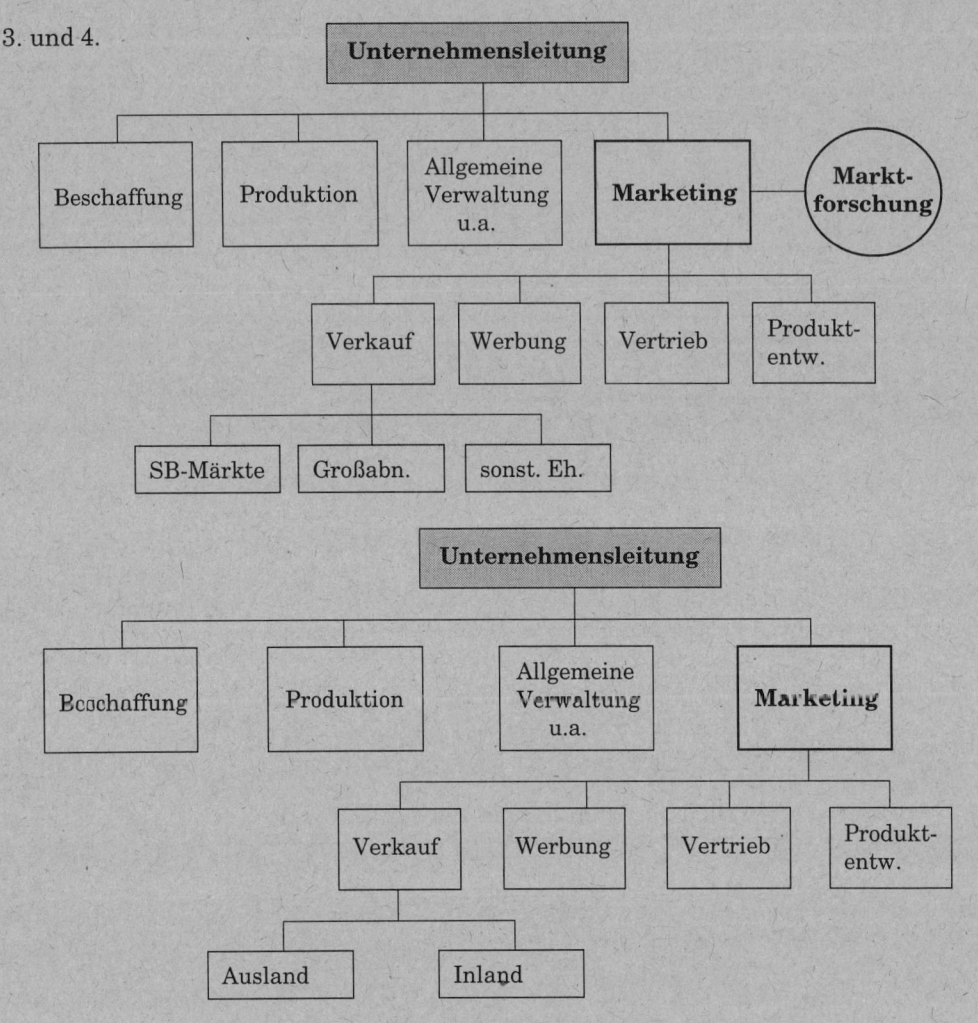

```
                          Unternehmensleitung
    ┌──────────────┬──────────────┬──────────────┬──────────────┐
Beschaffung   Produktion   Allgemeine      Marketing ── Markt-
                           Verwaltung u.a.              forschung
                                              │
                          ┌───────────┬───────┴────┬────────────┐
                       Verkauf     Werbung      Vertrieb    Produkt-
                          │                                   entw.
             ┌────────────┼────────────┐
          SB-Märkte    Großabn.     sonst. Eh.
```

```
                          Unternehmensleitung
    ┌──────────────┬──────────────┬──────────────┬──────────────┐
Beschaffung   Produktion   Allgemeine      Marketing
                           Verwaltung u.a.
                                              │
                          ┌───────────┬───────┴────┬────────────┐
                       Verkauf     Werbung      Vertrieb    Produkt-
                          │                                   entw.
                   ┌──────┴──────┐
                Ausland       Inland
```

Gebietsorientierung: Orienterung auf Gebiete, bei räumlicher Trennung (z.B. Inland - Ausland ...) und räumlicher Konzentration der Abnehmer,

Kundenorientierung: Orientierung auf Abnehmer(-gruppen), Ausrichtung der Marketinginstrumente auf Käufergruppen, auf Erwartungen ..., Trennung der Abnehmer(-gruppen) muss sinnvoll und machbar sein, z.B. ausreichend große Segmente ...

5. Produktorientierung – Spartenorganisation (von Funktionsorganisation unterscheiden);

Marketingfunktion auf ein Produkt, eine Produktgruppe konzentriert, Leiter für eine Produktgruppe wird zuständig für Werbung, Verkauf, Vertrieb usw. dieser Produktgruppe ...

74 : E – Fallbezogene Mehrthemenaufgabe
Verkaufsniederlassung, Kundenberatung

Der Schwerpunkt der Aufgabe liegt in den miteinander verbundenen Themenbereichen Verkaufsniederlassung, dezentraler Vertrieb, Kundennähe bei Beratung, Angebot usw. In die Aufgabenbearbeitung sollen einfache Kenntnisse über Verkaufslager, Auslieferungslager, bestimmte Lagerkosten usw. eingebracht werden (Anforderung I), diese Kenntnisse sind zur Erörterung von Entscheidungen (Standortwahl der Niederlassungen, Wahl einer Verkaufsniederlassung statt eines Auslieferungslagers) heranzuziehen (die Anforderungen entsprechen etwa dem Bereich II), schließlich soll eine Entscheidung begründet werden (Schließung einer Niederlassung), hier können die Anforderungen im Bereich III liegen.

Einzelhinweise

1. Produktprogramm: Angebotspalette eines Fertigungsbetriebes
   Programmbreite: Anzahl der Produktlinien
   Produktlinien erklären ...
   Programmtiefe: Anzahl der Ausführungen in einer Produktlinie
   Produktausführungen erklären ...
   Beschreibung eines Produktprogramms, dabei soll der Prüfling Breite und Tiefe des Programms beispielhaft unterscheiden und evtl. auf Sortimentsergänzungen durch Handelswaren eingehen können.
   Programmerweiterungen:
   Orientierung an Kundenbedarf und Kundenerwartungen...
   evtl. Angebot eines Vollsortiments mit Ausrichtung auf Kundenerwartungen - Übernahme von Handelswaren ...

2. Verkaufsniederlassung:
   regionaler Zweigbetrieb eines Herstellers (oder Händlers),
   dezentrale Vertriebsabteilung,
   (gelegentlich organisiert als eigene Rechtspersönlichkeit, z.B. als GmbH), ermöglicht bessere Beratung und Betreuung von Kunden,
   Kundennähe,
   Verbesserung der Marktbearbeitung ..., (auf den Fall beziehen ..., z.B. Beratung, Kundenbesuche)
   Verbesserung des Lieferservice ... (auf den Fall beziehen ..., z.B. Flexibilität, Bedarfsgerechtigkeit),
   Auslieferungslager:
   dezentrale Lieferung, Lieferung von Lager in den Absatzgebieten,
   Verringerung der Transportkosten, hohe (zusätzliche) Lagerhaltungskosten,
   reines Auslieferungslager kommt nicht in Betracht, da die Paul Tilly KG nur in geringem Umfang auf Lager, sondern auf Bestellung mit Berücksichtigung des besonderen Kundenbedarfs produziert,

3. Kostenarten: Lagerhaltungskosten ... Personalkosten ... (Beratung, Fuhrpark, Kundenbesuche, evtl. Montage usw.)

4. Wegen der wachsenden Industrie nimmt der Bedarf an hochwertigen Werkzeugen zu. Außerdem: Nähe der Produktionsstätten im benachbarten Ausland. Möglichkeit zur Betreuung der Kunden in Süddeutschland vom sächsischen Standort aus. Verringerung von Kosten durch die Schließung der Niederlassung in Bayern.

75 : E – Fallbezogene Mehrthemenaufgabe
Öffentlichkeitsarbeit, Werbung

Schwerpunkt der Aufgabe ist der Themenkomplex „Öffentlichkeitsarbeit". Der Begriff soll definiert, allgemeine Ziele und Beispiele für Maßnahmen der Öffentlichkeitsarbeit genannt und „Öffentlichkeitsarbeit" von „Werbung" abgegrenzt werden.

Die Anforderungen dieses Aufgabenteils liegen im Bereich I. Im zweiten Aufgabenteil kommt die Übertragung von Kenntnissen in Anwendungsbereiche zum Zuge, deshalb liegen die Anforderungen hier im Bereich II. Kritische Stellungnahmen und Erörterungen im Zusammemhang mit einzelnen Fragen liegen im Anforderungsbereich III.

Einzelhinweise

1. Öffentlichkeitsarbeit: Ein Unternehmen richtet sich an bestimmte Teilöffentlichkeiten, z.B. Verbrauchergruppen, Schulen, Anwohner, Abgeordnete, Presse ...
   Ziele: Gewinnung und Festigung von Vertrauen und Verständnis, Verbesserung und Pflege des Images;
   Mittel: Betriebsbesichtigungen, Informationsdienste für die Presse, Vorträge, Filme, Stiftungen usw.

2. Werbung - produktorientiert ...
   PR - unternehmensorientiert ...

3. Ja, Begründung: Gewinnung von Vertrauen, von Verständnis für bestimmte Probleme, Pflege des Images usw. schlagen sich schließlich auch im Verkaufserfolg nieder ...

4. Werbung: Bekanntmachung eines Produktes, Kaufwünsche anregen, Kaufhandlungen anregen ... allgemeine und spezielle Werbeziele unterscheiden ...
   allgemeine z.B.
       Expansionswerbung ...
       Erinnerungswerbung ...
       Erhaltungswerbung ...
   spezielle z.B.
       neues Produkt bekannt machen,
       Markenimage verbessern,
       Erhöhung des Bekanntheitsgrades eines Produkts usw.
   ökonomische und außerökonomische Werbeziele unterscheiden...

5. Werbemittel und -träger unterscheiden ..., Beispiele nennen ...
   Abhängigkeiten erörtern: z.B. Werbebotschaft, Zielgruppen usw.

6. Werbeetat erklären lassen ...
   Berechnungsmethoden nennen und erklären, z.B. umsatzbezogene Methode ...
   Stellungnahme, auf werbezielorientierte Methode der Etatberechnung abstellen...

76: E – Fallbezogene Mehrthemenaufgabe

Werbung in Printmedien, Inter-Media-Auswahl

Thematischer Schwerpunkt der Aufgabe ist Werbung, u.z. Werbung in Printmedien, dazu muss auf Kriterien für die Mediaauswahl eingegangen werden. In geringem Umfang haben einzelne Aufgabenteile Anforderungen der Stufe I, z.B. bei der Aufzählung von Werbezielen, -trägern, -mitteln, durch Erklärungen und den Bezug auf die konkrete Situation steigen allerdings die Anforderungen und liegen überwiegend im Bereich II. Wenn Entscheidungen für die Wahl eines Werbeträgers plausibel begründet werden, kann gelegentlich auch der Anforderungsbereich III erreicht werden. Bei der Bearbeitung sind die unterschiedlichen Werbeziele und -mittel des Anzeigenblattes einerseits und seiner Kunden andererseits besonders herauszustellen.

Einzelhinweise

1. Werbung von Kunden vor allem durch Akquisiteure,
   Außendienstmitarbeiter, individuelle Kundenberatung,
   Preise, Rabatte, usw. Beratung über Gestaltung und Form der Anzeige.

2. Angebot:
   Erforderliche Informationen:
   - Größe der Anzeige,
   - Gestaltung der Anzeige,
   - Vorlagen, Bilder,
   - Häufigkeit der Erscheinung,
   - Anzahl der Ausgaben,
   - Preise,
   - Rabatte und Rabattstaffelung,
   - Zahlungsbedingungen.

3. a) Werbeträger: Media-Personen oder Sachen, die ein Werbemittel an die Zielpersonen zur Verbreitung der Werbebotschaft herantragen.
     - Insertions- oder Printmedien, z.B. Zeitungen, allgemeine Zeitschriften, Fachzeitschriften ...
     - elektronische Medien, z.B. Rundfunk, TV ...
     - Außen- und Verkehrsmittelwerbung ...
   b) Werbemittel: Ausdrucksmittel der Werbung, zielgerichtete Darstellung der Werbebotschaft
     - Anzeigen, Inserate
     - TV-Spot
     - Plakat

4. a) Werbung für ein Produkt, eine Leistung,
      Bekanntmachung eines neuen Produkts, einer Geschäftseröffnung,
      Erinnerungswerbung, Imagewerbung, Erhaltungswerbung

b) Expansionswerbung ...
   Erinnerungswerbung ...
   Erhaltungswerbung ...

5. Kriterien für Inter-Media-Auswahl
   1. Verbreitungsgebiet ...
   2. Werbemittel ...
   3. Werbebotschaft und die Möglichkeit zu ihrer Darstellung ...
   4. Werbeverhalten der Mitbewerber ...
   5. Zielgruppe ...
   6. Zeitpunkt und Situation des Werbekontaktes ...
   7. Werbeetat ...

6. Prüfung, ob die Zielgruppe mit dem Werbemittel oder -träger in Berührung gekommen ist und die Werbebotschaft verstanden hat,
   wie viel Kontakte mit dem Werbeträger möglich sind (Reichweite) ...
   Testverfahren: z.B. Recalltest, Recognitiontest ...

77 : E – Fallbezogene Mehrthemenaufgabe
Werbung, Sponsoring

In der Aufgabenbearbeitung soll zu einem Problem Stellung genommen werden; auf der Grundlage der Stellungnahme sind Vorschläge zur Lösung des Problems vorzulegen. Die Vorschläge sind zu begründen. Dazu müssen Kenntnisse über Werbung i.w.S. eingebracht werden. Die Aufgabe enthält deshalb nur in sehr geringem Umfang Anforderungen im Bereich I. Der Anteil des Anforderungsbereichs III ist relativ hoch.

Einzelhinweise

1. Ursachen für die Umsatzentwicklung: z.B.
   mangelnde Information,
   allgemeine, konjunkturell bedingte Kaufzurückhaltung im privaten Bereich,
   Produkt zu teuer, Konkurrenz besser oder/und billiger usw.

2. Produktprogramm:
   Angebotspalette des Fertigungsbetriebs,
   Breite wird bestimmt durch die Anzahl der nebeneinander bestehenden Produktlinien,
   Tiefe wird bestimmt durch die Anzahl der Ausführungen innerhalb einer Produktlinie,
   Sortiment: Angebotspalette des Handelsbetriebes (Breite wird durch die Warengruppen, Tiefe durch die Anzahl der Artikel und Sorten bestimmt)

3. Unterschiede zwischen Handelsvertreter und Reisenden:
   auf Kostenvergleich eingehen: Vertreter – umsatzabhängige Provision, Reisender – Gehalt; Rückschlüsse aus Selbstständigkeit:
   * Steuerbarkeit des Reisenden,
   * Interessenkollision des Mehrproduktvertreters,
   * Marktkenntnisse des Vertreters,
   * Produktkenntnisse des Reisenden,
   * usw.
   Handelsvertreter hat möglicherweise wenig Kontakt zu der eigentlichen Zielgruppe...

4. Zielgruppengerechte Werbung in Fachzeitschriften ...
   (zusätzliche Frage: Wie müsste die Werbung aussehen?)
   Teilnahmen an Messen u.Ä.
   zusätzlich: verkaufsfördernde Maßnahmen ...
   zusätzlich: evtl. besonderes Produktmanagement oder Kundenmanagement ...

5. Sponsoring: Unterstützung von Personen oder Organisationen durch Geld oder Sachmittel, Gegenleistung ...
   hier: Sportsponsoring
   Unterstützung von Reitvereinen zur Durchführung von Veranstaltungen (Reitfeste); Angabe des Sponsors in Programmheften, auf Plakaten, auf Reitertrikots usw.

78 : E – Fallbezogene Mehrthemenaufgabe
Sortimentserweiterung, Zielgruppen, Markierung

Der Prüfling soll sich mit der Problematik der Sortimentserweiterung auseinander setzen. Dazu muss er Kenntnisse in einen Argumentationszusammenhang einbringen und plausible Begründungen liefern. Die Aufgabe enthält deshalb kaum Anforderungen aus dem Bereich I. Ein großer Teil der Aufgabe ist mit Kenntnissen von Begriffen und Zusammenhängen zu bestreiten, deren Anforderungen überwiegend im Bereich II liegen. Übertragungen (auch hypothetischer Art), die das Verständnis in besonderem Maße deutlich machen, entsprechen dem Anforderungsbereich III.

Einzelhinweise

1. Marktanteil erklären
   (Absatzvolumen/Marktvolumen) · 100
   (zur Ergänzung kann hier nach dem Unterschied von wachsenden und gesättigten Märkten gefragt werden.)

2. Produktprogramm: Angebotspalette eines Fertigungsbetriebes
   Unterscheidung vom Sortiment: Sortiment - Angebotspalette eines Handelsunternehmens
   Programmbreite: Anzahl der Produktlinien
   Produktlinien erklären ...
   Programmtiefe: Anzahl der Ausführungen in einer Produktlinie
   Produktausführungen erklären ...
   Beschreibung eines Produktprogramms, dabei soll der Prüfling Breite und Tiefe des Programms beispielhaft unterscheiden und evtl. auf Sortimentsergänzungen durch Handelswaren eingehen können.

3. Segment erklären ...
   Segment (Käufersegment): Zusammenfassung von Käufern, die gegenüber dem Produkt etwa die gleichen Erwartungen haben
   Beispielhaft auf solche Erwartungen eingehen, ...

4. 1. Gründe für Markierung eines Produkts ...
   2. Gründe für gleiche Markierung aller Produkte eines Sortiments, z.B. Bekanntheitsgrad, Image usw...
   3. Gründe für unterschiedliche Markierung, z.B. Schutz der eingeführten Marke, Risiko usw. ...
      hier: z.B. Nutzung des Logos mit anderem Produktnamen...

5. Werbung in Zeitschriften, Familienzeitschriften ...
   in Fachgeschäften mit Display-Material,
   in TV-Spots
   auf Zielgruppen- und Situationsabhängigkeiten eingehen ...

6. Indirekte Absatzwege
   (Abgrenzung zu den anderen Produkten des Programms)
   Fachgeschäfte, Fachabteilungen der Warenhäuser usw. ...

79 : E – Fallbezogene Mehrthemenaufgabe
Sortimentserweiterung, Absatzwege, Produktmarkierung

Die Aufgabe verlangt umfangreiche Kenntnisse in den Themenbereichen Sortiment und Sortimentserweiterung, Absatzwege und Produktmarkierungen. Mit diesen Kenntnissen sind die Probleme der Sachdarstellung verständnisvoll zu erläutern. Außerdem sollen sie zu einer plausiblen Begründung der anstehenden Entscheidungen, z.B. Markierungen, Wahl von Absatzwegen, Einsatz von Außendienstmitarbeitern, herangezogen werden.

Einzelhinweise

1. a) Sortiment: Angebotspalette eines Handelsunternehmens;
    Unterscheidung von Produktprogramm.
    Sortiment hier anzuwenden, wegen des Anteils an Handelswaren...
   b) Sortimentsbreite: Anzahl der Warengruppen ...
    Sortimentstiefe: Anzahl der Artikel und Sorten

2. a) Orientierungsgesichtspunkte:
    Stofforientierung ...
    Lieferantenorientierung ...
    Preislagenorientierung ...
    Verbraucher- bzw. Bedarfsorientierung ...
   b) Verbraucher- bzw. Bedarfsorientierung: maßgeblich sind Kundenerwartungen – die Kunden erwarten bei dem Händler auch andere Produkte zur Tischdekoration ...

3. a) Markierungsarten:
    1) Name: Herstellername, Phantasiename ...
    2) Zeichen ...
    3) Zahlen, Symbole ...
    4) Farbgebungen ...
    5) Formen, Aufmachungen ...
   b) Markierungen dienen
    der Identifikation ...
    der Unterscheidung ...
   c) Bei Herstellermarken: Markeneigner und Hersteller sind identisch.
    Bei Handelsmarken: Markeneigner und Hersteller sind nicht identisch. Der Markeneigner vertreibt unter einer Marke (Handelsmarke) Produkte, die von verschiedenen, weisungsgebundenen Herstellern produziert wurden.

4. Der Prüfling sollte hier eine Entscheidung plausibel begründen können; z.B.
   • Rechtliche Problematik: Handelsmarke ...
   • Betriebswirtschaftliche Problematik: Nutzung einer gut eingeführten Marke, Lenkung des Kundeninteresses usw. ...
   • Risiken: Image der Marke kann durch neue Produkte geschädigt werden ...

5. Absatzwege nennen und kurz beschreiben: z.B. Fachgeschäfte ..., Warenhausabteilungen ..., SB-Märkte ...

6. Reisende und Vertreter unterscheiden: Selbstständigkeit ..., Kosten...;
   Gründe z.B.: Kosten, Einsetzbarkeit, Lenkbarkeit usw. ...

80 : E – Fallbezogene Mehrthemenaufgabe
Werbung

Die Aufgabe hat ihren Schwerpunkt im Themenbereich Werbung, nahezu alle Aspekte der Gesamtaufgabe sind diesem thematischen Schwerpunkt zugeordnet. In geringem Umfang haben einzelne Aufgabenanteile Anforderungen der Stufe I, z.B. bei der Aufzählung von Werbezielen und Werbeträgern und -mitteln, durch Erklärungen und den Bezug auf die konkrete Situation steigen allerdings die Anforderungen und liegen überwiegend im Bereich II. Wenn Entscheidungen für die Wahl eines Werbeträgers plausibel begründet werden, kann gelegentlich auch der Anforderungsbereich III erreicht werden.

Einzelhinweise

1. Werbung von Kunden durch Akquisiteure,
   Außendienstmitarbeiter, individuelle Kundenberatung ...
   Preise, Rabatte ...
   Beratung über Gestaltung ...

2. Angebot
   erforderliche Informationen (evtl. aus Anfrage, Rückfragen, Kundenbesuch, Gespräch mit Produktmanager oder Marketingleiter) einholen,
   Format, Umfang,
   Inhalt, Text, Fotos, Zeichnungen, Tabellen,
   Anzahl,
   Preise,
   Rabatte, Rabattstaffelung usw.

3. a) Werbeträger: Media-Personen oder Sachen, die ein Werbemittel an die Zielpersonen zur Verbreitung der Werbebotschaft herantragen.
      Insertions- oder Printmedien, z.B. Zeitungen, allgemeine Zeitschriften, Fachzeitschriften ... elektronische Medien, z.B. Rundfunk, TV ...
      Außen- und Verkehrsmittelwerbung ...

   b) Werbemittel: Ausdrucksmittel der Werbung, zielgerichtete Darstellung der Werbebotschaft
      Anzeigen, Inserate
      TV-Spot
      Plakat

   c) Kriterien für Inter-Media-Auswahl
      1) Verbreitungsgebiet ...
      2) Werbemittel ...
      3) Werbebotschaft und die Möglichkeit zu ihrer Darstellung ...
      4) Werbeverhalten der Mitbewerber ...
      5) Zielgruppe ...
      6) Zeitpunkt und Situation des Werbekontaktes ...
      7) Werbeetat ...

4. Auf die Bedeutung der Zielgruppe eingehen ...
   hier: qualifiziert ausgebildete Tiermediziner,
   Art und Umfang der Darstellung ...
   hier: schriftliche Form mit Tabellen und Abbildungen

5. TV-Werbung weder für a) noch für b) ...
   auf die Bedeutung der Zielgruppen eingehen,
   auf Art der Informationsvermittlung eingehen,
   auf Streuung eingehen ...
   auf Kosten eingehen

6. a) Werbung für ein Produkt, eine Leistung,
      Bekanntmachung eines neuen Produkts, einer Geschäftseröffnung,
      Erinnerungswerbung, Imagewerbung, Erhaltungswerbung

   b) Expansionswerbung ...
      Erinnerungswerbung ...
      Erhaltungswerbung ...

81 : E – Fallbezogene Mehrthemenaufgabe

Auftrag, Außendienst, Absatzwege, Werbung

Die Aufgabe hat zwei miteinander verbundene thematische Schwerpunkte: Außendienst und Auftragsbearbeitung. Aufträge werden hereingeholt, mithilfe des Außendienstes werden die speziellen Kundenwünsche in die Auftragsbearbeitung einbezogen. Ein Teil der Fragen dient der Kennzeichnung des Unternehmens und seiner besonderen Möglichkeiten, auf Kundenwünsche einzugehen. Der Anforderungsbereich I ist kaum berücksichtigt. Anwendung von Kenntnissen auf die Problematik des Unternehmens sind besonders häufig; hier liegen die Anforderungen im Bereich II. Bei Begründungen, Erläuterungen und weitergehenden Erörterungen werden Anforderungen des Bereichs III erreicht.

Einzelhinweise

1. Werbung:
   Anzeigen in Zeitschriften, Fachzeitschriften ...
   Prospekte, Faltblätter, Kataloge ...
   Verkaufsförderung (Sales Promotion):
   Schulung des Personals ...
   Öffentlichkeitsarbeit (Public Relations):
   eigene Fachbeiträge in Fachzeitschriften ...
   Messebeteiligungen:
   Internationale und nationale Fachmessen ... z. B. Achema Frankfurt
   Direct Mailings:
   Einladung zu Seminaren, Gerätedemonstrationen ... (Überschneidung mit Publ. Rel.)

2. Anfrage ...
   evtl. mit Beschreibung des anstehenden Problems ...
   Bearbeitung der Anfrage - kaufm. und vor allem techn. Bearbeitung ...
   Besuch des Kunden durch Außendienst, Beratung, Zeichnungen usw. ...
   Angebot ...
   Bestellung ...

3. Beschreibung der kaufm. Auftragsbearbeitung:
   bei Anfrage: Zusendung von Material ...
   bei Bestellung: Ordnen, Weitergeben, Wiedervorlage, Überwachen ...

4. Ja,
   Individuelle Problemlösung durch das einzelne Unternehmen ...
   aber: Zusammenarbeit bei umfassenden Problemlösungspaketen mit den anderen Unternehmen der Gruppe ...

5. QS-System erklären:
   Alle organisatorischen Maßnahmen eines Unternehmens zur Schaffung und Erhaltung der Produktqualität - Qualitätsplanung – Qualitätslenkung – Qualitätsprüfung
   Iso: Internationale Standardisierungsorganisation ... – intern. Festlegung von Qualitätsstandards ...
   Erteilung von Zertifikaten durch TÜV
   Die Messtechnik AG verpflichtet sich zur Einführung und Einhaltung international vorgegebener Qualitätsstandards, dafür erhält sie ein Zertifikat vom TÜV-Nord – begrenzte Dauer ...
   das bedeutet besonders hohe Produktqualität – Sicherheit für den Käufer

6. Wahrscheinlich: direkte Absatzwege unter Nutzung der eigenen Vertriebsorganisation ...
   Einzelaufträge, branchenübliche Vermittlung entfällt ...

82 : E – Fallbezogene Mehrthemenaufgabe

Ausstellungen, P.R.

Thematische Schwerpunkte dieser Aufgabe sind Ausstellungen (Messe) und Öffentlichkeitsarbeit. Dabei geht es um die Präsentation eines Unternehmens und seines Produktprogramms vor einem hoch qualifizierten Publikum. Die Einzelaufgaben befassen sich überwiegend mit den Rahmenbedingungen der grundlegenden Problematik, z.B. Präsentationsform und -mittel u.Ä. Die Anforderungen der Aufgabe liegen deshalb eher in den Bereichen I und II.

Einzelhinweise

1. Ausstellungen: Ziel: Werbung und Information, Verkauf von untergeordneter Bedeutung;

   Zielgruppen: Fachpublikum und interessierte Öffentlichkeit,

   Messen: vorrangiges Ziel: im Allgemeinen die Einkäufer von Unternehmen, selten auch Letztverbraucher,

   hier: im Vordergrund steht Bekanntmachung und Präsentation von Unternehmen und Produkten;

   Imagewerbung, Zielgruppe: hoch qualifiziertes Fachpublikum; allerdings werden auch Kaufverträge abgeschlossen...

2. Für die MedVet GmbH ist die Teilnahme am Kongress wichtig u.a. aus folgenden Gründen:

   Kontaktaufnahme zu dem wichtigsten Absatzmittler,
   Imagewerbung durch fachkundige Gespräche,
   Ergänzung der Informationsgespräche durch den (im Allgemeinen kaufmännisch ausgerichteten) Außendienst,
   wichtige Form der Werbung neben der Werbung in Fachzeitschriften,
   Erhöhung des Bekanntheitsgrades,
   Überprüfung des Bekanntheitsgrades,
   Präsentation der Produkte auf hohem wissenschaftlichem Niveau,
   Information über neue Produkte durch Fachleute,
   Verkaufsabschlüsse.

3. (Zerlegbare) Theken, Regale, Ständer, Plakatwände, evtl. Kühlschrank (für Getränke), Sitzgelegenheiten, Besprechungstische usw., evtl. (Spezial-)Transporter;

   im Allgemeinen: Möglichkeit zum Leasing bei Spezialunternehmen ...

4. Prospekte, Plakatwände, Muster ...
   Berücksichtigung der besonderen Qualifikation des angesprochenen Publikums, Eindruck von Wissenschaftlichkeit z.B. durch Kurzberichte über Untersuchungen, der Behandlungsmethoden, Statistiken (Grafiken), Darstellung der zu behandelnden Krankheiten (mit bildlichen Darstellungen), Verwendung von Fachausdrücken...

5. Öffentlichkeitsarbeit: Alle Maßnahmen eines Unternehmens, mit dem es sich an die Öffentlichkeit (Teilöffentlichkeiten wie z.B. Tierärzte) wendet; sie sind unternehmens-, nicht produktbezogen. Sie dienen vor allem der Verbesserung und Pflege des Images.

   Insofern kann die Teilnahme des MedVet GmbH auch als Öffentlichkeitsarbeit angesehen werden.

83 : E – Fallbezogene Mehrthemenaufgabe

Portfolio-Analyse, Außendienstorganisation

Im Mittelpunkt dieser Aufgabe steht ein mittelständisches Unternehmen, das dem Konkurrenzdruck der Mitbewerber in starkem Maße ausgesetzt ist. Seine besonderen Probleme sind einerseits ein aufwändiger, nach Auffassung der neuen Geschäftsleitung unzulänglich organisierter und darum wenig effizienter Außendienst, andererseits ein Sortiment, mit dem der gesamte Bedarf der Abnehmer nicht abgedeckt werden kann, das aus der Sicht der Kunden also unvollständig ist. Diese Probleme sind in der Aufgabe zu erkennen und zu erläutern, schließlich sollen Vorschläge zu ihrer Lösung vorgestellt und begründet werden. Nur in geringem Umfang werden ausschließlich Kenntnisse abgefragt. Die Anforderungen liegen eher im Bereich II, da Kenntnisse anzuwenden und auf neue Tatbestände zu übertragen sind; wenn allerdings Lösungsvorschläge zu begründen sind, kommt auch der Anforderungsbereich III zum Zuge.

Einzelhinweise:

1. Informationen über die Entwicklung der Praxen:
   - Befragung der Vertreter.
     Evtl. Entwicklung eines Fragebogens, mit denen die Vertreter nach Beobachtungen, Einschätzungen, Informationen befragt werden, z.B. Entwicklung des Personalbestandes, Anzahl der angestellten Tierärzte, Bedarf an Medikamenten, Anzahl von Behandlungen, Schätzung des Umsatzes (hoch – mittelmäßig - niedrig), usw.
   - Marktbeobachtung, Marktforschung ...
     Informationen über die Distributionstiefe:
   - Unterlagen des Rechnungswesens ...
   - Befragung der Vertreter ...

2. Für die Kundenanalyse sind die Einsichten, die Portfolio-Analysen vermitteln, entsprechend anzuwenden. Anhand der Kombination der Merkmalsausprägungen sollten die Kundengruppen definiert werden.

		Distributionstiefe	
		niedrig	hoch
Entwicklung (Wachstum)	hoch	1	2
	niedrig	3	4

1. Gruppe: Entwicklung (Wachstum) ist hoch, die Distributionstiefe ist niedrig: Die Praxen entwicklen sich positiv, d.h. sie befinden sich in einer Wachstumsphase, erkennbar u. a. an wachsendem Bedarf an Tierarzneimitteln, Einstellung von Personal (vor allem von Tierärzten) usw. ...

Distributionstiefe ist gering, d.h. Produkte der MedVet GmbH sind nur in geringem Umfang im Angebot dieser Praxen.

2. Gruppe: Entwicklung (Wachstum) ist hoch, die Distributionstiefe ist hoch:
Die Praxen entwickeln sich positiv (s.o.),
tiefe Distribution, d.h. Produkte der MedVet GmbH sind in hohem Umfang im Angebot dieser Praxen.

3. Gruppe: Entwicklung (Wachstum) ist niedrig, die Distributionstiefe ist niedrig:

Die Praxen entwickeln sich kaum, Entwicklung stagniert oder ist rückläufig, erkennbar u.a. am abnehmenden Bedarf, an Personalentlassungen u.a.

Distributionstiefe ist gering, d.h. Produkte der MedVet GmbH sind nur in geringem Umfang oder gar nicht im Angebot dieser Praxen.

4. Gruppe: Entwicklung (Wachstum) ist niedrig, die Distributionstiefe ist hoch:
Die Praxen entwickeln sich kaum, Entwicklung stagniert usw. (s.o.),
tiefe Distribution, d.h. Produkte der MedVet GmbH sind in hohem Umfang im Angebot dieser Praxen.

3. Vorschläge für eine Bearbeitungsstrategie:
1. Gruppe: häufige Besuche, häufige Kontaktierung, Bekanntmachung des Sortiments, evtl. ist auch Bekanntmachung des Unternehmens erforderlich, evtl. Unterstützung durch Sales Promotions, Öffentlichkeitsarbeit (Fachausstellungen bei Tierärztekongressen u.Ä.) ... evtl. weitergehende Ausrichtung des Sortiments auf den Bedarf, Aufnahme neuer Produkte u. dgl.

2. Gruppe: Besuchshäufigkeit könnte evtl. eingeschränkt werden; allerdings sind die Tierärzte dieser Gruppe auch sehr interessant für die Mitbewerber, Information über neue Produkte auch über die Zentrale (direkt) möglich; Bestellung auch über die Zentrale möglich; allerdings müssen Kontakte aufrecht erhalten bleiben: regelmäßige Besuche, zusätzlich Erinnerungswerbung, in Maßnahmen von Sales Promotion und Öffentlichkeitsarbeit einbeziehen ...

3. Gruppe: Weitgehende Einschränkung der Besuchshäufigkeit; Kontakte durch Zentrale aufrecht erhalten, Angebote und Auftragsannahme vor allem durch die Zentrale usw.

4. Gruppe: Besuchshäufigkeit könnte (evtl. erheblich) eingeschränkt werden. Evtl. Erinnerungswerbung, in Maßnahmen von Sales Promotion und Öffentlichkeitsarbeit einbeziehen ...

4. Direktmarketing:
Direktwerbung als bedeutsamer Teil des Direktmarketing:
Im vorliegenden Fall ist zu unterscheiden zwischen unterstützender und ausschließlicher Direktwerbung.

Besondere Bedeutung hat das Direct Mailing, Brief mit individualisiertem Inhalt (Anrede, Berücksichtigung des besonderen Bedarfs, Hinweis auf nächsten Vertreterbesuch u. Ä.) ... daneben (oder damit) Übersendung von Katalogen, Preislisten, Einladungen zu Ausstellungen, zum Besuch des Ausstellungsstandes bei einer Messe u. dgl.

Telefonverkauf, Angebotsvorlage und Auftragsannahme mittels Telefon usw.

5. Akquisition eines Produktes zur bedarfsgerechten (kundenorientierten) Erweiterung des Angebots. Eigene Produktion zu aufwendig ...
Für die MedVet kann die Akquisition besondere Bedeutung haben, wenn das aufwändige Genehmigungsverfahren entfallen kann.
Das vollständige Sortiment gestattet Rationalisierung der Warenlogistik, der Lagerhaltung usw.

6. Schulung der Außendienstmitarbeiter:
z.B. Information über Produkte auf wissenschaftlichem Niveau,
Umgang mit Kunden,
Präsentation der Produkte

7. Beteiligung am Umsatz:
Problem: Vertreter konzentrieren sich bei Verkauf auf umsatzstarke Produkte, insbesondere neue Produkte können dadurch vernachlässigt werden ...

Differenzierung
- nach Umfang der Zielerfüllung: z.B. bei 80-, 90-, 100-, 110-prozentiger Erfüllung - Prämien in Höhe von 5 %, 10 %, 20 %, 30 %.

- unter Berücksichtigung der verschiedenen Sortimentsteile ...

Stichwortverzeichnis

ABC-Analyse 302, 562
Abkommen, internationale 58
Ablauforganisation 505, 600
Abmahnung 103
Abmessungsfunktion 322
Abnehmerbefragungen 243, 288
Abnehmerbindung, vertikale 465
Abnutzungseffekt 386
Absatzfunktion 106
Absatzgebiete 516
Absatzgroßhandel 435
Absatzhelfer 115, 433, 481
Absatzmittler 115, 433
-, Akquisition 464
-, Selektion 464
Absatzplanung 492
-, Bereiche 492
Absatzpotenzial 238
Absatzprognose 234, 285, 561
Absatzprogramm 295, 324
Absatzvolumen 238, 558
Absatzwege 426, 592, 605, 606, 617, 619
-, direkte 432
-, indirekte 433
-, Investitionsgüter 431
-, Konsumgüter 431
-, strategische Wahl 463
Abschlussgeschäfte 461
Abschreibung 144
Abschwung 68
Abweichung, mittlere lineare 174
-, mittlere quadratische 175
Abzinsungsfaktor 311
Abzinsungstabelle 313
Adressenstichprobe 256
After-sales-Services 324
AG 83, 143
-, Aufsichtsrat 86
-, Firma 86
-, Hauptversammlung 87
-, Organe 86
-, Satzung 85
-, Vorstand 86
AGB-Gesetz 208
Agenturbriefing 397
AIDA-Schema 385
Akkordarbeit 95
Akkordlohn 99
Akquisitionssortiment 326
Aktien, neue 143
Aktionsaspekt 228
Aktivität, staatliche 30, 31
Akzept 147
Akzeptanztest 318
Allgemeine Geschäftsbedingungen ... 208
Altersstrukturanalyse 301
Amtsgericht 190
Analyse 297
-, morphologische 308
Aneignung, herrenlose Sachen 212
Anforderungsarten 101
Anforderungsprofil 472
Anfrage 197
Angebotserstellung 606
Angebotsinflation 44, 45
Angebotskalkulation 349
Angebotskurve 38, 41
Angebotsmonopolist 40, 345
Angebotsoligopolist 40
Angebotsvergleich 549
Angestellte 94
-, leitende 94
Anlieferung, fertigungssynchrone ... 109
Annahmeverzug 202
Annuität 138
Annuitätendarlehen 139
Arbeit 25
-, dispositive 91
-, objektbezogene 91
Arbeiter 94
Arbeitnehmer, Wettbewerbsverbot ... 218
Arbeitsbewertung 100
-, analytische Methoden 101
-, summarische Methoden 100
Arbeitsgerichtsbarkeit 189
Arbeitskreis deutscher Marktforschungs-
  institute (ADM) 294
Arbeitsrechtliche Grundbegriffe 218
Arbeitsverhältnis, befristetes 218
Artvollmacht 194
Aspekt, ökologischer 228
-, sozialer 228
Assoziationstest 264
Aufbauorganisation 503, 601, 611
Aufkaufhandel 434
Aufschwung 68
Aufsichtsrat 88
Auftrag 619
-, Abwicklung 477
-, innerbetrieblicher 134
Auftragstypen 134
Auftragsumwandlung 134
Auftragswesen 133
Aufwendungen 151
Auktionen 457
Ausfallbürgschaft 139

Ausgaben 343
Ausgleichskalkulation 372
Auslieferungslager 482, 603
Ausschließlichkeitsbindung 42
Ausschließlichkeitsempfehlungen 214
Ausschreibung, öffentliche 372
Außenbeitrag 37
Außendienst 619
Außendienstmitarbeiter 418, 596, 609
-, Anzahl 470, 597
-, Kontrolle 597
Außendienstorganisation 621
Außendienstprognosen 288
Außenhandel 31
Außenhandelspolitik 58
Außenmittelwerbung 394
Außenwirtschaft 56
Ausstellungen 456, 620
Auswahlmethoden 272
Auswahlverfahren, bewusstes 272

B2C-Handel, Vorteile 453
Bargeld 43
Barscheck 147
Barwert 311
Barzahlung 146
Barzahlungsrabatt 368
Basisbotschaft 393
Basisjahr 46
Bauelementefertigung 126
Baukastenstücklisten 128
Baukastensystem 136
Baustellenfertigung 130
Bedarf 21
Bedarfsermittlung, programm-
  orientierte 107
-, verbrauchsorientierte 108
Bedürfnispyramide nach Maslow 21
Bedürfnisse 20
-, manipulierte 20
-, naturgegebene 20
Befragung 243, 559
-, Internet 250
-, persönliche 244
-, schriftliche 248
-, standardisierte 252
-, telefonische 246
Befragungstiefe 252
Begriffsnormen 135
Belegprüfung 116
Beobachtung 257
-, nichtteilnehmende 257
-, teilnehmende 257
Beschaffung 107, 546, 549
-, dezentrale 116
-, direkte 115
-, Objekte 106

-, zentrale 115
Beschaffungsfunktion 106
Beschaffungskooperation 461
Beschaffungsmarktforschung 109
Beschaffungspolitik 108
Beschaffungsweg, direkter 115
-, indirekter 115
Beschäftigung 71
Besetzung, interne 543
Besitz 211
Besitzgesellschaft 88
Bestand, verfügbarer 122
Bestandsmasse 168
Bestellkosten 113
Bestellmenge, optimale 113, 546
Bestellpunkt 110
Bestellpunktmenge 111
Bestellpunktverfahren 110
Bestellrhythmusverfahren 111
Bestellsortiment 326
Betriebe 73
-, gemeinwirtschaftliche 74
Betriebsauftrag 134
Betriebserfolg 150
Betriebsergebnis 156
Betriebsgesellschaft 88
Betriebsgewinn 305
Betriebsmittel 91, 93
Betriebsrat 104
-, Aufgaben 1045
Betriebsstatistik 167
Betriebsstoffe 94
Betriebsvereinbarungen 98
Betriebsverfassungsgesetz 88
Betriebsversammlung 104
Betriebswirtschaftslehre 73
Betriebszweck 151
Bewerbung 97
Bewertungskriterien 596
Bewertungsmethoden 309
Beziehungszahl 177
Bezugskosten 112
Bezugsquelleninformation, externe 109
-, interne 109
BGB 188
-, Nebengesetze 188
Bilanz, Erwerbseinkommen 61
-, laufende Übertragungen 61
-, Vermögenseinkommen 61
-, Vermögensübertragungen 61
Blindtest 318
Boden 25
Bonus 367
Boom 68
Box-Modell 277
Brainstorming 308
Brainwriting 308

Stichwortverzeichnis

Break-even-Analye 314, 352, 564, 565, 579, 602
Break-even-Point 159, 315
Briefing 293, 397
Bringschuld 195
Bringsystem 120
Bruttoanlageninvestitionen 36
Bruttoinlandsprodukt 35
-, Marktpreise 33
Bruttoinvestition 36
Bruttonationaleinkommen, Marktpreise 34
Bruttoreichweite 401
Bruttowertschöpfung 33
Buchführung 150
Buchgeld 43
Bundesgerichtshof 191
Bürgschaft 139
-, selbstschuldnerische 139
Business to Business (B2B) 451
Business to Consumer (B2C) 451
Buying-Center 290

Call-Center 247
CAM 130
Cash-and-Carry-Lager 435
Category Management (CM) 429
Channel Policy 426
CIM 131
Computer Aided Design (CAD) 127
Computer aided Manufacturing (CAM) 131
Computer integrated Manufacturing (CIM) 131
Convenience Goods 280
Copytest 399, 400
Corporate Communication 410
Corporate Design 410
Corporate Identity 409
Corporate-Identity-Politik 409
-, Bereiche 410
-, Ziele 409
Corporate Behavior 410
Couponwerbung 417

Darlehen 138
Darstellung, statistische 185
Datenerfassung, maschinelle 258
Datenerhebungen 241
Datenmaterial 241
-, internes 241
Datenquellen, externe 241
-, unternehmenseigene 241
-, unternehmensfremde 241
Datensammlung 255
Datenverarbeitungssysteme 250
Dauerauftrag 146
Dauerhaftigkeit 392
Deckungsbedarf 354

Deckungsbeitrag 157, 569
Deckungsbeitragsanalyse 304
Deckungsbeitragsrechnung 351
-, mehrstufige 158
Deckungsziel 163, 355, 580
Delkrederegeschäfte 461
Depotsysteme 90, 466
-, Arten 466
Depression 68
Dienstleistungsbilanz 60
Dienstvertrag 199
DIN-Normen 135
Direct Mailing 417
Direktverkauf, Formen 458
Direktvertriebsfirmen 459
Direktwerbeunternehmen 418
Direktwerbung 416
-, Formen 416
Discountgeschäft 439
Diskriminierungsverbot 215
Dispositionskredit 137
Distribution 107, 425
-, exklusive 464
-, intensive 463
-, physische 476
Distributionsgrad 425, 463
Distributionsmix 501
Distributionspolitik 426, 603
-, Aufgabenbereiche 426
-, Hersteller 426
-, stationärer Einzelhandel 427
-, Ziele 426
Diversifikation 328
-, horizontale 328
-, laterale 328
-, vertikale 328
Doppelgesellschaft 88
double sourcing 109
Dumpingpreise 58
Durchschnitte, gleitende 180

ECOFIN-Rat 66
E-Commerce 452
ECU 65
Efficient Consumer Response (ECR) 429
Efficient Product Introduction 430
Efficient Promotion 429
Efficient Replenishment 431
Efficient Store Assortment 429
Eigengeschäfte 461
Eigenkapital, Rentabilität 163
Eigenlager 483
Eigenproduktion 108, 549, 551
Eigensortiment 326
Eigentransport 479, 599
Eigentum 211
-, unbewegliche Sachen 212

Eigentumsvorbehalt 140, 213
-, einfacher 141
-, erweiterter 213
-, verlängerter 141, 213
Eindeutigkeit 392
Einführungsphase 299
Einführungswerbung 299
Einkaufsgenossenschaften 90
Einkaufskontor 460
Einkaufszentrum 443
Einkommen, verfügbares 35
Einkommenselastizität 344
Einlagenfazilität 54
Einlagenfinanzierung 141
Einlinien-System 503
Einsatzgüter, limitationale 24
Einstandspreis, Ermittlung 111
Einstiegsfragen 254
Einthemenbefragungen 243
Einwegverpackung 321
Einzelbeschaffung 114
Einzelfertigung 74, 129, 130
Einzelhandel, Entwicklungsten-
  denzen 445
-, Situation 445
Einzelkaufmann 222
Einzelkosten 155, 349
Einzelprokura 194
Einzeltest 317
Einzelunternehmen 77
Einzelvollmacht 194
Electronic-Data-Interchange (EDI) 430
Eliminierung 604
E-Mail 422
Embargo 58
Empfehlungsgeschäfte 461
Endprodukt 24
Entgelte, selbstständige Tätigkeit 61
Entlohnung 99
Entscheidungen, wirtschaftliche 19
Entsorgung 120
Entwicklungsprognosen 286
Ereignismasse 168
Erfüllungsort 195
Erhaltungswerbung 300, 389
Erholzeit 102
Erinnerungswerbung 300, 389
Ersatzbedarf 95
Ersatzlieferung 204
Ersatzteile 94
Ersitzung 212
Ersparnis 21
Erträge 151
ESZB, Institutionen 48
-, Signalpolitik 52
-, sonstige Aufgaben 49
-, Ziele 49

Europäische Währungs- und Wirtschafts-
  union 64
Europäische Zentralbank (EZB) 537
Europäisches System der Zentralbanken 47
Euroscheck 147
Eurosystem 48
Event-Marketing 411
-, Ziele 411
EWWU 65
Expansionswerbung 300, 389
Experimente 263
-, Typen 265
Expertenbefragungen 243, 246
Expertenschätzungen 287
Exploration 250
Ex-post-Kontrolle 525
Extramarkt 442
EZB, Beschlussorgane 48
EZB-Direktorium 48
EZB-Rat 48, 49

Fabrikladen 444
Face-to-Face-Befragungen 244
Fachgeschäft 437
Factoring 379
-, echtes 379
-, offenes 379
-, stilles 379
Factory-Outlet-Center 444
Faktor, dispositiver 92
Falschlieferungen 204
Fazilität, ständige 54
Fehlertoleranz 270
Fehlmengenkosten 123
Feinsteuerung 52
Feldarbeit, Kontrollen 256
Feldbeobachtungen 257
Feldexperiment 265
Fertigteile 94
Fertigungsarten 74, 130
Fertigungsauftrag 134
Fertigungslos 131, 550
Fertigungsprinzipien 74
Fertigungsstufen 126
Fertigungsverfahren 551
Fertigungsweisen 75
Festplatzsystem 116
Filialprokura 194
Filialunternehmen 442
Finanzdienstleistungen 61
Finanzgerichtsbarkeit 190
Finanzierung 136, 552
-, Abschreibung 145
Finanzierungsfunktion 107
Finanzierungsleasing 200
Firma 221
Firmenbeständigkeit 222

Stichwortverzeichnis

Firmengrundsätze 222
Firmenklarheit 222
Firmenunterscheidbarkeit 222
Firmenwahrheit 222
Fixgeschäft 196, 198
Flächendiagramm 186
Fließfertigung 129
Forderungen, Abtretung 213
-, Verjährung 557
Forderungsabtretung 140
Forderungsverletzung, positive 205
Formkaufmann 221
Frachtführer 481
Fragebogen 248, 253
-, Gestaltung 249, 253
-, Rücklaufquote 249
Fragebogenaktionen 248
Fragen, direkte 252
-, geschlossene 251
-, indirekte 252
-, offene 251
-, projektive 252
-, skalierte 251
Franchisegeber 467
Franchisenehmer 367
Franchisesysteme 90
Franchisevertrag 200
Franchising 467
Freiplatzsystem 116
Fremdbezug 108, 549, 551
Fremdgeschäfte 461
Fremdlager 118, 483
-, distributive Aufgaben 483
Fremdtransport 479, 599
Friedenspflicht 98
Fristigkeit 137
Frühbezugsrabatt 368
Führungsebenen 503
Full-Service-Agenturen 420
Fund 212
Funktionen, betriebliche 105
Funktionsanalyse 308
Funktionsmanager 521
Funktionsrabatt 367, 368
Fusion 42, 90
Fusionskontrolle 215

Gebrauchsfunktion 322
Gebrauchsgüter 23
Gebrauchsmusterrecht 217
Geld 43, 537, 539, 540
-, Erscheinungsformen 43
-, Umlaufgeschwindigkeit 44
Geldmengendefinitionen 50
Geldpolitik 43, 537, 539, 540
-, Säulen 50
-, Träger 47

Geldschöpfung 43
Geldwertstabilität 537
Gemeinkosten 155, 349
Gemeinwohl 74
Gemischtwarengeschäft 436
Generalvollmacht 194
Generic-Placement 412
Genfer Schema 101
Gerichtsbarkeit, ordentliche 189
-, Zweige 189
Gerichtsstand 195
Gesamtprokura 195
Gesamtrechnung, volkswirtschaftliche .. 30, 32
Gesamtschuldner 80
Geschäftsbesorgungsvertrag 199
Geschäftsfähigkeit 192
Geschäftsfeld 496
-, strategisches 495
Geschäftsführer 83
Geschäftsgrundlage, Wegfall 208
Geschäftstypen 261
Geschmacksmusterrecht 217
Gesellschafterversammlung 83
Gesellschaftsmittel, Erhöhung 143
Gesetze 187
Gesetz gegen Wettbewerbsbe-
  schränkungen 42, 214
Gesetz über Fernabsatzgeschäfte 452
Gestaltung des Fertigungsablaufs,
  organisatorische 75
Gewichtung, Bereiche 405
-, Werbeträger 405
Gewinnschwelle 159
Gewinn- und Verlustrechnung 150
Gewinnverteilung 79, 81
Gewinnverwendung 84
Gewohnheitsrecht 187
Giffen-Fall 339
Giralgeld 43
Girokonto 137
Glättungsfaktor 184
Gleichgewicht 39
Gliederungszahl 176
global sourcing 109
GmbH 83, 222
-, Gewinn 83
GmbH & Co. KG 87
Grenzkosten 152
Großhandel 434
-, Betriebsformen 434
-, Kooperation 460
-, Situation 445
Großkunden 515
Grundgesamtheiten 168
Grundkapital 84
Grundpfandrechte 141
Grundschuld 141

Grundsortiment 326
Grundzeit 102
Grüner Punkt 322
Gruppendiskussionen 250
Gruppenfertigung 75, 129
Günstigkeitsprinzip 98
Gütenormen 135
Güter 22
-, freie 23
-, immaterielle 22
-, inferiore 24, 340
-, knappe 23
-, komplementäre 23, 339
-, materielle 22
-, öffentliche 24
-, private 24
-, substitutionale 23
-, superiore 24, 340
Gütezeichen 333
GWB 30

Halbfabrikat 24
Handel, Ausleseprozess 462
-, elektronischer 451, 452
-, Expansionsprozess 463
-, Funktionen 434
-, Kalkulation 585
-, Konzentration 462
-, Kooperation 459
Handelsbilanz 60
Handelsbrauch 211
Handelsgeschäfte 223
Handelsgrundgeschäfte 223
Handelsklauseln 210
Handelsmakler 458
Handelsmarke 332
Handelspanels 259
Handelsrechtliche Grundbegriffe 221
Handelsregister 223
Handelsverträge 58
Handelsvertreter, Pflichten 447
-, Rechte 447
Handelsvertretungen 447
Handelswaren 295
Handlungsvollmacht 193
Harmonisierter Verbraucherpreisindex
    (HVPI) 50
Häufigkeit 170
-, absolute 170
-, Kumulation 170
-, relative 170
Häufigkeitstabelle 170
Häufigkeitsverteilung 170
Haushalte, private 36
Haushaltspanels 262
Haustürgeschäfte 209
Herstellermarke 332

HGB 188
Hierarchieebenen 522
Hilfsgrundgeschäfte 223
Hilfsstoffe 93
Hochkonjunktur 68
Hochpreispolitik 359
Höchstbestand 122
Holschuld 195
Holsystem 120
Holverkauf 435
Homepage 250, 423
Homogentität 392
Hypothek 141

Idealtypen 27, 278
Ideenbewertung 309
Ideensuche 306
Incoterms 211, 376
Indexzahlen 178
Indikator, inländische Produktion 33
Individualbedürfnisse 21
Individualkommunikation 382
Indossament 148
Inflation 44
-, monetaristisch verursachte 44, 45
-, Probleme 44
Inflationsursachen 44
Informationsaspekte 228
Informationsgemeinschaft zur Feststel-
    lung der Verbreitung von Werbeträgern
    e.V. (IVW) 402
Informationsgewinnung 561
Informationsquellen 560
Inhaberscheck 147
Innenauftrag 134
Inter-Media-Auswahl 393, 614
-, Kriterien 394
Internationaler Währungsfonds (IWF) 64
Internet 421
Interview, freies 253
Interviewer, Anforderungen 255
-, Unterweisung 255
Interviewfragen 251
Intra-Media-Auswahl 393, 403
Investition 22, 541
Investitionsrechnung 370
Istkaufmann 221
Ist-Kosten 155

Just in time 109

Kalkulation 348, 579
-, retrograde 351, 577
Kannkaufmann 221
Kanten 506
Kapital 25
-, genehmigtes 143

Stichwortverzeichnis

Kapitalbedarfsplan, kurzfristiger 137
Kapitalbeschaffung 142
Kapitalbilanz 62
Kapitalerhöhung 143
-, bedingte 143
-, gegen Einlagen 143
Kapitalfreisetzung 552
Kapitalfreisetzungseffekt 144
Kapitalgesellschaften 82
Kapitalquote 37
Kapitaltransaktionen 62
Kapitalwertverfahren 311, 563
Kartelle 42, 214
Kartellverbot 214
Katalogschauräume 446
Kauf auf Abruf 123, 198
Kauf auf Probe 198
Kauf nach Besicht 198
Kauf nach Probe 198
Kauf zur Probe 198
Kaufentscheidung, ökonomische Faktoren 277
-, psychologische Faktoren 277
-, soziologische Faktoren 277
Käufer, Pflichten 198
Käufermarkt 229, 230, 237
Käufersegmentierung 283
Kaufhaus 439
Kaufkraft 43
Kaufmann kraft Rechtsform 221
Kaufverhalten 275
-, gewohnheitsmäßiges 278
-, impulsives 278
-, rationales 278
-, sozial abhängiges 279
-, Typologie 278
Kaufvertrag 196, 337, 554-557
-, besondere Formen 198
Kennziffern 547
Kernfragen 254
Kernsortiment 326
Ketten, freiwillige 90, 461
Key-Account 515
Key-Account-Management 515, 516
KG 80, 81, 142
Klassen 171
Klauselverbote 209
Kleinkundenbetreuung 515
Klumpenstichprobe 273
Knappheit 21
-, Phänomen 24
Knoten 506
Kollektivbedürfnisse 21
Kollektivgüter 24
Kommanditgesellschaft (KG) 80, 222
Kommanditgesellschaft auf Aktien (KGaA) 87

Kommissionär 458, 466
Kommissionierungsgeschäfte 90
Kommissionsgeschäfte 90
Kommissionssortiment 326
Kommunikation 381
-, analoge 382
-, Arten 382
-, digitale 382
-, Formen 382
-, nonverbale 382
Kommunikationserfolg 399
Kommunikationsformel nach Lasswell 384
Kommunikationskanäle 382
Kommunikations-Mix 381, 501
Kommunikationspolitik 228, 381
Komponente, soziale 29
Konditionen 375
Konjunktur 68, 541
Konjunkturindikatoren 68
Konjunkturverlauf 541
Konjunkturzyklus 68
-, Phasen 68
Konkurrenz, atomistische 41
Konkurrenzforschung 110, 235
Konkurrenzorientierung 357
Konsignationslager 119
Konstruktionsnormen 135
Konstruktionszeichnungen 128
Konsum 20
Konsumentensouveränität 28
Konsumgüter 23
Konsumtion 26
Kontakte 589
Kontakterfolg 399
-, Testverfahren 399
Kontaktgewichtung 405
Kontingente 58
Kontokorrentkredit 137
Kontrahierungsmix 501
Kontrahierungspolitik 228, 337
Kontrolle, briefliche 256
-, telefonische 256
Kontrollfragen 255
Konzentration 89
Konzentrationskurve 302
Konzentrationsprinzip, Auswahl 274
Konzern 91
Kooperation 89
-, Formen 90
Kooperationsbereich 89
Kooperationsformen 460
-, horizontale 460
-, vertikale 460
Kooperationssysteme 462
Kooperationsziele 459, 460
Kosten 151
-, fixe (feste) 151

-, variable (veränderliche) 151
Kostenarten 154
Kostenstellen 155
Kostenträger 154
Kostenträgerstückrechnung 348
Kosten- und Leistungsrechnung 150
Kostenvergleich 449
Kostenverläufe 152
Kostenziele 107
Kredit 43, 137
Kreditlinie 138
Kreditpolitik 377
Kreditübertragung 43
Kreditwürdigkeit 139
Kreuzpreiselastizität 344
Krise 68
Kultursponsoring 415
Kundenauftrag 134
Kundenbriefing 397
Kundendienstleistung 323
Kundenlaufstudie 257
Kundenstrukturanalyse 304
Kündigung 103, 545
-, außerordentliche 220
-, betriebsbedingte 103
-, ordentliche 219
-, personenbedingte 103
-, verhaltensbedingte 103
Kündigungsfristen 103, 545
K-Werte 402

Laboratoriumsbeobachtungen 257
Laborexperiment 264
Lager, Arbeiten 119
-, Funktionsschwerpunkte 119
-, warenspezifische Anforderungen 119
Lagerauftrag 134
Lagerbestand, durchschnittlicher 124
-, optimaler 122
Lagerbestandsplanungen 121
Lagerdauer, durchschnittliche 124
Lagerhalter 118, 483
Lagerhaltung 116, 547, 548
-, chaotische 116
-, Funktionen 117
Lagerhaltungsfunktion 106
Lagerhaltungskosten 121
Lagerkarte 547
Lagerkennziffern 548
Lagerplatznummer 116
Lagersortiment 326
Lagerung, dezentrale 118, 481
-, zentrale 117, 481
Landgericht 190
Lapeyres-Indexformel 47
Lastschriftverfahren 146
Leasing, direktes 200

-, indirektes 200
Leasingvertrag 200
Lebenszyklus 298
Leiharbeit 95
Leistung 151
-, Unmöglichkeit 201
Leistungsanspruch, Verwirkung 207
Leistungsbilanz 60
Leistungserstellung, betriebliche 106
Leistungskennziffern, betriebliche 163
Leistungsort 195
Leistungspflicht, Einreden gegen - 205
Leistungsstörungen 201
Leistungszeit 196
Leitpreis 358
Leitsätze für die Preisermittlung aufgrund
  von Selbstkosten (LSP) 371
Leitungsebenen 503
Leitungsfunktion 107
Leitzinsen 538
Leitzinserhöhung 537
Lenkungssysteme 611
Lieferantenforschung 110
Lieferantenkartei 109
Lieferantenkredit 137, 378
Lieferbereitschaft, Grad 122
Lieferung, fertigungssynchrone 123
Lieferungsbedingungen 113, 375, 376
Lieferungsverzug 202
Liquidität 164
Liquiditätsreserve 43
Listenvorgaben 251
Lizenzen 61
Lockartikeleffekt 373
Logistik 476, 599
Logistikziele 107
Lohmann-Ruchti-Effekt 144, 552
Lohngruppenkatalog 100
Lohngruppenverfahren 100
Lohnquote 37
Lorenzkurve 302
Los 131
Losgröße 132
-, optimale 550
Losgrößenplanung 132
Loswechselkosten 131, 550
LpA 402
LpN 402

Makroökonomik 26
Management 92
Management by Exception (MbE) 512
Management by Objectives (MbO) 512
Management des stationären Handels 464
Managementprinzipien 503, 511
Mängel, offene 204
-, versteckte 204

Stichwortverzeichnis

Mängelrüge 204, 556
Manipulation 117
Manipulationslager 119
Markenarten 333
Markenartikel 331
Markenfamilie 333
Markenpolitik 334, 335, 398, 570
Markenwerbung 398
Marketing 227
-, Aspekte 227
-, Begriff 226
-, Linieninstanz 511
-, ökologisches 231
-, Sozialaspekt 231
-, spezielles 230
-, Stab 510
Marketingaudit 527
Marketingbearbeitungsstrategie,
   undifferenzierte 499
Marketing-Definitionen 227
Marketing-Denken 229
Marketingforschung 233, 234
Marketinginformation 233, 558
Marketingkontrolle 525, 602
-, Aspekte 526
-, ergebnisorientierte 526
-, Prozess 525
-, submixbezogene 526
-, systemorientierte 526
Marketingmanagement 611
-, Prozess 485
Marketing-Mix 228, 501, 610
-, optimales 502
Marketingorganisation 503, 509
-, abnehmerorientierte 514
-, funktionsorientierte 513
-, gebietsorientierte 516
-, produktorientierte 517
Marketingplan 487
Marketingplanung 487, 501
-, Bereiche 501
Marketingpolitik 284
-, phasengerechte 301
Marketingstrategie 495
-, differenzierte 365, 499
-, konzentrierte 499
-, kundenorientierte 498
Marketingziel 490
-, ökonomisches 490
-, psychographisches 490
Markierung 616
Markierungstest 263
Markt 38, 225, 237
-, volkswirtschaftlicher Kreislauf 225
-, vollkommener 40
Marktanalyse 235
Marktanteil 238, 558

Marktbeherrschung 42
-, Missbrauch 42
Marktbeobachtung 235
Markteinführung 319
Markteinführungsplan 319
Marktentwicklung 317
Marktformen 39
Marktforschung, demoskopische 234
-, Investitionsgüterbereich 289
-, ökoskopische 235
Marktforschungsinstitute 293, 294
Marktmacht, missbräuchliche Nutzung 214
Marktpotenzial 237, 558
Marktreaktionsfunktion 502
Marktsättigung 239, 558
Marktsegmentierung 234, 336
-, demographische 284
-, psychographische 284
-, Ziele 283
Markttest 266
Markttransparenz 40
Marktveranstaltungen 455, 620
Marktvolumen 238, 558
Marktwirtschaft 27
-, soziale 28, 29
Masse, statistische 168
Massenentlassung 104
Massenfertigung 74
Massenkommunikation 382
Maßnahmen, außenhandelspolitische 58
Maßzahlen 172
Materialeingang 116
Matrixorganisation 521, 522, 601
Maximalprinzip 25
Median 173
Mediaplanung 399
Medien, elektronische 394
Mediengewichtung 405
Mehrarbeit 95
Mehr-Linien-System 521
Mehrwegverpackung 321
Meldebestand 110, 122
Mengenanpasser 347
Mengenprüfung 116
Mengenrabatt 367, 368
Mengenstücklisten 128
Mengentender 52, 537, 538
Merkmale 169
-, demographische 391
-, diskrete 169
-, geographische 391
-, Klassenbildung 171
-, objektive 234
-, psychographische 392
-, qualitative 169
-, quantitative 170
-, stetige 169

-, subjektive 235
-, verhaltensbezogene 392
Messen 455
-, Typen 456
Messzahlenreihe 178
Methode 635 308
Methode, exponentielle Glättung
   erster Ordnung 183
-, finanzmittelbezogene 396
-, gewinnbezogene 396
-, gleitende Durchschnitte 183
-, umsatzbezogene 396
-, werbezielbezogene 396
-, wettbewerbsbezogene 395
Miete 199
Mietkauf 200
Mikroökonomik 26
Minderbedarf 95
Minderung 204
Mindestbestand 122
Mindestmengenpolitik 123
Mindestreserven 54
Mindestreservepolitik 55
Mindestreservesoll 55
Mindestzinssatz 54
Minimalprinzip 25
Mischkalkulation 372
Missbrauchsaufsicht 215
Mitarbeiterbefragung 245
Mitbestimmung 104
-, eingeschränkte 105
-, gleichberechtigte 105
-, paritätische 88
Mitbestimmungsaufgaben 105
Mitbestimmungsgesetz 88
Mittel, arithmetisches 172
-, gewogenes arithmetisches 173
Mittelwerte 172
Mitwirkungsaufgaben 105
modular sourcing 109
Monopol 39
Montage 126
Montanindustrie 88
Montanmitbestimmungsgesetz 88

Nachbesuche 256
Nachfrage, direkte Preiselastizität 341, 342
Nachfrageelastizität 572, 578
Nachfrageinflation 44, 45
Nachfragekurve 38, 41, 339, 340, 571
-, geknickte 344
Nachschusspflicht 142
Nennbetragsaktien 85
Nettonationaleinkommen, Faktorkosten 34
-, Marktpreise 34
Nettoreichweite 401
Nettosozialprodukt, Faktorkosten 35

Netzplan 506
Netzplantechnik 507, 600
Neubedarf 95
Neuproduktplanung 306
Nichtsättigungsgüter 340
Niedrigpreispolitik 359
Nielsen/Nielsengebiete 260, 261
Nielsen-Panel 260, 261
Nomogramm 272
No-name-Produkte 335
Normalkosten 155, 349
Normen, internationale 136
-, nationale 135
Normstrategien 496
Normung 135
Nummernsystem 120
Nutzenbegründung 393
Nutzenbotschaft 393

Oberlandesgericht 190
Objektprinzip 129
Offene Handelsgesellschaft (OHG) 78, 222
Offenmarktgeschäfte 51
Öffentlichkeitsarbeit 408, 591, 613, 620
-, Mittel 409
-, Ziele 408
OHG 78, 80
Ökosponsoring 415
Oligopol 39
Oligopolist 347
Omnibusbefragungen 244
Operate Leasing 200
Orderpapier 148
Orderscheck 147
Organisation, gebietsorientierte 468
-, kundenorientierte 468
-, private ohne Erwerbszweck 36
-, produktorientierte 469
Organisationsaspekt 228, 485
Organisationsformen 261, 513
Organisationsgestaltung 503
Overreporting 259

Pacht 199
Panel 259
Panelforschung 259
Panelsterblichkeit 259
Parallelkontrolle 525
Passantenbefragung 244
Patente 61
Patentrecht 217
Penetrationspreis 608
Penetrationsstrategie 359, 362
Periodenkosten 155
Personal 545
Personalauswahl 543
Personalbedarf 94, 543

Stichwortverzeichnis 743

-, kurzfristiger 95
-, qualifizierter 95
Personalbeschaffung 94, 543
-, externe 95
Personalwirtschaft 543
Personengesellschaften 77, 78
Personengewichtung 405
Persönlicher Verkauf 418
Pfandkredit 51
Pfandrecht 140
Pflichtverletzungen 219
Pictogramm 186
Pilzmethode 334
Placement, handlungsneutrales 413
-, kreatives 413
-, visuelles 413
Planung, operative 487
-, strategische 487
Planungsrechnung 150
Planwirtschaft 27
Polaritätsprofil 264
Polypol 39
Polypolist 40, 346
Portfolio-Analyse 495, 496, 621
Portfolio-Matrix 496
Posttest 399
Präferenzen 40
Prämienlohn 100
Prämienpreisstrategie 359, 360
Präsentationsrabatt 368
Preis-Absatz-Funktion 338
Preisangaben 374
Preisangaben-Verordnung 216
Preisbeurteilung 373
Preisbewusstsein, privater Nachfrager 373
Preisbildung 38, 571-575, 577, 578, 580, 583-585
-, Handel 372
-, kostenorientierte 348, 576, 585
-, mikroökonomische Theorie 338
Preisbindung 214
-, Verbot 215
-, zweite Hand 373
Preisdifferenzierung 362, 581, 583, 584
-, horizontale 363
-, materialabhängige 366
-, mengenabhängige 366
-, personelle 366
-, regionale 366
-, vertikale 364
-, zeitliche 366
Preise, gebrochene 374
Preiselastizität, Nachfrage 573-575
Preisempfehlung 214, 373
Preisfestsetzung, konkurrenz-
  orientierte 357, 581
Preisfindung, öffentliche Aufträge 371

Preisfixierung 346
Preisfolge 360
Preisgestaltung, konkurrenzorientierte 582
Preisgleitklausel 371
Preisindex 45, 539
-, Lebenshaltung aller Haushalte 46
Preisindizes 44
Preisinteresse 373
Preiskartelle 90
Preislagen 359
Preisnachlässe 367
Preisniveaustabilität 71
Preisplanung 111, 579
Preispolitik 337, 359
-, aktive 359
-, Investitionsgüter 369
-, passive 359
Preisschwelleneffekt 374
Preissetzung 608
Preisstabilität 49
Preisstrategie 358, 581, 582
Preistheorie, mikroökonomische 3478
Preisvorteile, absolute 56
-, relative 56
Pre-sales-Services 324
Pretest 399
Primärbedürfnisse 20
Primärerhebungen 242
Printmedien 393, 614
Prinzip der Gemeinwirtschaftlichkeit 74
Prinzip, ökonomisches 25
Privatrecht 187
Probezeit 218
Product Design 319
Product-Placement 412
-, Formen 412
-, Probleme 413
-, Vorteile 413
-, Ziele 412
Produktakquisition 108, 329, 568
Produktdifferenzierung 320, 331, 362
Produktdiversifikation 328
Produkte, Elimination 331
-, Gestaltung 127
-, Lebenslauf 298
-, Markierung 570
-, weiße 335
Produkteinführung 563-565, 608
Produktentwicklung 317
Produktgestaltung 319, 566
-, Mittel 321
-, Teilaspekte 320
-, Ziele 320
Produktideen 307
-, Sammlung 250
Produktinnovation 29, 41, 306, 320, 327
-, Stufen 306

Produktion 19, 26, 125, 549, 550, 551
-, anlagenkostenintensive 74
-, arbeitskostenintensive 73
-, energiekostenintensive 74
-, Programmtypen 130
-, stoffkostenintensive 73
Produktionsfaktor 19
- Arbeit 93, 94
-, betrieblicher 91
-, derivativer 26
-, originärer 26
-, volkswirtschaftlicher 25
Produktionsfunktion 106
Produktionsgüter 23
Produktionsmittel, Eigentum 28
Produktionsplanung 134
Produktionsprogramm 125, 295
-, Differenzierung 300
Produktionssteuerung 134
Produktionsverbindungshandel 434
Produktionsziel, Bestimmung 27
Produktivität 163
Produktlebenszyklus 569, 604, 610
-, Phasen 299
Produktmanagement 601
-, Eingliederung 519
Produktmanager 517, 518
Produktmarktierung 607, 617
Produkt-Markt-Strategien 497
Produktpolitik 228, 295, 296
Produktprogramm 612
Produktrelaunch 331
Produkttest 263, 317
Produktvariation 320, 330
Produktverbesserung 320, 331
Produzentenhaftung 205
Prognosen 183, 285
-, exakte 286
-, intuitive 286
Prognoseverfahren 287
Prognosezeitraum 285
Programmbreite 125
Programmgestaltung 324, 568
Programmpolitik 295, 296
Programmsponsoring 416
Programmtiefe 126
Programmumfang 125
Projektionstest 263
Prokura 194
Promotionspreisstrategie 359, 361
Provision 448
Prozessinnovation 29, 41
Prüfungen 116
Public Relations 408
Publizitätspflicht 89
Pufferzeiten 507
Pullmethode 464

Pulsationsstrategie 362
Punkt, cournotscher 346
Pushmethode 464

Qualitätsziele 107
Querlieferung 460
Quotenkartell 90
Quotenstichprobe 256
Quotenverfahren 273

Rabatte 367
Rabattgestaltung, optimale 369
Rabattkartell 90
Rabattpolitik 123
Rabattsystem 369
Rack Jobber 435
Rack-Jobber-Sortiment 326
Rack-Jobbing-Systeme 90
Randsortiment 326
Rangreihen 403
Rangreihenverfahren 101
Rationalisierung 135
Rationalisierungskartell 90
Realtypen 27
Recalltest 399, 400
Recheneinheit 43
Rechnungswesen 149
-, Aufgaben 149
-, Bereiche 149
-, Ziele 149
Recht 187
-, Erwerb 191
-, öffentliches 187
Rechtsfähigkeit 192
Rechtsformen 542
-, gemischte 87
Rechtsgeschäfte 191
-, einseitige 191
-, zweiseitige 191
Rechtsgrundlage 187
Rechtsschutz, gewerblicher 216
Rechtsverordnungen 187
Recognitiontest 399, 400
REFA 101
Refinanzierungsgeschäfte, lang-
   fristige 51
Regelfall 339
Reichweite 589
-, Aspekte 401
-, kombinierte 401
-, kumulierte 401
-, Printmedien 402
-, Werbeträger 401
Reifephase 299, 300
Reihenfertigung 75, 129
Reisender 448, 595
Reiseverkehr 60

Stichwortverzeichnis 745

Rentabilität 163
Repräsentativerhebung 269
Reservelager 119
Reservesätze 55
Ressourcen, Allokation 27, 42
Rezession 68
Rohstoffe 24, 93
Rücklage, freie 84
-, gesetzliche 84

Sachgüter 22
Sachmängel 204
Sachprüfung 116
Saisonsortiment 326
Sales Promotion 405
Sammelhandel 434
Sammellager 119
Sammellagerung 483
Sättigungsgüter 340
Sättigungsphase 299, 300
Satzungen 187
Säulendiagramm 185
SB-Warenhaus 440
Schadenersatz 204
Schickschuld 196
Schirmmarke 333
Schleichwerbung 413
Schlüsselkunden 515
Schnibbelstrategie 362
Schuldentilgung 43
Schuldverhältnis 195
Schutzfunktion 322
Schutzrechte, gewerbliche 127
Schwankungen, saisonale 181
Schwankungskomponente 181
Segment 283
-, Anforderungen 283
Segmentierung 390, 605
-, Nachfrage in Zielgruppen 234
Segmentierungskriterien 336
Sektoren 32
Sekundärbedürfnisse 20
Sekundärforschung 241
Selbstfinanzierung 143
Selbstkosten 156, 348
Selbstkostenpreis 371
Selektivfragen 251
Serienfertigung 130
Serienherstellung 74
Serviceleistung 323
-, kaufmännische 323
Shopping Goods 280
Shopping-Center 443
Sicherheiten, dingliche 139
Sicherheitsgrad 270
Sicherheitskoeffizient 355
Sicherung, soziale 30

Sicherungsübereignung 140, 213
Signalwirkung, Zinstender 54
single sourcing 109
Situationsanalyse 488
Skimmingpreisstrategie 581
Skimmingstrategie 359, 361
Skonto 369
Sollzeit 102
Sonderangebote 373
Sondereinzelkosten 155
Sondergesetze, handelsrechtliche 189
Sonderlagerung 483
Sonderziehungsrechte 64
Sortenfertigung 74, 130
Sortiment 296, 549, 593
-, Altersaufbau 301
-, Handel 326
Sortimentsbereinigung 569
Sortimentsbreite 325
Sortimentsdimensionen 325
Sortimentserweiterung 616, 617
Sortimentsgestaltung 117, 324, 566, 568
Sortimentsgroßhandel 435
Sortimentskooperation 460
Sortimentspolitik 295, 296, 324
Sortimentstiefe 325
Sozialgerichtsbarkeit 190
Soziosponsoring 415
Spannweite 174
Spartenmanager 521
Spartenorganisation 505
Speciality Goods 280
Spediteur 481
Spekulationslager 119
Spezialbefragungen 243
Spezialisierung 136
Spezifikationskauf 198
Sponsoring 615
-, Formen 414
-, Ziele 414
Sportsponsoring 415
Stab 504
-, persönlicher 504
-, spezieller 504
Stabdiagramm 185
Stabilitätspakt 67
Stab-Linien-System 503, 504
Stammeinlagen 83
Stammkapital 83, 142
Standardabweichung 175
Standardsortiment 326
Standortverbund 460
Starch-Test 400
Stationärer Einzelhandel 436
Statistik 150, 167
-, Aufgaben 167
-, betriebswirtschaftliche 157

Stellenanzeige 96
Stellenausschreibung 543
-, interne 96
Stellenbeschreibung, Verkäufer 471
Steuersenkungen 538
Stichproben 269, 559
-, geschichtete 273
-, Umfang 270
Stoffnormen 135
Streckengeschäft...................................115, 123
Streumaße 174
Streuplanung 396
Streuung... 175
-, lineare 174
Strukturkrisenkartell 90
Strukturstücklisten 128
Stückaktien 85
Stückkosten 152
Stücklisten 128
Stufenlager 119
Submix-Bereiche 501
Substitutionsgüter 339
Substitutionskonkurrenz 237
Subventionen 58
Supermarkt 441
Syndikat 90
Synektik 308
system sourcing 109

Tarifautonomie 98
Tarifbindung 98
Tarifvertrag 98
-, Allgemeinverbindlichkeitserklärung......... 98
-, Bindung... 98
Tauschmittel 43
Tausenderpreis 403
Teilefertigung 126
Teilenormen 135
Teilhafter 82
Teilkostenrechnung 156
Tenderverfahren 52
Testmarketing 267
Testmarkt.. 318
Träger der EZ... 444
Transaktionen, kurzfristige 51
Transithandel 61
Transport 61
Treuerabatt 368
Typung 136

Überbrückungsfunktion 117
Übereignung 213
Überschussreserve 55
Übertragung 212
Überweisung 146
Überziehungskredit 137
Umsatz, kritischer 449, 450

Umsatzstrukturanalyse 302, 562
Umschlagshäufigkeit 124
Umschlagslager 119
Umverteilungsprobleme 44
Umweltanalyse 488
-, Bereiche 489
Umweltschutz 76
-, inputorientierter 75
-, outputorientierter 75
Ungleichgewicht 39
Unternehmen, Einkaufsverhalten 289
-, Ziele 76
Unternehmensanalyse 488, 489
Unternehmenserfolg 150
Unternehmenskultur 409
Unternehmensrentabilität 164
Unternehmung 73
-, Rechtsformen 77
Unterscheidbarkeit 392

Varianz 175
Verarbeitung 212
Verbindung 212
Verbrauch, privater 35
-, staatlicher 36
Verbraucher, aktiver 231
Verbraucherindex 539
Verbrauchermarkt 440
Verbraucherpanels 259
Verbrauchsgüter 23
Verdingungsordnung 371
Verfahren, diskursive 307
-, intuitive 307
Verfallphase 299, 301
Vergleichstest 317
Verhalten, abgestimmtes 214
Verhältniszahlen 176
Verjährung 205
Verjährungsfrist, Hemmung 207
-, Unterbrechung 207
Verkauf im Internet 451
Verkäufer, Entlohnungssystem 474
-, Pflichten 197
Verkäufermarkt 229
Verkäufertraining 472
Verkaufsabschluss durch Verkaufs-
   gespräche 418
Verkaufsaußendienst, Kontrolle 473
-, Management 468, 597, 598
Verkaufsaußendienst, Organisations-
   planung 468
Verkaufsbezirk 469
Verkaufsförderung 405, 590, 607
-, händlerorientierte 407
-, verbraucherorientierte 407
-, verkäuferorientierte 406
-, Ziele 406

Stichwortverzeichnis

Verkaufsförderungsfunktion 322
Verkaufsgebiet 469
-, Einteilung 469
Verkaufsgebietsleiter 516
Verkaufskontrolle, Instrumente 474
Verkaufsniederlassung 482, 612
Verkehrsmittelwerbung 394
Verkehrswirtschaft, freie 27
Vermischung 212
Verordnung über die Preise bei öffentlichen Aufträgen (VpöA) 371
Verpackung 321
-, Funktionen 322
Verpackungspolitik 322
Verpackungstest 263
Verpackungsverordnung 322
Verpfändung 140
Verrechnungsscheck 147
Verrichtungsprinzip 129
Versandhandel 446
Verschmelzung 90
Versorgung 226
Verteilung 26
-, funktionelle 37
-, personelle 38
-, primäre 37
-, sekundäre 37, 38
Verteilungsgroßhandel 435
Verteilungslager 119
Verteilungsprobleme 44
Verteilzeit 102
Vertrag 193
-, Formfreiheit 192
-, Nichtigkeit 193
Vertragsfreiheit 191
Vertragshändler 466
Vertragsrecht 554, 555, 556, 557
Vertrauensbereich 270
Vertrauensschwund 44
Vertreter 595
Vertretung, nach außen 79
Vertriebsbindungen 465
Vertriebswege 593
Verwaltungsgerichtsbarkeit 189
Verwendungsnachweis 128
Verwertbarkeit 284, 392
Vielerleiwaren-Großhandel 435
Viereck, magisches 70
Vier-Felder-Matrix 496
Volkseinkommen 35
Volkswirtschaft, geschlossene 30
-, offene 31
Volkswirtschaftslehre 19
Vollhafter 82
Vollkostenrechnung 156, 349, 350
Vollsortiment 330
Vorgabezeit 102

Vorratsbeschaffung 114
Vorratsveränderungen 36

Wachstum 70, 537
Wachstumspakt 67
Wachstumsphase 299
Wahrscheinlichkeit 271
Währung 56
Währungsreserven 62
Wandlung 204
Warenbörsen 457
Warenhaus 438
Warenkartei 109
Warenkorb 539
Warenzeichenrecht 217
Wear-out-Effekt 386
Wechsel 147
Wechselkredit 553
Wechselkursmechanismus II 66
Weg, kritischer 508
Weisungssysteme 611
Werbeagenturen 419
Werbebedarf 396
Werbebotschaft 387, 392, 586
Werbeerfolgskontrolle 386, 387
Werbeetat 387, 395, 587
Werbemittel 387, 608, 618
Werbemitteltest 263
Werbeplanung 386
Werbestrategie 386
Werbeträger 387, 393, 588, 618
Werbeverbund 460
Werbewirtschaft, berufsständische Organisationen 420
Werbezeit 387
Werbeziele 387, 388
-, allgemeine 389
-, außerökonomische 390
-, ökonomische 389
-, spezielle 389
Werbung 386, 586-589, 604, 607, 613, 615, 618, 619
Werklieferungsvertrag 199
Werksnormen 135
Werkstättenfertigung 75, 551
Werkstattfertigung 129
Werkstoffe 91, 93
Werkvertrag 198, 205
Wert, häufigster 173
-, zentraler 173
Wertaufbewahrung 43
Wertpapierpensionsgeschäft 51, 540
Wettbewerb 29, 41, 214
-, Schutz 29
-, unlauterer 215
Wettbewerbsrecht 189, 214
Widerspruchsrecht 81

Wiedererkennungstest 400
Willenserklärung 191
Wirkungsprognosen 286
Wirtschaften, Grundfunktionen 26
Wirtschaften 25
Wirtschaftlichkeit 163
Wirtschaftlichkeitsanalysen 310
Wirtschaftlichkeitsprinzip 25
Wirtschaftlichkeitsprüfung 563, 565
Wirtschaftsgeschehen, staatliche
    Eingriffe 29
Wirtschaftskreislauf 30
Wirtschaftsordnungen 27, 28
Wirtschaftspläne 25
Wirtschaftspolitik 69
-, dirigistisches 72
-, Träger 69
-, Ziele 70
Wirtschaftssubjekte 19
Wirtschaftssysteme 27

Zahlung, bargeldlose 146
Zahlungsbedingungen 375, 376
Zahlungsbereitschaft 164
Zahlungsbilanz 58
Zahlungsverzug 203
Zeit, Systeme vorbestimmter 103
Zeitaufnahme 102
Zeitlohn 99
Zeitprüfung 116
Zeitrabatt 369
Zeitreihe 177
-, Trend 180
-, Verläufe 179
Zeitreihenanalyse 177, 180

Zeitwert 311
Zentralausschuss der Werbewirt-
    schaft e.V. (ZAW) 420
Zentralregulierungsgeschäfte 461
Zentralverwaltungswirtschaft 27
Zession 140
-, offene 140
-, stille 140
Zeugnis 20
Ziehungsrechte 64
Ziele, Beziehungen zwischen den - 491
Zielentsprechung 491
Zielgruppen 616
-, Bildung 391
-, Eigenschaften 392
-, Kategorien 390
Zielgruppenrangreihen 404
Zielhierarchie 77, 388
Zielkomplementarität 76
Zielkonflikt 76, 491
Ziel-Mittel-Relationen 388
Zielneutralität 491
Zielpersonen 387
Zielvorgaben 512
Zinssignale 537
Zinstender 53, 538
Zölle 58
Zufallsauswahl 272
Zufallsschwankungen 184
Zusammenschlüsse 214
Zusatzbedarf 95
Zusatzsortiment 326
Zuschlagskalkulation 349, 576
Zustellgroßhandel 435
Zuteilungsverfahren 573